군형사법

유영무 · 윤한국 · 고성의 지음

군형사법

| 군형사법 이론 · 실무 종합 해설서 |

유영무 · 윤한국 · 고성의 지음

좋은땅

군형사법은 국가 안보를 책임지는 군대라는 특수한 공동체에서 발생하는 범죄와 형벌, 그리고 군사법원의 재판 절차를 규율하는 법체계입니다. 군형법, 군사법원법, 군사기밀보호법 등으로 구성된 이 법체계는 일반 형사법과는 다른 특수성을 지니고 있습니다. 국토 방위라는 헌법적 사명을 수행하는 군대의 특수한 임무와 환경, 그리고 엄격한 계급 구조와 지휘체계를 유지해야 하는 필요성에 맞는 별도의 법체계가 요구되기 때문입니다.

오늘날 군형사법의 중요성은 더욱 커지고 있습니다. 군 인권 의식의 향상과 군 사법제도 개혁에 대한 사회적 요구 등에 부합하는 군 사법 시스템 구축의 필요성이 지속적으로 제기되고 있습니다. 특히 2022년 7월 1일부터 시행된 개정 「군사법원법」은 평시 군사법원의 재판권을 대폭 축소하여 군인의 일반 형법 위반 사건을 일반법원에서 재판하도록 하는 등 군 사법제도에 획기적인 변화를 가져왔습니다. 이러한 변화 속에서 군형사법에 대한 정확하고 체계적인 이해가 그 어느 때보다 중요해졌습니다.

이 교재는 군형사법의 이론과 실무를 균형 있게 다루고자 합니다. 군형법의 기본 원리와 주요 범죄 유형에 대한 이론적 설명은 물론, 실제 군 수사 및 재판 과정에서 발생하는 다양한 쟁점들을 대법원 판례와 헌법재판소 결정, 구체적 사례를 통해 분석하여 실무적 이해를 돕는 데 중점을 두었습니다.

교재는 크게 다섯 개의 편으로 구성됩니다.

제1편 군형법 총론에서는 군형법의 의의와 목적, 적용 범위, 주요 용어의 정의, 다른 법과

의 관계, 그리고 군사법원의 재판권 등 군형법의 기본 원리와 체계를 다룹니다.

제2편 군형법 각론에서는 반란의 죄, 이적의 죄, 지휘권 남용의 죄, 군무이탈의 죄, 항명의 죄, 상관에 대한 폭행·협박·상해·살인의 죄 등 군형법 특유의 범죄 유형들을 체계적으로 분석합니다. 이들 범죄는 군대 조직의 특수성과 국가 안보의 중요성을 반영한 것으로, 일반 형법에서는 찾아볼 수 없는 독특한 구성요건과 법리를 담고 있습니다.

제3편에서는 군사기밀보호법 위반 범죄를, 제4편에서는 군내에서 빈번하게 발생하는 도로교통법, 교통사고처리특례법, 특정범죄가중처벌등에관한법률, 정보통신망법, 개인정보보호법, 마약류관리법, 병역법, 예비군법 등 주요 특별법 위반 범죄를 다룹니다. 제5편에서는 군내에서 발생하는 형법 각론상 주요 범죄들을 정리하였습니다.

군형사법은 단순히 군인의 범죄를 처벌하는 법체계를 넘어, 국가안보와 인권보장이라는 두 가치의 균형점을 찾아가는 과정이라 할 수 있습니다. 현대 민주주의 사회에서 군대는 국가 방위의 핵심 기관이면서도 헌법적 가치와 인권 존중의 원칙 아래 운영되어야 합니다. 이 교재가 이러한 균형점을 모색하는 데 작은 보탬이 되기를 바랍니다.

군문을 떠나 변호사로서 새로운 길을 걷게 되었지만, 군사경찰 수사 분야의 발전에 기여하고 싶은 마음은 늘 한결같았습니다. 이러한 염원에서 뜻을 같이하는 육군 군사경찰 윤한국 대령님, 해군 군사경찰 고성의 소령님과 함께 수사관들이 실무에 곧바로 참고할 수 있는 군형사법 교재의 필요성을 절감하고 이 책의 집필을 시작하게 되었습니다.

지난 30년간 대한민국 해군과 국방부에서 쌓아온 소중한 경험을 바탕으로 「군형사법」의 출간을 알리게 되어 감회가 새롭습니다. 군사경찰 일원으로 살아온 내내 행복했고 자부심으로 가슴이 뜨거웠음을 기억합니다. 국방부 조사본부에서 2수사대장, 수사기획과장, 수사지도과장, 군사법제도개선TF 법제팀장으로 근무하면서 만들어간 소중한 인연들이 떠오릅니다. 그 시간들이 있었기에 이 책이 세상에 나올 수 있었습니다.

이 교재가 군사경찰은 물론 군형사법을 공부하는 모든 분들에게 유익한 길잡이가 되기를 바랍니다. 아무쪼록 「군형사법」이 군사경찰 법집행의 전문성을 한 단계 끌어올리고, 모든 군사법경찰관이 법과 원칙에 따라 공정하고 신뢰받는 수사를 펼치는 데 든든한 길잡이가 되기를 소망합니다. 나아가 군형사법 실무와 연구의 발전에 조금이나마 기여할 수 있다면 더없는 영광이겠습니다.

마지막으로, 지난 30년간 대한민국 해군과 국방부 조사본부에서 함께 땀 흘리고 고민했던 군사경찰 병과원 모두에게 진심으로 감사의 인사를 전합니다. 여러분과 함께한 시간들이 이 책의 밑거름이 되었습니다. 또한 이 책의 출간을 위해 애써 주신 출판사 관계자 여러분께도 깊은 감사를 드립니다.

2026년 2월
변호사 유영무

　지난 20여 년간 군 수사기관의 일원으로서 다양한 직책을 수행하고 각종 사건·사고를 담당하면서 건강하고 안전한 군을 위해 군사법 관계관들의 전문성이 무엇보다 중요하다는 것을 절감하게 되었습니다. 특히 최근에는 사망 관련 범죄, 군 신분 취득 전 범죄, 성범죄 등 3대 범죄의 수사권이 민간으로 이관되는 등 군 사법 체계의 큰 변화가 이어지고 있는데, 이러한 군 사법 환경 변화에 따라 군 수사기관 관계자들의 전문성은 더욱 중요해졌습니다.

　군인은 군인으로서의 특수한 신분과 동시에 국민의 한 사람이기 때문에 군형법뿐만 아니라 일반 국민에게 적용되는 모든 법률도 동시에 적용받습니다. 따라서 군 수사 관계자들은 다양한 법률을 학습해야 하는 어려움이 있습니다. 이에 따라 본 도서에서는 군 수사 과정에서 활용 빈도가 높은 주요 법률을 선별한 후 조문과 해설, 관련 판례 등을 분석하여 독자들이 보다 효율적으로 군 형사법을 학습할 수 있도록 구성하였습니다.

　이 책이 출판되기까지는 많은 분들의 도움이 있었습니다. 존경하는 군 선배님이자 지금은 변호사로서 제2의 인생을 열정적으로 펼쳐 나가고 계시는 유영무 변호사님은 군에 대한 각별한 사랑으로 이 책의 집필을 이끌어 주셨습니다. 또한 탁월한 능력과 경험을 바탕으로 이 책의 집필을 위해 많은 노력을 해 주신 고성의 소령님, 소중한 의견과 조언을 해 주신 군 수사 관계관, 군 수사 전문성 향상을 위해 노력하셨던 선행 연구자 등 이 책이 출판되기까지 도움을 주신 모든 분들께 감사드립니다.

　끝으로 지금 이 순간에도 군의 안전, 장병의 생명과 인권 보호, 실체적 진실 발견, 피해자 보호 등 맡은 바 임무를 완수하기 위해 전후방 각지에서 최선을 다하고 있는 군사경찰 및 군 수사기관 관계자 여러 분들께 감사와 존경의 마음을 전합니다.

2026년 2월

법심리학 박사 윤한국

2011년 해군 군사경찰 장교로서 첫발을 내디딘 이래, 군이라는 조직의 최전선에서 다양한 사건·사고와 그 법적 처리 과정을 가까이에서 경험하고 고민해 왔습니다. 군형법은 단순히 범죄를 규율하고 처벌하는 법률을 넘어, 장병의 사기와 엄정한 군 기강을 유지하고, 나아가 국가안보의 핵심인 부대 전투력을 뒷받침하는 핵심 제도입니다.

그러나 군사법의 중요성에도 불구하고, 군 수사 관계관들이 현장에서 즉시 참고하여 실무에 적용할 수 있는 체계적이고 깊이 있는 실무 교재가 부족하다는 점은 늘 아쉬움으로 남아 있었습니다.

이에 본 책은 군형법을 실무적 관점에서 심층적으로 분석하고, 다양한 판례와 최신 법리를 반영하여 누구나 쉽게 이해할 수 있도록 집필하였습니다. 특히 군형법뿐만 아니라 군사기밀보호법, 군의 특수성을 반영한 여러 특별법과 일반 형법까지 포괄하여, 군이라는 특수한 환경에서 발생하는 법적 문제들을 종합적으로 이해하고 해결할 수 있도록 구성하였습니다.

최근 우리 군 사법 환경은 급격한 변화를 겪고 있으며, 특히 군 인권과 정의에 대한 사회적 요구는 그 어느 때보다 높습니다. 이 책은 이러한 변화의 흐름 속에서 군 수사 관계관들이 전문성을 바탕으로 사건을 공정하게 처리하는 데 도움이 되도록, 군 관련 법률 전반을 폭넓게 다루어 현장 실무의 효율성을 높이고자 노력했습니다.

아무쪼록 이 책이 현장에서 근무하는 군사법경찰관 및 군 수사기관 관계자들에게 실질적인 도움이 되길 바라며, 더 나아가 국방의 의무를 다하는 모든 이들에게 공정하고 정의로운 군 문화를 정착시키는 데 작은 도움이 되기를 진심으로 소망합니다.

끝으로 「군형사법」의 집필을 제안하고 이끌어 주신 유영무 선배님과 현장의 깊은 통찰과 지혜를 나누어 주신 윤한국 대령님께 진심으로 깊은 감사의 말씀을 전합니다. 또한. 책이 출판되기까지 도움을 주신 모든 분들께 진심으로 감사드립니다.

2026년 2월

고성의 드림

| 목차 |

제2편 군형법 각론

제 1 편

군형법 총론

서론

[1] 사회규범으로서의 법

인간은 홀로 살아갈 수 없는 사회적 동물이다. 우리는 다양한 공동체 속에서 관계를 맺으며 살아가며, 이러한 공동생활은 구성원들이 일정한 준칙에 따라 행동할 때 비로소 원활하게 유지된다. 그러나 사람들이 함께 어울려 사는 과정에서는 필연적으로 이해 충돌과 그로 인한 다툼이 발생하기 마련이다. 따라서 원만한 사회생활을 위해서는 이러한 충돌을 조절하고 다툼을 예방하기 위한 행위 규범이 반드시 필요하다. "사회가 있으면 법이 있다"는 오랜 격언은 바로 이 점을 강조한다.

이러한 사회생활의 준칙은 사람들이 자율성에 기반하여 스스로를 합목적적으로 규율하는 당위의 법칙이며, 이를 규범이라 부른다. 사회 공동생활에서 지켜야 할 당위의 법칙이자 사회규범에는 법을 비롯해 도덕, 관습, 종교 등이 있다. 이 중 법은 국가 권력에 의해 그 준수가 강제된다는 점에서 다른 사회규범과 차별화되는 고유한 특성을 지닌다.

형법은 국가 권력에 의해 강제되는 대표적인 법규범이다. 이는 어떤 행위가 범죄가 되고 그 범죄에 어떤 법률 효과를 부과할 수 있는지를 규정한다. 형법은 형벌이라는 가장 강력한 국가 제재 수단을 동반하며, 형법에 규정된 범죄를 저지르면 국가의 형벌권이 발동된다. 따라서 형법은 다른 사회적, 법적 통제 수단만으로는 사회 질서 유지가 불가능할 경우에 적용되는 최후의 수단으로서의 성격을 갖는다.

[2] 형법의 의의, 성격, 기능

Ⅰ. 형법의 의의

형법은 "범죄와 범죄에 대한 법률 효과인 형벌 또는 보안처분을 규정하는 법규범의 총체"로 정의할 수 있다. 형법은 어떤 행위가 범죄이고 그에 대한 법률 효과로 어떤 형벌을 부과할 것인지를 규정하는 법규범이다. 다만, 이러한 정의는 보안처분을 포함하지 못한다는 한계가 있어, 형벌 외에 보안처분까지 포함하는 것이 더 정확한 정의이다.

형법은 실질적 의미의 형법(광의의 형법)과 형식적 의미의 형법(협의의 형법)으로 구분할 수 있다.

- 실질적 의미의 형법: 범죄와 형벌(또는 보안처분)에 관한 모든 법규범의 총체
- 형식적 의미의 형법: 1953년에 제정된 '형법'이라는 명칭을 가진 법률

Ⅱ. 형법의 규범적 성격

형법은 단순한 제재 규범이 아니라 다음과 같은 규범적 성격을 가진다.

- 평가규범성: 특정 행위가 사회적 가치에 반하는지를 객관적으로 평가하는 기준을 제시한다.
- 의사결정규범성: 금지 규정을 통해 국민에게 당위적 의무를 부과하고, 자율적 행위 결정의 준거가 된다.

Ⅲ. 형법의 기능

형법은 사회 안정과 질서를 위해 다음과 같은 기능을 수행한다.

1. 규제적 기능

형법은 일정한 행위를 범죄로 규정하고 이에 대한 제재를 선언함으로써 국가의 규범적 입

장을 밝히는 작용을 한다. 이는 다음과 같은 역할을 수행한다.

- 행위규범: 일반 국민에게 행위규범의 준수를 명령
- 의사결정규범: 행위에 대한 평가기준 제시
- 재판규범: 사법기관에 사법활동의 기준 제시

2. 보호적 기능

형법은 범죄와 형벌을 규정하고 범죄자를 처벌함으로써 다음과 같은 법익을 보호한다.

- 개인적 법익: 생명, 신체, 명예 등 개인의 가치와 이익
- 사회적 법익: 사회의 안전, 신뢰, 도덕 등
- 국가적 법익: 국가의 존립, 안전 등

3. 보장적 기능

형법은 죄형법정주의 원칙을 통해 국민을 국가 형벌권의 자의적 행사로부터 보호한다. 이는 법치국가 원리의 핵심으로, 국가 형벌권 행사의 한계를 설정한다.

[3] 범죄의 개념

I. 범죄의 의의

형식적 범죄 개념은 범죄를 구성요건에 해당하고 위법하고 책임이 있는 행위라고 말하고, 실질적 범죄개념은 범죄를 사회적 유해성 내지 법익을 침해하는 반사회적 행위라고 말한다.

II. 범죄의 성립요건

형식적 범죄개념에 따라 범죄가 성립하기 위하여는 구성요건해당성과 위법성 및 책임이 있어야 한다. 구성요건해당성이란 구체적인 사실이 범죄의 구성요건에 해당하는 성질을 말하고, 위법성이란 구성요건에 해당하는 행위가 법률상 허용되지 않는 성질을 말하여, 책임

이란 당해 행위를 한 행위자에 대한 비난가능성을 말한다.

Ⅲ. 소추조건

범죄가 성립하고 형벌권이 발생한 경우라도 그 범죄를 소추하기 위하여 소송법상 필요한
조건을 소추조건 또는 소송조건이라고 한다. 친고죄란 공소제기를 위하여는 피해자 기타 고
소권자의 고소가 있을 것을 요하는 범죄를 말하고, 반의사불벌죄는 피해자의 명시한 의사에
반하여 공소를 제기할 수 없는 범죄를 말한다.

[4] 죄형법정주의

죄형법정주의란 어떤 행위가 범죄로 되고 그 범죄에 대하여 어떤 종류와 범위의 형벌을
과할 것인가는 행위 이전에 미리 성문의 법률에 규정되어 있어야 한다는 원칙을 말한다.

Ⅰ. 성문법률주의

성문법률주의란 범죄와 형벌은 성문의 법률로 규정되어야 한다는 원칙을 말한다.

Ⅱ. 소급효금지의 원칙

소급효금지의 원칙이란 형벌법규는 그것이 시행된 이후의 행위에 대해서만 적용되고 시
행 이전의 행위에까지 소급하여 적용할 수 없다는 원칙을 말한다.

Ⅲ. 명확성의 원칙

명확성의 원칙이란 범죄의 구성요건과 형사제재에 관한 규정을 법관의 자의적 해석이 허
용되지 않도록 구체적으로 명확하게 규정하여야 한다는 원칙을 말한다.

Ⅳ. 유추해석금지의 원칙

유추해석금지의 원칙이란 법률에 규정이 없는 사항에 대하여 그것과 유사한 성질을 가지
는 사항에 관한 법률을 적용하는 것을 금지하는 원칙을 말한다.

Ⅴ. 적정성의 원칙

적정성의 원칙이란 범죄와 형벌을 규정하는 법률의 내용은 기본적 인권을 실질적으로 보장할 수 있도록 적정해야 한다는 원칙을 말한다.

[5] 군형법의 의의, 목적, 특징

Ⅰ. 군형법의 의의

군형법은 군의 기강을 확립하여 군인이 국방임무를 보다 효율적이고 충실하게 수행하게 하기 위하여 일반형법에 대한 특별법으로서 1962. 1. 20. 법률 제1003호로 제정되었다.

- 형식적 의미의 군형법: 1962년 1월 20일 법률 제1003호로 공포된 「군형법」을 말한다.
- 실질적 의미의 군형법: 「군형법」, 「군사기밀 보호법」, 「군용물 등 범죄에 관한 특별조치법」, 「군사기지 및 군사시설 보호법」 등 군사 관련 형벌법규를 포함한다.

Ⅱ. 군형법의 목적

1. 군 조직의 특수성

군은 국가의 안전보장과 국토방위의 신성한 의무를 수행함을 사명으로 하고, 군이 이러한 사명을 완수하는 수단은 최종적으로는 무력의 행사, 곧 전투이며, 전투는 승리만을 유일한 목적으로한다.

군이 전투에서의 승리라는 본래의 사명을 수행하기 위하여는 그에 상응하는 특별한 조직과 규율이 요구될 수밖에 없다(헌법재판소 1995. 10. 26. 선고 92헌바45 결정).

2. 군사적 법익 보호

군형법은 군의 이러한 특수성을 전제로 형벌이라는 제재를 수단으로 하여 군의 조직과 규율을 유지·보전함과 동시에 군이 가지는 전투력을 최대한으로 보존·발휘하게 하는 데 그 궁극적인 목적이 있는 것이다.

결국 전승을 위한 전투력의 확보는 군형법의 핵심적인 목적이며, 그것은 바로 군형법에 있어서의 보호법익이라고도 할 수 있다(헌법재판소 1995. 10. 26. 선고 92헌바45 결정).

III. 군형법의 특징

1. 특별형법으로서의 성격

군의 조직과 질서 및 기율을 유지하고 전투력을 보전, 발휘하기 위한 목적으로 제정된 군형법은 일반형법에 대한 특별법으로서 특별형법의 성격을 지닌다.

2. 범죄 구성요건에 대한 탄력적 규율의 필요성

군형법은 군의 조직과 질서 및 기율을 유지하고 전투력을 보전, 발휘하는데 그 목적이 있으며, 군의 통수작용은 상황에 따라 유동성, 긴급성, 기밀성을 요구한다. 따라서 군형법은 이러한 군조직의 특수성에 부응하여 탄력적인 규율의 필요성이 있다(헌법재판소 1999. 2. 25. 선고 97헌바3 결정).

헌법재판소는 군형법 제79조에 규정된 "허가없이 근무장소 또는 지정장소를 일시 이탈하거나 지정한 시간내에 지정한 장소에 도달하지 못한 자"라는 구성요건은 약간의 불명확성을 지니고 있으나, 이는 법관의 통상적인 해석작용에 의하여 충분히 보완될 수 있고, 피적용자가 일반국민이 아닌 군인 또는 준군인이라는 점을 고려할 때 죄형법정주의에서 요구되는 명확성의 원칙에 위배되지 않는다고 판시하였다(헌법재판소 1999. 2. 25. 선고 97헌바3 결정).

3. 신분적 적용 범위의 제한성

군형법은 기본적으로 군인과 군무원, 군적을 가진 학교의 학생·생도 등 특정 신분을 가진 사람들에게 적용된다. 다만 일부 범죄에 대해서는 내국인·외국인을 불문하고 적용되는 경우도 있다.

4. 군사법원 재판권의 특수성

군사법원은 군형법에서 규정한 특정 사람이 범한 죄에 대하여 재판권을 가진다(군사법원법 제2조).

제2장

군형법의 적용 범위

[1] 인적 적용 범위 (제1조)

Ⅰ. 군인 (제1조 제1항, 제2항)

군형법은 이 법에 규정된 죄를 범한 대한민국 군인에게 적용한다(제1조 제1항). 여기서 "군인"이란 현역에 복무하는 장교, 준사관, 부사관 및 병을 말한다. 다만 전환복무 중인 병은 제외한다(제1조 제2항).

현역은 징집이나 지원에 의하여 입영한 병(兵), 병역법 또는 「군인사법」에 따라 현역으로 임용 또는 선발된 장교(將校)·준사관(準士官)·부사관(副士官) 및 군간부후보생을 말한다(병역법 제5조 제1항 제1호).

"징집"이란 국가가 병역의무자에게 현역(現役)에 복무할 의무를 부과하는 것을 말하고(병역법 제2조 제1항 제1호), "입영"이란 병역의무자가 징집(徵集)·소집(召集) 또는 지원(志願)에 의하여 군부대에 들어가는 것을 말한다(병역법 제2조 제1항 제3호).

병역의무자가 소정의 절차에 따라 현역병입영대상자로 병역처분을 받고 징집되어 군부대에 들어갔다면, 설령 그 병역처분에 흠이 있다고 하더라도 그 흠이 당연무효에 해당하는 것이 아닌 이상, 그 사람은 입영한 때부터 현역의 군인으로서 군형법의 적용대상이 되는 것으로 보아야 한다(대법원 2002. 4. 26. 선고 2002도740 판결).

현역병 입영대상자가 육군 보충대에 입영하였다가 국군병원에서 실시된 신체검사결과 귀향조치되었다면, 그는 보충대에 입영함으로써 군인으로서의 신분을 취득하였다가 귀향조치를 받음으로 인하여 현역병 입영대상자의 신분으로 복귀하였으므로 군인으로서의 신분을 가지고 있지 아니하여 군형법 제41조 위반행위의 주체가 될 수 없다(대법원 1992. 12. 24. 선고 92도2346 판결).

전환복무란 현역병으로 복무 중인 사람이 의무경찰대원 또는 의무소방원의 임무에 복무하도록 군인으로서의 신분을 다른 신분으로 전환하는 것을 말한다(병역법 제2조 제1항 제7호).

Ⅱ. 군인에 준하는 자 (제1조 제3항)

③ 다음 각 호의 어느 하나에 해당하는 사람에 대하여는 군인에 준하여 이 법을 적용한다.
1. 군무원
2. 군적(軍籍)을 가진 군(軍)의 학교의 학생·생도와 사관후보생·부사관후보생 및 「병역법」 제57조에 따른 군적을 가지는 재영(在營) 중인 학생
3. 소집되어 복무하고 있는 예비역·보충역 및 전시근로역인 군인

군형법은 대한민국 군인은 아니지만 준군인에 해당하는 사람에 대해서는 군인에 준하여 군형법을 적용한다(제1조 제3항).

군은 질서와 기율이 생명인 특수한 조직사회이고, 군형법은 형벌이라는 제재를 수단으로 하여 군의 조직과 기율을 유지, 보전하고자 하는 것이므로, 현역군인과 같은 지휘 및 복무체계에서 현역군인과 함께 복무하는 이들에 대하여도 현역군인에 준하여 군형법이 적용될 필요가 있기 때문이다(헌법재판소 1999. 2. 25. 선고 97헌바3 결정 참조).

1. 군무원

군무원은 실적과 자격에 따라 임용되고 그 신분이 보장되며 평생 동안(근무기간을 정하여 임용하는 공무원의 경우에는 그 기간 동안을 말한다) 공무원으로 근무할 것이 예정되는 경력직공무원 중 특정직공무원에 해당한다(국가공무원법 제2조 제2항 제2호).

군무원은 전시와 평시를 막론하고 군에 복무하는 사람인 군인(국군조직법 제4조 제1항)과 함께 국군을 구성한다(국군조직법 제16조 제1항). 군무원의 자격, 임면(任免), 복무, 그 밖에 신분에 관한 사항은 따로 법률로 정한다(국군조직법 제16조 제2항).

군무원인사법은 군무원(軍務員)의 책임·직무·신분 및 근무조건의 특수성을 고려하여 그 자격·임용·복무·보수 및 신분보장 등에 관하여「국가공무원법」에 대한 특례를 규정하고 있다(군무원인사법 제1조).

- **일반군무원** : 기술·연구·예비전력관리 또는 행정관리 분야에 대한 업무를 수행하는 군무원(이하 "일반군무원"이라 한다)의 계급은 1급부터 9급까지로 한다(군무원인사법 제3조 제1항).
- **특수업무 분야에 종사하는 일반군무원** : 일반군무원의 계급 구분이나 직군 및 직렬의 분류를 적용하지 아니할 수 있다. 이 경우 계급 구분이나 직군 및 직렬의 분류는 대통령령으로 정한다(군무원인사법 제3조 제2항).

군무원은 군인에 준하는 대우를 하며 그 계급별 기준은 대통령령으로 정한다(군무원인사법 제4조). 1급(소장, 준장), 2급(대령), 3급(중령), 4급(소령), 5급(대위, 중위, 소위), 6급(준위), 7급(원사, 상사), 8급(중사), 9급(하사)

2. 군적(軍籍)을 가진 군(軍)의 학교의 학생·생도와 사관후보생·부사관후보생 및 「병역법」 제57조에 따른 군적을 가지는 재영(在營) 중인 학생

1) 군적(軍籍)을 가진 군(軍)의 학교의 학생 · 생도

① 군적을 가진 군의 학교의 학생

'군적을 가진 군의 학교의 학생'이란 사관생도, 사관후보생, 부사관후보생을 제외한 군의 학교의 모든 피교육자를 말한다.

공군항공과학고등학교 학생은 입학한 날에 부사관후보생의 병적에 편입하고(공군항공과학고등학교 설치법 제5조), 3년의 학교 교육과정을 이수하고 졸업한 자는 공군의 하사가 되므로(동법 제10조), 이를 준군인으로서 '군적을 가진 군의 학교의 학생'으로 파악할 수 있다.

② 군적을 가진 생도

사관생도는 당해 학교에 입학한 날부터 각군의 군적에 편입된다(사관학교 설치법 시행령 제28조, 육군3사관학교 설치법 시행령 제3조 제2항, 국군간호사관학교 설치법 시행령 제3조 제1항).

2) 사관후보생 · 부사관후보생

"군간부후보생"이란 장교 · 준사관 · 부사관의 병적 편입을 위하여 군사교육기관 또는 수련기관 등에서 교육이나 수련 등을 받고 있는 사람을 말한다(병역법 제2조 제1항 제4호).

3) 「병역법」 제57조에 따른 군적을 가지는 재영(在營) 중인 학생

고등학교 이상의 학교에 다니는 학생에 대하여는 대통령령으로 정하는 바에 따라 일반군사교육을 할 수 있으며, 그 군사교육을 받은 사람에 대하여는 현역병 또는 사회복무요원의 복무기간을 단축할 수 있다(병역법 제57조 제1항). 고등학교 이상의 학교에 학생군사교육단 사관후보생 또는 부사관후보생과정을 둘 수 있으며 그 과정을 마친 사람은 현역의 장교 또는 부사관의 병적에 편입할 수 있다(병역법 제57조 제2항). 학군사관후보생 또는 학군부사관후보생으로 선발된 자는 각각 학군사관후보생 또는 학군부사관후보생의 병적에 편입한다(학생군사교육실시령 제5조).

학생군사교육을 받는 사람은 언제나 군형법의 적용을 받는 것이 아니라 재영 중인 경우에 한하여 군형법의 피적용자가 된다. 학기 중에 각 대학 등의 학군단에서 실시하는 교육을 받는 기간은 재영 중인 때에 포함되지 않으며, 동계·하계 등 방학기간에 학생중앙군사학교에 실제로 입영하여 훈련을 받는 기간만이 재영 중인 때에 포함된다.

3. 소집되어 복무하고 있는 예비역·보충역 및 전시근로역인 군인

"소집"이란 국가가 병역의무자 또는 지원에 의한 병역복무자(제3조제1항 후단에 따라 지원에 의하여 현역에 복무한 여성을 말한다) 중 예비역(豫備役), 보충역(補充役), 전시근로역 또는 대체역에 대하여 현역 복무 외의 군복무(軍服務)의무 또는 공익 분야에서의 복무의무를 부과하는 것을 말한다(병역법 제2조 제2호).

1) 예비역(병역법 제5조 제1항 제2호)

- 현역을 마친 사람
- 그 밖에 병역법에 따라 예비역에 편입된 사람

2) 보충역(병역법 제5조 제1항 제3호)

- 병역판정검사 결과 현역 복무를 할 수 있다고 판정된 사람 중에서 병력수급(兵力需給) 사정에 의하여 현역병입영 대상자로 결정되지 아니한 사람,
- ① 사회복무요원, ② 예술·체육요원, ③ 공중보건의사, ④ 병역판정검사전담의사, ⑤ 공익법무관, ⑥ 공중방역수의사, ⑦ 전문연구요원, ⑧ 산업기능요원의 어느 하나에 해당하는 사람으로 복무하고 있거나 그 복무를 마친 사람
- 그 밖에 병역법에 따라 보충역에 편입된 사람

3) 전시근로역(병역법 제5조 제1항 제5호)

- 병역판정검사 또는 신체검사 결과 현역 또는 보충역 복무는 할 수 없으나 전시근로소집에 의한 군사지원업무는 감당할 수 있다고 결정된 사람
- 그 밖에 병역법에 따라 전시근로역에 편입된 사람

Ⅲ. 내국인 · 외국인에 대한 적용 (제1조 제4항)

④ 다음 각 호의 어느 하나에 해당하는 죄를 범한 내국인 · 외국인에 대하여도 군인에 준하여 이 법을 적용한다.

1. 제13조 제2항 및 제3항의 죄
2. 제42조의 죄
3. 제54조부터 제56조까지, 제58조, 제58조의2부터 제58조의6까지 및 제59조의 죄
4. 제66조부터 제71조까지의 죄
5. 제75조 제1항 제1호의 죄
6. 제77조의 죄
7. 제78조의 죄
8. 제87조부터 제90조까지의 죄
9. 제13조 제2항 및 제3항의 미수범
10. 제58조의2부터 제58조의4까지의 미수범
11. 제59조 제1항의 미수범
12. 제66조부터 제70조까지 및 제71조 제1항 · 제2항의 미수범
13. 제87조부터 제90조까지의 미수범

군형법은 원칙적으로 군인 또는 준군인에게 적용되나, 예외적으로 다음의 특정 범죄를 저지른 내국인 · 외국인에 대해서도 군인에 준하여 군형법을 적용한다(제1조 제4항). 군인이나 준군인이 아닌 사람에 의해서도 군의 조직과 기능이 파괴 내지 침해될 수 있기 때문이다.

1. 간첩죄(제1호: 제13조 제2항 및 제3항의 죄)

- 군형법 제13조 제2항: **군사상의 기밀을 적국에 누설한 자**
- 군형법 제13조 제3항: 제1항 또는 제2항의 죄를 범할 목적으로 **적국의 간첩과 연락하거나 적국을 위하여 사람을 모집하거나 금품 기타 이익을 수수한 자**

2. 유독음식물공급죄(제2호: 제42조의 죄)

- 제42조:군인에게 유독한 음식물을 공급한 자

3. 초병 관련 범죄(제3호: 제54조부터 제56조까지, 제58조, 제58조의2부터 제58조의 6까지 및 제59조의 죄)

- 제54조: 적전초병에 대한 폭행 · 협박
- 제55조: 적전초병에 대한 상해 · 치상
- 제56조: 적전초병에 대한 살해 · 치사
- 제58조: 초병에 대한 폭행 · 협박
- 제58조의2부터 제58조의6까지: 초병에 대한 각종 범죄
- 제59조: 초병 살해 등

4. 군용물 등에 대한 방화죄(제4호: 제66조부터 제71조까지의 죄)

- 제66조: 군용시설 등에 대한 방화
- 제67조: 군용함선 · 항공기에 대한 방화
- 제68조: 군용시설 등에 대한 일수방화
- 제69조: 군용함선 · 항공기에 대한 일수방화
- 제70조: 군용물에 대한 방화
- 제71조: 군용물에 대한 일수방화

5. 군용물에 대한 재산범죄(제5호: 제75조 제1항 제1호의 죄)

- 제75조 제1항 제1호: 군용에 공하는 함선, 항공기, 차량, 무기, 탄약, 군수품, 군용시설, 군사통신시설 기타 군용물을 손괴, 은닉 또는 절취한 자

6. 외국의 군용시설 또는 군용물에 대한 행위(제6호: 제77조의 죄)

- 군형법 제77조: 외국의 군용시설이나 군용물에 대한 손괴, 은닉, 절취 등의 행위를 한 자

7. 초소침범죄(제7호: 제78조의 죄)

- 제78조: 군의 초소를 침범한 자

8. 포로 관련 범죄(제8호: 제87조부터 제90조까지의 죄)

- 제87조: 포로 도주 원조
- 제88조: 포로 탈환 방해
- 제89조: 포로 은닉
- 제90조: 포로에 대한 기타 범죄

9. 미수범에 대한 규정(제9호부터 제13호까지)

군형법 제1조 제4항 제9호부터 제13호까지는 앞서 언급한 각 범죄의 미수범에 대해서도 군형법을 적용하도록 규정하고 있다.

- 제9호: 제13조 제2항 및 제3항의 미수범(간첩 미수)
- 제10호: 제58조의2부터 제58조의4까지의 미수범(초병 관련 범죄 미수)
- 제11호: 제59조 제1항의 미수범(초병 살해 미수)
- 제12호: 제66조부터 제70조까지 및 제71조 제1항·제2항의 미수범(방화 미수)
- 제13호: 제87조부터 제90조까지의 미수범(포로 관련 범죄 미수)

IV. 신분 변동과 군형법의 적용 (제1조 제5항)

⑤ **제1항부터 제3항까지**에 규정된 사람이 군복무 중이나 재학 또는 재영 중에 이 법에서 정한 죄를 범한 경우에는 전역·소집해제·퇴직 또는 퇴교나 퇴영 후에도 이 법을 적용한다.

1. 신분 변동 후 군형법 적용의 원칙

군형법 제1조 제5항은 군인 등이 군복무 중 군형법에서 정한 죄를 범한 경우에는 전역 후에도 군형법을 적용한다고 규정하고 있다.

2. 적용 대상자

1) 대한민국 군인

현역에 복무하는 장교, 준사관, 부사관 및 병. 전환복무 중인 병은 제외

2) 군인에 준하는 자

군무원, 군적을 가진 군의 학교의 학생·생도와 사관후보생·부사관후보생 및 병역법 제57조에 따른 군적을 가지는 재영 중인 학생, 소집되어 복무하고 있는 예비역·보충역 및 전시근로역인 군인

3. 범행 시점

군형법에서 정한 죄를 "군복무 중이나 재학 또는 재영 중"에 범하여야 한다.

4. 신분 변동의 유형

1) 전역(轉役)

현역 군인이 복무를 마치고 예비역으로 편입되거나 민간인이 되는 것

2) 소집해제

예비역·보충역 및 전시근로역인 군인이 소집복무를 마치고 원래 신분으로 돌아가는 것

3) 퇴직

군무원이 그 직을 그만두는 것

4) 퇴교

군적을 가진 군의 학교의 학생·생도나 사관후보생·부사관후보생이 교육과정을 중단하고 학교를 떠나는 것

5) 퇴영

병역법 제57조에 따른 군적을 가지는 재영 중인 학생이 영내 교육을 마치고 나가는 것

[2] 장소적 적용 범위 (제1조의2)

제1조의2(장소적 적용범위) 이 법은 제1조에 규정된 사람이 대한민국의 영역 밖에서 이 법에 규정된 죄(제1조 제4항의 적용을 받는 사람에 대하여는 같은 항 각 호에 정한 죄만 해당한다)를 범한 경우에도 적용한다.

Ⅰ. 속인주의 원칙

속인주의(屬人主義)란 자국민이 범한 범죄에 대하여는 범죄지를 불문하고 자국의 형법을 적용한다는 원칙을 말한다.

군형법은 제1조에 규정된 사람이 **대한민국의 영역 밖**에서 군형법에 규정된 죄를 저지른 경우에도 적용된다(제1조의2). 따라서 군형법 피적용자가 국외에서 범한 범죄에 대해서도 군형법이 적용되는 속인주의를 원칙으로 하고 있다.

이와 달리 형법 제2조는 "**대한민국 영역 내**에서 죄를 범한 내국인과 외국인에게 적용한다"고 규정하여 속지주의를 원칙으로 하고 있다.

Ⅱ. 속지주의에 의한 보완

속지주의(屬地主義)란 자국의 영역 내에서 발생한 모든 범죄에 대하여 범죄인의 국적에 관계없이 자국의 형법을 적용한다는 원칙을 말한다.

군형법 제1조 4항은 외국인이 대한민국 영역 내에서 일부 범죄를 범한 경우에도 군인에 준하여 군형법을 적용한다고 규정하고 있다. 이는 외국인에게도 대한민국 영역에서 범한 범죄에 대해서 군형법이 적용되는 속지주의적 성격을 보여 주는 것이다.

Ⅲ. 보호주의를 통한 보완

　보호주의(保護主義)란 자국 또는 자국민의 법익을 침해하는 범죄에 대하여는 누구에 의하여 어느 곳에서 발생하였는가에 관계없이 자국형법을 적용한다는 원칙을 말한다.

　군형법 제1조의2는 외국인이 대한민국의 영역 밖에서 군형법 제1조 제4항 각 호에 정한 죄를 저지른 경우에도 적용된다고 규정하고 있다. 이는 외국인이 대한민국 영역 외에서 저지른 범죄에 대해서까지 군형법을 적용하는 것으로, 보호주의에 해당한다.

제3장

군형법상 용어의 정의

군형법은 제2조는 군형법의 적용과 해석의 기준이 되는 주요 용어들을 명확하게 정의하고 있다. 이러한 용어 정의는 죄형법정주의의 핵심 원칙인 구성요건의 명확성을 확보하기 위한 중요한 장치이다.

헌법재판소는 "적어도 명령의 '제정권자', 명령의 '성격', 명령의 '대상' 및 명령의 '내용' 등에 관한 기본적인 사항만은 법률에 규정하여야 하며 그렇게 하는 것이 입법기술상 불가능하지도 않는다고 할 것인데(예컨대 군형법 제2조의 '용어의 정의' 등에서 그 규정이 가능하고/ 다만 더 구체적인 사항은 하위규범에 위임할 수도 있을 것이다)"라고 판시하여 용어 정의의 중요성을 강조하였다(헌법재판소 1995. 5. 25. 선고 91헌바20 결정).

[1] 상관

Ⅰ. 상관의 개념

군형법 제2조 제1호는 '상관'이란 '명령복종관계에서 명령권을 가진 사람을 말하고, 명령복종관계가 없는 경우의 상위 계급자와 상위 서열자는 상관에 준한다'고 규정하고 있다.

- 순정상관(純正上官) : 명령복종 관계에서 명령권을 가진 사람
- 준상관(準上官) : 명령복종 관계가 없는 경우의 상위 계급자와 상위 서열자

Ⅱ. 순정상관(純正上官)

순정상관(純正上官)이란 명령복종 관계에서 명령권을 가진 사람을 말한다.

1. 명령복종 관계

'명령'이란 군사적으로 상관이 부하에게 발하는 직무상의 지시를 말하고(헌법재판소 2016. 2. 25. 선고 2013헌바111 결정), '명령복종 관계'는 구체적이고 현실적인 관계일 필요까지는 없으나 법령에 의거하여 설정된 상하의 지휘계통 관계를 말한다(대법원 2021. 3. 11. 선고 2018도12270 판결). 명령권을 가진 사람에는 고유한 명령권자 외에도 직무대리나 권한의 위임에 의하여 명령권을 행사하는 사람을 포함한다.

2. 명령권의 존재

명령복종의 관계에 있는지를 따져 명령권을 가지면 상관이고, 이러한 경우 계급이나 서열은 문제가 되지 아니한다. 군의 직무상 하급자가 명령권을 가질 수도 있기 때문이다(대법원 2021. 3. 11. 선고 2018도12270 판결).

3. 순정상관의 범위

1) 대통령 포함 여부

군형법상 상관모욕죄의 객체인 '상관'에 대통령이 포함되는지가 문제된 사안에서, 대법원은 "군형법상 상관모욕죄는 상관에 대한 사회적 평가, 즉 외부적 명예 외에 군 조직의 질서 및 통수체계 유지 역시 보호법익으로 하는 점, 상관모욕죄의 입법 취지, 군형법 제2조 제1호, 제64조 제2항 같은 법규범의 체계적 구조 등을 종합하면, 상관모욕죄에서의 '상관'에 대통령이 포함된다."고 판시하였다(대법원 2013. 12. 12. 선고 2013도4555 판결).

2) 병(兵) 분대장 포함 여부

부대지휘 및 관리, 병영생활에 있어 분대장과 분대원은 명령복종 관계로서 분대장은 분대원에 대해 명령권을 가진 사람 즉 상관에 해당하고, 이는 분대장과 분대원이 모두 병(兵)이라 하더라도 달리 볼 수 없다(대법원 2021. 3. 11. 선고 2018도12270 판결).

Ⅲ. 준상관(準上官)

준상관(準上官)이란 명령복종 관계가 없는 경우의 상위 계급자와 상위 서열자를 말한다.

1. 상위 계급자

상위 계급자란 계급적으로 상위에 있는 자를 말한다. 군인의 서열은 군인사법 제3조에 규정된 계급의 순위에 따른다(군인사법 제4조 제1항).

> 군인사법 제3조(계급)
> ① 장교는 다음 각 호와 같이 구분한다.
> 1. 장성(將星): 원수(元帥), 대장, 중장, 소장 및 준장
> 2. 영관(領官): 대령, 중령 및 소령
> 3. 위관(尉官): 대위, 중위 및 소위
> ② 준사관은 준위(准尉)로 한다.
> ③ 부사관은 원사(元士), 상사, 중사 및 하사로 한다.
> ④ 병은 병장, 상등병, 일등병 및 이등병으로 한다.

2. 상위 서열자

상위 서열자란 같은 계급에 있는 자 간에서 서열이 앞서는 자를 말한다. 서열에 관하여 필요한 사항은 대통령령으로 정한다(군인사법 제4조 제2항).

> 군인사법 시행령 제2조(서열)
> ① 군인의 서열에 관하여는 「군인사법」 제4조와 다음 각 호의 순위에 따른다.
> 1. 사관생도 및 사관후보생의 서열은 준사관 다음으로, 부사관후보생은 부사관 다음 순위로 한다.
> 2. 같은 계급에서는 제36조에 따른 차상위 계급으로의 진급 예정자가 우선하고, 그 다음에는 그 계급에 진급된 날짜 순으로 한다.
> 3. 제2호의 순위가 같을 때에는 차하위 계급에 진급된 날짜 순으로 하되, 그 순위 또한 같을 때에는 하위 계급에 진급된 날짜 순에 따르고, 그 순위에 따르기 어려울 때에는 임용된 날짜 순에 따른다. 이 경우 임용일이 같을 때에는 육군, 해군 및 공군 참모총장(이하 "참모총장"이라 한다)이 정한다.
> ② 법 제4조에 규정된 계급의 순위에는 임시계급을 포함하고, 제1항 제2호 및 제3호에 따른 서열 순위에는 임시계급을 포함하지 아니한다.
> ③ 제1항 제2호 및 제3호에도 불구하고 참모총장의 서열은 다른 군의 장성급 장교(참모총장은 제외한다)보다 우선한다.
> ④ 법 제21조에 따라 임명된 병과장(兵科長)은 해당 군, 해당 병과에서 복무하는 장교 중 최고의 서열을 가진다.
> ⑤ 부사관 및 병(兵)의 서열에 관하여는 참모총장이 정한다.

3. 타군과의 관계

군형법 제2조 제1호는 "'상관'이란 명령복종 관계에서 명령권을 가진 사람을 말한다. 명령복종 관계가 없는 경우의 상위 계급자와 상위 서열자는 상관에 준한다."라고 규정하고 있고, '상관에 준하는 자' 중에 타군의 상위 계급자를 제외하고 있지 아니하므로, 타군의 상위 계급자도 상관에 준하는 자에 포함된다.

※ 해군 상사가 공군 원사와 육군 원사를 폭행한 사건에서, "군형법 제2조 제1호는 '상관에 준하는 자' 중에 타군의 상위 계급자를 제외하고 있지 아니하다"고 판시한 사례 (창원지방법원 2017. 8. 29. 선고 2017고합94 판결)

Ⅳ. 상관의 지위와 직무수행의 관계

상관이 반드시 직무수행 중일 것을 요하지 아니한다.

※ 군형법 제48조, 제52조의2에서 규정한 상관에 대한 폭행·협박·상해의 죄와 제64조 제1항에서 규정한 상관모욕죄는 모두 상관의 신체, 명예 등의 개인적 법익뿐만 아니라 군 조직의 위계질서 및 통수체계 유지도 보호법익으로 하는 점 등에 비추어 보면, 이들 죄에서의 상관에는 명령복종 관계가 없는 경우의 상위 계급자와 상위 서열자도 포함되고, 상관이 반드시 직무수행 중일 것을 요하지 아니한다(대법원 2015. 9. 24. 선고 2015도11286 판결).

[2] 지휘관

Ⅰ. 지휘관의 개념

군형법 제2조 제2호는 "지휘관"을 "중대 이상 단위부대의 장과 함선(艦船)부대의 장 또는 함정(艦艇) 및 항공기를 지휘하는 사람"으로 정의하고 있다.

Ⅱ. 지휘관의 범위

1. 중대 이상 단위부대의 장

중대 이상의 단위부대의 장이라야 군형법상의 지휘관이다, 따라서 소대장은 군형법에서 말하는 지휘관이 아니다.

2. 함선(艦船)부대의 장

함선부대의 규모에 관계 없이 함선부대의 장은 군형법상 지휘관에 해당한다.

3. 함정(艦艇) 및 항공기를 지휘하는 사람

함정 및 항공기의 규모에 상관없이 함정 및 항공기를 지휘하는 사람은 군형법상 지휘관에
해당한다.

Ⅲ. 지휘관으로 임명 요부

지휘관은 반드시 중대 이상 단위부대의 장과 함선(艦船)부대의 장 또는 함정(艦艇) 및 항
공기의 지휘관으로 임명될 것을 요하지 않는다.

지휘관이 전사 그 밖의 사유로 궐위된 경우에 그 직무를 대리하는자도 지휘관에 해당한다.

Ⅳ. 군형법상 지휘관이 주체가 되는 범죄

군형법상 지휘관이 주체가 되는 범죄에는 지휘권남용의 죄(제3장), 지휘관의 항복과 도피
의 죄(제4장), 지휘관의 수소이탈죄(제5장) 등이 있다.

[3] 초병

Ⅰ. 초병의 개념

"초병(哨兵)"이란 "경계를 그 고유의 임무로 하여 지상, 해상 또는 공중에 책임 범위를 정
하여 배치된 사람"을 말한다(제2조 제3호).

Ⅱ. 초병의 요건
1. 경계를 그 고유의 임무로 할 것

초병은 경계를 그 고유한 임무로 하여 일정한 공간의 경계임무에 배치된 사람이므로, 다

른 업무를 수행하는 과정에서 부수적으로 경계임무를 수행하는 사람은 초병이 아니다. 즉, 군인에게 부여된 주된 임무가 경계 이외일 경우에는 초병에 해당하지 않는다.

> ※ 위병조장은 ① 위병장교 또는 위병하사관의 지시를 받아 위병소에서 근무하고, ② 초병의 교대를 지시·감독하며 초병으로부터 보고 받은 사항을 위병장교 또는 위병하사관에게 보고하고, ③ 초병선을 순찰하여 초병의 근무상태와 이상 유무를 확인하고, ④ 위병소의 청결을 유지하고 비품관리 및 관계 서류를 기록·유지하며 근무교대시 근무사항 일체를 인계인수하는 것을 그 임무로 하는 자로서, 위와 같은 직무내용에 비추어 위병조장을 경계를 그 고유임무로 하는 자 즉 군형법상 초병이라고 할 수 없다(대법원 1999. 11. 12. 선고 99도3801 판결).

2. 지상, 해상 또는 공중에 책임 범위를 정하여 배치될 것

초병은 지상, 해상 또는 공중에 책임 범위를 정하여 배치된 사람이어야 한다. 이는 초병이 담당하는 경계 구역이 명확히 정해져 있어야 함을 의미한다. 초병은 일정한 공간적 범위에 대한 경계 책임을 지고 배치되어야 한다.

1) 실제 배치된 경계근무자

군형법 제28조 초병의 수소이탈죄에서 말하는 초병에는 실제로 수소에 배치되어 근무하는 자는 물론이고, 초병근무명령을 받아 경계근무감독자에게 신고하고 근무시간에 임박하여 경계근무의 복장을 갖춘 자도 포함된다(대법원 2006. 6. 30. 선고 2005도8933 판결).

2) 동초근무자

군형법 제54조 내지 제59조의 죄에서 말하는 초병은 실제로 일정한 장소의 경계 임무에 배치되어 근무하는 자를 말하고, 여기에는 입초근무자 뿐만 아니라 동초근무자도 포함된다(대법원 2008. 12. 11. 선고 2008도7754 판결).

[4] 부대

Ⅰ. 부대의 개념

"부대"란 "군대, 군의 기관 및 학교와 전시(戰時) 또는 사변 시에 이에 준하여 특별히 설치하는 기관"을 말한다(제2조 제4호).

Ⅱ. 부대의 범위

1. 군대, 군의 기관 및 학교

군대란 인적 요소로서, 군의 기율하에 있는 장병의 집합체를 말한다.

군의 기관이란 군사에 관한 국가의 의사를 결정하여 이를 외부에 표시하는 관청을 말하며, 그 보조기관도 포함한다.

군의 학교는 각 군 사관학교, 국방대학교 등 군에서 운영하는 교육기관을 의미한다.

2. 전시(戰時) 또는 사변 시에 이에 준하여 특별히 설치하는 기관

전시 또는 사변 시에는 이에 준하여 특별히 설치하는 기관도 부대에 포함된다. 이는 전시 또는 사변이라는 비상상황에서 임시로 설치되는 군사 관련 기관도 군형법의 적용 대상이 됨을 의미한다.

[5] 적전

Ⅰ. 적전의 개념

"적전(敵前)"이란 "적에 대하여 공격·방어의 전투행동을 개시하기 직전과 개시 후의 상태 또는 적과 직접 대치하여 적의 습격을 경계하는 상태"를 말한다(제2조 제5호). 군형법에는 적전인 경우에 가중처벌하는 여러 조문이 있으므로 '적전' 개념은 동일한 기준으로 해석되어야 한다.

II. 적전의 상태 구분

적전의 개념은 시간적인 상태와 공간적인 상태로 파악할 수 있다.

1. 시간적 상태

적에 대하여 공격·방어의 전투행동을 개시하기 직전과 개시 후의 상태를 의미한다. 이는 실제 전투가 시작되기 직전부터 전투 중인 상황을 포함한다. 시간적으로는 적에 대하여 전투행동을 개시하기 직전부터 전투행동 개시 후 종료할 때까지를 말한다.

2. 공간적 상태

적과 직접 대치하여 적의 습격을 경계하는 상태를 의미한다. 이는 적과 직접 대치하고 있어 언제든지 적의 공격이 있을 수 있는 상황을 말한다. 단순한 물리적·지역적 대치가 아닌 전술적 목적에서의 대치를 말한다.

III. 판례

- 민간인 통제선 이남의 전술도로 작업장에서 도로공사작업을 하는 상황은 적전이라고 할 수 없다(육군 1973. 12. 21. 선고 73고군형항638 판결).
- GOP 근무 자체만으로 적전임을 당연히 인정할 수 없고, GOP에 근무한다는 사실 이외에 시간적·공간적으로 적전에 해당한다는 사실이 입증되어야 한다(고등군사법원 2014. 4. 15. 선고 2013노260 판결).
- 군인인 피고인이 남방한계선 철책에 있는 일반초소(GOP)의 경계근무에 투입되었다가 근무를 기피할 목적으로 위계를 행하였다고 하여 군형법 제41조 제2항 제1호에서 정한 '적전(敵前) 근무 기피 목적 위계'로 기소된 사안에서, 위 일반초소(GOP)에 근무한다는 사실만으로 '적전'에 해당한다고 할 수 없다(대법원 2014. 9. 4. 선고 2014도5033 판결).

[6] 전시

Ⅰ. 전시의 개념

"전시"란 "상대국이나 교전단체에 대하여 선전포고나 대적(對敵)행위를 한 때부터 그 상대국이나 교전단체와 휴전협정이 성립된 때까지의 기간"을 말한다(제2조 제6호).

Ⅱ. 전시의 시작과 종료

1. 전시의 시작

전시는 상대국이나 교전단체에 대하여 선전포고나 대적행위를 한 때부터 시작된다. 여기서 선전포고란 국가가 공식적으로 전쟁을 선언하는 행위를 말하며, 대적행위란 전쟁의사를 수반하는 무력에 의한 가해행위를 말한다.

2. 전시의 종료

전시는 상대국이나 교전단체와 휴전협정이 성립된 때까지 계속된다. 휴전협정이란 전투행위를 중지하기로 하는 합의를 말한다.

[7] 사변

Ⅰ. 사변의 개념

"사변"이란 "전시에 준하는 동란(動亂)상태로서 전국 또는 지역별로 계엄이 선포된 기간"을 말한다(제2조 제7호).

Ⅱ. 사변의 요건

1. 전시에 준하는 동란상태

사변은 전시에 준하는 동란상태가 존재하여야 한다. 동란이란 국가의 안전과 공공의 안녕질서를 위협하는 폭동이나 소요 상태를 말한다. 따라서 전시에 준하는 동란상태는 전쟁은 아니나 내란, 소요 등 전시에 준할 만큼 사회적 불안이 초래된 상태를 의미한다.

2. 계엄 선포

사변이 성립하기 위해서는 전국 또는 지역별로 계엄이 선포되어야 하고, 사변은 전국 또는 지역별로 계엄이 선포된 기간을 의미한다. 계엄이란 비상사태 시 군사상의 필요에 따라 또는 공공의 안녕질서를 유지하기 위하여 군대를 동원하여 일정한 지역의 행정권과 사법권의 전부 또는 일부를 군사기관이 관장하는 비상조치를 말한다. 군형법상 사변에는 비상계엄과 경비계엄이 모두 포함된다.

제4장

다른 법의 적용례

> 제4조(다른 법의 적용례) 제1조에 따른 이 법의 적용대상자가 범한 죄에 관하여 이 법에 특별한 규정이 없으면 다른 법령에서 정하는 바에 따른다.

[1] 군형법 제4조의 의의

군형법 제4조는 "제1조에 따른 이 법의 적용대상자가 범한 죄에 관하여 이 법에 특별한 규정이 없으면 다른 법령에서 정하는 바에 따른다"고 규정하고 있다.

이는 군형법의 적용대상자가 범한 범죄에 대해 군형법에 특별한 규정이 없는 경우 일반 형사법령이 적용됨을 명시함으로써, 군형법 제4조를 통해 일반 형사법체계와의 연계성을 유지함으로써 법적 안정성과 예측가능성을 확보하고 있다.

[2] 군형법과 형법의 관계

Ⅰ. 형법 총칙의 적용

1. 형법 제8조의 규정

형법 제8조는 "본법 총칙은 타법령에 정한 죄에 적용한다. 단, 그 법령에 특별한 규정이 있는 때에는 예외로 한다"고 규정하고 있다. 이에 따라 형법 총칙은 군형법에서 정하고 있는 범죄에 대해서도 적용된다. 다만, 군형법에 특별한 규정이 있는 경우에는 그 적용이 배제된다.

2. 형법 총칙 적용의 구체적 내용

군형법에 특별한 규정이 없는 한 범죄의 성립요건, 위법성 조각사유, 책임조각사유, 미수범, 공범 등에 관한 일반 형법 총칙의 규정이 군형법에도 적용된다.

Ⅱ. 군형법의 특별 규정

군형법에서 형법 총칙과 달리 특별히 규정하고 있는 대표적인 예는 다음과 같다.

1. 인적 적용범위

군형법 제1조는 군형법의 적용대상자를 구체적으로 규정하고 있다.

2. 사형의 집행방법

형법 제66조는 "사형은 교정시설 안에서 교수(絞首)하여 집행한다"라고 규정하고 있다. 이와 달리 군형법 제3조는 '사형은 소속 군 참모총장이 지정한 장소에서 총살로써 집행한다.'고 규정하여 사형집행장소의 지정권자와 특별한 사형집행방법을 규정하고 있다.

3. 이탈자비호죄의 특례

군형법 제32조는 형법상 범인은닉죄에 대한 특별법적 성격을 가지며, 친족상도례가 적용되지 않는다.

Ⅲ. 법조경합 시 적용 원칙

군형법과 일반 형법에 모두 해당하는 범죄의 경우, 특별법 우선의 원칙에 따라 군형법이 우선 적용된다.

Ⅳ. 공범 관계에서의 적용

군인이나 군무원 등에 해당되지 아니하는 비신분자가 신분자의 군형법 제41조 위반죄에 대하여 공범이 될 수 있는지 여부에 대해,

대법원은 "피고인은 군인이나 군무원 등 군인에 준하는 자에 해당되지 아니한다 할지라도 공소외인이 범행 당시 그와 같은 신분을 가지고 있었다면 형법 제8조, 군형법 제4조의 규정에 따라 형법 제33조가 적용되어 공범으로서의 죄책을 면할 수 없다"고 판시하였다(대법원 1992. 12. 24. 선고 92도2346 판결).

[3] 군형법의 시간적 적용범위

형법의 시간적 적용범위에 관한 원칙은 군형법 제4조에 따라 일반 형법이 적용되는 경우에도 동일하게 적용된다.

Ⅰ. 원칙 : 행위시법주의

형법 제1조 제1항은 "범죄의 성립과 처벌은 행위 시의 법률에 따른다"고 규정하고 함으로써 행위시법주의의 원칙을 선언하고 있다.

Ⅱ. 예외 : 재판시법주의

형법 제1조 제2항은 "범죄 후 법률이 변경되어 그 행위가 범죄를 구성하지 아니하게 되거나 형이 구법보다 가벼워진 경우에는 신법에 따른다"고 규정하여 행위자에게 유리한 재판시법주의를 규정하고 있다.

Ⅲ. 판례

- 법정형으로 징역형과 금고형만 규정되어 있던 구 군형법 제79조(무단이탈)가 원심판결 선고 후 개정되어 벌금형이 추가된 경우, '범죄 후 법률의 변경에 의하여 형이 구법보다 경한 때'에 해당한다고 한 사례 (대법원 2010. 3. 11. 선고 2009도12930 판결)
- 법정형으로 징역형과 금고형만 규정되어 있던 구 군형법 제30조(군무이탈)가 원심판결 선고 후 개정되어 벌금형이 추가된 경우, '범죄 후 법률의 변경에 의하여 형이 구법보다 경한 때'에 해당한다(대법원 2010. 3. 25. 선고 2009도14994 판결).

제5장

군사법원의 재판권

군형법과 군사재판권은 밀접하게 연관되어 있으며, 군형법의 인적 적용범위가 군사법원의 재판권 범위를 결정하는 중요한 요소가 된다. 그러나 헌법 제27조 제2항의 정신에 따라 일반 국민에 대한 군사재판권은 제한적으로만 인정되며, 특히 일반 국민이 특정 군사범죄를 범한 경우에도 그 이전이나 이후에 범한 일반 범죄에 대해서는 군사법원의 재판권이 인정되지 않는다.

또한 신분의 변동에 따라 재판권이 변경될 수 있으며, 경합범 관계에 있는 죄의 경우에는 범죄별로 재판권이 분리될 수 있다. 이러한 재판권 쟁의를 해결하기 위해 군사법원법은 대법원에 재정을 신청할 수 있는 제도와 재판권 없는 사건의 이송 제도 등을 마련하고 있다.

[1] 군사재판의 헌법적 근거

Ⅰ. 헌법상 군사법원의 설치 근거

헌법은 제110조에서 군사재판을 관할하기 위한 특별법원으로서 군사법원을 둘 수 있도록 규정하고 있으며, 군사법원의 조직, 권한 및 재판관의 자격은 법률로 정하도록 하고 있다. 이에 따라 군사법원법이 제정되어 군사법원의 조직과 권한을 규정하고 있다.

Ⅱ. 일반 국민의 군사재판 배제 원칙

헌법 제27조 제2항은 "군인 또는 군무원이 아닌 국민은 대한민국의 영역 안에서는 중대한 군사상 기밀·초병·초소·유독음식물공급·포로·군용물에 관한 죄 중 법률이 정한 경우와 비상계엄이 선포된 경우를 제외하고는 군사법원의 재판을 받지 아니한다"고 규정하여 일반

국민의 군사재판 배제 원칙을 천명하고 있다.

III. 군사법원의 재판권

1. 신분적 재판권

군사법원법 제2조는 군사법원의 신분적 재판권에 관하여 규정하고 있으며, 군형법 제1조 제1항부터 제4항까지에 규정된 사람이 범한 죄와 국군부대가 관리하고 있는 포로가 범한 죄에 대하여 재판권을 가진다고 규정하고 있다(군사법원법 제2조 제1항).

2. 그 밖의 재판권

군사법원법 제3조는 계엄법에 따른 재판권과 군사기밀보호법 제13조의 죄와 그 미수범에 대한 재판권을 규정하고 있다(군사법원법 제3조).

[2] 군사법원의 신분적 재판권

I. 신분적 재판권의 의의

1. 개념

군사법원은 '신분적인 재판권'을 가진다. 군사법원의 신분적인 재판권이 미치는 범위는 군형법에 의하여 정해지는바, 군형법의 피적용자인 군인(현역에 복무하는 장교, 준사관, 부사관 및 병)과 군인에 준하는 신분을 가진 자 및 군형법상 일정한 죄를 범한 내외국인에 대하여 군사법원의 재판권이 미친다(헌법재판소 2009. 7. 30. 선고 2008헌바162 결정).

2. 헌법적 근거

헌법 제110조의 위임에 따라 군사법원법 제2조 제1항 제1호는 군형법의 적용대상자에 대한 군사법원의 '신분적 재판권'을 규정하고, 군형법 제1조는 '군인'에게 군형법을 적용하며(제1항, 제2항), 군무원, 군적을 가진 군의 학교의 학생·생도, 사관후보생 등과 소집되어 실역에 복무하고 있는 예비역·보충역 등에 대하여도 군인에 준하여 군형법을 적용하도록 하는 한편(제3항), 군형법 제1조 제4항 각호에 해당하는 죄를 범한 내국인·외국인에 대하여도 군인에 준하여 군형법을 적용한다고 규정하고 있다(대법원 2018. 8. 30. 선고 2016도 6288 판결).

II. 재판권의 범위

군사법원법 제2조 제1항은 군사법원의 신분적 재판권을 다음과 같이 규정하고 있다.

1. 군형법 적용대상자

군사법원은 군형법 제1조 제1항부터 제4항까지에 규정된 사람이 범한 죄에 대하여 재판권을 가진다. 다만, 군형법 제1조 제4항에 규정된 사람 중 일정한 내국인·외국인은 제외된다(군사법원법 제2조 제1항 제1호).

2. 제외 대상

군의 공장, 전투용으로 공하는 시설, 교량 또는 군용에 공하는 물건을 저장하는 창고에 대하여 군형법 제66조, 제68조, 제69조의 죄를 범한 내국인·외국인과 그 미수범, 그리고 국군과 공동작전에 종사하고 있는 외국군의 군용시설에 대하여 이러한 죄를 범한 내국인·외국인은 군사법원의 재판권에서 제외된다(군사법원법 제2조 제1항 제1호 가목 내지 마목). 이는 헌법 제27조 제2항이 일반 국민에 대한 군사법원의 재판권을 엄격하게 제한하려는 취지를 반영한 것이다.

3. 포로에 대한 재판권

국군부대가 관리하고 있는 포로가 범한 죄에 대하여도 군사법원이 재판권을 가진다(군사법원법 제2조 제1항 제2호).

[3] 일반법원의 재판권

제2조(신분적 재판권) ② 제1항에도 불구하고 법원은 다음 각 호에 해당하는 범죄 및 그 경합범 관계에 있는 죄에 대하여 재판권을 가진다. 다만, 전시·사변 또는 이에 준하는 국가비상사태 시에는 그러하지 아니하다.
1. 「군형법」 제1조제1항부터 제3항까지에 규정된 사람이 범한 「성폭력범죄의 처벌 등에 관한 특례법」 제2조의 성폭력범죄 및 같은 법 제15조의2의 죄, 「아동·청소년의 성보호에 관한 법률」 제2조제2호의 죄
2. 「군형법」 제1조제1항부터 제3항까지에 규정된 사람이 사망하거나 사망에 이른 경우 그 원인이 되는 범죄
3. 「군형법」 제1조제1항부터 제3항까지에 규정된 사람이 그 신분취득 전에 범한 죄

군사법원법 제2조 제2항은 다음의 경우에는 일반법원이 재판권을 가진다고 규정하고 있다.

제1항에도 불구하고 법원은 다음 각 호에 해당하는 범죄 및 그 경합범 관계에 있는 죄에 대하여 재판권을 가진다. 다만, 전시·사변 또는 이에 준하는 국가비상사태 시에는 그러하지 아니하다.

Ⅰ. 성폭력범죄 등

군형법 제1조 제1항부터 제3항까지에 규정된 사람이 범한 성폭력범죄의 처벌 등에 관한 특례법 제2조의 성폭력범죄 및 같은 법 제15조의2의 죄, 아동·청소년의 성보호에 관한 법

률 제2조 제2호의 죄(군사법원법 제2조 제2항 제1호).

Ⅱ. 사망 관련 범죄

군형법 제1조 제1항부터 제3항까지에 규정된 사람이 사망하거나 사망에 이른 경우 그 원인이 되는 범죄(군사법원법 제2조 제2항 제2호).

Ⅲ. 신분취득 전 범죄

군형법 제1조 제1항부터 제3항까지에 규정된 사람이 그 신분취득 전에 범한 죄(군사법원법 제2조 제2항 제3호).

[4] 군사법원의 그 밖의 재판권

군사법원법 제3조는 군사법원이 계엄법에 따른 재판권과 군사기밀보호법 제13조의 죄와 그 미수범에 대하여 재판권을 가진다고 규정하고 있다.

Ⅰ. 계엄법에 따른 재판권

군사법원은 계엄법에 따른 재판권을 가진다(군사법원법 제3조 제1항). 비상계엄지역에서 계엄법 제14조 또는 일정한 죄를 범한 사람에 대한 재판은 군사법원이 한다(계엄법 제10조 제1항).

Ⅱ. 군사기밀보호법상 재판권

군사법원은 군사기밀보호법 제13조의 죄와 그 미수범에 대하여 재판권을 가진다(군사법원법 제3조 제2항).

[5] 재판권 없는 사건의 이송

군사법원은 공소가 제기된 사건에 대하여 군사법원이 재판권을 가지지 아니하게 되었거나 재판권을 가지지 아니하였음이 밝혀진 경우에는 결정으로 사건을 재판권이 있는 같은 심급의 법원으로 이송한다. 이 경우 이송 전에 한 소송행위는 이송 후에도 그 효력에 영향이 없다(군사법원법 제2조 제3항).

[6] 국방부장관의 기소 결정권

Ⅰ. 기소 결정권

국방부장관은 제2항에 해당하는 죄의 경우에도 국가안전보장, 군사기밀보호, 그 밖에 이에 준하는 사정이 있는 때에는 해당 사건을 군사법원에 기소하도록 결정할 수 있다. 다만, 해당 사건이 법원에 기소된 이후에는 그러하지 아니하다(군사법원법 제2조 제4항).

Ⅱ. 취소 신청권

검찰총장 및 고소권자는 제4항 본문의 결정에 대하여 7일 이내에 대법원에 그 취소를 구하는 신청을 할 수 있다(군사법원법 제2조 제5항).

[7] 재판권 쟁의에 대한 재정 신청

법원과 군사법원 사이에서 재판권에 대한 쟁의(爭議)가 발생한 때에는 해당 사건이 계속(繫屬)되어 있는 법원 또는 군사법원이나 이 법과 「형사소송법」에 따른 해당 사건의 상소권자는 대법원에 재판권의 유무에 대한 재정(裁定)을 신청할 수 있다(군사법원법 제3조의2 제1항).

제2편

군형법 각론

제1장

반란의 죄

[1] 총설

　반란죄는 군인 또는 군인에 준하는 자가 작당하여 병기를 휴대하고 국가권력, 특히 군의 통수권 및 지휘권에 반항하는 행위를 처벌하는 군형법상의 범죄이다. 반란죄는 군대의 지휘통솔체계를 파괴하고 국가의 안전을 위태롭게 하는 중대한 범죄로서, 군형법에서 이를 엄중하게 처벌하고 있다.

　반란죄는 다수의 군인이 작당하여 넓은 의미의 폭행·협박으로 국권에 저항하는 과정에서 상황에 따라 벌어질 수 있는 살인, 약탈, 파괴, 방화, 공무집행방해 등 각종의 범죄행위를 하나의 반란행위로 묶어 함께 처벌하는 집단적 범죄이다(대법원 1997. 4. 17. 선고 96도3376 판결).

　반란죄는 형법상 내란죄와 유사하게 국가의 내부질서를 위태롭게 하는 범죄이지만, ① 내란죄는 목적범이지만 반란죄는 목적범이 아니고, ② 내란죄는 폭동을 수단으로 하지만 반란죄는 병기를 휴대하는 것을 수단으로 하며, ③ 반란죄는 군형법이 적용되는 군인 또는 군인에 준하는 사람이 주체가 될 수 있는 신분범이라는 차이점이 있다.

[2] 반란죄 (제5조)

제5조(반란) 작당(作黨)하여 병기를 휴대하고 반란을 일으킨 사람은 다음 각 호의 구분에 따라 처벌한다.

> 1. 수괴(首魁): 사형
>
> 2. 반란 모의에 참여하거나 반란을 지휘하거나 그 밖에 반란에서 중요한 임무에 종사한 사람과
>   반란 시 살상, 파괴 또는 약탈 행위를 한 사람: 사형, 무기 또는 7년 이상의 징역이나 금고
>
> 3. 반란에 부화뇌동(附和雷同)하거나 단순히 폭동에만 관여한 사람: 7년 이하의 징역이나 금고

I. 반란죄의 의의

반란죄는 군인이 작당하여 병기를 휴대하고 군 지휘계통이나 국가기관에 반항함으로써 성립하는 범죄이다.

반란죄의 보호법익은 군의 지휘통수계통의 안전과 국가의 안전보장이다. 군 지휘계통에 대한 반란은 위로는 군의 최고통수권자인 대통령으로부터 최말단의 군인에 이르기까지 일사불란하게 연결되어 기능하여야 하는 군의 지휘통수계통에서 군의 일부가 이탈하여 지휘통수권에 반항하는 것을 그 본질로 한다(대법원 1997. 4. 17. 선고 96도3376 판결).

II. 구성요건

1. 객관적 구성요건

1) 주체

반란죄의 주체는 군형법 제1조에 따른 군인 또는 군인에 준하는 자이다. 따라서 군형법이 적용되는 군인 또는 군인에 준하는 사람이 주체가 될 수 있는 신분범이다.

① 수괴(首魁)

'수괴'란 반란을 조직·통솔하는 최고 지휘자의 지위에 있는자를 말한다. 반드시 1인일 것을 요하지 않으며, 반란현장에 있을 필요도 없다.

② 모의참여자·지휘자·중요임무종사자·살상파괴약탈자

반란 모의에 참여하거나 반란을 지휘하거나 그 밖에 반란에서 중요한 임무에 종사한 사람과 반란 시 살상, 파괴 또는 약탈 행위를 한 사람이다.

모의참여자는 수괴를 보좌하여 반란계획에 참여한 자를 말한다. 지휘자는 반란에 가담한 군인의 전부 또는 일부를 지휘하는 자를 말한다. 지휘는 반란개시 전후를 불문하고, 현장성도 요하지 않는다. 중요임무종사자는 모의참여자·지휘자 이외의 자로서 반란에 관하여 중요한 책임 있는 지위에 있는 자를 말한다.

③ 부화뇌동자·단순폭동관여자

반란에 부화뇌동(附和雷同)하거나 단순히 폭동에만 관여한 사람을 말한다. 여기에서 부화뇌동(附和雷同)한다는 것은 반란하고 있는 사실을 알면서 자신의 뚜렷한 소신이나 주관 없이 반란에 무조건적으로 따르는 것을 의미하고, 단순히 폭동에만 관여한다는 것은 막연히 폭동에 가담하여 폭동의 세력을 증대시키는 것을 의미한다.

2) 행위

반란죄의 행위는 '작당하여 병기를 휴대하고 반란을 일으키는 것'이다.

① 작당(作黨)

'작당'이란 다수인이 공동의 목적을 위하여 집단을 형성하는 것을 의미한다. 반란죄는 집단적 범죄이므로 작당은 반란죄의 필수적 요건이다.

② 병기의 휴대

'병기'란 살상이나 파괴를 목적으로 하는 무기를 의미하며, '휴대'란 반란 실행 시에 병기를 소지하고 있는 것을 말한다. 병기의 휴대는 반란죄의 성립요건이므로, 병기를 휴대하지 않은 경우에는 반란죄가 성립하지 않는다.

③ 반란

'반란'이란 군의 통수권 및 지휘권에 반항하는 행위를 의미한다. 군형법상 반란죄는 다수의 군인이 작당하여 병기를 휴대하고 국권에 반항함으로써 성립하는 범죄이고, 여기에서 말하는 국권에는 군의 통수권 및 지휘권도 포함된다(대법원 1997. 4. 17. 선고 96도3376 판결).

2. 주관적 구성요건

반란죄는 고의범으로서, 행위자는 작당하여 병기를 휴대하고 반란을 일으킨다는 사실을 인식하고 이를 의욕하거나 용인하는 의사가 있어야 한다.

반란에 가담한 자는 그에게 반란에 대한 포괄적인 인식과 공동실행의 의사만 있으면 반란을 구성하는 개개의 행위인 살인, 약탈, 파괴 등에 대하여 개별적으로 지시하거나 용인한 일이 없다고 하더라도, 살인 등 반란을 구성하고 있는 행위의 전부에 대하여 반란죄의 정범으로서 책임을 진다(대법원 1997. 4. 17. 선고 96도3376 판결).

Ⅱ. 법정형

- **수괴(首魁)** : 사형
- **중요임무종사자 등** : 사형, 무기 또는 7년 이상의 징역이나 금고
- **부화뇌동자 · 단순폭동관여자** : 7년 이하의 징역이나 금고

Ⅲ. 미수범

군형법 제7조에 의하여 반란죄의 미수범은 처벌한다.

Ⅳ. 예비, 음모, 선동, 선전

1. 예비 · 음모 (제8조 제1항)

- 5년 이상의 유기징역이나 유기금고
- 목적한 죄의 실행에 이르기 전에 자수한 경우에는: 그 형을 감경하거나 면제

2. 선동 · 선전 (제8조 제2항)

5년 이상의 유기징역이나 유기금고

Ⅴ. 동맹국에 대한 행위

반란죄의 규정은 대한민국의 동맹국에 대한 행위에도 적용한다(제10조). 따라서 대한민

국뿐만 아니라 대한민국의 동맹국에 대하여 반란을 일으키는 행위도 처벌된다.

VI. 판례

- 군형법상 반란죄는 군인이 작당하여 병기를 휴대하고 군 지휘계통이나 국가기관에 반항하는 경우에 성립하는 범죄이고, 군 지휘계통에 대한 반란은 위로는 군의 최고통수권자인 대통령으로부터 최말단의 군인에 이르기까지 일사불란하게 연결되어 기능하여야 하는 군의 지휘통수계통에서 군의 일부가 이탈하여 지휘통수권에 반항하는 것을 그 본질로 하고 있다 할 것이므로, 5·18내란 과정에서 군의 최고통수권자인 대통령의 재가나 승인 혹은 묵인 하에 내란행위자들에 의하여 이루어진 병력의 배치·이동은 군형법상의 반란죄에 해당하지 아니한다(대법원 1997. 4. 17. 선고 96도3376 판결).

- 반란 가담자들이 대통령에게 육군참모총장의 체포에 대한 재가를 요청하였다고 하더라도, 이에 대한 대통령의 재가 없이 적법한 체포절차도 밟지 아니하고 육군참모총장을 체포한 행위는 육군참모총장 개인에 대한 불법체포행위라는 의미를 넘어 대통령의 군통수권 및 육군참모총장의 군지휘권에 반항한 행위라고 할 것이며, 반란 가담자들이 작당하여 병기를 휴대하고 위와 같은 행위를 한 이상 이는 반란에 해당한다(대법원 1997. 4. 17. 선고 96도3376 판결).

- 반란죄는 다수의 군인이 작당하여 넓은 의미의 폭행·협박으로 국권에 저항하는 과정에서 상황에 따라 벌어질 수 있는 살인, 약탈, 파괴, 방화, 공무집행방해 등 각종의 범죄행위를 하나의 반란행위로 묶어 함께 처벌하는 집단적 범죄이다(대법원 1997. 4. 17. 선고 96도3376 판결).

[3] 반란목적 군용물탈취죄 [제6조]

제6조(반란 목적의 군용물 탈취) 반란을 목적으로 작당하여 병기, 탄약 또는 그 밖에 군용에 공(供)하는 물건을 탈취한 사람은 제5조의 예에 따라 처벌한다.

Ⅰ. 의의

반란 목적의 군용물 탈취죄는 반란을 목적으로 작당하여 병기, 탄약 또는 그 밖에 군용에 공하는 물건을 탈취함으로써 성립하는 범죄이다.

Ⅱ. 구성요건

1. 객관적 구성요건

1) 주체

본죄의 주체는 군형법 제1조에 규정된 군인 또는 군인에 준하는 자이다. 군형법이 적용되는 군인 또는 군인에 준하는 사람이 주체가 될 수 있는 신분범이다.

2) 객체

① 병기: 총포, 도검류 등 전투에 사용되는 무기

② 탄약: 총탄, 포탄, 폭발물 등

③ 그 밖에 군용에 공하는 물건: 차량, 장구, 기재, 식량, 피복 등 군용으로 사용되는 모든 물건

3) 행위

본죄의 실행행위는 '작당하여 병기·탄약 또는 그 밖에 군용에 공하는 물건을 탈취하는 것'이다.

① 작당하여: 다수의 군인이 공동으로 결합하여 행위하는 것을 의미한다. 작당하지 않고 개인적인 차원에서 범행하게 되면 본죄는 성립하지 않는다.

② 탈취: 폭행 또는 협박을 수단으로 하여 타인의 의사에 반하여 군용물의 점유를 취득하는 것을 말한다.

2. 주관적 구성요건

작당하여 군용물을 탈취한다는 고의가 있어야 한다. 또한 본죄는 목적범이므로, 고의 이외에 반란 실행의 목적이 있어야 한다.

III. 법정형

- **수괴(首魁)** : 사형
- **중요임무종사자 등** : 사형, 무기 또는 7년 이상의 징역이나 금고
- **부화뇌동자 · 단순폭동관여자** : 7년 이하의 징역이나 금고

IV. 미수범

군형법 제7조에 의하여 반란 목적의 군용물 탈취죄의 미수범은 처벌된다.

V. 예비, 음모, 선동, 선전

1. 예비 · 음모 (제8조 제1항)

- 5년 이상의 유기징역이나 유기금고
- 목적한 죄의 실행에 이르기 전에 자수한 경우 : 그 형을 감경하거나 면제

2. 선동 · 선전 (제8조 제2항)

5년 이상의 유기징역이나 유기금고

VI. 동맹국에 대한 행위

군형법 제10조에 의하여 반란 목적의 군용물 탈취죄의 규정은 대한민국의 동맹국에 대한 행위에도 적용된다.

[4] 반란 불보고죄 (제9조)

제9조(반란 불보고) ① 반란을 알고도 이를 상관 또는 그 밖의 관계관에게 지체 없이 보고하지 아니한 사람은 2년 이하의 징역이나 금고에 처한다.
　② 제1항의 경우에 적을 이롭게 할 목적으로 보고하지 아니한 사람은 7년 이하의 징역이나 금고에 처한다.

Ⅰ. 의의

반란 불보고죄는 반란을 알고도 이를 상관 또는 그 밖의 관계관에게 지체 없이 보고하지 아니함으로써 성립하는 범죄이다.

Ⅱ. 구성요건

1. 객관적 구성요건

1) 주체

본죄의 주체는 반란을 알고 있는 군인·준군인이다.

2) 객체

① 반란: 군형법 제5조에서 규정하는 반란

② 반란의 정보: 반란의 계획, 실행, 진행 상황 등에 관한 정보

③ 군의 지휘통수계통: 반란 정보의 보고를 통해 보호되는 군의 지휘통수체계

3) 행위

본죄의 행위는 '반란을 알고도 이를 상관 또는 그 밖의 관계관에게 지체 없이 보고하지 아니하는 것'이다.

① 반란을 알고: 반란의 존재나 계획을 인식하는 것을 의미한다. 확정적 인식뿐만 아니라 미필적 인식도 포함된다.

② 상관 또는 그 밖의 관계관에게: 보고의 상대방은 상관 또는 그 밖의 관계관이다. 여기서 관계관은 반란 정보를 접수하여 적절한 조치를 취할 수 있는 권한과 의무가 있는 자를 의미한다.

③ 지체 없이 보고하지 아니함: 반란을 안 즉시 보고하지 않는 부작위를 의미한다. '지체 없이'는 시간적 여유를 주지 않고 즉시라는 뜻으로, 반란을 안 후 합리적으로 가능한 한 신속히 보고해야 함을 의미한다.

2. 주관적 구성요건

본죄는 고의범이므로, 행위자는 반란의 존재를 인식하면서도 이를 보고하지 않는다는 사실을 인식하고 이를 의욕하거나 용인하는 의사가 있어야 한다.

제2항의 경우에는 '적을 이롭게 할 목적'이라는 특별한 주관적 요소가 추가로 요구된다.

Ⅲ. 법정형

- 일반적 반란 불보고 (제1항) : 2년 이하의 징역이나 금고
- 적을 이롭게 할 목적의 반란 불보고 (제2항) : 7년 이하의 징역이나 금고

Ⅳ. 동맹국에 대한 행위

군형법 제10조에 의하여 반란 불보고죄의 규정은 대한민국의 동맹국에 대한 행위에도 적용된다. 동맹국에 대한 반란을 알고도 보고하지 않는 경우에도 본죄가 성립한다.

제2장

이적(利敵)의 죄

[1] 총설

Ⅰ. 의의

이적의 죄는 적을 이롭게 하는 행위를 처벌하는 범죄이다. 군인 또는 군인에 준하는 자가 적에게 군사적 이익을 제공하거나 대한민국의 군사적 이익을 해하는 행위를 통해 국가의 안전을 위태롭게 하는 범죄로, 군형법에서는 이를 엄중하게 처벌하고 있다.

Ⅱ. 법적 성격

1. 목적범

이적의 죄는 '적을 위하여' 또는 '적을 이롭게 할 목적'으로 행위하는 것을 요건으로 하는 목적범이다. 따라서 행위자에게 적을 이롭게 하려는 목적이 있어야 범죄가 성립한다.

2. 형법상 외환의 죄와의 관계

이적의 죄는 형법상 외환의 죄와 유사하나, 군형법이 적용되는 군인 또는 군인에 준하는 사람이 주체가 될 수 있는 신분범이라는 점에서 차이가 있다. 민간인이 이적의 죄에 해당하는 행위를 한 경우에는 형법상 외환의 죄가 적용된다. 예를 들어, 민간인이 군용시설을 적에게 제공한 경우에는 형법 제95조의 시설제공이적죄가 성립한다.

[2] 군대 및 군용시설 제공죄 (제11조)

제11조(군대 및 군용시설 제공) ① 군대 요새(要塞), 진영(陣營) 또는 군용에 공하는 함선이나 항공기 또는 그 밖의 장소, 설비 또는 건조물을 적에게 제공한 사람은 사형에 처한다.
　② 병기, 탄약 또는 그 밖에 군용에 공하는 물건을 적에게 제공한 사람도 제1항의 형에 처한다

Ⅰ. 의의

군대 및 군용시설 제공죄는 군대·요새·진영 또는 군용에 공하는 함선이나 항공기 또는 그 밖의 장소·설비 또는 건조물(제1항), 병기·탄약 또는 그 밖에 군용에 공하는 물건(제2항)을 적에게 제공함으로써 성립하는 범죄다.

Ⅱ. 구성요건

1. 객관적 구성요건

1) 주체

본죄의 주체는 제한이 없으며, 군인뿐만 아니라 일반인도 본죄의 주체가 될 수 있다.

2) 객체

본죄의 객체는 군대·요새·진영 또는 군용에 공하는 함선이나 항공기 또는 그 밖의 장소·설비 또는 건조물, 병기·탄약 또는 그 밖에 군용에 공하는 물건이다.

① 군대 : 군의 인적 시설로서 지휘자를 갖는 군인의 집단
② 요새 : 국방상·전략상 중요 지점에 방비와 작전상의 근거지로 사용하기 위한 시설
③ 진영 : 전투부대에 의하여 공격·방어를 위하여 점령된 지역 및 영조물로서 일시적인 시설
④ 군용에 공하는 : 군의 용도에 공하기 위하여 군에서 관리하는 물건으로서 군의 필요에 의하여 사용될 가능성이 있는 것

3) 행위

본죄의 실행행위는 '적에게 제공하는 것'이다. '제공'이란 현실적으로 공여하는 것, 즉 적으로 하여금 사실상의 지배, 점유를 취득하게 하는 것을 말한다.

2. 주관적 구성요건

본죄는 고의범으로서, 적에게 군대 및 군용시설 등을 제공한다는 사실을 인식하고 이를 의욕하거나 용인하는 의사가 있어야 한다.

III. 법정형

사형

IV. 미수범

군형법 제15조에 의하여 군대 및 군용시설 제공죄의 미수범은 처벌한다.

V. 예비, 음모, 선동, 선전

- 3년 이상의 유기징역
- 목적한 죄의 실행에 이르기 전에 자수한 경우 : 그 형을 감경하거나 면제

VI. 동맹국에 대한 행위

군형법 제17조에 의하여 군대 및 군용시설 제공죄의 규정은 대한민국의 동맹국에 대한 행위에도 적용된다.

[3] 군용시설 등 파괴죄 [제12조]

제12조(군용시설 등 파괴) 적을 위하여 제11조에 규정된 군용시설 또는 그 밖의 물건을 파괴하거나 사용할 수 없게 한 사람은 사형에 처한다.

Ⅰ. 의의

군용시설 등 파괴죄는 적을 위하여 제11조에 규정된 군용시설 또는 그 밖의 물건을 파괴하거나 사용할 수 없게 함으로써 성립하는 범죄이다.

Ⅱ. 구성요건

1. 객관적 구성요건

1) 주체

본죄의 주체는 제한이 없으며, 군인뿐만 아니라 일반인도 본죄의 주체가 될 수 있다.

2) 객체

본죄의 객체는 제11조에 규정된 군용시설 또는 그 밖의 물건이다.

3) 행위

본죄의 실행행위는 파괴하거나 사용할 수 없게 하는 것이다. '파괴'란 유형적으로 물건의 효용의 전부 또는 일부를 상실케 하는 것을 말한다. 파괴의 정도는 물건의 기능이나 용도의 중요부분에 이르러야 하며, 일시적이든 영구적이든 불문한다. '사용할 수 없게 하는 것'이란 물건의 외형상 변동 없이 물건의 기능이나 용도에 지장을 주는 행위를 말하며, 파괴에 의하지 않는 한 그 방법에는 제한이 없다.

2. 주관적 구성요건

본죄는 고의범으로서 적을 위하여 군용시설 등을 파괴하거나 사용할 수 없게 한다는 인식과 의사가 있어야 한다. 또한, '적을 위하여'라는 목적이 필요한 목적범이다. 따라서 행위자에게 적을 이롭게 하려는 목적이 있어야 범죄가 성립한다.

Ⅲ. 법정형

사형

IV. 미수범

군형법 제15조에 의하여 군용시설 등 파괴죄의 미수범은 처벌한다.

V. 예비, 음모, 선동, 선전

- 3년 이상의 유기징역
- 자수감면: 목적한 죄의 실행에 이르기 전에 자수한 경우에는 그 형을 감경하거나 면제

VI. 동맹국에 대한 행위

군형법 제17조에 의하여 군용시설 등 파괴죄의 규정은 대한민국의 동맹국에 대한 행위에도 적용된다.

[4] 간첩죄 (제13조)

제13조(간첩) ① 적을 위하여 간첩행위를 한 사람은 사형에 처하고, 적의 간첩을 방조한 사람은 사형 또는 무기징역에 처한다.
　② 군사상 기밀을 적에게 누설한 사람도 제1항의 형에 처한다.

I. 의의

간첩죄는 적을 위하여 간첩행위를 하거나, 적의 간첩을 방조하거나(제1항), 군사상 기밀을 적에게 누설(제2항)함으로써 성립하는 범죄이다.

II. 구성요건

1. 객관적 구성요건

1) 주체

본죄의 주체는 제한이 없으며, 군인뿐만 아니라 일반인도 본죄의 주체가 된다(제1조 제4항).

2) 행위

본죄의 실행행위는 '적을 위하여 간첩행위를 하거나, 적의 간첩을 방조하거나, 군사상 기

밀을 적에게 누설하는 것'이다.

① 적을 위하여 간첩행위를 하는 것 (간첩)

'간첩'이란 적에게 통지하기 위하여 군사상의 기밀 또는 국가기밀을 탐지·수집하는 행위를 말한다. 즉, 적국을 위하여 은밀히 또는 묘계로써 우리나라의 군사상은 물론 정치, 경제, 사회, 문화 등 기밀에 속하는 사항 또는 도서물건을 탐지, 수집하는 것을 말한다(대법원 1982. 7. 13. 선고 82도968 판결).

② 적의 간첩을 방조하는 것 (간첩방조)

적의 간첩임을 알면서 그 실행을 용이하게 하는 일체의 행위를 말한다.

간첩에게 단순히 숙식을 제공하는 행위(대법원 1986. 2. 25. 85도2533), 안부편지를 전달하여 주는 행위(대법원 1966. 7. 12. 66도470), 국가기밀을 탐지·수집할 의사가 없는 간첩을 숨겨주는 행위(대법원 1979. 10. 10. 75도1003), 무전기를 매몰하는 데 망보아 준 행위만으로는 간첩방조가 된다고 보기 어렵다(대법원 1983. 4. 26. 83도416).

북한의 대남공작원을 상륙시키거나(대법원 1961. 1. 27. 4293형상807), 접선방법을 합의하는 것(대법원 1971. 9. 28 71도1333)은 간첩방조에 해당한다.

③ 군사상 기밀을 적에게 누설하는 것 (대적군기누설)

간첩죄에 있어서 군사상 기밀은 순전한 군사상의 기밀에만 그치는 것이 아니고 정치, 경제, 사회, 문화 등 각 방면에 걸쳐서 대한민국의 국방정책상 북한괴뢰집단에게 알리지 아니하거나 확인되지 아니함이 대한민국의 이익이 되는 모든 기밀사항이 포함된다(대법원 1968. 12. 24. 선고 68도1409 판결). 간첩행위에 의해서 탐지·수집한 군사상 기밀을 적에게 누설하는 경우에 본죄가 성립한다. 적 이외의 자에게 누설할 경우에는 군형법 제80조의 군사기밀누설죄에 해당한다.

2. 주관적 구성요건

본죄는 고의범으로서 적을 위하여 간첩행위를 하거나 간첩을 방조하거나 군사상 기밀을

누설한다는 인식과 의사가 있어야 한다. 또한 목적범이므로 '적을 위하여'라는 목적이 있어
야 범죄가 성립한다.

III. 특정 지역 또는 기관에서의 간첩행위 (제13조 제3항)

> 제13조(간첩) ③ 다음 각 호의 어느 하나에 해당하는 지역 또는 기관에서 제1항 및 제2항의 죄를
> 범한 사람도 제1항의 형에 처한다.
> 1. 부대·기지·군항(軍港)지역 또는 그 밖에 군사시설 보호를 위한 법령에 따라 고시되거나 공
>   고된 지역
> 2. 부대이동지역·부대훈련지역·대간첩작전지역 또는 그 밖에 군이 특수작전을 수행하는 지역
> 3. 「방위사업법」에 따라 지정되거나 위촉된 방위산업체와 연구기관

부대등간첩죄는 특정 지역 또는 기관에서 간첩행위를 하거나 군사상 기밀을 적에게 누설
함으로써 성립하는 범죄이다.

1. 주체

본죄의 주체는 특정 지역 또는 기관에서 본죄를 범한 군인, 일반인이다.

2. 특정 지역 또는 기관

- 부대·기지·군항지역 또는 그 밖에 군사시설 보호를 위한 법령에 따라 고시되거나 공
  고된 지역
- 부대이동지역·부대훈련지역·대간첩작전지역 또는 그 밖에 군이 특수작전을 수행하
  는 지역
- 「방위사업법」에 따라 지정되거나 위촉된 방위산업체와 연구기관

IV. 법정형

- 적을 위하여 간첩행위를 한 사람: 사형
- 적의 간첩을 방조한 사람: 사형 또는 무기징역

- 군사상 기밀을 적에게 누설한 사람: 사형 또는 무기징역
- 특정 지역 또는 기관에서의 간첩행위를 한 사람: 사형 또는 무기징역

V. 미수범

군형법 제15조에 의하여 간첩죄의 미수범은 처벌한다.

VI. 예비, 음모, 선동, 선전

- 3년 이상의 유기징역
- 목적한 죄의 실행에 이르기 전에 자수한 경우 : 그 형을 감경하거나 면제

VII. 동맹국에 대한 행위

군형법 제17조에 의하여 간첩죄의 규정은 대한민국의 동맹국에 대한 행위에도 적용된다.

VIII. 판례

1. 유죄 판결

- 국가보안법 제4조 제1항 제2호, 형법 제98조 제1항 소정의 간첩죄의 대상이 되는 국가 기밀은 순전한 국가기밀에만 국한할 것은 아니고 정치, 경제, 사회, 문화등 각 분야에 걸쳐서 대한민국의 국방정책상 북한괴뢰집단에게 알리지 아니하거나 확인되지 아니 함이 대한민국의 이익이 되는 모든 기밀사항이 포함되고 이러한 기밀사항이 국내에 알 려진 것이라 할지라도 북한괴뢰집단에게 유리한 자료가 될 때에는 이를 탐지, 수집하 는 행위는 간첩죄를 구성한다고 판시한 사례 (대법원 1986. 7. 22. 선고 86도808 판결).
- 구 군형법 제13조 제3항 소정의 진영간첩이 성립되기 위한 요건으로서의 진영은 당해 부대의 장이 진영의 구역선을 문서로 고시하고 필요한 장소에 이를 표지함으로써 군 사시설지역이라는 것을 밝히고 있는 구역이어야 한다고 판시한 사례 (대법원 1986. 6. 24. 선고 86도650 판결).
- 피고인들이 공소외 1, 피고인 1이 북괴로부터 남파된 간첩이라는 정을 알고한 이상 그 것이 간첩의 군사기일이나 국가기밀을 수집 또는 탐지나 누설행위 그 자체를 분담한 것

은 아니라 하여도 간첩의 실행행위를 용이하게한 행위라 할 것이므로 이는 모두 간첩행위의 방조가 되는 것이라고 판시한 사례 (대법원 1969. 4. 29. 선고 68도1780 판결).

2. 무죄 판결

- 피고인이 국내에서 기밀에 속하는 사항을 탐지, 수집한 후 일본국으로 건너가 공작지도원들에게 자신이 탐지, 수집한 기밀을 보고·누설하였다는 것을 내용으로 하므로, 이는 간첩행위의 불가벌적 사후행위에 불과하다고 판시하여 무죄를 선고한 사례 (서울고등법원 2013. 1. 24. 선고 2010재노81 판결).

- 일반인인 피고인들에 대한 수사권한이 없는 보안사 소속 수사관들이 한 이 사건 경찰수사는 적법절차의 실질적인 내용을 침해한 것으로 보아야 하므로, 이 사건에 관하여 경찰 단계에서 수집된 증거들은 전체적으로 적법한 절차에 따르지 않고 수집된 위법수집증거에 해당한다고 판시하여 무죄를 선고한 사례 (서울고등법원 2019. 1. 17. 선고 2016재노195 판결).

[5] 일반이적죄 [제14조]

제14조(일반이적) 제11조부터 제13조까지의 행위 외에 다음 각 호의 어느 하나에 해당하는 행위를 한 사람은 사형, 무기 또는 5년 이상의 징역에 처한다.

1. 적을 위하여 진로를 인도하거나 지리를 알려준 사람
2. 적에게 항복하게 하기 위하여 지휘관에게 이를 강요한 사람
3. 적을 숨기거나 비호(庇護)한 사람
4. 적을 위하여 통로, 교량, 등대, 표지 또는 그 밖의 교통시설을 손괴하거나 불통하게 하거나 그 밖의 방법으로 부대 또는 군용에 공하는 함선, 항공기 또는 차량의 왕래를 방해한 사람
5. 적을 위하여 암호 또는 신호를 사용하거나 명령, 통보 또는 보고의 내용을 고쳐서 전달하거나 전달을 게을리하거나 거짓 명령, 통보나 보고를 한 사람
6. 적을 위하여 부대, 함대(艦隊), 편대(編隊) 또는 대원을 해산시키거나 혼란을 일으키게 하거나 그 연락이나 집합을 방해한 사람
7. 군용에 공하지 아니하는 병기, 탄약 또는 전투용에 공할 수 있는 물건을 적에게 제공한 사람
8. 그 밖에 대한민국의 군사상 이익을 해하거나 적에게 군사상 이익을 제공한 사람

Ⅰ. 의의

일반이적죄는 제11조부터 제13조까지의 행위 외에 적을 위하여 진로를 인도하거나 지리를 알려주거나, 항복강요, 은닉·비호, 왕래방해, 암호·신호 사용, 부대·함대·편대·대원해산, 일반물건제공, 그 밖에 대한민국의 군사상 이익을 해하거나 적에게 군사상 이익을 제공함으로써 성립하는 범죄이다.

Ⅱ. 구성요건

1. 객관적 구성요건

1) 주체

본죄의 주체는 제한이 없으며, 군인뿐만 아니라 일반인도 본죄의 주체가 될 수 있다.

2) 행위

본죄의 실행행위는 각 호에 따라 다음과 같이 구분된다.

① 향도·지리지시이적죄 (제1호)

적을 위하여 진로를 인도하거나 지리를 알려주는 행위로써 적을 안내하며 선도자로서 행동하는 것을 말한다.

② 항복강요이적죄 (제2호)

적에게 항복하게 하기 위하여 지휘관에게 이를 강요하는 행위로써 강요에 의하여 지휘관이 항복하였는지 여부는 불문한다.

③ 은닉·비호이적죄 (제3호)

적을 숨기거나 비호하는 행위로써 '은닉'이란 체포를 면하게 할 목적으로 숨겨주는 행위, '비호'란 은닉 이외에 적에 대한 보호행위를 말한다.

④ 왕래방해이적 (제4호)

적을 위하여 통로, 교량, 등대, 표지 또는 그 밖의 교통시설을 손괴하거나 불통하게 하거나 그 밖의 방법으로 부대 또는 군용에 공하는 함선, 항공기 또는 차량의 왕래를 방해하는 행위로써 교통방해로 인하여 현실적으로 교통이 방해되었는지 여부는 불문한다.

⑤ 암호사용이적죄 등 (제5호)

적을 위하여 암호 또는 신호를 사용하거나 명령, 통보 또는 보고의 내용을 고쳐서 전달하거나 전달을 게을리하거나 거짓 명령, 통보나 보고를 하는 행위이다.

⑥ 부대해산이적죄 등 (제6호)

적을 위하여 부대, 함대, 편대 또는 대원을 해산시키거나 혼란을 일으키게 하거나 그 연락이나 집합을 방해하는 행위이다.

⑦ 일반물건제공이적죄 (제7호)

군용에 공하지 아니하는 병기, 탄약 또는 전투용에 공할 수 있는 물건을 적에게 제공하는 행위이다.

⑧ 일반이적죄 (제8호)

그 밖에 대한민국의 군사상 이익을 해하거나 적에게 군사상 이익을 제공하는 행위로써 일련의 이적죄에 해당하지 않는 이적행위는 보충적이적죄에 해당한다.

2. 주관적 구성요건

본죄는 고의범으로서 각 호의 행위에 대한 인식과 의사가 있어야 한다. 또한 본죄는 목적범이므로 '적을 위하여'라는 목적이 필요하다.

III. 법정형

사형, 무기 또는 5년 이상의 징역

Ⅳ. 미수범

군형법 제15조에 의하여 간첩죄의 미수범은 처벌한다.

Ⅴ. 예비, 음모, 선동, 선전

- 3년 이상의 유기징역

- 목적한 죄의 실행에 이르기 전에 자수한 경우 : 그 형을 감경하거나 면제

Ⅵ. 동맹국에 대한 행위

군형법 제17조에 의하여 간첩죄의 규정은 대한민국의 동맹국에 대한 행위에도 적용된다.

제3장

지휘권 남용의 죄

[1] 총설

Ⅰ. 의의

제3장은 지휘관이 보유한 권한의 남용을 방지하여 군의 통수질서를 유지하고 국가의 권위를 보장하기 위해 마련된 규정이다. 지휘관이 불법적으로 전투를 개시하거나 계속하는 행위, 부대를 부당하게 진퇴시키는 행위를 범죄로 규정하고 있다. 지휘권 남용의 죄는 군 내부의 지휘체계를 안정적으로 유지할 뿐만 아니라, 국제법이 금지하는 불법적인 무력 사용을 예방하는 데에도 중요한 의미를 가진다.

Ⅱ. 지휘관의 의의

'지휘관'이란 중대 이상 단위부대의 장과 함선부대의 장 또는 함정 및 항공기를 지휘하는 사람을 말한다(제2조 제2호).

군형법이 지휘관의 범위를 제한한 것은 지휘관의 특정 범죄행위가 군의 위신, 사기 및 전투력에 미치는 영향이 매우 크기 때문에 지휘관에 대하여 엄중한 책임을 묻고자 함에 있다.

[2] 불법 전투 개시죄 (제18조)

제18조(불법 전투 개시) 지휘관이 정당한 사유 없이 외국에 대하여 전투를 개시한 경우에는 사형에 처한다.

Ⅰ. 의의

불법전투개시죄는 지휘관이 정당한 사유 없이 외국에 대하여 전투를 개시함으로써 성립하는 범죄이다. 외국에 대한 선전포고는 대통령만이 할 수 있다. 외국에 대한 전투개시는 국가적 행위로 평가되므로 군의 통수질서를 유지하고, 국가의 권위를 확립하며, 국제법상 불법적인 무력 사용을 방지하기 위해 규정된 범죄이다.

Ⅱ. 구성요건

1. 객관적 구성요건

1) 주체

본죄의 주체는 '지휘관'으로 한정된다. 지휘관만 범할 수 있는 신분범이다.

2) 행위

본죄의 실행행위는 '정당한 사유 없이 외국에 대하여 전투를 개시'하는 것이다.

① '정당한 사유 없이'란 전투를 개시할 정당한 이유가 없음에도 불구하고 전투를 개시하는 것을 말한다. 정당한 사유가 있는 경우로는 적의 기습공격에 대한 응전, 자위권의 행사, 상급지휘관의 명령에 따른 전투개시 등을 들 수 있다.
② '외국'이란 대한민국과 외교관계가 있는 국가뿐만 아니라 외교관계가 없는 국가도 포함한다.
③ '전투'란 전쟁에 이르지 않고, 무력을 사용하여 적과 싸우는 행위를 말한다. 전투의 개시란 무력을 사용하여 적대행위를 시작하는 것을 말한다. 전투의 개시는 반드시 대규모의 전투일 필요는 없고, 소규모의 전투라도 무방하다.

2. 주관적 구성요건

본죄는 고의범으로서 지휘관이 정당한 사유 없이 외국에 대하여 전투를 개시한다는 인식과 의사가 있어야 한다.

Ⅲ. 법정형

사형

Ⅳ. 미수범

군형법 제21조에 의하여 본죄의 미수범은 처벌한다.

[3] 불법 전투 계속죄 [제19조]

제19조(불법 전투 계속) 지휘관이 휴전 또는 강화(講和)의 고지를 받고도 정당한 사유 없이 전투를 계속한 경우에는 사형에 처한다.

Ⅰ. 의의

불법전투계속죄는 지휘관이 휴전 또는 강화의 고지를 받고도 정당한 사유 없이 전투를 계속함으로써 성립하는 범죄이다. 본죄는 통수계통을 문란시킴과 동시에 국가의 위신을 추락시키는 행위를 처벌하기 위한 규정이다.

Ⅱ. 구성요건

1. 객관적 구성요건

1) 주체

본죄의 주체도 지휘관에 한정되며, 신분범의 성격을 갖는다.

2) 행위

본죄의 실행행위는 '휴전 또는 강화의 고지를 받고도 정당한 사유 없이 전투를 계속하는 것'이다.

① 휴전 또는 강화의 고지

휴전(休戰)이란 일시적으로 전투행위를 중단하는 것을 의미하고, 강화(講和)란 전쟁상태를 종료하고 평화상태로 복귀하는 것을 의미한다. 이러한 고지는 상급 지휘부나 정부로부터 공식적으로 전달되어야 한다.

② 정당한 사유 없이

'정당한 사유 없이' 전투를 계속해야만 본죄가 성립한다. 적의 기습공격에 대한 즉각적인 반격이나 부하의 생명을 구하기 위한 불가피한 행위 등 정당한 사유가 없는 경우를 말한다. 지휘관의 독단적 판단에 의한 전투 계속은 정당한 사유가 될 수 없다.

③ 전투의 계속

'전투의 계속'이란 휴전이나 강화 고지 후에도 적극적으로 전투행위를 지속하는 것을 말한다. 단순한 방어행위나 자위행위는 포함되지 않으며, 공격적인 전투행위의 계속을 의미한다.

2. 주관적 구성요건

본죄는 고의범으로서 지휘관이 휴전 또는 강화의 고지를 받았음을 인식하면서도 정당한 사유 없이 전투를 계속한다는 인식과 의사가 있어야 한다.

Ⅲ. 법정형

사형

Ⅳ. 미수범

군형법 제21조에 의하여 본죄의 미수범은 처벌한다.

[4] 불법 진퇴죄 (제20조)

> 제20조(불법 진퇴) 전시, 사변 시 또는 계엄지역에서 지휘관이 권한을 남용하여 부득이한 사유 없이 부대, 함선 또는 항공기를 진퇴(進退)시킨 경우에는 사형, 무기 또는 7년 이상의 징역이나 금고에 처한다.

Ⅰ. 의의

불법진퇴죄는 전시·사변 시 또는 계엄지역에서 지휘관이 권한을 남용하여 부득이한 사유 없이 부대·함선 또는 항공기를 진퇴시킴으로써 성립하는 범죄이다.

Ⅱ. 구성요건

1. 객관적 구성요건

1) 주체

본죄의 주체는 전시·사변 시 또는 계엄지역의 '지휘관'으로 한정되며, 신분범의 성격을 갖는다.

2) 행위

본죄의 실행행위는 '권한을 남용하여 부득이한 사유 없이 부대·함선 또는 항공기를 진퇴시키는 것'이다.

① 권한의 남용

지휘관이 법령이나 상급자의 명령에 위반하여 또는 그 권한의 범위를 벗어나서 부대 등을 진퇴시키는 것을 말한다.

② 부득이한 사유

적의 기습공격에 대한 대응, 상급자의 정당한 명령, 부하의 생명을 구하기 위한 불가피한 조치 등과 같은 정당한 사유가 없는 경우를 말한다.

③ 진퇴

'진퇴'란 부대, 함선 또는 항공기를 전진시키거나 후퇴시키는 것을 말한다. 이는 단순한 이동이 아니라 군사적 목적을 가진 전술적 이동을 의미한다.

④ 전시, 사변 시 또는 계엄지역

본죄는 평시가 아닌 특별한 상황에서만 성립한다. 전시는 전쟁상태를, 사변은 내란이나 외침 등 국가비상사태를, 계엄지역은 계엄이 선포된 지역을 각각 의미한다.

2. 주관적 구성요건

본죄는 고의범으로서 지휘관이 권한을 남용하여 부득이한 사유 없이 부대 등을 진퇴시킨다는 인식과 의사가 있어야 한다.

III. 법정형

사형, 무기 또는 7년 이상의 징역이나 금고

IV. 미수범

군형법 제21조에 의하여 본죄의 미수범은 처벌한다.

V. 판례

- 반란의 진행과정에서 그에 수반하여 일어난 지휘관계엄지역수소이탈 및 불법진퇴는 반란 자체를 실행하는 전형적인 행위라고 인정되므로, 반란죄에 흡수되어 별죄를 구성하지 아니한다(대법원 1997. 4. 17. 선고 96도3376 판결).

제4장

지휘관의 항복과 도피의 죄

[1] 총설

Ⅰ. 의의

군형법 제4장은 지휘관의 항복과 도피에 관한 범죄를 규정하고 있다. 이 장에서는 지휘관이 적에게 항복하거나 부대를 인솔하여 도피하는 행위, 그리고 직무를 유기하는 행위 등을 처벌함으로써 군의 전투력을 유지하고 군사적 기능을 보전하고자 한다. 이 장에 규정된 범죄는 모두 지휘관만이 범할 수 있는 신분범이다.

Ⅱ. 보호법익

군의 전투력 유지와 군사적 기능의 보전을 보호법익으로 한다. 특히 지휘관의 항복과 도피는 군의 사기를 저하시키고 군사력의 손실을 초래하므로 엄격히 처벌하고 있다.

Ⅲ. 주체

본 장의 범죄 주체는 모두 '지휘관'으로 한정된다.

[2] 항복죄 [제22조]

> 제22조(항복) 지휘관이 그 할 바를 다하지 아니하고 적에게 항복하거나 부대, 요새, 진영, 함선 또는 항공기를 적에게 방임(放任)한 경우에는 사형에 처한다.

Ⅰ. 의의

항복죄는 지휘관이 그 할 바를 다하지 아니하고 적에게 항복하거나 부대, 요새, 진영, 함선 또는 항공기를 적에게 방임함으로써 성립하는 범죄이다. 본죄는 지휘관이 적에게 항복하거나 군사시설 등을 방임함으로써 군사력의 손실을 초래하고 군의 사기를 저하시키는 행위를 처벌하기 위한 규정이다.

Ⅱ. 구성요건

1. 객관적 구성요건

1) 주체

본죄의 주체는 '지휘관'으로 한정된다. 지휘관이란 부대, 요새, 진영, 함선 또는 항공기를 지휘할 권한을 가진 자를 말하며, 이는 신분범의 성격을 갖는다.

2) 행위

본죄의 실행행위는 '그 할 바를 다하지 아니하고 적에게 항복하거나 부대, 요새, 진영, 함선 또는 항공기를 적에게 방임하는 것'이다.

① 그 할 바를 다하지 아니하고

'그 할 바를 다하지 아니하고'란 지휘관으로서 부여된 임무와 일정한 상황 하에서 요구되는 마땅히 해야 할 저항이나 방어의무를 다하지 않는 것을 말한다. 따라서 지휘관이 최선을 다하였음에도 불구하고 항복한 경우에는 본죄가 성립하지 않는다.

② 항복

'항복'이란 적에게 저항을 포기하고 복종하는 것을 말한다. 항복의 방법에는 제한이 없으며, 명시적으로 항복의 의사표시를 하는 경우뿐만 아니라 묵시적으로 항복의 의사표시를 하는 경우도 포함된다.

③ 방임

'방임'이란 부대, 요새, 진영, 함선 또는 항공기를 적에게 넘겨주는 것을 말한다. 방임의 방법에는 제한이 없으며, 적극적으로 넘겨주는 경우뿐만 아니라 소극적으로 방치하는 경우도 포함된다.

2. 주관적 구성요건

본죄는 고의범으로서 지휘관이 그 할 바를 다하지 아니하고 적에게 항복하거나 군사시설 등을 방임한다는 인식과 의사가 있어야 한다.

III. 법정형

사형

IV. 미수범

군형법 제25조에 의하여 본죄의 미수범은 처벌한다.

V. 예비, 음모

군형법 제26조에 의하여 본죄를 범할 목적으로 예비 또는 음모를 한 사람은 3년 이상의 유기징역에 처한다.

[3] 부대 인솔 도피죄 [제23조]

제23조(부대 인솔 도피) 지휘관이 적전에서 그 할 바를 다하지 아니하고 부대를 인솔하여 도피한 경우에는 사형에 처한다.

I. 의의

부대인솔도피죄는 지휘관이 적전에서 그 할 바를 다하지 아니하고 부대를 인솔하여 도피함으로써 성립하는 범죄이다. 죄명예규상 '솔대도피(率隊逃避)죄'라고 한다.

II. 구성요건

1. 객관적 구성요건

1) 주체

본죄의 주체는 '지휘관'이다.

2) 행위

본죄의 실행행위는 '지휘관이 적전에서 그 할 바를 다하지 아니하고 부대를 인솔하여 도피하는 것'이다.

① 적전

'적전'이란 적에 대하여 공격·방어의 전투행동을 개시하기 직전과 개시 후의 상태 또는 적과 직접 대치하여 적의 습격을 경계하는 상태를 말한다(제2조 제5호).

② 그 할 바를 다하지 아니함

지휘관으로서 마땅히 수행해야 할 전투임무를 포기하는 것을 의미한다.

③ 부대를 인솔하여

'부대를 인솔하여'란 지휘관이 부대원들을 이끌고 함께 행동하는 것을 의미한다. 부대를 인솔하지 아니하고 지휘관이 단독으로 또는 약간의 대원을 인솔하여 도피한 경우에는 적전 군무이탈죄 또는 항복죄가 성립한다.

④ 도피

'도피'란 도주하여 피하는 것을 말한다. 도피의 정도는 전투행위를 수행할 수 없는 상태에 이름으로써 족하다.

2. 주관적 구성요건

본죄는 고의범이다. 행위자는 자신이 지휘관이라는 사실, 적전 상황이라는 사실, 그 할 바를 다하지 않고 있다는 사실, 부대를 인솔하여 도피한다는 사실을 인식하고 이를 의욕하거나 적어도 용인하는 의사가 있어야 한다.

III. 법정형

사형

IV. 미수범

군형법 제25조에 의하여 본죄의 미수범은 처벌한다.

V. 예비, 음모

군형법 제26조에 의하여 본죄를 범할 목적으로 예비 또는 음모를 한 사람은 3년 이상의 유기징역에 처한다.

[4] 직무유기죄 (제24조)

제24조(직무유기) 지휘관이 정당한 사유 없이 직무수행을 거부하거나 직무를 유기(遺棄)한 경우에는 다음 각 호의 구분에 따라 처벌한다.
 1. 적전의 경우: 사형
 2. 전시, 사변 시 또는 계엄지역인 경우: 5년 이상의 유기징역 또는 유기금고
 3. 그 밖의 경우: 3년 이하의 징역 또는 금고

I. 의의

직무유기죄는 지휘관이 정당한 사유 없이 직무수행을 거부하거나 직무를 유기함으로써 성립하는 범죄이다. 본죄는 지휘관의 직무수행을 담보하여 군의 전투력을 유지하기 위한 규정이다.

II. 구성요건

1. 객관적 구성요건

1) 주체

본죄의 주체는 '지휘관'이다. 만약 지휘관이 아닌 사람이 정당한 사유 없이 직무수행을 거부하거나 직무를 유기하는 경우에는 형법상 직무유기죄가 성립할 수 있다.

2) 행위

본죄의 실행행위는 '정당한 사유 없이 직무수행을 거부하거나 직무를 유기하는 것'이다. 직무수행의 거부와 직무의 유기는 부작위뿐만 아니라 작위로도 성립한다.

① 직무

'직무'란 지휘관이 그 지위에 따라 수행해야 할 본래의 직무 또는 고유한 직무를 말한다. 직무의 내용은 구체적인 것이어야 하므로, 법령에 근거하지 않거나 특별한 지시·명령에 따른 것이 아니면 직무라고 할 수 없다. 이와 같이 그 직무의 내용이 성문된 법령상의 근거가 있거나 적어도 군대 내의 특단의 지시 또는 명령이 있어 그것이 고유의 직무 내용을 이루고 있어야 한다.

대법원은 "군형법 제24조에 규정된 직무유기죄가 성립되려면 그 직무의 내용이 성문된 법령상의 근거가 있거나 적어도 군대내의 특단의 지시 또는 명령이 있어 그것이 고유의 직무 내용을 이루고 있어야 하는 바 군인복무규율 12조에 의해도 부대지휘관에게 소속부대원이 부대내에서 소란을 일으킨 경우를 상급부대에 보고하여야 한다는 고유의 직무가 있다고 할 수 없고 타에 이런 경우에 보고할 의무가 대대장의 고유의 직무라고 볼만한 자료가 없으므로 그 보고를 아니한 대대장을 직무유기죄로 처단할 수 없다"고 판시하였다(대법원 1976. 10. 12. 선고 75도1895 판결).

② 직무수행의 거부

'직무수행의 거부'란 지휘관이 자신의 직무를 수행하지 않겠다는 의사를 명시적 또는 묵시적으로 표시하는 것을 말한다.

③ 직무의 유기

'직무의 유기'란 지휘관이 법령·내규 등에 의한 추상적 성실의무를 태만히 하는 일체의 경우에 성립하는 것이 아니라 부대의 무단이탈, 직무의 의식적인 포기 등과 같이 국가의 기능을 저해하고 국민에게 피해를 야기시킬 가능성이 있는 경우를 말한다(대법원 2011. 7. 28. 선고 2011도1739 판결; 대법원 2007. 7. 12. 선고 2006도1391 판결).

대법원은 "대대장이 그 대대에 수용된 감호생들의 난동을 예방 또는 진압하기 위해 취한 대응조치가 미흡하고 부적절한 것이었다 하더라도 군형법 제24조 소정의 직무유기죄가 성립하려면 지휘관으로서의 직무를 버린다는 주관적인 인식과 직무 또는 직장을 유기하는 객관적인 행위가 있어야 하고 위와 같이 직무집행의 내용이 적정하지 못하였기 때문에 부당한 결과가 초래되었다고 하여 그 사유만으로 직무유기죄의 성립을 인정할 수 없다"고 판시하였다(대법원 1983. 4. 26. 선고 82도1060 판결).

④ 정당한 사유 없이

직무를 거부하거나 유기할 합리적이고 정당한 이유가 없어야 한다.

2. 주관적 구성요건

본죄는 고의범이므로 지휘관이 자신의 직무를 거부하거나 유기한다는 사실을 인식하고 이를 의욕하는 고의가 있어야 한다. 직무를 버린다는 주관적 인식이 필요하다(대법원 1983. 4. 26. 선고 82도1060 판결).

III. 법정형

- 적전의 경우: 사형
- 전시, 사변 시 또는 계엄지역인 경우: 5년 이상의 유기징역 또는 유기금고
- 그 밖의 경우: 3년 이하의 징역 또는 금고

Ⅳ. 판례

1. 유죄 판결

- 육군규정 1-1병력보고 규정 제6조에 의하면 부대지휘관은 탈영자 보고를 할 의무가 있음을 알 수 있고… 피고인이 소속대원 허신의 탈영사실을 보고 받았음에도 불구하여 상급부대에 탈영보고를 아니하였음은 그 직무를 유기하였다(대법원 1976. 10. 12. 선고 75도1895 판결).

2. 무죄 판결

- 군인복무규율 12조에 의해도 부대지휘관에게 소속부대원이 부대내에서 소란을 일으킨 경우를 상급부대에 보고하여야 한다는 고유의 직무가 있다고 할 수 없고 타에 이런 경우에 보고할 의무가 대대장의 고유의 직무라고 볼만한 자료가 없으므로 그 보고를 아니한 대대장을 직무유기죄로 처단할 수 없다(대법원 1976. 10. 12. 선고 75도1895 판결).

제5장

수소(守所) 이탈의 죄

[1] 총설

수소이탈의 죄는 군대의 경계 및 방어 임무를 수행하는 지휘관이나 초병이 정당한 사유 없이 수소를 이탈하거나 배치구역에 임하지 않는 행위를 처벌하는 범죄로, 군사작전의 안전과 경계근무의 안정성을 보호법익으로 한다.

군형법 제5장에서는 수소이탈의 죄로 지휘관의 수소 이탈죄(제27조), 초병의 수소 이탈죄(제28조), 미수범(제29조)을 규정하고 있다.

[2] 지휘관의 수소 이탈죄 (제27조)

> 제27조(지휘관의 수소 이탈) 지휘관이 정당한 사유 없이 부대를 인솔하여 수소를 이탈하거나 배치구역에 임하지 아니한 경우에는 다음 각 호의 구분에 따라 처벌한다.
> 1. 적전인 경우: 사형
> 2. 전시, 사변 시 또는 계엄지역인 경우: 사형, 무기 또는 5년 이상의 징역 또는 금고
> 3. 그 밖의 경우: 3년 이하의 징역 또는 금고

Ⅰ. 의의

지휘관의 수소이탈죄는 지휘관이 정당한 사유 없이 부대를 인솔하여 수소를 이탈하거나 배치구역에 임하지 아니함으로써 성립하는 범죄이다.

II. 구성요건

1. 객관적 구성요건

1) 주체

본죄의 주체는 수소를 방위해야 할 책임을 진 지휘관이나 배치구역을 지정받은 지휘관이다. '지휘관'이란 중대 이상 단위부대의 장과 함선부대의 장 또는 함정 및 항공기를 지휘하는 사람을 말한다(제2조 제2호). 구체적인 수소나 배치구역을 지정받지 않은 지휘관은 본죄의 주체가 되지 않는다.

2) 행위

본죄의 실행행위는 '정당한 사유 없이 부대를 인솔하여 수소를 이탈하거나 배치구역에 임하지 아니하는 것'이다.

① 수소 이탈

'수소(守所)'란 군인이 방위해야 할 책임을 지고 있는 장소를 의미하며, 지휘관의 경우 부대가 주둔하고 있는 장소를 말한다. 지휘관이 정당한 사유 없이 부대를 인솔하여 수소를 이탈하는 행위를 의미한다. 부대를 인솔하지 않고 지휘관이 단독으로 수소를 이탈하는 경우에는 본죄가 아니라 군무이탈죄 또는 무단이탈죄가 성립할 수 있다.

② 배치구역 불임

배치구역은 수소 또는 임무수행을 위하여 위치하여야 할 장소를 말하며, 배치구역에 임하지 아니하는 것은 지휘관이 배치의 지시를 받고 부대를 인솔하여 이에 임하지 아니하는 행위를 의미한다.

③ 정당한 사유 없이

지휘관이 수소를 이탈하거나 배치구역에 임하지 않을 합리적이고 정당한 이유가 없어야 한다. '정당한 사유'란 상급지휘관의 명령에 따른 경우, 적의 공격을 피하기 위한 경우 등을 말한다.

2. 주관적 구성요건

본죄는 고의범이므로 지휘관이 자신이 부대를 인솔하여 수소를 이탈하거나 배치구역에 임하지 않는다는 사실을 인식하고 이를 의욕하는 고의가 있어야 한다.

III. 법정형

- 적전인 경우: 사형
- 전시, 사변 시 또는 계엄지역인 경우: 사형, 무기 또는 5년 이상의 징역 또는 금고
- 그 밖의 경우: 3년 이하의 징역 또는 금고

IV. 미수범

군형법 제29조에 의하여 본죄의 미수범은 처벌한다.

V. 판례

1. 유죄 판결

- "지휘관 최○○이 인솔하는 제33헌병대 병력의 참모총장공관 출동 부분"과 관련하여 "육군중령 최○○은 정당한 이유 없이 계엄지역 내에서 수소를 이탈하였다"고 하여 지휘관계엄지역수소이탈죄의 성립을 인정한 사례 (서울고등법원 1996. 12. 16. 선고 96노1892 판결)
- 지휘관이 부대를 인솔하여 육군참모총장 공관으로 출동한 제33헌병대와 지휘관이 인솔하여 국방부·육군본부를 점령한 제1공수여단 및 지휘관이 인솔하여 경복궁을 점령한 제3공수여단이 이 사건 반란 당시 작전지역으로서의 일정한 수소를 부여받고 있었다(대법원 1997. 4. 17. 선고 96도3376 전원합의체 판결).

2. 무죄 판결

- 지휘관계엄지역수소이탈죄가 성립하기 위하여는 지휘관이 부대를 인솔하여 수소를 이탈하여야 하는바, 원심은 지휘관 AO가 인솔하여 육군참모총장 공관으로 출동한 제33헌병대와 지휘관 AP가 인솔하여 국방부·육군본부를 점령한 제1공수여단 및 지휘

관 E가 인솔하여 경복궁을 점령한 제3공수여단이 이 사건 반란 당시 작전지역으로서의 일정한 수소를 부여받고 있었다거나, 그 수소가 구체적으로 어느 곳인지에 관하여 이를 인정할 증거가 없으므로, 결국 위 피고인들이 위 각 지휘관과 공모하여 행한 병력 출동이 지휘관계엄지역수소이탈죄에 해당한다는 증거가 없다고 판단하였다(대법원 1997. 4. 17. 선고 96도3376 전원합의체 판결).

[3] 초병의 수소 이탈죄 [제28조]

제28조(초병의 수소 이탈) 초병이 정당한 사유 없이 수소를 이탈하거나 지정된 시간까지 수소에 임하지 아니한 경우에는 다음 각 호의 구분에 따라 처벌한다.
  1. 적전인 경우: 사형, 무기 또는 10년 이상의 징역
  2. 전시, 사변 시 또는 계엄지역인 경우: 1년 이상의 유기징역
  3. 그 밖의 경우: 2년 이하의 징역

Ⅰ. 의의

초병의 수소이탈죄는 초병이 정당한 사유 없이 수소를 이탈하거나 지정된 시간까지 수소에 임하지 아니함으로써 성립하는 범죄이다.

Ⅱ. 구성요건

1. 객관적 구성요건

1) 주체

본죄의 주체는 초병이다. '초병'이란 경계를 그 고유의 임무로 하여 지상, 해상 또는 공중에 책임 범위를 정하여 배치된 사람을 말한다(제2조 제3호).

이와 같이 본죄는 초병만이 범죄의 주체가 될 수 있는 진정신분범이다. 초병의 근무형태는 동초(動哨), 입초(立哨), 복초(複哨), 단초(單哨) 등 기능 여하를 불문한다.

대법원은 "군형법 제28조 초병의 수소이탈죄에서 말하는 초병에는 실제로 수소에 배치되

어 근무하는 자는 물론이고, 초병근무명령을 받아 경계근무감독자에게 신고하고 근무시간에 임박하여 경계근무의 복장을 갖춘 자도 포함된다"고 판시하였다(대법원 2006. 6. 30. 선고 2005도8933 판결).

반면, 위병조장은 군형법상 초병이라고 할 수 없다. 대법원은 "국군병영생활규정 제61조 제2호에 의하면 위병조장은 위병장교 또는 위병하사관의 지시를 받아 위병소에서 근무하고, 초병의 교대를 지시·감독하며 초병으로부터 보고 받은 사항을 위병장교 또는 위병하사관에게 보고하는 등의 임무를 하는 자로서, 위와 같은 직무내용에 비추어 위병조장을 경계를 그 고유임무로 하는 자 즉 군형법상 초병이라고 할 수 없다"고 판시하였다(대법원 1999. 11. 12. 선고 99도3801 판결).

2) 행위

본죄의 실행행위는 '정당한 사유 없이 수소를 이탈하거나 지정된 시간까지 수소에 임하지 아니하는 것'이다.

① 수소 이탈

초병이 정당한 사유 없이 수소를 이탈하는 행위를 말한다.

② 수소 불임

초병이 지정된 시간까지 수소에 임하지 아니하는 행위를 말한다.

③ 정당한 사유 없이

초병이 수소를 이탈하거나 수소에 임하지 않을 합리적이고 정당한 이유가 없어야 한다.

2. 주관적 구성요건

본죄는 고의범이므로 초병이 자신이 수소를 이탈하거나 지정된 시간까지 수소에 임하지 않는다는 사실을 인식하고 이를 의욕하는 고의가 있어야 한다.

III. 법정형

- 적전인 경우: 사형, 무기 또는 10년 이상의 징역
- 전시, 사변 시 또는 계엄지역인 경우: 1년 이상의 유기징역
- 그 밖의 경우: 2년 이하의 징역

IV. 미수범

군형법 제29조에 의하여 본죄의 미수범은 처벌한다.

V. 판례

1. 유죄 판결

- 피고인이 2017. 5. 18. 20:30경 파주시 B에 있는 공군 방공관제사령부 C 정문초소에서, 같은 날 17:30경부터 21:30경까지 기지경계를 위하여 위 정문초소에 배치되었음에도 당시 교제 중이던 E 하사와 전화통화를 하기 위하여 위 초소를 이탈한 것을 비롯하여, 그 때부터 같은 해 6. 10. 19:30경까지 사이에 총 3회에 걸쳐 같은 방법으로 정당한 사유 없이 수소를 이탈하거나 지정된 시간까지 수소에 임하지 아니하였다(서울중앙지방법원 2018. 5. 17. 선고 2018고단2093 판결).
- 피고인이 2019. 11. 25. 12:30경부터 같은 날 14:30경까지 경기 양평군에 있는 소속대 제10○○사령부 ** ○○대대 **초소의 경계근무를 명받아 초병으로 투입되었음에도 불구하고, 같은 날 13:00경 흡연하기 위해 초소로부터 약 20m 떨어진 컨테이너 건물로 이동하여 약 10분 동안 초소를 이탈하는 등 총 3회에 걸쳐 정당한 사유 없이 수소를 이탈하였다(광주지방법원 2021. 8. 18. 선고 2020고단4039 판결).

2. 무죄 판결

- 피고인들이 경계근무를 각각 5시간, 3시간 30분을 앞둔 상태에서 부대를 이탈함으로써 지정된 근무시간까지 경계근무 장소에 임하지 못하게 되었는데, 군형법 제28조 후단의 초병수소이탈죄는 진정신분범으로서 수소 배치명령만 받은 자는 초병이 아니고 명령을 받은 후 그 명령의 내용에 따라 지정시간에 지정된 장소에서 근무를 개시함으로써

비로소 초병이 되는 것이므로, 초병의 신분을 취득하지 못한 피고인들은 초병수소이탈죄의 주체가 될 수 없다(고등군사법원 2005. 11. 1. 선고 2005노152 판결).

- 위병조장을 경계를 그 고유임무로 하는 자 즉 군형법상 초병이라고 할 수 없고, 달리 피고인이 위병조장의 근무 외에 경계근무를 명받았다는 증거도 없다(대법원 1999. 11. 12. 선고 99도3801 판결).

제6장

군무 이탈의 죄

[1] 총설

군무이탈의 죄는 군인 또는 준군인이 군무를 기피할 목적으로 부대나 직무를 이탈하거나, 위험하거나 중요한 임무를 회피할 목적으로 배치나 직무를 이탈하거나, 적진으로 도주하는 등의 행위를 처벌하는 범죄이다. 이러한 범죄는 군의 병력을 감소시키고 군의 사기를 저하시켜 지휘체계를 문란하게 하는 것으로, 군 조직의 기능과 국가안보에 중대한 위협이 될 수 있다.

군무이탈의 죄가 보호하는 법익은 군 조직의 완전성과 전투력 유지, 그리고 국가안보이다. 군인이 임의로 부대나 직무를 이탈하게 되면 군 조직의 완전성이 훼손되고 전투력이 약화되며, 특히 전시나 적전 상황에서는 국가안보에 심각한 위협이 될 수 있다.

[2] 군무이탈죄 (제30조)

제30조(군무 이탈) ① 군무를 기피할 목적으로 부대 또는 직무를 이탈한 사람은 다음 각 호의 구분에 따라 처벌한다.
 1. 적전인 경우: 사형, 무기 또는 10년 이상의 징역
 2. 전시, 사변 시 또는 계엄지역인 경우: 5년 이상의 유기징역
 3. 그 밖의 경우: 1년 이상 10년 이하의 징역
② 부대 또는 직무에서 이탈된 사람으로서 정당한 사유 없이 상당한 기간 내에 부대 또는 직무에 복귀하지 아니한 사람도 제1항의 형에 처한다.

Ⅰ. 의의

군무이탈죄는 군무를 기피할 목적으로 부대 또는 직무를 이탈하거나(제1항) 부대 또는 직무에서 이탈된 사람으로서 정당한 사유 없이 상당한 기간 내에 부대 또는 직무에 복귀하지 아니함(제2항)으로써 성립하는 범죄이다.

Ⅱ. 구성요건

1. 객관적 구성요건

1) 주체

본죄의 주체는 군형법 제1조에 규정된 군인이다. 여기에는 현역 군인뿐만 아니라 단기병으로 소집되어 연병장에 대기 중인 보충역도 포함된다. 대법원은 "단기병으로 소집되어 사단 연병장에 대기중인 보충역은 이미 군형법 피적용자로서의 신분이 되었다"고 판시하였다 (대법원 1997. 5. 30. 선고 96도2067 판결).

2) 행위

본죄의 실행행위는 '군무를 기피할 목적으로 부대 또는 직무를 이탈'하거나 '부대 또는 직무에서 이탈된 사람으로서 정당한 사유 없이 상당한 기간 내에 부대 또는 직무에 복귀하지 아니'하는 것이다.

① 군무를 기피할 목적으로 부대나 직무를 이탈하는 행위 (제30조 제1항)

'부대 또는 직무를 이탈'한다는 것은 장소적 개념의 이탈을 의미하며, 부대나 직무로부터 이탈하여 현실적으로 군무를 이행할 수 없을 정도로 장소적으로 유리된 상태를 말한다. 장소적 이탈없이 단순히 직무를 이행하지 않거나 기피하는 것은 직무유기죄 등이 성립할 수 있지만 군무이탈죄는 성립하지 않는다.

② 부대 또는 직무에서 이탈된 사람으로서 정당한 사유 없이 상당한 기간 내에 부대 또는 직무에 복귀하지 않는 행위 (제30조 제2항)

'부대 또는 직무에서 이탈된 사람'이란 군무를 기피할 목적 없이 부대 또는 직무를 이탈한 사람을 의미하며, 휴가, 외출, 외박 등으로 부대 또는 직무를 이탈한 사람이 이에 해당한다.

'정당한 사유 없이'란 부대 또는 직무에 복귀하지 아니할 정당한 이유가 없음에도 불구하고 복귀하지 아니하는 것을 말한다. 정당한 사유가 있는 경우로는 천재지변, 교통사고 등으로 인하여 복귀할 수 없는 경우이거나 직속상관의 승인이 있는 경우를 들 수 있다.

'상당한 기간 내'란 부대 또는 직무에 복귀할 수 있는 합리적인 기간을 말한다. 상당한 기간인지 여부는 이탈된 원인, 이탈된 장소와 부대와의 거리, 교통수단의 유무, 기타 제반 사정을 고려하여 판단한다.

군무이탈죄는 즉시범·상태범에 해당한다. 즉, 이탈행위가 있음과 동시에 완성되며, 그 이후의 사정은 범죄의 성립 여부에 영향이 없다(대법원 1970. 7. 28. 선고 70도1092 판결). 휴가허가기간 종료 후 군무를 기피할 목적으로 귀대하지 아니하면 곧 군무이탈죄가 성립되고, 그 후는 군무이탈의 위법 상태가 계속되는데 불과하다(대법원 1976. 6. 22. 선고 76도1342 판결).

2. 주관적 구성요건

본죄는 목적범으로서 '군무를 기피할 목적'이 있어야 한다. '군무를 기피할 목적'이란 군이라는 특별권력관계상의 질서에 순응할 것이 법률상 강제되어 있는 신분적 규율관계로부터 불법적으로 사실상 이탈하려는 의욕을 의미하며(육군 1979. 6. 15. 선고 79고군형항180 판결), 군무는 임무, 직무, 근무를 포함하는 것으로 군에 대한 복무 일체를 의미한다. 군무기피를 적극적으로 의욕할 필요는 없고, 일시적으로 기피할 의사이든 영구적으로 기피할 의사이든 군무기피에 대한 인식만 있으면 족하다.

대법원은 "군형법 제30조의 군무이탈죄는 군무를 기피할 목적이 있음을 요하는 목적범이지만, 군인이 소속 부대에서 무단이탈하였거나 정당한 이유 없이 공용외출 후 귀대하지 아니한 경우에는 다른 사정이 없는 한 그에게 군무기피의 목적이 있었던 것으로 추정된다"고 판시하였다(대법원 1986. 2. 11. 선고 85도2674 판결).

III. 법정형

- 적전인 경우: 사형, 무기 또는 10년 이상의 징역
- 전시, 사변 시 또는 계엄지역인 경우: 5년 이상의 유기징역
- 그 밖의 경우: 1년 이상 10년 이하의 징역

IV. 미수범

군형법 제34조에 의하여 본죄의 미수범은 처벌한다.

V. 판례

1. 유죄 판결

- 군인이 가정형편이 어렵고 어머니가 병석에 계시므로 자신이 모셔야 한다는 이유로 소속대를 빠져 나와 사단 정문을 통하여 밖으로 나온 후 강원도 정선과 제천 등지에서 숨어 지낸 행위를 군무이탈로 판단한 사례 (대법원 1997. 5. 30. 선고 96도2067 판결)
- 육군사관학교를 졸업한 장교로서, 군부대에 만연하여 있는 하극상을 바로잡기 위하여는 대형 사고를 저질러 그 진상을 사회에 알려야만 한다는 그릇된 생각을 가지고 소총과 수류탄을 소지하고 차량을 탈취하여 군부대를 이탈한 행위에 대해 군무이탈죄를 인정한 사례 (대법원 1995. 7. 11. 선고 95도910 판결)
- 소속부대의 배려로 휴가기간이 한차례 연장되었음에도 휴가기간 이후 군무를 이탈할 목적으로 부대에 복귀하지 않다가 집 근처 피시방에서 체포된 사례 (인천지방법원 2015. 6. 18. 선고 2014고합902 판결)

2. 무죄 판결

- 군인이 반복하여 지각을 하였으나 매일 출근을 했다면 이탈행위 당시 늦게라도 출근하여 직무를 수행할 의사가 있었던 것으로 보아 군무기피의 목적을 추정할 수 없는 사정이 있는 것으로 인정한 사례 (고등군사법원 2018. 4. 12. 선고 2017노397 판결)
- 휴가 만료일 24:00 이전에 부대에 복귀하기로 결심한 다음 익일 00:17경 부대에 복귀한 경우 군무이탈죄가 성립하는 시점인 휴가 만료일 24:00 정각에 군무기피의 목적이 있었

던 것으로 추정하기 어렵다고 본 사례 (고등군사법원 2018. 1.24. 선고 2017노351 판결)

[3] 특수군무이탈죄 (제31조)

Ⅰ. 의의

특수군무이탈죄는 위험하거나 중요한 임무를 회피할 목적으로 배치지 또는 직무를 이탈함으로써 성립하는 범죄이다.

Ⅱ. 구성요건

1. 객관적 구성요건

1) 주체

본죄의 주체는 군인 및 준군인으로 위험 또는 중요한 임무에 종사하고 있는 자이다.

2) 행위

본죄의 실행행위는 '위험하거나 중요한 임무를 회피할 목적으로 배치지 또는 직무를 이탈'하는 것이다.

'배치지'는 개인적으로 배치된 지역과 부대가 전체적으로 배치된 지역을 모두 포함하며, 여기서의 '직무'란 위험 또는 중요한 직무를 의미한다.

'위험하거나 중요한 임무'란 군인으로서 수행해야 할 임무 중에서 위험성이 있거나 중요성이 있는 임무를 말한다. 예를 들면 전투임무, 경계임무, 훈련임무 등이 이에 해당한다.

'배치지 또는 직무를 이탈'한다는 것은 배치지 또는 직무를 떠나는 것을 말한다. 배치지의 이탈이란 배치된 장소를 떠나는 것을 말하고, 직무의 이탈이란 직무를 떠나는 것을 말한다.

2. 주관적 구성요건

본죄는 위험하거나 중요한 임무를 회피할 목적이 있어야 성립하는 목적범에 해당한다. '위험하거나 중요한 임무'란 군인으로서 수행해야 할 임무 중에서 생명이나 신체에 대한 침해를 야기할 위험성이 있거나 군의 기능수행상 중대한 관계가 있는 임무를 말한다. 행위시의 구체적 사정에 따라 객관적으로 판단할 수밖에 없으나, 예를 들면 전투 중의 근무, 위험지역에서의 근무, 해상이나 공중에서의 근무 등이 해당한다고 볼 수 있다.

III. 법정형

- 적전인 경우: 사형, 무기 또는 10년 이상의 징역
- 전시, 사변 시 또는 계엄지역인 경우: 5년 이상의 유기징역
- 그 밖의 경우: 1년 이상 10년 이하의 징역

IV. 미수범

군형법 제34조에 의하여 본죄의 미수범은 처벌한다.

[4] 이탈자비호죄 [제32조]

제32조(이탈자 비호) 제30조 또는 제31조의 죄를 범한 사람을 숨기거나 비호한 사람은 다음 각 호의 구분에 따라 처벌한다.
 1. 전시, 사변 시 또는 계엄지역인 경우: 5년 이하의 징역
 2. 그 밖의 경우: 3년 이하의 징역

I. 의의

이탈자비호죄는 군무이탈죄 또는 특수군무이탈죄를 범한 사람을 숨기거나 비호함으로써 성립하는 범죄이다.

군무이탈죄는 상태범이므로 이탈행위 이후에 이에 가담하는 경우 공범으로 처벌할 수 없으므로 이탈이라는 위법상태에 가공하여 군 조직에 대한 침해를 조장하는 이탈자 비호행위를 처벌하기 위한 것이다. 이탈자비호죄가 성립하면 형법 제151조의 범인은닉죄는 성립하지 않는다.

Ⅱ. 구성요건

1. 객관적 구성요건

1) 주체

본죄의 주체는 군형법 피적용자이다. 따라서 군인, 준군인이 본죄의 주체가 될 수 있다. 군형법 피적용자가 아닌 자가 군무이탈죄 또는 특수군무이탈죄를 범한 자를 은닉 또는 비호한 경우에는 본죄가 성립하지 않고, 형법 제151조의 범인은닉죄가 성립할 수 있다.

2) 객체

본죄의 객체는 군무이탈죄 또는 특수군무이탈죄를 범한 사람이다. 여기서 '죄를 범한 사람'이란 정범뿐만 아니라 교사범·방조범·미수범 등을 모두 포함한다. 또한 '죄를 범한 자'란 반드시 공소제기가 되거나 유죄의 판결을 받은 자뿐만 아니라 범죄의 혐의를 받아 수사 중인 자도 포함된다(대법원 1983. 8. 23. 선고 83도1486 판결).

3) 행위

본죄의 실행행위는 '군무이탈죄 또는 특수군무이탈죄를 범한 사람을 숨기거나 비호'하는 것이다.

숨기는 것은 이탈자를 발견하기 어려운 장소에 숨기는 행위, 즉 은닉하는 것을 말한다. 비호란 수사기관으로부터 발견, 체포를 곤란하게 할 수 있는 일체의 행위를 말한다.

은닉이란 군무이탈자 또는 특수군무이탈자를 타인의 발견을 피하도록 하는 것을 의미하고, 보호란 군무이탈자 또는 특수군무이탈자를 체포 또는 처벌로부터 보호하는 것을 의미한다.

2. 주관적 구성요건

본죄는 고의범이므로 행위자가 상대방이 군무이탈자 또는 특수군무이탈자라는 사실을 인식하고 이를 은닉하거나 비호한다는 인식과 의욕이 있어야 한다.

Ⅲ. 법정형

- 전시, 사변 시 또는 계엄지역인 경우: 5년 이하의 징역

- 그 밖의 경우: 3년 이하의 징역

Ⅳ. 미수범

군형법 제34조에 의하여 본죄의 미수범은 처벌한다.

Ⅴ. 판례

- 군사법경찰관리가 아닌 하사관이 군무이탈자를 동행중 놓친 경우, 하사관인 피고인은 군사법경찰업무에 종사하는 자가 아니므로 군무이탈자를 체포 연행할 의무가 있다 할 수 없고 설사 상관으로부터 군무이탈자를 체포 동행하라는 명령지시가 있다하여도 이 명령은 군사법경찰관리가 아닌 피고인에 대한 위법한 것이라 할 것이므로 피고인에게 그런 직무가 있다고 할 수 없으니 군무이탈자를 동행중 놓쳤다 하여 직무유기로 단정할 수 없다(대법원 1976. 10. 12. 선고 75도1895 판결).

[5] 적진도주죄 (제33조)

제33조(적진으로의 도주) 적진으로 도주한 사람은 사형에 처한다.

Ⅰ. 의의

적진도주죄는 적진으로 도주함으로써 성립하는 범죄이다. 본죄는 국가에 충성을 다하여 할 군인·준군인의 배신행위를 처벌하는 것으로 비겁행위를 처벌하는 항복죄(제22조)와 솔대도피죄(제23조)와 구별된다.

Ⅱ. 구성요건

1. 객관적 구성요건

1) 주체

본죄의 주체는 군인 및 준군인이다.

2) 행위

본죄의 실행행위는 '적진으로 도주'하는 것이다. '적진'이란 적의 지배하에 있는 지역을 말한다. 적이란 교전상대 또는 교전단체를 의미한다. '도주'란 적의 실력적 지배 아래로 들어가는 것을 의미하며, 반드시 적지(敵地)일 필요는 없다. 실행행위가 있기만 하면 본죄는 성립하며, 행위의 동기는 불문한다.

2. 주관적 구성요건

본죄는 고의범으로서 적진으로 도주한다는 인식과 의욕이 있어야 한다.

Ⅲ. 법정형

사형

Ⅳ. 미수범

군형법 제34조에 의하여 본죄의 미수범은 처벌한다.

Ⅴ. 판례

- 대법원은 "피고인은 제30사단 312포병대대 부사수로 복무하던 자로 1973. 12. 17 13:20경 근무에 염증이 생기고 이북에 있을 부친을 만나기 위해 월북할 생각으로 소속대 후면 철조망을 넘어 이탈하여 소로를 이용 경기 고양군 삼송리, 동군 원랑리, 동군 중면 백마역등을 경유 한강변에 도착 임진강을 향하여 도보로 북상하다가 동군송포면 대하리 소재 제9사단 30연대 수색중대 한강변 89번 초소를 통과할 때 동 초소 근무자 상병 공소외 1의 수하를 당하고 도주하다가 동일 19:30경 동 연대 소위 공소외 2가 인솔한 병력에게 체포되어 반국가단체의 지배하에 있는 지역인 이북으로 탈출하려는 목적을 달하지 못하고 미수에 그친 것"이라고 하여 적진도주미수죄를 인정하였다(대법원 1974. 12. 24. 선고 74도3064 판결).

제7장

군무 태만의 죄

[1] 총설

군대는 엄격한 규율과 명령체계를 바탕으로 국가방위라는 중대한 임무를 수행하는 조직이므로, 군인의 직무태만은 단순한 개인의 의무위반을 넘어 군 전체의 전투력과 안전에 심각한 위협이 될 수 있다. 따라서 군형법은 제7장에서 군무 태만의 죄를 규정하여 군인의 직무수행에 있어서 성실성을 확보하고자 한다.

군무 태만의 죄의 보호법익은 군대의 전투력 유지와 군기의 확립이다. 군인의 직무태만은 군사작전의 실패, 군사기밀의 누설, 군용물자의 손실 등을 초래할 수 있으므로, 이를 방지하여 군의 전투력을 보존하고 군기를 확립하는 것이 본 장의 주된 목적이다.

군형법 제7장은 근무 태만(제35조), 비행군기 문란(제36조), 위계로 인한 항행 위험(제37조), 거짓 명령·통보·보고(제38조), 명령 등의 거짓 전달(제39조), 초령 위반(제40조), 근무 기피 목적의 사술(제41조), 유해 음식물 공급(제42조), 출병 거부(제43조) 등 총 9개 조문으로 구성되어 있다.

[2] 근무태만죄 (제35조)

> 제35조(근무 태만) 근무를 게을리하여 다음 각 호의 어느 하나에 해당하는 사람은 무기 또는 1년 이상의 징역에 처한다.

Ⅰ. 의의

근무태만죄는 근무를 게을리하여 군형법 제35조 각 호의 어느 하나에 해당하는 행위를 함으로써 성립하는 범죄이다. 본죄는 군인이 자신의 근무를 게을리하여 군사력의 손실을 초래하거나 군의 사기를 저하시키는 행위를 처벌하기 위한 규정이다. 그러나 직무유기에 이르지 않는 직무태만 행위는 형벌이 아닌 징계처분 사유가 되므로 군형법에서도 중요한 몇 가지 태만 행위만을 근무태만죄로 의율하고 있다.

Ⅱ. 전투준비태만죄 (제35조 제1호)

1. 지휘관 또는 이에 준하는 장교로서 그 임무를 수행하면서 적과의 교전이 예측되는 경우에 전투준비를 게을리한 사람

1. 의의

전투준비태만죄는 지휘관 또는 이에 준하는 장교가 그 임무를 수행하면서 적과의 교전이 예측되는 경우에 전투준비를 게을리함으로써 성립하는 범죄이다.

2. 구성요건

1) 주체

본죄의 주체는 지휘관 또는 이에 준하는 장교이다. '지휘관에 준하는 장교'란 지휘관 이외의 자로서 사실상 부대를 지휘하는 장교를 의미하며, 지휘관을 대리하여 부대를 지휘하는 장교도 이에 해당한다. 구체적인 상황에 따라 소대장이 부대지휘 직무에 준하는 직무를 수행할 경우 소대장도 본죄의 주체가 될 수 있다(육군 1969. 8. 21. 선고 69고군형항302 판결).

2) 행위

본죄의 실행행위는 '임무를 수행하면서 적과의 교전이 예측되는 경우에 전투준비를 게을리하는 것'이다.

'임무를 수행함에 있어서'란 지휘관 또는 이에 준하는 장교로서의 임무를 현실적으로 수행하는 도중을 뜻하며, 현실적으로 지휘관으로서의 임무를 수행하지 않을 경우에는 전투준비

를 태만히 하더라도 본죄가 성립하지 않는다.

'적과의 교전이 예측되는 경우'란 적과의 교전이 확실히 예상되는 경우뿐만 아니라 교전의 가능성이 있는 경우도 포함한다. 대법원은 "무장공비의 침투를 막기 위하여 병력을 배치하고 공비와 교전할 수 있는 태세로서 경비를 하고 있는 경우에는 군형법 제35조 제1항 소정의 「적과의 교전이 예측되는 경우」에 해당된다"고 판시하였다(대법원 1970. 4. 14. 선고 69도1788 판결).

'전투준비를 게을리한다'는 것은 적과의 교전에 대비하여 취해야 할 조치를 취하지 않거나 불충분하게 취하는 것을 말한다.

3. 판례

- 군형법 제35조 제1호의 전투준비태만죄는 작전에 실패하였다는 결과에 의하여 성립하는 것이 아니고 통상적인 능력을 갖춘 지휘관으로서 마땅히 하여야 할 전투준비를 태만히 한 경우에 성립하는 것이므로 불가능한 전투준비 또는 부적당한 전투준비를 태만히 한 경우는 성립되지 아니한다(대법원 1980. 3. 11. 선고 80도141 판결).
- 휴전선 남방한계선 방책선 경계근무를 임무로 하는 소대장이 방책선 경계근무시간중에 선임분대장에게 근무병력을 배치하도록 하고 소속선임하사실에서 술을 마신 소위는 전투준비태만죄에 해당한다(대법원 1983. 10. 11. 선고 82도2108 판결).

III. 부대·병원유기죄 (제35조 제2호)

2. 장교로서 부대 또는 병원(兵員)을 인솔하여 그 임무를 수행하면서 적을 만나거나 그 밖의 위난(危難)에 처하여 정당한 사유 없이 부대 또는 병원을 유기한 사람

1. 의의

부대·병원유기죄는 장교로서 부대 또는 병원(兵員)을 인솔하여 그 임무를 수행하면서 적을 만나거나 그 밖의 위난에 처하여 정당한 사유 없이 부대 또는 병원을 유기함으로써 성립하는 범죄이다.

2. 구성요건

1) 주체

본죄의 주체는 부대 또는 병원을 인솔하여 그 임무를 수행하면서 적을 만나거나 위난에 처한 장교이다. 여기서 '병원(兵員)'이란 부대에 이르지 않는 군인의 집합체나 개별 군인을 의미하며, 그 규모에는 제한이 없다. '임무를 수행함에 있어서'란 부대나 병원의 인솔을 요하는 포괄적인 임무수행을 의미한다.

2) 행위

본죄의 실행행위는 '적을 만나거나 그 밖의 위난에 처하여 정당한 사유 없이 부대 또는 병원을 유기하는 것'이다.

'적을 만나거나 그 밖의 위난에 처한다'는 것은 현실적으로 그러한 사태에 처했을 때로 한정된다. 착오로 적과 조우하거나 위난에 처했다고 생각하고 부대 등을 유기한 경우에는 본죄가 성립하지 않는다. 적과의 조우는 우연히 만난 경우로 한정되며, 이미 적과 만날 것이 예견되는 경우에는 일반이적죄가 성립한다. '유기한다'는 것은 부대 또는 병원을 위험상황 하에 두고 가는 것을 의미하며, 추상적위험범이므로 부대 또는 병원의 현실적인 위험이 발생하였는지 여부는 묻지 않는다.

3. 판례

- 월북을 기도한 중대장으로부터 총기를 빼앗기고 월북에 협조하도록 위협·강요당하다가 주변의 병원에게 연락하라고만 지시한 후 약 400미터 떨어진 수색중대로 도주한 경우 위난에 처하여 정당한 사유 없이 병원을 유기한 경우에 해당한다(대법원 1970. 11. 24. 선고 70도1984 판결).

IV. 공격기피죄(제35조 제3호)

> 3. 직무상 공격하여야 할 적을 정당한 사유 없이 공격하지 아니하거나 직무상 당연히 감당하여야 할 위난으로부터 이탈한 사람

1. 의의

공격기피죄는 직무상 공격해야 할 적을 정당한 사유 없이 공격하지 아니하거나 직무상 당연히 감당하여야 할 위난으로부터 이탈함으로써 성립하는 범죄이다.

2. 구성요건

1) 주체

본죄의 주체는 직무상 적을 공격하여야 하거나 직무상 당연히 감당하여야 할 위난을 피하지 못할 책임이 있는 사람이다. '직무상 적을 공격하여야 함'은 적을 공격하라는 특정한 명령을 받은 사람에 한정하지 않고, 적과 교전해야 할 책임이 있는 포괄적인 직무를 의미한다. '당연히 감당하여야 할 위난'이란 국민의 생명과 재산을 보호함을 그 본분으로 하는 군인이 직무수행상 당연히 감당해야 할 위험이나 어려움을 말한다(육군 1984. 12. 28. 선고 84고군형항349 판결). '위난'은 적과의 교전만을 의미하는 것이 아니라 천재지변 등 인적·물적 원인에 의한 일체의 위난을 포함한다.

2) 행위

본죄의 실행행위는 '직무상 공격하여야 할 적을 정당한 사유없이 적을 공격하지 아니하거나 위난으로부터 이탈하는 것'이다. 본죄는 고의범이므로, 공격하여야 할 적에 해당한다는 사실을 인식할 수 없었던 경우에는 성립하지 않는다.

공격명령을 받은 자가 공격을 하지 않으면 항명죄와 상상적 경합이 인정되며, 직무상 당연하여야 할 위난으로부터 이탈하는 경우에는 특수군무이탈죄와 상상적 경합이 성립하게 된다.

3. 판례

- 피고인(소대장)이 소속 대원의 월북 시도 자체를 알지 못했으므로 직무상 공격하여야 할 적에 해당한다고 인식할 수는 없었다 할 것이니 공격치 않고 설득하기 위해 그를 찾아다녔다 하여 직무상 공격할 적에 대한 공격기피죄에 해당된다고 할 수 없다(대법원 1983. 10. 11. 선고 82도2108 판결).

4. 군사기밀인 문서 또는 물건을 보관하는 사람으로서 위급한 경우에 있어서 부득이한 사유 없
   이 적에게 이를 방임한 사람

1. 의의

군기문서·물건방임죄는 군사기밀의 문서 또는 물건을 보관하는 사람으로서 위급한 경우
에 있어서 부득이한 사유 없이 적에게 이를 방임함으로써 성립하는 범죄이다. 본죄는 직접
적으로 비밀문건을 보관하는 자의 근무태만에 의한 보관의무위반을 처벌하고, 군사기밀누
설을 방지하기 위한 규정이다.

2. 구성요건

1) 주체

본죄의 주체는 군사기밀의 문서 또는 물건을 보관하는 사람이다. 여기서 '군사기밀'이란
적에게 정보가치가 있으면서 국방상 보호를 필요로 하는 협의의 군사기밀을 말하며,「군사
기밀 보호법」이 그 대상으로 하는 군사기밀을 말한다. '보관하는 사람'은 현실적으로 기밀문
건을 점유하고 있는 사람을 말하며, 반드시 법령이나 적법한 근거에 의하여 보관하는 사람
만을 의미하지 않는다.

2) 행위

본죄의 실행행위는 '위급한 경우에 있어서 부득이한 사유 없이 적에게 군사기밀인 문서 또
는 물건을 방임하는 것'이다.

'위급한 경우'란 적의 공격 등으로 인하여 위험한 상황에 처한 경우를 말하고, '부득이한 사
유 없이'란 군사기밀인 문서 또는 물건을 적에게 방임할 수밖에 없는 부득이한 이유가 없음
에도 불구하고 방임하는 것을 말한다. 부득이한 사유가 있는 경우로는 적의 공격으로 인하
여 군사기밀인 문서 또는 물건을 가지고 도주할 수 없는 경우 등을 들 수 있다.

'방임'이란 사실적 지배력을 포기하거나 방치하는 것을 말하며, 적이 그 점유를 취득하게

된다는 것을 인식하고 방임하여야 한다. 인식이 없었다면 본죄는 성립하지 않는다. 적에게 기밀문건을 제공하는 경우에는 군사기밀누설죄(제13조 제2항), 군용물건제공이적죄(제11조), 일반물건제공이적죄(제14조 제7호)가 성립할 수 있다.

다만, 적의 공격, 천재지변 등 위급한 경우에 있어서 부득이한 사유가 있는 경우에도 본죄가 성립하지 않고, 위급하지 않은 경우에 부득이한 사유없이 기밀문건을 방임하는 것은 군사기밀누설죄(제13조 제2항), 군대 및 군용시설제공죄(제11조), 일반물건제공이적죄(제14조 제7호) 등이 성립하여 가중처벌된다.

VI. 군용물결핍죄 (제35조 제5호)

1. 의의

군용물결핍죄는 전시·사변시 또는 계엄지역에서 병기·탄약·식량·피복 또는 그 밖에 군용에 공하는 물건을 운반 또는 공급하는 사람으로서 부득이한 사유 없이 이를 없애거나 모자라게 함으로써 성립하는 범죄이다.

2. 구성요건

1) 주체

본죄의 주체는 전시·사변시 또는 계엄지역에서 병기·탄약·식량·피복 또는 그 밖에 군용에 공하는 물건을 운반 또는 공급하는 사람이다. 만약 군형법 피적용자가 아닌 사람이 본죄의 행위를 할 경우 형법 제117조의 전시공수계약불이행죄가 성립할 수 있다. '운반 또는 공급하는 사람'은 반드시 그것을 고유의 임무로 하는 사람에 한정하는 것은 아니고, 사실상 그러한 업무를 수행하는 사람을 포함한다.

2) 행위

본죄의 실행행위는 '부득이한 사유 없이 병기·탄약·식량·피복 또는 그 밖에 군용에 공하는 물건을 없애거나 모자라게 하는 것'이다.

부득이한 사유가 있는 경우로는 적의 공격으로 인하여 병기, 탄약, 식량, 피복 또는 그 밖에 군용에 공하는 물건을 없애거나 모자라게 할 수밖에 없는 경우 등을 들 수 있다. '없애거나 모자라게 한다'는 것은 병기, 탄약, 식량, 피복 또는 그 밖에 군용에 공하는 물건을 파괴하거나 소비하거나 은닉하는 등의 방법으로 없애거나 모자라게 하는 것을 말한다. 즉, 군용에 공하는 물건을 운반·공급함에 있어서 군의 수요에 부족을 초래하는 일체의 행위를 의미한다.

고의로 운반이나 공급행위를 불이행하는 경우, 군용물을 손괴하여 없애는 경우, 군용물 보관·운반을 소홀히 하여 부족하게 하는 경우 등을 의미한다. 만약 절도, 횡령, 손괴 등의 행위로 군용물이 결핍될 경우 군형법 제75조의 군용물에 관한 죄나 제69조의 군용시설손괴죄가 성립된다.

VII. 법정형

무기 또는 1년 이상의 징역

[3] 비행군기문란죄 (제36조)

제36조(비행군기 문란) 비행(飛行)에 관한 법규 또는 명령을 위반하여 항공기를 조종함으로써 비행군기를 문란하게 한 사람은 다음 각 호의 구분에 따라 처벌한다.
  1. 적전인 경우: 1년 이상의 유기징역 또는 유기금고
  2. 전시, 사변 시 또는 계엄지역인 경우: 3년 이하의 징역 또는 금고
  3. 그 밖의 경우: 1년 이하의 징역 또는 금고

I. 의의

비행군기문란죄는 비행에 관한 법규 또는 명령을 위반하여 항공기를 조종함으로써 비행군기를 문란하게 함으로써 성립하는 범죄이다.

Ⅱ. 구성요건

1. 객관적 구성요건

1) 주체

본죄의 주체는 항공기를 조종하는 사람이다. 반드시 법률에 의한 자격이 있을 것임을 요하지 아니하고, 조종학생 또는 일반 군인이라고 할지라도 사실상 항공기를 조종하고 있는 경우도 포함한다.

2) 객체

① 항공기: 군형법 제1조의 적용을 받는 자가 조종하는 항공기를 의미한다.

② 비행군기: 군의 항공작전 및 비행업무 수행에 있어서의 질서와 규율을 말한다.

3) 행위

본죄의 실행행위는 '비행에 관한 법규 또는 명령을 위반하여 항공기를 조종함으로써 비행군기를 문란하게 하는 것'이다.

'비행에 관한 법규'란 항공안전법, 항공사업법 등 항공기 운항에 관한 법률을 의미한다. '비행에 관한 명령'이란 상관의 비행 관련 명령, 비행계획서상의 지시사항, 관제탑의 지시 등을 포함한다. '항공기 조종'이란 실제로 항공기를 운항하는 행위로서, 이륙부터 착륙까지의 전 과정을 포함한다.

편대장 등 상관의 비행작전에 대한 개별적이고 구체적인 명령을 위반하는 경우에는 항명죄(제44조)와 상상적 경합이 되고, 비행에 관한 일반적·추상적 명령을 위반하는 경우에는 명령위반죄(제47조)와 상상적 경합이 될 수 있다. 비행에 관한 법규 또는 명령을 위반하는 것은 그 자체로 비행군기의 문란이기때문에 별도로 비행군기의 문란이라는 결과를 요구하지 않는다.

2. 주관적 구성요건

본죄는 고의범이므로 고의가 있어야 한다. 즉 비행에 관한 법규 또는 명령을 위반하여 항공기를 조종한다는 인식과 의사가 있어야 한다.

Ⅲ. 법정형

- 적전인 경우: 1년 이상의 유기징역 또는 유기금고
- 전시, 사변 시 또는 계엄지역인 경우: 3년 이하의 징역 또는 금고
- 그 밖의 경우: 1년 이하의 징역 또는 금고

[4] 위계로 인한 항행위험죄 [제37조]

제37조(위계로 인한 항행 위험) 거짓 신호를 하거나 그 밖의 방법으로 군용에 공하는 함선 또는 항공기의 항행(航行)에 위험을 발생시킨 사람은 다음 각 호의 구분에 따라 처벌한다.
1. 전시, 사변 시 또는 계엄지역인 경우: 사형, 무기 또는 5년 이상의 징역
2. 그 밖의 경우: 무기 또는 2년 이상의 징역

Ⅰ. 의의

위계항행위험죄는 거짓 신호를 하거나 그 밖의 방법으로 군용에 공하는 함선 또는 항공기의 항행에 위험을 발생시킴으로써 성립하는 범죄이다. 만약 본죄의 행위를 이적의 목적으로 할 경우에는 왕래방해이적죄(제14조 제4호)가 성립할 수 있다.

Ⅱ. 구성요건

1. 객관적 구성요건

1) 주체

본죄의 주체는 군인 또는 준군인이다. 민간인이 본죄의 행위를 하였을 때에는 형법 제186조 기차·선박등교통방해죄가 성립한다.

2) 객체

① 군용에 공하는 함선: 군사목적으로 사용되는 모든 선박을 의미하며, 군함뿐만 아니라 군용 수송선, 군용 보급선 등을 포함한다.
② 군용에 공하는 항공기: 군사목적으로 사용되는 모든 항공기를 의미하며, 전투기, 수송기, 헬리콥터 등 군용 항공기 전반을 포함한다.

③ 항행의 안전: 함선 및 항공기가 안전하게 운항할 수 있는 상태를 의미한다.

3) 행위

본죄의 실행행위는 '거짓 신호를 하거나 그 밖의 방법으로 군용에 공하는 함선 또는 항공기의 항행에 위험을 발생시키는 것'이다.

'거짓 신호'란 함선 또는 항공기의 항행에 관하여 허위의 신호를 하는 것을 말한다. 예를 들면 함선 또는 항공기의 항행에 관하여 허위의 무선통신을 하거나 허위의 신호등을 점등하는 경우 등이 이에 해당한다.

'그 밖의 방법'이란 거짓 신호 이외의 방법으로 함선 또는 항공기의 항행에 위험을 발생시키는 것을 말한다. 예를 들면 함선 또는 항공기의 항행에 관하여 허위의 정보를 제공하거나 함선 또는 항공기의 항행에 필요한 장비를 조작하는 경우 등이 이에 해당한다.

위험의 발생은 구체적 위험의 발생만을 의미하지 않고, 추상적 위험의 발생도 포함한다.

2. 주관적 구성요건

본죄는 고의범이므로 고의가 있어야 한다. 즉 거짓 신호를 하거나 그 밖의 방법으로 군용 함선 또는 항공기의 항행에 위험을 발생시킨다는 인식과 의사가 있어야 한다.

Ⅲ. 법정형

- 전시, 사변 시 또는 계엄지역인 경우: 사형, 무기 또는 5년 이상의 징역
- 그 밖의 경우: 무기 또는 2년 이상의 징역

[5] 거짓 명령·통보·보고죄 [제38조]

제38조(거짓 명령, 통보, 보고) ① 군사(軍事)에 관하여 거짓 명령, 통보 또는 보고를 한 사람은 다음 각 호의 구분에 따라 처벌한다.

　1. 적전인 경우: 사형, 무기 또는 5년 이상의 징역

　2. 전시, 사변 시 또는 계엄지역인 경우: 7년 이하의 징역

　3. 그 밖의 경우: 1년 이하의 징역

② 군사에 관한 명령, 통보 또는 보고를 할 의무가 있는 사람이 제1항의 죄를 범한 경우에는 제1항 각 호에서 정한 형의 2분의 1까지 가중한다.

I. 의의

거짓 명령·통보·보고죄는 군사에 관하여 거짓 명령, 통보 또는 보고를 함으로써 성립하는 범죄이다.

II. 구성요건

1. 객관적 구성요건

1) 주체

본죄의 주체는 군인 또는 준군인이다. 다만 제38조 제2항의 경우에는 군사에 관한 명령, 통보 또는 보고를 할 의무가 있는 사람이 주체가 된다. 여기서 '의무'란 법령, 규칙, 관습 또는 조리상의 의무를 포함한다.

2) 행위

본죄의 실행행위는 '군사에 관하여 거짓 명령, 통보 또는 보고를 하는 것'이다.

① '군사에 관하여'란 군의 전투력의 유지증강에 관계되는 모든 사항을 말한다(육군 1972. 8. 8. 선고 육군72고군형항 391 판결). 전투·작전·교육훈련 등 군 본연의 임무수행에 관련된 사항 중 허위보고의 내용에 따라 중대한 장애가 초래되거나 이를 예견할 수 있는 사안에 관한 것만으로 제한하여 해석할 수 없다(대법원 2006. 8. 25. 선고 2006도620 판결).

② '명령'은 추상적 규범으로서의 일반 명령이 아니고, 상관의 직무상 명령을 의미하는 개별적 명령을 말한다.

③ '통보'란 대등한 당사자 간에 인지한 내용을 전달하는 것 또는 명령복종관계에 있는 사이에서 명령적 성격을 갖지 아니한 사항을 전달하는 것이다.

④ '보고'는 지휘감독을 받는 자가 지휘감독을 하는 자에게 인지한 내용을 전달하는 것을 말한다.

⑤ 거짓의 명령, 통보, 보고의 '거짓'은 진실에 반하는 것을 말하며, 객관적 진실과 일치하는지는 문제되지 않고 행위자의 기억을 기준으로 거짓여부를 판단해야 한다. 단순한 보고 누락은 사실과 다른 내용을 전달한 것이 아니므로 '거짓보고'에서 제외된다(고등군사법원 2019. 6. 20. 선고 2019노6 판결). 또한, 상관의 지시에 의하여 허위보고를 한 경우에도 그 지시가 정당한 것이 아닌 이상 거짓보고죄에 해당한다(육군 1969. 8. 21. 선고 69고군형항302 판결).

2. 주관적 구성요건

본죄는 고의범이므로 고의가 있어야 한다. 즉 군사에 관하여 거짓 명령, 통보 또는 보고를 한다는 인식과 의사가 있어야 한다.

III. 법정형

- 적전인 경우: 사형, 무기 또는 5년 이상의 징역
- 전시, 사변 시 또는 계엄지역인 경우: 7년 이하의 징역
- 그 밖의 경우: 1년 이하의 징역
- 명령, 통보 또는 보고를 할 의무가 있는 사람: 위의 형의 2분의 1까지 가중

IV. 판례

- 군인 사이에 구타로 인하여 상해가 발생하였음에도 불구하고 그 상해의 원인이 물건에 부딪혀 일어난 것이라고 허위로 보고한 것은 병력에 결원이 발생한 원인을 허위로 보고하고 군인 사이에 발생한 구타사고를 은폐함으로써 지휘관의 징계권 및 군사법권의

행사를 비롯하여 구타 사고에 대한 재발방지를 위한 조치 등 병력에 대한 관리 작용에 해당하는 군행정절차를 방해하는 결과를 초래한 것으로서 군 본연의 임무수행에 중대한 장애가 초래되거나 이를 예견할 수 있는 사안에 관한 것이므로, 군형법 제38조의 '군사에 관한' 허위의 보고에 해당한다(대법원 2006. 8. 25. 선고 2006도620 판결).

[6] 명령 등 거짓 전달죄 [제39조]

Ⅰ. 의의

명령 등 거짓 전달죄는 전시, 사변 시 또는 계엄지역에서 군사에 관한 명령, 통보 또는 보고를 전달하는 사람이 거짓으로 전달하거나 전달하지 아니함으로써 성립하는 범죄이다.

Ⅱ. 구성요건

1. 객관적 구성요건

1) 주체

본죄의 주체는 군사에 관한 명령, 통보 또는 보고를 전달하는 사람이다. 법령이나 상관의 명령에 의하여 전달하는 사람뿐만 아니라 사실상 전달을 수행하는 사람은 모두 포함된다.

2) 행위

본죄의 실행행위는 '전시, 사변 시 또는 계엄지역에서 거짓으로 전달하거나 전달하지 아니하는 것'이다.

'거짓으로 전달한다'는 것은 군사에 관한 명령, 통보 또는 보고의 내용을 왜곡하여 전달하는 것을 말한다. 그 일부를 변조에서 전달하거나 일부를 삭제하고 전달한 경우도 포함된다.

'전달하지 아니한다'는 것은 군사에 관한 명령, 통보 또는 보고를 전달하지 않는 것을 말한다. 전달을 태만히 하여 전달이 무의미해지는 경우에도 전달불이행에 해당한다.

2. 주관적 구성요건

본죄는 고의범이므로 고의가 있어야 한다. 즉 군사에 관한 명령, 통보 또는 보고를 거짓으로 전달하거나 전달하지 아니한다는 인식과 의사가 있어야 한다.

III. 법정형

- 적전인 경우: 사형, 무기 또는 5년 이상의 징역
- 전시, 사변 시 또는 계엄지역인 경우: 7년 이하의 징역
- 그 밖의 경우: 1년 이하의 징역
- 전달할 의무가 있는 사람: 위의 형의 2분의 1까지 가중

[7] 초령위반죄 (제40조)

제40조(초령 위반) ① 정당한 사유 없이 정하여진 규칙에 따르지 아니하고 초병을 교체하게 하거나 교체한 사람은 다음 각 호의 구분에 따라 처벌한다.
  1. 적전인 경우: 사형, 무기 또는 2년 이상의 징역
  2. 전시, 사변 시 또는 계엄지역인 경우: 5년 이하의 징역
  3. 그 밖의 경우: 2년 이하의 징역
② 초병이 잠을 자거나 술을 마신 경우에도 제1항의 형에 처한다.

I. 의의

초령위반죄는 정당한 사유 없이 정하여진 규칙에 따르지 아니하고 초병을 교체하게 하거나 교체하거나, 초병이 잠을 자거나 술을 마심으로써 성립하는 범죄이다. 초병의 경계임무가 정상적으로 수행되는 것을 보호하기 위한 규정이다.

Ⅱ. 구성요건

1. 객관적 구성요건

1) 주체

본죄의 주체는 제40조 제1항의 경우에는 군인 또는 준군인이고, 제40조 제2항의 경우에는 초병이다.

2) 행위

본죄의 실행행위는 '정당한 사유 없이 정하여진 규칙에 따르지 아니하고 초병을 교체하게 하거나 교체하는 것' 또는 '초병이 잠을 자거나 술을 마시는 것'이다.

① 정당한 사유 없이 정하여진 규칙에 따르지 아니하고 초병을 교체하게 하거나 교체하는 행위

'정당한 사유 없이'란 초병을 교체하게 하거나 교체할 정당한 이유가 없음에도 불구하고 교체하게 하거나 교체하는 것을 말한다. 정당한 사유가 있는 경우로는 초병이 갑작스럽게 부상을 당하거나 질병에 걸린 경우 등을 들 수 있다.

'정하여진 규칙에 따르지 아니하고'란 초병의 교체에 관하여 정하여진 규칙을 위반하는 것을 말한다. 근무나 교대시간에 관한 것뿐만 아니라 교체방식에 관한 것도 포함한다.

② 초병이 잠을 자거나 술을 마시는 행위

수면의 장단, 음주의 정도 등은 불문한다. 그러므로 초병이 취하지 아니하는 정도의 음주를 하였더라도 그로 인한 근무태만의 결과발생과 관계 없이 본죄가 성립한다(대법원 1984. 7. 10. 선고 84도1161 판결). 또한 초병으로서 초소 내에 있으면서 수면 또는 음주하는 경우에만 성립하고, 초병이 초소를 벗어나 잠을 자거나 술을 마시는 경우에는 본죄가 성립하지 않는다.

한편, 근무개시 전에 음주를 한 뒤 초병으로 근무하는 동안 계속해서 취한 상태로 있었다 하더라도 본죄는 성립하지 않는다(대법원 1998. 11. 27. 선고 98도2505 판결).

2. 주관적 구성요건

본죄는 고의범이므로 고의가 있어야 한다. 제1항의 경우에는 정당한 사유 없이 정하여진 규칙에 따르지 아니하고 초병을 교체한다는 인식과 의사가 있어야 하고, 제2항의 경우에는 초병의 신분에서 수면 또는 음주한다는 인식과 의사가 있어야 한다.

III. 법정형

- 적전인 경우: 사형, 무기 또는 2년 이상의 징역
- 전시, 사변 시 또는 계엄지역인 경우: 5년 이하의 징역
- 그 밖의 경우: 2년 이하의 징역

IV. 판례

1. 유죄 판결

- 군형법 제40조 초령위반죄 중 초병이 수면 또는 주취한 경우에는 초병이 수면 또는 주취하는 행위 자체로 구성요건에 해당하는 것이지 위 행위에 직무태만의 요건까지 첨가되어야 하는 것은 아니다(대법원 1984. 7. 10. 선고 84도1161 판결).
- 피고인이 친한 병사와 함께 근무하기 위해 헌병반장의 허가를 얻지 아니하고 근무시간을 변경하여 초병을 교체한 것을 비롯하여 총 5회에 걸쳐 정당한 사유 없이 정하여진 규칙에 따르지 아니하고 초병을 교체한 사안에서 유죄를 선고한 사례(서울중앙지방법원 2018. 5. 17. 선고 2018고단2093 판결)
- 피고인이 GOP 초소에서 후임병과 경계근무를 서던 중 총 19회에 걸쳐 잠을 잔 사안에서 초령위반죄로 유죄를 선고한 사례(인천지방법원 2013. 6. 27. 선고 2013고단379 판결).
- 피고인이 풋살을 한다는 이유로 상병에게 탄약고 초소 경계근무를 대신 하게 하여 정당한 사유 없이 경계근무에 투입되는 초병을 교체한 사안에서 유죄를 선고한 사례(전주지방법원 2020. 11. 25. 선고 2020고단991 판결)

2. 무죄 판결

- 군형법 제40조의 초병교체 행위란 이미 확정되어 있는 규칙에 의하지 아니하고 초병을

교체시킨 경우만을 말하는 것이고 지휘관의 근무편성행위가 규칙에 위반되어도 본조의 교체행위에는 포함되지 않는다(대법원 1978. 2. 14. 선고 77도2978 판결).

- 군형법 제40조 제2항에서 규정하는 초령위반죄는 초병의 신분에 있는 자가 수면 또는 음주한 경우에 성립하는 범죄이므로, 피고인이 초병의 신분을 갖기 전에 음주한 후 주취상태에서 초병으로 근무한 경우에는 초령위반죄에 해당하지 않는다(대법원 1998. 11. 27. 선고 98도2505 판결).

[8] 근무기피목적상해·위계죄 (제41조)

Ⅰ. 근무기피목적상해죄 (제41조 제1항)

제41조(근무 기피 목적의 사술) ① 근무를 기피할 목적으로 신체를 상해한 사람은 다음 각 호의 구분에 따라 처벌한다.
  1. 적전인 경우: 사형, 무기 또는 5년 이상의 징역
  2. 그 밖의 경우: 3년 이하의 징역

1. 의의

근무기피목적상해죄는 근무를 기피할 목적으로 신체를 상해함으로써 성립하는 범죄이다. 본죄는 정당한 이유 없이 자신의 신체를 훼손하여 일시적으로 또는 영구히 군복무를 면하려는 사람을 처벌하여 군의 인력조직인 병력의 부당한 손실을 억제함으로써 군의 인력 그 자체 및 근무에 있어서의 성실성을 보호하는 데 그 목적이 있다.

2. 구성요건

1) 객관적 구성요건

① 주체

본죄의 주체는 군인 또는 준군인이다.

② 객체

본죄의 객체는 '행위자 자신의 신체'이다.

③ 행위

본죄의 실행행위는 '근무를 기피할 목적으로 신체를 상해하는 것'이다. 여기서 '근무'란 군인으로서 수행하여야 할 모든 직무를 말하며, '기피'란 근무를 회피하는 것을 말한다.

'상해'란 신체의 생리적 기능의 장애 또는 건강상태의 악화를 초래할 정도의 해악을 가하는 것을 말하고, '신체를 상해한다'는 것은 자신의 신체를 훼손하는 것을 말한다.

근무기피목적상해죄는 상해의 결과가 발생함으로써 기수에 달하는 것이고, 그 상해의 정도가 근무기피 목적을 달성하기에 충분할 정도일 필요도 없다(대법원 1997. 12. 09 선고 97도2644 판결).

2) 주관적 구성요건

본죄는 목적범으로서 근무를 기피할 목적이 있어야 한다. '목적'은 미필적 인식으로 족하고 확정적 의욕을 요하지 않는다(대법원 1992. 7. 14. 선고 91도41 판결). 그러나 징계조사를 회피할 목적으로 자해를 시도한 경우는 근무기피목적이 인정되기 어렵다(고등군사법원 2014. 1. 6. 선고 2013노217 판결). 한편 행위자가 자살을 기도하였다가 자신의 신체에 상해만을 남기고 자살이 실패한 경우에는 근무기피의 목적이 있었다 하더라도 그것이 상해의 고의로 행하여진 것이 아니므로 본죄로 처벌할 수 없다. 다만, 특단의 사유가 없는 한 자해행위로 행위자의 근무기피의 목적은 추정된다고 볼 것이다(고등군사법원 1997. 7. 11. 선고 97노441 판결).

3. 법정형

- 적전인 경우: 사형, 무기 또는 5년 이상의 징역
- 그 밖의 경우: 3년 이하의 징역

4. 판례

- 현역병 입영대상자가 육군 보충대에 입영하였다가 국군병원에서 실시된 신체검사결과 귀향조치되었다면, 그는 보충대에 입영함으로써 군인으로서의 신분을 취득하였다가 귀향조치를 받음으로 인하여 현역병 입영대상자의 신분으로 복귀하였으므로 군인으로서의 신분을 가지고 있지 아니하여 군형법 제41조 위반행위의 주체가 될 수 없다 (대법원 1992. 12. 24. 선고 92도2346 판결).

Ⅱ. 근무기피목적위계죄 (제41조 제2항)

> ② 근무를 기피할 목적으로 질병을 가장하거나 그 밖의 위계(僞計)를 한 사람은 다음 각 호의 구분에 따라 처벌한다.
> 1. 적전인 경우: 10년 이하의 징역
> 2. 그 밖의 경우: 1년 이하의 징역

1. 의의

근무기피목적위계죄는 근무를 기피할 목적으로 질병을 가장하거나 그 밖의 위계를 함으로써 성립하는 범죄이다. 본죄의 보호법익은 군병력의 유지 및 성실한 근무의 확보이다. 본죄의 법적 성격은 근무기피목적과 위계만으로 성립하는 추상적 위험범이다.

2. 구성요건

1) 객관적 구성요건

① 주체

본죄의 주체는 군인 또는 군인에 준하는 자이다.

② 행위

본죄의 실행행위는 '근무를 기피할 목적으로 질병을 가장하거나 그 밖의 위계를 하는 것' 이다.

'질병을 가장한다'는 것은 질병이 없음에도 불구하고 질병이 있는 것처럼 꾸미는 것을 말한다. 예를 들면 정신질환이 없음에도 불구하고 정신질환이 있는 것처럼 행동하는 경우 등이 이에 해당한다.

'위계'란 상대방에게 오인, 착각, 부지를 일으키고 그러한 심적상태를 이용하는 것을 의미하며, '그 밖의 위계'란 질병 가장 이외의 방법으로 상대방을 기망하는 것을 말한다. 예를 들면 가족의 사망 등 거짓 사유를 들어 휴가를 신청하는 경우 등이 이에 해당한다.

2) 주관적 구성요건

본죄는 목적범으로서 근무를 기피할 목적이 있어야 한다.

3. 법정형

- 적전인 경우: 10년 이하의 징역
- 그 밖의 경우: 1년 이하의 징역

4. 판례

- 군인인 피고인이 남방한계선 철책에 있는 일반초소(GOP)의 경계근무에 투입되었다가 근무를 기피할 목적으로 위계를 행하였다고 하여 군형법 제41조 제2항 제1호에서 정한 '적전 근무 기피 목적 위계'로 기소된 사안에서, 위 일반초소(GOP)에 근무한다는 사실만으로 '적전'에 해당한다고 할 수 없으므로, '적전 근무 기피 목적 위계' 공소사실에 대하여는 무죄를 선고해야 한다(대법원 2014. 9. 4. 선고 2014도5033 판결).

[9] 유해음식물공급죄 [제42조]

제42조(유해 음식물 공급) ① 독성이 있는 음식물을 군에 공급한 사람은 10년 이하의 징역에 처한다.
  ② 제1항의 죄를 범하여 사람을 사망 또는 상해에 이르게 한 사람은 사형, 무기 또는 5년 이상의 징역에 처한다.
  ③ 과실로 인하여 제1항의 죄를 범한 사람은 5년 이하의 징역이나 금고에 처한다.
  ④ 적을 이롭게 하기 위하여 제1항의 죄를 범한 사람은 사형, 무기 또는 5년 이상의 징역에 처한다.

Ⅰ. 의의

유해음식물공급죄는 독성이 있는 음식물을 군에 공급함으로써 성립하는 범죄이다. 본죄는 군인의 건강과 생명을 보호하고 군의 전투력을 유지하기 위한 것이다.

Ⅱ. 구성요건

1. 객관적 구성요건

1) 주체

본죄의 주체는 군인·준군인 뿐만 아니라 내·외국 민간인도 포함된다. 유독성 있는 음식물을 공급한 이상 공급 행위를 고유한 업무로 하는 사람, 그 행위를 보좌하거나 협조하는 사람도 포함된다.

2) 객체

'독성이 있는 음식물'이란 인체에 해로운 성분이 포함된 음식물을 말하며, 유해한 독이 포함된 음식물로 한정된다.

3) 행위

본죄의 실행행위는 '독성이 있는 음식물을 군에 공급하는 것'이다.

'군에 공급한다'는 것은 수요에 응하여 물품을 공여하는 것으로 군인 개인에 대한 공급은 본죄가 성립되지 않는다. 공급 행위자체를 벌하는 것이므로 피공급자가 공급된 음식을 먹었을 필요는 없다.

2. 주관적 구성요건

본죄는 고의범이므로 독성이 있는 음식물을 군에 공급한다는 인식과 의사가 있어야 한다. 다만 제3항의 과실유독음식물공급죄의 경우에는 과실로 족하다. 제4항의 이적유독음식물공급죄의 경우에는 '적을 이롭게 하기 위하여'라는 특별한 목적이 요구된다.

III. 법정형

- 유해음식물공급(제1항): 10년 이하의 징역
- 유해음식물공급치사·치상(제2항): 사형, 무기 또는 5년 이상의 징역
- 과실유해음식물공급(제3항): 5년 이하의 징역이나 금고
- 이적목적유해음식물공급(제4항): 사형, 무기 또는 5년 이상의 징역

[10] 출병 거부죄 (제43조)

> 제43조(출병 거부) 지휘관이 출병(出兵)을 요구할 수 있는 권한을 가진 사람으로부터 그 요구를 받고 상당한 이유 없이 이에 응하지 아니한 경우에는 7년 이하의 징역이나 금고에 처한다.

I. 의의

출병 거부죄는 지휘관이 출병을 요구할 수 있는 권한을 가진 사람으로부터 그 요구를 받고 상당한 이유 없이 이에 응하지 아니함으로써 성립하는 범죄이다. 본죄는 군 지휘체계의 확립과 군사작전의 원활한 수행을 보호법익으로 한다.

II. 구성요건

1. 객관적 구성요건

1) 주체

본죄의 주체는 지휘관이다. '지휘관'이란 중대 이상 단위부대의 장과 함선부대의 장 또는 함정 및 항공기를 지휘하는 사람을 말한다(제2조 제2호).

2) 행위

본죄의 실행행위는 '출병을 요구할 수 있는 권한을 가진 사람으로부터 그 요구를 받고 상당한 이유 없이 이에 응하지 아니하는 것'이다.

'출병을 요구할 수 있는 권한을 가진 사람'이란 지휘계통상 상하로 연결되어 상호협조를

요구할 수 있는 사람을 말한다. 출병명령이 아니므로 상관이 아닌 자가 출병을 요구하여야 한다. 상관의 출병명령을 거부하는 것은 항명죄 또는 직무유기죄가 성립할 수 있다.

'상당한 이유 없이'란 출병 요구에 응하지 않을 정당한 사유가 없음을 말한다. 예를 들면 부대의 전투력이 현저히 약화되어 출병이 불가능한 경우, 천재지변으로 인하여 출병이 불가능한 경우 등은 상당한 이유가 있는 경우에 해당할 수 있다.

2. 주관적 구성요건

본죄는 고의범이므로 출병요구권자로부터 출병요구를 받았다는 사실과 이에 응할 의무가 있음을 인식하면서도 이를 거부하거나 불완전하게 이행한다는 의사가 있어야 한다.

Ⅲ. 법정형

7년 이하의 징역이나 금고

제8장

항명의 죄

[1] 총설

항명의 죄는 군대 내 상명하복 관계와 지휘체계를 보호하기 위한 범죄유형으로, 군 조직의 특성상 명령복종은 군 생활에서 가장 중요한 규범이다. 군형법 제8장에서는 항명죄, 집단항명죄, 상관제지불복종죄, 명령위반죄 등을 규정하고 있다. 이러한 범죄들은 군의 지휘명령 체계 확립과 군기유지를 보호법익으로 한다.

국가와의 특별권력관계 아래 상명하복의 엄격한 군규에 따라 국토방위의 사명을 위한 무정량의 충성으로써 군무에 종사할 의무를 지니고 군대생활을 하는 군법피적용자들에게 명령복종은 그 생활에 있어서 가장 중요한 규범이 된다.

[2] 항명죄 (제44조)

제44조(항명) 상관의 정당한 명령에 반항하거나 복종하지 아니한 사람은 다음 각 호의 구분에 따라 처벌한다.
 1. 적전인 경우: 사형, 무기 또는 10년 이상의 징역
 2. 전시, 사변 시 또는 계엄지역인 경우: 1년 이상 7년 이하의 징역
 3. 그 밖의 경우: 3년 이하의 징역

Ⅰ. 의의

항명죄는 상관의 정당한 명령에 반항하거나 복종하지 아니함으로써 성립하는 범죄이다. 군의 조직적 특성과 임무 수행의 특수성을 고려할 때 본죄는 군대 내에서의 지휘명령 체계

의 확립과 군기유지를 보호법익으로 한다.

II. 구성요건

1. 객관적 구성요건

1) 주체

본죄의 주체는 군인 또는 군인에 준하는 자이다.

2) 객체

① 상관

'상관'이란 명령권이 있는 순정상관을 의미한다. 따라서 명령권이 없는 상관의 명령에 반항하거나 복종하지 아니하는 경우에는 본죄가 성립하지 않는다. 다만, 명령복종관계는 군의 편제상 지휘계통에 따라 형성되는 지휘·복종 관계를 의미함이 원칙이나, 특정한 직무나 교육훈련에 관하여 권한이 위임된 경우에는 그 범위 내에서 상관의 지위가 인정된다(헌법재판소 1989. 10. 27. 선고 89헌마56 결정).

② 정당한 명령

'정당한 명령'이란 상관이 직무상 발하는 적법한 명령을 말한다. 여기서 적법한 명령이란 법규에 위반되지 않은 명령을 의미하고, 그 내용은 수명자의 직무 범위 내의 것으로 수행한 것이어야 하며, 내용이 특정되어야 한다(대법원 1963. 8.31. 선고 63도165 판결). 또한, 이러한 명령의 내용은 군사상의 필요에 의하여 발하여지는 작전 또는 교육훈련 및 이와 직접적인 관련이 있는 병력통솔 등에 대한 군사에 관한 의무를 부과하는 것이어야 한다(대법원 1967. 3. 21. 선고 63도4 판결). 대법원은 군의 사기, 군기 및 피지휘자의 유용성을 보호 내지 증진하기 위해 적합하고 필요하며, 군의 질서를 유지하는데 직접적으로 연관된 행동, 즉 군사상의 의무를 부과하는 것을 내용으로 하고 있는 명령으로서 그 명령이 군사상의 필요성을 넘어 지나치게 개인의 기본권을 침해하는 것이라고 볼 수 없는 명령이 정당한 명령에 해당한다고 하였다(대법원 1963. 8.31. 선고 63도165 판결).

본죄의 명령은 상관의 개별적·구체적 명령을 말하는 것으로서, 명령위반죄(제47조)에서의 일반적 명령과는 다르다. 명령은 개별성을 띠고 있기 때문에 직접 또는 제3자를 통하여 반드시 수명자(개인 또는 특정할 수 있는 다수인)에게 개별적으로 하달되어야 하는 특정명 령을 의미한다(대법원 1967. 3. 21. 선고 63도4 판결).

판례에 의하면 ① 총검술 훈련의 휴식시간 중 깍지 끼고 팔굽혀펴기, 브리지(일명 한강철교) 등과 함께 선착순구보를 시킨 것은 가혹행위를 강요한 것이므로 그 선착순 구보명령에 따르 지 않은 행위(육군 1989. 2. 10. 선고 88항346 판결), ② 소대장의 일어나라는 지시를 이행하지 않은 행위(육군 1986. 12. 9. 선고 86항180 판결), ③ 지각금지명령을 이행하지 않은 행위(고등 군사법원 2013. 5. 21. 선고 2012노273 판결) 등에 있어서는 항명죄의 성립을 부정하고 있다.

3) 행위
본죄의 실행행위는 '상관의 정당한 명령에 반항하거나 복종하지 아니하는 것'이다.

① 반항
'반항'이란 명령에 대하여 적극적으로 거부의 의사를 표시하는 것을 말한다. 예를 들면 명 령에 대하여 거부의 의사를 표시하거나 명령에 대하여 반항적인 태도를 취하는 경우 등이 이에 해당한다.

② 불복종
'복종하지 아니함'이란 명령에 대하여 소극적으로 따르지 않는 것을 말한다. 예를 들면 명 령을 무시하거나 명령을 이행하지 않는 경우 등이 이에 해당한다. 상관의 정당한 명령에 복 종하지 않겠다는 의사표시만으로는 본죄가 성립하지 않고, 의사표시 외에 결과적으로도 명 령의 내용인 작위 또는 부작위를 실행하지 않는 구체적인 항명행위가 필요하다(고등군사법 원 1996. 5. 7. 선고 96노166 판결).

2. 주관적 구성요건
본죄는 고의범이므로 행위자는 상관의 정당한 명령임을 인식하면서 이에 반항하거나 복종하지 아니하여야 한다. 수명자가 태만, 분망, 착각, 무사려, 부주의와 같은 사유로 상관의 명령에 불복종한 결과를 초래할 경우 본죄가 성립하지 않는다(육군 1978. 6. 8. 선고 육군 78고군형항256 판결).

III. 법정형

- 적전인 경우: 사형, 무기 또는 10년 이상의 징역
- 전시, 사변 시 또는 계엄지역인 경우: 1년 이상 7년 이하의 징역
- 그 밖의 경우: 3년 이하의 징역

IV. 판례

- 상관으로부터 군사교육을 받으라는 명령을 수회 받고도 그때마다 이를 거부한 경우에는 그 명령 횟수 만큼의 항명죄가 즉시 성립하는 것이지, 명령거부의 의사가 단일하고 계속된 것이며 피해법익이 동일하다고 하여 수회의 명령거부행위에 대하여 하나의 항명죄만 성립한다고 할 수는 없다(대법원 1992. 9. 14. 선고 92도1534 판결).
- 중대 총검술교관인 하사 정○철에 의하여 소속대원들의 총검술교육 실시에 관한 명령권이 일단 하사 조○오에게 위임되었다가 위 조○오에 의하여 다시 위 배○열에게 재위임되었다면 총검술교육 훈련에 관한 한도내에서는 비록 자신의 분대원이 아니더라도 청구인을 비롯한 소대원 전체에 대한 상관의 지위에 서게 된다(헌법재판소 1989. 10. 27. 선고 89헌마56 결정).

[3] 집단항명죄 [제45조]

제45조(집단 항명) 집단을 이루어 제44조의 죄를 범한 사람은 다음 각 호의 구분에 따라 처벌한다.
1. 적전인 경우: 수괴는 사형, 그 밖의 사람은 사형 또는 무기징역
2. 전시, 사변 시 또는 계엄지역인 경우: 수괴는 무기 또는 7년 이상의 징역, 그 밖의 사람은 1년 이상의 유기징역
3. 그 밖의 경우: 수괴는 3년 이상의 유기징역, 그 밖의 사람은 7년 이하의 징역

Ⅰ. 의의

집단항명죄는 집단을 이루어 상관의 정당한 명령에 반항하거나 복종하지 아니함으로써 성립하는 범죄이다.

Ⅱ. 구성요건

1. 객관적 구성요건

1) 주체

본죄의 주체는 군인 및 준군인이다.

2) 행위

본죄의 실행행위는 집단을 이루어 항명하는 것이다. 여기서 집단은 다중(多衆)과 구별되는 개념으로서, 다수인이 공동의사 아래 어느 정도 조직적으로 모인 것을 말한다.

2. 주관적 구성요건

본죄는 고의범이므로 행위자는 집단을 이루어 명령에 반항하거나 복종하지 아니한다는 사실을 인식하고 이를 의욕하여야 한다. 집단 구성원들 사이에 공동의 의사가 존재하여야 하며, 각자가 집단적 행동의 일원으로서 행위한다는 인식이 있어야 한다.

Ⅲ. 법정형

- 적전인 경우: 수괴는 사형, 그 밖의 사람은 사형 또는 무기징역
- 전시, 사변 시 또는 계엄지역인 경우: 수괴는 무기 또는 7년 이상의 징역, 그 밖의 사람은 1년 이상의 유기징역
- 그 밖의 경우: 수괴는 3년 이상의 유기징역, 그 밖의 사람은 7년 이하의 징역

Ⅳ. 판례

- 군인이 공동으로 하는 진정ㆍ집단서명 나아가 재판의 집단 제기는 집단적 항명으로 보일 수 있고, 군의 기강에 직접적인 저해가 될 우려가 있어 허용될 수 없다(대법원 2018.

3. 22. 선고 2012두26401 판결).

- 군인이 상관의 지시나 명령에 대하여 재판청구권을 행사하는 경우에 그것이 위법·위헌인 지시와 명령을 시정하려는 데 목적이 있을 뿐, 군 내부의 상명하복관계를 파괴하고 명령불복종 수단으로서 재판청구권의 외형만을 빌리거나 그 밖에 다른 불순한 의도가 있지 않다면, 정당한 기본권의 행사이므로 군인의 복종의무를 위반하였다고 볼 수 없다(대법원 2018. 3. 22. 선고 2012두26401 판결).

[4] 상관제지불복종죄 (제46조)

제46조(상관의 제지 불복종) 폭행을 하는 사람이 상관의 제지에 복종하지 아니한 경우에는 3년 이하의 징역에 처한다.

Ⅰ. 의의

상관의 제지 불복종죄는 폭행을 하는 사람이 상관의 제지에 복종하지 아니함으로써 성립하는 범죄이다. 본죄는 군에서 발생하는 폭력행위를 상관으로 하여금 실효성있게 제지하게 함으로써 군의 질서를 유지하려는 것이다.

Ⅱ. 구성요건

1. 객관적 구성요건

1) 주체

본죄의 주체는 폭행을 하는 군인 및 준군인이다. 여기서 '폭행'은 가장 넓은 의미의 것으로 사람의 신체에 대한 유형력, 물리력 행사의 모든 경우를 의미한다. 따라서 폭행죄뿐만 아니라 상해죄, 강도죄, 강간죄 등 어떠한 경우든지 폭행을 하는 군인 및 준군인이면 본죄의 주체가 된다.

2) 객체

본죄의 객체는 '상관의 제지'이다.

① 상관

본죄에서의 '상관'은 명령복종 관계에서 명령권을 가진 사람을 말하는 순정상관뿐만 아니라 명령복종 관계가 없는 경우의 상위 계급자와 상위 서열자를 말하는 준상관도 본죄의 객체가 된다.

② 제지

'제지'란 폭행행위를 중지시키기 위한 상관의 명령 또는 지시를 말한다. 제지는 구두로 이루어질 수도 있고, 물리적인 방법으로 이루어질 수도 있다. 예를 들어, "멈춰라", "그만해라" 등의 구두 명령이나, 폭행자의 팔을 붙잡는 등의 물리적 제지가 모두 이에 해당한다.

제지는 명시적일 수도 있고 묵시적일 수도 있으나, 행위자가 이를 인식할 수 있을 정도로 명확하여야 한다. 또한 제지는 폭행을 중지시키려는 의사가 명백하게 표시되어야 한다.

3) 행위

본죄의 실행행위는 '폭행을 하는 사람이 상관의 제지에 복종하지 아니하는 것'이다.

'복종하지 아니함'이란 상관의 제지에 따르지 않는 것을 말한다. 예를 들면 상관의 제지에도 불구하고 계속해서 폭행을 하는 경우 등이 이에 해당한다.

2. 주관적 구성요건

본죄는 고의범이므로 행위자는 제지하는 자가 상관이라는 사실과 그 제지의 내용을 인식하고, 상관의 제지에 복종하지 않고 폭행을 계속하려는 의사가 있어야 한다.

Ⅲ. 법정형

3년 이하의 징역

- 피고인은 다른 병사 J에 대한 폭행을 목격한 상관인 소령 G로부터 "뭐하는 거냐 멈춰라"라는 말을 들었음에도 계속하여 J를 폭행하였고, 이를 제지하기 위해 피해자 G(44세)가 양팔로 피고인의 가슴과 팔을 뒤에서 잡자 머리 뒷부분으로 그의 얼굴을 향해 들이받으려 함으로써 피고인은 상관의 제지에 복종하지 아니하고, 상관을 폭행하였다 (대구지방법원 2017. 8. 10. 선고 2017고단2426 판결).
- 피고인은 피해자와 서로 다투다가 주먹 등으로 피해자의 안면부를 2회 때린 후, 옆에서 이 장면을 목격한 위 B반장 F 중사가 피고인의 우측 팔을 붙잡고 제지하였음에도 불구하고, 피고인의 우측 팔을 붙잡고 있던 상관인 F의 손을 뿌리친 다음, 계속해서 주먹 등으로 피해자의 안면부를 3회 더 때려 상관의 제지에 복종하지 아니하였다(대전지방법원 2020. 1. 17. 선고 2019고합345 판결).

[5] 명령위반죄 (제47조)

> 제47조(명령 위반) 정당한 명령 또는 규칙을 준수할 의무가 있는 사람이 이를 위반하거나 준수하지 아니한 경우에는 2년 이하의 징역이나 금고에 처한다.

I. 의의

명령위반죄는 정당한 명령 또는 규칙을 준수할 의무가 있는 사람이 이를 위반하거나 준수하지 아니함으로써 성립하는 범죄이다.

본죄는 명령 또는 규칙의 위반이나 불준수에 대하여 엄격한 제재를 가함으로써 군의 조직과 운영에 있어서 필수불가결한 계급제도와 그에 따른 명령의 강제적 실현을 통한 명령복종관계를 유지하여 군의 통수권을 확립하는 것을 목적으로 하는 규정이라 할 수 있다(헌법재판소 1995. 5. 25. 선고 91헌바20 전원재판부 결정).

II. 구성요건

1. 객관적 구성요건

1) 주체

본죄의 주체는 정당한 명령 또는 규칙을 준수할 의무가 있는 사람이다. 구체적으로는 군인 또는 준군인이다.

2) 객체

본죄의 객체는 '정당한 명령 또는 규칙'이다.

① 명령 또는 규칙

군형법 제47조에서 말하는 '정당한 명령 또는 규칙'은 군의 특성상 그 내용을 일일이 법률로 정할 수 없어 법률의 위임에 따라 군통수기관이 불특정다수인을 대상으로 발하는 일반적 효력이 있는 명령이나 규칙 중 그 위반에 대하여 형사처벌의 필요가 있는 것, 즉 법령의 범위 내에서 발해지는 군통수작용상 필요한 중요하고도 구체성 있는 특정한 사항에 관한 것을 의미한다(헌법재판소 1995. 5. 25. 선고 91헌바20 결정).

죄형법정주의와 군통수권의 특수성에 비추어 볼 때 군형법 제47조 소정의 정당한 명령 또는 규칙이라 함은, 통수권을 담당하는 기관이, 입법기관인 국회가 군형법 제47조로 위임한 것으로 해석되는 군통수작용상 중요하고도 구체성 있는 특정의 사항에 관하여 발하는, 본질적으로는 입법사항인 형벌의 실질적 내용에 해당하는 사항에 관한 명령을 뜻하고, 군인의 일상행동의 준칙을 정하는 사항 등은 이에 해당하지 아니한다(대법원 2002. 6. 14. 선고 2002도1282 판결).

② 정당한 명령의 요건
㉮ 군통수작용상 중요하고도 구체성 있는 특정사항에 관한 것일 것

- 보병 제A사단의 지피 및 지오피(GP/GOP) 근무내규는 휴전선접적지역에서의 통제초소근무, 디엠젯(DMZ)근무, 지오피(GOP)근무등 군작전상의 근무명령으로서 군통수작

용상 중요하고도 구체성있는 특정사항에 관한 명령임이 명백하므로 이에 위반한 소위는 군형법 제47조의 명령위반죄에 해당한다(대법원 1984. 9. 25. 선고 84도1329 판결).

- 참모총장 및 군단장의 지휘각서로 된 음주통제명령이나 군인출입금지구역에 관한 군인복무규률의 규정에 위반한 행위는 본조의 명령위반죄를 구성한다(대법원 1970. 11. 24. 선고 70도1839 판결).

- D.M.Z지대의 혹한기 동계근무 계획에 따른 G.P 초소간의 야간경계근무에 관한 군 내규의 규정과 D.M.Z 운영내규에 G.P 소대장 및 선임하사관은 야간순찰근무를 수행하여야 한다는 규정은 모두 군의 통수작전상 필요한 중요하고도 구체성 있는 특정사항에 관하여 발하여진 것이므로 군형법 제47조에서 말하는 정당한 명령이라 할 것이다(대법원 1979. 11. 13. 선고 79도2270 판결).

- 통문개폐에 관한 지.오.피(G.O.P) 근무지침은 적과 대치하고 있는 상황하에서 통문개폐관리를 신중히 하고 엄격히 하여 적의 침투와 아군의 병력손실을 예방하기 위한 군 통수 작전상 중요하고도 구체성 있는 특정상황에 관한 것으로서 군형법 제47조 소정의 '정당한 명령'에 해당한다(대법원 1984. 10. 10. 선고 84도239 판결).

④ 형벌의 실질적 내용에 해당하는 사항에 관한 것일 것

- 육군참모총장의 일반명령 제37호(1979.12.22자)는 육군참모총장이 구타행위에 관한 육군의 공론을 통일하여 이를 금할 것을 강조하면서 구타 및 가혹행위를 한 자의 계급에 따라 가할 제재조치에 관하여 일반적 지침을 시달한 것에 불과하므로 이는 위에서 본 바와 같은 군형법 제47조 소정의 정당한 명령에 해당한다고 할 수 없다(대법원 1984. 7. 24. 선고 84도265 판결).

- 군형법 제47조에 규정된 '정당한 명령 또는 규칙'이라 함은 통수권을 담당하는 기관이 법률의 위임에 따라 통수작용상 필요한 중요하고도 구체성있는 특정의 사항에 관하여 제정하는 것으로서 본질상 입법사항에 속하는 형벌의 실질적 내용에 해당하는 명령 또는 규칙을 말하므로 예비군보급지원규정, 총기안전관리규정, 예비군교육 및 훈련장관리내규 등은 이에 해당한다고 볼 수 없다(대법원 1984. 3. 27. 선고 83도3260 판결).

㉓ 군인의 일상행동의 준칙을 정하는 사항이 아닐 것

- '후문에는 일정한 인원 및 차량을 제외하고는 출입을 금한다'는 특별수칙 제3호는 부근에 거주하는 장교 및 하사관이나 기타 장교가 탑승한 차량의 출입 및 물자의 작업인원의 출입의 편의를 도모하는 한편 이를 제외한 다른 출입을 금한다는 것으로 그 내용의 성질상 이는 군통수작용상 필요한 중요하고도 구체성 있는 특정사항에 관한 것이 아니어서 군형법 47조 소정의 정당한 명령 또는 규칙에 해당되지 않으므로 이에 위반하였다 하여도 명령위반죄로 처벌할 수 없다(대법원 1976. 3. 9. 선고 75도3294 판결).
- 휴전선 20km 이내 부대에서 개인이동전화의 사용을 금지한 군사보안업무시행규칙(국방부훈령 제633호) 제102조 제6항 제3호에 위반함으로써 국방부장관의 정당한 명령을 위반한 것이라는 공소사실에 대하여, 위 군사보안업무시행규칙은 국방부훈령의 형식을 띠고 있고, 그 적용대상은 군에 몸담고 있는 자 전체를 아우르고 있으며, 그 내용에 있어서도 총 214개에 이르는 방대한 조문에 걸쳐 사실상 보안에 관련되어 있다고 판단되는 모든 행위를 직접적으로 규율하고 있다는 점에서 위 보안업무시행규칙을 명령위반죄의 적용대상이 되는 명령이나 규칙으로 볼 수 없다(대법원 2002. 6. 14. 선고 2002도1282 판결).

3) 행위

본죄의 실행행위는 '정당한 명령 또는 규칙을 위반하거나 준수하지 아니하는 것'이다.

① 위반

'위반'이란 명령 또는 규칙이 금지하는 행위를 적극적으로 행하는 것을 말한다.

② 불준수

'준수하지 아니함'이란 소극적으로 명령 또는 규칙이 요구하는 규범내용을 실현하지 아니하는 것을 말한다.

2. 주관적 구성요건

본죄는 고의범이므로 행위자는 정당한 명령 또는 규칙이 존재한다는 사실과 자신이 이를 위반하거나 준수하지 아니한다는 사실을 인식하고 이를 용인하여야 한다.

대법원은 군무이탈자 복귀명령이 각종 통신수단에 의하여 전국 각지에 알려졌다면, 군무이탈중인 자는 동 명령 사실을 알 수 있었던 것이라고 하여 추정적 인식을 인정하고 있다(대법원 1972. 11. 28. 선고 72도2164 판결). 다만, 해외에 체류하고 있었던 경우(대법원 1977. 7. 26. 선고 77도2058 판결), 수형생활 중인 경우(육군 1978. 3. 8. 77고군형항822 판결) 등 특별한 사정이 있는 경우에는 명령위반죄의 고의에 관한 추정을 부정하고 있다.

III. 법정형

2년 이하의 징역이나 금고

IV. 항명죄와의 관계

- 법 제44조가 상관의 정당한 명령에 항거하거나 복종하지 아니한 행위를 항명죄로 처벌하도록 하여 특정인에게 발하여지는 개별적 명령의 불복행위에 대하여 별도의 처벌규정을 둔 점에 비추어 보면, 이 사건 법률조항은 불특정 다수인을 피적용자로 하여 발하여지는 규범으로서의 효력을 가지는 명령 또는 규칙을 위반한 경우에 적용되는 규정이다(헌법재판소 2011. 3. 31. 선고 2009헌가12 결정).

제9장

폭행, 협박, 상해 및 살인의 죄

제1절 총설

군형법 제9장은 상관, 초병, 직무수행 중인 군인 등에 대한 폭행, 협박, 상해 및 살인 행위를 처벌하는 규정을 두고 있다. 상관, 초병, 직무수행자가 군에 있어 직무상 특수성을 갖고 있음을 고려하여 가중처벌하는 규정을 둔 것이다. 이는 군대 내 상명하복 관계와 위계질서를 보호하고 군 조직의 통수체계를 유지하기 위한 목적을 가진다.

군형법상 폭행, 협박, 상해 및 살인의 죄는 일반 형법상의 범죄와 달리 군대의 특수성을 반영하여 더 엄격하게 처벌하고 있으며, 특히 '적전(敵前)'인 경우와 '그 밖의 경우'를 구분하여 적전인 경우에 더 중한 형을 규정하고 있다. 또한 집단적 범행, 특수한 방법에 의한 범행, 결과적 가중범 등에 대해서도 세부적으로 규정하고 있다.

제2절 상관에 대한 폭행, 협박, 상해, 살인의 죄

[1] 상관폭행 · 협박죄 (제48조)

> 제48조(상관에 대한 폭행, 협박) 상관을 폭행하거나 협박한 사람은 다음 각 호의 구분에 따라 처벌한다.
> 1. 적전인 경우: 1년 이상 10년 이하의 징역
> 2. 그 밖의 경우: 5년 이하의 징역

Ⅰ. 의의

상관폭행·협박죄는 상관을 폭행하거나 협박함으로써 성립하는 범죄이다. 본죄의 보호법익은 상관의 신체 등의 개인적 법익뿐만 아니라 군 조직의 위계질서 및 통수체계 유지도 포함된다(대법원 2015. 9. 24. 선고 2015도11286 판결).

폭행·협박죄가 일반 형법에 규정되어 있지만, 군형법은 상관폭행·협박죄를 별도로 규정하고 있다. 이는 군의 존립 목적과 임무 수행의 특수성에 근거한 것이다. 군은 계급과 직책을 중심으로 한 공고한 조직체계와 엄격한 군기를 유지함으로써 전투력을 확보하며, 궁극적으로 전투에서의 승리를 달성하는 것을 목표로 한다. 이러한 조직적 특성상, 상관에 대한 폭행·협박 행위는 단순히 상관 개인의 신체적 법익을 침해하는 차원을 넘어, 군기의 문란을 초래하고 군 조직의 위계 질서와 통수 체계에 중대한 위험을 야기할 수 있다. 따라서 군형법은 군 조직의 기능과 전투력 확보라는 목적을 보호하기 위해 상관폭행·협박죄를 별도로 규정하고 있는 것이다.

Ⅱ. 구성요건

1. 객관적 구성요건

1) 주체

본죄의 주체는 군인 또는 준군인이다.

2) 객체

본죄의 객체는 '상관'이다. 여기서 '상관'이란 명령복종 관계가 없는 경우의 상위 계급자와 상위 서열자도 포함되고, 상관이 반드시 직무수행 중일 것을 요하지 아니한다(대법원 2015. 9. 24. 선고 2015도11286 판결).

3) 행위

본죄의 실행행위는 '상관을 폭행하거나 협박하는 것'이다.

① 폭행

'폭행'이란 사람의 신체에 대하여 유형력을 행사하는 것을 말한다. 여기서 폭행은 형법상 폭행죄에서의 폭행과 동일한 개념으로서, 상대방에게 상해의 결과를 발생시킬 것을 요하지 않는다.

② 협박

'협박'이란 사람의 의사결정의 자유를 제한하거나 의사실행의 자유를 방해할 정도로 공포심을 일으키게 할 정도의 해악을 고지하는 것을 말한다. 해악의 내용에는 제한이 없으며, 생명, 신체, 자유, 명예, 재산 등에 대한 해악이 모두 포함된다.

협박죄가 성립하려면 고지된 해악의 내용이 행위자와 상대방의 성향, 고지 당시의 주변 상황, 행위자와 상대방 사이의 친숙의 정도 및 지위 등의 상호관계, 제3자에 의한 해악을 고지한 경우에는 그에 포함되거나 암시된 제3자와 행위자 사이의 관계 등 행위 전후의 여러 사정을 종합하여 볼 때에 일반적으로 사람으로 하여금 공포심을 일으키게 하기에 충분한 것이어야 하지만, 상대방이 그에 의하여 현실적으로 공포심을 일으킬 것까지 요구하는 것은 아니며, 그와 같은 정도의 해악을 고지함으로써 상대방이 그 의미를 인식한 이상, 상대방이 현실적으로 공포심을 일으켰는지 여부와 관계없이 그로써 구성요건은 충족되어 협박죄의 기수에 이르는 것으로 해석하여야 한다(대법원 2007. 9. 28. 선고 2007도606 전원합의체 판결).

2. 주관적 구성요건

본죄는 고의범으로서, 행위자는 상관을 폭행하거나 협박한다는 사실을 인식하고 이를 의욕하거나 용인하는 의사가 있어야 한다.

Ⅲ. 법정형

- 적전인 경우: 1년 이상 10년 이하의 징역
- 그 밖의 경우: 5년 이하의 징역

IV. 판례

- 군형법 제48조의 상관에 대한 폭행죄는 범인이 폭행의 상대자가 자기의 상관인 점을 알고 이에 대하여 폭행을 가함으로써 성립되는 것이고, 그 폭행의 장소가 공무집행의 장소임을 필요로 하지 아니하며 또 폭행의 동기가 공무집행에 관련된 여부는 이를 문제로 삼을 필요가 없다(대법원 1970. 11. 30 선고 70도2034 판결).

- 공군 중사가 상관인 피해자에게 그의 비위 등을 기록한 내용을 제시하면서 자신에게 폭언한 사실을 인정하지 않으면 그 내용을 상부기관에 제출하겠다고 한 행위는 객관적으로 보아 사람으로 하여금 공포심을 일으키게 하기에 충분한 정도의 해악의 고지에 해당한다(대법원 2008. 12. 11. 선고 2008도8922 판결).

- 군조직의 특성상 상관을 폭행하는 행위는 상관 개인의 신체적 법익에 대한 침해를 넘어 군기를 문란케 하는 행위로서 그로 인하여 군조직의 위계질서와 통수체계가 파괴될 위험이 있기 때문에, 형법상의 폭행죄를 저지른 사람보다 엄하게 처벌할 필요성이 있다. 심판대상조항은 벌금형을 법정형으로 정하지 않았지만, 징역형의 하한에 제한을 두지 않아 징역 1월까지 선고하는 것이 가능하며, 작량감경을 하지 않더라도 징역형의 집행유예나 선고유예를 선고할 수 있다(헌법재판소 2016. 6. 30. 선고 2015헌바132 결정).

[2] 상관집단폭행·협박죄 [제49조]

제49조(상관에 대한 집단 폭행, 협박 등) ① 집단을 이루어 제48조의 죄를 범한 사람은 다음 각 호의 구분에 따라 처벌한다.
 1. 적전인 경우: 수괴는 무기 또는 10년 이상의 징역, 그 밖의 사람은 3년 이상의 유기징역
 2. 그 밖의 경우: 수괴는 무기 또는 5년 이상의 징역, 그 밖의 사람은 1년 이상의 유기징역
 ② 집단을 이루지 아니하고 2명 이상이 공동하여 제48조의 죄를 범한 경우에는 제48조에서 정한 형의 2분의 1까지 가중한다.

I. 의의

상관집단폭행·협박죄는 집단을 이루어 상관을 폭행하거나 협박함으로써 성립하는 범죄다. 본죄는 집단적인 폭행·협박이 개인적인 폭행·협박보다 위험성이 높고 군기를 문란하

게 할 가능성이 크다는 점을 고려하여 가중처벌하는 규정이다.

II. 구성요건

1. 주체

본죄의 주체는 군인 또는 군인에 준하는 자이다.

2. 행위

본죄의 실행행위는 '집단을 이루어 상관을 폭행하거나 협박하는 것'이다. '집단'이라 함은 다수인이 의사공동 아래 공동목적으로 결합되어 있는 집합체로서 상하관계의 조직을 이루고 수괴와 기타 임무수행자 등 일정한 역할 분담이 있을 때 성립한다(고등군사법원 1993. 5. 25. 선고 93노96 판결). 여기에서의 공동목적은 적법·불법을 불문하고, 집단의 구성원의 수에도 제한이 없으나, 그 수가 다중의 위력을 보일 수 있을 정도면 인정된다.

또한, 제2항에 따라 집단을 이루지 않더라도 2명 이상이 공동하여 실행행위를 하는 경우에 본죄가 성립한다. 여기서 '2명 이상이 공동하여'는 수인이 동일한 장소에서 동일한 기회에 서로 다른 사람의 범행을 인식하고 이를 이용하는 것을 의미한다.

3. 주관적 구성요건

본죄는 고의범으로서, 행위자는 집단을 이루어 또는 2명 이상이 공동하여 상관을 폭행하거나 협박한다는 사실을 인식하고 이를 의욕하거나 용인하는 의사가 있어야 한다.

III. 법정형

- 적전인 경우: 수괴는 무기 또는 10년 이상의 징역, 그 밖의 사람은 3년 이상의 유기징역
- 그 밖의 경우: 수괴는 무기 또는 5년 이상의 징역, 그 밖의 사람은 1년 이상의 유기징역
- 집단을 이루지 아니하고 2명 이상이 공동한 경우: 제48조에서 정한 형의 2분의 1까지 가중

[3] 상관특수폭행·협박죄 (제50조)

제50조(상관에 대한 특수 폭행, 협박) 흉기나 그 밖의 위험한 물건을 휴대하고 제48조의 죄를 범한 사람은 다음 각 호의 구분에 따라 처벌한다.
  1. 적전인 경우: 사형, 무기 또는 5년 이상의 징역
  2. 그 밖의 경우: 무기 또는 2년 이상의 징역

Ⅰ. 의의

상관특수폭행·협박죄는 흉기나 그 밖의 위험한 물건을 휴대하고 상관을 폭행하거나 협박함으로써 성립하는 범죄다. 무력을 사용하는 군 조직 특성상 흉기나 그 밖의 위험한 물건을 휴대하고 폭행이나 협박을 할 경우 그 위험성이 크기 때문에 단순 폭행보다 가중하여 처벌하고 있다.

Ⅱ. 구성요건

1. 주체

본죄의 주체는 군인 또는 군인에 준하는 자이다.

2. 행위

본죄의 실행행위는 '흉기나 그 밖의 위험한 물건을 휴대하고 상관을 폭행하거나 협박하는 것'이다. 여기서 '흉기'란 사람의 생명 또는 신체에 해를 가할 목적으로 제작된 물건을 말하고, '그 밖의 위험한 물건'이란 그 물건의 객관적 성질과 사용방법에 따라서는 사람의 생명 또는 신체에 해를 가하는 결과를 발생시킬 위험성이 있는 물건을 말한다.

본래 살상용·파괴용으로 만들어진 것뿐만 아니라 다른 목적으로 만들어진 칼, 가위, 유리병, 각종 공구, 자동차 등은 물론 화학약품 또는 사주된 동물 등도 그것이 사람의 생명·신체에 해를 가하는 데 사용되었다면 '위험한 물건'이라 할 수 있다(대법원 2002. 9. 6. 선고 2002도2812 판결).

'위험한 물건을 휴대하여'란 말은 범죄현장에서 사용할 의도 아래 위험한 물건을 몸 또는 몸 가까이에 소지하는 것을 말하는 것으로(대법원 2008. 7. 24. 선고 2008도2794 판결) 소지 뿐만 아니라 널리 이용한다는 뜻도 포함하고 있다. 휴대한 흉기나 위험한 물건으로 직접 협박할 것을 요하지는 않으며, 상대방이 범행 당시에 행위자가 흉기 등을 휴대하고 있다는 사실을 인식할 필요도 없다(대법원 2017. 3. 30. 선고 2017도771 판결).

3. 주관적 구성요건

본죄는 고의범으로서, 행위자는 흉기나 그 밖의 위험한 물건을 휴대하고 상관을 폭행하거나 협박한다는 사실을 인식하고 이를 의욕하거나 용인하는 의사가 있어야 한다.

III. 법정형

- 적전인 경우: 사형, 무기 또는 5년 이상의 징역
- 그 밖의 경우: 무기 또는 2년 이상의 징역

IV. 판례

- 상관이 하사관들을 무시하는 태도를 바꾸기 위해 공기총을 휴대하고 자고 있는 상관을 깨우던 중 오발로 공포탄 1발을 발사하고, 총소리에 겁을 먹은 상관을 개머리판으로 위협하여 부하에게 사과할 것을 강요한 행위는 협박의 고의가 인정되어 상관특수협박죄가 성립한 사례(고등군사법원 1998. 8. 18. 선고 98노80 판결)
- 훈련 중 상관의 통제가 마음에 들지 않는다는 이유로 K-2 소총에 5.56mm 공포탄 5발을 장전하여 상관으로부터 약 50m 전방에서 매복중인 병력들을 추격하고 있던 상관을 향해 격발한 사안에서 피해자의 신체에 대하여 유형력을 행사한다는 인식과 의사, 상관특수폭행의 고의가 있었다고 보기 어려워 상관특수폭행죄가 인정되지 않은 사례(고등군사법원 2015. 7. 3. 선고 2014노357 판결)

[4] 상관폭행치사상죄 (제52조)

Ⅰ. 의의

상관폭행치사상죄는 상관을 폭행하여 사망 또는 상해에 이르게 함으로써 성립하는 범죄다. 본죄는 결과적 가중범으로 사망에 대한 고의없이 폭행행위를 하였는데 결과적으로 상관이 사망하는 경우에 성립한다.

Ⅱ. 구성요건

1. 주체

본죄의 주체는 군인 또는 군인에 준하는 자이다. 상관폭행치사죄의 주체는 상관폭행죄·상관집단폭행죄·상관특수폭행죄를 범한 자이고, 상관폭행치상죄의 주체는 상관폭행죄·상관집단폭행죄를 범한 자이다.

상관폭행치상죄의 주체에 상관특수폭행죄가 제외된 것은 상관특수폭행죄의 법정형이 상관폭행치상죄보다 높게 설정되어 있기 때문이다. 또한, 상관집단폭행·협박죄는 적전인 경우 수괴에게 무기 또는 10년 이상의 징역형을 부과하고 있는 반면 상관폭행치상죄는 적전인 경우 무기 또는 3년 이상의 징역형에 그치고 있다. 이처럼 결과적으로 상관집단폭행·협박죄의 가중범격인 상관폭행치상죄의 법정형이 오히려 낮게 설정되어 있는 것은 처벌 체계의 불합리성을 초래하므로 상관폭행치상죄의 주체에서 제49조 제1항 각 호의 죄를 범한 사람 중 수괴는 제외한다.

2. 행위

본죄의 실행행위는 '상관을 폭행하여 사망 또는 상해에 이르게 하는 것'이다. 본죄는 폭행과 사망 또는 상해의 결과 사이에 인과관계가 있어야 한다.

3. 주관적 구성요건

본죄는 상관폭행죄에 대한 고의와 함께, 사망 또는 상해의 결과에 대한 예견가능성, 즉 과실이 있어야 한다.

III. 법정형

1. 사망의 경우 (제52조 제1항)

- 적전인 경우: 사형, 무기 또는 10년 이상의 징역
- 전시, 사변 시 또는 계엄지역인 경우: 사형, 무기 또는 5년 이상의 징역
- 그 밖의 경우: 무기 또는 5년 이상의 징역

2. 상해의 경우 (제52조 제2항)

- 적전인 경우: 무기 또는 3년 이상의 징역
- 그 밖의 경우: 1년 이상의 유기징역

IV. 죄수관계

집단을 이루어 상관에 대하여 폭행을 행사하여 상해에 이르게 한 수괴의 경우에는 상관폭행치상죄와 상관집단폭행죄가 동시에 성립하며, 양 죄는 상상적 경합관계에 놓이게 되어 형이 중한 상관집단폭행죄에 정한 형으로 처벌한다.

[5] 상관상해죄 (제52조의2)

> 제52조의2(상관에 대한 상해) 상관의 신체를 상해한 사람은 다음 각 호의 구분에 따라 처벌한다.
> 1. 적전인 경우: 무기 또는 3년 이상의 징역
> 2. 그 밖의 경우: 1년 이상의 유기징역

I. 의의

상관상해죄는 상관의 신체를 상해함으로써 성립하는 범죄다. 본죄는 상관의 신체적 법익 뿐만 아니라 군 조직의 위계질서 및 통수체계 유지도 보호법익으로 한다.

II. 구성요건

1. 주체

본죄의 주체는 군인 또는 군인에 준하는 자이다.

2. 행위

본죄의 실행행위는 '상관의 신체를 상해하는 것'이다. 여기서 '상해'란 사람의 신체의 생리적 기능에 장애를 초래하는 것을 말한다.

상해죄는 결과범이므로 그 성립에는 상해의 원인인 폭행에 관한 인식이 있으면 충분하고 상해를 가할 의사의 존재는 필요하지 않으나, 폭행을 가한다는 인식이 없는 행위의 결과로 피해자가 상해를 입었던 경우에는 상해죄가 성립하지 아니한다는 것이 판례의 입장이다(대법원 2000. 7. 4. 선고 99도4341 판결).

3. 주관적 구성요건

본죄는 고의범으로서, 행위자는 상관의 신체를 상해한다는 사실을 인식하고 이를 의욕하거나 용인하는 의사가 있어야 한다. 상관이라는 점에 대한 인식은 확정적일 필요는 없고, 행위 당시 인식이 가능하였으면 족하다(고등군사법원 1998. 8. 18. 선고 98노345 판결). 만약 폭행의 고의로 상해를 가할 경우에는 폭행치상죄, 상해의 고의로 폭행을 하였으나 상해의 결과가 발생하지 않은 경우 상해미수죄가 성립한다.

Ⅲ. 법정형

- 적전인 경우: 무기 또는 3년 이상의 징역
- 그 밖의 경우: 1년 이상의 유기징역

Ⅳ. 미수범

군형법 제63조에 따라 상관에 대한 상해죄의 미수범은 처벌한다.

[6] 상관집단상해죄 (제52조의3)

제52조의3(상관에 대한 집단상해 등) ① 집단을 이루어 제52조의2의 죄를 범한 사람은 다음 각
호의 구분에 따라 처벌한다.
　1. 적전인 경우: 수괴는 무기 또는 10년 이상의 징역, 그 밖의 사람은 무기 또는 5년 이상의 징역
　2. 그 밖의 경우: 수괴는 무기 또는 7년 이상의 징역, 그 밖의 사람은 3년 이상의 유기징역
② 집단을 이루지 아니하고 2명 이상이 공동하여 제52조의2의 죄를 범한 경우에는 제52조의2
에서 정한 형의 2분의 1까지 가중한다.

Ⅰ. 의의

상관집단상해죄는 집단을 이루거나 집단을 이루지 아니하고 2명 이상이 공동하여 상관의
신체를 상해함으로써 성립하는 범죄다. 본죄는 상관에 대해 집단적으로 상해를 가하는 행위
가 상관상해죄보다 행위의 불법성 및 위험성이 크기 때문에 가중하여 처벌하는 규정이다.

Ⅱ. 구성요건

1. 주체

본죄의 주체는 군인 또는 군인에 준하는 자이다.

2. 행위

본죄의 실행행위는 '집단을 이루어 상관의 신체를 상해하는 것'이다. 여기서 '집단을 이루어'란 다수인이 일정한 공동의 목적을 가지고 결합하여 하나의 통일체를 형성하는 것을 말한다.

본죄는 집단을 이루지 않더라도 2명 이상이 공동하여 실행행위를 하는 경우에도 성립한다.

3. 주관적 구성요건

본죄는 고의범으로서, 행위자는 집단을 이루어 또는 2명 이상이 공동하여 상관의 신체를 상해한다는 사실을 인식하고 이를 의욕하거나 용인하는 의사가 있어야 한다.

Ⅲ. 법정형

- 적전인 경우: 수괴는 무기 또는 10년 이상의 징역, 그 밖의 사람은 무기 또는 5년 이상의 징역
- 그 밖의 경우: 수괴는 무기 또는 7년 이상의 징역, 그 밖의 사람은 3년 이상의 유기징역
- 2명 이상이 공동한 경우: 제52조의2에서 정한 형의 2분의 1까지 가중

Ⅳ. 미수범

군형법 제63조에 따라 상관에 대한 집단상해죄의 미수범은 처벌된다.

[7] 상관특수상해죄 (제52조의4)

Ⅰ. 의의

상관특수상해죄는 흉기나 그 밖의 위험한 물건을 휴대하고 상관의 신체를 상해함으로써

성립하는 범죄이다. 본죄는 흉기 등을 휴대한 상해가 상관상해죄와 비교하여 위험성이 높기 때문에 행위의 불법을 더욱 무겁게 평가하여 가중처벌하는 규정이다.

Ⅱ. 구성요건

1. 주체

본죄의 주체는 군인 또는 군인에 준하는 자이다.

2. 행위

본죄의 실행행위는 '흉기나 그 밖의 위험한 물건을 휴대하고 상관의 신체를 상해하는 것'이다. 여기서 '흉기'란 사람의 생명 또는 신체에 해를 가할 목적으로 제작된 물건을 말하고, '그 밖의 위험한 물건'이란 그 물건의 용법에 따라 사용하는 경우 사람의 생명 또는 신체에 해를 가하는 결과를 발생시킬 위험성이 있는 물건을 말한다.

위험한 물건에 해당하는지 여부는 사회통념에 비추어 상대방이나 제3자가 생명 또는 신체에 위험을 느낄 수 있는 물건인지에 따라 판단한다. 예를 들어, 길이 140cm, 지름 4cm인 대나무는 위험한 물건에 해당할 수 있다(대법원 2017. 12. 28. 선고 2015도5854 판결).

3. 주관적 구성요건

본죄는 고의범으로서, 행위자는 흉기나 그 밖의 위험한 물건을 휴대하고 상관의 신체를 상해한다는 사실을 인식하고 이를 의욕하거나 용인하는 의사가 있어야 한다.

Ⅲ. 법정형

- 적전인 경우: 사형, 무기 또는 10년 이상의 징역
- 그 밖의 경우: 무기 또는 3년 이상의 징역

Ⅳ. 미수범

군형법 제63조에 따라 상관에 대한 특수상해죄의 미수범은 처벌된다.

[8] 상관중상해죄 [제52조의5]

Ⅰ. 의의

상관중상해죄는 상관폭행치상죄 · 상관상해죄 · 상관집단상해죄 · 상관특수상해죄를 범하여 상관의 생명에 위험을 발생하게 하거나 불구 또는 불치나 난치의 질병에 이르게 함으로써 성립하는 범죄이다.

본죄는 결과에 대하여 과실이 있는 경우뿐만 아니라 고의가 있는 경우에도 성립하는 부진정결과적 가중범에 해당한다. 따라서 상관폭행, 상관상해 등의 기본 범죄를 저지르던 중 과실로 상관에게 중상해를 입힌 경우에 성립하는 것은 물론, 애초부터 상관에게 중상해를 입힐 고의를 가지고 기본 범죄를 행하여 결과적으로 중상해를 입힌 경우에도 성립할 수 있다.

Ⅱ. 구성요건

1. 주체

본죄의 주체는 군인 또는 군인에 준하는 자이다.

2. 행위

본죄의 실행행위는 '상관을 상해하여 상관의 생명에 위험을 발생하게 하거나 불구 또는 불치나 난치의 질병에 이르게 하는 것'이다. 여기서 '생명에 위험을 발생하게 한다'는 것은 상해로 인하여 사망의 결과가 발생할 위험이 있는 상태를 초래하는 것을 말한다. 이는 '생명에 대한 구체적 위험의 발생'으로 해석되며, '치명적인 중대한 상해결과'를 의미한다. 생명에 대한 위험이 발생하는 데 그치지 않고, 그 위험이 현실화되어 실제로 생명을 잃게 한 경우에는 중상해죄가 아닌 살인죄, 상해치사죄가 성립한다(대법원 2002. 10. 25. 선고 2002도4089 판결).

'불구'란 신체의 일부가 결손되거나 그 기능이 영구적으로 상실된 상태를 말하며, '불치나 난치의 질병'이란 완치가 불가능하거나 완치가 매우 어려운 질병을 말한다.

3. 주관적 구성요건

가해행위시에 중상해의 고의가 있는 경우는 물론이고 상해의 고의만 있었더라도 그 가해행위로 인하여 중상해의 결과가 발생하는 경우에는 중상해에 대한 예견가능성이 인정되는 한 본죄가 성립한다(대전고등법원 1995. 4. 7. 선고 94노738 판결).

III. 법정형

- 적전인 경우: 사형, 무기 또는 10년 이상의 징역
- 전시, 사변 시 또는 계엄지역인 경우: 사형, 무기 또는 3년 이상의 징역. 다만, 제52조의3 제1항 제2호의 죄를 범한 사람 중 수괴는 사형, 무기 또는 7년 이상의 징역
- 그 밖의 경우(제52조의3 제1항 제2호의 죄를 범한 사람 중 수괴는 제외): 무기 또는 3년 이상의 징역

[9] 상관상해치사죄 [제52조의6]

제52조의6(상관에 대한 상해치사) 제52조의2부터 제52조의5까지의 죄를 범하여 상관을 사망에 이르게 한 사람은 다음 각 호의 구분에 따라 처벌한다.
 1. 적전인 경우: 사형, 무기 또는 10년 이상의 징역
 2. 전시, 사변 시 또는 계엄지역인 경우: 사형, 무기 또는 5년 이상의 징역
 3. 그 밖의 경우(제52조의3 제1항 제2호의 죄를 범한 사람 중 수괴는 제외한다): 무기 또는 5년 이상의 징역

Ⅰ. 의의

상관상해치사죄는 상관상해죄·상관집단상해죄·상관특수상해죄·상관중상해죄를 범하여 상관을 사망에 이르게 한 경우에 성립하는 결과적 가중범이다.

Ⅱ. 구성요건

1. 주체

본죄의 주체는 군인 또는 군인에 준하는 자이다.

2. 행위

본죄의 실행행위는 '상관을 상해하여 사망에 이르게 하는 것'이다. 상관의 사망이라는 결과가 발생해야 하고, 상해와 사망 사이에는 인과관계가 있어야 한다.

동시범의 특례를 규정한 형법 제263조는 상해치사죄에도 적용되므로(대법원 1985. 5. 14. 선고 84도2118 판결), 사망의 원인이 된 행위가 명확히 특정되지 않더라도 여러 행위가 경합하여 사망에 이른 경우에는 공동정범의 예에 따라 처벌할 수 있다.

3. 주관적 구성요건

상해의 고의는 있으나 사망의 결과에 대해서는 과실이 있는 경우에 성립한다. 본죄가 성립하기 위해서는 피해자가 상관임을 인식하고 상해치사하여야 한다(육군 1979. 3. 20. 선고 79고군형항29 판결). 행위자는 사망이라는 중한 결과가 발생할 수 있다는 것을 예측할 수 있어야 하며, 이는 단순히 결과가 발생했는지 여부가 아니라 그 결과가 통상적이고 일반적으로 발생할 수 있는 것인지를 기준으로 판단한다. 예견가능성이 없는 경우에는 상관상해죄가 성립하게 된다.

Ⅲ. 법정형

- 적전인 경우: 사형, 무기 또는 10년 이상의 징역
- 전시, 사변 시 또는 계엄지역인 경우: 사형, 무기 또는 5년 이상의 징역

• 그 밖의 경우(제52조의3 제1항 제2호의 죄를 범한 사람 중 수괴는 제외): 무기 또는 5년 이상의 징역

[10] 상관살해와 예비 · 음모죄 (제53조)

Ⅰ. 상관살해죄 (제1항)

1. 의의

상관살해죄는 상관을 살해함으로써 성립하는 범죄이다. 군대는 국가를 방위하는 사명을 담당하는 조직으로서, 그 사명을 달성하기 위하여 전쟁과 같이 생명 · 신체에 위험한 행위까지 수행하여야 하므로, 지휘체계의 확립이 절대적으로 중요하다(헌법재판소 2007. 11. 29. 선고 2006헌가13 결정). 따라서 본죄의 보호법익은 군대의 지휘계통과 명령계통의 확립에 있다.

2. 구성요건

1) 주체

본죄의 주체는 군인 또는 군인에 준하는 자이다.

2) 행위

본죄의 실행행위는 '상관을 살해하는 것'이다. '살해'란 사람의 생명을 침해하는 일체의 행위를 의미하며, 살해의 수단이나 방법에는 아무런 제한이 없다. 흉기를 사용하는 경우뿐만 아니라 수면제 과다복용, 물에 빠트려 익사시키는 경우, 상관을 위험한 장소에 방치하여 사망에 이르게 하는 등의 부작위에 의한 살해도 가능하다.

3) 주관적 구성요건

살인의 고의가 필요하다. 살인의 고의는 반드시 살해의 목적이나 계획적인 살해의 의도가 있어야 인정되는 것은 아니고, 자기의 행위로 인하여 타인의 사망이라는 결과를 발생시킬 만한 가능성 또는 위험이 있음을 인식하거나 예견하면 족하며, 그 인식이나 예견은 확정적인 것은 물론 불확정적인 것이라도 미필적 고의로 인정된다(대법원 2001. 3. 9. 선고 2000도5590 판결).

피고인이 범행 당시 살인의 범의가 없었고 단지 상해 또는 폭행의 범의만 있었을 뿐이라고 다투는 경우에 피고인에게 범행 당시 살인의 범의가 있었는지 여부는 "피고인과 피해자와의 인적 관계, 수사단서의 제공 등 보복의 대상이 된 피해자의 행위에 대한 피고인의 반응과 이후 수사 또는 재판과정에서의 태도 변화, 수사단서의 제공 등으로 피고인이 입게 된 불이익의 내용과 정도, 피고인과 피해자가 범행 시점에 만나게 된 경위, 범행 시각과 장소 등 주변환경, 흉기 등 범행도구의 사용 여부를 비롯한 범행의 수단·방법, 범행의 내용과 태양, 수사단서의 제공 등 이후 범행에 이르기까지의 피고인과 피해자의 언행, 피고인의 성행과 평소 행동특성, 범행의 예견가능성, 범행 전후의 정황 등과 같은 여러 객관적인 사정을 종합적으로 고려하여 판단"하여야 한다(대법원 2014. 9. 26. 선고 2014도9030 판결).

3. 법정형

사형 또는 무기징역

4. 미수범

군형법 제63조에 따라 상관살해죄의 미수범은 처벌한다.

Ⅱ. 상관살해 예비·음모죄 (제2항)

제53조(상관 살해와 예비, 음모) ② 제1항의 죄를 범할 목적으로 예비 또는 음모를 한 사람은 1년 이상의 유기징역에 처한다.

1. 의의

상관살해죄를 범할 목적으로 예비 또는 음모를 한 경우에 성립하는 범죄이다.

2. 구성요건

1) 주체

본죄의 주체는 군인 또는 군인에 준하는 자이다.

2) 행위

본죄의 실행행위는 '상관살해죄를 범할 목적으로 예비 또는 음모하는 것'이다.

① 예비

'예비'는 범죄를 실현하기 위한 준비행위로서 실행의 착수에 이르지 않은 것을 말한다. 살해를 실현하기 위하여 필요한 도구나 수단을 마련하거나, 범행장소·시간을 정하는 등의 행위가 이에 해당한다. 실행행위 이전 단계의 실질적 준비행위라는 점에서 단순한 범의의 형성이나 막연한 구상만으로는 범죄가 성립하지 않는다.

② 음모

'음모'란 두 사람 이상이 모의하여 범죄를 실행하기로 의사를 합치하는 행위이다. 실행행위에 착수하지 않았더라도 단순한 의사의 합치 자체로 성립한다.

형법상 음모죄가 성립하는 경우의 음모란 2인 이상의 자 사이에 성립한 범죄실행의 합의를 말하는 것으로, 범죄실행의 합의가 있다고 하기 위하여는 단순히 범죄결심을 외부에 표시·전달하는 것만으로는 부족하고, 객관적으로 보아 특정한 범죄의 실행을 위한 준비행위라는 것이 명백히 인식되고, 그 합의에 실질적인 위험성이 인정될 때에 비로소 음모죄가 성립한다(대법원 1999. 11. 12. 선고 99도3801 판결).

③ 예비와 음모의 구별

예비와 음모는 모두 범죄의 준비단계에 해당하나, 예비는 객관적 준비행위를, 음모는 주관적 합의를 의미한다는 점에서 구별된다.

3. 주관적 구성요건

상관을 살해하려는 고의와 피해자가 상관임을 인식해야 한다. 또한 상관을 살해할 목적이 있어야 하며, 이러한 목적은 확정적 인식뿐만 아니라 미필적 인식으로도 충분하다.

4. 법정형

1년 이상의 유기징역

제3절 초병에 대한 폭행, 협박, 상해, 살인의 죄

[1] 총설

Ⅰ. 초병에 대한 죄의 의의

초병에 대한 죄는 경계를 그 고유의 임무로 하는 초병에게 폭행, 협박, 상해 등을 가하는 행위를 처벌하는 범죄이다. 이는 초병이 수행하고 있는 경계근무와 초병 신체의 불가침성 내지 신체의 안전성을 보호하기 위한 규정이다(고등군사법원 1999. 10. 14. 선고 99노611 판결).

Ⅱ. 초병에 대한 죄의 법적 성격

1. 신분범이 아닌 일반범

초병에 대한 죄는 군인·준군인뿐만 아니라 내·외국 민간인도 범할 수 있는 일반범이다. 군형법 제1조 제4항 제3호에는 군형법 제54조부터 제56조까지, 제58조, 제58조의2부터 제58조의6까지 및 제59조의 죄에 해당하는 죄를 범한 내국인과 외국인에 대하여도 군인에 준하여 군형법을 적용한다고 규정되어 있다. 따라서 군형법 제1조 제4항 제3호에서 정한 군형법상의 죄에 대하여는 그 죄를 범한 사람이 군인이든 군인이었다가 전역한 사람이든 그 신분에 관계없이 군사법원에 재판권이 있다(대법원 2016. 10. 13. 선고 2016도11317 판결; 대법원 1986. 3. 25. 선고 86도283 판결).

2. 군사법원의 전속적 재판권

초병에 대한 죄는 군사법원법 제2조 제1항 제1호, 군형법 제1조 제4항 제3호에 따라 군사법원이 전속적인 재판권을 가진다. 따라서 일반법원이 이에 대하여 재판권을 행사할 수 없다(대법원 2016. 10. 13. 선고 2016도11317 판결).

[2] 초병폭행·협박죄 (제54조)

> 제54조(초병에 대한 폭행, 협박) 초병에게 폭행 또는 협박을 한 사람은 다음 각 호의 구분에 따라 처벌한다.
> 1. 적전인 경우: 7년 이하의 징역
> 2. 그 밖의 경우: 5년 이하의 징역

Ⅰ. 의의

초병폭행·협박죄는 초병에게 폭행 또는 협박을 함으로써 성립하는 범죄이다.

Ⅱ. 구성요건

1. 주체

본죄의 주체는 군인·준군인뿐만 아니라 내·외국 민간인도 될 수 있다.

2. 객체

본죄의 객체는 '초병'이다. 여기서 '초병'이란 경계를 그 고유의 임무로 하여 지상에 책임범위를 정하여 배치된 자를 말한다. 위병조장은 초병들의 근무를 감독하는 자이지 경계를 그 고유임무로 하는 자가 아니므로 군형법상 초병이라고 할 수 없다(대법원 1999. 11. 12.

선고 99도3801 판결). 초병은 반드시 경계임무를 수행 중인 초병이어야 한다.

3. 행위

본죄의 실행행위는 '초병에게 폭행 또는 협박을 하는 것'이다.

'폭행'은 초병에게 물리적 유형력을 행사하는 행위를 의미하며, 이는 상관폭행죄에서의 폭행 개념과 구별된다. 상관폭행죄는 상대방이 상관이라는 신분만으로 구성요건을 충족하며, 형법상 일반 폭행죄의 개념과 동일하게 이해된다. 반면, 본죄는 경계근무 중인 초병을 보호법익의 대상으로 하므로, 그 폭행 개념은 형법상 공무집행방해죄에서의 폭행과 동일하게 해석된다. 즉, 본죄에서의 폭행은 초병의 신체에 직접 작용할 필요는 없으며, 초병의 경계근무 수행을 저해할 수 있는 물리적 유형력의 행사 전반을 의미한다.

'협박'이란 초병에게 해악을 고지하여 공포심을 일으키게 하는 것을 말한다.

4. 주관적 구성요건

본죄는 고의범으로서, 행위자는 초병에게 폭행 또는 협박을 한다는 사실을 인식하고 이를 의욕하거나 용인하는 의사가 있어야 한다.

III. 법정형

- 적전인 경우: 7년 이하의 징역
- 그 밖의 경우: 5년 이하의 징역

[3] 초병집단폭행 · 협박죄 [제55조]

제55조(초병에 대한 집단 폭행, 협박 등) ① 집단을 이루어 제54조의 죄를 범한 사람은 다음 각 호의 구분에 따라 처벌한다.
 1. 적전인 경우: 수괴는 5년 이상의 유기징역, 그 밖의 사람은 3년 이상의 유기징역
 2. 그 밖의 경우: 수괴는 2년 이상의 유기징역, 그 밖의 사람은 1년 이상의 유기징역
② 집단을 이루지 아니하고 2명 이상이 공동하여 제54조의 죄를 범한 경우에는 제54조에서 정한 형의 2분의 1까지 가중한다.

Ⅰ. 의의

초병집단폭행·협박죄는 집단을 이루어 초병을 폭행하거나 협박함으로써 성립하는 범죄이다. 본죄는 집단에 의한 폭행 또는 협박 행위가 초병폭행·협박죄에 비해 그 위험성이 현저히 크고, 군기의 근간을 심각하게 훼손할 수 있으므로, 이러한 행위의 불법을 더욱 무겁게 평가하여 가중처벌하는 규정이다.

Ⅱ. 구성요건

1. 주체

본죄의 주체는 군인·준군인뿐만 아니라 내·외국 민간인도 될 수 있다.

2. 행위

본죄의 실행행위는 '집단을 이루어 초병을 폭행하거나 협박하는 것'이다. 여기서 '집단을 이루어'란 다수인이 일정한 공동의 목적을 가지고 결합하여 하나의 통일체를 형성하는 것을 말한다.

집단을 이루지 않더라도 2명 이상이 공동하여 실행행위를 하는 경우에도 성립한다. 여기서 '2명 이상이 공동하여'라는 것은 수인이 동일한 장소에서 동일한 기회에 서로 다른 사람의 범행을 인식하고 이를 이용하는 것을 의미한다.

3. 주관적 구성요건

본죄는 고의범으로서, 행위자는 집단을 이루거나 2명 이상이 공동하여 초병을 폭행하거나 협박한다는 사실을 인식하고 이를 의욕하거나 용인하는 의사가 있어야 한다.

Ⅲ. 법정형

- 적전인 경우: 수괴는 5년 이상의 유기징역, 그 밖의 사람은 3년 이상의 유기징역
- 그 밖의 경우: 수괴는 2년 이상의 유기징역, 그 밖의 사람은 1년 이상의 유기징역
- 집단을 이루지 아니하고 2명 이상이 공동한 경우: 제54조에서 정한 형의 2분의 1까지 가중

[4] 초병특수폭행 · 협박죄 (제56조)

제56조(초병에 대한 특수 폭행, 협박) 흉기나 그 밖의 위험한 물건을 휴대하고 제54조의 죄를 범한 사람은 다음 각 호의 구분에 따라 처벌한다.
　1. 적전인 경우: 사형, 무기 또는 3년 이상의 징역
　2. 그 밖의 경우: 1년 이상의 유기징역

Ⅰ. 의의

초병특수폭행 · 협박죄는 흉기나 그 밖의 위험한 물건을 휴대하고 초병을 폭행하거나 협박함으로써 성립하는 범죄이다. 본죄는 흉기 등을 휴대한 폭행 · 협박 행위가 일반적인 폭행 · 협박 행위에 비해 그 위험성이 현저히 크고, 군기의 근간을 심각하게 훼손할 수 있으므로 행위의 불법을 더욱 무겁게 평가하여 가중처벌하는 규정이다.

Ⅱ. 구성요건

1. 주체

본죄의 주체는 군인 · 준군인뿐만 아니라 내 · 외국 민간인도 될 수 있다.

2. 행위

본죄의 실행행위는 '흉기나 그 밖의 위험한 물건을 휴대하고 초병을 폭행하거나 협박하는 것'이다. 여기서 '흉기'란 사람의 생명 또는 신체에 해를 가할 목적으로 제작된 물건을 말하고, '그 밖의 위험한 물건'이란 그 물건의 용법에 따라 사용하는 경우 사람의 생명 또는 신체에 해를 가하는 결과를 발생시킬 위험성이 있는 물건을 말한다.

위험한 물건을 '휴대하여'란 범행 당시에 흉기 기타 위험한 물건을 소지하고 있는 것을 의미하고, 휴대한 흉기 등으로 직접 협박할 것을 요하지는 않으며, 상대방이 범행 당시에 행위자가 흉기 등을 휴대하고 있다는 사실을 인식할 필요도 없다(대법원 2017. 3. 30. 선고 2017도771 판결).

3. 주관적 구성요건

본죄는 고의범으로서, 행위자는 흉기나 그 밖의 위험한 물건을 휴대하고 초병을 폭행하거나 협박한다는 사실을 인식하고 이를 의욕하거나 용인하는 의사가 있어야 한다.

Ⅲ. 법정형

- 적전인 경우: 사형, 무기 또는 3년 이상의 징역
- 그 밖의 경우: 1년 이상의 유기징역

[5] 초병폭행치사상죄 [제58조]

> 제58조(초병에 대한 폭행치사상) ① 제54조부터 제56조까지의 죄를 범하여 초병을 사망에 이르게 한 사람은 다음 각 호의 구분에 따라 처벌한다.
> 1. 적전인 경우: 사형, 무기 또는 5년 이상의 징역
> 2. 전시, 사변 시 또는 계엄지역인 경우: 제54조의 죄를 범한 사람은 사형, 무기 또는 3년 이상의 징역, 제55조 또는 제56조의 죄를 범한 사람은 사형, 무기 또는 5년 이상의 징역
> 3. 그 밖의 경우: 제54조의 죄를 범한 사람은 무기 또는 3년 이상의 징역, 제55조 또는 제56조의 죄를 범한 사람은 무기 또는 5년 이상의 징역
> ② 제54조 또는 제55조의 죄를 범하여 초병을 상해에 이르게 한 사람은 다음 각 호의 구분에 따라 처벌한다.
> 1. 적전인 경우: 무기 또는 3년 이상의 징역. 다만, 제55조 제1항 제1호의 죄를 범한 사람 중 수괴는 무기 또는 5년 이상의 징역에 처한다.
> 2. 그 밖의 경우(제55조 제1항 제2호의 죄를 범한 사람 중 수괴는 제외한다): 1년 이상의 유기징역

Ⅰ. 의의

초병폭행치사상죄는 초병을 폭행하여 사망 또는 상해에 이르게 함으로써 성립하는 범죄이다. 본죄는 초병폭행죄의 결과적 가중범이다.

II. 구성요건

1. 주체

본죄의 주체는 군인·준군인뿐만 아니라 내·외국 민간인도 될 수 있다.

2. 행위

본죄의 실행행위는 '초병을 폭행하여 사망 또는 상해에 이르게 하는 것'이다. 본죄는 폭행과 사망 또는 상해의 결과 사이에 인과관계가 있어야 한다.

3. 주관적 구성요건

본죄는 초병폭행죄에 대한 고의와 함께, 사망 또는 상해의 결과에 대한 예견가능성, 즉 과실이 있어야 한다. 중한 결과에 대한 예견가능성이 없었다면 단순 초병폭행죄만 성립한다.

III. 법정형

1. 사망의 경우 (제1항)

- 적전인 경우: 사형, 무기 또는 5년 이상의 징역
- 전시, 사변 시 또는 계엄지역인 경우: 제54조의 죄를 범한 사람은 사형, 무기 또는 3년 이상의 징역, 제55조 또는 제56조의 죄를 범한 사람은 사형, 무기 또는 5년 이상의 징역
- 그 밖의 경우: 제54조의 죄를 범한 사람은 무기 또는 3년 이상의 징역, 제55조 또는 제56조의 죄를 범한 사람은 무기 또는 5년 이상의 징역

2. 상해의 경우 (제2항)

- 적전인 경우: 무기 또는 3년 이상의 징역. 다만, 제55조 제1항 제1호의 죄를 범한 사람 중 수괴는 무기 또는 5년 이상의 징역
- 그 밖의 경우(제55조 제1항 제2호의 죄를 범한 사람 중 수괴는 제외): 1년 이상의 유기 징역

[6] 초병상해죄 (제58조의2)

I. 의의

초병상해죄는 초병의 신체를 상해함으로써 성립하는 범죄이다. 본죄는 초병의 신체적 법익뿐만 아니라 초병이 수행하고 있는 경계근무도 보호법익으로 한다.

II. 구성요건

1. 주체

본죄의 주체는 군인·준군인뿐만 아니라 내·외국 민간인도 될 수 있다.

2. 행위

본죄의 실행행위는 '초병의 신체를 상해하는 것'이다. 여기서 '상해'란 사람의 신체의 생리적 기능에 장애를 초래하는 것을 말한다.

3. 주관적 구성요건

본죄는 고의범으로서, 행위자는 초병의 신체를 상해한다는 사실을 인식하고 이를 의욕하거나 용인하는 의사가 있어야 한다.

III. 법정형

- 적전인 경우: 무기 또는 3년 이상의 징역
- 그 밖의 경우: 1년 이상의 유기징역

IV. 미수범

군형법 제63조에 따라 초병에 대한 상해죄의 미수범은 처벌된다.

[7] 초병집단상해죄 (제58조의3)

제58조의3(초병에 대한 집단상해 등) ① 집단을 이루어 제58조의2의 죄를 범한 사람은 다음 각 호의 구분에 따라 처벌한다.
  1. 적전인 경우: 수괴는 무기 또는 7년 이상의 징역, 그 밖의 사람은 무기 또는 5년 이상의 징역
  2. 그 밖의 경우: 수괴는 5년 이상의 유기징역, 그 밖의 사람은 3년 이상의 유기징역
② 집단을 이루지 아니하고 2명 이상이 공동하여 제58조의2의 죄를 범한 경우에는 제58조의2에서 정한 형의 2분의 1까지 가중한다.

Ⅰ. 의의

초병집단상해죄는 집단을 이루어 초병의 신체를 상해함으로써 성립하는 범죄이다. 본죄는 초병에 대해 집단적으로 상해를 가하는 행위가 상관상해죄보다 행위의 불법성 및 위험성이 크기 때문에 가중하여 처벌하는 규정이다.

Ⅱ. 구성요건

1. 주체

본죄의 주체는 군인·준군인뿐만 아니라 내·외국 민간인도 될 수 있다.

2. 행위

본죄의 실행행위는 '집단을 이루어 초병의 신체를 상해하는 것'이다. 여기서 '집단을 이루어'란 다수인이 일정한 공동의 목적을 가지고 결합하여 하나의 통일체를 형성하는 것을 말한다.

집단을 이루지 않더라도 2명 이상이 공동하여 실행행위를 하는 경우에도 성립한다.

3. 주관적 구성요건

본죄는 고의범으로서, 행위자는 집단을 이루어 또는 2명 이상이 공동하여 초병의 신체를 상해한다는 사실을 인식하고 이를 의욕하거나 용인하는 의사가 있어야 한다.

III. 법정형

- 적전인 경우: 수괴는 무기 또는 7년 이상의 징역, 그 밖의 사람은 무기 또는 5년 이상의 징역
- 그 밖의 경우: 수괴는 5년 이상의 유기징역, 그 밖의 사람은 3년 이상의 유기징역
- 2명 이상이 공동한 경우: 제58조의2에서 정한 형의 2분의 1까지 가중

IV. 미수범

군형법 제63조에 따라 초병에 대한 집단상해죄의 미수범은 처벌된다.

[8] 초병특수상해죄 (제58조의 4)

> 제58조의4(초병에 대한 특수상해) 흉기나 그 밖의 위험한 물건을 휴대하고 제58조의2의 죄를 범한 사람은 다음 각 호의 구분에 따라 처벌한다.
> 1. 적전인 경우: 사형, 무기 또는 5년 이상의 징역
> 2. 그 밖의 경우: 3년 이상의 유기징역

Ⅰ. 의의

초병특수상해죄는 흉기나 그 밖의 위험한 물건을 휴대하고 초병의 신체를 상해함으로써 성립하는 범죄이다. 본죄는 흉기 등을 휴대한 상해가 일반적인 상해보다 위험성이 높고 군기를 문란하게 할 가능성이 크다는 점을 고려하여 가중처벌하는 규정이다.

Ⅱ. 구성요건

1. 주체

본죄의 주체는 군인·준군인뿐만 아니라 내·외국 민간인도 될 수 있다.

2. 행위

본죄의 실행행위는 '흉기나 그 밖의 위험한 물건을 휴대하고 초병의 신체를 상해하는 것'이다. 여기서 '흉기'란 사람의 생명 또는 신체에 해를 가할 목적으로 제작된 물건을 말하고,

'그 밖의 위험한 물건'이란 그 물건의 용법에 따라 사용하는 경우 사람의 생명 또는 신체에 해를 가하는 결과를 발생시킬 위험성이 있는 물건을 말한다.

3. 주관적 구성요건

본죄는 고의범으로서, 행위자는 흉기나 그 밖의 위험한 물건을 휴대하고 초병의 신체를 상해한다는 사실을 인식하고 이를 의욕하거나 용인하는 의사가 있어야 한다.

III. 법정형

- 적전인 경우: 사형, 무기 또는 5년 이상의 징역
- 그 밖의 경우: 3년 이상의 유기징역

IV. 미수범

군형법 제63조에 따라 초병에 대한 특수상해죄의 미수범은 처벌한다.

[9] 초병중상해죄 (제58조의5)

제58조의5(초병에 대한 중상해) 제58조 제2항, 제58조의2 및 제58조의3 제2항의 죄를 범하여 초병의 생명에 대한 위험을 발생하게 하거나 불구 또는 불치나 난치의 질병에 이르게 한 사람은 다음 각 호의 구분에 따라 처벌한다.
  1. 적전인 경우: 무기 또는 5년 이상의 징역
  2. 그 밖의 경우: 2년 이상의 유기징역

I. 의의

초병중상해죄는 초병을 상해하여 초병의 생명에 위험을 발생하게 하거나 불구 또는 불치나 난치의 질병에 이르게 함으로써 성립하는 범죄이다. 본죄는 상해의 결과가 중한 경우를 가중처벌하는 규정이다.

Ⅱ. 구성요건

1. 주체

본죄의 주체는 군인·준군인뿐만 아니라 내·외국 민간인도 될 수 있다.

2. 행위

본죄의 실행행위는 '초병을 상해하여 초병의 생명에 위험을 발생하게 하거나 불구 또는 불치나 난치의 질병에 이르게 하는 것'이다. 여기서 '생명에 위험을 발생하게 한다'는 것은 상해로 인하여 사망의 결과가 발생할 위험이 있는 상태를 초래하는 것을 말하고, '불구'란 신체의 일부가 결손되거나 그 기능이 영구적으로 상실된 상태를 말하며, '불치나 난치의 질병'이란 완치가 불가능하거나 완치가 매우 어려운 질병을 말한다.

3. 주관적 구성요건

본죄는 상해의 고의와 함께, 중상해의 결과에 대한 과실이 있어야 한다.

Ⅲ. 법정형

- 적전인 경우: 무기 또는 5년 이상의 징역
- 그 밖의 경우: 2년 이상의 유기징역

[10] 초병상해치사죄 (제58조의6)

제58조의6(초병에 대한 상해치사) 제58조의2부터 제58조의5까지의 죄를 범하여 초병을 사망에 이르게 한 사람은 다음 각 호의 구분에 따라 처벌한다.
1. 적전인 경우: 사형, 무기 또는 5년 이상의 징역
2. 전시, 사변 시 또는 계엄지역인 경우: 제58조의2의 죄를 범한 사람은 사형, 무기 또는 3년 이상의 징역, 제58조의3부터 제58조의5까지의 죄를 범한 사람은 사형, 무기 또는 5년 이상의 징역
3. 그 밖의 경우: 제58조의2의 죄를 범한 사람은 무기 또는 3년 이상의 징역, 제58조의3부터 제58조의5까지의 죄를 범한 사람은 무기 또는 5년 이상의 징역

Ⅰ. 의의

초병상해치사죄는 초병상해죄·초병집단상해죄·초병특수상해죄·초병중상해죄를 범하여 초병을 사망에 이르게 함으로써 성립하는 범죄이다. 본죄는 초병상해죄 등의 결과적 가중범이다.

Ⅱ. 구성요건

1. 주체

본죄의 주체는 군인·준군인뿐만 아니라 내·외국 민간인도 될 수 있다.

2. 행위

본죄의 실행행위는 '초병을 상해하여 사망에 이르게 하는 것'이다. 본죄는 상해와 사망의 결과 사이에 인과관계가 있는 이외에 사망의 결과에 대한 예견가능성, 즉 과실이 있어야 한다.

3. 주관적 구성요건

본죄는 초병상해죄 등에 대한 고의와 함께, 사망의 결과에 대한 과실이 있어야 한다.

Ⅲ. 법정형

- 적전인 경우: 사형, 무기 또는 5년 이상의 징역
- 전시, 사변 시 또는 계엄지역인 경우
- 제58조의2의 죄(초병상해죄)를 범한 사람은 사형, 무기 또는 3년 이상의 징역
- 제58조의3부터 제58조의5까지의 죄(초병집단상해죄, 초병특수상해죄, 초병중상해죄)를 범한 사람은 사형, 무기 또는 5년 이상의 징역
- 그 밖의 경우
- 제58조의2의 죄(초병상해죄)를 범한 사람은 무기 또는 3년 이상의 징역
- 제58조의3부터 제58조의5까지의 죄(초병집단상해죄, 초병특수상해죄, 초병중상해죄)를 범한 사람은 무기 또는 5년 이상의 징역

[11] 초병살해와 예비, 음모죄 (제59조)

Ⅰ. 초병살해죄 (제59조 제1항)

1. 의의

초병살해죄는 초병을 살해함으로써 성립하는 범죄이다.

2. 구성요건

1) 주체

본죄의 주체는 군인·준군인뿐만 아니라 내·외국 민간인도 될 수 있다.

2) 행위

본죄의 실행행위는 '초병을 살해하는 것'이다. 살해란 사람의 생명을 침해하는 행위를 의미한다. 살인의 방법에는 제한이 없으며, 작위에 의한 경우뿐만 아니라 부작위에 의한 경우도 포함된다.

3) 주관적 구성요건

본죄는 고의범으로서 초병을 살해한다는 인식과 의사가 있어야 한다. 미필적 고의로도 충분하다.

3. 법정형

사형 또는 무기징역

4. 미수범

군형법 제63조에 따라 초병살해죄의 미수범은 처벌한다.

Ⅱ. 초병살해 예비 · 음모죄 (제59조 제2항)

1년 이상 10년 이하의 징역

제4절 직무수행 중인 군인 등에 대한 폭행, 협박 등 죄

[1] 총설

Ⅰ. 의의

군형법 제60조부터 제65조의5까지는 직무수행 중인 군인 등에 대한 폭행, 협박 등 죄를 규정하고 있다. 이는 상관 또는 초병 외의 직무수행 중인 군인 등에 대한 폭행, 협박, 상해 등의 행위를 처벌함으로써 군 조직의 기강을 확립하고 직무수행의 안전을 보장함에 있다. 이러한 범죄는 군인 개인의 신체적 법익을 침해할 뿐만 아니라 국가를 수호하는 중대한 임무를 수행하는 군인의 정상적인 직무수행을 해치는 행위로서 일반 형법상의 범죄보다 가중처벌된다.

Ⅱ. 보호법익

본 장에서 규정하는 범죄의 보호법익은 다음과 같다.

- 직무수행 중인 군인등의 신체적 · 법률적 안전
- 군인의 정상적 임무수행

Ⅲ. 적용 대상

본죄의 적용 대상이 되는 "군인 등"이란 군인 또는 군형법 제1조 제3항 각 호의 어느 하나에 해당하는 사람을 말한다. 구체적으로는 군인, 군무원, 소집되어 실역에 복무 중인 예비역 · 보충역 및 전시근로역인 군인, 소집되어 군사교육을 받는 예비역 · 보충역 및 전시근로역인 군인, 군적을 가진 사람으로서 군의 기관 또는 시설 내에서 근무하는 사람이 이에 해당한다.

[2] 직무수행군인등폭행 · 협박죄 (제60조 제1항)

> 제60조(직무수행 중인 군인 등에 대한 폭행, 협박 등) ① 상관 또는 초병 외의 직무수행 중인 사람(군인 또는 제1조 제3항 각 호의 어느 하나에 해당하는 사람에 한한다. 이하 "군인 등"이라 한다)에게 폭행 또는 협박을 한 사람은 다음 각 호의 구분에 따라 처벌한다.
>   1. 적전인 경우: 7년 이하의 징역
>   2. 그 밖의 경우: 5년 이하의 징역 또는 1천만 원 이하의 벌금

Ⅰ. 의의

직무수행군인등폭행 · 협박죄는 상관 또는 초병 외의 직무수행 중인 군인 등에게 폭행 또는 협박을 함으로써 성립하는 범죄이다.

Ⅱ. 구성요건

1. 주체

본죄의 주체는 군인 · 준군인뿐만 아니라 내 · 외국 민간인도 될 수 있다.

2. 객체

본죄의 객체는 '상관 또는 초병 외의 직무수행 중인 군인 등'이다. 여기서 '직무수행 중인 군인 등'이란 법령이나 상관의 명령, 군의 관습 등에 의하여 요구되거나 권한이 부여된 일정한 임무에 종사하고 있는 사람을 의미한다.

'직무수행 중'이라 함은 군인이 직무수행에 직접 필요한 행위를 현실적으로 가리키는 것이 아니라 군인이 직무수행을 위하여 근무중인 상태를 포괄하고, 직무의 성질에 따라서는 그 직무수행의 과정을 개별적으로 분리하여 부분적으로 각각의 개시와 종료를 논하는 것이 부적법하거나 여러 종류의 행위를 포괄하여 일련의 직무수행으로 파악할 수도 있으며, 현실적으로 구체적인 업무를 처리하고 있지 않더라도 자기 자리에 앉아 있는 것만으로도 업무의 수행으로 볼 수 있을 때에는 직무수행 중에 있는 것으로 보아야 한다(고등군사법원 2018. 8. 24. 선고 2018노92 판결).

'직무수행 중'으로 볼 수 있는 시간적 범위는 직무수행에 착수하여 이를 종료할 때까지로

한하지 않고, 직무에 착수하기 직전과 직무수행을 종료한 직후까지도 포함한다(고등군사법원 2011. 12. 26. 선고 2011노227 판결).

3. 행위

본죄의 실행행위는 '직무수행 중인 군인등에게 폭행 또는 협박을 하는 것'이다. 여기서 '폭행'이란 사람의 신체에 대한 유형력의 행사를 말하고, '협박'이란 사람의 의사결정의 자유를 제한하거나 의사실행의 자유를 방해할 정도로 겁을 먹게 할 만한 해악을 고지하는 것을 말한다.

4. 주관적 구성요건

본죄는 고의범으로서, 행위자는 직무수행 중인 군인등에게 폭행 또는 협박을 한다는 사실을 인식하고 이를 의욕하거나 용인하는 의사가 있어야 한다.

III. 법정형

- 적전인 경우: 7년 이하의 징역
- 그 밖의 경우: 5년 이하의 징역 또는 1천만 원 이하의 벌금

[3] 직무수행군인등특수폭행·협박죄 [제60조 제2항]

② 집단을 이루거나 흉기나 그 밖의 위험한 물건을 휴대하고 제1항의 죄를 범한 사람은 다음 각 호의 구분에 따라 처벌한다.
 1. 적전인 경우: 3년 이상의 유기징역
 2. 그 밖의 경우: 1년 이상의 유기징역

I. 의의

직무수행군인등특수폭행·협박죄는 집단을 이루거나 흉기나 그 밖의 위험한 물건을 휴대하고 직무수행 중인 군인 등에게 폭행 또는 협박을 함으로써 성립하는 범죄이다. 본죄는 집단을 이루거나 흉기 등을 휴대한 폭행·협박 행위가 단순 폭행·협박보다 행위의 불법성 및

위험성이 크기 때문에 가중하여 처벌하는 규정이다.

Ⅱ. 구성요건

1. 주체

본죄의 주체는 군인·준군인뿐만 아니라 내·외국 민간인도 될 수 있다.

2. 행위

본죄의 실행행위는 '집단을 이루거나 흉기나 그 밖의 위험한 물건을 휴대하고 직무수행 중인 군인등에게 폭행 또는 협박을 하는 것'이다. 여기서 '집단을 이루어'란 다수인이 일정한 공동의 목적을 가지고 결합하여 하나의 통일체를 형성하는 것을 말하고, '흉기'란 사람의 생명 또는 신체에 해를 가할 목적으로 제작된 물건을 말하며, '그 밖의 위험한 물건'이란 그 물건의 용법에 따라 사용하는 경우 사람의 생명 또는 신체에 해를 가하는 결과를 발생시킬 위험성이 있는 물건을 말한다.

3. 주관적 구성요건

본죄는 고의범으로서, 행위자는 집단을 이루거나 흉기나 그 밖의 위험한 물건을 휴대하고 직무수행 중인 군인등에게 폭행 또는 협박을 한다는 사실을 인식하고 이를 의욕하거나 용인하는 의사가 있어야 한다.

Ⅲ. 법정형

- 적전인 경우: 3년 이상의 유기징역
- 그 밖의 경우: 1년 이상의 유기징역

[4] 직무수행군인등공동폭행·협박죄 [제60조 제3항]

③ 집단을 이루지 아니하고 2명 이상이 공동하여 제1항의 죄를 범한 경우에는 제1항에서 정한 형의 2분의 1까지 가중한다.

Ⅰ. 의의

직무수행군인등공동폭행·협박죄는 집단을 이루지 아니하고 2명 이상이 공동하여 직무수행 중인 군인등에게 폭행 또는 협박을 함으로써 성립하는 범죄이다. 본죄는 2명 이상이 공동하여 폭행·협박을 하는 경우 일반적인 폭행·협박보다 위험성이 높다는 점을 고려하여 가중처벌하는 규정이다.

Ⅱ. 구성요건

1. 주체

본죄의 주체는 군인·준군인뿐만 아니라 내·외국 민간인도 될 수 있다.

2. 행위

본죄의 실행행위는 '집단을 이루지 아니하고 2명 이상이 공동하여 직무수행 중인 군인등에게 폭행 또는 협박을 하는 것'이다. 여기서 '2명 이상이 공동하여'란 수인이 동일한 장소에서 동일한 기회에 서로 다른 사람의 범행을 인식하고 이를 이용하는 것을 의미한다.

3. 주관적 구성요건

본죄는 고의범으로서, 행위자는 2명 이상이 공동하여 직무수행 중인 군인등에게 폭행 또는 협박을 한다는 사실을 인식하고 이를 의욕하거나 용인하는 의사가 있어야 한다.

Ⅲ. 법정형

직무수행군인등폭행·협박죄에서 정한 형의 2분의 1까지 가중

[5] 직무수행군인등폭행치사상죄 [제60조 제4항, 제5항]

④ 제1항부터 제3항까지의 죄를 범하여 상관 또는 초병 외의 직무수행 중인 군인 등을 사망에 이르게 한 사람은 다음 각 호의 구분에 따라 처벌한다.
1. 적전인 경우: 사형, 무기 또는 5년 이상의 징역

2. 전시, 사변 시 또는 계엄지역인 경우: 제1항의 죄를 범한 사람은 사형, 무기 또는 3년 이상의 징역, 제2항 또는 제3항의 죄를 범한 사람은 사형, 무기 또는 5년 이상의 징역

3. 그 밖의 경우: 제1항의 죄를 범한 사람은 무기 또는 3년 이상의 징역, 제2항 또는 제3항의 죄를 범한 사람은 무기 또는 5년 이상의 징역

⑤ 제1항부터 제3항까지의 죄를 범하여 상관 또는 초병 외의 직무수행 중인 군인 등을 상해에 이르게 한 사람은 다음 각 호의 구분에 따라 처벌한다.

1. 적전인 경우: 무기 또는 3년 이상의 징역

2. 그 밖의 경우: 1년 이상의 유기징역

I. 의의

직무수행군인등폭행치사상죄는 직무수행 중인 군인 등을 폭행하여 사망 또는 상해에 이르게 함으로써 성립하는 범죄이다. 본죄는 직무수행군인등폭행죄의 결과적 가중범이다.

II. 구성요건

1. 주체

본죄의 주체는 군인·준군인뿐만 아니라 내·외국 민간인도 될 수 있다.

2. 행위

본죄의 실행행위는 '직무수행 중인 군인 등을 폭행하여 사망 또는 상해에 이르게 하는 것'이다. 본죄는 폭행과 사망 또는 상해의 결과 사이에 인과관계가 있는 이외에 사망 또는 상해의 결과에 대한 예견가능성, 즉 과실이 있어야 한다.

3. 주관적 구성요건

본죄는 직무수행군인등폭행죄에 대한 고의와 함께, 사망 또는 상해의 결과에 대한 과실이 있어야 한다.

III. 법정형

1. 사망의 경우

- 적전인 경우: 사형, 무기 또는 5년 이상의 징역

- 전시, 사변 시 또는 계엄지역인 경우

- 제1항의 죄를 범한 사람은 사형, 무기 또는 3년 이상의 징역

- 제2항 또는 제3항의 죄를 범한 사람은 사형, 무기 또는 5년 이상의 징역

- 그 밖의 경우

- 제1항의 죄를 범한 사람은 무기 또는 3년 이상의 징역

- 제2항 또는 제3항의 죄를 범한 사람은 무기 또는 5년 이상의 징역

2. 상해의 경우

- 적전인 경우: 무기 또는 3년 이상의 징역
- 그 밖의 경우: 1년 이상의 유기징역

[6] 직무수행군인등상해죄 [제60조의2]

제60조의2(직무수행 중인 군인 등에 대한 상해) 상관 또는 초병 외의 직무수행 중인 군인 등의 신체를 상해한 사람은 다음 각 호의 구분에 따라 처벌한다.
1. 적전인 경우: 무기 또는 3년 이상의 징역
2. 그 밖의 경우: 1년 이상의 유기징역

I. 의의

직무수행군인등상해죄는 직무수행 중인 군인 등의 신체를 상해함으로써 성립하는 범죄이다.

II. 구성요건

1. 주체

본죄의 주체는 군인·준군인뿐만 아니라 내·외국 민간인도 될 수 있다.

2. 행위

본죄의 실행행위는 '직무수행 중인 군인 등의 신체를 상해하는 것'이다. 여기서 '상해'란 사람의 신체의 생리적 기능에 장애를 초래하는 것을 말한다.

3. 주관적 구성요건

본죄는 고의범으로서, 행위자는 직무수행 중인 군인 등의 신체를 상해한다는 사실을 인식하고 이를 의욕하거나 용인하는 의사가 있어야 한다.

III. 법정형

- 적전인 경우: 무기 또는 3년 이상의 징역
- 그 밖의 경우: 1년 이상의 유기징역

IV. 미수범

군형법 제63조에 따라 본죄의 미수범은 처벌한다.

[7] 직무수행군인등집단상해 등 죄 (제60조의3)

제60조의3(직무수행 중인 군인 등에 대한 집단상해 등) ① 집단을 이루거나 흉기나 그 밖의 위험한 물건을 휴대하고 제60조의2의 죄를 범한 사람은 다음 각 호의 구분에 따라 처벌한다.
  1. 적전인 경우: 무기 또는 5년 이상의 징역
  2. 그 밖의 경우: 3년 이상의 유기징역
② 집단을 이루지 아니하고 2명 이상이 공동하여 제60조의2의 죄를 범한 경우에는 제60조의2에서 정한 형의 2분의 1까지 가중한다.

I. 직무수행군인등집단상해죄 (제60조의3 제1항)

1. 의의

직무수행군인등집단상해죄는 집단을 이루거나 흉기나 그 밖의 위험한 물건을 휴대하고 직무수행 중인 군인 등의 신체를 상해함으로써 성립하는 범죄이다. 본죄는 집단을 이루거나 흉기 등을 휴대한 상해행위가 일반적인 상해보다 행위의 불법성과 위험성이 크다는 점을 고려하여 가중처벌하는 규정이다.

2. 구성요건

1) 주체

본죄의 주체는 군인·준군인뿐만 아니라 내·외국 민간인도 될 수 있다.

2) 행위

본죄의 실행행위는 '집단을 이루거나 흉기나 그 밖의 위험한 물건을 휴대하고 직무수행 중인 군인 등의 신체를 상해하는 것'이다. 여기서 '집단을 이루어'란 다수인이 일정한 공동의 목적을 가지고 결합하여 하나의 통일체를 형성하는 것을 말하고, '흉기'란 사람의 생명 또는 신체에 해를 가할 목적으로 제작된 물건을 말한다. '그 밖의 위험한 물건'이란 그 물건의 용법에 따라 사용하는 경우 사람의 생명 또는 신체에 해를 가하는 결과를 발생시킬 위험성이 있는 물건을 말한다.

3) 주관적 구성요건

본죄는 고의범으로서, 행위자는 집단을 이루거나 흉기나 그 밖의 위험한 물건을 휴대하고 직무수행 중인 군인 등의 신체를 상해한다는 사실을 인식하고 이를 의욕하거나 용인하는 의사가 있어야 한다.

3. 법정형

- 적전인 경우: 무기 또는 5년 이상의 징역
- 그 밖의 경우: 3년 이상의 유기징역

4. 미수범

군형법 제63조에 따라 본죄의 미수범은 처벌한다.

Ⅱ. 직무수행군인등공동상해죄 (제60조의3 제2항)

1. 의의

직무수행군인등공동상해죄는 집단을 이루지 아니하고 2명 이상이 공동하여 직무수행 중인 군인 등의 신체를 상해함으로써 성립하는 범죄이다. 본죄는 2명 이상이 공동하여 상해를 하는 경우 일반적인 상해보다 위험성이 높다는 점을 고려하여 가중처벌하는 규정이다.

2. 구성요건

1) 주체

본죄의 주체는 군인·준군인뿐만 아니라 내·외국 민간인도 될 수 있다.

2) 행위

본죄의 실행행위는 '집단을 이루지 아니하고 2명 이상이 공동하여 직무수행 중인 군인 등의 신체를 상해하는 것'이다. 여기서 '2명 이상이 공동하여'란 수인이 동일한 장소에서 동일한 기회에 서로 다른 사람의 범행을 인식하고 이를 이용하는 것을 의미한다.

3) 주관적 구성요건

본죄는 고의범으로서, 행위자는 2명 이상이 공동하여 직무수행 중인 군인 등의 신체를 상해한다는 사실을 인식하고 이를 의욕하거나 용인하는 의사가 있어야 한다.

3. 법정형

직무수행군인등상해죄에서 정한 형의 2분의 1까지 가중

4. 미수범

군형법 제63조에 따라 본죄의 미수범은 처벌한다.

[8] 직무수행군인등중상해죄 [제60조의4]

I. 의의

직무수행군인등중상해죄는 직무수행군인등폭행치상죄 · 직무수행군인등상해죄 · 직무수행군인등공동상해죄를 범하여 직무수행 중인 군인 등의 생명에 위험을 발생하게 하거나 불구 또는 불치나 난치의 질병에 이르게 함으로써 성립하는 범죄이다. 본죄는 상해의 결과가 중한 경우를 가중처벌하는 규정이다.

II. 구성요건

1. 주체

본죄의 주체는 군인 · 준군인뿐만 아니라 내 · 외국 민간인도 될 수 있다.

2. 행위

본죄의 실행행위는 '직무수행군인등폭행치상죄 · 직무수행군인등상해죄 · 직무수행군인등공동상해죄를 범하여 직무수행 중인 군인 등의 생명에 위험을 발생하게 하거나 불구 또는 불치나 난치의 질병에 이르게 하는 것'이다. 여기서 '생명에 위험을 발생하게 한다'는 것은 상해로 인하여 사망의 결과가 발생할 위험이 있는 상태를 초래하는 것을 말하고, '불구'란 신체의 일부가 결손되거나 그 기능이 영구적으로 상실된 상태를 말하며, '불치나 난치의 질병'이란 완치가 불가능하거나 완치가 매우 어려운 질병을 말한다.

3. 주관적 구성요건

본죄는 상해의 고의와 함께, 중상해의 결과에 대한 과실이 있어야 한다.

III. 법정형

- 적전인 경우: 무기 또는 5년 이상의 징역
- 그 밖의 경우: 2년 이상의 유기징역

[9] 직무수행군인등상해치사죄 (제60조의5)

제60조의5(직무수행 중인 군인 등에 대한 상해치사) 제60조의2부터 제60조의4까지의 죄를 범하여 상관 또는 초병 외의 직무수행 중인 군인 등을 사망에 이르게 한 사람은 다음 각 호의 구분에 따라 처벌한다.
1. 적전인 경우: 사형, 무기 또는 5년 이상의 징역
2. 전시, 사변 시 또는 계엄지역인 경우: 제60조의2의 죄를 범한 사람은 사형, 무기 또는 3년 이상의 징역, 제60조의3 또는 제60조의4의 죄를 범한 사람은 사형, 무기 또는 5년 이상의 징역
3. 그 밖의 경우: 제60조의2의 죄를 범한 사람은 무기 또는 3년 이상의 징역, 제60조의3 또는 제60조의4의 죄를 범한 사람은 무기 또는 5년 이상의 징역

I. 의의

직무수행군인등상해치사죄는 직무수행군인등상해죄 · 직무수행군인등집단상해죄 · 직무수행군인등중상해죄를 범하여 직무수행 중인 군인 등을 사망에 이르게 함으로써 성립하는 범죄이다. 본죄는 상해의 결과 사망에 이른 경우를 가중처벌하는 규정이다.

II. 구성요건

1. 주체

본죄의 주체는 군인 · 준군인뿐만 아니라 내 · 외국 민간인도 될 수 있다.

2. 행위

본죄의 실행행위는 '직무수행군인등상해죄 · 직무수행군인등집단상해죄 · 직무수행군인등중상해죄를 범하여 직무수행 중인 군인 등을 사망에 이르게 하는 것'이다. 본죄는 상해와 사망의 결과 사이에 인과관계가 있는 이외에 사망의 결과에 대한 예견가능성, 즉 과실이 있어야 한다.

3. 주관적 구성요건

본죄는 상해의 고의와 함께, 사망의 결과에 대한 과실이 있어야 한다.

III. 법정형

- 적전인 경우: 사형, 무기 또는 5년 이상의 징역
- 전시, 사변 시 또는 계엄지역인 경우
    - 제60조의2의 죄를 범한 사람은 사형, 무기 또는 3년 이상의 징역
    - 제60조의3 또는 제60조의4의 죄를 범한 사람은 사형, 무기 또는 5년 이상의 징역
- 그 밖의 경우
    - 제60조의2의 죄를 범한 사람은 무기 또는 3년 이상의 징역
    - 제60조의3 또는 제60조의4의 죄를 범한 사람은 무기 또는 5년 이상의 징역

제5절 군인 등에 대한 폭행죄, 협박죄의 특례 (제60조의6)

제60조의6(군인 등에 대한 폭행죄, 협박죄의 특례) 군인 등이 다음 각 호의 어느 하나에 해당하는 장소에서 군인 등을 폭행 또는 협박한 경우에는 「형법」 제260조 제3항 및 제283조 제3항을 적용하지 아니한다.
  1. 「군사기지 및 군사시설 보호법」 제2조 제1호의 군사기지
  2. 「군사기지 및 군사시설 보호법」 제2조 제2호의 군사시설
  3. 「군사기지 및 군사시설 보호법」 제2조 제5호의 군용항공기
  4. 군용에 공하는 함선
〈형법〉
제260조(폭행) ① 사람의 신체에 대하여 폭행을 가한 자는 2년 이하의 징역, 500만 원 이하의 벌금, 구류 또는 과료에 처한다.
 ③ 제1항의 죄는 피해자의 명시한 의사에 반하여 공소를 제기할 수 없다.
제283조(협박) ① 사람을 협박한 자는 3년 이하의 징역, 500만 원 이하의 벌금, 구류 또는 과료에 처한다.
 ③ 제1항의 죄는 피해자의 명시한 의사에 반하여 공소를 제기할 수 없다.

Ⅰ. 총설

1. 의의

군형법 제60조의6은 군인 등이 특정 군사 관련 장소에서 다른 군인 등을 폭행 또는 협박한 경우에는 형법 제260조 제3항 및 제283조 제3항의 반의사불벌죄 규정을 배제함으로써 군 조직의 기강과 전투력 유지라는 군사적 법익을 보호하기 위한 특례 조항이다.

헌법재판소는 이 조항이 헌법에 위반되지 않는다고 판단하였으며, 법원은 이 조항을 적용하여 군사기지 및 군사시설에서 발생한 군인 간 폭행·협박 사건에서 피해자의 처벌불원 의사가 있더라도 공소기각 판결을 선고하지 않고 실체 판단을 하고 있다.

2. 입법취지

이 조항은 군 조직의 기강과 전투력 유지라는 군사적 법익을 보호하기 위한 것이다. 일반 폭행죄와 군사기지·군사시설에서 군인 상호간의 폭행죄는 타인의 신체에 대한 유형력 행사로 성립되는 죄라는 공통점이 있다. 그러나 전자는 '신체의 안전'을 주된 보호법익으로 함에 반하여, 후자는 '군 조직의 기강과 전투력 유지'를 주된 보호법익으로 한다는 점에서 차이가 있다(헌법재판소 2022. 3. 31. 선고 2021헌바62,194(병합) 결정).

Ⅱ. 적용 대상 및 범위

1. 적용 대상자

본죄의 주체와 객체는 군인 및 준군인이다.

2. 적용 장소

다음 각 호의 어느 하나에 해당하는 장소에서 발생한 폭행 또는 협박에 적용된다.

1) 군사기지

「군사기지 및 군사시설 보호법」 제2조 제1호의 군사기지로, 군사시설이 위치한 군부대의 주둔지·해군기지·항공작전기지·방공기지·군용전기통신기지, 그 밖에 군사작전을 수행하기 위한 근거지를 말한다.

대한민국의 국군이 군사작전을 수행하기 위한 근거지는 그곳이 대한민국 영토 밖이든 외국군의 군사기지이든 엄격한 상명하복의 위계질서와 장기간의 병영생활이 요구되는 병역의무의 이행장소라는 점에서 다른 대한민국의 국군 군사기지와 동일하므로, 그곳에서 일어난 폭행에 대해서는 군형법 제60조의6 제1호에 따라 형법 제260조 제3항이 적용되지 않는다(대법원 2023. 6. 15. 선고 2020도927 판결).

2) 군사시설

「군사기지 및 군사시설 보호법」 제2조 제2호의 군사시설로, 전투진지, 군사목적을 위한 장애물, 폭발물 관련 시설, 사격장, 훈련장, 군용전기통신설비, 군사목적을 위한 연구시설 및 시험시설·시험장, 그 밖에 군사목적에 직접 공용되는 시설로서 대통령령으로 정하는 것을 말한다.

3) 군용항공기

「군사기지 및 군사시설 보호법」 제2조 제5호의 군용항공기로, 군이 사용하는 비행기·회전익항공기·비행선·활공기, 그 밖의 항공기기를 말한다.

4) 군용에 공하는 함선

군용에 공하는 함선이란 사실상 군용에 사용되는 것으로 제공된 함선을 말하며, 군의 소유 여부는 불문한다.

III. 판례

1. 군사기지 및 군사시설의 범위 판단

- 군부대 내 이발실, 간부식당 조리실, 병영식당 뒤편 등은 모두 군사기지 및 군사시설에 해당 (춘천지방법원 2018노520 판결)
- 소속 부대 생활관 앞은 군사기지 내지 군사시설에 해당 (서울고등법원 2023노241 판결)
- 국군수송사령부 항만운영단 중대 식당은 군사기지에 해당 (인천지방법원 2020고합

372 판결)

- 외국군이 주둔하고 있는 군사기지는 군형법 제60조의6이 적용되는 군사기지에 해당 (대법원 2023. 6. 15. 선고 2020도927 판결)

2. 군용버스 등의 판단

훈련을 마치고 복귀 중인 군용버스는 군사작전을 수행하기 위한 근거지가 아니고, 군사목적에 직접 공용되는 시설로 보기 어려워 군형법 제60조의6이 적용되지 않는다(청주지방법원 2022노823 판결).

3. 전역 후의 적용 여부

군형법 제1조 제5항에 따라 군인 등이 군복무 중 군형법에서 정한 죄를 범한 경우에는 전역 후에도 군형법이 적용되므로, 군형법 제60조의6도 전역 후에도 적용될 수 있다(서울남부지방법원 2021노1884 판결).

제6절 특수소요죄 (제61조)

제61조(특수소요) 집단을 이루어 흉기나 그 밖의 위험한 물건을 휴대하고 폭행, 협박 또는 손괴의 행위를 한 사람은 다음 각 호의 구분에 따라 처벌한다.
 1. 수괴: 3년 이상의 유기징역
 2. 다른 사람을 지휘하거나, 세력을 확장 또는 유지하는 데 솔선한 사람: 1년 이상 10년 이하의 징역
 3. 부화뇌동한 사람: 2년 이하의 징역

I . 의의

특수소요죄는 집단을 이루어 흉기나 그 밖의 위험한 물건을 휴대하고 폭행, 협박 또는 손괴의 행위를 함으로써 성립하는 범죄이다. 본죄는 군대라는 특수한 조직의 질서를 파괴하는 집단적 폭력 행위를 강력하게 처벌하여 군 내부의 질서와 규율을 유지하고, 군사적 기능의

원활한 수행을 보장하기 위한 규정이다.

II. 구성요건

1. 주체

본죄의 주체는 군인 또는 준군인이다.

2. 행위

본죄의 실행행위는 '집단을 이루어 흉기, 기타 위험한 물건을 휴대하고 폭행, 협박 또는 손괴행위를 하는 것'이다.

1) 집단을 이루어

한 지방의 공공의 평온을 해할 수 있을 정도의 다수인이 같은 장소에 모여 집단을 이루는 것을 말한다. 그러나 다수인 간에 공동의 목적이 존재하여야 하는 것은 아니고, 각자가 소요행위에 참여한다는 인식만 있으면 된다. 처음부터 폭행, 협박 또는 손괴의 목적을 갖고 집단을 이룰 필요도 없다.

2) 흉기나 그 밖의 위험한 물건을 휴대하고

여기서 '흉기'란 사람의 생명 또는 신체에 해를 가할 목적으로 제작된 물건을 말하고, '그 밖의 위험한 물건'이란 그 물건의 용법에 따라 사용하는 경우 사람의 생명 또는 신체에 해를 가하는 결과를 발생시킬 위험성이 있는 물건을 말한다. 형법상 소요죄와 달리, 본죄는 흉기나 그 밖의 위험한 물건을 소지해야만 성립하므로 이러한 요건이 충족되지 않으면 본죄가 아닌 소요죄로 의율된다.

3) 폭행 · 협박 또는 손괴의 행위

폭행 · 협박 · 손괴의 행위는 한 지방의 평온을 해할 정도의 것임이 요구된다. 다중의 일부 또는 대부분이 폭행 · 협박 · 손괴 행위를 함으로써 충분하며, 반드시 다중의 개개인 모두가 폭행 · 협박 · 손괴행위에 나아갈 것을 요하는 것은 아니다. 본죄의 폭행은 최광의의 폭행으로 사람 또는 물건에 대한 일체의 유형력을 말하며, 협박은 광의의 협박으로 상대방에게 공포심을 일으키기 위하여 해악을 고지하는 것이다. 손괴는 재물에 대한 유형력의 작용으로 그 효용을 해하는 것이다. 본죄는 위험범이므로 현실적으로 이와 같은 결과가 반드시 발생할 것을 요하지는 않는다.

3. 주관적 구성요건

본죄는 고의범으로서, 다중이 집합하여 폭행·협박·손괴행위를 행한다는 인식과 의사가 있어야 한다. 따라서 본죄에서 고의의 핵심은 다중의 집합력에 가담한다는 공동의사에 있으며, 개별적인 폭행·협박·손괴의 고의는 각각 폭행죄·협박죄·손괴죄가 성립하게 된다.

Ⅲ. 법정형

- 수괴 : 3년 이상의 유기징역
- 다른 사람을 지휘하거나, 세력을 확장 또는 유지하는 데 솔선한 사람 : 1년 이상 10년 이하의 징역
- 부화뇌동한 사람 : 2년 이하의 징역

제7절 가혹행위죄 (제62조)

제62조(가혹행위) ① 직권을 남용하여 학대 또는 가혹한 행위를 한 사람은 5년 이하의 징역에 처한다.
② 위력을 행사하여 학대 또는 가혹한 행위를 한 사람은 3년 이하의 징역 또는 700만 원 이하의 벌금에 처한다.

Ⅰ. 의의

가혹행위죄는 직권을 남용하여 학대 또는 가혹한 행위를 하거나 위력을 행사하여 학대 또는 가혹한 행위를 함으로써 성립하는 범죄이다.

본죄는 군이라는 특수한 조직 내에서 발생할 수 있는 권한 남용과 부당한 행위를 방지하기 위하여 마련된 규정이다. 군은 상명하복의 엄격한 계급질서를 기초로 운영되는 집단으로서, 상급자나 선임자가 그 지위를 이용하여 하급자나 후임자에게 가혹한 행위를 가할 가능성이 구조적으로 내재되어 있다. 이러한 가혹행위는 피해자 개인의 인격권을 침해하는 데 그치지 않고, 군 내부의 신뢰와 사기를 저하시키며, 나아가 군 기강을 문란하게 함으로써 전투력 유지에 심각한 지장을 초래한다.

따라서 형법상 폭행·상해·협박 등의 규정만으로는 군 내부에서 발생하는 특수한 형태의 가혹행위를 충분히 규율하기 어렵기 때문에 군형법상 별도의 범죄유형으로 가혹행위죄가 규정된 것이다. 이는 군대라는 조직의 특성과 임무 수행의 중요성을 반영한 입법적 조치라고 평가할 수 있다.

가혹행위죄는 개별 군인의 신체적·정신적 안전과 인격권을 직접적인 보호법익으로 삼으며, 더 나아가 가혹행위의 금지를 통해 군 내부의 건전한 상하관계와 군 기강 유지, 전투력 보전이라는 법익을 보호하고 있다. 즉, 가혹행위죄는 군인의 기본권 보장과 군 조직의 기능적 안정성을 동시에 확보하려는 목적을 지닌 규정이다.

II. 구성요건

1. 주체

제1항의 주체는 직권을 가진 자로서 상관이나 지휘관 등이다. 여기서 '직권'이란 일반적 직무권한에 속하는 사항을 말하는 것이므로, 아무런 직권을 가지지 않는 자의 행위 또는 자기의 직권과는 전혀 관계없는 행위는 이에 해당하지 않는다.

제2항의 주체는 위력을 행사할 수 있는 자로서 제한이 없다. 따라서 병 상호간에도 위력을 행사하여 학대 또는 가혹한 행위를 한 경우에는 본죄가 성립할 수 있다.

2. 객체

제1항의 객체는 일정한 권한 아래 속해 있는 사람으로 한정되나, 제2항의 경우에는 특별한 제한이 없다. 행위주체의 지휘계통상에 있는 자에 국한되지 않으며, 군인·준군인뿐만

아니라 내·외국 민간인도 포함된다.

3. 행위

본죄의 실행행위는 '직권을 남용하여 학대 또는 가혹한 행위를 하는 것'(제1항) 또는 '위력을 행사하여 학대 또는 가혹한 행위를 하는 것'(제2항)이다.

1) 직권을 남용하여

'직권의 남용'이란 일반적 직무권한에 속하는 사항에 관하여 그 정당한 한도를 넘어 그 권한을 위법하게 행사하는 것을 말한다(대법원 1985. 5. 14. 선고 84도1045 판결).

'직권을 남용하여'란 군인의 일반적 직무권한에 속하는 사항을 부당하게 행사하는 것, 즉 형식적·외형적으로는 직무집행으로 보이지만 실질적으로는 정당한 권한 이외의 행위를 하는 경우를 의미한다. 따라서 아무런 직권을 가지지 않은 자의 행위 또는 자신의 직권과 관계없는 행위는 직권남용에 해당하지 않는다.

2) 위력을 행사하여

'위력'이란 사람의 의사를 제압하기에 충분한 유형·무형의 힘을 말한다. 여기서 위력은 피해자의 의사를 제압하기에 충분한 세력을 의미하는 것으로서 폭행·협박은 물론 사회적·경제적·정치적 지위와 권세에 의한 압력 등도 이에 포함된다. 현실적으로 피해자의 자유의사가 제압될 것을 요하지는 않는다.

3) 학대 또는 가혹한 행위

'학대'란 육체적으로나 정신적으로 고통을 주는 일체의 행위를 말하고, '가혹한 행위'란 사람으로서는 견디기 어려운 정신적·육체적 고통을 가하는 행위를 말한다.

대법원은 "군형법 제62조 제1항에서 정한 '학대 또는 가혹한 행위'에 해당하는지 여부는 행위자 및 그 피해자의 지위, 행위 당시의 군대 내의 제반 사정, 행위의 동기, 목적, 수단, 방법,

행위의 내용, 행위 당시의 피해자의 심리상태, 행위로 인한 결과 등 여러 사정을 종합적으로 고려하여 구체적·개별적으로 판단하여야 한다."고 판시하고 있다(대법원 2008. 5. 29. 선고 2008도2222 판결, 대법원 2018. 6. 28. 선고 2015도2390 판결).

4. 주관적 구성요건

본죄는 고의범으로서, 행위자는 직권을 남용하거나 위력을 행사하여 학대 또는 가혹한 행위를 한다는 사실을 인식하고 이를 의욕하거나 용인하는 의사가 있어야 한다.

III. 법정형

- 직권을 남용하여 학대 또는 가혹한 행위를 한 경우: 5년 이하의 징역
- 위력을 행사하여 학대 또는 가혹한 행위를 한 경우: 3년 이하의 징역 또는 700만 원 이하의 벌금

VI. 판례

1. 가혹행위를 인정한 판례

① 중대장이 자기의 범행에 협조하지 아니한다는 이유로 선임하사관을 완전군장 차림으로 2시간 이상을 연병장에서 구보를 하게 하여 도중에 졸도까지 하게 한 행위(대법원 1980. 1. 15. 선고 79도2221 판결)

② 중대장이 취사병에 대하여 주먹을 쥐고 엎드려 뻗쳐를 시켜놓고 약 1미터 높이의 단상 위에서 그의 허리위로 5회 뛰어내림으로서 척추디스크를 일으키게 한 행위(대법원 1980. 1. 15. 선고 79도2221 판결)

③ 교육성적이 불량하다는 이유로 수심이나 피교육생들의 수영가능 여부 등을 확인함이 없이 전투화와 전투복을 착용한 채 제방으로부터 25미터 떨어진 저수지내 수심 2미터가 넘는 수심표시기까지 갔다 오도록 함으로써 피교육생중 2명을 심장마비로 사망케 한 행위(대법원 1985. 4. 9. 선고 85도75 판결)

④ 몇 시간에 걸쳐 전차기동로, 배수로 등을 포복자세로 구르고 기게 한 행위(대법원 1998. 5. 8. 선고 98도482 판결)

⑤ 양손을 뒷짐 지게 하고 앞머리를 전방 땅바닥에 대고 엎드린 채 엉덩이를 뒤로 쳐드는 자세를 약 5분간 취하게 한 행위(육군 1982. 4. 13. 선고 82고군형항85 판결)

⑥ 코로 담배를 피우게 하거나 약초를 강제로 먹게 하고, 뜨거운 물이 담긴 컵을 발목에 올려놓거나 두 사람이 이마를 마주대고 서게 한 행위(대법원 2009. 12. 10. 선고 2009도1166판결)

⑦ 일주일에 2~3번 정도, 약 석달 동안 손가락을 이용하여 찌르면서 잠을 못자게 한 행위, TV시청을 못하게 하면서 간부 이름, 전화번호 등 암기사항을 강요한 행위(고등군사법원 2014. 9. 16. 선고 2014노50 판결)

⑧ 전기파리채에 손을 3회 정도 넣게 하고, 1시간 30분 동안 트림 냄새를 맡게 하여 결국 토하게 한 행위(고등군사법원 2018. 4. 17. 선고 2018노29 판결)

2. 가혹행위를 부정한 판례

① 사격통제에 따르지 않는 중대원에게 약 30분간 '엎드려뻗쳐'를 시킨 행위는 육군 얼차려 규정 시행지침에서 이보다 심한 '팔굽혀펴기'를 규정하고 있는 점, 안전사고 예방이 필요한 사격장의 특성 등에 비추어 보아 가혹행위에 해당하지 않는다고 한 사례(대법원 2008. 5. 29. 선고 2008도2222 판결)

② 코를 골면서 잔다는 이유로 자고 있던 피해자의 베개를 빼내거나 베개를 주먹으로 친 행위(고등군사법원 2016. 6. 30. 선고 2015노438 판결)

③ 15분 정도 엎드려뻗쳐를 시킨 행위(고등군사법원 2018. 6. 15. 선고 2018노3 판결)

제10장

모욕의 죄

[1] 총설

군형법 제10장은 '모욕의 죄'라는 제목 하에 상관 모욕 등(제64조)과 초병 모욕(제65조)에 관한 범죄를 규정하고 있다. 이 장에서 규정하는 범죄들은 군대 내 위계질서와 통수체계를 보호하기 위한 것으로, 일반 형법상의 모욕죄나 명예훼손죄보다 가중된 형벌을 규정하고 있다.

군형법상 모욕의 죄는 단순히 개인의 명예감정이나 사회적 평가를 보호하는 것을 넘어 군 조직의 위계질서 및 통수체계 유지라는 국가적 법익도 함께 보호하는 특성을 가진다. 따라서 일반 형법상 모욕죄와는 달리 공연성이 요구되지 않는 경우도 있으며, 형벌도 더 무겁게 규정되어 있다.

[2] 상관모욕죄 (제64조 제1항, 제2항)

Ⅰ. 상관면전모욕죄 (제64조 제1항)

> 제64조(상관 모욕 등) ① 상관을 그 면전에서 모욕한 사람은 2년 이하의 징역이나 금고에 처한다.

1. 의의

상관면전모욕죄는 상관을 그 면전에서 모욕함으로써 성립하는 범죄이다. 이 죄는 상관에 대한 사회적 평가, 즉 외부적 명예 외에 군 조직의 위계질서 및 통수체계 유지도 보호법익으로 한다.

2. 구성요건

1) 주체

본죄의 주체는 군인 또는 준군인이다.

2) 객체

본죄의 객체는 상관이다. 상관은 순정상관 및 준상관 모두 해당하며, 명령복종관계가 없는 경우의 상위 계급자와 상위 서열자도 포함된다. 대통령은 국군통수권자(헌법 제74조 제1항)로서 본죄에서 말하는 상관에 포함된다(대법원 2013. 12. 12. 선고 2013도4555 판결). 또한, 병 상호간에도 부대지휘 및 관리, 병영생활에 있어 분대장과 분대원은 명령복종 관계로서 분대장은 분대원에 대해 명령권을 가진 사람 즉 상관에 해당한다(대법원 2021. 3. 11. 선고 2018도12270 판결).

3) 행위

본죄의 실행행위는 '상관을 그 면전에서 모욕하는 것'이다. '면전에서'는 얼굴을 마주 대한 상태를 의미하며, 전화를 통하여 통화하는 것은 면전이라고 할 수 없다(대법원 2002. 12. 27. 선고 2002도2539 판결). 여기서 '모욕'이란 사실을 적시하지 아니하고 상관의 사회적 평가를 저하시킬 만한 추상적 판단이나 경멸적 감정을 표현하는 것을 의미한다. 따라서 어떠한 표현이 상대방의 인격적 가치에 대한 사회적 평가를 저하시킬 만한 것이 아니라면 설령 그 표현이 다소 무례한 방법으로 표시되었다 하더라도 이를 두고 상관모욕죄의 구성요건에 해당한다고 볼 수 없다(대법원 2021. 04. 29 선고 2018도4449 판결).

공연한 방법으로 모욕할 것을 요구하지 않으므로, 상관을 면전에서 모욕한 경우에는 공연성을 갖추지 않더라도 상관모욕죄가 성립한다(대법원 2015. 9. 24. 선고 2015도11286 판결). 또한 공석상에서의 직무상 발언에 의한 모욕뿐 아니라 사석에서의 발언일지라도 그 상관의 면전에서 한 경우에도 상관모욕죄가 성립한다(대법원 1967. 9. 26. 선고 67도1019 판결).

3. 법정형

2년 이하의 징역이나 금고

Ⅱ. 상관공연모욕죄 (제64조 제2항)

1. 의의

상관공연모욕죄는 문서, 도화 또는 우상을 공시하거나 연설 또는 그 밖의 공연한 방법으로 상관을 모욕함으로써 성립하는 범죄이다.

2. 구성요건

1) 주체

본죄의 주체는 군인 또는 군인에 준하는 자이다.

2) 객체

본죄의 객체는 상관이다.

3) 행위

본죄의 실행행위는 '문서, 도화 또는 우상을 공시하거나 연설 또는 그 밖의 공연한 방법으로 상관을 모욕하는 것'이다.

여기서 '문서'란 문자 또는 이에 대신할 수 있는 가독적 부호로 계속적으로 물체상에 기재된 의사 또는 관념의 표시인 원본 또는 이와 사회적 기능, 신용성 등을 동시할 수 있는 기계적 방법에 의한 복사본으로서 그 내용이 법률상, 사회생활상 주요 사항에 관한 증거로 될 수 있는 것을 말한다(대법원 2006. 1. 26 선고 2004도788 판결). '도화'란 도면 또는 그림에 의하여 사람의 의사가 표시된 것을 말하며, '우상'이란 특정한 신불(神佛)이나 인물을 상징적으로 표현하는 형상을 말한다. '공시'는 불특정 또는 다수인이 볼 수 있는 상태에 두는 것을 말하며, '연설'은 언어에 의하여 불특정인 또는 다수인에게 일정한 의식 내용을 전달하는 것을 말한다. '그 밖의 공연한 방법'이란 그 이외의 일체의 언동으로서 불특정 또는 다수인이 인지할 수 있는 상태를 이용하여 모욕하는 것을 말한다. 현실적으로 불특정 또는 다수인이 이를 인지하였을 필요는 없고 인지할 수 있는 상태에 도달한 것으로 족하다.

군형법상의 상관공연모욕죄는 불특정 또는 다수인이 인식할 수 있는 상태에서 상관을 모욕함으로써 성립하고, 그 공연성의 정도가 반드시 문서, 도화 또는 우상을 공시하거나 연설을 하는 방법에 상응하는 정도의 것이어야 하는 것은 아니다(대법원 1999. 11. 12. 선고 99도3801 판결).

3. 법정형

3년 이하의 징역이나 금고

4. 다른 범죄와의 관계

상관의 면전에서 문서·도화 또는 연설 등의 공연한 방법으로 상관을 모욕하는 경우 상관공연모욕죄가 성립한다. 또한, 1개의 공고문에 모욕적 언사를 섞어서 사실을 적시하여 사람의 명예를 훼손한 경우 모욕죄는 명예훼손죄에 흡수되어 명예훼손죄만 성립한다(대전지방법원 논산지원 2003. 1. 30. 선고 2002고단89 판결). 폭행을 하는 과정에서 폭언을 한 것도 폭행의 일부로 파악하여 모욕이 폭행에 흡수된다(육군 1984. 2. 16. 선고 2000노95 판결).

5. 판례

- 군형법 제64조 제2항의 상관모욕죄는 상관에 대한 사회적 평가, 즉 외부적 명예 외에 군 조직의 위계질서 및 통수체계 유지도 그 보호법익으로 하는 범죄로서, 위 상관모욕죄에서 말하는 모욕이란 사실을 적시하지 아니하고 상관의 사회적 평가를 저하시킬 만한 추상적 판단이나 경멸적 감정을 표현하는 것을 의미한다. 따라서 어떠한 표현이 상대방의 인격적 가치에 대한 사회적 평가를 저하시킬 만한 것이 아니라면 설령 그 표현이 다소 무례한 방법으로 표시되었다 하더라도 이를 두고 상관모욕죄의 구성요건에 해

당한다고 볼 수 없다(대법원 2021. 4. 29. 선고 2018도4449 판결).

[3] 상관명예훼손죄 [제64조 제3항, 제4항]

③ 공연히 사실을 적시하여 상관의 명예를 훼손한 사람은 3년 이하의 징역이나 금고에 처한다.
④ 공연히 거짓 사실을 적시하여 상관의 명예를 훼손한 사람은 5년 이하의 징역이나 금고에 처한다.

Ⅰ. 의의

상관명예훼손죄는 공연히 사실 또는 거짓 사실을 적시하여 상관의 명예를 훼손함으로써 성립하는 범죄이다. 본죄의 보호법익은 '상관의 외부적 명예'와 '군조직의 질서 및 통수체계 유지'이다.

Ⅱ. 구성요건

1. 주체

본죄의 주체는 군인 또는 준군인이다.

2. 객체

본죄의 객체는 상관이다. 피해자인 상관은 누구인지 명확히 특정되어야 하며, 막연히 '장교 집단 전체'와 같이 집합체의 경우에는 집단구성원에 대한 명예훼손죄가 성립되지 않는다. 다만, 집합 범위가 좁아 그 안에 속한 특정인을 쉽게 인식할 수 있다면 예외적으로 개개인에 대한 명예훼손죄가 성립될 수 있다. 상관의 특정을 위하여 반드시 상관의 성명을 명시해야 하는 것은 아니고, 표현의 내용을 주위사정과 종합 판단하여 그것이 어느 상관을 지목하는 것인가를 알 수 있는 경우에는 본죄가 성립한다.

3. 행위

본죄의 실행행위는 '공연히 사실 또는 거짓 사실을 적시하여 상관의 명예를 훼손하는 것'이다. 여기서 '공연히'란 불특정 또는 다수인이 인식할 수 있는 상태를 의미한다. 그러므로 개별적으로 소수의 사람에게 사실을 적시했더라도 그 상대방이 불특정 또는 다수인에게 이를 전파할 가능성이 있다면 공연성이 충족된다(대법원 2020. 11. 19. 선고 2020도5813 전원합의체 판결).

전파가능성 법리를 적용해 공연성을 인정하기 위해서는 행위자가 전파될 가능성을 인식했고 그러한 위험을 용인하는 내심의 의사(미필적 고의)가 있었음을 요한다.

'사실'이란 명예, 즉 사람에 대한 사회적 평가를 저하시킬 염려가 있는 것으로 사람의 사회생활상 지위 또는 가치를 침해하는 일체의 사실을 포함한다. 적시된 사실은 특정인의 사회적 가치나 평가가 침해될 가능성이 있을 정도로 구체성을 띠어야 한다. 적시된 사실이 진실일 경우에는 제3항이, 허위일 경우에는 제4항이 각각 적용된다. '사실의 적시'란 가치판단이나 평가를 내용으로 하는 의견표현에 대치되는 개념으로서 시간과 공간적으로 구체적인 과거 또는 현재의 사실관계에 관한 보고 내지 진술을 의미하는 것이며, 그 표현내용이 증거에 의한 입증이 가능한 것을 말한다(대법원 2008. 10. 9. 선고 2007도1220 판결).

'적시'란 사실을 외부세계에 표시하는 일체의 행위이며, 타인이 인식할 수 있는 방식으로 사실을 드러내는 모든 행위를 의미한다.

4. 주관적 구성요건

본죄는 고의범으로 상관임을 인식하고 공연히 사실 또는 거짓 사실을 적시함으로써 명예를 훼손한다는 인식과 의사가 요구된다. 목적범이 아니므로 상관에 대한 비방이나 군기를 문란케 하려는 목적은 필요하지 않으며, 단순히 명예를 훼손한다는 인식과 의사만으로 족하다. 고의는 확정적 고의뿐만 아니라 결과발생에 대한 인식과 그를 용인하는 의사인 미필적 고의도 포함한다. 허위사실을 진실한 것으로 믿고 이를 적시한 경우에는 제3항의 상관명예훼손죄가 성립하고, 진실한 사실을 허위의 사실로 알고 적시한 경우에도 제3항의 상관명예훼손죄가 성립한다.

III. 위법성 조각사유 적용여부

일반 명예훼손죄는 형법 제310조에 의해 오로지 공공의 이익에 관한 때에는 위법성이 조각된다. 상관에 대한 명예훼손 행위가 공익적 성격을 가진 경우에는 형법 제310조를 유추적용할 수 없다고 보는 것이 통설이다. 다만, 그 행위가 법령 또는 업무로 인한 행위나 기타 사회상규에 반하지 않는 행위로 인정되는 경우라면 제20조의 정당행위로서 위법성이 조각될 수 있다.

IV. 법정형

- 사실 적시 명예훼손 : 3년 이하의 징역이나 금고
- 허위사실 적시 명예훼손 : 5년 이하의 징역이나 금고

[4] 초병 모욕죄 (제65조)

I. 의의

초병모욕죄는 초병을 그 면전에서 모욕함으로써 성립하는 범죄이다. 본죄의 보호법익은 초병 개인의 명예감정뿐만 아니라 초병의 직무 수행에 대한 공공의 신뢰와 군 조직의 질서 및 기강이라는 국가적 법익을 동시에 보호하는 데 있다.

II. 구성요건

1. 주체

본죄의 주체는 군인 및 준군인이다.

2. 행위

본죄의 실행행위는 초병을 그 면전에서 모욕하는 것이다. 초병은 직무수행 중일 것을 전제로 하며, 모욕의 방법은 면전에서 이루어진 것으로 제한된다. 본죄가 성립하기 위해서는 공연성이 요구되지 않는다.

III. 법정형

1년 이하의 징역이나 금고

제11장

군용물에 관한 죄

[1] 총설

군용물에 관한 죄는 군사력의 물적 기반이 되는 군용시설과 군용물을 보호하기 위한 규정들로, 군 전투력 유지와 국가안보를 위해 일반 형법상 재산범죄보다 가중처벌하는 특성을 가진다. 군형법 제11장은 군용시설 등에 대한 방화, 노적 군용물에 대한 방화, 폭발물 파열, 군용시설 등 손괴, 노획물 훼손, 함선·항공기의 복몰 또는 손괴, 군용물 분실 등의 범죄를 규정하고 있으며, 군용물 관련 범죄에 대한 형의 가중과 미수범, 과실범은 물론 예비·음모 단계까지 처벌하여, 군용물 보호를 한층 강화하고 있다. 본장의 죄는 군용물에 대한 특별한 보호에 그 목적이 있으므로 국내·외 민간인의 행위의 경우에도 범죄의 성립을 인정하고 있다.

[2] 군용시설 등에 대한 방화죄 (제66조)

Ⅰ. 군용시설등방화죄 (제66조 제1항)

> 제66조(군용시설 등에 대한 방화) ① 불을 놓아 군의 공장, 함선, 항공기 또는 전투용으로 공하는 시설, 기차, 전차, 자동차, 교량을 소훼(燒燬)한 사람은 사형, 무기 또는 10년 이상의 징역에 처한다.

1. 의의

군용시설등방화죄는 불을 놓아 군의 공장, 함선, 항공기 또는 전투용으로 공하는 시설, 기차, 전차, 자동차, 교량을 소훼함으로써 성립하는 범죄이다. 본죄는 공공의 안전보다는 군 전투력에의 핵심요소인 군용시설과 장비 등을 화재로부터 보호하기 위한 규정이다.

2. 구성요건

1) 주체

본죄의 주체는 군인·준군인뿐만 아니라 내·외국 민간인도 될 수 있다.

2) 객체

본죄의 객체는 군의 공장, 함선, 항공기 또는 전투용으로 공하는 시설, 기차, 전차, 자동차, 교량 등이다. 군의 공장, 함선, 항공기는 군의 소유에 속하는 것으로 군용 또는 전투용에 공하는지 여부를 불문한다. 민간인에게 임대해 준 것도 군의 소유에 속하는 이상 본죄의 객체가 된다.

전투용으로 공하는 시설, 기차, 전차, 자동차, 교량이란 현실적으로 전투에 쓰이고 있는 시설을 말하며, 전투행위에 직접적으로 사용되는 것에 국한되지 않고 그와 관련있는 용도에 사용되거나 전투준비에 사용되는 물건도 포함된다. 전투용에 공하는 이상 군의 소유에 속하지 않아도 본죄의 객체가 된다.

3) 행위

본죄의 실행행위는 '불을 놓아 소훼하는 것'이다. '불을 놓아'라 함은 목적물에 대하여 화재를 발생하게 하는 것을 말하며, 그 수단과 방법은 제한이 없다. 반드시 적극적으로 불을 붙이거나 이미 발생한 불이 더 잘 일어나도록 하는 것일 필요는 없고, 소화할 의무를 가진 자가 이를 방임하거나 소화에 필요한 작위를 하지 않는 것도 방화행위로 인정된다.

'소훼'란 화력에 의하여 물건에 훼손되는 것을 말한다. 본죄는 소훼의 결과를 발생시킴으로써 기수가 된다. 그 기수시기에 대하여 대법원은 방화죄는 화력이 매개물을 떠나 스스로 연소할 수 있는 상태에 이르렀을 때에 기수가 되고, 반드시 목적물의 중요부분이 소실하여 그 본래의 효용을 상실한 때라야만 기수가 되는 것이 아니라고 하여 독립연소설의 입장을 취하고 있다(대법원 2007. 3. 16. 선고 2006도9164 판결).

3. 주관적 구성요건

본죄의 고의는 불을 놓아 군용시설 등을 소훼한다는 인식과 의사를 말한다.

4. 법정형

사형, 무기 또는 10년 이상의 징역

II. 군용물창고방화죄(제66조 제2항)

1. 의의

군용물창고방화죄는 불을 놓아 군용에 공하는 물건을 저장하는 창고를 소훼함으로써 성립하는 범죄이다.

2. 구성요건

1) 객체

본죄의 객체는 군용에 공하는 물건을 저장하는 창고이다. 저장된 물건이 군용에 공하는 이상 군의 소유여부를 불문한다. '군용에 공하는 물건'이란 탄약, 병기, 기타 군용에 공하는 차량·피복·금전 등을 의미한다. '창고'란 창고의 본래적 기능에 주목하여 물건이나 자재의 저장·보관을 주된 목적으로 하는 건물로 제한하여 해석한다(고등군사법원 2013.10.18. 선고 2013노129 판결).

2) 행위

본죄의 실행행위는 '불을 놓아 소훼하는 것'으로 군용시설등방화죄의 행위와 동일하다.

3. 법정형

* 군용에 공하는 물건이 현존하는 경우: 사형, 무기 또는 7년 이상의 징역
* 군용에 공하는 물건이 현존하지 아니하는 경우: 무기 또는 5년 이상의 징역

[3] 노적군용물방화죄 (제67조)

Ⅰ. 의의

노적군용물방화죄는 불을 놓아 노적한 병기, 탄약, 차량, 장구, 기재, 식량, 피복 또는 그 밖에 군용에 공하는 물건을 소훼함으로써 성립하는 범죄이다.

Ⅱ. 구성요건

1. 주체

본죄의 주체는 군인·준군인뿐만 아니라 내·외국 민간인도 될 수 있다.

2. 객체

본죄의 객체는 노적한 병기, 탄약, 차량, 장구, 기재, 식량, 피복 또는 그 밖에 군용에 공하는 물건 등이다.

3. 행위

본죄의 실행행위는 '불을 놓아 노적한 병기, 탄약, 차량, 장구, 기재, 식량, 피복 또는 그 밖에 군용에 공하는 물건을 소훼하는 것'이다. '노적'이란 창고 등의 시설물 이외의 장소에 집적하는 것을 말하며, 천막 등 임시적으로 설치된 시설도 포함된다.

Ⅲ. 법정형

- 전시, 사변 시 또는 계엄지역인 경우: 사형, 무기 또는 7년 이상의 징역
- 그 밖의 경우: 무기 또는 3년 이상의 징역

[4] 폭발물파열죄 (제68조)

> 제68조(폭발물 파열) 화약, 기관(汽罐) 또는 그 밖의 폭발성 있는 물건을 파열하게 하여 제66조
> 와 제67조에 규정된 물건을 손괴한 사람도 제66조 및 제67조의 예에 따른다.

Ⅰ. 의의

폭발물 파열죄는 화약, 기관(汽罐) 또는 그 밖의 폭발성 있는 물건을 파열하게 하여 제66
조와 제67조에 규정된 물건을 손괴함으로써 성립하는 범죄이다. 본죄는 방화 외에 폭발에
의한 군용시설이나 군용물의 손괴를 방지하기 위한 규정이다.

Ⅱ. 구성요건

1. 주체

본죄의 주체는 군인·준군인뿐만 아니라 내·외국 민간인도 될 수 있다.

2. 행위

본죄의 실행행위는 '화약, 기관 또는 그 밖의 폭발성 있는 물건을 파열하게 하여 제66조 및
제67조에 규정된 물건을 손괴하는 것'이다. '폭발성 있는 물건'이이란 급격히 파열하여 물건
을 파괴하는 성질을 가지는 물질을 말하며, 석유탱크, 고압가스통, 위험한 가연성 물질이 담
긴 용기 등이 이에 해당한다. '파열'은 폭발적 작용을 일으켜 외부에 위해를 가할 수 있는 상
태를 발생시키는 것을 말한다. 파열행위는 있었지만 손괴가 발생하지 않으면 본죄의 미수가
성립한다.

Ⅲ. 법정형

제66조 및 제67조의 예에 따른다.

[5] 군용시설등손괴죄 (제69조)

제69조(군용시설 등 손괴) 제66조에 규정된 물건 또는 군용에 공하는 철도, 전선 또는 그 밖의 시설이나 물건을 손괴하거나 그 밖의 방법으로 그 효용을 해한 사람은 무기 또는 2년 이상의 징역에 처한다.

Ⅰ. 의의

군용시설등손괴죄는 제66조에 규정된 물건(군의 공장, 함선, 항공기 또는 전투용으로 공하는 시설, 기차, 전차, 자동차, 교량, 군용에 공하는 물건을 저장하는 창고) 또는 군용에 공하는 철도, 전선 또는 그 밖의 시설이나 물건을 손괴하거나 그 밖의 방법으로 그 효용을 해함으로써 성립하는 범죄이다.

본죄는 군용시설등파괴죄(제12조)의 구성요건과 유사하나, 이적의 목적을 요하지 않는다는 점에서 구별된다.

Ⅱ. 구성요건

1. 객체

제66조에 규정된 물건 또는 군용에 공하는 철도, 전선 또는 그 밖의 시설이나 물건

2. 행위

본죄의 실행행위는 '손괴'하거나 '그 밖의 방법으로 그 효용을 해하는 것'이다.

'손괴'란 물건의 물질적 완전성을 해하거나 그 효용을 해하는 일체의 행위를 말한다. '그 밖의 방법으로 그 효용을 해하는 것'은 목적물 자체의 외형은 손상하지 않고 그 효용을 감소 또는 소멸시키는 등 사실상 사용을 불가능하게 하는 것을 말한다.

본죄는 형법 제336조의 재물손괴죄와 달리 '은닉'이라는 행위태양이 포함되어 있지 않지만, 군용물에 대한 법익 보호의 중대성은 일반 형법상의 재물보다 더 크다는 점에서 '은닉'의 행위를 배제할 합리적인 이유가 없다. '은닉'은 재물 등의 소재를 불분명하게 함으로써 발견

을 곤란 또는 불가능하게 하여 효용을 해하는 것을 의미하며, 은닉의 방법으로 군용물을 사용할 수 없는 상태에 둔 것도 '그 밖의 방법으로 효용을 해한 것'에 해당한다(고등군사법원 2001. 11. 13. 선고 2001노350 판결).

3. 주관적 구성요건

본죄는 고의범으로 군용시설 또는 군용물임을 인식하고, 이를 손괴하거나 그 밖의 방법으로 효용을 해한다는 것에 대한 인식과 의사가 있어야 한다. 손괴의 구체적 결과까지 인식할 필요는 없고, 효용을 침해한다는 정도면 충분하다.

Ⅲ. 법정형

무기 또는 2년 이상의 징역

[6] 노획물훼손죄 (제70조)

제70조(노획물 훼손) 적과 싸워서 얻은 물건을 횡령하거나 소훼 또는 손괴한 사람은 1년 이상 10년 이하의 징역에 처한다.

Ⅰ. 의의

노획물 훼손죄는 적과 싸워서 얻은 물건을 횡령하거나 소훼 또는 손괴함으로써 성립하는 범죄이다. 노획물은 개인의 것이 아니라 국가의 소유이며, 전쟁 중 노획물의 무분별한 훼손은 국제적 비난을 받을 수 있다. 즉, 본죄는 군 자산을 보호하고 군의 질서를 유지하기 위한 규정이다.

Ⅱ. 구성요건

1. 주체

본죄의 주체는 군인·준군인뿐만 아니라 내·외국 민간인도 될 수 있다. 과실범의 경우와 예비·음모의 경우는 군인·준군인만 주체가 될 수 있으며, 횡령의 경우에는 노획물을 보관하는 사람만 주체가 된다.

2. 객체

본죄의 객체는 적과 싸워서 얻은 물건이다. 물건의 내용은 제한이 없으며, 적에게 노획당했던 것을 다시 탈환한 것도 노획물에 해당한다.

3. 행위

본죄의 실행행위는 적과 싸워서 얻은 물건을 '횡령하거나 소훼 또는 손괴하는 것'이다.

'횡령'이란 노획물을 보관하는 자가 자신의 소유물인 것처럼 사용·수익·처분하는 행위를 말한다. '소훼'란 화력에 의하여 물건이 훼손되는 것을 말하고, '손괴'란 물건의 효용을 해하는 것으로 폭발물 파열에 의한 손괴까지 포함한다.

노획물은 군용물에 해당되지 않으므로 절도, 강도, 사기공갈 등의 행위는 형법상 재산범죄로 처벌된다.

Ⅲ. 법정형

1년 이상 10년 이하의 징역

[7] 함선·항공기의 복몰 또는 손괴죄 (제71조)

제71조(함선·항공기의 복몰 또는 손괴) ① 취역(就役) 중에 있는 함선을 충돌 또는 좌초시키거나 위험한 곳을 항행하게 하여 함선을 복몰(覆沒) 또는 손괴한 사람은 사형, 무기 또는 5년 이상의 징역에 처한다.
② 취역 중에 있는 항공기를 추락시키거나 손괴한 사람도 제1항의 형에 처한다.
③ 제1항 또는 제2항의 죄를 범하여 사람을 사망 또는 상해에 이르게 한 사람은 사형, 무기 또는 10년 이상의 징역에 처한다.

Ⅰ. 의의

함선·항공기복몰등죄는 취역 중에 있는 함선을 충돌 또는 좌초시키거나 위험한 곳을 항행하게 하여 함선을 복몰(覆物) 또는 손괴하거나(제1항), 취역 중에 있는 항공기를 추락시키거나 손괴하거나(제2항) 제1항 또는 제2항의 죄를 범하여 사람을 사망 또는 상해에 이르게 함으로써(제3항) 성립하는 범죄이다.

본죄는 함선 및 항공기의 안전을 보호하기 위한 규정으로 함선, 항공기는 육상 교통기관과 비교하여 위험성이 높은 것은 물론, 그 취역의 중요성도 크기 때문에 일반 손괴행위보다 가중하여 처벌하고 있다.

II. 구성요건

1. 주체

본죄의 주체는 군인·준군인뿐만 아니라 내·외국 민간인도 될 수 있다.

2. 객체

본죄의 객체는 '취역 중에 있는 함선 또는 항공기'이다. '취역 중에 있는'이란 함선 또는 항공기가 공식적으로 군의 자산으로서 실제 임무를 수행중인 상태를 의미한다. 취역 중인 이상 반드시 항행 또는 비행 중일 필요는 없으며, 그 임무 내용은 전투수행, 훈련, 수송, 수리 등을 불문한다.

3. 행위

본죄의 실행행위는 취역 중에 있는 함선을 '충돌 또는 좌초시키거나 위험한 곳을 항행하게 하여 복몰 또는 손괴'하거나 취역 중에 있는 항공기를 '추락시키거나 손괴하는 것'이다. '복몰'은 함선이 뒤집히거나 침몰시키는 것을 의미한다. 본죄는 침해범으로 이 행위로 인한 침해의 결과가 발생해야 하며, 군용시설등손괴죄(제69조)와 비교하였을 때 사람의 생명, 신체에 대하여 해악을 미칠 수 있을 정도의 것임을 요한다.

III. 법정형

- 취역 중에 있는 함선을 충돌 또는 좌초시키거나 위험한 곳을 항행하게 하여 함선을 복몰 또는 손괴한 경우: 사형, 무기 또는 5년 이상의 징역
- 취역 중에 있는 항공기를 추락시키거나 손괴한 경우: 사형, 무기 또는 5년 이상의 징역

- 위 행위로 사람을 사망 또는 상해에 이르게 한 경우: 사형, 무기 또는 10년 이상의 징역

[8] 미수범 (제72조)

제66조부터 제70조까지 및 제71조 제1항·제2항의 미수범은 처벌한다. 이는 군용물에 관한 범죄의 위험성을 고려하여 미수범도 처벌하도록 한 것이다.

[9] 과실범 (제73조)

과실범의 주체는 군인 또는 준군인이다.

- 일반 과실 : 5년 이하의 징역 또는 300만 원 이하의 벌금
- 업무상 과실 또는 중과실 : 7년 이하의 징역 또는 500만 원 이하의 벌금

[10] 군용물분실죄 (제74조)

Ⅰ. 의의

군용물분실죄는 총포, 탄약, 폭발물, 차량, 장구, 기재, 식량, 피복 또는 그 밖에 군용에 공하는 물건을 보관할 책임이 있는 사람이 이를 분실함으로써 성립하는 범죄이다.

본죄는 군용물의 보관 책임이 있는 자가 선량한 관리자로서 주의의무를 다하지 않아 과실로 물건을 분실한 경우에 성립하는 과실범이다. 군용물은 군의 전투력과 직결되는 중요한 자산으로 이를 분실하는 행위는 군의 작전능력과 안전을 저해할 수 있다. 즉, 단순한 민사적 손해배상 책임을 넘어서 군의 기강을 유지하고 책임의식을 제고하기 위한 규정이다.

Ⅱ. 구성요건

1. 주체

본죄의 주체는 군용에 공하는 물건을 보관할 책임이 있는 군인·준군인이다. '보관할 책임'이란 법령상 책임이 있는 경우에 한하지 않고, 관습 또는 조리상 책임이 있는 경우도 포함된다. 군용차량의 선탑자 겸 책임사용관은 차량을 운행하는 동안 차량을 보관할 책임이 있는 자에 해당한다(육군 86. 4. 22. 선고 육군86항16 판결).

2. 객체

본죄의 객체는 총포, 탄약, 폭발물, 차량, 장구, 기재, 식량, 피복 또는 그 밖에 군용에 공하는 물건이다.

3. 행위

본죄의 실행행위는 '분실하는 것'이다. '분실'이란 물건을 소지·보관하는 사람이 선량한 보관자로서 주의의무를 다하지 못하여 자신의 의사에 기하지 않고 물건의 소지를 상실하는 것이다(대법원 1984. 3. 27. 선고 84도249 판결). 물건이 일시적으로 타인에 의해 이용되었다고 하더라도 그 지배관계로부터 이탈된 것이라고 할 수 없는 경우에는 물건에 대한 소지의 상실은 인정될 수 없다(고등군사법원 2002. 2. 5. 선고 2002노20 판결).

또한, 분실의 사실이 존재하는 이상 그 원인이 자기의 행위에 의한 것인지 타인의 위법한 행위에 의한 것인지는 불문한다. 타인의 절취행위에 의하여 군용물을 분실한 경우 본죄가 성립하고, 타인의 강취행위에 의하여 군용물에 대한 소지를 상실한 경우에는 과실에 의하여 분실한 것으로 볼 수 없으므로 본죄가 성립하지 않는다.

타인으로부터 기망당하여 군용물에 대한 소지를 상실한 경우 처분행위 자체는 피고인의 하자 있는 의사에 기한 것이므로 편취당한 것이 본죄에서의 의사에 의하지 않은 소지의 상실이라고 볼 수 없으므로 분실에 해당하지 않는다(대법원 1999. 7. 9. 선고 98도1719 판결).

한편, 분실 이외에 부패, 변질 등으로 감량, 결핍되는 경우는 보관자의 과실이 있더라도 본죄가 성립하지 않는다.

III. 법정형

5년 이하의 징역 또는 300만 원 이하의 벌금

[11] 군용물 등 범죄에 대한 형의 가중 (제75조)

제75조(군용물 등 범죄에 대한 형의 가중) ① 총포, 탄약, 폭발물, 차량, 장구, 기재, 식량, 피복 또는 그 밖에 군용에 공하는 물건 또는 군의 재산상 이익에 관하여 「형법」 제2편 제38장부터 제41장까지의 죄를 범한 경우에는 다음 각 호의 구분에 따라 처벌한다.
　1. 총포, 탄약 또는 폭발물의 경우: 사형, 무기 또는 5년 이상의 징역
　2. 그 밖의 경우: 사형, 무기 또는 1년 이상의 징역
② 제1항의 경우에는 「형법」에 정한 형과 비교하여 중한 형으로 처벌한다.
③ 제1항의 죄에 대하여는 3천만 원 이하의 벌금을 병과(倂科)할 수 있다.

I. 의의

총포, 탄약, 폭발물, 차량, 장구, 기재, 식량, 피복 또는 그 밖에 군용에 공하는 물건 또는 군의 재산상 이익에 관하여 형법 제2편 제38장부터 제41장까지의 죄를 범한 경우에 형을 가중하여 처벌할 것을 규정하고 있다.

군용물은 군사작전 수행과 전투력 발휘의 필수적 수단으로서 군용물에 관한 범죄는 단순

한 재산적 가치 침해를 넘어, 군 전투력과 군 기강, 나아가 국가안보 자체를 위협하는 중대한 범죄이므로 별도로 규정하여 엄격히 처벌하고 있다. 한편, 「군용물 등 범죄에 관한 특별조치법」에서도 군용물에 관한 재산범죄를 처벌하고 있으며, 군형법만으로 처벌하기 어려운 군용물에 관한 범죄를 민간인에게까지 확장하여 가중처벌하는 특별법이다.

II. 구성요건

1. 주체

본죄의 주체는 군인·준군인이며, 객체가 총포, 탄약, 폭발물인 경우에는 내·외국 민간인도 본죄의 주체가 된다.

2. 객체

본죄의 객체는 총포, 탄약, 폭발물, 차량, 장구, 기재, 식량, 피복 또는 그 밖에 군용에 공하는 물건 또는 군의 재산상 이익이다. 여기서 '군용에 공하는 물건'이란 군 소유여부를 불문하고 군의 용도에 사용할 필요가 있어서 군에서 관리하고 있는 것으로서 군의 필요에 의하여 사용될 가능성이 있는 것이면 군용물로 인정된다(고등군사법원 2015. 7. 24. 선고 2015노105 판결). 군용물이 경제적 교환가치가 없더라도 본죄의 성립에는 영향이 없다. '군의 재산상 이익'은 군용물 이외에 재산상 가치가 있는 모든 것을 말하며, 노무의 제공을 받거나 군에 부담하는 채무를 면제받는 것 등이 이에 해당한다.

1) 군용물을 긍정한 판례

① 군에서 먹고 남은 밥찌꺼기 값으로 받은 돈(대법원 1979. 12. 11. 선고 79도2306 판결)

② 사격하고 남은 탄피(육군 1965. 4. 22. 65고군형항159 판결)

③ 국가 소유인 사병급식용 고기(대법원 1982. 3. 23. 선고 81도2455 판결)

④ 미 고문단 소유 휘발유와 경유(해군 1984. 6. 11. 선고 84노26 판결)

⑤ 군에 납품을 위하여 영문을 통과하여 부대 내로 들어온 경유(고등군사법원 1999. 5. 4. 선고 99노59 판결)

⑥ 소속대 카메라 관리 규정에 따라서 관리하고 있던 카메라(고등군사법원 2011.10.19. 선

고 2010노53, 159 판결)

⑦ 국가(군)예산으로 조달하고, 병사생활관 및 간부숙소에 비치된 TV(고등군사법원 2012.
   8. 21. 선고 2012노116 판결)

⑧ 부대 공사현장에서 발생한 40만 원 상당의 폐전선(고등군사법원 2015. 9. 18. 선고 2015
   노228 판결)

2) 군용물을 부정한 판례

① 복지를 위한 영내매점에 불과한 PX 판매대금(육군 1965. 3. 31. 64고군형항533 판결)

② 부대 공사에서 쓰고 남은 지자체 소유 시멘트(대법원 1978. 3. 14. 선고 78도160 판결)

③ 장력을 상실하여 폐기처분 대기중인 불량추진장약(고등군사법원 1999. 4. 6. 선고 99
   노27 판결)

④ 부대 안 풀밭에서 우연히 발견한 소유 내지 관리 주체를 알 수 없는 실탄 1발(고등군사
   법원 2017. 8. 18. 선고 2017노145 판결)

III. 법정형

- 총포, 탄약 또는 폭발물의 경우: 사형, 무기 또는 5년 이상의 징역
- 그 밖의 경우: 사형, 무기 또는 1년 이상의 징역
- 형법에 정한 형과 비교하여 중한 형으로 처벌
- 3천만 원 이하의 벌금을 병과할 수 있음

[12] 예비·음모 (제76조)

> 제76조(예비, 음모) 제66조부터 제69조까지와 제71조의 죄를 범할 목적으로 예비 또는 음모를
> 한 사람은 7년 이하의 징역이나 금고에 처한다. 다만, 그 목적한 죄의 실행에 이르기 전에 자수한
> 경우에는 그 형을 감경하거나 면제한다.

예비·음모죄의 주체는 군인 또는 준군인이다.

- 예비 또는 음모를 한 경우 : 7년 이하의 징역이나 금고
- 그 목적한 죄의 실행에 이르기 전에 자수한 경우 : 그 형을 감경하거나 면제

[13] 외국의 군용시설 또는 군용물에 대한 행위 (제77조)

제77조(외국의 군용시설 또는 군용물에 대한 행위) 이 장의 규정은 국군과 공동작전에 종사하고 있는 외국군의 군용시설 또는 군용에 공하는 물건에 대한 행위에도 적용한다.

이 장의 규정은 국군과 공동작전에 종사하고 있는 외국군의 군용시설 또는 군용에 공하는 물건에 대한 행위에도 적용한다. 현대전은 동맹국과 우방국과의 연합 작전을 전제로 하므로, 외국군의 군용시설과 군용물 역시 우리 군의 전투력 유지와 밀접하게 연관된다. 따라서 국제적 안보 협력을 보장하고, 국가안보를 보호하기 위한 규정이라 할 수 있다.

제12장

위령(違令)의 죄

[1] 총설

    군형법 제12장은 초소침범죄(제78조), 무단이탈죄(제79조), 군사기밀누설죄(제80조), 암호부정사용죄(제81조)를 규정하고 있다. 이들 범죄는 군 조직의 질서와 규율을 유지하고 전투력을 보존·발휘하기 위하여 범죄로 규정하고 있다.

[2] 초소침범죄 (제78조)

> 제78조(초소 침범) 초병을 속여서 초소를 통과하거나 초병의 제지에 불응한 사람은 다음 각 호의 구분에 따라 처벌한다.
> 1. 적전인 경우: 1년 이상 5년 이하의 징역 또는 금고
> 2. 전시, 사변 시 또는 계엄지역인 경우: 3년 이하의 징역 또는 금고
> 3. 그 밖의 경우: 1년 이하의 징역 또는 금고

Ⅰ. 의의

    초소침범죄는 초병을 속여서 초소를 통과하거나 초병의 제지에 불응함으로써 성립하는 범죄이다. 본죄의 보호법익은 군 전력의 유지·강화를 위한 초병 경계임무의 추상적 위험성 보호에 있다. 즉, 초병의 경계임무가 방해받는 상황 그 자체가 군의 안전과 경계태세에 위험을 초래하기에, 그 행위 자체만으로도 처벌 대상이 된다.

II. 구성요건

1. 객관적 구성요건

1) 주체

본죄의 주체는 군인·준군인뿐만 아니라 내·외국 민간인도 될 수 있다.

2) 객체

본죄의 객체는 '초병'과 '초소'이다. 여기서 말하는 '초병'은 경계를 그 고유의 임무로 하여 지상, 해상 또는 공중에 책임 범위를 정하여 배치된 사람을 말하고(군형법 제2조 제3호), '초소'란 초병이 현실적으로 배치되어 경계임무를 수행하는 일정한 범위의 장소를 말한다(대법원 2016. 6. 23. 선고 2016도1473 판결).

3) 행위

본죄의 행위는 '초병을 속여서 초소를 통과하거나 초병의 제지에 불응하는 것'이다.

① 초병을 속여서 초소를 통과

'초병을 속여서'란 초병을 착오에 파뜨리는 일체의 행위를 말하며, 명시 또는 묵시의 허가를 받는 것뿐만 아니라 이미 착오에 빠져있는 것을 이용하는 것도 기망에 포함된다. 초병을 기망하여 주의력을 다른 곳에 집중시켜 놓고 그 틈을 이용하여 초소를 통과하는 경우에도 본죄가 성립하며, 초병 이외의 제3자를 기망하여 초소를 통과하는 경우에는 본죄가 성립하지 않는다. 기망수단에는 제한이 없으며 위조된 신분증 또는 문서를 제시하는 경우, 군복을 착용하고 군인을 사칭하는 경우 등이 이에 해당한다.

'속이다'는 것은 초병에게 허위의 사실을 진실한 것처럼 믿게 하여 초소를 통과하는 것을 의미한다.

② 초병의 제지에 불응

'초병의 제지'는 초병이 경계임무를 수행하기 위하여 일정한 행위의 금지를 요구하는 것이고, '불응'은 초병의 제지를 받고서도 제지의 대상이 된 행위를 착수하거나 그러한 행위를 계속하는 것을 말한다(대법원 2016. 6. 23. 선고 2016도1473 판결).

초병의 제지에 불응함으로써 초소침범죄가 성립하려면 초병의 제지행위가 선행되어야 한다. 제지행위는 단순한 확인 요청을 넘어서 특정 행위의 금지를 명확히 요구하는 것이어야 한다(대법원 2016. 6. 23. 선고 2016도1473 판결).

다만, 초병의 제지행위는 자기 임무와 관련있는 행위만 해당되며, 임무와 전혀 관련 없는 행위에 불응한 것은 본죄가 성립하지 않는다.

2. 주관적 구성요건
본죄는 고의범이다. 행위자는 자신이 초병을 속이고 있다는 사실 또는 초병의 제지를 받고 있다는 사실을 인식하고, 그럼에도 불구하고 초소를 통과하거나 제지에 불응하려는 의사가 있어야 한다.

초병을 속이는 경우에는 기망의 고의가 필요하고, 초병의 제지에 불응하는 경우에는 제지를 받고 있다는 사실을 인식하면서도 이에 불응하려는 의사가 있어야 한다. 다만 초병의 제지가 정당한지 여부에 대한 인식은 필요하지 않다.

III. 법정형
- 적전인 경우: 1년 이상 5년 이하의 징역 또는 금고
- 전시, 사변 시 또는 계엄지역인 경우: 3년 이하의 징역 또는 금고
- 그 밖의 경우: 1년 이하의 징역 또는 금고

IV. 판례
1. 유죄 판결
- 피고인이 휴가를 취소한 후 미리 출력해둔 휴가증을 초소의 초병에게 제시하고 마치

정당하게 휴가를 나가는 것처럼 초병을 속여 초소를 통과한 사안 (부산지방법원 서부
지원 2020. 12. 23. 선고 2020고단1817 판결)

- 피고인들이 공용외출증을 위조한 후 이를 초병에게 제시하여 마치 진정하게 성립한 것처
럼 행사하고 초소를 통과한 사안 (울산지방법원 2013. 12. 12. 선고 2013고단2446 판결)
- 피고인이 초병의 제지에도 불구하고 초소 문 사이로 손을 넣어 초소 문의 시정장치를
열고 초소에 침범한 후 초병을 폭행한 사안 (춘천지방법원 2019. 5. 23. 선고 2019고단
176 판결)
- 피고인이 하사로부터 사복을 빌려 입고 함께 간부가 정당하게 나가는 것처럼 초병을 속
여 초소를 통과한 사안 (부산지방법원 서부지원 2020. 12. 23. 선고 2020고단1817 판결)

2. 무죄 판결

- 초병이 평소 피고인의 얼굴을 알아 부대 간부임을 알고 있었고, 피고인을 막아서거나
퇴거를 요구하는 행동을 하지 않았으며, 피고인이 정문을 통과한 후에도 상급자에 대
한 예를 갖추고 피고인의 지시에 따른 점 등을 고려할 때, 출입증 확인 요구 행위만으
로 제지행위가 있었다고 볼 수 없다(대법원 2016. 6. 23. 선고 2016도1473 판결).

[3] 무단이탈죄 [제79조]

> 제79조(무단 이탈) 허가 없이 근무장소 또는 지정장소를 일시적으로 이탈하거나 지정한 시간까
> 지 지정한 장소에 도달하지 못한 사람은 1년 이하의 징역이나 금고 또는 300만 원 이하의 벌금에
> 처한다.

Ⅰ. 의의

무단이탈죄는 허가 없이 근무장소 또는 지정장소를 일시적으로 이탈하거나 지정한 시간
까지 지정한 장소에 도달하지 못함으로써 성립하는 범죄이다. 본죄는 전투력의 기초가 되는
병력확보를 보호법익으로 하고 있는바, 군인이 군조직과 근무장소 등을 자유롭게 이탈할 수
있다면 군 조직의 존립과 통수가 불가능하기 때문이다(헌법재판소 1999. 2. 25. 선고 97헌
바3 결정). 다만, 본죄는 군무를 기피하려는 목적을 가진 군무이탈죄와 달리 일시적이고 경

미한 이탈행위에 대해 처벌함으로써 군의 질서와 안정을 유지하는 데 목적이 있다.

Ⅱ. 구성요건

1. 주체

본죄의 주체는 군인 또는 군인에 준하는 자이다.

2. 행위

1) 허가 없이 근무장소 또는 지정장소를 일시적으로 이탈하는 행위

무단이탈죄에서 '허가'란 군행정상의 권한자 혹은 군 작전상의 명령권자 등 정당한 허가권자의 허가를 말한다. 허가권자의 허가를 받은 이상 설사 형식적인 절차를 결여하거나 증명서를 교부받지 않았다고 하더라도 그러한 휴가·외출·외박 및 출장은 적법하다(육군 1972. 8. 31. 선고 72고군형항435 판결). 허가권자 이외의 사람이 외관상 허가와 유사한 처분을 내리거나 허가권자의 허가라 할지라도 그 내용이 부당한 것일 때에는 허가라 할 수 없다.

'일시 이탈'이란 이탈이 비교적 단기간인 것을 말하는데, 이탈장소가 영내인가 아니면 영외인가, 이탈거리의 원근 등에 관계없이 그에게 부과된 임무를 수행할 수 없을 정도로 근무장소 또는 지정장소를 이탈하는 것을 의미한다(대법원 1967. 7. 25. 선고 67도734 판결). 일시 이탈 여부는 시간적·장소적 기준으로만 판단하는 것이 아니라 이탈의 목적, 이탈기간 중 행위, 이탈 전후의 사정, 이탈로 인해 지장이 초래될 임무의 내용 등 제반사정을 종합적으로 고려하여 판단하여야 한다(고등군사법원 2017. 7. 27. 선고 2017노88 판결).

대법원은 "무단이탈죄는 그것이 반드시 근무장소 또는 지정장소에서 멀리 떠난 경우뿐만 아니라 그 이탈로 인하여 그에게 부과된 임무를 수행할 수 없는 정도로 이탈함으로서 족하다"고 판시하였다(대법원 1983. 11. 8. 선고 83도2450 판결).

2) 지정한 시간까지 지정한 장소에 도달하지 못한 행위

외박이나 외출 허가를 받은 군인이 정해진 복귀 시간에 지정장소에 도달하지 못한 경우 본죄가 성립한다. 종래의 부대 또는 직무에서 새로운 부대 또는 직무를 지정받고 새로운 부대에 도달하지 아니한 경우뿐만 아니라 허가를 받고 부대 또는 직무를 떠난 자가 소정의 기간 내에 복귀하지 않는 경우도 포함된다. 만약 군무 기피의 목적이 있었다면 기간을 불문하고, 군무이탈죄(제30조 제1항)가 성립한다. '지정시간, 지정장소' 등은 구체적인 상황을 고려하여 규칙, 군사회의 통념에 따라 그 해당여부를 판단할 수 있다.

3. 주관적 구성요건

본죄는 고의범으로서 무단이탈에 대한 인식과 의사가 있어야 한다.

III. 법정형

1년 이하의 징역이나 금고 또는 300만 원 이하의 벌금

IV. 판례

- 무단이탈죄는 즉시범으로서 허가없이 근무장소 또는 지정장소를 일시 이탈함과 동시에 완성되고 그 후의 사정인 이탈 기간의 장단 등은 무단이탈죄의 성립에 아무런 영향이 없다(대법원 1983. 11. 8. 선고 83도2450 판결).
- 무단이탈 중에는 새로운 무단이탈죄가 성립할 수 없다(육군 1977. 3. 3. 선고 77고군형항37 판결).
- 10회에 걸쳐 산발적으로 무단결근한 경우 하나의 의사에 의하여 계획적으로 실행에 옮겨졌다는 등의 특단의 사정이 없는 한 각간의 무단결근에 대하여 그 범의를 면밀히 심리하여 각 무단결근마다 하나의 무단이탈죄로 처벌해야 한다(육군 1976. 6. 29. 선고 79고군형항217 판결).

[4] 군사기밀누설죄 (제80조)

제80조(군사기밀 누설) ① 군사상 기밀을 누설한 사람은 10년 이하의 징역이나 금고에 처한다.
② 업무상 과실 또는 중대한 과실로 인하여 제1항의 죄를 범한 경우에는 3년 이하의 징역이나 금고 또는 700만 원 이하의 벌금에 처한다.

Ⅰ. 의의

군사기밀누설죄는 군사상 기밀을 누설하거나, 업무상 과실 또는 중대한 과실로 인하여 군사상 기밀을 누설함으로써 성립하는 범죄이다. 대적군기누설죄(제13조 제2항)와 군기문서·물건방임죄(제35조 제4호)가 누설 대상 및 행위 주체가 제한되어 있는 데 반하여, 본죄는 포괄적으로 그 밖의 모든 누설행위를 대상으로 한다. 군사기밀을 보호하기 위한 특별법으로 군사기밀보호법이 있다.

Ⅱ. 구성요건

1. 객관적 구성요건

1) 주체

본죄의 주체는 군인 또는 군인에 준하는 자이다.

2) 객체

본죄의 객체는 '군사상의 기밀'이다.

① 군사상 기밀의 의미

군형법 제80조에서 말하는 군사상의 기밀이란 반드시 법령에 의하여 기밀사항으로 규정되었거나 기밀로 분류 명시된 사항에 한하지 아니하고 군사상의 필요에 따라 기밀로 된 사항은 물론 객관적, 일반적인 입장에서 외부에 알려지지 않는 것에 상당한 이익이 있는 사항도 포함한다(대법원 1990. 8. 28. 선고 90도230 판결, 대법원 2000. 1. 28. 선고 99도4022 판결, 대법원 2016. 10. 27. 선고 2016도11677 판결).

② 군사상 기밀의 범위

군사상의 기밀은 군사기밀보호법 제2조 소정의 범위에 국한되지 않는 것이라고 보아야 한다. 일반적으로 군사상의 필요에 따라 특별히 보호를 요한다고 하여 설정한 대외비는 군사기밀보호법상의 군사기밀은 아니라 하더라도 군형법상의 군사상의 기밀로 취급하여야 한다(대법원 2000. 1. 28. 선고 99도4022 판결).

군사시설보호구역 해제계획은 군사시설보호구역의 설정목적과 절차, 그 해제절차 및 해제기밀이 공표전에 누설됨으로 인하여 초래될 군사목적상 위해한 결과 등에 비추어 볼 때 군형법 제80조 소정의 군사상의 기밀에 해당한다(대법원 1990. 8. 28. 선고 90도230 판결).

③ 군사상 기밀 해당 여부의 판단

외부로 알려지지 않는 것에 상당한 이익이 있는지 여부는 자료의 작성 경위 및 과정, 누설된 자료의 구체적인 내용, 자료가 외부에 알려질 경우 군사목적상 위해한 결과를 초래할 가능성, 자료가 실무적으로 활용되고 있는 현황, 자료가 외부에 공개된 정도, 국민의 알권리와의 관계 등을 종합적으로 고려하여 판단하여야 한다(대법원 2007. 12. 13. 선고 2007도3450 판결).

3) 행위

본죄의 실행행위는 군사상 기밀을 '누설하는 것'이다.

'누설'이란 기밀에 속하는 사항을 이를 모르는 사람이 알게 하는 것을 말하며, 상대방이 이미 알고 있는 군사상 기밀을 누설한 경우에도 본죄가 성립한다. 누설행위 자체를 처벌하는 것이므로 누설행위로 인하여 국가나 군에 불이익이 초래될 필요도 없으며, 타인이 군사상 기밀을 현실적으로 인식하지 않아도 인식할 수 있는 상태가 형성되는 것으로 족하다.

'누설'이란 타인에게 고지하는 것을 말한다. 누설의 방법에는 제한이 없고, 누설의 상대방을 제한하지 않는다. 누설한 사항 중 일부 내용이 실제 군사상 기밀 내용과 다른 경우에도 나머지 부분이 군사상 기밀인 내용을 제대로 담고 있다면 전체적으로 보아 군사상 기밀 누설에 해당한다(대법원 2000. 1. 28. 선고 99도4022 판결).

2. 주관적 구성요건

본죄는 고의범이므로 군사상 기밀을 누설한다는 인식과 의사가 있어야 한다. 다만, 제2항에서 업무상 과실 또는 중대한 과실로 인한 경우를 별도로 처벌하고 있다.

III. 법정형

- 10년 이하의 징역이나 금고
- 업무상 과실 또는 중대한 과실 : 3년 이하의 징역이나 금고 또는 700만 원 이하의 벌금

IV. 판례

1. 유죄 판결

- 군사시설보호구역 해제계획은 군사시설보호구역의 설정목적과 절차, 그 해제절차 및 해제기밀이 공표전에 누설됨으로 인하여 초래될 군사목적상 위해한 결과 등에 비추어 볼 때 군형법 제80조 소정의 군사상의 기밀에 해당한다(대법원 1990. 8. 28. 선고 90도230 판결).
- GRC-171무전기의 제원과 성능(주파수, 변조방식, 출력 등)은 모두 '해안 R/D기지 항공기 유도망 무전기 검토결과(보고)'에 있는 내용으로 군사대외비에 속하는 사실을 알 수 있으므로 이를 누설한 것은 군형법상의 군사기밀누설죄에 해당한다(대법원 2000. 1. 28. 선고 99도4022 판결).
- 피고인이 알린 GRC-171무전기 확보수량이 일부 부정확하더라도, 확보계획이나 확보계획대로 이행한다는 자체를 군사기밀로 볼 수 있으므로 피고인이 알린 사실 중 일부 부정확한 부분이 있더라도 전체적으로 보아 군사기밀누설죄에 해당한다(대법원 2000. 1. 28. 선고 99도4022 판결).
- F-X 시험평가결과보고서의 내용에 포함되어 있는 공군의 시험평가 경과 라팔이 F-15K에 비하여 우수한 평가를 받았다는 사실이 군사기밀에 해당한다고 판단한 사례(대법원 2004. 2. 13. 선고 2002도6813 판결)

2. 무죄 판결

- 방위사업청의 'IPT별 사업분류 현황'이 군사기밀로 지정되거나 대외비로 설정되지 않은 채 실무상 평문으로 관리하고 있고, 그 내용도 일반에 공개할 수 있는 것이며 이미 대부분 공개되어 있는 점 등을 이유로, 군형법 제80조의 '군사상의 기밀'에 해당하지 않는다(대법원 2007. 12. 13. 선고 2007도3450 판결).

[5] 암호부정사용죄 (제81조)

Ⅰ. 의의

암호부정사용죄는 암호를 허가 없이 발신하거나, 수신 자격이 없는 사람에게 수신하게 하거나, 수신한 암호를 전달하지 않거나 거짓으로 전달하는 경우에 성립하는 범죄이다. 본죄의 보호법익은 군사상 통신의 비밀과 정확성 보호를 통한 군사작전의 원활한 수행에 있다.

Ⅱ. 구성요건

1. 객관적 구성요건

1) 주체

본죄의 주체는 군인 또는 군인에 준하는 자이다.

2) 객체

본죄의 객체는 '암호'이다. '암호'란 어떤 일정한 범위 내에서만 통하는 비밀로 된 신호 또는 부호를 말한다.

3) 행위

① 암호를 허가 없이 발신하는 행위(제1호)

'허가'는 법령·군의 명령·관습 등에 의하여 부여되며, 개별적 허가뿐만 아니라 포괄적 허가도 포함된다. 허가권자는 일반적으로 상급지휘관 또는 암호관리 책임자가 된다.

'발신'이란 암호를 타인에게 송신하거나 전달하는 일체의 행위를 의미한다. 발신의 방법에는 제한이 없으며, 유선·무선 통신, 구두 전달, 문서 전달 등 모든 방법이 포함된다.

② 암호를 수신할 자격이 없는 사람에게 수신하게 하는 행위(제2호)

암호의 발신자는 불문한다. 암호를 수신할 자격의 유무는 당시 상황에 따라 결정될 것이지만, 법령·규칙·군관습 또는 명령에서 정하는 바에 의한다.

'수신하게 하는 것'이란 암호를 지득할 수 있게 하는 것을 말한다.

③ 자기가 수신한 암호를 전달하지 아니하거나 거짓으로 전달하는 행위(제3호)

'전달하지 아니하는 것'이란 수신한 암호를 정당한 수신권자에게 전달할 의무가 있음에도 불구하고 이를 이행하지 않는 부작위를 의미한다.

'거짓으로 전달하는 것'이란 수신한 암호의 내용을 변경하거나 왜곡하여 전달하는 작위를 의미한다.

자기 이외의 사람이 수신한 암호를 전달하지 않은 행위는 본죄가 성립하지 않는다.

2. 주관적 구성요건

본죄는 고의범이므로, 행위자는 자신이 암호를 부정하게 사용한다는 사실을 인식하고 이를 용인하는 고의가 있어야 한다.

제1호의 경우 허가 없이 암호를 발신한다는 인식, 제2호의 경우 상대방이 암호를 수신할 자격이 없다는 인식, 제3호의 경우 수신한 암호를 전달하지 않거나 거짓으로 전달한다는 인식이 각각 필요하다.

III. 법정형

2년 이상의 유기징역이나 유기금고

제13장

약탈의 죄

[1] 총설

　약탈죄는 전투지역 또는 점령지역에서 군의 위력이나 전투의 공포를 이용하여 주민의 재물을 약취하거나, 전투지역에서 전사자 또는 전상병자의 재물을 약취하는 행위를 처벌하는 범죄이다. 전시나 전투상황에서 군인이 그 지위나 상황을 이용해 민간인이나 전사자, 전상병자의 재산을 침해하는 행위를 엄격히 규율하기 위한 범죄 구성요건이다.

　약탈죄는 군형법이 적용되는 군인 또는 군인에 준하는 사람만이 범할 수 있는 신분범에 해당하고, 타인의 재물을 약취하는 행위를 처벌하는 재산범죄의 성격을 갖는다.

[2] 약탈죄 [제82조]

> 제82조(약탈) ① 전투지역 또는 점령지역에서 군의 위력 또는 전투의 공포를 이용하여 주민의 재물을 약취(掠取)한 사람은 무기 또는 3년 이상의 징역에 처한다.
> ② 전투지역에서 전사자 또는 전상병자의 의류나 그 밖의 재물을 약취한 사람은 1년 이상의 유기징역에 처한다.

Ⅰ. 의의

　약탈죄는 전투지역 또는 점령지역에서 군의 위력이나 전투의 공포를 이용하여 주민의 재물을 약취하거나, 전투지역에서 전사자 또는 전상병자의 재물을 약취하는 행위를 처벌하는 범죄이다. 이는 전시나 전투상황에서 군인이 그 지위나 상황을 이용해 민간인이나 전사자, 전상병자의 재산을 침해하는 행위를 엄격히 규제하기 위한 규정이다.

Ⅱ. 주민재물약탈죄 (제82조 제1항)

1. 객관적 구성요건

1) 주체

본죄의 주체는 군인 또는 군인에 준하는 자이다.

2) 객체

본죄의 객체는 '주민의 재물'이다. '주민'이란 전투지역 또는 점령지역에 거주하는 민간인을 의미한다. '재물'이란 관리가능한 동산 및 부동산을 의미한다. 적의 국유재산이나 적의 개인소지품 등에 대한 약취는 본죄가 성립하지 않는다.

3) 행위

본죄의 실행행위는 '전투지역 또는 점령지역에서 군의 위력 또는 전투의 공포를 이용하여 주민의 재물을 약취하는 것'이다.

'전투지역'이란 현실적으로 전투가 벌어지고 있거나 전투가 예상되는 지역을 말하고, '점령지역'이란 전시에 적의 영토에 진격하여 적의 지배를 배제하고 아군의 사실상의 지배를 설정한 지역을 말한다.

'군의 위력'이란 군인이라는 지위나 군대의 조직력을 이용하는 것을 말하고, '전투의 공포'란 전투현장의 두려움이나 혼란을 이용하는 것을 말한다. 즉, 행위자의 적극적인 유형력의 행사가 없더라도 전시라는 특수한 상황에서 주민들이 느끼는 공포심을 이용하는 것이다.

'약취'란 공연히 탈취하는 것을 말한다.

2. 주관적 구성요건

본죄는 고의범으로서, 행위자는 전투지역 또는 점령지역에서 군의 위력 또는 전투의 공포를 이용하여 주민의 재물을 약취한다는 사실을 인식하고 이를 의욕하거나 용인하는 의사가 있어야 한다.

3. 법정형

무기 또는 3년 이상의 징역

4. 미수범

군형법 제85조에 따라 본죄의 미수범은 처벌한다.

Ⅲ. 전사자 또는 전상병자 재물약탈죄 (제82조 제2항)

1. 객관적 구성요건

1) 주체

본죄의 주체는 군인 또는 군인에 준하는 자이다.

2) 객체

본죄의 객체는 '전사자 또는 전상병자의 의류나 그 밖의 재물'이다. 여기서 전사자 또는 전상병자는 전투를 직접, 간접의 원인으로 하여 사망·부상·발병한 자를 말하며, 전투행위가 아니더라도 전염병, 천재지변으로 인한 원인 등도 포함한다. 반드시 전사자 또는 전상병자의 소유일 필요는 없고, 사실상 점유하고 있으면 족하다. 또한, 전사자 또는 전상병자의 국적을 불문하므로 자국군인에 대한 행위도 본죄가 성립한다.

3) 행위

본죄의 실행행위는 전투지역에서 전사자 또는 전상병자의 의류나 그 밖의 재물을 약취하는 것이다. 전사자 또는 전상병자에 이르지 않은 자의 재물을 약탈하는 행위는 형법상 공갈죄(제350조), 강도죄(제333조)가 성립할 수 있다.

2. 주관적 구성요건

본죄는 고의범으로서, 행위자는 전투지역에서 전사자 또는 전상병자의 의류나 그 밖의 재물을 약취한다는 사실을 인식하고 이를 의욕하거나 용인하는 의사가 있어야 한다.

3. 법정형

1년 이상의 유기징역

4. 미수범

군형법 제85조에 따라 본죄의 미수범은 처벌한다.

[3] 약탈로 인한 치사상죄 (제83조)

Ⅰ. 약탈살해 · 치사죄 (제83조 제1항)

1. 의의

약탈살해 · 치사죄는 약탈죄를 범하여 사람을 살해하거나 사망에 이르게 함으로써 성립하는 범죄이다. 본죄는 약탈죄의 결과적 가중범으로 군의 전투력 및 군기 유지뿐만 아니라 개인의 생명권을 보호하기 위한 규정이다.

2. 구성요건

1) 객관적 구성요건

본죄가 성립하기 위해서는 약탈죄를 범하고, 그로 인해 사람을 살해하거나 사망에 이르게 해야 한다. 여기서 '살해'란 고의로 사람을 사망에 이르게 하는 것을 말하고, '사망에 이르게 한다'는 것은 과실로 사람을 사망에 이르게 하는 것을 말한다.

2) 주관적 구성요건

본죄는 약탈죄에 대한 고의와 함께, 살해의 경우에는 살인의 고의가, 치사의 경우에는 사망에 대한 과실이 있어야 한다.

3. 법정형

사형 또는 무기징역

4. 미수범

군형법 제85조에 따라 본죄의 미수범은 처벌한다.

Ⅱ. 약탈상해 · 치상죄 (제83조 제2항)

1. 의의

약탈상해 · 치상죄는 약탈죄를 범하여 사람을 상해하거나 상해에 이르게 함으로써 성립하는 범죄다.

2. 구성요건

1) 객관적 구성요건

본죄가 성립하기 위해서는 약탈죄를 범하고, 그로 인해 사람을 상해하거나 상해에 이르게 해야 한다. 여기서 '상해'란 고의로 사람의 신체를 상해하는 것을 말하고, '상해에 이르게 한다'는 것은 과실로 사람을 상해에 이르게 하는 것을 말한다.

2) 주관적 구성요건

본죄는 약탈죄에 대한 고의와 함께, 상해의 경우에는 상해의 고의가, 치상의 경우에는 상해에 대한 과실이 있어야 한다.

3. 법정형

무기 또는 7년 이상의 징역

4. 미수범

군형법 제85조에 따라 본죄의 미수범은 처벌한다.

[4] 전지 강간죄 (제84조)

Ⅰ. 의의

전지강간죄는 전투지역 또는 점령지역에서 사람을 강간함으로써 성립하는 범죄이다. 본죄는 전투지역 또는 점령지역에서 성적 자기결정권이 침해당할 가능성이 농후하기 때문에 이를 엄격하게 보호하기 위한 규정이다.

Ⅱ. 구성요건

1. 객관적 구성요건

1) 주체

본죄의 주체는 군인 또는 군인에 준하는 자이다.

2) 객체

본죄의 객체는 사람이다. 국적·신분·성별 등을 불문한다.

3) 행위

본죄의 실행행위는 '전투지역 또는 점령지역에서 사람을 강간하는 것'이다. '전투지역'이란 군대가 적과의 교전중인 지역, 교전 직전 및 직후의 지역 또는 전투의 목적을 가지고 병력으로 장가함으로써 전투의 공포 및 군의 위력에 의하여 물리적으로나 심리적으로 지배되고 있는 지역을 의미하여 이는 단순한 형식적인 공간적 개념이 아니고 군의 제반 전술적 행동이나 주위 상황에 따라 결정되어야 하는 것인바, 군의 작전구역으로 지정되어 있다든가 과거의 전투가 있었다는 사실만으로 전투지역으로 볼 수 없다(국방부 1966. 5. 6. 선고 66고군형항17 판결).

'강간'이란 폭행 또는 협박으로 사람을 강간하는 행위만이 아니라 사람의 심신상실 또는 항거불능의 상태를 이용하여 간음하는 행위도 이에 포함된다(대법원 1970. 4. 28. 선고 70

도449 판결).

2. 주관적 구성요건

본죄는 고의범으로서, 행위자는 전투지역 또는 점령지역에서 사람을 강간한다는 사실을 인식하고 이를 의욕하거나 용인하는 의사가 있어야 한다.

III. 법정형

사형

IV. 미수범

군형법 제85조에 따라 전지강간죄의 미수범은 처벌한다.

제14장

포로에 관한 죄

[1] 총설

I. 의의

포로에 관한 죄는 전시 또는 사변 시 군사력 보존과 전투력 유지를 위한 것으로, 아군 포로의 귀환의무 위반과 적군 포로의 도주 관련 행위를 처벌함으로써 군사적 이익을 보호하고자 하는 데 그 목적이 있다. 특히 포로의 대우에 관해서는 1949년 8월 12일 제네바협약에서 자세히 규정하고 있으며, 이러한 국제법적 기준을 고려하여 해석해야 한다.

II. 포로에 관한 죄의 법적 성격과 특징

1. 법적 성격

포로에 관한 죄는 군형법상 특수한 범죄로서, 전시 또는 사변 시 군사작전 수행과 관련하여 발생할 수 있는 포로 관련 범죄를 처벌하기 위한 규정이다. 이는 군사법원법 제2조에 따라 군사법원의 재판권이 미치는 범죄 중 하나로, 군인·준군인뿐만 아니라 일정한 경우 민간인에게도 적용될 수 있다.

대법원은 "군형법상의 간첩죄중 군사기밀누설죄등, 유해음식물공급죄, 초병에 대한 폭행협박 등의 죄, 군용물에 관한 죄중 군용시설에 대한 방화죄등과 외국에 대한 군용시설 또는 군용물에 대한 죄, 초소침범죄, 포로에 관한 죄중 간수자의 포로도주원조죄등과 이들의 미수죄를 범한 내외국인은 군법피적용자로서 군법회의가 그 재판권을 가진다"고 판시한 바 있다(대법원 1986. 3. 25. 선고 86도283 판결).

2. 형법상 도주죄와의 관계

군형법상 포로에 관한 죄는 형법상 도주죄와 유사한 측면이 있으나, 그 보호법익과 적용 대상에 있어 차이가 있다. 형법상 도주죄는 국가의 구금권을 보호법익으로 하는 반면, 군형법상 포로에 관한 죄는 군사적 이익과 전투력 보존을 보호법익으로 한다.

도주죄는 즉시범으로서 범인이 간수자의 실력적 지배를 이탈한 상태에 이르렀을 때에 기수가 되어 도주행위가 종료하는 것이고, 도주원조죄는 도주죄에 있어서의 범인의 도주행위를 야기시키거나 이를 용이하게 하는 등 그와 공범관계에 있는 행위를 독립한 구성요건으로 하는 범죄이다(대법원 1991. 10. 11. 선고 91도1656 판결).

3. 국제법과의 관계

포로의 대우에 관해서는 1949년 8월 12일 제네바협약에서 자세히 규정하고 있으며, 이러한 국제법적 기준을 고려하여 해석해야 한다. 특히 국제형사재판소 관할 범죄의 처벌 등에 관한 법률 제18조에 따르면, 필요할 때에는 국제형사재판소규정 제9조에 따라 2002년 9월 9일 국제형사재판소규정 당사국총회에서 채택된 범죄구성요건을 고려할 수 있다.

또한 국군포로의 송환 및 대우 등에 관한 법률에서는 국군포로의 송환과 대우에 관한 사항을 규정하고 있으며, 이 법에 따른 대우 또는 지원을 받는 자가 군형법 제5조 내지 제17조에 규정된 죄를 범하여 1년 이상의 징역 또는 금고의 형을 선고받고 그 형이 확정된 경우에는 그 대우 또는 지원을 중지할 수 있다고 규정하고 있다.

[2] 포로불귀환죄 [제86조]

제86조(포로) 적에게 포로가 된 사람이 우군(友軍)부대 또는 진지로 귀환할 수 있는데도 귀환할 적절한 행동을 하지 아니하거나 다른 우군포로가 귀환하지 못하게 한 사람은 2년 이하의 징역에 처한다.

Ⅰ. 의의

포로불귀환죄는 적에게 포로가 된 사람이 우군부대 또는 진지로 귀환할 수 있는데도 귀환할 적절한 행동을 하지 아니하거나 다른 우군포로가 귀환하지 못하게 함으로써 성립하는 범죄이다. 본죄는 국군의 당연한 의무인 귀환의무를 위배함으로써 아군의 전투력 증강의 기회를 상실케 하는 행위를 처벌하는 규정이다.

II. 구성요건

1. 주체

본죄의 주체는 군인·준군인 중에서 적에게 포로가 된 사람이다. '포로'란 군사상의 이유로 교전 당사국의 세력 범위 내에 들어와 자유를 상실했으나, 국제법이나 특별협정에 의해 대우가 보장된 적대국 국민을 말한다. 종군기자, 적 상선의 승무원 등은 포로가 되더라도 군인·준군인이 아니므로 본죄의 주체가 될 수 없다.

2. 행위

본죄의 실행행위는 '우군부대 또는 진지로 귀환할 수 있는데도 귀환할 적절한 행동을 하지 않거나 다른 우군포로가 귀환하지 못하게 하는 것'이다.

'우군부대 또는 진지'란 포로가 된 자의 원 소속부대 또는 진지에 한하지 않고, 아군부대 또는 진지, 아군과 공동작전에 종사하고 있는 외국군의 부대 또는 진지도 포함한다.

'귀환할 적절한 행동'이란 포로의 송환절차에 따라 귀환하는 경우를 말하며, 귀환할 수 있는 사정이 있었느냐의 여부는 당시의 구체적인 사정에 따른다.

'다른 우군포로가 귀환하지 못하게 하는 것'이란 설득에 의한 것이든, 강제에 의한 것이든 그 수단과 방법은 불문하며, 우군포로를 귀환하지 못하게 하는 것이다.

III. 법정형

2년 이하의 징역

[3] 간수자포로도주원조죄 [제87조]

제87조(간수자의 포로 도주 원조) 포로를 간수 또는 호송하는 사람이 그 포로를 도주하게 한 경우에는 3년 이상의 유기징역에 처한다.

Ⅰ. 의의

간수자포로도주원조죄는 포로를 간수 또는 호송하는 사람이 그 포로를 도주하게 함으로써 성립하는 범죄이다. 본죄는 '포로를 간수 또는 호송하는 사람'이라는 신분으로 인하여 형이 가중되는 포로도주원조죄(제88조)의 부진정신분범이다.

Ⅱ. 구성요건

1. 주체

본죄의 주체는 포로를 간수 또는 호송하는 사람이다. 간수 또는 호송의 임무는 법령에 근거할 필요는 없으며, 현실적으로 그 임무에 종사하고 있는 사람이면 충분하며, 군인·준군인뿐만 아니라 국내·외 민간인도 포함된다. '간수하는 사람'이란 포로수용소, 구금시설 등에서 포로를 감시하고 관리하는 임무를 맡은 사람을 말하며, '호송하는 사람'이란 포로를 인솔하고 이동시키는 임무를 맡은 사람을 말한다.

2. 행위

본죄의 실행행위는 '포로를 도주하게 하는 것'이다. 그 방법에는 제한이 없으며, 적극적인 도움을 주는 행위뿐만 아니라 감시 의무를 소홀히 하는 행위, 도주하려는 것을 알면서 모른 척하는 행위, 도주를 막아야 할 의무를 의도적으로 포기하는 행위 등이 이에 해당된다. 포로가 간수 또는 호송하는 사람의 실제적 지배를 벗어난 때에 기수가 된다.

Ⅲ. 법정형

3년 이상의 유기징역

Ⅳ. 미수범

군형법 제91조에 따라 간수자의 포로도주원조죄의 미수범은 처벌한다.

[4] 포로도주원조죄 (제88조)

제88조(포로 도주 원조) ① 포로를 도주하게 한 사람은 10년 이하의 징역에 처한다.
② 포로를 도주시킬 목적으로 포로에게 기구를 제공하거나 그 밖에 그 도주를 용이하게 하는 행위를 한 사람은 7년 이하의 징역에 처한다.

Ⅰ. 의의

포로도주원조죄는 포로를 도주하게 하거나 포로를 도주시킬 목적으로 포로에게 기구를 제공하거나 그 밖에 그 도주를 용이하게 하는 행위를 함으로써 성립하는 범죄이다.

Ⅱ. 구성요건

1. 주체

본죄의 주체는 군인·준군인뿐만 아니라 내·외국 민간인도 포함된다. 포로를 간수 또는 호송하는 신분인 사람은 제87조의 '간수자의 포로도주원조죄'로 처벌되므로 본죄의 주체에서는 제외된다. 또한, 국제법상 동료 포로의 도주를 원조하는 행위는 포로의 지위에서 인정되는 행위로 간주되므로 본죄가 성립하지 않는다.

2. 행위

본죄의 실행행위는 '포로를 도주하게 하는 것'과 '포로를 도주시킬 목적으로 포로에게 기구를 제공하거나 그 밖에 그 도주를 용이하게 하는 것'이다.

'포로를 도주하게 하는 것'이란 도주를 직접적으로 도와 포로가 구금상태를 벗어나게 하는 행위를 말하고, '도주를 용이하게 하는 행위'란 직접 도주를 돕지는 않았지만 도주 경로를 알려주거나 도주를 쉽게 만들어주는 일체의 행위를 말한다. 도주를 위한 예비적 행위를 처벌하기 위한 것으로 포로의 도주 성공 여부와는 무관하게 처벌된다.

3. 주관적 구성요건

행위자는 포로의 도주를 원조한다는 확신은 없었더라도 자신의 행위로 인해 포로가 도주할 가능성이 있음을 인식하고 이를 용인하는 의사가 있었다면 고의가 인정되며, 제2항의 경우 고의 이외에 포로를 도주시킬 목적이 있어야 성립한다.

III. 법정형

- 도주하게 한 사람 : 10년 이하의 징역
- 기구를 제공하거나 그 밖에 그 도주를 용이하게 하는 행위를 한 사람 : 7년 이하의 징역

IV. 미수범

군형법 제91조에 따라 포로도주원조죄의 미수범은 처벌한다.

[5] 포로탈취죄 (제89조)

제89조(포로 탈취) 포로를 탈취한 사람은 2년 이상의 유기징역에 처한다.

I. 의의

포로탈취죄는 포로를 탈취함으로써 성립하는 범죄이다.

II. 구성요건

1. 주체

본죄의 주체는 군인·준군인뿐만 아니라 내·외국 민간인도 포함된다.

2. 행위

본죄의 실행행위는 '포로를 탈취하는 것'이다. '탈취'란 포로를 간수·호송하는 사람의 의사에 반하여 강제로 포로의 지배를 빼앗는 행위를 말한다.

III. 법정형

2년 이상의 유기징역

Ⅳ. 미수범

군형법 제91조에 따라 포로탈취죄의 미수범은 처벌한다.

[6] 도주포로비호죄 (제90조)

Ⅰ. 의의

도주포로비호죄는 도주한 포로를 숨기거나 비호함으로써 성립하는 범죄이다.

Ⅱ. 구성요건

1. 주체

본죄의 주체는 군인·준군인뿐만 아니라 내·외국 민간인도 포함된다.

2. 행위

본죄의 실행행위는 도주한 포로를 숨기거나 비호하는 것이다. 여기서 '숨기거나 비호'한다는 것은 도주한 포로를 은닉하거나 보호하는 것을 말한다. 그 방법에는 제한이 없으므로 부작위에 의한 것도 가능하나, 그 대상이 도주중인 포로라는 사실에 대한 인식이 있어야 본죄가 성립한다.

Ⅲ. 법정형

5년 이하의 징역

Ⅳ. 미수범

군형법 제91조에 따라 도주포로비호죄의 미수범은 처벌한다.

제15장

강간과 추행의 죄

[1] 총설

I. 의의

군형법 제15장은 군대 내 성폭력 범죄를 규율하기 위해 마련된 장으로, 군인 등을 대상으로 한 성범죄를 엄격히 처벌함으로써 군 조직 구성원의 성적 자기결정권을 보호하고 군 기강을 확립하여 전투력을 유지하는 데 그 목적이 있다. 군형법상 강간과 추행의 죄는 일반 형법상의 성범죄와 구별되는 특수성을 가지고 있으며, 군대라는 특수한 공동체 내에서 발생하는 성범죄에 대한 엄격한 규제를 통해 군 조직의 건전성과 전투력을 보존하고자 하는 목적을 갖고 있다.

II. 성폭력범죄의 처벌 등에 관한 특례법과의 관계

군형법상 강간과 강제추행의 죄는 군인을 상대로 한 성폭력범죄를 가중처벌하기 위한 것으로서 형법상 강간 및 강제추행의 죄와 본질적인 차이가 없어 성폭력특례법상 성폭력범죄에 포함된다(대법원 2014. 12. 24. 선고 2014도10916 판결).

따라서 추행죄를 제외한 제15장의 범죄를 범하여 유죄판결이 확정된 자는 성폭력특례법 제42조 제1항에 의해 신상정보 등록대상자가 된다.

III. 재판권

2021년 9월 24일 군사법원법 개정(2022. 7. 1. 시행) 이후에는 군인·군무원들이 범한 성폭력범죄에 대한 재판권은 일반법원에 있다.

[2] 군인등강간죄 (제92조)

Ⅰ. 의의

군인등강간죄는 폭행이나 협박으로 군형법 제1조 제1항부터 제3항까지에 규정된 사람을 강간함으로써 성립하는 범죄이다.

Ⅱ. 구성요건

1. 주체 및 객체

본죄의 주체 및 객체는 군인 또는 준군인이다.

2. 행위

본죄의 실행행위는 '폭행 또는 협박으로 군인·준군인을 강간하는 것'이다.

1) 폭행 또는 협박의 정도

강간죄가 성립하려면 가해자의 폭행·협박은 피해자의 항거를 불가능하게 하거나 현저히 곤란하게 할 정도의 것이어야 하고, 그 폭행·협박이 피해자의 항거를 불가능하게 하거나 현저히 곤란하게 할 정도의 것이었는지 여부는 그 폭행·협박의 내용과 정도는 물론, 유형력을 행사하게 된 경위, 피해자와의 관계, 성교 당시와 그 후의 정황 등 모든 사정을 종합하여 판단하여야 한다(대법원 2007. 1. 25. 선고 2006도5979 판결, 대법원 2015. 8. 27. 선고 2014도8722 판결).

나아가 사후적으로 보아 피해자가 사력을 다해 반항하지 않았다는 사정만으로 가해자의 폭행·협박이 피해자의 항거를 현저히 곤란하게 할 정도에 이르지 않았다고 섣불리 단정해서는 안 된다(대법원 2005. 7. 28. 선고 2005도3071 판결).

2) 강간의 의미

'강간'이란 폭행 또는 협박을 수단으로 하여 부녀를 간음하는 것을 말한다. 간음이란 남성의 성기를 여성의 성기에 삽입하는 행위를 의미하며, 성기의 일부만 삽입되어도 간음이 인정된다.

강간죄에서의 폭행·협박과 간음 사이에는 인과관계가 있어야 하나, 폭행·협박이 반드시 간음행위보다 선행되어야 하는 것은 아니다(대법원 2017. 10. 12. 선고 2016도16948).

3) 실행의 착수 및 기수시기

피해자에게 폭행·협박을 개시하였을 때 실행의 착수가 인정되며, 남성의 성기가 여성의 성기에 들어가는 순간에 기수가 된다.

3. 주관적 구성요건

본죄는 고의범이므로 행위자에게 고의가 있어야 한다. 즉, 폭행 또는 협박으로 군인·준군인을 강간한다는 인식과 의사가 있어야 한다. 미필적 고의로도 충분하다.

Ⅲ. 법정형

5년 이상의 유기징역

Ⅳ. 미수범

군형법 제92조의5에 따라 본죄의 미수범은 처벌한다.

[3] 군인등유사강간죄 (제92조의2)

제92조의2(유사강간) 폭행이나 협박으로 제1조 제1항부터 제3항까지에 규정된 사람에 대하여 구강, 항문 등 신체(성기는 제외한다)의 내부에 성기를 넣거나 성기, 항문에 손가락 등 신체(성기는 제외한다)의 일부 또는 도구를 넣는 행위를 한 사람은 3년 이상의 유기징역에 처한다.

Ⅰ. 의의

군인등유사강간죄는 폭행이나 협박으로 군인 또는 준군인에 대하여 구강, 항문 등 신체(성기는 제외한다)의 내부에 성기를 넣거나 성기, 항문에 손가락 등 신체(성기는 제외한다)의 일부 또는 도구를 넣는 행위를 함으로써 성립하는 범죄이다.

Ⅱ. 구성요건

1. 주체 및 객체

본죄의 주체 및 객체는 군인 또는 준군인이다.

2. 행위

본죄의 실행행위는 '폭행 또는 협박으로 군인·준군인에 대하여 구강, 항문 등 신체(성기는 제외한다)의 내부에 성기를 넣거나, 성기, 항문에 손가락 등 신체(성기는 제외한다)의 일부 또는 도구를 넣는 행위를 하는 것'이다. 폭행·협박의 정도는 군인등강간죄와 동일하다.

1) 구강, 항문 등 신체(성기는 제외)의 내부에 성기를 넣는 행위

'구강, 항문 등 신체(성기는 제외한다)의 내부'라는 표현에 따르면 구강이나 항문은 무엇인가가 들어갈 수 있는 '신체의 내부'를 지칭하는 것임이 명백하고, '내부', '넣다' 등의 문언의 통상의 의미와 일반적인 남녀 성기의 형상에 비추어 보면, 이 유형의 구성요건적 행위는 남성 가해자의 성기를 (여성의 성기를 제외한) 남녀불문 피해자의 구강이나 항문 등 신체 내부에 넣는 행위를 상정한 것이다(부산고등법원 (창원) 2024. 8. 23. 선고 2024노62 판결).

2) 성기, 항문에 손가락 등 신체(성기는 제외)의 일부 또는 도구를 넣는 행위

남녀불문 가해자의 신체 일부(손가락 등)나 도구를 여성 피해자의 성기 또는 남녀불문 피해자의 항문에 넣는 행위를 상정한 것이다(부산고등법원 (창원) 2024. 8. 23. 선고 2024노62 판결).

3) 기수시기

본죄는 성기를 구강, 항문 등 신체의 내부에 넣거나 손가락 등 신체의 일부 또는 도구를 성기, 항문에 넣는 순간에 기수가 된다. 완전한 삽입이나 사정, 성욕의 만족 등은 요구되지 않는다.

3. 주관적 구성요건

본죄는 고의범이므로 폭행 또는 협박으로 피해자에 대하여 유사강간 행위를 한다는 인식과 의사가 있어야 한다. 미필적 고의로도 충분하다.

Ⅲ. 법정형

3년 이상의 유기징역

Ⅳ. 미수범

군형법 제92조의5에 따라 유사강간죄의 미수범은 처벌한다.

[4] 군인등강제추행죄 (제92조의3)

> 제92조의3(강제추행) 폭행이나 협박으로 제1조 제1항부터 제3항까지에 규정된 사람에 대하여 추행을 한 사람은 1년 이상의 유기징역에 처한다.

Ⅰ. 의의

군인등강제추행죄는 폭행이나 협박으로 군형법 제1조 제1항부터 제3항까지에 규정된 사람에 대하여 추행을 함으로써 성립하는 범죄이다.

본죄는 엄격한 기강과 상명하복의 위계질서가 요구되는 군에서 구성원들 사이에 발생하는 강제추행을 엄히 규율함으로써 군 조직 구성원에 의한 강제추행 범죄로부터 구성원 개개인의 성적 자기결정권을 보호하고, 나아가 군 기강의 확립을 통해 전투력을 유지하고자 마련되었다.

행위주체와 객체가 모두 군 본연의 업무를 수행하는 구성원인데 군대 조직은 철저히 계급으로 이루어진 사회이므로 위계질서를 이용하여 위와 같은 범죄가 이루어질 가능성이 높다는 점과 군 조직 내에서 강제추행 범죄가 발생하는 경우 그 결과는 피해자 개인의 성적 자기결정권의 침해를 넘어 군의 전투력 보존에 심각한 위해를 초래할 수 있다는 점 때문에 일반적으로 비난가능성이 크다.

군영 밖이나 직접적인 지휘 감독 관계에 있지 않은 자 사이에 이루어진 강제추행이라 하더라도 이를 군형법으로 엄하게 처벌하는 것은 군 기강을 바로잡아 전투력을 유지하기 위한 것이다(헌법재판소 2025. 5. 29. 선고 2022헌바209 결정).

Ⅱ. 구성요건

1. 주체 및 객체

본죄의 주체 및 객체는 군인 또는 준군인이다.

2. 행위

본죄의 실행행위는 '폭행 또는 협박으로 군인·준군인을 추행하는 것'이다.

'추행'이란 객관적으로 일반인에게 성적 수치심이나 혐오감을 일으키게 하고 선량한 성적 도덕관념에 반하는 행위로서 피해자의 성적 자유를 침해하는 것을 말한다. 이에 해당하는지 여부는 피해자의 의사, 성별, 연령, 행위자와 피해자의 이전부터의 관계, 행위에 이르게 된 경위, 구체적 행위태양, 주위의 객관적 상황과 그 시대의 성적 도덕관념 등을 종합적으로 고려하여 신중히 결정되어야 한다(대법원 2002. 4. 26. 선고 2001도2417 판결).

강제추행죄는 상대방에 대하여 폭행 또는 협박을 가하여 항거를 곤란하게 한 뒤에 추행행위를 하는 경우뿐만 아니라 폭행행위 자체가 추행행위라고 인정되는 이른바 기습추행의 경우도 포함되는 것이며, 이 경우에 있어서 폭행은 반드시 상대방의 의사를 억압할 정도의 것임을 요하지 않고 상대방의 의사에 반하는 유형력의 행사가 있는 이상 그 힘의 대소강약을 불문한다(대법원 2020. 7. 23. 선고 2019도15421 판결).

3. 주관적 구성요건

본죄는 고의범이므로 폭행 또는 협박으로 군인·준군인을 추행한다는 사실에 대한 인식
과 의사가 있어야 한다. 미필적 고의로도 충분하다.

Ⅲ. 법정형

1년 이상의 유기징역

Ⅳ. 미수범

군형법 제92조의5에 따라 본죄의 미수범은 처벌한다.

[5] 군인등준강간·준강제추행죄 [제92조의4]

제92조의4(준강간, 준강제추행) 제1조 제1항부터 제3항까지에 규정된 사람의 심신상실 또는 항
거불능 상태를 이용하여 간음 또는 추행을 한 사람은 제92조, 제92조의2 및 제92조의3의 예에 따
른다.

Ⅰ. 의의

군인등준강간·준강제추행죄는 군인·준군인의 심신상실 또는 항거불능 상태를 이용하여
간음 또는 추행을 함으로써 성립하는 범죄이다.

Ⅱ. 구성요건

1. 주체

본죄의 주체는 군인 또는 군인에 준하는 자이다.

2. 객체

본죄의 객체는 심신상실 또는 항거불능 상태에 있는 군인 또는 준군인이다.

1) 심신상실의 상태

'심신상실'이란 생물학적 기초에서 사물을 변별하거나 의사를 결정할 능력이 없는 것을 말한다. 여기에서 '심신상실의 상태'란 정신기능의 장애로 인하여 성적 행위에 대한 정상적인 판단능력이 없는 상태를 의미한다(대법원 2006. 2. 23. 선고 2005도9422 판결, 대법원 2012. 6. 28. 선고 2012도2631 판결).

피해자가 깊은 잠에 빠져 있거나 술·약물 등에 의해 일시적으로 의식을 잃은 상태 또는 완전히 의식을 잃지는 않았더라도 그와 같은 사유로 정상적인 판단능력과 대응·조절능력을 행사할 수 없는 상태에 있었다면 준강간죄에서의 심신상실 또는 항거불능 상태에 해당한다(대법원 2021. 2. 25. 선고 2018도10634, 2018전도86 판결).

2) 항거불능의 상태

'항거불능의 상태'라 함은 심신상실 이외의 원인으로 심리적 또는 물리적으로 반항이 절대적으로 불가능하거나 현저히 곤란한 경우를 의미한다(대법원 2006. 2. 23. 선고 2005도9422 판결, 대법원 2012. 6. 28. 선고 2012도2631 판결). 이는 형법 제297조, 제298조와의 균형상 심신상실 이외의 원인 때문에 심리적 또는 물리적으로 반항이 절대적으로 불가능하거나 현저히 곤란한 경우를 의미하는 것이다(대법원 2000. 5. 26. 선고 98도3257 판결).

3. 행위

본죄의 실행행위는 '심신상실 또는 항거불능 상태를 이용하여 간음 또는 추행하는 것'이다.

여기서 '이용'한다는 것은 심신상실 또는 항거불능의 무력한 상태를 기회로 삼아 간음 또는 추행하는 것을 의미한다. 처음부터 행위자가 간음 또는 추행을 하기 위하여 심신상실 또는 항거불능 상태를 야기한 때에는 군인등강간죄 또는 군인등강제추행죄 등이 성립한다.

준강간죄에서 실행의 착수 시기는 피해자의 심신상실 또는 항거불능의 상태를 이용하여 간음을 할 의도를 가지고 간음의 수단(속바지를 벗기려던 행위)이라고 할 수 있는 행동을 시작한 때로 보아야 한다(대법원 2019. 2. 14. 선고 2018도19295 판결).

4. 주관적 구성요건

본죄는 고의범이므로 행위자에게 고의가 있어야 한다. 준강간의 고의는 피해자가 심신상실 또는 항거불능의 상태에 있다는 것과 그러한 상태를 이용하여 간음한다는 구성요건적 결과 발생의 가능성을 인식하고 그러한 위험을 용인하는 내심의 의사를 말한다(대법원 2019. 3. 28. 선고 2018도16002 전원합의체 판결).

Ⅲ. 법정형

- 준강간: 5년 이상의 유기징역
- 준유사강간: 3년 이상의 유기징역
- 준강제추행: 1년 이상의 유기징역

Ⅳ. 미수범

군형법 제92조의5에 따라 본죄의 미수범은 처벌한다.

[6] 추행죄 (제92조의6)

제92조의6(추행) 제1조 제1항부터 제3항까지에 규정된 사람에 대하여 항문성교나 그 밖의 추행을 한 사람은 2년 이하의 징역에 처한다.

Ⅰ. 의의

추행죄는 제1조 제1항부터 제3항까지에 규정된 사람에 대하여 항문성교나 그 밖의 추행을 함으로써 성립하는 범죄이다.

군대는 상명하복의 수직적 위계질서체계 하에 있으므로, 직접적인 폭행·협박이 없더라도 위력에 의한 경우 또는 자발적 의사합치가 없는 동성 군인 사이의 추행에 대해서는 처벌의 필요성이 인정된다. 뿐만 아니라, 동성 군인 사이의 합의에 의한 성적 행위라 하더라도 그러한 행위가 근무장소나 임무수행 중에 이루어진다면, 이는 국군의 전투력 보존에 심각한 위해를 초래할 위험성이 있으므로, 이를 처벌하는 것이다(헌법재판소 2023. 10. 26. 선고 2017헌가16, 2020헌가3 결정 참조).

II. 구성요건

1. 주체 및 객체

본죄의 주체 및 객체는 군인 또는 준군인이다.

2. 행위

본죄의 실행행위는 '군인·준군인에 대하여 항문성교나 그 밖의 추행을 하는 것'이다.

1) 항문성교

'항문성교'는 사전적으로 '발기한 성기를 항문으로 삽입하는 성행위'라는 의미를 가진다. 제정 당시 군형법 제92조와 구 군형법 제92조의5의 대표적 구성요건인 '계간(鷄姦)'은 사전적으로 '사내끼리 성교하듯이 하는 짓'으로서 남성 간의 성행위라는 개념요소를 내포하고 있었으나, 현행 규정은 '계간' 대신 '항문성교'라는 표현을 사용하고 행위의 객체를 군형법이 적용되는 군인 등으로 한정하였다(대법원 2022. 4. 21. 선고 2019도3047 전원합의체 판결).

2) 그 밖의 추행

'그 밖의 추행'이란 폭행·협박에 의한 강제추행이나 심신상실 또는 항거불능 상태를 이용한 준강제추행을 제외하고, 피해자의 의사합치 없이 이루어지는 동성 군인 사이의 성적 행위 또는 동성 군인 사이에 의사합치가 있더라도 경계초소 등 사적 공간 외의 장소에서 이루어지는 성적 행위로서 군이라는 공동사회의 건전한 생활과 군기를 침해하는 것을 의미한다(헌법재판소 2023. 10. 26. 선고 2017헌가16, 2020헌가3 결정).

3) 적용범위의 제한

군형법 제92조의6의 문언, 개정 연혁, 보호법익과 헌법 규정을 비롯한 전체 법질서의 변화를 종합적으로 고려하면, 이 규정은 동성인 군인 사이의 항문성교나 그 밖에 이와 유사한 행위가 사적 공간에서 자발적 의사 합치에 따라 이루어지는 등 군이라는 공동사회의 건전한 생활과 군기를 직접적, 구체적으로 침해한 것으로 보기 어려운 경우에는 적용되지 않는다(대법원 2022. 4. 21. 선고 2019도3047 전원합의체 판결, 헌법재판소 2023. 10. 26. 선고 2017헌마841 결정).

3. 주관적 구성요건

본죄는 고의범이므로 군인·준군인에 대하여 항문성교나 그 밖의 추행을 한다는 인식과 의사가 있어야 한다.

III. 법정형

2년 이하의 징역

IV. 판례

- 모두 남성 군인으로 동성애 채팅 애플리케이션을 통해 만나 당시 피고인들의 독신자 숙소에서 휴일 또는 근무시간 이후에 자유로운 의사를 기초로 한 합의에 따라 항문성교나 그 밖의 성행위를 한 점 등에 비추어, 피고인들의 행위는 군형법 제92조의6에서 처벌대상으로 규정한 '항문성교나 그 밖의 추행'에 해당하지 않는다(대법원 2022. 4. 21. 선고 2019도3047 전원합의체 판결).

[7] 군인등강간 등 상해·치상죄 (제92조의7)

> 제92조의7(강간 등 상해·치상) 제92조 및 제92조의2부터 제92조의5까지의 죄를 범한 사람이 제1조 제1항부터 제3항까지에 규정된 사람을 상해하거나 상해에 이르게 한 때에는 무기 또는 7년 이상의 징역에 처한다.

I. 의의

군인등강간 등 상해·치상죄는 군인등강간, 군인등유사강간, 군인등강제추행, 군인등준강간·군인등유사강간·준강제추행죄를 범한 사람(미수범 포함)이 군인·준군인인 사람을 상해하거나 상해에 이르게 함으로써 성립하는 범죄이다.

Ⅱ. 구성요건

1. 객관적 구성요건

1) 주체

본죄의 주체는 군인 또는 준군인으로서 군인등강간, 군인등유사강간, 군인등강제추행, 군인등준강간·군인등유사강간·준강제추행죄를 범한 사람(미수범 포함)이다.

2) 객체

본죄의 객체는 군인 또는 준군인이다.

3) 행위

본죄의 실행행위는 '군인·준군인을 상해하거나 상해에 이르게 하는 것'이다.

'상해'는 피해자의 신체의 완전성을 훼손하거나 생리적 기능에 장애를 초래하는 것, 즉 피해자의 건강상태가 불량하게 변경되고 생활기능에 장애가 초래되는 것을 말하는 것으로, 여기서의 생리적 기능에는 육체적 기능뿐만 아니라 정신적 기능도 포함된다(대법원 2017. 6. 29. 선고 2017도3196 판결).

피해자에게 고의로 상해를 가한 경우에는 군인등강간등상해죄가 성립하고, 과실로 상해에 이르게한 경우에는 군인등강간등치상죄가 성립한다.

강간행위에 수반하여 생긴 상해가 극히 경미한 것으로서 굳이 치료할 필요가 없어서 자연적으로 치유되며 일상생활을 하는 데 아무런 지장이 없는 경우에는 강간치상죄의 상해에 해당되지 아니한다(대법원 1994. 11. 4. 선고94도1311 판결).

2. 주관적 구성요건

1) 기본범죄에 대한 고의

본죄가 성립하기 위해서는 행위자에게 기본범죄에 대한 고의가 있어야 한다. 즉, 군인등강간, 군인등유사강간, 군인등강제추행, 군인등준강간·군인등유사강간·준강제추행죄를 범한다는 인식과 의사가 있어야 한다.

2) 상해에 대한 고의 또는 과실

고의범인 군인등강간등상해죄에는 피해자를 상해한다는 인식과 의사가 있어야 한다. 과실범인 군인등강간등치상죄의 경우에는 상해와 원인이 되는 범죄의 폭행·협박·간음·추행 사이에는 인과관계가 있어야 하고, 상해의 결과에 대한 예견가능성이 인정되어야 한다.

Ⅲ. 법정형

무기 또는 7년 이상의 징역

[8] 군인등강간 등 살인·치사죄 [제92조의8]

> 제92조의8(강간 등 살인·치사) 제92조 및 제92조의2부터 제92조의5까지의 죄를 범한 사람이 제1조 제1항부터 제3항까지에 규정된 사람을 살해한 때에는 사형 또는 무기징역에 처하고, 사망에 이르게 한 때에는 사형, 무기 또는 10년 이상의 징역에 처한다.

Ⅰ. 의의

군인등강간 등 살인·치사죄는 군인등강간, 군인등유사강간, 군인등강제추행, 군인등준강간·군인등유사강간·준강제추행죄를 범한 사람(미수범 포함)이 군인·준군인인 사람을 살해하거나 사망에 이르게 함으로써 성립하는 범죄이다.

Ⅱ. 구성요건

1. 객관적 구성요건

1) 주체

본죄의 주체는 군인 또는 준군인으로서 군인등강간, 군인등유사강간, 군인등강제추행, 군인등준강간·군인등유사강간·준강제추행죄를 범한 사람(미수범 포함)이다.

2) 객체

본죄의 객체는 군인 또는 준군인이다.

3) 행위

본죄의 실행행위는 '군인·준군인을 살해하거나 사망에 이르게 하는 것'이다.

① 살해

'살해'란 고의로 사람을 죽이는 것을 말한다. 살인의 범의는 반드시 살해의 목적이나 계획적인 살해의 의도가 있어야 인정되는 것은 아니고, 자기의 행위로 인하여 타인의 사망의 결과를 발생시킬 만한 가능성 또는 위험이 있음을 인식하거나 예견하면 족한 것이고 그 인식이나 예견은 확정적인 것은 물론 불확정적인 것이라도 이른바 미필적 고의로 인정된다(대법원 2009. 2. 26. 선고 2008도9867 판결).

② 사망에 이르게 한 경우

'사망에 이르게 한 때'란 과실로 피해자를 사망하게 한 경우를 말한다. 군인등강간등치사죄는 결과적 가중범으로서 기본범죄와 사망의 결과 사이에 인과관계가 있는 외에 사망의 결과에 대한 예견가능성, 즉 과실이 있어야 한다.

2. 주관적 구성요건

1) 기본범죄에 대한 고의

본죄가 성립하기 위해서는 행위자에게 군인등강간죄, 군인등유사강간죄, 군인등강제추행죄, 군인등준강간죄, 군인등준유사강간죄, 군인등준강제추행죄를 범한다는 인식과 의사가 있어야 한다.

2) 살해에 대한 고의 또는 과실

고의범인 군인등강간등살인죄의 경우에는 살해에 대한 고의가 있어야 하고, 과실범인 군인등강간등치사죄의 경우에는 사망의 결과에 대한 예견가능성이 인정되어야 한다.

III. 법정형

- 강간 등 살인 : 사형 또는 무기징역
- 강간 등 치사 : 사형, 무기 또는 10년 이상의 징역

IV. 공소시효 배제

성폭력범죄의 처벌 등에 관한 특례법 제21조에 따라 군형법 제92조의8의 죄(강간 등 살인에 한정)는 공소시효의 적용이 배제된다.

제16장

그 밖의 죄

[1] 부하범죄부진정죄 (제93조)

제93조(부하범죄 부진정) 부하가 다수 공동하여 죄를 범함을 알고도 그 진정(鎭定)을 위하여 필요한 방법을 다하지 아니한 사람은 3년 이하의 징역이나 금고에 처한다.

Ⅰ. 의의

부하범죄부진정죄는 부하가 다수 공동하여 죄를 범함을 알고도 그 진정(鎭定)을 위하여 필요한 방법을 다하지 아니함으로써 성립하는 범죄이다. 본죄는 다수 공동하여 발생되는 범죄행위를 미연에 방지하기 위하여 상관에게 그 진정의 의무를 부과하는 것으로 진정부작위범의 일종이다.

Ⅱ. 구성요건

1. 주체

본죄의 주체는 부하를 두고 있는 상관이다. 여기서의 '상관'은 명령권을 가진 순정상관에 한정된다.

2. 행위

본죄의 실행행위는 '부하가 다수 공동하여 죄를 범함을 알고도 그 진정을 위해 필요한 방법을 다하지 아니하는 것'이다. 즉, '다수 공동하여' 죄를 범하고 이에 대하여 '진정'을 위해 필요한 방법을 다하지 아니한 경우에 성립한다.

1) 다수 공동하여

따라서 죄형법정주의의 파생원칙인 유추 해석금지와 명확성 원칙 등을 종합적으로 고려하면 '다수 공동하여'를 '단독범'이 다수인 경우로 확대하여 해석할 수는 없다(고등군사법원 2015. 4. 9. 선고 2014노315 판결).

따라서 '다수 공동'의 의미를 단독범이 계속적으로 발생하는 것까지 확장 해석할 수 없으므로, 개별적인 일부 폭행사실을 인지하고 있었을 뿐 2인 이상의 다수가 공동하여 죄를 범하는 것을 알지 못한 경우에 본죄는 성립하지 않는다.

2) 진정(鎭定)을 위하여 필요한 방법

'진정을 위해 필요한 방법'이란 범행이 기수에 이르지 않도록 필요한 진압행동을 한다는 의미이다. 부하들의 범행이 기수에 이르더라도 필요한 방법을 다한 이상 본죄는 성립하지 않는다.

'진정'의 시기가 예비·음모 후 기수 전에 한정되어야 하는 것은 아니나 장래의 발생할 범행을 예측하여 범행을 진정 시킬 의무를 부여하거나 이미 범행이 종료한 경우에 재범을 막을 의무를 부여한 것으로까지 해석할 수는 없다(고등군사법원 2015. 4. 9. 선고 2014노315 판결).

III. 법정형

3년 이하의 징역이나 금고

[2] 정치관여죄 (제94조)

제94조(정치 관여) ① 정당이나 정치단체에 가입하거나 다음 각 호의 어느 하나에 해당하는 행위를 한 사람은 5년 이하의 징역과 5년 이하의 자격정지에 처한다.
 1. 정당이나 정치단체의 결성 또는 가입을 지원하거나 방해하는 행위
 2. 그 직위를 이용하여 특정 정당이나 특정 정치인에 대하여 지지 또는 반대 의견을 유포하거나, 그러한 여론을 조성할 목적으로 특정 정당이나 특정 정치인에 대하여 찬양하거나 비방하는 내용의 의견 또는 사실을 유포하는 행위

3. 특정 정당이나 특정 정치인을 위하여 기부금 모집을 지원하거나 방해하는 행위 또는 국가·지
   방자치단체 및 「공공기관의 운영에 관한 법률」에 따른 공공기관의 자금을 이용하거나 이용하
   게 하는 행위
4. 특정 정당이나 특정인의 선거운동을 하거나 선거 관련 대책회의에 관여하는 행위
5. 「정보통신망 이용촉진 및 정보보호 등에 관한 법률」에 따른 정보통신망을 이용한 제1호부터
   제4호에 해당하는 행위
6. 제1조 제1항부터 제3항까지에 규정된 사람이나 다른 공무원에 대하여 제1호부터 제5호까지
   의 행위를 하도록 요구하거나 그 행위와 관련한 보상 또는 보복으로서 이익 또는 불이익을
   주거나 이를 약속 또는 고지(告知)하는 행위
② 제1항에 규정된 죄에 대한 공소시효의 기간은 「군사법원법」 제291조 제1항에도 불구하고 10
년으로 한다.

Ⅰ. 의의

정치관여죄는 정당이나 정치단체에 가입하거나 제94조 제1항 각호의 어느 하나에 해당하
는 행위를 함으로써 성립하는 범죄이다.

본죄는 정치적 중립 의무를 지닌 군인·준군인이 정치세력화되거나 사조직화되는 것을
방지함으로써, 군의 정치적 중립성을 유지하고 국방이라는 본연의 임무에 전념하게 하여 국
민의 신뢰를 보호하고 민주헌정체제를 확고히 수립하기 위한 것이다.

Ⅱ. 구성요건

1. 주체

본죄의 주체는 군인 또는 군인에 준하는 자이다.

2. 객체

본죄의 객체는 정당이나 정치단체, 특정 정당이나 특정 정치인이다.

1) 정당

'정당'이란 정당법 제2조에 따라 국민의 정치적 의사형성에 참여함을 목적으로 하는 국민의 자발적 조직을 말한다.

2) 정치단체

'정치단체'란 정치적 목적을 가진 단체로서 정당에 준하는 조직을 갖춘 단체를 말한다. 정치자금법 제2조 제2호는 정치단체를 "정치활동을 주된 목적으로 하거나 주요 활동으로 하는 단체 또는 조직으로서 이 법에 따라 등록한 단체"로 정의하고 있다.

3) 특정 정당이나 특정 정치인

'특정 정당'이란 현존하는 구체적인 정당을 말하며, '특정 정치인'이란 현직 대통령, 국회의원, 지방자치단체장, 지방의회의원 등 정치적 지위를 가진 자뿐만 아니라 정치적 활동을 하는 자를 포함한다(대법원 2018. 6. 28. 선고 2017도2741 판결).

3. 행위

본죄의 실행행위는 '정당이나 정치단체에 가입하거나 제94조 제1항 각호의 어느 하나에 해당하는 행위를 하는 것'이다.

1) 정당이나 정치단체에 가입하는 행위

'정당'이란 정당법에 따라 등록된 정당을 말하고, '정치단체'란 '특정 정당이나 특정 정치인을 지지·반대하는 단체로서 그 결성에 관여하거나 가입하는 경우 공무원의 정치적 중립성 및 교육의 정지석 중립성을 훼손할 가능성이 높은 단체'를 의미한다(헌법재판소 2020. 4. 23. 선고 2018헌마551 결정).

'가입'이란 정당이나 정치단체의 구성원이 되는 것을 말하며, 형식적인 가입절차를 거쳤는지 여부를 불문한다.

2) 정당이나 정치단체의 결성 또는 가입을 지원하거나 방해하는 행위 (제1호)

정당이나 정치단체의 결성을 지원하는 행위에는 발기인으로 참여하거나 창당준비위원회에 참여하는 행위, 창당자금을 제공하는 행위 등이 포함된다. 가입을 지원하는 행위에는 타인에게 정당 가입을 권유하거나 가입신청서를 대신 작성해주는 행위 등이 포함된다. 방해하는 행위에는 정당 결성이나 가입을 저지하거나 곤란하게 하는 일체의 행위가 포함된다.

3) 직위를 이용한 지지·반대 의견 유포 또는 여론조성 목적의 찬양·비방 (제2호)

'직위를 이용하여'란 그 직위와 결부되어 행위를 한 경우를 뜻하는 것으로서, 직위를 이용하지 아니하고는 그 행위를 할 수 없었거나 또는 그 행위를 하기가 곤란하였을 것이라는 관계가 있으면 족하고, 반드시 직무집행의 기회를 이용하거나 직무와 밀접한 관계가 있는 경우에 한정되는 것은 아니다(대법원 2011. 5. 13. 선고 2009도6788 판결).

현직 대통령에 대한 지지의견을 공표하는 것 자체로 구 군형법 제94조에서 금지하는 정치적 의견 공표행위에 해당한다. 또한 정부의 특정 정책이나 성과를 지지하는 것은 정부의 수반인 대통령 및 대통령과 정치적 입장을 같이하는 여당 등 특정 정당에 대한 지지 또는 정부·여당의 해당 정책에 비판하는 야당 등 특정 정당에 대한 반대로 이해될 수 있다. 그러므로 정부의 특정 정책이나 성과에 대한 지지의견을 공표하는 것 역시 구 군형법 제94조에서 금지하는 정치적 의견 공표행위에 해당한다(대법원 2018. 6. 28. 선고 2017도2741 판결).

4) 기부금 모집 지원·방해 또는 공공기관 자금 이용 (제3호)

특정 정당이나 특정 정치인을 위하여 기부금 모집을 지원하거나 방해하는 행위 또는 국가·지방자치단체 및 「공공기관의 운영에 관한 법률」에 따른 공공기관의 자금을 이용하거나 이용하게 하는 행위는 처벌대상이 된다. 이는 공적 자원이 특정 정치세력을 위해 사용되는 것을 방지하기 위한 것이다.

5) 특정 정당이나 특정인의 선거운동을 하거나 선거 관련 대책회의에 관여하는 행위 (제4호)

선거운동이란 당선 또는 낙선을 목적으로 하는 행위를 말하며, 선거 관련 대책회의에 관여한다는 것은 선거전략 수립, 선거자금 조달, 선거조직 구성 등에 참여하는 것을 의미한다.

정당의 후보자 선출을 위한 당내경선도 국가공무원법 제65조 제2항에서 금지하는 '선거'의 범위에 포함된다(대법원 2018. 5. 11. 선고 2018도4075 판결).

6) 정보통신망을 이용한 제1호부터 제4호 행위 (제5호)

정보통신망 이용촉진 및 정보보호 등에 관한 법률에 따른 정보통신망을 이용하여 제1호부터 제4호에 해당하는 행위를 하는 것이 처벌대상이 된다. 인터넷, SNS, 이메일 등을 통한 정치관여 행위가 이에 해당한다.

7) 타인에 대한 정치관여 요구 또는 보상·보복 (제6호)

군인·준군인이나 다른 공무원에 대하여 제1호부터 제5호까지의 행위를 하도록 요구하거나 그 행위와 관련한 보상 또는 보복으로서 이익 또는 불이익을 주거나 이를 약속 또는 고지(告知)하는 행위는 처벌대상된다. 이는 조직적인 정치관여를 방지하기 위한 것이다.

4. 주관적 구성요건

본죄는 고의범이므로 정당이나 정치단체에 가입하거나 제94조 제1항 각호의 행위를 한다는 인식과 의사가 있어야 한다.

III. 법정형

5년 이하의 징역과 5년 이하의 자격정지

IV. 공소시효의 특례

정치관여죄에 대한 공소시효의 기간은 군사법원법 제291조 제1항에도 불구하고 10년으로 한다(제94조 제2항).

V. 판례

- 피고인과 부대원들이 게시한 글의 내용은 현직 대통령에 대한 지지의견, 정부의 특정 정책이나 성과에 대한 지지의견, 야당에 대한 비판의견 등을 포함하고 있었다. 현직 대통령에 대한 지지의견을 공표하는 것 자체로 구 군형법 제94조에서 금지하는 정치적 의견 공표행위에 해당한다(대법원 2018. 6. 28. 선고 2017도2741 판결).
- 공무원과 국군의 정치적 중립성을 선언한 헌법의 입법목적, 심판대상조항의 입법취지 그리고 관련 규범들과의 관계 등을 종합적으로 고려하면, 심판대상조항에서 금지하는 "정치적 의견을 공표"하는 행위는 '군무원이 그 지위를 이용하여 특정 정당이나 특정 정치인 또는 그들의 정책이나 활동 등에 대한 지지나 반대 의견 등을 공표하는 행위로서 군조직의 질서와 규율을 무너뜨리거나 민주헌정체제에 대한 국민의 신뢰를 훼손할 수 있는 의견을 공표하는 행위'로 한정할 수 있다(헌법재판소 2018. 7. 26. 선고 2016헌바139 결정).

제3편

군사기밀보호법위반

제1장

총설

[1] 군사기밀의 개념

Ⅰ. 군사기밀의 의의

1. 군사기밀의 법적 정의

"군사기밀"이란 일반인에게 알려지지 아니한 것으로서 그 내용이 누설되면 국가안전보장에 명백한 위험을 초래할 우려가 있는 군 관련 문서, 도화, 전자기록 등 특수매체기록 또는 물건으로서 군사기밀이라는 뜻이 표시 또는 고지되거나 보호에 필요한 조치가 이루어진 것과 그 내용을 말한다(제2조 제1호).

2. 군사기밀의 성립요건

군사기밀의 성립요건은 다음과 같이 형식적 요건과 실질적 요건이 모두 충족되어야 한다.

1) 형식적 요건

- 군사기밀이라는 표시·고지가 되어 있거나 보호조치가 이루어져 있을 것

2) 실질적 요건

- 일반인에게 알려지지 않았고(비공지성)
- 누설 시 국가안전보장에 명백한 위험을 초래할 우려가 있을 것(실질가치)

Ⅱ. 군사기밀의 구분 및 지정

1. 군사기밀의 구분

군사기밀은 그 내용이 누설되는 경우 국가안전보장에 미치는 영향의 정도에 따라 Ⅰ급비밀, Ⅱ급비밀, Ⅲ급비밀로 등급을 구분한다. 군사기밀의 등급 구분에 관한 세부 기준은 대통령령으로 정한다(제3조).

- Ⅰ급비밀: 누설 시 국가안전보장에 치명적인 위험을 초래할 것으로 명백히 인정되는 가치를 지닌 것
- Ⅱ급비밀: 누설 시 국가안전보장에 현저한 위험을 초래할 것으로 명백히 인정되는 가치를 지닌 것
- Ⅲ급비밀: 누설 시 국가안전보장에 상당한 위험을 초래할 것으로 명백히 인정되는 가치를 지닌 것

2. 군사기밀 지정 원칙 및 지정권자

군사기밀은 그 내용과 가치의 정도에 따라 적절히 보호할 수 있는 최저등급으로 지정하여야 한다(제4조 제1항). 군사기밀의 등급별 지정권자는 대통령령으로 정한다(제4조 제2항).

Ⅲ. 군형법상 군사상 기밀과의 구별

1. 군형법상 군사상 기밀의 범위

군형법 제80조 소정의 '군사상의 기밀'은 반드시 법령에 의하여 기밀사항으로 규정되었거나 기밀로 분류명시된 사항에 한하지 아니하고 군사상의 필요에 따라 기밀로 된 사항은 물론 개관적, 일반적인 입장에서 외부에 알려지지 않는 것에 상당한 이익이 있는 사항도 포함한다(대법원 2000. 1. 28. 선고 99도4022 판결).

2. 군사기밀보호법상의 군사기밀과 군형법 제80조 군사상 기밀의 구별

군사기밀보호법상의 군사기밀이 아니더라도 군형법상의 군사상 기밀로 취급될 수 있다. 일반적으로 군사상의 필요에 따라 특별히 보호를 요한다고 하여 설정한 대외비는 군사기

밀보호법상의 군사기밀은 아니라 하더라도 군형법상의 군사상의 기밀로 취급된다(대법원 2000. 1. 28. 선고 99도4022 판결).

3. 판례

- 한반도 급변사태시 우리 군의 대응계획과 관련된 「작전계획 □□□□-04」의 일부 내용이 군사기밀보호법상의 군사기밀에 해당하며, 「보병사단」 등 야전교범들이 군형법 제80조에서 규정하는 군사상 기밀에 해당한다(대법원 2011. 10. 13. 선고 2011도7866 판결).
- 군사기밀의 지정이 적법절차에 의해 해제되었거나 국방부장관에 의해 공개되지 않는 한 비록 군 내부에서 그 사항이 평문으로 문서수발이 되었다거나 군사기밀사항이 장비 제작사의 장비설명 팜플렛, 상업견적서요구공문에 기재되어 배포되었다고 하더라도 군사기밀로서의 성질을 그대로 가지고 있다(대법원 2000. 1. 28. 선고 99도4022 판결).

[2] 군사기밀의 관리와 보호체계

Ⅰ. 군사기밀의 보호조치 등

군사기밀을 취급하는 자는 제4조에 따라 지정된 군사기밀에 대하여 군사기밀이라는 뜻을 표시하거나 고지하여야 한다. 다만, 군사기밀의 표시 또는 고지가 불가능하거나 부적당한 것은 그 군사기밀에 대한 접근을 방지하거나 그 군사기밀이 있는 곳을 은폐하는 등 군사기밀의 보호에 필요한 조치를 하여야 한다(제5조 제1항).

군사기밀을 관리하거나 취급하는 부대 또는 기관의 장은 군사기밀의 보호를 위하여 군사보호구역을 설정할 수 있다(제5조 제2항). 군사기밀의 관리·취급·표시·고지, 그 밖에 군사기밀의 보호조치와 군사보호구역의 설정 등에 필요한 사항은 대통령령으로 정한다(제5조 제3항).

군사기빌보호법 시행령 제5조 제1항은 군사기밀을 취급하는 자가 취해야 할 보호조치를

1. 군사기밀은 도난·분실·화재 또는 파괴 등으로부터 보호되고, 그 생산과정과 전파경로를 확인할 수 있도록 대책을 마련할 것, 2. 군사기밀은 해당 등급의 비밀취급 인가를 받은 사람으로서 업무상 관련이 있는 사람에게만 취급하게 할 것, 3. 군사기밀은 그 내용과 가치의 정도에 따라 결재선상의 최초 지정권자가 군사기밀로 지정할 것, 4. 군사기밀에 대한 비밀취급 비인가자의 접근을 방지하고 그 취급자에게 경고하기 위하여 최초 생산 시부터 군사기밀의 표시 방법에 따라 표시하거나 이를 고지하도록 할 것과 같이 구체적으로 규정하고 있다.

II. 해제

군사기밀을 지정한 자는 군사기밀로 지정된 사항이 군사기밀로서 계속 보호할 필요가 없어졌을 때에는 지체 없이 그 지정을 해제하여야 한다(제6조).

1. 군사기밀의 해제 조건

군사기밀에 대하여 군사기밀의 지정이 적법절차에 의하여 해제되거나 국방부장관에 의하여 국민에게 공개되지 않았으며 내용이 누설될 경우 국가안전보장에 명백한 위험을 초래할 우려가 있는 경우, 군사기밀 보호법상 '군사기밀'로서의 성질을 그대로 가진다(대법원 2015. 1. 29. 선고 2013도6274 판결).

2. 예고기간 경과 후의 효력

예고기간이 경과하였더라도 적법절차에 따라 해제되거나 공개되지 아니하고 엄격하게 관리되고 있는 경우에는 여전히 군사기밀에 해당한다(대법원 1994. 4. 26. 선고 94도348 판결).

III. 군사기밀의 공개

국방부장관 또는 방위사업청장은 1. 국민에게 알릴 필요가 있을 때, 2. 공개함으로써 국가안전보장에 현저한 이익이 있다고 판단될 때에는 대통령령으로 정하는 바에 따라 군사기밀을 공개할 수 있다(제7조).

Ⅳ. 군사기밀의 제공 및 설명

국방부장관 또는 방위사업청장은 1. 법률에 따라 군사기밀의 제출 또는 설명을 요구받았을 때, 2. 군사외교상 필요할 때, 3. 군사에 관한 조약이나 그 밖의 국제협정에 따라 외국 또는 국제기구의 요청을 받았을 때, 4. 기술개발, 학문연구 등을 목적으로 연구기관 등이 요청할 때에는 대통령령으로 정하는 바에 따라 군사기밀을 제공하거나 설명할 수 있다(제8조).

Ⅴ. 공개 요청

모든 국민은 군사기밀의 공개를 국방부장관 또는 방위사업청장에게 문서로써 요청할 수 있다. 공개 요청에 따른 군사기밀의 공개에 관하여는 제7조를 준용한다. 군사기밀의 공개 요청 및 처리의 절차 등에 관하여 필요한 사항은 대통령령으로 정한다(제9조).

군사기밀에 관한 정보공개 요청에 있어 군사기밀보호법이 정보공개법에 우선하여 적용된다. 따라서 군사기밀의 경우에는 군사기밀보호법 제7조, 제9조, 같은 법 시행령 제7조, 제9조에 별도의 공개절차가 규정되어 있으므로, 이 사건 감사결과보고서의 공개 여부는 우선 군사기밀보호법에서 규정하고 있는 절차에 의하여야 하고, 보충적으로 정보공개법을 적용하여야 할 것이다(서울행정법원 2005. 09. 07 선고 2005구합3127 판결).

제2장

군사기밀보호법위반 주요 범죄

[1] 군사기밀 보호조치의 불이행죄 [제10조]

Ⅰ. 의의

군사기밀 보호조치의 불이행죄는 군사기밀을 취급하는 사람이 정당한 사유 없이 군사기밀에 대한 표시, 고지나 그 밖에 군사기밀 보호에 필요한 조치를 하지 아니하거나, 군사기밀을 손괴·은닉하거나 그 밖의 방법으로 효용을 해침으로써 성립하는 범죄이다.

Ⅱ. 구성요건

1. 주체

본죄의 주체는 "군사기밀을 취급하는 사람"으로 한정된다. 여기서 '취급'이란 군사기밀을 생산, 접수, 보관, 사용, 열람, 전송 등의 행위를 하는 것을 의미한다. 군사기밀을 취급하는 자는 군사기밀에 대하여 도난·분실·화재 또는 파괴 등으로부터 보호하고, 해당 등급의 비밀취급 인가를 받은 사람으로서 업무상 관련이 있는 사람에게만 취급하게 하는 등의 보호조치를 취해야 한다(동법 시행령 제5조 제1항).

2. 객체

본죄의 객체는 '군사기밀'이다. 군사기밀은 형식적 요건(군사기밀이라는 표시·고지 또는 보호조치)과 실질적 요건(일반인에게 비공지성, 누설 시 국가안전보장에 명백한 위험 초래 우려)을 모두 갖추어야 한다.

3. 행위

본죄의 실행행위는 2가지 유형으로 나뉜다.

1) 정당한 사유 없이 표시, 고지나 그 밖에 군사기밀 보호에 필요한 조치를 하지 않는 것

군사기밀을 취급하는 자는 제4조에 따라 지정된 군사기밀에 대하여 군사기밀이라는 뜻을 표시하거나 고지하여야 한다. 다만, 군사기밀의 표시 또는 고지가 불가능하거나 부적당한 것은 그 군사기밀에 대한 접근을 방지하거나 그 군사기밀이 있는 곳을 은폐하는 등 군사기밀의 보호에 필요한 조치를 하여야 한다(제5조 제1항).

'정당한 사유' 관련하여, 대법원은 '군사기밀을 취급하는 자가 정당한 사유 없이 군사기밀의 보호에 필요한 조치를 취하지 않은 것이 군사기밀을 누설할 목적이 아니라 업무효율성 도모와 후배를 돕기 위한 행위였다고 하더라도 군사기밀의 보호조치를 취하지 않은 경우에 처벌하는 군사기밀보호법 제10조 제1항이 기밀누설의 목적을 요하는 목적범이 아니므로 그와 같은 사유만으로는 필요조치를 취하지 않은 데 대해 정당한 사유가 있다고 할 수 없다'고 판시하였다(대법원 2000. 1. 28. 선고 99도4022 판결).

2) 정당한 사유없이 군사기밀을 손괴·은닉하거나 그 밖의 방법으로 그 효용을 해치는 것

'은닉'은 재물 등의 소재를 불명하게 함으로써 그 발견을 곤란 또는 불가능하게 하여 그 효용을 해하는 것으로써 그러한 위험성만 있으면 족하고 현실적 침해행위가 있어야 하는 것은 아니다. '효용을 해한다'는 것은 사실상으로나 감정상으로 그 물건의 본래의 사용 목적에 공할 수 없게 하는 사태로 만드는 것을 물론 일시 그것을 이용할 수 없는 상태로 만드는 것도 역시 효용을 해한 것에 해당한다(대법원 1971. 11. 23. 선고 71도1576 판결).

4. 주관적 구성요건

본죄는 고의범으로, 행위자가 자신이 군사기밀을 취급하는 사람이라는 점, 그 대상이 군사기밀이라는 점, 그리고 자신의 행위가 군사기밀에 대한 표시, 고지나 그 밖에 군사기밀 보호에 필요한 조치를 하지 않는 것임을 인식하고 이를 의욕하거나 적어도 용인하여야 한다.

대법원은 이 죄가 기밀누설의 목적을 요하는 목적범이 아니라고 판시하였다(대법원 2000. 1. 28. 선고 99도4022 판결).

III. 법정형

- 2년 이하의 징역
- 군사기밀을 손괴·은닉하거나 그 밖의 방법으로 그 효용을 해친 경우 : 1년 이상의 유기징역

IV. 판례

- 부대의 1차 비밀보관·관리책임관으로서 자신이 군사기밀로 등재하고 보관 및 관리하여야 하는 군사II급 비밀 2건을 약 1년이 넘는 기간동안 은닉하고, 군사III급 비밀 3건을 부대 밖 소각용 폐기물 쓰레기통에 넣어 소각하게 하여 그 효용을 해하게 한 사례 (고등군사법원 2018. 1. 4. 선고 2017노280 판결)
- 군사기밀이 저장된 비밀저장용 외장하드를 가지고 나온 행위로 인하여 이미 외장하드의 발견을 곤란하게 할 위험성을 발생시켰고, 그것을 일시적으로 이용할 수 없는 상태로 만들었다고 볼 수 있으므로 비밀저장용 외장하드를 처음 가지고 나올 때부터 은닉하려는 의사가 있었다면 은닉행위는 이미 기수에 이르렀고, 이후 가지고 나온 외장하드를 실수로 바다에 빠뜨린 행위는 별개의 행위로써 이미 기수에 이른 은닉행위에 영향을 미치지 않는다(2018. 4. 5. 선고 해군작전사 보통군사법원 2018고4 판결).

[2] 군사기밀 탐지·수집죄 (제11조)

Ⅰ. 의의

군사기밀 탐지·수집죄는 군사기밀을 적법한 절차에 의하지 아니한 방법으로 탐지하거나 수집함으로써 성립하는 범죄이다.

Ⅱ. 구성요건

1. 주체

본죄의 주체는 군인뿐만 아니라 민간인도 그 주체가 될 수 있다.

군사기밀을 취급할 권한이 없는 사람뿐만 아니라, 군사기밀을 취급할 권한이 있는 사람이라도 업무와 관계없이 탐지·수집하는 경우에는 이 죄의 주체가 될 수 있다(대법원 2018. 6. 15. 선고 2013도5539 판결).

2. 객체

본죄의 객체는 '군사기밀'이다.

3. 행위

본죄의 행위는 '적법한 절차에 의하지 아니한 방법으로 군사기밀을 탐지하거나 수집'하는 것이다.

1) '적법한 절차'의 의미

'적법한 절차'란 군사기밀 보호조치, 제공·설명·공개 등 군사기밀 취득절차와 관련된 군사기밀보호법 조항들 및 그 위임에 따라 이를 구체화하는 하위법령을 준수한 절차를 말한다(헌법재판소 2019. 11. 28. 선고 2018헌바298 결정). 여기서 '군사기밀의 제공 또는 설명'이란 법 제8조에 따라 군사기밀의 제공 또는 설명의 요구를 받았을 때에 그 요청자 등에게 적법한 절차에 따라 군사기밀을 인도 또는 열람하게 하거나 군사기밀의 내용을 말로 전달하는 것을 말한다(동법 시행령 제2조 제2호).

대법원은 "'적법한 절차에 의하지 아니한 방법으로 탐지하거나 수집한'이라는 표현은 군사기밀에 대한 적법한 접근절차에 따르지 않고 권한 없이 탐지·수집의 대상을 찾아 그 내용을 알아내거나 그에 대한 점유를 취득하는 것을 뜻한다"고 판시하였다(대법원 2018. 6. 15. 선고 2013도5539 판결).

2) '탐지·수집'의 의미

일반적으로 '탐지'란 드러나지 않은 사실이나 물건을 찾아 알아내는 행위, '수집'이란 여러 가지 물건이나 재료를 찾아 모으는 행위를 뜻한다. 즉 문언의 의미에 따르면 '탐지·수집'은 그 대상인 물건 등을 찾아 그 내용을 알아내거나 그에 대한 점유를 취득하는 것이고, 이미 취득한 물건을 보관, 관리, 분류, 이동하는 등의 행위까지 당연히 포함한다고 보기는 어렵다 (대법원 2018. 6. 15. 선고 2013도5539 판결).

헌법재판소는 군사기밀 보호법의 입법취지와 '탐지·수집'의 사전적 의미를 고려할 때, 군사기밀의 '탐지·수집'은 "군사기밀의 내용을 알아내거나 군사기밀을 점유하여 군사기밀을 취득하는 행위"를 의미한다고 판시하였다(헌법재판소 2019. 11. 28. 선고 2018헌바298 결정).

4. 주관적 구성요건

본죄는 고의범으로, 행위자가 자신의 행위가 군사기밀을 적법한 절차에 의하지 아니한 방법으로 탐지하거나 수집하는 것임을 인식하고 이를 의욕하거나 적어도 용인하여야 한다.

대법원은 군사기밀 보호법 제11조 위반죄는 탐지·수집행위가 있으면 성립하고, 그로 인하여 국가안보를 위태롭게 할 위험이 초래되었다는 점까지 증명되어야 하는 것은 아니라고 판시하였다(대법원 2018. 6. 15. 선고 2013도5539 판결).

III. 법정형

10년 이하의 징역

IV. 미수범

군사기밀보호법 제18조에 따라 본죄의 미수범은 처벌한다.

V. 판례

- 업무상 군사기밀을 취급하는 피고인이 업무를 수행하면서 참고자료로 필요한 관련 군사기밀을 업무 편의를 위하여 프린터로 출력하여 사용하거나 대출받아 복사하고 원본을 반납하거나 회의에서 제공받은 다음 업무 참고용으로 계속 사용하기 위해 출력물 또는 사본 등을 파기하지 않고 사무실에 보관하다가, 보안감사에 대비하여 자신의 아파트로 반출함으로써 적법한 절차에 의하지 않은 방법으로 군사기밀을 탐지·수집하였다고 하여 군사기밀 보호법 위반으로 기소된 사안에서, 피고인이 업무상 필요에 따라 출력물 또는 사본을 계속 보관하거나 반출한 행위는 군사기밀에 대한 보호조치 의무를 위반한 것에 해당할 수 있지만 같은 법 제11조의 탐지·수집에 해당한다고 보기는 어렵다고 한 사례(대법원 2018. 6. 15. 선고 2013도5539 판결)

[3] 비인가자의 군사기밀 점유죄 (제11조의2)

제11조의2(비인가자의 군사기밀 점유) 업무상 군사기밀을 취급하였던 사람이 그 취급 인가가 해제된 이후에도 군사기밀을 점유하고 있는 경우에는 2년 이하의 징역 또는 2천만 원 이하의 벌금에 처한다.

I. 의의

비인가자의 군사기밀 점유죄는 업무상 군사기밀을 취급하였던 사람이 그 취급 인가가 해제된 이후에도 군사기밀을 점유함으로써 성립하는 범죄이다.

Ⅱ. 구성요건

1. 주체

본죄의 주체는 "업무상 군사기밀을 취급하였던 사람"으로 한정된다. 여기서 '업무상 군사기밀을 취급하였던 사람'이란 과거에 직무상 군사기밀을 다루었던 사람으로서, 현재는 그 취급 인가가 해제된 사람을 의미한다.

'업무'란 직업 또는 직무로서 계속적으로 행하는 일정한 사무를 통칭한다.

하고, '업무상 알게 되거나'의 의미는 업무에 기인하여 당연히 알고 있는 것을 말하며, '업무상 점유한'의 의미는 업무에 기인하여 입수하고 있는 것을 말한다(대법원 2016. 10. 27. 선고 2016도11677 판결).

헌법재판소는 군사기밀보호법 제13조 제1항 중 '업무상 군사기밀을 취급하는 사람 또는 취급하였던 사람' 부분이 죄형법정주의의 명확성원칙에 위반되지 않는다고 판시하였다(헌법재판소 2020. 5. 27. 선고 2018헌바233 결정).

2. 객체

본죄의 객체는 '군사기밀'이다.

3. 행위

본죄의 행위는 '취급 인가가 해제된 이후에도 군사기밀을 점유하고 있는 것'이다. 여기서 '취급 인가의 해제'란 군사기밀을 취급할 수 있는 권한이 공식적으로 종료된 상태를 의미한다. 이는 전출, 전역, 보직해임 등으로 인해 발생할 수 있다.

'점유'란 군사기밀에 대한 사실상의 지배력을 가지고 있는 상태를 의미한다. 이는 물리적인 소지뿐만 아니라 개인 컴퓨터, 이동식 저장매체, 클라우드 저장소, 개인 이메일 계정 등에 군사기밀을 저장하고 있는 경우도 포함한다.

군사기밀보호법 시행령 제5조 제5항은 군사기밀을 취급하는 부대의 장이 전역자 및 퇴직자가 군사기밀을 누설하지 않도록 전역 또는 퇴직 전에 보안점검 및 보안교육을 실시하고, 군사기밀의 반환 또는 삭제를 확인하도록 규정하고 있다. 이는 취급 인가가 해제된 자가 군사기밀을 계속 점유하는 것을 방지하기 위한 조치이다.

4. 주관적 구성요건

본죄는 고의범으로, 행위자가 자신이 업무상 군사기밀을 취급하였던 사람이라는 점, 그 취급 인가가 해제되었다는 점, 그리고 자신이 군사기밀을 점유하고 있다는 점을 인식하고 이를 의욕하거나 적어도 용인하여야 한다.

III. 법정형

2년 이하의 징역 또는 2천만 원 이하의 벌금

IV. 미수범

군사기밀보호법 제18조에 따라 본죄의 미수범은 처벌한다.

[4] 군사기밀누설죄 (제12조)

제12조(누설) ① 군사기밀을 탐지하거나 수집한 사람이 이를 타인에게 누설한 경우에는 1년 이상의 유기징역에 처한다.
② 우연히 군사기밀을 알게 되거나 점유한 사람이 군사기밀임을 알면서도 이를 타인에게 누설한 경우에는 5년 이하의 징역 또는 5천만 원 이하의 벌금에 처한다.

I. 의의

군사기밀누설죄는 군사기밀을 탐지하거나 수집한 사람이 이를 타인에게 누설한 경우, 또는 우연히 군사기밀을 알게 되거나 점유한 사람이 군사기밀임을 알면서도 이를 타인에게 누설함으로써 성립하는 범죄이다.

II. 구성요건

1. 주체

본죄의 주체는 두 가지 유형으로 나뉜다.

1) 군사기밀을 탐지하거나 수집한 사람 (제1항)

제1항의 주체는 '군사기밀을 탐지하거나 수집한 사람'이다. 여기서 '탐지하거나 수집한 사람'이란 제11조에 규정된 행위, 즉 적법한 절차에 의하지 아니한 방법으로 군사기밀을 탐지하거나 수집한 사람을 의미한다.

2) 우연히 군사기밀을 알게 되거나 점유한 사람 (제2항)

제2항의 주체는 '우연히 군사기밀을 알게 되거나 점유한 사람'이다. 여기서 '우연히'란 의도적으로 군사기밀을 탐지하거나 수집하지 않았음에도 불구하고 우연한 기회에 군사기밀을 알게 되거나 점유하게 된 경우를 의미한다.

2. 객체

본죄의 객체는 '군사기밀'이다.

3. 행위

본죄의 행위는 '타인에게 누설'하는 것이다. 여기서 '누설'이란 군사기밀을 타인에게 알리는 행위를 의미한다. 누설의 방법이나 수단에는 제한이 없으며, 구두, 문서, 전자적 방법 등 어떠한 방식으로든 군사기밀을 타인에게 알리는 행위가 모두 포함된다.

대법원은 "누설한 사항 중 일부내용이 실제 군사기밀 내용과 다른 경우에도 나머지 부분이 군사기밀인 내용을 제대로 담고 있다면 전체적으로 보아 군사기밀보호법 제12조 소정의 군사기밀누설죄에 해당한다"고 판시하였다(대법원 2000. 1. 28. 선고 99도4022 판결).

4. 주관적 구성요건

1) 탐지 · 수집자의 경우 (제1항)

행위자가 자신이 군사기밀을 탐지하거나 수집한 사람이라는 점, 그 대상이 군사기밀이라는 점, 그리고 자신의 행위가 그 군사기밀을 타인에게 누설하는 것임을 인식하고 이를 의욕하거나 적어도 용인하여야 한다.

2) 우연 취득자의 경우 (제2항)

행위자가 우연히 군사기밀을 알게 되거나 점유하게 되었다는 점, 그 대상이 군사기밀이라는 점을 인식하고, 그럼에도 불구하고 이를 타인에게 누설하는 행위를 의욕하거나 적어도 용인하여야 한다. 특히 제2항은 "군사기밀임을 알면서도"라는 표현을 사용하여 행위자가 그 대상이 군사기밀임을 인식할 것을 명시적으로 요구하고 있다.

III. 법정형

- 탐지 · 수집자의 누설: 1년 이상의 유기징역
- 우연 취득자의 누설: 5년 이하의 징역 또는 5천만 원 이하의 벌금

IV. 미수범

군사기밀보호법 제18조에 따라 본죄의 미수범은 처벌한다.

V. 판례

- 군사기밀을 우연히 알게 되거나 점유하게 된 자가 그 군사기밀을 알려주거나 이전해 준 사람에게 동일한 군사기밀에 관하여 외견상 탐지 · 수집으로 보이는 행위를 그 이후에 하는 경우, 그 군사기밀의 비밀성이 새롭게 침해되는 것이 아니므로 탐지 · 수집으로 인한 군사기밀보호법위반죄를 구성하지 않는다(서울중앙지방법원 2015. 04. 02 선고 2014고합1289 판결).
- "피고인은 위 문서파일의 내용이 군사기밀에 해당한다는 것을 알았다는 사실이 충분히 인정된다"고 판시하면서, 방위산업체 근무 경험, 보안교육 이수, 방위산업계 내 군사기

밀 분류에 대한 일반적 인식 등을 고려하여 피고인의 인식을 판단하였다(서울중앙지방법원 2015. 4. 2. 선고 2014고합1289 판결).

[5] 업무상 군사기밀 누설죄 (제13조)

Ⅰ. 의의

업무상 군사기밀 누설죄는 업무상 군사기밀을 취급하는 사람 또는 취급하였던 사람이 그 업무상 알게 되거나 점유한 군사기밀을 타인에게 누설하거나, 또는 그 외의 사람이 업무상 알게 되거나 점유한 군사기밀을 타인에게 누설함으로써 성립하는 범죄이다.

Ⅱ. 구성요건

1. 주체

본죄의 주체는 두 가지 유형으로 나뉜다.

1) 업무상 군사기밀을 취급하는 사람 또는 취급하였던 사람 (제1항)

'업무상 군사기밀을 취급하는 사람'이란 직무상 군사기밀을 다루는 사람을 의미하며, '취급하였던 사람'이란 과거에 직무상 군사기밀을 다루었던 사람을 의미한다.

'업무'란 직업 또는 직무로서 계속적으로 행하는 일정한 사무를 통칭하고, '업무상 알게 되거나'의 의미는 업무에 기인하여 당연히 알고 있는 것을 말하며, '업무상 점유한'의 의미는 업무에 기인하여 입수하고 있는 것을 말한다(대법원 2016. 10. 27. 선고 2016도11677 판결).

또한 '업무상 군사기밀을 취급한 사람'에 주된 업무뿐만 아니라 보조업무상 필요로 군사기밀을 열람하여 참고할 수 있는 지위에 있거나 업무에 종사하는 자가 포함된다(대법원 2016. 8. 18. 선고 2014도13403 판결).

2) 제1항에 따른 사람 외의 사람 (제2항)

'제1항에 따른 사람 외의 사람'은 업무상 군사기밀을 취급하는 사람 또는 취급하였던 사람이 아닌 사람으로서, 업무상 군사기밀을 알게 되거나 점유한 사람을 의미한다. 예를 들어, 군사기밀 감사업무를 수행하는 감사관, 군사기밀 관련 용역을 수행하는 민간업체 직원, 군사기밀 관련 연구를 수행하는 연구원 등이 이에 해당할 수 있다.

2. 객체

본죄의 객체는 '군사기밀'이다.

3. 행위

본죄의 행위는 '업무상 알게 되거나 점유한 군사기밀을 타인에게 누설'하는 것이다.

군사기밀보호법의 입법취지상 군사기밀 중 일부를 누설한 자를 처벌하기 위해서는 그 누설된 부분이 일반인에게 알려지지 아니한 것으로서 누설된 부분만으로도 국가안전보장에 명백한 위험을 초래할 우려가 있어야 한다(대법원 2002. 5. 10. 선고 2000도1956 판결).

4. 주관적 구성요건

본죄는 고의범이므로 업무상 군사기밀을 취급하는 사람 또는 취급하였던 사람이 군사기밀군사기밀을 타인에게 누설한다는 사실에 대한 인식과 의사를 내용으로 하는 고의가 있어야 한다.

Ⅲ. 법정형

- 취급자·취급했던 자의 누설(제1항): 3년 이상의 유기징역
- 기타 업무상 취득자의 누설(제2항): 7년 이하의 징역

IV. 미수범

군사기밀보호법 제18조에 따라 본죄의 미수범은 처벌한다.

[6] 과실로 인한 군사기밀 누설죄 [제14조]

제14조(과실로 인한 군사기밀 누설) 과실로 제13조 제1항의 죄를 범한 사람은 2년 이하의 징역 또는 2천만 원 이하의 벌금에 처한다.

I. 의의

과실로 인한 군사기밀 누설죄는 업무상 군사기밀을 취급하는 사람 또는 취급하였던 사람이 과실로 업무상 알게 되거나 점유한 군사기밀을 타인에게 누설함으로써 성립하는 범죄이다.

군사기밀보호법은 군사기밀의 생산, 관리, 유통을 엄격하게 통제하고 과실로 누설한 경우까지 처벌하는 것은 군사기밀이 적에게 알려지는 경우 우리의 안보를 심각하게 해칠 수 있으므로 이러한 위험을 사전에 차단하고자 하는 것이다(서울중앙지방법원 2015. 04. 02 선고 2014고합1289 판결).

II. 구성요건

1. 주체

본죄의 주체는 제13조 제1항에서 규정한 "업무상 군사기밀을 취급하는 사람 또는 취급하였던 사람"으로 한정된다. 여기서 '업무'란 직업 또는 직무로서 계속적으로 행하는 일정한 사무를 통칭하며, 그 직업이나 직무가 법령, 관례, 계약 등 어떤 근거에 의한 것인지는 불문한다(대법원 2000. 1. 28. 선고 99도4022 판결).

2. 객체

본죄의 객체는 '군사기밀'이다.

3. 행위

본죄의 행위는 '과실로 인한 군사기밀 누설'이다. 군형법 제80조 제2항의 과실군기누설죄와 행위태양은 동일하다.

4. 주관적 구성요건

본죄는 과실범으로, 행위자가 주의의무를 위반하여 군사기밀을 누설한 경우에 성립한다.

III. 법정형

2년 이하의 징역 또는 2천만 원 이하의 벌금

[7] 신고·제출·삭제의 불이행죄 [제16조]

제16조(신고·제출·삭제의 불이행) ① 군사기밀을 보관하는 사람이 이를 분실하거나 도난당한 경우에 지체 없이 그 사실을 소속 기관 또는 감독 기관의 장에게 신고하지 아니한 경우에는 3년 이하의 징역 또는 3천만 원 이하의 벌금에 처한다.
② 군사기밀을 습득하거나 타인으로부터 제공받아 점유한 사람이 수사기관이나 군부대로부터 제출요구를 받고 즉시 이를 제출하지 아니한 경우 2년 이하의 징역 또는 2천만 원 이하의 벌금에 처한다.
③ 압수의 목적물인 군사기밀이 「형사소송법」 제106조 제3항 또는 같은 법 제219조에 따라 출력이나 복제의 방법으로 제출된 경우 그 점유자가 검사(군검사를 포함한다) 또는 그 지휘를 받은 사법경찰관(군사법경찰관을 포함한다)으로부터 컴퓨터용디스크, 그 밖에 이와 비슷한 정보저장매체에 남아 있는 군사기밀의 삭제 요구를 받고 즉시 이를 삭제하지 아니한 때에는 2년 이하의 징역 또는 2천만 원 이하의 벌금에 처한다.

I. 분실·도난 미신고죄 (제1항)

1. 의의

군사기밀을 보관하는 사람이 이를 분실하거나 도난당한 경우에 지체 없이 그 사실을 소속 기관 또는 감독 기관의 장에게 신고하지 아니함으로써 성립하는 범죄이다.

2. 구성요건

1) 주체

본죄의 주체는 '군사기밀을 보관하는 사람'이다. 여기서 '보관'이란 군사기밀에 대한 사실상의 지배력을 가지고 있는 상태를 의미한다. 군사기밀을 보관하는 사람은 군사기밀을 취급할 권한이 있는 사람뿐만 아니라, 업무상 또는 우연히 군사기밀을 보관하게 된 사람도 포함된다.

2) 객체

본죄의 객체는 '군사기밀'이다.

3) 행위

본죄의 행위는 '군사기밀을 분실하거나 도난당한 경우에 지체 없이 그 사실을 소속 기관 또는 감독 기관의 장에게 신고하지 아니하는 것'이다. 여기서 '분실'이란 군사기밀에 대한 사실상의 지배력을 상실하는 것을 의미하고, '도난'이란 타인에 의해 군사기밀을 절취당하는 것을 의미한다.

'지체 없이'란 정당한 사유 없이 지연하지 않고 즉시라는 의미로, 합리적인 이유 없이 신고를 지연하는 경우에는 본죄가 성립할 수 있다. 다만, 신고를 지연할 만한 정당한 사유가 있는 경우에는 본죄가 성립하지 않을 수 있다.

'소속 기관 또는 감독 기관의 장'이란 군사기밀을 보관하는 사람이 소속된 기관의 장 또는 그 기관을 감독하는 상급 기관의 장을 의미한다.

군사기밀보호법 시행령 제5조 제1항은 군사기밀을 취급하는 자가 군사기밀에 대하여 취해야 할 보호조치로서 "군사기밀은 도난·분실·화재 또는 파괴 등으로부터 보호되고, 그 생산과정과 전파경로를 확인할 수 있도록 대책을 마련할 것"을 규정하고 있다. 이는 군사기밀의 분실이나 도난을 방지하기 위한 사전적 조치이며, 제16조 제1항은 이러한 사전적 조치에도 불구하고 군사기밀이 분실되거나 도난당한 경우에 취해야 할 사후적 조치를 규정한 것이다.

4) 주관적 구성요건

본죄는 고의범이므로 군사기밀을 보관하는 사람이 군사기밀을 분실하거나 도난당한 사실을 소속 기관 또는 감독 기관의 장에게 신고하지 않는다는 점에 대한 인식과 의사를 내용으로 하는 고의가 있어야 한다.

3. 법정형

3년 이하의 징역 또는 3천만 원 이하의 벌금

Ⅱ. 제출요구 불이행죄 (제2항)

1. 의의

군사기밀을 습득하거나 타인으로부터 제공받아 점유한 사람이 수사기관이나 군부대로부터 제출요구를 받고 즉시 이를 제출하지 아니한 경우에 성립하는 범죄이다.

2. 구성요건

1) 주체

제2항의 주체는 '군사기밀을 습득하거나 타인으로부터 제공받아 점유한 사람'이다. 여기서 '습득'이란 군사기밀을 발견하여 자신의 지배하에 두는 것을 의미하고, '타인으로부터 제공받아 점유'란 타인으로부터 군사기밀을 전달받아 자신의 지배하에 두는 것을 의미한다.

2) 객체

본죄의 객체는 '군사기밀'이다.

3) 행위

본죄의 행위는 '수사기관이나 군부대로부터 제출요구를 받고 즉시 이를 제출하지 아니하는 것'이다. 여기서 '수사기관'이란 검찰, 경찰, 군 수사기관 등을 의미하고, '군부대'란 군사기밀과 관련된 군부대를 의미한다.

'제출요구'란 수사기관이나 군부대가 군사기밀의 제출을 요구하는 것을 의미하며, 이는 구두로도 가능하다. '즉시'란 정당한 사유 없이 지연하지 않고 바로라는 의미로, 합리적인 이유 없이 제출을 지연하는 경우에는 본죄가 성립한다. 다만, 제출을 지연할 만한 정당한 사유가 있는 경우에는 본죄가 성립하지 않을 수 있다.

4) 주관적 구성요건

본죄는 고의범이므로 군사기밀을 습득하거나 타인으로부터 제공받아 점유한 사람이 수사기관이나 군부대로부터 제출요구를 받고 즉시 이를 제출하지 아니한다는 사실에 대한 인식과 의사를 내용으로 하는 고의가 있어야 한다.

3. 법정형

2년 이하의 징역 또는 2천만 원 이하의 벌금

Ⅲ. 삭제요구 불이행죄 (제3항)

1. 의의

압수의 목적물인 군사기밀이 출력이나 복제의 방법으로 제출된 경우 그 점유자가 검사 또는 사법경찰관으로부터 정보저장매체에 남아 있는 군사기밀의 삭제 요구를 받고 즉시 이를 삭제하지 아니함으로써 성립하는 범죄이다.

2. 구성요건

1) 주체

본죄의 주체는 '압수의 목적물인 군사기밀이 출력이나 복제의 방법으로 제출된 경우 그 점유자'이다. 여기서 '점유자'란 군사기밀이 저장된 정보저장매체를 사실상 지배하고 있는 사람을 의미한다.

2) 객체

본죄의 객체는 '압수의 목적물인 군사기밀'이다. 여기서 '압수의 목적물'이란 형사소송법 제106조 제3항 또는 제219조에 따라 압수의 대상이 된 군사기밀을 의미한다.

형사소송법 제106조 제3항은 "법원은 압수의 목적물이 컴퓨터용디스크, 그 밖에 이와 비슷한 정보저장매체인 경우에는 기억된 정보의 범위를 정하여 출력하거나 복제하여 제출받아야 한다. 다만, 범위를 정하여 출력 또는 복제하는 방법이 불가능하거나 압수의 목적을 달성하기에 현저히 곤란하다고 인정되는 때에는 정보저장매체등을 압수할 수 있다"고 규정하고 있다.

3) 행위

본죄의 행위는 '검사 또는 그 지휘를 받은 사법경찰관으로부터 컴퓨터용디스크, 그 밖에 이와 비슷한 정보저장매체에 남아 있는 군사기밀의 삭제 요구를 받고 즉시 이를 삭제하지 아니하는 것'이다. 여기서 '검사'는 군검사를 포함하고, '사법경찰관'은 군사법경찰관을 포함한다.

'삭제 요구'란 검사 또는 사법경찰관이 정보저장매체에 남아 있는 군사기밀의 삭제를 요구하는 것을 의미하며, 이는 구두로도 가능하다.

4) 주관적 구성요건

본죄는 고의범이므로 압수의 목적물인 군사기밀이 출력이나 복제의 방법으로 제출된 경우 그 점유자가 검사 또는 사법경찰관으로부터 정보저장매체에 남아 있는 군사기밀의 삭제 요구를 받고 즉시 이를 삭제하지 아니한다는 사실에 대한 인식과 의사를 내용으로 하는 고의가 있어야 한다.

3. 법정형

2년 이하의 징역 또는 2천만 원 이하의 벌금

[8] 군사보호구역 침입 등 죄 (제17조)

Ⅰ. 군사보호구역 침입죄 (제1항)

1. 의의

군사보호구역 침입죄는 군사보호구역을 침입함으로써 성립하는 범죄이다. 이는 외부인의 출입을 제한함으로써 군사기밀을 보호하고, 군사훈련 및 군사작전을 원활히 수행하기 위함이다.

2. 구성요건

1) 주체

본죄의 주체는 군인뿐만 아니라 민간인도 그 주체가 될 수 있다.

2) 객체

객체는 '군사보호구역'이다. 군사보호구역은 군사기밀을 관리하거나 취급하는 부대 또는 기관의 장이 군사기밀의 보호를 위하여 설정할 수 있다(제5조 제2항).

군사기밀보호법 시행령 제5조 제2항은 "법 제5조 제2항에 따른 군사보호구역은 군사기밀의 표시 또는 고지가 불가능하거나 부적절한 군사기밀에 대하여 접근을 방지하거나 기밀이 있는 곳을 은폐하기 위하여 일정한 범위를 정하여 설정하여야 한다"고 규정하고 있다.

3) 행위

행위는 '군사보호구역을 침입'하는 것이다. 여기서 '침입'이란 군사보호구역에 대한 관리자의 의사에 반하여 군사보호구역에 들어가는 행위를 의미한다.

창원지방법원 통영지원은 "해군기지구역인 통제보호구역에 출입하거나 통제보호구역 안에서 수산동식물을 포획하고자 하는 자는 미리 관할부대장 등(주둔지 부대장 포함)의 허가를 받아야 한다"고 판시하였다(창원지방법원 통영지원 2013. 10. 23 선고 2013고단756,757(병합) 판결).

대법원은 "피고인들이 골프장 부지에 설치된 사드(THAAD)기지 외곽 철조망을 미리 준비한 각목과 장갑을 이용해 통과하여 300m 정도 진행하다가 내곽 철조망에 도착하자 미리 준비한 모포와 장갑을 이용해 통과하여 사드기지 내부 1km 지점까지 진입함으로써 대한민국 육군과 주한미군이 관리하는 건조물에 침입하였다"고 판시하였다(대법원 2020. 3. 12. 선고 2019도16484 판결).

4) 주관적 구성요건

고의범이므로 군사보호구역을 침입한다는 사실에 대한 인식과 의사를 내용으로 하는 고의가 있어야 한다.

3. 법정형

2년 이하의 징역 또는 2천만 원 이하의 벌금

4. 미수범

군사기밀보호법 제18조에 따라 본죄의 미수범은 처벌한다.

Ⅱ. 군사보호구역 침입 후 군사기밀 침해죄 (제2항)

1. 의의

본죄는 군사보호구역을 침입하여 군사기밀을 훔치거나 군사기밀을 손괴·은닉하거나 그 밖의 방법으로 그 효용을 해친 경우에 성립하는 범죄이다.

2. 구성요건

1) 주체

본죄의 주체는 '군사보호구역을 침입한 사람'이다. 따라서 제2항의 주체가 되기 위해서는 먼저 군사보호구역을 침입한 사람이어야 한다.

2) 객체

본죄의 객체는 '군사기밀'이다.

3) 행위

제2항의 행위는 '군사보호구역을 침입하여 군사기밀을 훔치는 것' 또는 '군사기밀을 손괴·은닉하거나 그 밖의 방법으로 그 효용을 해치는 것'이다.

여기서 '훔치는 것'이란 군사기밀을 절취하는 행위를 의미하고, '손괴'란 군사기밀을 파괴하거나 훼손하는 행위를 의미하며, '은닉'이란 군사기밀을 숨기는 행위를 의미한다. '그 밖의 방법으로 그 효용을 해치는 것'이란 군사기밀의 효용을 감소시키거나 상실시키는 일체의 행위를 의미한다.

4) 주관적 구성요건

본죄는 고의범이므로 군사보호구역을 침입하여 군사기밀을 훔치거나 군사기밀을 손괴·은닉하거나 그 밖의 방법으로 그 효용을 해치는 행위를 한다는 사실에 대한 인식과 의사를 내용으로 하는 고의가 있어야 한다.

3. 법정형

1년 이상의 유기징역

4. 미수범

군사기밀보호법 제18조에 따라 본죄의 미수범은 처벌한다.

제3장

가중처벌 등

[1] 군사기밀 불법 거래에 관한 가중처벌 (제13조의2)

> 제13조의2(군사기밀 불법 거래에 관한 가중처벌) ① 제11조부터 제13조까지에 따른 죄를 범한 자가 금품이나 이익을 수수, 요구, 약속 또는 공여한 경우 그 죄에 해당하는 형의 2분의 1까지 가중처벌한다.

Ⅰ. 의의

군사기밀 불법 거래에 관한 가중처벌은 군사기밀 탐지·수집죄(제11조), 군사기밀 누설죄(제12조), 업무상 군사기밀 누설죄(제13조)를 범한 자가 금품이나 이익을 수수, 요구, 약속 또는 공여한 경우에 적용되는 가중처벌 규정이다. 군사기밀의 불법거래 행위를 군사기밀탐지·수집죄와 뇌물공여죄의 결합범으로 규정해 더 무겁게 처벌하는 것은 그에 상응하는 책임을 물어 군사기밀의 불법 거래를 더욱 엄중하게 처벌하기 위한 것이다.

Ⅱ. 구성요건

1. 주체

본죄의 주체는 '제11조부터 제13조까지에 규정된 죄를 범한 자'이다. 즉, 군사기밀 탐지·수집죄(제11조), 군사기밀 누설죄(제12조), 업무상 군사기밀 누설죄(제13조)를 범한 자가 본죄의 주체가 된다.

2. 객체

본죄의 객체는 '군사기밀'이다.

3. 행위

행위는 '금품이나 이익을 수수, 요구, 약속 또는 공여'하는 것이다. 여기서 '금품'이란 금전이나 물품을 의미하고, '이익'이란 금전적 이익뿐만 아니라 일체의 유형·무형의 이익을 포함한다. '수수'란 금품이나 이익을 받는 것을, '요구'란 금품이나 이익을 달라고 청구하는 것을, '약속'이란 금품이나 이익을 주고받기로 합의하는 것을, '공여'란 금품이나 이익을 제공하는 것을 의미한다.

군사기밀 수집시기와 대가의 지급시기가 떨어진 경우에는 '거래'인지의 여부를 여러 사정으로 평가하여 '불법거래' 여부를 판단한다. 즉, 기밀 수집시기에 금품수수가 행해진 경우로 한정하지 않고, 과거에 수집한 군사기밀에 대하여 사후에 그 대가를 준 경우에도 '불법거래'에 해당할 수 있다.

4. 주관적 구성요건

본죄는 고의범이므로 제11조부터 제13조까지에 규정된 죄를 범한다는 사실에 대한 인식과 의사를 내용으로 하는 고의가 있어야 한다.

Ⅲ. 법정형

그 죄에 해당하는 형의 2분의 1까지 가중처벌

- 군사기밀탐지·수집죄(제11조): 10년 이하의 징역 → 15년 이하의 징역
- 군사기밀누설죄(제12조 제1항): 1년 이상의 유기징역 → 1년 6개월 이상의 유기징역
- 군사기밀누설죄(제12조 제2항): 5년 이하의 징역 또는 5천만 원 이하의 벌금 → 7년 6개월 이하의 징역 또는 7천5백만 원 이하의 벌금
- 업무상 군사기밀누설죄(제13조 제1항): 3년 이상의 유기징역 → 4년 6개월 이상의 유기징역
- 업무상 군사기밀누설죄(제13조 제2항): 7년 이하의 징역 → 10년 6개월 이하의 징역

[2] 외국 또는 외국인을 위한 죄에 관한 가중처벌 (제15조)

Ⅰ. 의의

외국 또는 외국인을 위한 죄에 관한 가중처벌은 외국 또는 외국인(외국단체 포함)을 위하여 군사기밀 탐지·수집죄(제11조), 군사기밀 누설죄(제12조), 업무상 군사기밀 누설죄(제13조)를 범한 경우에 적용되는 가중처벌 규정이다.

이 규정은 국내외 방산업체가 방위력개선사업을 수주하기 위해 대가성 향응이나 금품을 제공하는 등 부정한 로비활동을 통해 군사기밀을 탐지·수집하고, 이로 인해 군사기밀이 외국인 또는 외국단체에 누설되어 국익을 저해하는 사례가 지속적으로 발생한 데에서 제정되었다. 이에 군사기밀 보호를 강화함으로써 국익을 침해하는 행위를 사전에 방지하고 국가안전보장에 기여하는 것을 그 목적으로 한다.

Ⅱ. 구성요건

1. 주체

본죄의 주체는 '제11조부터 제13조까지에 규정된 죄를 범한 자'이다. 즉, 군사기밀 탐지·수집죄(제11조), 군사기밀 누설죄(제12조), 업무상 군사기밀 누설죄(제13조)를 범한 자가 본죄의 주체가 된다.

2. 행위

본죄의 행위는 '외국 또는 외국인(외국단체를 포함한다)을 위하여 제11조부터 제13조까지에 규정된 죄를 범하는 것'이다. '외국인'이란 국적법에 의하여 대한민국 국민이 아닌 자를 말하므로 외국인은 외국 국적을 가지는 자와 무국적자를 포함하고, 대한민국 국적과 외국 국적을 함께 가지게 된 사람(복수국적자)은 외국인에 해당하지 않는다. 여기서 '외국 또는 외국인을 위하여'란 '외국 또는 외국인에게 이익이 되도록 하기 위하여'라는 의미이다.

외국인 가중처벌 조항의 문언적 의미, 입법취지나 목적, 입법연혁, 법규범의 체계적 구조 등에 비추어 볼 때, '외국인을 위하여'의 의미는 '외국인에게 군사적이거나 경제적이거나를 불문하고 일체의 유·무형의 이익 내지는 도움이 될 수 있다는, 즉 외국인을 이롭게 할 수 있다는 인식 내지는 의사'를 의미한다(헌법재판소 2018. 1. 25. 선고 2015헌바367 결정).

외국인에게 우리나라 잠수함의 전력화시기, 소요량, 작전운용성능 등의 군사기밀이 영어로 번역된 문건을 누설한 행위는 외국인에 대한 군사기밀 누설에 해당한다(서울중앙지방법원 2015. 04. 02 선고 2014고합1289 판결).

3. 주관적 구성요건

본죄는 고의범이므로 외국 또는 외국인을 위하여 제11조부터 제13조까지에 규정된 죄를 범한다는 사실에 대한 인식과 의사를 내용으로 하는 고의가 있어야 한다.

III. 법정형

- 군사기밀 탐지·수집죄(제11조): 15년 이하의 징역
- 군사기밀 누설죄(제12조 제1항): 1년 6개월 이상의 유기징역
- 군사기밀 누설죄(제12조 제2항): 7년 6개월 이하의 징역 또는 7천5백만 원 이하의 벌금
- 업무상 군사기밀 누설죄(제13조 제1항): 4년 6개월 이상의 유기징역
- 업무상 군사기밀 누설죄(제13조 제2항): 10년 6개월 이하의 징역

IV. 미수범

군사기밀보호법 제18조에 따라 본죄의 미수범은 처벌한다.

V. 판례

외국인 가중처벌 조항의 법정형이 징역 1년 6월 이상의 유기징역이므로 별도의 작량감경 없이 집행유예의 선고가 가능하고, 군사기밀 누설의 목적이나 경위, 외국으로 유출가능성, 국익 저해 가능성 등은 양형에서 고려가 가능한 점 등에 비추어 보면, 외국인을 위하여 군사

기밀을 누설한 경우 군사기밀누설죄에 정한 형의 2분의 1까지 가중처벌하도록 한 외국인 가중처벌 조항의 법정형이 지나치게 과중하다고 보기 어렵다(헌법재판소 2018. 1. 25. 선고 2015헌바367 결정).

[3] 자수 감면 (제19조)

군사기밀보호법에 규정된 죄를 범한 사람이 자수하였을 때에는 그 형을 감경하거나 면제한다.

[4] 자격정지 병과 (제20조)

군사기밀보호법에 규정된 죄에 관하여 징역형을 선고할 때에는 그 형의 장기 이하의 자격정지를 병과할 수 있다.

[5] 몰수 및 추징 (제20조의2)

군사기밀보호법에 따른 죄를 범한 자 또는 그 정을 아는 제3자가 받은 해당 재산이나 이익은 몰수한다. 다만, 몰수가 불가능한 때에는 그 가액을 추징한다(제20조의2 제1항).

검사 또는 군검사는 이 법에 따른 죄를 범한 자에 대하여 소추를 하지 아니할 때에는 압수물 중 군사기밀에 해당하는 부분의 삭제나 폐기 또는 국고귀속을 명할 수 있다(제20조의2 제2항).

제4편

주요 특별법위반

제1장

도로교통법위반

[1] 총설

　도로교통법 위반 범죄는 도로에서의 안전과 원활한 교통을 확보하기 위한 규제를 위반한 행위를 처벌하는 범죄이다. 특히 음주운전, 무면허운전, 음주측정 거부 등은 교통사고의 위험성을 현저히 증가시키는 행위로서 엄격하게 규제되고 있다. 도로교통법 위반 범죄는 그 위반 행위의 태양에 따라 다양한 구성요건과 법정형이 규정되어 있으며, 특히 반복적 위반에 대해서는 가중처벌 규정을 두고 있다.

　교통 관련 범죄는 기본적으로 ‘도로교통법’에 규정되어 있으며, ‘교통사고처리특례법’에서는 교통사고를 일으킨 운전자에 대한 처벌의 특례를, ‘특정범죄가중처벌등에관한법률’에서는 이 중 특별히 중대한 것으로 분류되는 교통범죄에 대한 가중처벌 규정을 두고 있다. 따라서 음주운전, 음주측정거부, 교통사고로 발생한 업무상과실치사상 등 차량의 운전과 관련한 교통범죄의 성립 여부와 처벌 수준은 이들 세 가지 법률과 그 하위 법령에 따라 결정된다.

[2] 음주운전 (제148조의2, 제44조 제1항)

제44조(술에 취한 상태에서의 운전 금지) ① 누구든지 술에 취한 상태에서 자동차등(「건설기계관리법」 제26조 제1항 단서에 따른 건설기계 외의 건설기계를 포함한다. 이하 이 조, 제45조, 제47조, 제50조의3, 제93조 제1항 제1호부터 제4호까지 및 제148조의2에서 같다), 노면전차 또는 자전거를 운전하여서는 아니 된다.
　④ 제1항에 따라 운전이 금지되는 술에 취한 상태의 기준은 운전자의 혈중알코올농도가 0.03퍼센트 이상인 경우로 한다.

Ⅰ. 의의

음주운전이란 술에 취한 상태에서 자동차 등을 운전하는 행위를 말한다. 자동차는 '달리는 흉기'로서의 속성을 지니고 있으며, 술에 취한 상태에서 자동차를 운전하는 행위는 그 자체로 운전자 자신은 물론 다른 운전자, 보행자, 기타 도로상·도로변의 사람들의 생명·신체·재산에 심각한 손해를 초래할 수 있는 위험을 내포하고 있다. 이에 따라 도로교통법은 음주운전과 관련된 여러 가지 행위들에 관하여 상세한 규제를 가하고 그 위반행위를 처벌하고 있다(헌재 2004. 1. 29. 2002헌마293 참조).

Ⅱ. 구성요건

1. 객체

본죄의 객체는 자동차등(건설기계관리법 제26조 제1항 단서에 따른 건설기계 외의 건설기계 포함), 노면전차, 자전거이다.

1) 자동차등

자동차와 원동기장치자전거를 말하며(제2조 제21호), '자동차'란 철길이나 가설된 선을 이용하지 않고 원동기를 사용하여 운전되는 차(견인되는 자동차도 자동차의 일부로 본다)이고(제2조 제18호), '원동기장치자전거'란 「자동차관리법」 제3조에 따른 이륜자동차 가운데 배기량 155시시 이하(전기를 동력으로 하는 경우에는 최고 정격출력 11킬로와트 이하)의 이륜자동차 또는 배기량 125시시 이하의 원동기를 단 차(제2조 제19호)를 말한다.

2) 노면전차

도로에서 궤도를 이용하여 운행되는 차를 말한다.

3) 자전거등

자전거와 개인형 이동장치를 말한다(제2조 제21호의 2).

'자전거'란 사람의 힘으로 페달이나 손페달을 사용하여 움직이는 구동장치(구동장치)와 조향장치(조향장치) 및 제동장치(제동장치)가 있는 바퀴가 둘 이상인 차로서 행정안전부령으로 정하는 크기와 구조를 갖춘 것을 말하며, '전기자전거'란 자전거로서 사람의 힘을 보충하기 위하여 전동기를 장착한 것이다(자전거 이용 활성화에 관한 법률 제2조 제1호).

'개인형 이동장치'란 제19호나목의 원동기장치자전거 중 시속 25킬로미터 이상으로 운행할 경우 전동기가 작동하지 아니하고 차체 중량이 30킬로그램 미만인 것으로서 행정안전부령으로 정하는 것을 말한다.

2. 행위

본죄의 실행행위는 술에 취한 상태에서 운전하는 것이다. 술에 취한 상태의 기준은 운전자의 혈중알코올농도가 0.03퍼센트 이상인 경우(제44조 제4항)를 말한다. 본죄는 추상적위험범으로 실제 사고 발생여부와 상관없이 혈중알코올농도가 기준치를 초과하는 경우 범죄가 성립하며, 술에 취한 상태에서 엔진의 시동을 걸고 발진조작을 완료한 경우 기수가 된다. 다만 발진조작이 완료되었어도 자동차의 고장이나 결함 등으로 애초에 자동차가 움직일 수 없는 상태였다면 발진할 수 없는 상태로 보아 발진조작을 완료했다고 보지 않는다(대법원 2021. 1. 14. 선고 2017도10815 판결).

'운전'은 도로(제44조의 경우에는 도로 외의 곳을 포함한다)에서 차마 또는 노면전차를 그 본래의 사용방법에 따라 사용하는 것(조종 또는 자율주행시스템을 사용하는 것을 포함한다)을 말한다(제2조 제26호). 따라서 도로 위 운전뿐만 아니라 아파트 단지, 주차장, 사유지 등 도로 외에서 음주운전을 할 경우 본죄가 성립한다.

3. 주관적 구성요건

본죄는 고의범이므로 음주 상태에서 운전한다는 인식과 의사가 필요하다. 따라서 단순히 엔진의 시동만을 건 경우, 운전자의 의지나 관여 없이 기어 등 자동차의 발진에 필요한 장치가 작동하거나 실수로 건드려 원동기의 추진력에 의해 자동차가 움직인 경우, 불안정한 주차상태 등으로 자동차가 움직인 경우는 본죄가 성립하지 않는다.

Ⅲ. 법정형

- 혈중알코올농도 0.03% 이상 0.08% 미만: 1년 이하 징역이나 500만 원 이하 벌금 (제

148조의2 제1항)

- 혈중알코올농도 0.08% 이상 0.2% 미만: 1년 이상 2년 이하 징역이나 500만 원 이상 1천만 원 이하 벌금 (제148조의2 제2항)
- 혈중알코올농도 0.2% 이상: 2년 이상 5년 이하 징역이나 1천만 원 이상 2천만 원 이하 벌금 (제148조의2 제3항 제1호)
- 음주운전 상습범(2회 이상 위반 후 재범): 2년 이상 5년 이하 징역이나 1천만 원 이상 2천만 원 이하 벌금 (제148조의2 제3항 제3호)
- 자전거 등 음주운전 : 20만 원 이하의 벌금이나 구류 또는 과료 (제156조 제11호)

[3] 무면허 운전 [제152조 제1호, 제43조]

제152조(벌칙) 다음 각 호의 어느 하나에 해당하는 사람은 1년 이하의 징역이나 300만원 이하의 벌금에 처한다.

 1. 제43조를 위반하여 제80조에 따른 운전면허(원동기장치자전거면허는 제외한다. 이하 이 조에서 같다)를 받지 아니하거나(운전면허의 효력이 정지된 경우를 포함한다) 또는 제96조에 따른 국제운전면허증 또는 상호인정외국면허증을 받지 아니하고(운전이 금지된 경우와 유효기간이 지난 경우를 포함한다) 자동차를 운전한 사람

제43조(무면허운전 등의 금지) 누구든지 제80조에 따라 시·도경찰청장으로부터 운전면허를 받지 아니하거나 운전면허의 효력이 정지된 경우에는 자동차등을 운전하여서는 아니 된다.

Ⅰ. 의의

무면허 운전이란 운전면허를 취득하지 않거나 운전면허의 효력이 정지된 상태에서 자동차 등을 운전하는 행위를 말한다. 운전면허 제도는 교통질서를 유지하고 운전자의 자격을 객관적으로 심사하여 교통사고의 위험을 예방하기 위한 공공제도이므로, 무면허운전은 이러한 국가의 교통관리기능 및 도로교통의 안전질서를 침해하는 행위로 본다.

Ⅱ. 구성요건

1. 객체

본죄의 객체는 '자동차 등'이며, 자동차와 원동기장치자전거를 말한다.

2. 행위

본죄의 실행행위는 제80조에 따라 시·도경찰청장으로부터 운전면허를 받지 아니하거나 운전면허의 효력이 정지된 경우에 자동차등을 운전하는 것이다.

'운전'이란 자동차 등을 그 본래의 사용방법에 따라 도로상에서 현실적으로 그 운행을 지배·관리하는 행위를 말하며, 실제로 차량이 움직이지 않더라도 가속페달·핸들 등 주요 조작장치를 이용하여 운행을 지배할 수 있는 상태에 이르면 기수가 된다. 자동차의 핸들운전 보조장치를 이용하더라도, 운전자가 직접 운행을 지배·관리하는 상태라면 무면허운전이 성립한다.

무면허 운전의 경우 도로 위에서 이루어진 경우에만 성립하며, 운전이 이루어진 장소가 도로가 아닌 경우 본죄가 성립하지 않는다.

3. 주관적 구성요건

본죄는 고의범으로 무면허 또는 면허정지 상태에서 운전한다는 인식과 의사가 필요하다. 따라서 기존의 운전면허가 취소된 상태에서 자동차를 운전하였더라도 운전자가 면허취소 사실을 인식하지 못한 이상 무면허운전에 해당한다고 볼 수 없고, 관할 경찰당국이 운전면허취소통지에 갈음하여 적법한 공고를 거쳤다고 하더라도 공고만으로 운전면허가 취소된 사실을 알게 되었다고 단정할 수 없으며, 이 경우 운전자가 그러한 사정을 알았는지는 각각의 사안에서 면허취소의 사유와 취소사유가 된 위법행위의 경중, 같은 사유로 면허취소를 당한 전력의 유무, 면허취소처분 통지를 받지 못한 이유, 면허취소 후 문제된 운전행위까지의 기간의 장단, 운전자가 면허를 보유하는 동안 관련 법령이나 제도가 어떻게 변동하였는지 등을 두루 참작하여 구체적. 개별적으로 판단하여야 한다(대법원 1993. 3. 23. 선고 92도3045 판결, 2004. 12. 10. 선고 2004도6480 판결).

III. 죄수 관계

무면허운전으로 인한 도로교통법 위반죄에 관해서는 어느 날에 운전을 시작하여 다음 날까지 동일한 기회에 일련의 과정에서 계속 운전을 한 경우 등 특별한 경우를 제외하고는 사회통념상 운전한 날을 기준으로 운전한 날마다 1개의 운전행위가 있다고 보는 것이 상당하므로 운전한 날마다 무면허운전으로 인한 도로교통법 위반의 1죄가 성립한다고 보아야 한다(대법원 2002. 7. 23. 선고 2001도6281 판결).

IV. 법정형

- 자동차 무면허운전: 1년 이하의 징역이나 300만 원 이하의 벌금(제152조 제1호)
- 원동기장치자전거 무면허운전: 30만 원 이하의 벌금이나 구류(제154조 제2호)
- 개인형 이동장치 무면허운전: 20만 원 이하의 벌금이나 구류(제156조 제13호)

[4] 음주측정 거부 [제148조의2 제2항 제1호, 제44조 제2항]

제148조의 2(벌칙) ② 1. 술에 취한 상태에 있다고 인정할 만한 상당한 이유가 있는 사람으로서 제44조 제2항에 따른 경찰 공무원의 측정에 응하지 아니하는 사람(자동차등 또는 노면전차를 운전하는 사람으로 한정한다)은 1년 이상 5년 이하의 징역이나 500만 원 이상 2천만 원 이하의 벌금에 처한다.

제44조(술에 취한 상태에서의 운전 금지) ② 경찰공무원은 교통의 안전과 위험방지를 위하여 필요하다고 인정하거나 제1항을 위반하여 술에 취한 상태에서 자동차등, 노면전차 또는 자전거를 운전하였다고 인정할 만한 상당한 이유가 있는 경우에는 운전자가 술에 취하였는지를 호흡조사로 측정할 수 있다. 이 경우 운전자는 경찰공무원의 측정에 응하여야 한다.

I. 의의

음주측정 거부란 경찰공무원의 음주측정 요구에 불응하는 행위를 말한다. 음주측정을 간접적으로 강제함으로써 교통의 안전을 도모함과 동시에 음주운전에 대한 입증과 처벌을 용이하게 하려는 데 있는 것이다(대법원 2015. 12. 14. 선고 2013도8481 판결).

II. 구성요건

1. 주체

본죄의 주체는 경찰공무원의 음주측정 요구를 받은 자동차 등의 운전자이다.

2. 행위

본죄의 실행행위는 '교통의 안전과 위험방지를 위하여 필요하다고 인정하거나 술에 취한 상태에서 자동차 등을 운전하였다고 인정할 만한 상당한 이유가 있는 경우에 경찰공무원의 음주측정 요구에 불응하는 것'이다.

1) 교통의 안전과 위험방지를 위하여 필요하다고 인정될 때

'교통안전과 위험방지의 필요'는 당해 운전자의 운전으로 인하여 발생될 타인의 생명과 물건 내지 타 차량 등의 운행에 지장을 초래할 구체적인 위험을 뜻한다(대법원 1993. 5. 27. 선고 92도3402 판결). 즉, 음주운전을 제지하지 아니하고 방치할 경우에 초래될 도로교통의 안전에 대한 침해 또는 위험을 미리 방지하기 위한 필요성이 인정되어야 한다.

2) 술에 취한 상태에서 자동차등을 운전하였다고 인정할 만한 상당한 이유

'술에 취한 상태에서 운전하였다고 인정할 만한 상당한 이유'의 판단은 운전자의 외관(술 냄새, 안구상태 등), 언행상태, 보행상태와 정지상태, 운전자의 혈색 등을 종합적으로 고려하여 판단하여야 한다.

3) '경찰공무원의 측정에 응하지 아니한 경우'

측정요구는 음주운전 혐의자에 대해 음주측정에 응할 것을 요구하는 의사표시로서 혐의자가 인식할 수 있을 정도로 표시되면 족하다. 음주측정을 피하려는 의도로 측정요구에 불응하고 차량을 버리고 도주하거나, 차량 밑으로 숨어서 나오지 않는 행위, 외형적으로는 호흡측정기에 숨을 내쉬는것처럼 행동하나 실질적으로 호흡을 내쉬지 않는 행위, 불대를 물고만 있는 경우 등이 측정불응행위에 해당한다.

단, 운전자가 음주측정에 응할 의사가 없음이 객관적으로 명백하다고 인정되는 때를 의미하고, 운전자가 경찰공무원의 1차 측정에만 불응하였을 뿐 곧이어 이어진 2차 측정에 응한 경우와 같이 측정거부가 일시적인 것에 불과한 경우까지 측정불응행위가 있었다고 보지는 않는다(대법원 2015. 12. 14. 선고 2013도8481 판결).

3. 주관적 구성요건

본죄는 고의범이므로 음주측정 요구에 불응한다는 인식과 의사가 필요하다.

III. 법정형

- 음주측정 거부: 1년 이상 5년 이하의 징역이나 500만 원 이상 2천만 원 이하의 벌금(제148조의2 제2항)
- 음주측정 거부 상습범 : 1년 이상 6년 이하의 징역이나 500만 원 이상 3천만 원 이하의 벌금(제148조의2 제1항 제1호)

IV. 판례

- 피고인의 음주와 음주운전을 목격한 참고인이 있는 상황에서 경찰관이 음주 및 음주운전 종료로부터 약 5시간 후 집에서 자고 있는 피고인을 연행하여 음주측정을 요구한 데에 대하여 피고인이 불응한 경우, 도로교통법상의 음주측정불응죄가 성립한다(대법원 2001. 8. 24. 선고 2000도6026 판결).
- 술에 취한 상태에 있다고 인정할 만한 상당한 이유가 있는지 여부는 운전자의 주취 여부 판단에 관한 경찰공무원의 현장 판단을 존중하여 당시 운전자의 언행이나 태도, 경찰공무원이 인식한 내용 등을 종합적으로 고려하여 판단해야 한다(대법원 2004. 10. 14. 선고 2004도5249 판결).
- 운전자에게 음주측정을 요구한 경찰공무원이 가지고 있던 바로 그 음주측정기가 고장이 났거나 이상이 있다는 구체적인 사정이 있었다면 그 음주측정기에 의한 측정을 거부하고 정상적으로 작동되는 다른 음주측정기로 측정하여 줄 것을 요구할 수 있지만, 그러한 구체적인 사정이 없는데도 불구하고 일반적으로 음주측정기에 의한 음주측정을 믿을 수 없다면서 음주측정을 거부할 수 없다(대법원 1995. 7. 28. 선고 95누3602 판결).
- 경찰공무원이 술에 취한 상태에 있다고 인정할 만한 상당한 이유가 있는 운전자에게 음주 여부를 확인하기 위하여 음주측정기에 의한 측정의 사전 단계로 음주감지기에 의한 시험을 요구하는 경우, 그 시험 결과에 따라 음주측정기에 의한 측정이 예정되어 있

고 운전자가 그러한 사정을 인식하였음에도 음주감지기에 의한 시험에 명시적으로 불응함으로써 음주측정을 거부하겠다는 의사를 표명하였다면, 음주감지기에 의한 시험을 거부한 행위도 음주측정기에 의한 측정에 응할 의사가 없음을 객관적으로 명백하게 나타낸 것으로 볼 수 있다(대법원 2017. 6. 8. 선고 2016도16121 판결).

- 경찰의 음주단속에 불응하고 도주하였다가 경찰에게 검거되어 지구대로 보호조치된 후 2회에 걸쳐 음주측정요구를 거부한 경우, 보호조치 목적이라 하더라도 피고인 및 피고인 처의 의사에 반하여 피고인을 지구대로 데려간 행위는 보호조치 요건이 충족되지 않은 상태에서 이루어진 위법한 체포에 해당하며, 그 상태에 이루어진 음주측정요구도 위법하다고 볼 수밖에 없으므로 그에 불응하였다고 하여 음주측정거부죄가 성립하지 않는다(대법원 2012. 12. 13. 선고 2012도11162 판결).

[5] 음주측정 방해 (제148조 제2항 제2호, 제44조 제5항)

제148조의 2(벌칙) ② 2. 술에 취한 상태에 있다고 인정할 만한 상당한 이유가 있는 사람으로서 제44조 제5항을 위반하여 자동차등 또는 노면전차를 운전한 후 음주측정방해행위를 한 사람은 1년 이상 5년 이하의 징역이나 500만 원 이상 2천만 원 이하의 벌금에 처한다.
제156조(벌칙) 12의2. 술에 취한 상태에 있다고 인정할 만한 상당한 이유가 있는 사람으로서 제44조 제5항을 위반하여 자전거등을 운전한 후 음주측정방해행위를 한 사람은 20만 원 이하의 벌금이나 구류 또는 과료에 처한다.
제44조(술에 취한 상태에서의 운전 금지) ⑤ 술에 취한 상태에 있다고 인정할 만한 상당한 이유가 있는 사람은 자동차등, 노면전차 또는 자전거를 운전한 후 제2항 또는 제3항에 따른 측정을 곤란하게 할 목적으로 추가로 술을 마시거나 혈중알코올농도에 영향을 줄 수 있는 의약품 등 행정안전부령으로 정하는 물품을 사용하는 행위(이하 "음주측정방해행위"라 한다. 이하 같다)를 하여서는 아니 된다.

Ⅰ. 의의

음주측정방해죄는 술에 취한 상태에 있다고 인정할 만한 상당한 이유가 있는 사람이 자동차 등, 노면전차, 자전거를 운전한 후 음주측정을 곤란하게 할 목적으로 추가로 술을 마시거나 혈중알코올농도에 영향을 줄 수 있는 의약품 등을 사용함으로써 성립하는 범죄이다. 음주운전 후 음주행위로 인한 음주측정의 혼란과 처벌불가를 해결하여 음주운전에 대한 경각심을 제고하고, 음주단속의 실효성을 제고하기 위한 규정이다.

Ⅱ. 구성요건

1. 주체

본죄의 주체는 술에 취한 상태에 있다고 인정할 만한 상당한 이유가 있는 사람 중 자동차 등, 노면전차, 자전거를 운전한 사람이다.

2. 행위

본죄의 실행행위는 '음주측정을 곤란하게 할 목적으로 추가로 술을 마시거나 혈중알코올농도에 영향을 줄 수 있는 의약품 등을 사용하는 것'이다.

'음주측정을 곤란하게 할 목적'이란 운전자가 음주상태라고 인정될 만한 상당한 이유가 있음에도 불구하고, 경찰의 음주 측정을 피하기 위한 목적을 의미하며, '혈중알코올농도에 영향을 줄 수 있는 의약품 등'은 베라파밀염산염, 에리트로마이신(도로교통법시행규칙 제27조의3)을 말한다.

Ⅲ. 법정형

- 음주측정방해 : 1년 이상 5년 이하의 징역이나 500만 원 이상 2천만 원 이하의 벌금(제148조의2 제2항)
- 음주측정방해 상습범(2회 이상) : 1년 이상 6년 이하의 징역이나 500만 원 이상 3천만 원 이하의 벌금(제148조의2 제1항 제1호)
- 자전거등(자전거, 개인형이동장치) 음주측정방해 : 20만 원 이하의 벌금이나 구류 또는 과료

[6] 사고 후 조치의무 위반 (제148조, 제54조 제1항)

제148조(벌칙) 제54조 제1항에 따른 교통사고 발생 시의 조치를 하지 아니한 사람(주·정차된 차만 손괴한 것이 분명한 경우에 제54조 제1항 제2호에 따라 피해자에게 인적 사항을 제공하지 아니한 사람은 제외한다)은 5년 이하의 징역이나 1천500만 원 이하의 벌금에 처한다.

제156조(벌칙) 제10호 주·정차된 차만 손괴한 것이 분명한 경우에 제54조 제1항 제2호에 따라 피해자에게 인적 사항을 제공하지 아니한 사람은 20만 원 이하의 벌금이나 구류 또는 과료에 처한다.

제54조(사고발생 시의 조치) ① 차 또는 노면전차의 운전 등 교통으로 인하여 사람을 사상하거나 물건을 손괴(이하 "교통사고"라 한다)한 경우에는 그 차 또는 노면전차의 운전자나 그 밖의 승무원(이하 "운전자 등"이라 한다)은 즉시 정차하여 다음 각 호의 조치를 하여야 한다.

 1. 사상자를 구호하는 등 필요한 조치

 2. 피해자에게 인적 사항(성명·전화번호·주소 등을 말한다. 이하 제148조 및 제156조 제10호에서 같다) 제공

Ⅰ. 의의

사고후미조치죄는 차 또는 노면전차의 운전 등 교통으로 인하여 사람을 사상하거나 물건을 손괴한 후 운전자가 즉시 정차하여 사상자를 구호는 등 필요한 조치를 하고, 피해자에게 인적사항을 제공하지 않음으로써 성립하는 범죄이다. 본죄는 피해자의 물적 피해 회복을 위한 것이 아니라 도로에서 일어나는 교통상의 위험과 장해를 방지·제거하여 안전하고 원활한 교통을 확보하기 위한 것이다.

Ⅱ. 구성요건

1. 주체

본죄의 주체는 교통사고를 일으킨 차량의 운전자나 그 밖의 승무원이다.

2. 행위

'사람을 사상하거나 물건을 손괴한 후 즉시 정차하여 사상자를 구호하는 등 필요한 조치를 취하지 않거나 피해자에게 인적사항(성명·전화번호·주소 등)을 제공하지 않는 것'이다.

운전면허증이나 주민등록증이 아닌 사고운전자의 신분을 확인하기에 불충분한 자동차등록원부만을 피해자에게 교부한 행위는 인적 사항을 제공한 경우로 볼 수 없다(대법원 1996. 8. 20. 선고 96도1415 판결).

'즉시 정차하여야 할 의무'란 곧바로 정차함으로써 부수적으로 교통의 위험이 초래되는 등의 사정이 없는 한, 즉시 정차해야 할 의무를 말한다(대법원 2006. 9. 28. 선고 2006도3441 판결).

'운전자가 취하여야 할 조치'는 사고의 내용과 피해의 정도 등 구체적 상황에 따라 적절히 강구되어야 하고 그 정도는 건전한 양식에 비추어 통상 요구되는 정도의 조치를 말한다(대법원 2009. 5. 14. 선고 2009도787 판결).

3. 주관적 구성요건

본죄는 고의범으로 교통사고 발생 사실을 인식하고도 필요한 조치를 취하지 않는다는 인식과 의사가 필요하다. 따라서 사고 당시 충격이 미미하여 운전자가 사고 발생 자체를 인지하지 못하고 현장을 이탈한 경우에는 고의가 없으므로 본죄가 성립하지 않는다.

III. 법정형

5년 이하의 징역이나 1천500만 원 이하의 벌금

IV. 판례

- 도주차량죄와 사고후미조치죄(중 손괴후미조치죄)는 상상적 경합의 관계에 있다(대법원 1993. 5. 11. 선고 93도49 판결).
- 사고가 발생한 도로에 비산물 등이 없었다고 하더라도 가해차량으로 인하여 다른 차량들이 도로를 통행할 수 없게 되었다면, 사고로 인한 교통상의 위험과 장해를 방지 · 제거하여 안전하고 원활한 교통을 확보하기 위한 조치를 취하여야 할 필요가 있으므로 피해차량에 인적사항만 남기고 별도의 조치를 취하지 않은 행위는 사고후미조치죄에 해당한다(대법원 2019. 10. 31. 선고 2019도10878 판결).
- 운전자가 운전 중 사람을 사상한 때에는 즉시 정차하여 사상자를 구호하는 등 필요한

조치를 스스로 취할 의무가 있으므로 이러한 조치를 취함이 없이 사고현장을 떠난 이상 비록 피고인이 부모에게 사고발생을 알려 사후조치를 취하려고 사고현장을 떠난 것이며 도주한 것이 아니라 하더라도 구호 등 조치위반의 죄책을 면할 수 없다(대법원 1984. 7. 24. 선고 84도1144 판결).

- 사고 운전자가 사고 목격자에게 단순히 사고처리를 부탁만 하고 구호조치가 이루어지기 전에 사고현장을 이탈한 사안에서 도로교통법 제50조 제1항에 규정된 조치를 취하였다고 볼 수 없다(대법원 2005. 12. 9. 선고 2005도5981 판결).

- 교통사고를 일으킨 운전자가 자신의 인적 사항이나 연락처를 알려주지 않은 채 사고 후 즉시 차량을 운전하여 현장을 벗어나는 경우, 필요한 조치를 다한 것이 아니며, 이때 사고로 인하여 피해 차량이 경미한 물적 피해를 입은 데 그치고 파편물이 도로 위에 흩어지지 않았더라도 마찬가지이다(대법원 2019. 7. 11. 선고 2017도15651 판결).

- 사고 운전자가 피해자를 병원에 후송하여 치료를 받게 하는 등의 구호조치는 취하였다고 하더라도, 피해자 등이 사고 운전자의 신원을 쉽게 확인할 수 없는 상태에서 피해자 등에게 자신의 신원을 밝히지 아니한 채 병원을 이탈하였다면 '도로교통법 제50조 제1항의 규정에 의한 조치'를 모두 취하였다고 볼 수 없다(대법원 2006. 1. 26. 선고 2005도8264 판결).

[7] 난폭운전 (제151조의2 제1호, 제46조의3)

제151조의2(벌칙) 다음 각 호의 어느 하나에 해당하는 사람은 1년 이하의 징역이나 500만 원 이하의 벌금에 처한다.
  1. 제46조의3을 위반하여 자동차등을 난폭운전한 사람
제46조의3(난폭운전 금지) 자동차등(개인형 이동장치는 제외한다)의 운전자는 다음 각 호 중 둘 이상의 행위를 연달아 하거나, 하나의 행위를 지속 또는 반복하여 다른 사람에게 위협 또는 위해를 가하거나 교통상의 위험을 발생하게 하여서는 아니 된다.
  1. 제5조에 따른 신호 또는 지시 위반
  2. 제13조 제3항에 따른 중앙선 침범
  3. 제17조 제3항에 따른 속도의 위반

Ⅰ. 의의

난폭운전이란 신호위반, 중앙선 침범, 속도위반 등의 행위를 연달아 하거나 하나의 행위를 지속·반복하여 다른 사람에게 위협 또는 위해를 가하거나 교통상의 위험을 발생시키는 행위를 말한다.

Ⅱ. 구성요건

자동차와 전동기장치자전거(개인형 이동장치 제외)의 운전자가 제46조의3 각호의 행위 중 둘 이상의 행위를 연달아 하거나, 하나의 행위를 지속 또는 반복하여 다른 사람에게 위협·위해를 가하거나 교통상의 위험을 발생하게 하는 것이다.

구체적 위험범으로서 교통상의 위험을 넘어서는 구체적이고 상당한 위험이 발생하였다고 인정될 때 범죄가 성립한다.

Ⅲ. 법정형

1년 이하의 징역이나 500만 원 이하의 벌금

Ⅳ. 판례

- 피고인이 고속도로에서 도로교통법에서 정한 안전거리 확보 의무나 진로변경 및 앞지르기 방법 등을 위반하여 다른 차량의 정상적인 통행에 다소 장애를 초래한 것으로 보이나, 피고인의 행위로 구체적이고 상당한 교통상 위험이 발생하였다고 단정하기 어려워 난폭운전에 해당하지 않는다(창원지법 2019. 6. 20. 선고 2019노287 판결).

[8] 교통사고 관련 재물손괴 (제151조)

> 제151조(벌칙) 차 또는 노면전차의 운전자가 업무상 필요한 주의를 게을리하거나 중대한 과실로 다른 사람의 건조물이나 그 밖의 재물을 손괴한 경우에는 2년 이하의 금고나 500만 원 이하의 벌금에 처한다.

Ⅰ. 의의

도로교통법 제151조는 차 또는 노면전차의 운전자가 업무상 필요한 주의를 게을리하거나 중대한 과실로 다른 사람의 건조물이나 그 밖의 재물을 손괴한 경우를 처벌하는 규정이다.

Ⅱ. 구성요건

운전자가 업무상 과실 또는 중대한 과실로 타인의 건조물이나 그 밖의 재물을 손괴하는 것이다. '업무상 과실'은 업무상 요구되는 주의를 태만히 한 것을 말하며, '중대한 과실'은 통상의 과실에 비해 주의의무를 현저히 태만한 경우로서 결과발생을 예견할 수 있었음에도 이를 예견하지 못한 경우를 말한다.

'그 밖의 재물'에는 범행의 수단 또는 도구로 제공된 차량은 포함되지 않는다(대법원 2007. 3. 15. 선고 2007도291 판결).

Ⅲ. 법정형

2년 이하의 금고나 500만 원 이하의 벌금

Ⅳ. 반의사불벌죄

본죄는 반의사불벌죄이며(교통사고처리법 제3조 제2항), 보험 또는 공제에 가입된 경우에는 사고운전자에 대하여 공소를 제기할 수 없다(교통사고처리법 제4조 제1항).

Ⅴ. 판례

- 업무상과실 재물손괴죄와 교통사고 발생시 조치의무 불이행죄는 별개의 행위로서 실체적 경합관계에 있다(대법원 1991. 6. 14. 선고 91도253 판결).

- 특정범죄가중처벌 등에 관한 법률상 '위험운전치사상죄'와 도로교통법상 '업무상과실 재물손괴죄'는 1개의 운전행위로 인한 것으로서 상상적 경합관계에 있다(대법원 2010. 1. 14. 선고 2009도10845 판결).

제2장

교통사고처리특례법위반

[1] 총설

I. 목적 및 의의

교통사고처리 특례법은 업무상과실 또는 중대한 과실로 교통사고를 일으킨 운전자에 관한 형사처벌 등의 특례를 정함으로써 교통사고로 인한 피해의 신속한 회복을 촉진하고 국민생활의 편익을 증진함을 목적으로 한다(제1조).

자동차의 폭증과 자가운전제의 정착으로 자동차의 운전이 국민생활의 불가결한 기본요소가 된 현실에 부응하여, 차의 운행과 관련한 보험제도를 도입하고 그 가입을 유도함으로써 교통사고로 인한 손해의 전보를 신속하고 확실하게 담보하기 위함이다.

II. 교통사고의 정의

'교통사고'란 차의 교통으로 인하여 사람을 사상(死傷)하거나 물건을 손괴(損壞)하는 것을 말한다(제2조 제2호). 여기서 '차의 교통'은 차량을 운전하는 행위 및 그와 동일하게 평가할 수 있을 정도로 밀접하게 관련된 행위를 모두 포함한다(대법원 2017. 5. 31. 선고 2016도21034 판결).

교통사고처리 특례법에서 '차'란 「도로교통법」 제2조 제17호가목에 따른 차(車)와 「건설기계관리법」 제2조 제1항 제1호에 따른 건설기계를 말한다(제2조 제1호).

[2] 교통사고처리특례법의 적용범위

교통사고처리 특례법상의 교통사고는 도로교통법이 정하는 도로에서의 교통사고의 경우로 제한되지 않는다. 차의 교통으로 인하여 발생한 모든 경우에 적용된다(대법원 1996. 10. 25. 선고 96도1848 판결).

연탄제조공장내의 한 작업장에서 발생한 교통사고행위에 대해서도 교통사고처리특례법이 적용된다(대법원 1988. 5. 24. 선고 88도255 판결).

그러나 화물차를 주차하고 적재함에 적재된 토마토 상자를 운반하던 중 적재된 상자 일부가 떨어지면서 지나가던 피해자에게 상해를 입힌 경우(대법원 2009. 7. 9. 선고 2009도2390 판결). 트랙터의 이동 과정이 아닌 트랙터를 이용하여 논에 로터리 작업(트랙터에 장착된 로터리를 이용한 쇄토 작업)을 하던 중에 발생한 사고(대법원 2024. 9. 27. 선고 2024도10908 판결)는 교통사고처리법에서의 '교통사고'에 해당하지 않는다.

[3] 교통사고처리특례법위반죄의 구성요건

Ⅰ. 기본 구성요건

차의 운전자가 교통사고로 인하여 형법 제268조의 죄(업무상과실치사상죄 또는 중과실치사상죄)를 범한 경우에는 5년 이하의 금고 또는 2천만 원 이하의 벌금에 처한다(제3조 제1항).

Ⅱ. 처벌의 특례

차의 교통으로 제3조 제1항의 죄 중 업무상과실치상죄 또는 중과실치상죄와 도로교통법 제151조의 죄를 범한 운전자에 대하여는 피해자의 명시적인 의사에 반하여 공소를 제기할 수 없다(제3조 제2항 본문). 이는 반의사불벌죄에 해당함을 의미한다(대법원 1983. 2. 8. 선고 82도2860 판결).

건설기계 운전자가 건설기계의 이동을 위해서 건설기계를 운전하는 행위 또는 그와 동일하게 평가할 수 있을 정도로 밀접하게 관련된 행위로 업무상과실치상 또는 중과실치상 등의 죄를 범하였다면 교통사고처리법 제3조 제2항 본문, 제4조 제1항 본문의 특례 규정이 적용된다. 건설기계의 이동을 위한 운전행위 등이 작업수행 과정에서 이루어졌거나 작업수행에 수반하여 이루어진 경우라도 마찬가지이다(대법원 2025. 3. 13. 선고 2024도15542 판결).

운전자의 '과실'이 인정되지 않는 교통사고, '고의'로 발생한 교통사고에는 적용되지 않는다. 교통사고로 사람을 '사망'시킨 경우에도 반의사불벌죄가 적용되지 않는다.

'피해자의 명시적인 의사'에 반하여 공소를 제기할 수 없도록 규정한 것은 문언상 그 처벌 여부가 '피해자'의 '명시적'인 의사에 달려 있음이 명백하므로, 성년후견인은 의사무능력인 피해자를 대신하여 처벌불원의사를 결정할 수 없다(대법원 2023. 7. 17. 선고 2021도11126 판결).

III. 처벌 특례의 예외사유

다만, 차의 운전자가 제1항의 죄 중 업무상과실치상죄 또는 중과실치상죄를 범하고도 피해자를 구호(救護)하는 등 「도로교통법」 제54조 제1항에 따른 조치를 하지 아니하고 도주하거나 피해자를 사고 장소로부터 옮겨 유기(遺棄)하고 도주한 경우, 같은 죄를 범하고 「도로교통법」 제44조 제2항을 위반하여 음주측정 요구에 따르지 아니하거나(운전자가 채혈 측정을 요청하거나 동의한 경우는 제외한다), 「도로교통법」 제44조 제5항을 위반하여 음주측정 방해행위를 한 경우와 다음 각 호의 어느 하나에 해당하는 행위로 인하여 같은 죄를 범한 경우에는 그러하지 아니하다(제3조 제2항 단서).

교통사고로 업무상과실치상죄 또는 중과실치상죄를 범한 운전자에 대하여 피해자의 명시한 의사에 반하여 공소를 제기할 수 있는 교통사고처리 특례법 제3조 제2항 단서 각 호에서 규정한 신호위반 등의 예외사유는 같은 법 제3조 제1항 위반죄의 구성요건요소가 아니라 공소제기의 조건에 관한 사유이다(대법원 2007. 4. 12. 선고 2006도4322 판결).

교통사고처리 특례법 제3조 제2항 단서의 각 호에서 규정한 예외사유가 경합하더라도 하나의 교통사고처리 특례법 위반죄가 성립할 뿐, 그 각 호마다 별개의 죄가 성립하는 것은 아니다(대법원 2011. 7. 28. 선고 2011도3630 판결).

1. 신호위반

도로교통법 제5조에 따른 신호기가 표시하는 신호 또는 교통정리를 하는 경찰공무원 등의 신호를 위반하거나 통행금지 또는 일시정지를 내용으로 하는 안전표지가 표시하는 지시를 위반하여 운전한 경우(제3조 제2항 단서 제1호)

'신호기에 의한 신호에 위반하여 운전한 경우'란 신호위반행위가 교통사고 발생의 직접적인 원인이 된 경우를 말한다(대법원 2012. 3. 15. 선고 2011도17117 판결).

교차로와 횡단보도가 연접하여 설치되어 있고 차량용 신호기는 교차로에만 설치된 경우에 있어서는, 그 차량용 신호기는 차량에 대하여 교차로의 통행은 물론 교차로 직전의 횡단보도에 대한 통행까지도 아울러 지시하는 것이라고 보아야 한다(대법원 2011. 7. 28. 선고 2009도8222 판결).

또한 적색등화에 신호에 따라 진행하는 다른 차마의 교통을 방해하지 아니하고 우회전할 수 있다는 도로교통법 시행규칙의 취지는 차마는 적색등화에도 원활한 교통소통을 위하여 우회전을 할 수 있되, 신호에 따라 진행하는 다른 차마의 신뢰 및 안전을 보호하기 위하여 다른 차마의 교통을 잘 살펴 방해하지 아니하여야 할 안전운전의무를 부과한 것이고, 다른 차마의 교통을 방해하게 된 경우에 신호위반의 책임까지 지우려는 것은 아니라고 판시하였다(대법원 2011. 7. 28. 선고 2011도3970 판결).

진로변경을 금지하는 안전표지인 백색실선은 교통사고처리법에서 정하고 있는 '통행금지를 내용으로 하는 안전표지'에 해당하지 않는다(대법원 2024. 6. 20. 선고 2022도12175 판결).

2. 중앙선 침범

도로교통법 제13조 제3항을 위반하여 중앙선을 침범하거나 같은 법 제62조를 위반하여 횡단, 유턴 또는 후진한 경우(제3조 제2항 단서 제2호)

중앙선을 '침범'한다는 뜻은 황색실선의 중앙선일 경우 교통사고의 발생지점이 중앙선을 넘어선 모든 경우를 말하는 것이 아니라 중앙선을 침범하여 계속적인 침범운행을 한 행위로 인하여 교통사고를 발생케 하였거나 계속적인 침범운행은 아니었다 하더라도 부득이한 사유가 없는데도 중앙선을 침범하여 교통사고를 발생케 한 경우를 뜻하는 것이다(대법원 1987. 7. 7. 선고 86도2597 판결).

여기서 '부득이한 사유'라 함은 진행차로에 나타난 장애물을 피하기 위하여 다른 적절한 조치를 취할 겨를이 없었다거나 자기 차로를 지켜 운행하려고 하였으나 운전자가 지배할 수 없는 외부적 여건으로 말미암아 어쩔 수 없이 중앙선을 침범하게 되었다는 등 중앙선 침범 자체에는 운전자를 비난할 수 없는 객관적 사정이 있는 경우를 말하는 것이며, 중앙선 침범 행위가 교통사고 발생의 직접적인 원인이 된 이상 사고장소가 중앙선을 넘어선 반대차선이어야 할 필요는 없으나, 중앙선 침범행위가 교통사고 발생의 직접적인 원인이 아니라면 교통사고가 중앙선 침범운행 중에 일어났다고 하여 모두 이에 포함되는 것은 아니다(대법원 1998. 7. 28. 선고 98도832 판결).

도로교통법 제62조는 "자동차의 운전자는 그 차를 운전하여 고속도로등을 횡단하거나 유턴 또는 후진하여서는 아니 된다."고 규정하고, 같은 법 제57조에 의하면 '고속도로등'은 고속도로 또는 자동차전용도로만을 의미한다. 일반도로에서 유턴하는 행위는 '같은 법 제62조를 위반하여 유턴한 경우'에 포함되지 않는다(대법원 2014. 8. 28. 선고 2014도3235 판결).

3. 제한속도 초과
도로교통법 제17조 제1항 또는 제2항에 따른 제한속도를 시속 20킬로미터 초과하여 운전한 경우(제3조 제2항 단서 제3호)

여기서 '제한속도를 시속 20km 초과하여 운전한 경우'란 제한속도 위반행위가 교통사고 발생의 직접적인 원인이 된 경우를 말한다. 제한속도 위반행위가 교통사고 발생의 직접적인 원인이 아니라면 교통사고가 제한속도를 위반한 운전 중에 일어났다고 하여 모두 이에 포함되는 것은 아니다(대법원 2025. 6. 12. 선고 2025도1049 판결).

운전자가 제한속도를 지키며 진행하였더라면 피해자를 발견한 후에 충돌을 피할 수 있었다는 등의 사정이 없는 한 제한속도를 초과하여 과속을 하였더라도 그러한 잘못과 교통사고의 발생 사이에 상당인과관계가 있다고 볼 수는 없다(대법원 2025. 6. 12. 선고 2025도1049 판결).

4. 앞지르기 방법 위반

도로교통법 제21조 제1항, 제22조, 제23조에 따른 앞지르기의 방법·금지시기·금지장소 또는 끼어들기의 금지를 위반하거나 같은 법 제60조 제2항에 따른 고속도로에서의 앞지르기 방법을 위반하여 운전한 경우(제3조 제2항 단서 제4호)

앞지르기 금지장소에서는 앞차가 진로를 양보하였다 하더라도 앞지르기를 할 수 없다(대법원 2005. 1. 27. 선고 2004도8062 판결).

5. 철길건널목 통과방법 위반

도로교통법 제24조에 따른 철길건널목 통과방법을 위반하여 운전한 경우(제3조 제2항 단서 제5호)

6. 횡단보도에서의 보행자 보호의무 위반

도로교통법 제27조 제1항에 따른 횡단보도에서의 보행자 보호의무를 위반하여 운전한 경우(제3조 제2항 단서 제6호)

횡단보행자용 신호기가 설치되지 않은 횡단보도를 횡단하는 보행자가 있을 경우에, 모든 차의 운전자는 그대로 진행하더라도 보행자의 횡단을 방해하지 않거나 통행에 위험을 초래하지 않을 경우를 제외하고, 횡단보도에 차가 먼저 진입하였는지 여부와 관계없이 차를 일시 정지하는 등의 조치를 취함으로써 보행자의 통행이 방해되지 않도록 할 의무가 있다(대법원 2020. 12. 24. 선고 2020도8675 판결). 이는 횡단보행자용 신호기가 설치되지 않은 횡단보도를 횡단하는 보행자에 대하여도 마찬가지이다(대법원 2022. 4. 14. 선고 2020도17724 판결).

보행신호등의 녹색등화가 점멸하고 있는 동안에 횡단보도를 통행하는 모든 보행자도 횡단보도에서의 보행자보호의무의 대상이 된다(대법원 2009. 5. 14. 선고 2007도9598 판결). 그러나 녹색등화가 점멸되고 있는 상태에서 횡단보도를 횡단하기 시작하여 횡단을 완료하기 전에 적색등화로 변경된 후에는 녹색등화의 점멸신호에 위반하여 횡단보도를 통행하고 있었던 것이어서 횡단보도를 통행 중인 보행자라고 볼 수 없다(대법원 2001. 10. 9. 선고 2001도2939 판결).

7. 무면허 운전

도로교통법 제43조, 건설기계관리법 제26조 또는 도로교통법 제96조를 위반하여 운전면허 또는 건설기계조종사면허를 받지 아니하거나 국제운전면허증을 소지하지 아니하고 운전한 경우(제3조 제2항 단서 제7호)

8. 음주 및 약물 운전

도로교통법 제44조 제1항을 위반하여 술에 취한 상태에서 운전을 하거나 같은 법 제45조를 위반하여 약물의 영향으로 정상적으로 운전하지 못할 우려가 있는 상태에서 운전한 경우(제3조 제2항 단서 제8호)

9. 보도 침범

도로교통법 제13조 제1항을 위반하여 보도가 설치된 도로의 보도를 침범하거나 같은 법 제13조 제2항에 따른 보도 횡단방법을 위반하여 운전한 경우(제3조 제2항 단서 제9호)

'보도를 침범하였을 때'란 교통사고의 발생지점이 보도를 넘어선 모든 경우를 가리키는 것이 아니라 부득이한 사유가 없어 보도를 침범하여 교통사고를 발생케 한 경우를 뜻한다(대법원 1997.05.23. 선고 95도1232 판결).

10. 승객 추락 방지의무 위반

도로교통법 제39조 제3항에 따른 승객의 추락 방지의무를 위반하여 운전한 경우(제3조 제

2항 단서 제10호)

차의 운전자는 운전 중 타고 있는 사람 또는 타고 내리는 사람이 떨어지지 않도록 하기 위하여 문을 정확히 여닫는 등 필요한 조치를 해야 한다(도로교통법 제39조 제3항). '운전 중 타고 있는 사람 또는 타고 내리는 사람'에 대한 조치이므로 사람의 운송에 공하는 차의 운전자가 그 승객에 대하여 부담하는 의무로 보아야 한다. 따라서 화물차의 적재함에서 작업 중인 피해자는 승객에 해당하지 않는다(대법원 2000. 2. 22. 선고 99도3716 판결).

또한, 차의 운전자가 문을 여닫는 과정에서 발생한 일체의 주의의무를 위반한 경우를 의미하는 것이 아니므로, 승객이 차에서 내려 도로상에 발을 딛고 선 뒤에 일어난 사고는 승객의 추락방지의무를 위반하여 운전함으로써 일어난 사고에 해당하지 않는다(대법원 1997. 6. 13. 선고 96도3266 판결).

11. 어린이 보호구역 내 안전의무 위반

도로교통법 제12조 제3항에 따른 어린이 보호구역에서 같은 조 제1항에 따른 조치를 준수하고 어린이의 안전에 유의하면서 운전하여야 할 의무를 위반하여 어린이의 신체를 상해에 이르게 한 경우(제3조 제2항 단서 제11호)

12. 화물 낙하 방지조치 위반

도로교통법 제39조 제4항을 위반하여 자동차의 화물이 떨어지지 아니하도록 필요한 조치를 하지 아니하고 운전한 경우(제3조 제2항 단서 제12호)

[4] 보험 등에 가입된 경우의 특례

I. 공소제기 제한

교통사고를 일으킨 차가 보험업법 제4조, 제126조, 제127조 및 제128조, 여객자동차 운수사업법 제60조, 제61조 또는 화물자동차 운수사업법 제51조에 따른 보험 또는 공제에 가입된 경우에는 제3조 제2항 본문에 규정된 죄를 범한 차의 운전자에 대하여 공소를 제기할 수 없다(제4조 제1항).

교통사고처리 특례법상 특례의 적용대상이 되는 '보험 또는 공제에 가입된 경우'란 '교통사고를 일으킨 차'가 위 보험 등에 가입되거나 '그 차의 운전자'가 차의 운행과 관련한 보험 등에 가입한 경우에 그 가입한 보험에 의하여 특례법 제4조 제2항에서 정하고 있는 교통사고 손해배상금 전액의 신속·확실한 보상의 권리가 피해자에게 주어지는 경우를 가리킨다(대법원 2012. 10. 25. 선고 2011도6273 판결).

Ⅱ. 공소제기 제한의 예외

다만, 다음의 경우에는 보험 또는 공제에 가입되어 있더라도 공소를 제기할 수 있다.

1. 제3조 제2항 단서에 해당하는 경우

12대 중과실에 해당하는 경우에는 보험 또는 공제에 가입되어 있더라도 공소를 제기할 수 있다(제4조 제1항 제1호).

2. 피해자의 상해가 중한 경우

피해자가 신체의 상해로 인하여 생명에 대한 위험이 발생하거나 불구가 되거나 불치 또는 난치의 질병이 생긴 경우에는 보험 또는 공제에 가입되어 있더라도 공소를 제기할 수 있다(제4조 제1항 제2호).

3. 보험금이 지급되지 않는 경우

보험계약 또는 공제계약이 무효로 되거나 해지되거나 계약상의 면책 등으로 인하여 보험금 또는 공제금이 지급되지 아니하는 경우에는 보험 또는 공제에 가입되어 있더라도 공소를 제기할 수 있다(제4조 제1항 제3호).

제3장

특정범죄가중처벌등에관한법률위반

[1] 총설

Ⅰ. 목적 및 의의

특정범죄가중처벌등에관한법률(이하 '특가법')은 형법, 관세법, 조세범 처벌법, 지방세기본법, 산림자원의 조성 및 관리에 관한 법률 및 마약류관리에 관한 법률에 규정된 특정범죄에 대한 가중처벌 등을 규정함으로써 건전한 사회질서의 유지와 국민경제의 발전에 이바지함을 목적으로 한다(제1조).

범죄의 중대성과 사회적 위험성을 고려하여 특정 범죄에 대해 형법보다 가중하여 처벌함으로써 범죄예방과 피해자 보호, 사회질서 유지에 기여하기 위한 법률이다.

Ⅱ. 특징

- 형법에 규정된 범죄(뇌물죄, 상습 강도·절도죄 등)에 대해 가중처벌
- 특별법(관세법, 조세범처벌법 등)에 규정된 범죄를 대상으로 처벌을 변형하거나 가중처벌
- 교통관련 범죄에 대해 독자적인 구성요건을 신설하여 가중처벌
- 기타 형사절차나 부수적인 사항(범죄수익 몰수, 공소시효에 관한 특례 등) 규정

[2] 뇌물죄의 가중처벌 (제2조)

제2조(뇌물죄의 가중처벌) ①「형법」제129조·제130조 또는 제132조에 규정된 죄를 범한 사람은 그 수수(收受)·요구 또는 약속한 뇌물의 가액(價額)(이하 이 조에서 "수뢰액"이라 한다)에 따라 다음 각 호와 같이 가중처벌한다.

1. 수뢰액이 1억 원 이상인 경우에는 무기 또는 10년 이상의 징역에 처한다.

2. 수뢰액이 5천만 원 이상 1억 원 미만인 경우에는 7년 이상의 유기징역에 처한다.

3. 수뢰액이 3천만 원 이상 5천만 원 미만인 경우에는 5년 이상의 유기징역에 처한다.

② 「형법」 제129조·제130조 또는 제132조에 규정된 죄를 범한 사람은 그 죄에 대하여 정한 형(제1항의 경우를 포함한다)에 수뢰액의 2배 이상 5배 이하의 벌금을 병과(倂科)한다.

Ⅰ. 의의

특가법 제2조는 형법 제129조(수뢰·사전수뢰), 제130조(제3자뇌물제공), 제132조(알선수뢰)의 죄를 범한 사람에 대하여 수뢰액의 크기에 따라 가중처벌하고, 벌금형을 필요적으로 병과하도록 규정하고 있다. 이는 공직사회의 청렴성과 공무집행의 공정성을 확보하기 위한 것이다.

Ⅱ. 구성요건

1. 주체

본죄의 주체는 형법 제129조, 제130조, 제132조를 범한 공무원이나 중재인이다.

2. 행위

1) 뇌물의 수수·요구·약속

'뇌물'이란 직무에 관한 부당한 이익을 말한다. 뇌물의 내용인 '이익'이라 함은 금전, 물품 기타의 재산적 이익뿐만 아니라 사람의 수요 욕망을 충족시키기에 족한 일체의 유형·무형의 이익을 포함한다.

뇌물의 '수수'는 뇌물을 영득의사로 취득하는 것을 말한다. 뇌물의 '요구'는 뇌물을 취득할 의사로 상대방에게 뇌물의 공여를 청구하는 것이고, 뇌물의 '약속'은 장래에 뇌물을 주고받겠다는 당사자 사이에 존재하는 합의를 말한다.

2) 뇌물의 가액 산정

특가법은 뇌물의 가액에 따라 범죄구성요건이 되므로 뇌물의 가액을 산정할 수 없다면 적용될 수 없다. 공무원이 뇌물을 받는 데에 필요한 경비를 지출한 경우 그 경비는 뇌물수수의 부수적 비용에 불과하여 뇌물의 가액과 추징액에서 공제할 항목에 해당하지 않는다(대법원 1999. 10. 8. 선고 99도1638 판결).

뇌물을 받는 주체가 아닌 자가 수고비로 받은 부분이나 뇌물을 받기 위하여 형식적으로 체결된 용역계약에 따른 비용으로 사용된 부분은 뇌물수수의 부수적 비용이다(대법원 2011. 11. 24. 선고 2011도9585 판결). 먼저 뇌물을 요구하여 증뢰자로부터 돈을 받았다면 받은 돈 전부가 수뢰액이 된다(대법원 2017. 3. 22. 선고 2016도21536 판결). 뇌물을 수수한 자가 그 후에 자신의 편의에 따라 그중 일부를 타인에게 교부하였어도 위 뇌물 전액을 수수하였다고 보아야 한다(대법원 1992. 2. 28. 선고 91도3364 판결).

수뢰자가 증뢰자와 함께 향응을 하고 증뢰자가 이에 소요되는 금원을 지출한 경우 수뢰자가 접대에 요한 비용과 증뢰자가 소비한 비용을 가려내어 전자의 수액을 가지고 수뢰자의 수뢰액으로 하고, 만일 각자에 요한 비용액이 불명일 때에는 이를 평등하게 분할한 액을 수뢰액으로 인정하여 그 가액을 추징한다(대법원 2005. 11. 10. 선고 2004도42 판결).

Ⅲ. 법정형

- 수뢰액이 1억 원 이상: 무기 또는 10년 이상의 징역
- 수뢰액이 5천만 원 이상 1억 원 미만: 7년 이상의 유기징역
- 수뢰액이 3천만 원 이상 5천만 원 미만: 5년 이상의 유기징역
- 수뢰액의 2배 이상 5배 이하의 벌금을 병과

Ⅳ. 판례

- 뇌물죄에서 수뢰액은 다과에 따라 범죄구성요건이 되므로 엄격한 증명의 대상이 되고, 특정범죄 가중처벌 등에 관한 법률에서 정한 범죄구성요건이 되지 않는 단순 뇌물죄의 경우에도 몰수·추징의 대상이 되는 까닭에 역시 증거에 의하여 인정되어야 하며, 수뢰액을 특정할 수 없는 경우에는 가액을 추징할 수 없다(대법원 2011. 5. 26. 선고 2009도2453 판결).
- 수사기관에 뇌물수수의 범죄사실을 자발적으로 신고하였으나 그 수뢰액을 실제보다

적게 신고함으로써 적용법조와 법정형이 달라지게 된 경우 자수가 성립하였다고 볼 수 없다(대법원 2004. 6. 24. 선고 2004도2003 판결).

[3] 알선수재 [제3조]

제3조(알선수재) 공무원의 직무에 속한 사항의 알선에 관하여 금품이나 이익을 수수·요구 또는 약속한 사람은 5년 이하의 징역 또는 1천만 원 이하의 벌금에 처한다.

Ⅰ. 의의

특가법 제3조는 공무원의 직무에 속한 사항의 알선에 관하여 금품이나 이익을 수수·요구 또는 약속함으로써 성립하는 범죄이다. 이는 공무원이 아닌 자가 공무원의 직무에 관하여 부당한 영향력을 행사함으로써 공무원의 직무 집행의 공정성을 훼손하는 것을 방지하기 위한 것이다.

Ⅱ. 구성요건

1. 주체

본죄는 공무원과 공무원 아닌 사람 모두 행위주체가 된다. 공무원 신분을 가지지 않은 사람도 학연이나 지연 또는 개인의 영향력 등을 이용하여 공무원의 직무에 영향력을 미칠 수 있다.

2. 행위

공무원의 직무에 속한 사항의 알선에 관하여 금품이나 이익을 수수·요구 또는 약속하는 것이다.

'알선'이란 "일정한 사항에 관하여 어떤 사람과 그 상대방 사이에 서서 중개하거나 편의를 도모하는 것"을 의미한다. 의뢰 당사자가 청탁하는 취지를 공무원에게 전하거나 의뢰 당사자를 대신하여 스스로 공무원에게 청탁하는 행위, 공무원에게 영향력을 행사하여 의뢰 당사자가 원하는 방향으로 결정이 이루어지도록 돕는 등의 행위는 모두 '알선'에 해당한다(대법원 2023. 12. 28. 선고 2017도21248 판결).

'공무원의 직무에 속한 사항'에는 공무원이 법령상 관장하는 직무 그 자체뿐만 아니라 직무와 밀접한 관계가 있는 행위 또는 관례상이나 사실상 관여하는 직무행위도 포함된다. 구체적인 행위가 공무원의 직무에 속하는지 여부는 그것이 공무의 일환으로 행하여졌는가 하는 형식적인 측면과 공무원이 수행하여야 할 직무와의 관계에서 합리적으로 필요하다고 인정되는 것인지에 대한 실질적인 측면을 함께 고려해야 한다(대법원 2010. 1. 28. 선고 2009도6789 판결).

공무원의 직무에 속하는 사항의 알선과 수수한 금품 사이에 '대가관계'가 있는지는 해당 알선의 내용, 알선자와 이익 제공자 사이의 친분관계 여부, 이익의 다과, 이익을 수수한 경위와 시기 등 제반 사정을 종합하여 결정하되, 알선과 수수한 금품 사이에 전체적·포괄적으로 대가관계가 있으면 족하다(대법원 2008. 1. 31. 선고 2007도8117 판결).

Ⅲ. 법정형

5년 이하의 징역 또는 1천만 원 이하의 벌금

Ⅳ. 판례

- 특정범죄가중처벌등에관한법률위반(알선수재)죄의 공모공동정범은, 공범자들 사이에 알선과 관련하여 금품이나 이익을 수수하기로 명시적 내지 암묵적인 공모관계가 성립하고 공모 내용에 따라 공범자 중 1인이 금품이나 이익을 수수하면 성립한다(대법원 2003. 5. 30. 선고 판결).
- 금품 등의 수수가 알선에 관하여 이루어지면 족하므로 실제 알선할 의사가 있었는지, 청탁할 알선 상대방이 구체적으로 특정되었는지 또는 실제로 어떤 구체적인 알선행위를 하였는지와 상관없이 본죄는 성립한다(대법원 2006. 8. 25. 선고 2006도203 판결).
- 중개대리상의 외형을 가지고 있더라도 국공립학교 교장 등 공무원과의 친분관계 및 인맥을 통해 그들에게 청탁하여 인조잔디 제품 납품업체들이 학교의 납품업체로 선정되게 해 주는 대가로 금품을 수수한 행위는 알선수재죄에 해당한다(대법원 2014. 6. 26. 선고 2011도3106 판결).

[4] 국고 등 손실 (제5조)

> 제5조(국고 등 손실) 「회계관계직원 등의 책임에 관한 법률」 제2조 제1호·제2호 또는 제4호(제1호 또는 제2호에 규정된 사람의 보조자로서 그 회계사무의 일부를 처리하는 사람만 해당한다)에 규정된 사람이 국고(國庫) 또는 지방자치단체에 손실을 입힐 것을 알면서 그 직무에 관하여 「형법」 제355조의 죄를 범한 경우에는 다음 각 호의 구분에 따라 가중처벌한다.
> 1. 국고 또는 지방자치단체의 손실이 5억 원 이상인 경우에는 무기 또는 5년 이상의 징역에 처한다.
> 2. 국고 또는 지방자치단체의 손실이 1억 원 이상 5억 원 미만인 경우에는 3년 이상의 유기징역에 처한다.

Ⅰ. 의의

특가법 제5조는 회계관계직원 등이 국고 또는 지방자치단체에 손실을 입힐 것을 알면서 그 직무에 관하여 횡령·배임행위를 한 경우에 가중처벌하는 규정이다. 본죄의 보호법익은 국가의 재물에 관한 재산권과 국가 회계사무의 적정성으로 해당 국고손실이 가져오는 국가 경제적 파급효과 등을 고려하여 법정형을 중하게 규정하고 있다.

Ⅱ. 구성요건

1. 주체

본죄의 주체는 「회계관계직원 등의 책임에 관한 법률」 제2조 제1호·제2호 또는 제4호(제1호 또는 제2호에 규정된 사람의 보조자로서 그 회계사무의 일부를 처리하는 사람만 해당한다)에 규정된 사람이다. 구체적으로 국가의 회계사무를 집행하는 사람, 지방자치단체의 회계사무를 집행하는 사람, 국가나 지방자치단체의 회계사무를 집행하는 사람의 보조자로서 그 회계사무의 일부를 처리하는 사람이다.

2. 행위

국고 또는 지방자치단체에 손실을 입힐 것을 알면서 그 직무에 관하여 횡령·배임행위를 하는 것이다.

‘국가 또는 지방자치단체의 회계관계 사무를 처리하는 사람으로서의 임무에 위배하는 행위를 한다는 점’과 ‘이로 인하여 자기 또는 제3자가 이익을 취득하고 국고 또는 지방자치단체에 손실을 입힌다는 점’에 관한 인식 내지 의사가 있어야 한다. 따라서 회계관계직원이 관계 법령에 따르지 아니한 사무처리를 하였다고 하더라도 국가 또는 지방자치단체의 이익을 위하여 사무를 처리한 때에는 국고등손실죄는 성립하지 아니한다(대법원 2019. 11. 28. 선고 2018도20832 판결).

Ⅲ. 법정형

- 국고 또는 지방자치단체의 손실이 5억 원 이상: 무기 또는 5년 이상의 징역
- 국고 또는 지방자치단체의 손실이 1억 원 이상 5억 원 미만: 3년 이상의 유기징역

Ⅳ. 판례

- 대통령이 국가정보원장 등과 공모하여 국가정보원장 특별사업비에 대한 국고손실 범행을 저질러 국가정보원장에게 국고등손실죄가 성립하더라도 대통령은 회계관계직원 또는 국가정보원장 특별사업비의 업무상 보관자가 아니므로 형법 제355조 제1항의 횡령죄에 정한 형으로 처벌된다(대법원 2020. 10. 29. 선고 2020도3972 판결).
- 수의계약을 체결하는 공무원이 공사업자와 계약금액을 부풀려서 계약하고 부풀린 금액을 자신이 되돌려 받기로 사전에 약정한 다음 그에 따라 수수한 돈은 성격상 뇌물이 아니고 횡령금에 해당한다(대법원 2007. 10. 12. 선고 2005도7112 판결).

[5] 도주차량 운전자의 가중처벌 (제5조의3)

제5조의3(도주차량 운전자의 가중처벌) ① 「도로교통법」 제2조의 자동차, 원동기장치자전거 또는 「건설기계관리법」 제26조 제1항 단서에 따른 건설기계 외의 건설기계(이하 “자동차 등”이라 한다)의 교통으로 인하여 「형법」 제268조의 죄를 범한 해당 자동차등의 운전자(이하 “사고운전자”라 한다)가 피해자를 구호(救護)하는 등 「도로교통법」 제54조 제1항에 따른 조치를 하지 아니하고 도주한 경우에는 다음 각 호의 구분에 따라 가중처벌한다.

> 1. 피해자를 사망에 이르게 하고 도주하거나, 도주 후에 피해자가 사망한 경우에는 무기 또는 5년 이상의 징역에 처한다.
> 2. 피해자를 상해에 이르게 한 경우에는 1년 이상의 유기징역 또는 500만 원 이상 3천만 원 이하의 벌금에 처한다.
> ② 사고운전자가 피해자를 사고 장소로부터 옮겨 유기하고 도주한 경우에는 다음 각 호의 구분에 따라 가중처벌한다.
> 1. 피해자를 사망에 이르게 하고 도주하거나, 도주 후에 피해자가 사망한 경우에는 사형, 무기 또는 5년 이상의 징역에 처한다.
> 2. 피해자를 상해에 이르게 한 경우에는 3년 이상의 유기징역에 처한다.

Ⅰ. 의의

특가법 제5조의3은 교통사고 후 피해자를 구호하지 않고 도주한 운전자를 가중처벌하는 규정이다. 교통의 안전이라는 공공의 이익의 보호뿐만 아니라 교통사고로 사상을 당한 피해자의 생명·신체의 안전이라는 개인적 법익을 보호하기 위한 것이다(대법원 2004. 8. 30. 선고 2004도3600 판결).

Ⅱ. 구성요건

1. 주체

본죄의 주체는 「도로교통법」 제2조의 자동차, 원동기장치자전거 또는 건설기계의 교통으로 인하여 「형법」 제268조(업무상과실·중과실 치사상)의 죄를 범한 해당 자동차등의 운전자이다.

운전자가 아닌 동승자가 교통사고 후 운전자와 공모하여 운전자의 도주행위에 가담하였다 하더라도, 동승자에게 과실범의 공동정범의 책임을 물을 수 있는 특별한 경우가 아닌 한, 도주차량죄의 공동정범으로 처벌할 수 없다(대법원 2007. 7. 26. 선고 2007도2919 판결).

2. 행위

1) 차량의 교통으로 인하여 형법 제268조(업무상과실·중과실치사상)의 죄를 범할 것

'차량의 교통으로 인하여'란 도로교통법이 정하는 도로에서의 교통에 한하지 않으며, 차의 교통으로 인하여 발생한 모든 경우에 적용된다(대법원 2004. 8. 30. 선고 2004도3600 판결). 교회주차장에서 차량 운전자가 차량의 운행 중 피해자에게 상해를 입히고도 구호조치 없이 도주한 행위는 본죄에 해당한다(대법원 2004. 8. 30. 선고 2004도3600 판결).

또한, 업무상 과실 또는 중대한 과실로 사람을 상해·사망에 이르게 해야 한다. 피해자의 생명·신체에 대한 단순한 위험에 그치거나 형법 제257조 제1항에 규정된 "상해"로 평가될 수 없을 정도의 상처로서 건강상태를 침해하였다고 보기 어려운 경우에는 본죄가 성립하지 않는다(대법원 2008. 10. 9. 선고 2008도3078 판결).

2) 구호조치를 하지 아니하고 도주할 것

'피해자를 구호하는 등 도로교통법 제54조 제1항에 의한 조치를 취하지 아니하고 도주한 때'라고 함은 사고 운전자가 사고로 인하여 피해자가 사상을 당한 사실을 인식하였음에도 불구하고, 피해자를 구호하는 등 도로교통법 제54조 제1항에 규정된 의무를 이행하기 이전에 사고현장을 이탈하여 사고를 낸 자가 누구인지 확정할 수 없는 상태를 초래하는 경우를 말한다(대법원 2008. 10. 9. 선고 2008도3078 판결).

사고 운전자가 피해자를 구호하는 등의 의무를 이행하기 전에 도주의 범의로써 사고현장을 이탈한 것인지 여부를 판정함에 있어서는 그 사고의 경위와 내용, 피해자의 상해의 부위와 정도, 사고 운전자의 과실 정도, 사고 운전자와 피해자의 나이와 성별, 사고 후의 정황 등을 종합적으로 고려하여야 한다(대법원 2009. 6. 11. 선고 2008도8627 판결).

III. 법정형

- 피해자를 사망에 이르게 하고 도주하거나, 도주 후에 피해자가 사망한 경우: 무기 또는 5년 이상의 징역
- 피해자를 상해에 이르게 한 경우: 1년 이상의 유기징역 또는 500만 원 이상 3천만 원 이하의 벌금

IV. 판례

- 사고운전자는 원칙적으로, 사고의 내용, 피해의 태양과 정도 등 사고현장의 상황에 비

추어 통상 요구되는 정도의 구호조치를 스스로 또는 그에 버금가는 형태(자신의 지배하에 있는 자를 이용)로 하여야 한다(대법원 2008. 10. 9. 선고 2008도3078 판결).

- 피해자 구호조치는 반드시 사고 운전자 본인이 직접 할 필요는 없고, 자신의 지배하에 있는 자를 통하여 하거나, 현장을 이탈하기 전에 타인이 먼저 구호조치를 하여도 무방하다. 사고 운전자가 사고를 목격한 사람에게 단순히 사고를 처리해 줄 것을 부탁만 하고 실제로 피해자에 대한 병원이송 등 구호조치가 이루어지기 전에 사고현장을 이탈한 경우라면 도로교통법 제50조 제1항에 규정된 조치를 취하였다고 볼 수 없다(대법원 2005. 12. 9. 선고 2005도5981 판결).

- 혈중 알코올 농도 0.197%의 음주상태에서 차량을 운전하다가 교통사고를 일으켜 피해자에게 상해를 입힌 운전자가, 피해자 병원 이송과 경찰관 사고현장 도착 전에 견인차량 기사를 통해 피해자에게 신분증을 교부한 후 피해자의 동의 없이 일방적으로 현장을 이탈하였다가 약 20분 후 되돌아온 행위는 '피해자를 구호하는 등 조치를 취하지 아니하고 도주한 때'에 해당한다(대법원 2011. 3. 10. 선고 2010도16027 판결).

- 사고 운전자가 교통사고 현장에서 동승자로 하여금 사고차량의 운전자라고 허위 신고하도록 하였더라도 사고 직후 사고 장소를 이탈하지 아니한 채 보험회사에 사고접수를 하고, 경찰관에게 위 차량이 가해차량임을 밝히며 경찰관의 요구에 따라 동승자와 함께 조사를 받은 후 이틀 후 자진하여 경찰에 출두하여 자수한 경우에는 도주한 때에 해당하지 않는다(대법원 2009. 6. 11. 선고 2008도8627 판결).

[6] 운행 중인 자동차 운전자에 대한 폭행 등의 가중처벌 [제5조의10]

제5조의10(운행 중인 자동차 운전자에 대한 폭행 등의 가중처벌) ① 운행 중(「여객자동차 운수사업법」 제2조 제3호에 따른 여객자동차운송사업을 위하여 사용되는 자동차를 운행하는 중 운전자가 여객의 승차·하차 등을 위하여 일시 정차한 경우를 포함한다)인 자동차의 운전자를 폭행하거나 협박한 사람은 5년 이하의 징역 또는 2천만 원 이하의 벌금에 처한다.
② 제1항의 죄를 범하여 사람을 상해에 이르게 한 경우에는 3년 이상의 유기징역에 처하고, 사망에 이르게 한 경우에는 무기 또는 5년 이상의 징역에 처한다.

Ⅰ. 의의

특가법 제5조의10은 운행 중인 자동차의 운전자에 대한 폭행이나 협박을 가중처벌하는 규정이다. 운행 중인 자동차의 운전자를 폭행하거나 협박하여 운전자나 승객 또는 보행자 등의 안전을 위협하는 행위를 엄중하게 처벌함으로써 교통질서를 확립하고 시민의 안전을 도모하려는 것이며, 추상적위험범에 해당한다(대법원 2015. 3. 26. 선고 2014도13345 판결).

Ⅱ. 구성요건

1. 운행 중인 자동차의 운전자

'운행 중'인 상황이란 '실제 주행 중'인 상황뿐만 아니라 '공중의 교통안전과 질서를 저해할 우려가 있는 장소에서 계속적인 운행의 의사를 가지고 자동차를 일시 주정차한 경우로서 운전자에 대한 폭행으로 인하여 운전자, 승객 또는 보행자 등의 안전을 위협할 수 있는 상황'을 포함한다(대구고법 2023. 7. 13. 선고 2023노221 판결).

여기서 '자동차'는 도로교통법상의 자동차를 의미하고 원동기장치자전거는 '자동차'에 포함되지 않는다(대법원 2022. 4. 28. 선고 2022도1013 판결).

2. 폭행 · 협박

본죄에서 '폭행'의 개념은 신체에 대한 모든 유형력의 행사가 아닌 공공의 안전에 대한 위험을 초래할 수 있는 폭행이어야 한다. '협박'의 개념도 자동차의 안전한 운행이 위태롭게 될 정도의 해악의 고지가 있어야 한다.

3. 치사상

제1항의 죄를 범하여 사람을 상해나 사망이라는 중한 결과에 이르게 하는 것이다. 치사상의 객체는 운전자에 한정되지 않으며, 승객 또는 보행자 등을 상해나 사망에 이르게 하였다면 구성요건을 충족한다(대법원 2015. 3. 26. 선고 2014도13345 판결).

한편, 운전자에 대한 폭행 · 협박으로 인하여 교통사고의 발생 등과 같은 구체적 위험을 초래하는 중간 매개원인이 유발되고 그 결과로써 불특정 다중에게 상해나 사망의 결과를 발생시킨 경우뿐만 아니라 교통사고 등의 발생 없이 직접적으로 운전자에 대한 상해의 결과만 발생시킨 경우도 범죄가 성립한다(대법원 2015. 3. 26. 선고 2014도13345 판결).

Ⅲ. 법정형

- 5년 이하의 징역 또는 2천만 원 이하의 벌금
- 사람을 상해에 이르게 한 경우: 3년 이상의 유기징역
- 사망에 이르게 한 경우: 무기 또는 5년 이상의 징역

[7] 위험운전 등 치사상 [제5조의11]

제5조의11(위험운전 등 치사상) ① 음주 또는 약물의 영향으로 정상적인 운전이 곤란한 상태에서 자동차등을 운전하여 사람을 상해에 이르게 한 사람은 1년 이상 15년 이하의 징역 또는 1천만 원 이상 3천만 원 이하의 벌금에 처하고, 사망에 이르게 한 사람은 무기 또는 3년 이상의 징역에 처한다.

② 음주 또는 약물의 영향으로 정상적인 운항이 곤란한 상태에서 운항의 목적으로 「해상교통안전법」 제39조 제1항에 따른 선박의 조타기를 조작, 조작 지시 또는 도선하여 사람을 상해에 이르게 한 사람은 1년 이상 15년 이하의 징역 또는 1천만 원 이상 3천만 원 이하의 벌금에 처하고, 사망에 이르게 한 사람은 무기 또는 3년 이상의 징역에 처한다.

Ⅰ. 의의

특가법 제5조의11은 음주 또는 약물의 영향으로 정상적인 운전이 곤란한 상태에서 자동차 등을 운전하여 사람을 상해 또는 사망에 이르게 한 경우를 가중처벌하는 규정이다. 이는 음주운전 등의 사고운전자에 대한 처벌을 강화하고, 음주운전 등으로 인한 중대한 인명피해를 방지하기 위한 것이다.

Ⅱ. 구성요건

1. 음주 또는 약물의 영향으로 정상적인 운전이 곤란한 상태에서

'음주의 영향으로 정상적인 운전이 곤란한 상태'란 음주로 인하여 운전자가 현실적으로 전방 주시력, 운동능력이 저하되고 판단력이 흐려짐으로써 도로교통법상 운전에 요구되는 주

의의무를 다할 수 없거나, 자동차의 운전에 필수적인 조향 및 제동장치, 등화장치 등의 기계장치의 조작방법 등을 준수하지 못하게 되는 경우를 의미한다(헌법재판소 2009. 5. 28. 선고 2008헌가11).

본죄는 도로교통법위반(음주운전)죄의 경우와는 달리 형식적으로 혈중알코올농도의 법정 최저기준치를 초과하였는지 여부와는 상관없이 운전자가 '음주의 영향으로 실제 정상적인 운전이 곤란한 상태'에 있어야만 하고, 그러한 상태에서 자동차를 운전하다가 사람을 상해 또는 사망에 이르게 한 행위를 처벌 대상으로 하고 있다(대법원 2008. 11. 13. 선고 2008도7143 판결).

'약물'이란 마약, 대마, 향정신성약품, 화학물질관리법 시행령 제11조에 따른 환각물질을 말하며, 이러한 약물로 인하여 정상적인 운전이 곤란한 상태를 의미한다.

2. 자동차 등을 운전하여 사람을 상해 또는 사망에 이르게 할 것

본죄는 업무상과실치사상죄의 일종으로 정상적인 운전이 곤란한 상태에서 자동차를 운전하였더라도 그러한 위험운전을 하기만 하면 사람을 사상에 이르게 한 교통사고에 대하여 과실이 없는 경우에도 처벌할 수 있는 것이 아니라 사상의 결과에 대하여 과실이 있어야 처벌할 수 있다(헌법재판소 2009. 5. 28. 선고 2008헌가11).

III. 법정형

- 상해의 경우: 1년 이상 15년 이하의 징역 또는 1천만 원 이상 3천만 원 이하의 벌금
- 사망의 경우: 무기 또는 3년 이상의 징역

IV. 판례

- 음주로 인한 특정범죄가중처벌 등에 관한 법률 위반(위험운전치사상)죄와 도로교통법 위반(음주운전)죄는 입법 취지와 보호법익 및 적용영역을 달리하는 별개의 범죄이므로, 양 죄가 모두 성립하는 경우 두 죄는 실체적 경합관계에 있다(대법원 2008. 11. 13. 선고 2008도7143 판결).

[8] 어린이 보호구역에서 어린이 치사상의 가중처벌 (제5조의13)

제5조의13(어린이 보호구역에서 어린이 치사상의 가중처벌) 자동차 등의 운전자가 「도로교통법」 제12조 제3항에 따른 어린이 보호구역에서 같은 조 제1항에 따른 조치를 준수하고 어린이의 안전에 유의하면서 운전하여야 할 의무를 위반하여 어린이(13세 미만인 사람을 말한다. 이하 같다)에게 「교통사고처리 특례법」 제3조 제1항의 죄를 범한 경우에는 다음 각 호의 구분에 따라 가중처벌한다.

1. 어린이를 사망에 이르게 한 경우에는 무기 또는 3년 이상의 징역에 처한다.
2. 어린이를 상해에 이르게 한 경우에는 1년 이상 15년 이하의 징역 또는 500만 원 이상 3천만 원 이하의 벌금에 처한다.

Ⅰ. 의의

특가법 제5조의13은 어린이 보호구역에서 어린이의 안전에 유의하면서 운전하여야 할 의무를 위반하여 어린이를 사상에 이르게 한 경우를 가중처벌하는 규정이다. 어린이 교통사고가 많이 발생하고 있는 현실을 개선하기 위하여 선진적인 교통문화의 정착과 교통사고의 감소효과를 거두고자 하는 목적으로 규정되었다.

Ⅱ. 구성요건

시장 등은 교통사고의 위험으로부터 어린이를 보호하기 위하여 초등학교 등의 시설이나 장소의 주변 도로 가운데 일정 구간을 어린이 보호구역으로 지정하여 자동차 등과 노면전차의 통행속도를 시속 30킬로미터 이내로 제한할 수 있고(도로교통법 제12조 제1항), 운전자는 어린이 보호구역에서 제1항에 따른 조치를 준수하고 어린이의 안전에 유의하면서 운행하여야 한다(도로교통법 제12조 제3항).

본죄의 실행행위는 자동차 등의 운전자가 도로교통법 제12조 제3항에 따른 어린이 보호구역에서 같은 조 제1항에 따른 조치를 준수하고 어린이의 안전에 유의하면서 운전하여야 할 의무를 위반하여 어린이(13세 미만인 사람)에게 교통사고처리 특례법 제3조 제1항의 죄를 범하는 것이다.

III. 법정형

- 어린이를 사망에 이르게 한 경우: 무기 또는 3년 이상의 징역
- 어린이를 상해에 이르게 한 경우: 1년 이상 15년 이하의 징역 또는 500만 원 이상 3천만 원 이하의 벌금

IV. 판례

- 1개의 운전행위로 1명의 피해자를 사망에 이르게 한 경우 특정범죄가중법 위반(위험운전치사)죄와 특정범죄가중법 위반(어린이보호구역치사)죄가 각각 성립하되, 이는 하나의 행위가 여러 개의 죄에 해당하는 경우로서 형법 제40조의 상상적 경합관계에 있다(서울고법 2023. 11. 24. 선고 2023노1673 판결).

제4장

정보통신망이용촉진및정보보호등에관한법률위반

[1] 총설

Ⅰ. 목적 및 의의

정보통신망 이용촉진 및 정보보호 등에 관한 법률(이하 '정보통신망법')은 정보통신망의 이용을 촉진하고 정보통신서비스를 이용하는 자를 보호함과 아울러 정보통신망을 건전하고 안전하게 이용할 수 있는 환경을 조성하여 국민생활의 향상과 공공복리의 증진에 이바지함을 목적으로 한다(제1조).

정보통신서비스제공자에 대한 규제를 강화하여 정보통신서비스이용자의 권리를 보호하고, 해킹·악성프로그램 유포 등 사이버범죄를 예방하며, 정보통신망을 안정적으로 관리하고 운영하기 위한 법적 기반을 제공하고 있다.

Ⅱ. 주요 개념 정의

"정보통신망"이란 전기통신사업법 제2조 제2호에 따른 전기통신설비를 이용하거나 전기통신설비와 컴퓨터 및 컴퓨터의 이용기술을 활용하여 정보를 수집·가공·저장·검색·송신 또는 수신하는 정보통신체제를 말한다(제2조 제1항 제1호).

"정보통신서비스"란 「전기통신사업법」 제2조제6호에 따른 전기통신역무와 이를 이용하여 정보를 제공하거나 정보의 제공을 매개하는 것을 말한다(제2조 제1항 제2호).

"침해사고"란 해킹, 컴퓨터바이러스, 논리폭탄, 메일폭탄, 서비스거부 또는 고출력 전자기파 등의 방법, 정보통신망의 정상적인 보호·인증 절차를 우회하여 정보통신망에 접근할 수 있도록 하는 프로그램이나 기술적 장치 등을 정보통신망 또는 이와 관련된 정보시스템에 설치하는 방법으로 정보통신망 또는 이와 관련된 정보시스템을 공격하는 행위로 인하여 발생한 사태를 말한다(제2조 제1항 제7호).

[2] 정보통신망을 통한 명예훼손죄 (제70조)

I. 의의

형법상 명예훼손(제307조), 출판물 등을 이용한 명예훼손(제309조)을 규정하고 있으나, 광범위한 정보통신망 보급 및 일상화로 발생하는 사이버 명예훼손의 특수성을 고려하여 별도의 구성요건으로 신설되었다. 정보통신망의 비대면성, 익명성, 동시성, 확산성 등의 특성으로 인한 피해의 심각성을 반영하여 형법보다 가중하여 처벌하고 있다.

정보통신망을 통한 명예훼손죄는 정보통신망을 통하여 사람의 명예를 훼손하는 행위를 처벌하는 규정으로, 사실 적시 명예훼손과 허위사실 적시 명예훼손으로 구분되며, '사람을 비방할 목적'이라는 초과 주관적 구성요건을 요구한다,

II. 구성요건

1. 사실 적시 명예훼손 (제70조 제1항)

사람을 비방할 목적으로 정보통신망을 통하여 공공연하게 사실을 드러내어 다른 사람의 명예를 훼손하는 행위이다.

'사람을 비방할 목적'이란 가해의 의사와 목적을 필요로 하는 것으로서, 사람을 비방할 목적이 있는지는 드러낸 사실의 내용과 성질, 사실의 공표가 이루어진 상대방의 범위, 표현의

방법 등 표현 자체에 관한 여러 사정을 감안함과 동시에 그 표현으로 훼손되는 명예의 침해 정도 등을 비교·형량하여 판단하여야 한다. '비방할 목적'은 공공의 이익을 위한 것과는 행위자의 주관적 의도라는 방향에서 상반되므로, 드러낸 사실이 공공의 이익에 관한 것인 경우에는 특별한 사정이 없는 한 비방할 목적은 부정된다(대법원 2020. 12. 10. 선고 2020도11471 판결).

'사실을 드러낸다'는 것은 특정인의 사회적 가치나 평가가 침해될 가능성이 있을 정도로 구체성을 띠는 사실을 드러낸다는 것을 뜻한다. 구체적인 사실이 직접적으로 명시되어 있어야 하는 것은 아니지만, 적어도 특정 표현에서 그러한 사실이 곧바로 유추될 수 있을 정도는 되어야 한다. 또한, 피해자가 특정되었다고 하기 위해서는 표현의 내용을 주위사정과 종합하여 볼 때, 그 표현이 누구를 지목하는가를 알아차릴 수 있을 정도가 되어야 한다. 특정 표현이 사실인지 아니면 의견인지를 구별할 때에는 언어의 통상적 의미와 용법, 증명가능성, 문제 된 말이 사용된 문맥, 그 표현이 행해진 사회적 상황 등 전체적 정황을 고려하여 판단하여야 한다(대법원 2020. 5. 28. 선고 2019도12750 판결).

2. 허위사실 적시 명예훼손 (제70조 제2항)

사람을 비방할 목적으로 정보통신망을 통하여 공공연하게 거짓의 사실을 드러내어 다른 사람의 명예를 훼손하는 행위이다.

사실의 적시는 가치판단이나 평가를 내용으로 하는 의견표현에 대치되는 개념으로서 시간적으로나 공간적으로 구체적인 과거 또는 현재의 사실관계에 관한 보고나 진술을 뜻한다. 적시된 사실의 중요한 부분이 객관적 사실과 합치되는 경우에는 세부적으로 진실과 약간 차이가 나거나 다소 과장된 표현이 있더라도 이를 거짓의 사실이라고 볼 수 없다. 거짓의 사실인지를 판단할 때에는 적시된 사실 내용 전체의 취지를 살펴 객관적 사실과 합치하지 않는 부분이 중요한 부분인지 여부를 결정하여야 한다(대법원 2011. 6. 10. 선고 2011도1147 판결).

드러낸 사실이 거짓이라고 해서 비방할 목적이 당연히 인정되는 것은 아니다(대법원 2020. 12. 10. 선고 2020도11471 판결).

Ⅲ. 반의사불벌죄

피해자가 구체적으로 밝힌 의사에 반하여 공소를 제기할 수 없다(제70조 제3항).

Ⅳ. 법정형

- 사실 적시 명예훼손: 3년 이하의 징역 또는 3천만 원 이하의 벌금
- 허위사실 적시 명예훼손: 7년 이하의 징역, 10년 이하의 자격정지 또는 5천만 원 이하의 벌금

Ⅴ. 판례

- 행위자의 주요한 동기와 목적이 공공의 이익을 위한 것이라면 부수적으로 다른 사익적 목적이나 동기가 포함되어 있더라도 비방할 목적이 있다고 보기는 어렵다(대법원 2011. 11. 24. 선고 2010도10864 판결).
- 피고인이 교장 甲이 정신과를 다닌다는 내용의 발언을 하거나 甲이 학교 재산을 횡령하였다는 내용의 글을 게시한 것은 피고인이 甲과 대립하면서 학교 운영의 정상화나 학생의 학습권 보장 등의 목적이 아니라 본인의 이익을 추구할 목적으로 甲을 비난하는 행위를 하였다고 보아 정보통신망을 통한 명예훼손을 인정한 사례(대법원 2021. 1. 14. 선고 2020도8780 판결)
- 피고인이 甲으로부터 사기 범행을 당했던 사실과 관련하여 같은 학교 동창 10여 명이 참여한 단체 채팅방에 '甲이 내 돈을 갚지 못해 사기죄로 감방에서 몇 개월 살다가 나왔다. 집에서도 포기한 애다. 너희들도 조심해라.'라는 내용의 글을 게시한 행위는 공공의 이익을 위한 행위로 볼 여지가 있고, 甲을 비방할 목적이 증명되었다고 볼 수 없다(대법원 2022. 7. 28. 선고 2022도4171 판결).
- 카카오톡 계정 프로필 상태메시지에 "학교폭력범은 접촉금지!!!"라는 글과 주먹 모양의 그림말 세 개를 게시한 행위는 그 표현의 기초가 되는 사실관계가 드러나 있지 않고, 사회적 가치나 평가를 저하시키기에 충분한 구체적인 사실을 드러냈다고 볼 수 없다(대법원 2020. 5. 28. 선고 2019도12750 판결).

[3] 악성프로그램 전달·유포죄 [제70조의2, 제48조 제2항]

제70조의2(벌칙) 제48조 제2항을 위반하여 악성프로그램을 전달 또는 유포하는 자는 7년 이하의 징역 또는 7천만 원 이하의 벌금에 처한다.
제48조(정보통신망 침해행위 등의 금지) ② 누구든지 정당한 사유 없이 정보통신시스템, 데이터 또는 프로그램 등을 훼손·멸실·변경·위조하거나 그 운용을 방해할 수 있는 프로그램(이하 "악성프로그램"이라 한다)을 전달 또는 유포하여서는 아니 된다.

Ⅰ. 의의

악성프로그램 전달·유포죄는 정보통신망의 안전성과 신뢰성을 보호하기 위한 규정으로, 정보통신시스템, 데이터 또는 프로그램 등을 훼손·멸실·변경·위조하거나 그 운용을 방해할 수 있는 악성프로그램을 선날 또는 유포하는 행위를 처벌한다.

Ⅱ. 구성요건

정당한 사유 없이 악성프로그램을 전달 또는 유포하는 행위이다. 여기서 '악성프로그램'이란 정보통신시스템, 데이터 또는 프로그램(이하 '정보통신시스템 등') 등을 훼손·멸실·변경·위조하거나 정보통신망의 안정성과 정보의 신뢰가 파괴될 수 있도록 정보통신망과 관련된 정보통신시스템 등의 기능이 제대로 작동되지 못하도록 하는 프로그램을 의미한다.

'훼손'이란 정보통신시스템, 데이터 또는 프로그램 등에 손상을 가하는 것을 의미하고, '멸실'이란 정보통신시스템, 데이터 또는 프로그램 등을 없애 버리는 것을 의미하고, '변경'이란 정보통신시스템, 데이터 또는 프로그램 등의 내용이나 기능을 권한 없이 바꾸는 것을 의미하고, '위조'란 정보통신시스템, 데이터 또는 프로그램 등을 만들 수 있는 권한을 갖고 있지 않은 자가 동일한 정보통신시스템, 데이터 또는 프로그램 등을 만들어 내는 것을 의미한다.

'전달 또는 유포'란 타인에게 악성프로그램을 제공하거나 불특정 다수가 이용할 수 있게 하는 행위를 말한다.

악성프로그램이 정보통신시스템 등에 미치는 영향을 고려하여 악성프로그램을 전달하거나 유포하는 행위만으로 범죄 성립을 인정하고, 그로 말미암아 정보통신시스템 등의 훼손·멸실·변경·위조 또는 그 운용을 방해하는 결과가 발생할 것을 필요로 하지 않는다. 악성프로그램에 해당하는지는 프로그램 자체를 기준으로 하되, 그 사용용도와 기술적 구성, 작동 방식, 정보통신시스템 등에 미치는 영향, 프로그램의 설치나 작동 등에 대한 운용자의 동의 여부 등을 종합적으로 고려하여 판단하여야 한다(대법원 2020. 10. 15. 선고 2019도 2862 판결).

Ⅲ. 법정형

5년 이하의 징역 또는 5천만 원 이하의 벌금

Ⅳ. 판례

- 피해 컴퓨터가 작동하는 동안 사용자가 인식하지 못하는 상태에서 추가적인 명령 없이 자동으로 실행되면서, 甲회사의 서버 컴퓨터와 주기적으로 통신을 하다가, 그 서버 컴퓨터의 작업지시에 따라 네이버에서 특정 검색어를 검색하거나 검색 후 나오는 결과 화면에서 특정 링크를 클릭한 것처럼 네이버 시스템에 허위의 신호를 발송하는 등의 작업을 하도록 되어 있는 프로그램은 피해 컴퓨터 사용자가 의도하지 않은 작업이 자신도 모르는 상태에서 이루어지고 그 과정에서 CPU나 네트워크의 점유율을 높여 컴퓨터의 성능 및 인터넷 속도를 저하시킬 수 있으므로 정보통신시스템, 정보자료 또는 프로그램의 운용을 방해할 수 있는 '악성프로그램'에 해당한다(대법원 2013. 3. 28. 선고 2010도14607 판결).
- 특정 회사가 제공하는 게임사이트에서 정상적인 포커게임을 하고 있는 것처럼 가장하면서 통상적인 업무처리 과정에서 적발해 내기 어려운 사설 프로그램('한도우미 프로그램')을 이용하여 약관상 양도가 금지되는 포커머니를 약속된 상대방에게 이전해 주는 것은 제48조 제2항에서 정한 '악성프로그램'을 전달하거나 유포하는 행위에 해당하지 않는다(대법원 2009. 10. 15. 선고 2007도9334 판결).
- 싸이월드 가입자 홈페이지(미니홈피)의 방문자를 추적해 주는 사이트를 운영하면서 유료회원들의 미니홈피에 설치되어 해당 미니홈피 방문자의 정보를 유출할 수 있도록 하는 프로그램을 유포하였다고 하여 정보통신망 이용촉진 및 정보보호 등에 관한 법률 위반으로 기소된 사안에서, 위 프로그램이 같은 법 제48조 제2항에서 정한 악성프로그

램에 해당하지 않는다(대법원 2012. 1. 12. 선고 2010도2212 판결).

- 피고인이 온라인 슈팅게임에서 이용자가 상대방을 더욱 쉽게 조준하여 사격할 수 있도록 도와주기 위한 것으로 처음 사격이 성공한 다음부터 상대방 캐릭터를 자동으로 조준해 주는 기능을 하는 프로그램은 정보통신시스템 등의 기능 수행에 장애를 일으킨다고 볼 증거가 없어 '악성프로그램'에 해당하지 않는다(대법원 2020. 10. 15. 선고 2019도2862 판결).

- 'IP 변경 기능', '보안문자 우회 기능', '랜덤 딜레이 설정 기능' 등을 통해 ○○○ 카페나 블로그, 밴드 등에 자동적으로 게시 글과 덧글, 안부글을 등록하고 '좋아요'를 입력하며 쪽지와 초대장을 발송하는 등의 작업을 반복 수행하는 프로그램은 정보통신시스템 등의 기능 수행이 방해된다거나 서버가 다운되는 등의 장애가 발생한다고 볼만한 증거가 없으므로 악성프로그램에 해당하지 않는다(대법원 2020. 4. 9. 선고 2018도16938 판결).

[4] 정보통신망 침입죄 [제71조 제1항 제11호, 제48조 제1항]

제71조(벌칙) ① 다음 각 호의 어느 하나에 해당하는 자는 5년 이하의 징역 또는 5천만 원 이하의 벌금에 처한다.
  11. 제48조 제1항을 위반하여 정보통신망에 침입한 자
  ② 제1항 제11호의 미수범은 처벌한다.
제48조(정보통신망 침해행위 등의 금지) ① 누구든지 정당한 접근권한 없이 또는 허용된 접근권한을 넘어 정보통신망에 침입하여서는 아니 된다.

Ⅰ. 의의

정보통신망 침입죄는 정보통신망의 안전성과 신뢰성을 보호하기 위한 규정으로, 정당한 접근권한 없이 또는 허용된 접근권한을 넘어 정보통신망에 침입하는 행위를 처벌한다.

이용자의 신뢰 또는 그의 이익을 보호하기 위한 것이 아니라 정보통신망 자체의 안정성과 그 정보의 신뢰성을 보호하기 위한 것이다(대법원 2013. 3. 14. 선고 2010도410 판결).

II. 구성요건

정당한 접근권한 없이 또는 허용된 접근권한을 넘어 정보통신망에 침입하는 행위이다.

접근권한을 부여하거나 허용되는 범위를 설정하는 주체는 서비스제공자이고 따라서 서비스제공자로부터 권한을 부여받은 이용자가 아닌 제3자가 정보통신망에 접속한 경우 그에게 접근권한이 있는지 여부는 서비스제공자가 부여한 접근권한을 기준으로 판단하여야 한다(대법원 2005. 11. 25. 선고 2005도870 판결, 대법원 2021. 6. 24. 선고 2020도17860 판결 등).

정보통신망에 대한 보호조치를 침해하거나 훼손할 것을 구성요건으로 하지 않고 '정당한 접근권한 없이 또는 허용된 접근권한을 초과하여 정보통신망에 침입'하는 행위를 금지하고 있으므로, 정보통신망 이용촉진 및 정보보호 등에 관한 법률은 그 보호조치에 대한 침해나 훼손이 수반되지 않더라도 부정한 방법으로 타인의 식별부호(아이디와 비밀번호)를 이용하거나 보호조치에 따른 제한을 면할 수 있게 하는 부정한 명령을 입력하는 등의 방법으로 침입하는 행위도 금지하고 있다고 보아야 한다(대법원 2005. 11. 25. 선고 2005도870 판결).

정보통신망에 침입하는 행위가 인정된다면 그 목적과 행위로 인한 결과 발생 유무는 범죄의 성립에 영향을 미치지 않는다.

III. 법정형

5년 이하의 징역 또는 5천만 원 이하의 벌금

IV. 미수범

본죄의 미수범은 처벌한다(제71조 제2항).

V. 판례

- 함께 사용하던 노트북에 甲의 구글계정에 접속된 상태에 있는 것을 기화로 甲이나 구글로부터 승낙이나 동의 없이 甲의 구글 계정 사진첩에 접속한 행위는 서비스제공자인 구글의 의사에 반하여 정당한 접근권한 없이 정보통신망에 침입하는 행위에 해당한다(대법원 2024. 11. 14. 선고 2021도5555 판결).

- 피고인이 업무상 알게 된 직속상관의 아이디와 비밀번호를 이용하여 직속상관이 모르

는 사이에 군 내부전산망 등에 접속하여 직속상관의 명의로 군사령관에게 이메일을
보낸 사안은 정당한 접근권한 없이 정보통신망에 침입하는 행위에 해당한다(대법원
2005. 11. 25. 선고 2005도870 판결).

- 甲 주식회사 대표이사인 피고인이, 甲 회사가 운영하는 웹사이트에서 무료프로그램을
다운로드 받을 경우 악성프로그램이 숨겨진 특정 프로그램을 필수적으로 컴퓨터 내에
설치하도록 유도한 행위는 피해 컴퓨터 사용자들의 정보통신망에 침입한 행위에 해당
한다(대법원 2013. 3. 28. 선고 2010도14607 판결).

[5] 정보통신망 장애 발생죄 (제71조 제1항 제12호, 제48조 제3항)

제71조(벌칙) ① 다음 각 호의 어느 하나에 해당하는 자는 5년 이하의 징역 또는 5천만 원 이하의
벌금에 처한다.
 12. 제48조 제3항을 위반하여 정보통신망에 장애가 발생하게 한 자
제48조(정보통신망 침해행위 등의 금지) ③ 누구든지 정보통신망의 안정적 운영을 방해할 목적
으로 대량의 신호 또는 데이터를 보내거나 부정한 명령을 처리하도록 하는 등의 방법으로 정보
통신망에 장애가 발생하게 하여서는 아니 된다.

Ⅰ. 의의

정보통신망 장애 발생죄는 정보통신망의 안정적 운영을 보호하기 위한 규정으로, 정보통
신망의 안정적 운영을 방해할 목적으로 대량의 신호 또는 데이터를 보내거나 부정한 명령을
처리하도록 하는 등의 방법으로 정보통신망에 장애가 발생하게 하는 행위를 처벌한다.

Ⅱ. 구성요건

본죄의 실행행위는 정보통신망의 안정적 운영을 방해할 목적으로 대량의 신호 또는 데이
터를 보내거나 부정한 명령을 처리하도록 하는 등의 방법으로 정보통신망에 장애가 발생하
게 하는 것이다.

'대량의 신호 또는 데이터를 보내는 행위'로는 대표적으로 분산 서비스 거부 공격행위(DDos:
Distributed Denial of Service Attack)가 있다. 대량의 신호나 데이터를 의도적으로 한 서버

에 집중적으로 보내서 네트워크의 정상적인 작동을 마비시키는 행위이다.

'부정한 명령'은 정보통신망의 운영을 방해할 수 있도록 정보통신망을 구성하는 컴퓨터시스템에 그 시스템의 목적상 예정하고 있지 않은 프로그램을 실행하게 하거나 그 시스템의 프로그램을 구성하는 개개의 명령을 부정하게 변경, 삭제, 추가하거나 프로그램 전체를 변경하게 하는 것을 말한다(대법원 2013. 3. 28. 선고 2010도14607 판결).

정보통신망의 안정적 운영을 방해하는 장애는 정보통신망에서 정보를 수집·가공·저장·검색·송신 또는 수신하는 기능을 물리적으로 수행하지 못하게 하거나 그 기능 수행을 저해하는 것을 의미한다. 정보통신망의 안정적 운영을 방해하는 장애가 실제로 발생해야 범죄가 성립한다.

본죄는 목적범이므로 정보통신망이 그 사용목적에 부합하는 기능을 하지 못하거나 정상적으로 운영되지 못하게 하려는 의도가 있어야 한다.

III. 법정형

5년 이하의 징역 또는 5천만 원 이하의 벌금

IV. 판례

- 컴퓨터에 설치된 악성프로그램이 '연관검색어', '자동완성어'를 생성하거나 해당 웹사이트 순위를 조작시킨 행위는 포털사이트의 관련 시스템에서 통상적인 처리가 예정된 종류의 정보자료여서 정보통신망의 안정적 운영을 방해하는 장애가 발생되었다고 보기 어려우므로 '부정한 명령'을 처리하게 한 것은 아니고, 위 행위로 포털사이트의 관련 시스템에서 정보를 수집·가공·저장·검색·송신 또는 수신하는 기능을 물리적으로 수행하지 못하게 되거나 그 기능 수행이 저해되었다고 할 수 없어 '정보통신망 장애'가 발생되었다고 할 수 없다(대법원 2013. 3. 28. 선고 2010도14607 판결).

[6] 정보훼손 및 비밀 침해·도용·누설죄 (제71조 제1항 제14호, 제49조)

제71조(벌칙) ① 다음 각 호의 어느 하나에 해당하는 자는 5년 이하의 징역 또는 5천만 원 이하의 벌금에 처한다.

14. 제49조를 위반하여 타인의 정보를 훼손하거나 타인의 비밀을 침해·도용 또는 누설한 자

제49조(비밀 등의 보호) 누구든지 정보통신망에 의하여 처리·보관 또는 전송되는 타인의 정보를 훼손하거나 타인의 비밀을 침해·도용 또는 누설하여서는 아니 된다.

Ⅰ. 의의

타인의 정보훼손 및 비밀 침해·도용·누설죄는 정보통신망에 의하여 처리·보관 또는 전송되는 타인의 정보와 비밀을 보호하기 위한 규정으로, 타인의 정보를 훼손하거나 타인의 비밀을 침해·도용 또는 누설하는 행위를 처벌한다.

Ⅱ. 구성요건

본죄의 실행행위는 정보통신망에 의하여 처리·보관 또는 전송되는 타인의 정보를 훼손하거나 타인의 비밀을 침해·도용 또는 누설하는 것이다.

1. 정보훼손

'정보'란 특정 목적을 위하여 광 또는 전자적 방식에 의하여 부호 등으로 표현된 것을 말하며, '훼손'이란 정보의 가치를 해하는 일체의 행위를 말한다. 비록 정보통신망을 통하여 정보가 처리·보관 또는 전송되는 과정에 영향을 미치는 행위라고 하더라도 그 정보가 달성하려는 목적을 해하지 아니하는 경우에는 타인의 정보를 '훼손'하는 행위에 해당한다고 볼 수 없다(대법원 2011. 5. 13. 선고 2008도10116 판결).

'타인의 정보를 훼손한 행위'에 해당하는지 여부를 판단할 때 그 전제가 되는 정보의 귀속은 정보통신서비스 제공자에 의하여 그 접근권한이 부여되거나 허용된 자가 누구인지에 따라 정해져야 한다(대법원 2010. 7. 22. 선고 2010도63 판결).

2. 비밀 침해·도용·누설

'정보통신망에 의해 처리·보관 또는 전송되는 타인의 비밀'에는 정보통신망으로 실시간 처리·전송 중인 비밀, 나아가 정보통신망으로 처리·전송이 완료되어 원격지 서버에 저장·보관된 것으로 통신기능을 이용한 처리·전송을 거쳐야만 열람·검색이 가능한 비밀도 포함된다.

또한 '타인의 비밀'이란 일반적으로 알려져 있지 않은 사실로서 이를 다른 사람에게 알리지 않는 것이 본인에게 이익이 되는 것을 뜻한다. 여기서 타인이란 생존하고 있는 사람뿐만이 아닌 사망한 자도 포함된다(대법원 2007. 6. 14. 선고 2007도2162 판결).

타인의 비밀 '침해'란 정보통신망에 의하여 처리·보관 또는 전송되는 타인의 비밀을 정보통신망에 침입하는 등 부정한 수단 또는 방법으로 취득하는 행위를 의미한다.

'도용'이란 정보통신망에 의하여 처리·보관 또는 전송되는 타인의 비밀을 정보통신망에 침입하는 등 부정한 수단 또는 방법으로 취득한 사람이나 그 비밀이 위와 같은 방법으로 취득된 것을 알고 있는 사람이 그 비밀을 사용하는 행위를 의미한다(대법원 2015. 1. 15. 선고 2013도15457 판결).

'정보통신망에 의하여 처리·보관 또는 전송되는 타인의 비밀 누설'이란 타인의 비밀에 관한 일체의 누설행위를 의미하는 것이 아니라, 정보통신망에 의하여 처리·보관 또는 전송되는 타인의 비밀을 정보통신망에 침입하는 등 부정한 수단 또는 방법으로 취득한 사람이나, 그 비밀이 위와 같은 방법으로 취득된 것을 알고 있는 사람이 그 비밀을 아직 알지 못하는 타인에게 이를 알려주는 행위만을 의미하는 것으로 제한하여 해석함이 타당하다(대법원 2012. 12. 13. 선고 2010도10576 판결).

본죄는 정보통신망 자체를 보호하는 것이 아니라 정보통신망에 의하여 처리·보관 또는 전송되는 타인의 정보나 비밀을 보호대상으로 하므로 '정보통신망에 침입하는 등 부정한 수단 또는 방법'에는 부정하게 취득한 타인의 식별부호(아이디와 비밀번호)를 직접 입력하거나 부정한 명령을 입력하는 등의 행위에 한정되지 않는다. 사용자가 식별부호를 입력하여 정보통신망에 접속된 상태에 있는 것을 기화로 정당한 접근권한 없는 사람이 사용자 몰래 정보통신망의 장치나 기능을 이용하는 등의 방법으로 타인의 비밀을 취득·누설하는 행위도 포함된다(대법원 2018. 12. 27. 선고 2017도15226 판결).

III. 법정형

5년 이하의 징역 또는 5천만 원 이하의 벌금

IV. 판례

- 피해자의 컴퓨터에서 메신저 대화내용을 열람·복사한 다음 복사된 전자파일을 제3자에게 전송한 행위는 메신저 프로그램에서 제공하는 보관함 기능을 이용한 것이므로 정보통신망에 의해 처리되는 타인의 비밀을 침해·누설한 행위에 해당한다(대법원 2018. 12. 27. 선고 2017도15226 판결).

- 인터넷 쇼핑몰 회원들의 주민등록번호, ID, 비밀번호, 휴대전화번호, 주소 등의 개인정보는 타인의 비밀에 해당한다고 볼 수 있으나, 홈페이지 서버에 접근할 수 있는 정당한 권한이 있을 당시에 취득했다면 다른 서버 등에 이를 복사·저장하였다고 하더라도 타인의 비밀을 침해·도용한 행위에 해당하지 않는다(대법원 2015. 1. 15. 선고 2013도15457 판결).

- 자신이 운영하는 인터넷 사이트 카페에 개인정보가 담겨 있는 '특정 종교 교인 명단' 파일을 업로드하여 이제 접속하는 다른 회원들로 하여금 이를 다운로드해 볼 수 있게 한 경우, 위 명단은 성명 불상의 대학동창으로부터 이메일로 전달받은 것일 뿐 정보통신망을 침해하는 방법으로 취득한 것이 아니기 때문에 타인의 비밀을 침해·도용 또는 누설한 경우에 해당하지 않는다(대법원 2012. 12. 13. 선고 2010도10576 판결).

- 자신의 뇌물수수 혐의에 대한 결백을 주장하기 위하여 제3자로부터 사건 관련자들이 주고받은 이메일 출력물을 교부받아 징계위원회에 제출한 경우, '이메일 출력물' 그 자체는 타인의 비밀에 해당하지 않지만, 이를 징계위원회에 제출하는 행위는 타인의 비밀인 '이메일의 내용'을 누설하는 행위에 해당한다(대법원 2008. 4. 24. 선고 2006도8644 판결).

[7] 음란물 유포죄 [제74조 제1항 제2호, 제44조의7 제1항 제1호]

제74조(벌칙) ① 다음 각 호의 어느 하나에 해당하는 자는 1년 이하의 징역 또는 1천만 원 이하의 벌금에 처한다.

  2. 제44조의7 제1항 제1호를 위반하여 음란한 부호·문언·음향·화상 또는 영상을 배포·판매·임대하거나 공공연하게 전시한 자

제44조의7(불법정보의 유통금지 등) ① 누구든지 정보통신망을 통하여 다음 각 호의 어느 하나에 해당하는 정보를 유통하여서는 아니 된다.

  1. 음란한 부호·문언·음향·화상 또는 영상을 배포·판매·임대하거나 공공연하게 전시하는 내용의 정보

Ⅰ. 의의

음란물 유포죄는 정보통신망을 통하여 음란한 정보를 유통하는 행위를 처벌하는 규정이다. 정보통신망의 광범위한 구축과 그 이용촉진 등에 따른 음란물의 폐해를 막기 위하여 마련되었다, 형법상 음화반포죄가 '음란한 문서, 도화, 필름, 기타 물건'의 반포 등을 처벌하는 반면 본죄는 '정보통신망을 통한 음란한 부호, 문언, 음향, 화상 또는 영상'의 유포 등을 처벌하는 데 차이가 있다.

Ⅱ. 구성요건

본죄의 실행행위는 정보통신망을 통하여 음란한 부호·문언·음향·화상 또는 영상을 배포·판매·임대하거나 공공연하게 전시하는 행위이다.

'음란'이란 사회통념상 일반 보통인의 성욕을 자극하여 성적 흥분을 유발하고 정상적인 성적 수치심을 해하여 성적 도의관념에 반하는 것을 말한다. 표현물을 전체적으로 관찰·평가해볼 때 단순히 저속하다거나 문란한 느낌을 준다는 정도를 넘어서 존중·보호되어야 할 인격을 갖춘 존재인 사람의 존엄성과 가치를 심각하게 훼손·왜곡하였다고 평가할 수 있을 정도로 노골적인 방법에 의하여 성적 부위나 행위를 적나라하게 표현 또는 묘사한 것으로서, 사회통념에 비추어 전적으로 또는 지배적으로 성적 흥미에만 호소하고 하등의 문학적·예술적·사상적·과학적·의학적·교육적 가치를 지니지 아니하는 것을 뜻한다. 표현물의 음

란 여부를 판단함에 있어서는 표현물 제작자의 주관적 의도가 아니라 그 사회의 평균인의 입장에서 그 시대의 건전한 사회통념에 따라 객관적이고 규범적으로 평가하여야 한다(대법원 2019. 1. 10. 선고 2016도8783 판결).

'배포'란 불특정 다수인이 다운로드받을 수 있도록 업로드하는 것을 의미하고, '판매·임대'란 유살 양도 및 유상 대여를 말한다. '공연히 전시'한다고 함은 불특정 또는 다수인이 실제로 음란한 부호·문언·음향 또는 영상을 인식할 수 있는 상태에 두는 것을 의미한다.

Ⅲ. 법정형

1년 이하의 징역 또는 1천만 원 이하의 벌금

Ⅳ. 판례

- 대량문자메시지 발송사이트를 이용하여 불특정 다수의 휴대전화에 여성의 성기, 자위행위, 불특정 다수와의 성매매를 포함한 성행위 등을 저속하고 노골적으로 표현 또는 묘사하거나 이를 암시하는 문언이 기재된 문자메시지를 대량으로 전송한 행위는 정보통신망을 통하여 음란한 문언을 배포한 행위에 해당한다(대법원 2019. 1. 10. 선고 2016도8783 판결).
- 자신이 운영하는 웹사이트에 음란물 영상의 토렌트 파일을 게시하여 불특정 또는 다수의 사람들이 다운로드 받아갈 수 있도록 한 행위는 정보통신망을 통하여 음란한 영상을 배포하거나 공공연하게 전시'한 행위에 해당한다(대법원 2019. 7. 25. 선고 2019도5283 판결).
- 인터넷사이트에 집단 성행위 목적의 카페를 개설, 운영한 자가 남녀 회원을 모집한 후 특별모임을 빙자하여 집단으로 성행위를 하고 그 촬영물이나 사진 등을 카페에 게시한 사안에서, 카페가 회원제로 운영되고 회원들 상호 간에 음란물을 게시, 공유해 온 사정이 있다고 하더라도, 음란물을 공연히 전시한 것에 해당한다(대법원 2009. 5. 14. 선고 2008도10914).

[8] 불안감 유발 정보 전송죄 (제74조 제1항 제3호, 제44조의7 제1항 제3호)

제74조(벌칙) ① 다음 각 호의 어느 하나에 해당하는 자는 1년 이하의 징역 또는 1천만 원 이하의 벌금에 처한다.

　3. 제44조의7 제1항 제3호를 위반하여 공포심이나 불안감을 유발하는 부호·문언·음향·화상 또는 영상을 반복적으로 상대방에게 도달하게 한 자

② 제1항 제3호의 죄는 피해자가 구체적으로 밝힌 의사에 반하여 공소를 제기할 수 없다.

제44조의7(불법정보의 유통금지 등) ① 누구든지 정보통신망을 통하여 다음 각 호의 어느 하나에 해당하는 정보를 유통하여서는 아니 된다.

　3. 공포심이나 불안감을 유발하는 부호·문언·음향·화상 또는 영상을 반복적으로 상대방에게 도달하도록 하는 내용의 정보

Ⅰ. 의의

불안감 유발 정보 전송죄는 정보통신망을 통하여 공포심이나 불안감을 유발하는 정보를 반복적으로 전송하는 행위를 처벌하는 규정이다.

피해자가 구체적으로 밝힌 의사에 반하여 공소를 제기할 수 없는 반의사불벌죄이다.

Ⅱ. 구성요건

정보통신망을 통하여 공포심이나 불안감을 유발하는 부호·문언·음향·화상 또는 영상을 반복적으로 상대방에게 도달하게 하는 행위를 하는 것이다.

'반복적으로 상대방에게 도달하게 하는 행위'에 해당하는지는 상대방에게 보낸 문언의 내용과 그 표현 방법 및 함축된 의미, 피고인과 상대방 사이의 관계, 문언을 보낸 경위, 횟수 및 그 전후의 사정, 상대방이 처한 상황 등을 종합적으로 고려해서 판단하여야 한다. 일정 행위의 반복을 필수적인 요건으로 삼고 있으므로 각 행위 상호 간에 일시·장소의 근접, 방법의 유사성, 기회의 동일, 범의의 계속 등 밀접한 관계가 있어 전체적으로 상대방의 불안감 등을 조성하기 위한 일련의 반복적인 행위로 평가할 수 있는 경우여야 한다(대법원 2023. 9. 14. 선고 2023도5814 판결).

'도달하게 한다'는 것은 '상대방이 공포심이나 불안감을 유발하는 문언 등을 직접 접하는 경우뿐만 아니라 상대방이 객관적으로 이를 인식할 수 있는 상태에 두는 것'을 의미한다. 상

대방의 휴대전화로 공포심이나 불안감을 유발하는 문자메시지를 전송함으로써 상대방이 별다른 제한 없이 문자메시지를 바로 접할 수 있는 상태에 이르렀다면, 공포심이나 불안감을 유발하는 문언을 상대방에게 도달하게 한다는 구성요건을 충족한 것이고, 상대방이 실제로 문자메시지를 확인하였는지는 상관없다(대법원 2018. 11. 15. 선고 2018도14610 판결).

III. 법정형

1년 이하의 징역 또는 1천만 원 이하의 벌금

IV. 판례

- 전화를 걸 때 상대방 전화기에서 울리는 벨소리는 정보통신망을 통하여 송신된 음향이 아니므로, 반복된 전화기의 벨소리로 상대방에게 공포심이나 불안감을 유발케 하더라도 범죄가 성립하지 않는다(대법원 2005. 2. 25. 선고 2004도7615 판결).

- 피해자의 수신차단으로 문자메시지들이 피해자 휴대전화의 스팸 보관함에 저장되어 있었다고 하더라도, 피해자가 위 문자메시지들을 바로 확인하여 인식할 수 있는 상태에 있었으므로, 피해자에게 '도달'하게 한 경우에 해당한다(대법원 2018. 11. 15. 선고 2018도14610 판결).

- 투자금 반환과 관련하여 지속적인 변제독촉을 받아오던 甲이 乙의 핸드폰으로 하루 간격으로 2번 문자메시지를 발송한 행위는 일련의 반복적인 행위라고 단정할 수 없으므로 '공포심이나 불안감을 유발하는 문언을 반복적으로 도달하게 한 행위'에 해당하지 않는다(대법원 2009. 4. 23. 선고 2008도11595 판결).

- 회사의 대표이사인 피고인이 해고를 통보하자 피해자가 반발한 상황에서, 피고인이 휴대전화를 사용하여 피해자에게 메시지를 7회 전송하고 전화를 2회 발신한 행위는 일회성 내지 비연속적인 단발성 행위가 수차 이루어진 것으로 정보통신망을 이용하여 상대방의 불안감 등을 조성하는 일련의 행위를 반복한 경우에 해당하지 않는다(대법원 2023. 9. 14. 선고 2023도5814 판결).

제5장

개인정보보호법위반

[1] 총설

Ⅰ. 목적 및 의의

개인정보보호법은 개인정보의 처리 및 보호에 관한 사항을 정함으로써 개인의 자유와 권리를 보호하고, 나아가 개인의 존엄과 가치를 구현함을 목적으로 한다(제1조). 개인정보자기결정권은 헌법상 기본권으로서 인정되며, 개인정보보호법은 이러한 기본권을 구체화하여 개인정보 처리원칙 등을 규정하고, 국민의 사생활의 비밀을 보호하며, 개인정보에 대한 권리와 이익을 보장하고 있다.

Ⅱ. 개인정보의 개념

개인정보란 살아 있는 개인에 관한 정보로서 성명, 주민등록번호 및 영상 등을 통하여 개인을 알아볼 수 있는 정보(해당 정보만으로는 특정 개인을 알아볼 수 없더라도 다른 정보와 쉽게 결합하여 알아볼 수 있는 것을 포함)를 말한다(제2조 제1호).

개인정보자기결정권의 보호대상이 되는 개인정보는 개인의 신체, 신념, 사회적 지위, 신분 등과 같이 개인의 인격주체성을 특징짓는 사항으로서 개인의 동일성을 식별할 수 있게 하는 일체의 정보를 포함하며, 반드시 개인의 내밀한 영역에 속하는 정보에 국한되지 않고 공적 생활에서 형성되었거나 이미 공개된 개인정보까지 포함한다(대법원 2016. 8. 17. 선고 2014다235080 판결).

Ⅲ. 개인정보처리자의 범위와 책임

1. 개인정보처리자의 개념

개인정보처리자란 업무를 목적으로 개인정보파일을 운용하기 위하여 스스로 또는 다른 사람을 통하여 개인정보를 처리하는 공공기관, 법인, 단체 및 개인 등을 말한다(제2조 제5호).

2. 개인정보취급자와의 구별

개인정보취급자는 개인정보처리자의 지휘·감독을 받아 개인정보를 처리하는 자로서 개인정보처리자와 구별된다. 개인정보처리자가 아닌 개인정보취급자에게는 개인정보보호법 위반 혐의가 인정되지 않는다.

개인정보파일을 유용하지 않는 경우 개인정보처리자의 지위가 인정되시 않는다. 개인정보보호법상 '개인정보파일'로 인정되기 위해서는, 개인의 이름이나 고유식별정보, ID 등을 색인(index)이나 검색 값으로 하여 쉽게 검색할 수 있도록 체계적으로 배열·구성한 집합물임이 인정되어야 하고, 개인정보가 기재되어 있는 문서의 단순한 집합물에 불과하고 체계적으로 배열·검색할 수 있도록 구성되어 있지 않은 경우는 개인정보파일에 해당하지 않는다(인천지방법원 2022. 7. 14. 선고 2021노4354 판결).

Ⅳ. 개인정보 처리 위탁과 제3자 제공의 구별

1. 제3자 제공과 처리위탁의 차이

'제3자'란 정보주체의 개인정보를 실질적·직접적으로 수집·보유한 개인정보처리자를 제외한 모든 자를 말한다. 개인정보의 '제3자 제공'은 본래의 개인정보 수집·이용 목적의 범위를 넘어 그 정보를 제공받는 자의 업무처리와 이익을 위하여 개인정보가 이전되는 경우를 의미한다.

개인정보의 '처리위탁'은 본래의 개인정보 수집·이용 목적과 관련된 위탁자 본인의 업무처리와 이익을 위하여 개인정보가 이전되는 경우를 의미한다(대법원 2017. 4. 7. 선고 2016도13263 판결).

2. 처리위탁 시 수탁자의 지위

개인정보 처리위탁에 있어 수탁자는 개인정보 보호법 제17조에 정한 '제3자'에 해당하지 않는다(대법원 2017. 4. 7. 선고 2016도13263 판결).

개인정보 처리위탁에 있어 수탁자는 위탁자로부터 위탁사무 처리에 따른 대가를 지급받는 것 외에는 개인정보 처리에 관하여 독자적인 이익을 가지지 않고, 정보제공자의 관리·감독 아래 위탁받은 범위 내에서만 개인정보를 처리하게 된다(대법원 2017. 4. 7. 선고 2016도13263 판결).

[2] 정보주체의 동의 없는 제3자 제공 [제71조 제1호]

제71조(벌칙) 다음 각 호의 어느 하나에 해당하는 자는 5년 이하의 징역 또는 5천만 원 이하의 벌금에 처한다.
1. 제17조 제1항 제2호에 해당하지 아니함에도 같은 항 제1호(제26조 제8항에 따라 준용되는 경우를 포함한다)를 위반하여 정보주체의 동의를 받지 아니하고 개인정보를 제3자에게 제공한 자 및 그 사정을 알면서도 개인정보를 제공받은 자

Ⅰ. 의의

개인정보처리자는 정보주체의 동의를 받은 경우 등 법률에서 정한 예외적인 경우를 제외하고는 개인정보를 제3자에게 제공할 수 없다(제17조 제1항).

Ⅱ. 구성요건

개인정보를 제3자에게 제공하는 것('개인정보 제3자 제공')은 개인정보의 지배·관리권이 제3자에게 이전되는 것을 의미한다. 개인정보 제3자 제공은 '개인정보의 저장 매체나 개인정보가 담긴 출력물·책자 등을 물리적으로 이전하거나 네트워크를 통한 개인정보의 전송, 개인정보에 대한 제3자의 접근권한 부여, 개인정보처리자와 제3자의 개인정보 공유 등 개인정보의 이전 또는 공동 이용 상태를 초래하는 모든 행위'를 말한다.

개인정보의 '제3자 제공'은 본래의 개인정보 수집·이용 목적의 범위를 넘어 그 정보를 제

공받는 자의 업무처리와 이익을 위하여 개인정보의 지배·관리권이 이전되는 것으로, 개인
정보처리자가 개인정보의 지배·관리권을 그대로 유지하면서 개인정보처리자의 업무처리
와 이익을 위하여 내부적으로 개인정보를 이용하는 것과 구별된다. 개인정보처리자는 다른
사람을 통하여 개인정보를 처리하는 것도 가능하므로 개인정보처리자의 의사에 따라 개인
정보처리 업무를 직접 수행하는 개인정보취급자가 개인정보처리자로부터 정보주체의 개인
정보를 이전받더라도 이와 같은 이전은 '제3자 제공'에 해당한다고 볼 수 없다(대법원 2025.
2. 13. 선고 2020도14713 판결).

Ⅲ. 법정형

5년 이하의 징역 또는 5천만 원 이하의 벌금

[3] 목적 외 이용 또는 제3자 제공 (제71조 제2호)

> 제71조(벌칙)
> 1. 제18조 제1항·제2항, 제27조 제3항 또는 제28조의2(제26조 제8항에 따라 준용되는 경우를
>   포함한다), 제19조 또는 제26조 제5항을 위반하여 개인정보를 이용하거나 제3자에게 제공한
>   자 및 그 사정을 알면서도 영리 또는 부정한 목적으로 개인정보를 제공받은 자

Ⅰ. 의의

개인정보처리자는 수집한 개인정보를 수집 목적의 범위 내에서만 이용하거나 제3자에게
제공할 수 있으며, 목적 외 이용이나 제3자 제공은 원칙적으로 금지된다.

Ⅱ. 구성요건

개인정보를 제공받은 목적 외의 용도로 이용하거나 제3자에게 제공한 경우 개인정보보호
법 위반에 해당한다. 또한 그 사정을 알면서도 영리 또는 부정한 목적으로 개인정보를 제공
받은 자도 처벌 대상이 된다.

개인정보를 제공받은 자의 개인정보 보호법 제71조 제2호 위반죄는 정보제공자가 법령위
반으로 개인정보를 제공한다는 사정에 대한 인식 외에 '영리 또는 부정한 목적'을 범죄성립

요건으로 하는 목적범이다(대법원 2022. 6. 16. 선고 2022도1676 판결).

여기서 '부정한 목적'이란 개인정보를 제공받아 실현하려는 의도가 사회통념상 부정한 것을 의미하며, 개인정보를 제공받아 실현하려는 목적의 구체적인 내용, 당해 개인정보의 내용과 성격, 개인정보가 수집된 원래의 목적과 취지, 개인정보를 제공받게 된 경위와 방법 등 여러 사정을 종합하여 사회통념에 따라 판단해야 한다(대법원 2022. 6. 16. 선고 2022도1676 판결).

III. 법정형

5년 이하의 징역 또는 5천만 원 이하의 벌금

IV. 판례

- 임직원, 파견근로자, 시간제근로자 등 개인정보처리자의 지휘·감독을 받아 개인정보를 처리하는 자인 개인정보취급자(같은 법 제28조)가 개인정보처리자의 업무 수행을 위하여 개인정보를 이전받는 경우 위와 같은 개인정보취급자는 '개인정보처리자로부터 개인정보를 제공받은 자'에 해당하지 않는다(대법원 2025. 2. 13. 선고 2020도14713 판결).

[4] 민감정보 및 고유식별정보 관련 위반 [제71조 제4호, 제5호]

> 제71조(벌칙)
> 4. 제23조 제1항(제26조 제8항에 따라 준용되는 경우를 포함한다)을 위반하여 민감정보를 처리한 자
> 5. 제24조 제1항(제26조 제8항에 따라 준용되는 경우를 포함한다)을 위반하여 고유식별정보를 처리한 자

I. 의의

민감정보 및 고유식별정보는 개인의 인격 및 사생활의 핵심에 해당하여 다른 일반적인 개인정보보다 더 높은 수준의 보호가 필요함에 따라 개인정보처리자의 민감정보 및 고유식별

정보 처리를 원칙적으로 금지하고 있다. 개인정보 중 보다 더 두텁게 보호될 필요가 있는 민감정보 및 고유식별정보는 보다 엄격하게 처리·보호되어야 하는 정보임을 명확히 하려는 취지이다.

II. 구성요건

민감정보는 정보주체의 사생활을 현저히 침해할 우려가 있는 개인정보로서 특별한 보호가 필요한 정보를 말한다. 사상·신념, 노동조합, 정당의 가입·탈퇴, 정치적 견해, 건강, 성생활 등에 관한 정보 등 정보주체의 사생활을 침해할 우려가 있는 민감정보는 정보주체의 별도 동의 없이 처리할 수 없다.

고유식별정보는 개인을 고유하게 구별하기 위하여 부여된 식별정보로서 특별한 보호가 필요한 정보를 말한다. 주민등록번호, 여권번호, 운전면허번호, 외국인등록번호 등 고유식별정보는 정보주체의 별도 동의 없이 처리할 수 없다.

민감정보 및 고유식별정보는 법령에서 구체적으로 처리를 요구한 경우를 제외하고 원칙적으로 처리가 금지된다(제23조, 제24조).

III. 법정형

5년 이하의 징역 또는 5천만 원 이하의 벌금

[5] 업무상 알게 된 개인정보 누설 등 (제71조 제9호)

제71조(벌칙)
9. 제59조 제2호를 위반하여 업무상 알게 된 개인정보를 누설하거나 권한 없이 다른 사람이 이용하도록 제공한 자 및 그 사정을 알면서도 영리 또는 부정한 목적으로 개인정보를 제공받은 자

I. 의의

업무상 알게 된 개인정보를 누설하거나 권한 없이 다른 사람이 이용하도록 제공한 자와

그 사정을 알면서도 영리 또는 부정한 목적으로 개인정보를 제공받은 자를 처벌하는 규정이다(제71조 제9호).

Ⅱ. 구성요건

개인정보를 처리하거나 처리하였던 자는 업무상 알게 된 개인정보를 누설하거나 권한 없이 다른 사람이 이용하도록 제공하여서는 아니 된다(제59조 제2호). 또한 그 사정을 알면서도 영리 또는 부정한 목적으로 개인정보를 제공받은 자도 처벌 대상이 된다.

여기서 '업무상 알게 된 개인정보'는 정보주체들의 개인정보를 수집하여 처리하는 것을 주된 내용으로 하는 업무와 관련하여 알게 된 개인정보에 한정되지 않고, 개인정보의 수집·처리 외의 일반적인 업무를 주된 내용으로 하면서 그 업무와 밀접한 관련이 있는 부수적 업무로서 개인정보의 수집·처리가 이루어지는 업무와 관련하여 알게 된 개인정보도 포함한다(대법원 2025. 6. 26. 선고 2025도3153 판결).

Ⅲ. 법정형

5년 이하의 징역 또는 5천만 원 이하의 벌금

Ⅳ. 판례

- 개인정보를 처리하거나 처리하였던 자가 업무상 알게 된 개인정보를 누설하거나 권한 없이 다른 사람이 이용하도록 제공한 것이라는 사정을 알면서도 영리 또는 부정한 목적으로 개인정보를 제공받은 자라면, 개인정보를 처리하거나 처리하였던 자로부터 직접 개인정보를 제공받지 아니하더라도 개인정보 보호법 제71조 제5호의 '개인정보를 제공받은 자'에 해당한다(대법원 2018. 1. 24. 선고 2015도16508 판결).
- 재판과정에서 소송상 필요한 주장의 증명이나 범죄혐의에 대한 방어권 행사를 위하여 개인정보가 포함된 소송서류나 증거를 법원에 제출하는 경우, 고소·고발 또는 수사절차에서 범죄혐의의 소명이나 방어권의 행사를 위하여 개인정보가 포함된 증거자료를 수사기관에 제출하는 경우에는 사회상규에 위배되지 않는 행위에 해당하여 형법 제20조에 따라 위법성이 조각될 수 있다(대법원 2025. 7. 18. 선고 2023도3673 판결).

- 영상정보처리기기에 의하여 촬영된 개인의 초상, 신체의 모습과 위치정보 등과 관련한 영상의 형태로 존재하는 개인정보의 경우, 영상이 담긴 매체를 전달받는 등 영상 형태로 개인정보를 이전받는 것 외에도 이를 시청하는 등의 방식으로 영상에 포함된 특정하고 식별할 수 있는 살아있는 개인에 관한 정보를 지득함으로써 지배·관리권을 이전받은 경우에도 구 개인정보 보호법 제71조 제5호 후단의 '개인정보를 제공받은 자'에 해당할 수 있다(대법원 2024. 8. 23. 선고 2020도18397 판결).
- 제3자에 대한 누설 등으로 구 개인정보 보호법의 처벌 대상이 되는 개인정보는 특별한 사정이 없는 한 정보주체의 사적 영역에 대한 정보로 제한되어야 하므로, 헌법과 법률이 정하는 공적 작용을 수행하는 공무원이나 그 근무부서를 특정하기 위한 성명 등은 구 개인정보 보호법 위반의 처벌대상인 개인정보라고 보기 어렵다(대법원 2025. 6. 26. 선고 2025도3153 판결).

[6] 거짓이나 부정한 수단으로 개인정보 취득·동의 [제72조 제2호]

제72조(벌칙) 다음 각 호의 어느 하나에 해당하는 자는 3년 이하의 징역 또는 3천만 원 이하의 벌금에 처한다.
2. 제59조 제1호를 위반하여 거짓이나 그 밖의 부정한 수단이나 방법으로 개인정보를 취득하거나 개인정보 처리에 관한 동의를 받는 행위를 한 자 및 그 사정을 알면서도 영리 또는 부정한 목적으로 개인정보를 제공받은 자

Ⅰ. 의의

개인정보 보호법은 거짓이나 그 밖의 부정한 수단이나 방법으로 개인정보를 취득하거나 개인정보 처리에 관한 동의를 받는 행위를 금지하고 있다(제59조 제1호).

Ⅱ. 구성요건

거짓이나 그 밖의 부정한 수단이나 방법으로 개인정보를 취득하거나 개인정보 처리에 관한 동의를 받는 행위 또는 그 사정을 알면서도 영리 또는 부정한 목적으로 개인정보를 제공받는 것이다.

개인정보 보호법 제72조 제2호에 규정된 '거짓이나 그 밖의 부정한 수단이나 방법'이란 개인정보를 취득하거나 또는 그 처리에 관한 동의를 받기 위하여 사용하는 위계 기타 사회통념상 부정한 방법이라고 인정되는 것으로서 개인정보 취득 또는 그 처리에 동의할지 여부에 관한 정보주체의 의사결정에 영향을 미칠 수 있는 적극적 또는 소극적 행위를 뜻한다(대법원 2017. 4. 7. 선고 2016도13263 판결).

거짓이나 그 밖의 부정한 수단이나 방법으로 개인정보를 취득하거나 그 처리에 관한 동의를 받았는지를 판단할 때에는 개인정보처리자가 그에 관한 동의를 받는 행위 자체만을 분리하여 개별적으로 판단하여서는 안 되고, 개인정보처리자가 개인정보를 취득하거나 처리에 관한 동의를 받게 된 전 과정을 살펴보아 거기에서 드러난 개인정보 수집 등의 동기와 목적, 수집 목적과 수집 대상인 개인정보의 관련성, 수집 등을 위하여 사용한 구체적인 방법, 개인정보 보호법 등 관련 법령을 준수하였는지 및 취득한 개인정보의 내용과 규모, 특히 민감정보·고유식별정보 등의 포함 여부 등을 종합적으로 고려하여 사회통념에 따라 판단하여야 한다(대법원 2017. 4. 7. 선고 2016도13263 판결).

Ⅲ. 법정형

3년 이하의 징역 또는 3천만 원 이하의 벌금

제6장

국민체육진흥법위반 (도박등)

[1] 총설

I. 목적 및 의의

국민체육진흥법은 국민체육을 진흥하여 국민의 체력을 증진하고, 체육활동으로 연대감을 높이며, 공정한 스포츠 정신으로 체육인 인권을 보호하고, 국민의 행복과 자긍심을 높여 건강한 공동체의 실현에 이바지함을 목적으로 한다(제1조).

또한, 정당한 체육진흥투표권 발행사업자가 아닌 자의 스포츠 도박 사업 운영에 참여하여 도박을 하는 행위를 근절함으로써 사행성이 높은 불법적인 스포츠 도박 행위를 규제하고 체육진흥투표권 발행사업의 안정성과 공정성을 확보하려는 데에 있다(대법원 2022. 11. 30. 선고 2022도6462 판결).

II. 체육진흥투표권 발행사업의 주체

"체육진흥투표권"이란 운동경기 결과를 적중시킨 자에게 환급금을 내주는 표(票)로서 투표 방법과 금액, 그 밖에 대통령령으로 정하는 사항이 적혀 있는 것을 말한다(제2조 제12호).

- 서울올림픽기념국민체육진흥공단
- 수탁사업자(서울올림픽기념국민체육진흥공단이 발행주식의 총수를 소유하고 있는 상법에 따른 주식회사)

III. 국민체육진흥법 위반(도박) 죄의 특성

1. 법정형의 중대성

국민체육진흥법상 도박 관련 범죄는 형법상 도박죄에 비해 법정형이 매우 중하다. 체육진흥투표권 발행 유사행위는 7년 이하의 징역이나 7천만 원 이하의 벌금, 유사행위를 이용한 도박은 5년 이하의 징역이나 5천만 원 이하의 벌금에 처해진다. 이는 형법상 단순도박(1,000만 원 이하의 벌금)이나 상습도박(3년 이하의 징역 또는 2,000만 원 이하의 벌금)에 비해 훨씬 중한 처벌이다.

2. 형법상 도박죄와의 관계

국민체육진흥법 제26조 제1항의 금지행위를 이용하여 도박을 한 사람에게는 국민체육진흥법위반(도박등)죄로만 처벌된다. 국민체육진흥법의 규제를 받지 않는 일반적인 도박 행위는 형법상 도박죄가 적용된다.

3. 정보통신망을 이용한 국제적 특성

종이 형태의 체육진흥투표권 발행 사업이 장소적 제약하에서 운용되는 것과 비교하여 정보통신망을 이용하는 현재 스포츠도박사업은 장소적 제약을 뛰어넘어 규제 정도가 낮은 국가에서의 정보통신망과 연동함으로써 쉽게 자국의 규제를 회피할 수 있다. 또한 가상공간에서 운용되는 특성상 제작부터 운영에 이르는 과정에서 복수의 시스템이 결합되고 이에 많은 사람들이 개별적인 행위로 관여하게 된다(대법원 2018. 10. 30. 선고 2018도7172 판결).

4. 조직적 범죄의 특성

불법 스포츠 도박사이트를 이용한 유사행위는 일반적으로 도박사이트 운영을 위한 프로그램의 개발, 도박자금을 입금받기 위한 대포통장의 모집, 사이트의 홍보와 운영 및 관리, 수익금의 인출 및 분배의 과정을 거치는데, 여기에 다수의 공범들이 조직적으로 관여하게 된다(울산지방법원 2019. 12. 20. 선고 2019고단3516 판결).

[2] 국민체육진흥법위반(도박개장등)죄 [제47조 제2호, 제26조 제1항]

> 제47조(벌칙) 다음 각 호의 어느 하나에 해당하는 자는 7년 이하의 징역이나 7천만 원 이하의 벌금에 처한다.
> 2. 제26조 제1항을 위반한 자
> 제26조(유사행위의 금지 등) ① 서울올림픽기념국민체육진흥공단과 수탁사업자가 아닌 자는 체육진흥투표권 또는 이와 비슷한 것을 발행(정보통신망에 의한 발행을 포함한다)하여 결과를 적중시킨 자에게 재물이나 재산상의 이익을 제공하는 행위(이하 "유사행위"라 한다)를 하여서는 아니 된다.

Ⅰ. 의의

국민체육진흥법 제26조 제1항은 서울올림픽기념국민체육진흥공단과 수탁사업자가 아닌 자가 체육진흥투표권 또는 이와 비슷한 것을 발행하여 결과를 적중시킨 자에게 재물이나 재산상의 이익을 제공하는 행위를 금지하고 있다.

Ⅱ. 구성요건

본죄의 주체는 서울올림픽기념국민체육진흥공단과 수탁사업자가 아닌 자이다. '체육진흥투표권 등을 발행'하는 것과 '결과를 적중시킨 자에게 재물이나 재산상의 이익을 제공'하는 것을 모두 구성요건적 요소로 삼고 있어 체육진흥투표권 등을 발행하기만 하고 결과를 적중시킨 자에게 재물이나 재산상의 이익을 제공하지 않는 경우 또는 체육진흥투표권 등을 발행하지 않은 채 결과를 적중시킨 자에게 재물이나 재산상의 이익을 제공하기만 하는 경우에는 제1항 행위자로 처벌할 수 없다. 두 구성요건 모두에 대하여 각기 기능적 행위지배를 하는 경우에만 제1항 행위의 공동정범으로 처벌할 수 있다(대법원 2018. 10. 30. 선고 2018도7172 판결).

'유사행위'는 체육진흥투표권 또는 이와 비슷한 것을 발행하고, 결과를 적중시킨 자에게 재물이나 재산상의 이익을 제공하는 행위를 모두 갖추어야 한다. 따라서 체육진흥투표권 또는 이와 비슷한 것을 발행하기만 하고 결과를 적중시킨 자에게 재물이나 재산상의 이익을 제공하지 않거나, 이러한 체육진흥투표권 또는 이와 비슷한 것을 발행하지 않은 채 결과를 적중시킨 자에게 재물이나 재산상의 이익만을 제공하는 경우라면, 특별한 사정이 없는 한 국민체육진흥법 제26조 제1항의 '유사행위'에 해당한다고 볼 수 없다(대법원 2017. 11. 14. 선고 2017도13140 판결).

III. 법정형

- 7년 이하의 징역이나 7천만 원 이하의 벌금(제47조 제2호)
- 징역형과 벌금형 병과 가능(제53조)

IV. 몰수 및 추징

본죄를 위반한 자가 그 행위를 하기 위하여 소유·소지한 기기 및 장치 등 물건과 유사행위를 통하여 얻은 재물은 몰수하고(제51조 제1항), 그 물건과 재물을 몰수하기 불가능하거나 재산상의 이익을 취득한 경우에는 그 가액을 추징한다(제51조 제3항). 형법상 도박공간개설죄 등과 달리 본죄의 몰수·추징은 필요적이다.

V. 판례

- 스포츠 도박 사이트의 운영이 외국인에 의하여 대한민국 영역 외에서 이루어진 것이라고 하더라도 유사행위를 이용한 도박행위에 해당하면 제26조 제1항에서 금지하고 있는 행위에 해당한다(대법원 2022. 11. 30. 선고 2022도6462 판결).

[3] 국민체육진흥법위반(도박등)죄 [제48조 제3호, 제26조 제1항]

제48조(벌칙) 다음 각 호의 어느 하나에 해당하는 자는 5년 이하의 징역이나 5천만 원 이하의 벌금에 처한다.
3. 제26조 제1항의 금지행위를 이용하여 도박을 한 자

I. 의의

국민체육진흥법 제48조 제3호는 제26조 제1항의 금지행위를 이용하여 도박을 한 자를 처벌하는 규정이다. 이는 불법 스포츠토토 도박 사이트 등을 이용하여 도박을 한 행위를 처벌

하기 위한 것이다.

Ⅱ. 구성요건

'제26조 제1항의 금지행위를 이용'하여 도박을 한 자를 처벌하도록 규정하고 있으므로, 도박에 이용한 것이 '유사행위'에 해당하지 않는 경우라면, '제26조 제1항의 금지행위를 이용하여 도박을 한 자'에 해당한다고 볼 수 없다. (대법원 2022. 7. 14. 선고 2021도15134 판결). 대한민국 영역 내에서 해외 스포츠 도박 사이트에 접속하여 베팅을 하는 방법으로 체육진흥투표권과 비슷한 것을 정보통신망을 이용하여 발행받은 다음 결과를 적중시킨 경우 재산상 이익을 얻는 내용의 도박을 한 행위도 '유사행위'를 이용한 도박행위에 해당한다(대법원 2022. 11. 30. 선고 2022도6462 판결).

Ⅲ. 법정형

- 5년 이하의 징역이나 5천만 원 이하의 벌금(제48조 제3호)
- 징역형과 벌금형 병과 가능(제53조)

Ⅳ. 판례

- 홀·짝 게임에 배팅하여 배당금을 지급받는 방법으로 도박을 한 행위는 유사행위에 해당하지 않는다(대법원 2022. 7. 14. 선고 2021도15134 판결).

[4] 국민체육진흥법위반(도박개장등)죄 [제48조 제4호, 제26조 제2항 제1호]

> 제48조(벌칙) 다음 각 호의 어느 하나에 해당하는 자는 5년 이하의 징역이나 5천만 원 이하의 벌금에 처한다.
> 　4. 제26조 제2항 제1호에 해당하는 행위를 한 자
> 제26조 ② 누구든지 다음 각 호의 어느 하나에 해당하는 행위를 하여서는 아니 된다.
> 　1. 「정보통신망 이용촉진 및 정보보호 등에 관한 법률」 제2조 제1항 제1호에 따른 정보통신망을 이용하여 체육진흥투표권이나 이와 비슷한 것을 발행하는 시스템을 설계·제작·유통 또는 공중이 이용할 수 있도록 제공하는 행위

Ⅰ. 의의

국민체육진흥법 제26조 제2항 제1호는 정보통신망을 이용하여 체육진흥투표권이나 이와 비슷한 것을 발행하는 시스템을 설계·제작·유통 또는 공중이 이용할 수 있도록 제공하는 행위를 금지하고 있다. 불법 스포츠 도박 사업이 기존의 규제를 피하기 위해 교묘하고 세련되게 발전하는 상황을 규율하여, 제1항 행위에까지 이르지 않았지만 이와 밀접한 관련이 있는 행위까지도 차단함으로써 제1항 행위를 근절하기 위함이다.

Ⅱ. 구성요건

본죄의 행위는 정보통신망을 이용하여 체육진흥투표권이나 이와 비슷한 것을 발행하는 시스템을 설계·제작·유통 또는 공중이 이용할 수 있도록 제공하는 것이다. '설계·제작'은 인터넷 도박 사이트, 불법 사설 도박 프로그램 등 도박에 필요한 시스템이나 프로그램을 개발하는 행위를 말하며, 직접적인 사이트 운영에 가담하지 않더라도 시스템이나 프로그램을 개발하는 행위만으로도 처벌이 가능하다. '유통·제공'은 판매하거나 일반 대중이 접속하여 도박을 할 수 있도록 확산시키는 행위를 말한다.

Ⅲ. 법정형

5년 이하의 징역이나 5천만 원 이하의 벌금

Ⅳ. 판례

- 정보통신망을 이용한 체육진흥투표권 등의 발행 시스템은 정보통신기술의 발달과 더불어 장소적 제약과 규제를 피하여 국가 간 여러 시스템이 연동되어 하나의 발행 시스템으로서의 완전한 기능을 수행할 수 있게 되었다는 점을 고려해야 한다(대법원 2018. 10. 30. 선고 2018도7172 판결).
- 정보통신망을 이용하여 체육진흥투표권 등을 발행하는 시스템에서 경기의 승부에 걸기 위하여 체육진흥투표권 등의 구매에 필수적인 게임머니를 확보하여 이를 충전시켜 주는 행위는 발행 시스템에 대한 공중의 이용에 필수적인 기능을 하는 것으로 평가할 수 있고, 발행 시스템의 관리 권한을 가진 운영자만이 이를 공중의 이용에 제공할 수 있다고 볼 수는 없다(대법원 2018. 10. 30. 선고 2018도7172 판결).

[5] 국민체육진흥법위반 [제49조 제1호, 제26조 제2항 제3호]

Ⅰ. 의의

국민체육진흥법 제26조 제2항 제3호는 유사행위를 홍보하거나 체육진흥투표권 또는 이와 비슷한 것의 구매를 중개 또는 알선하는 행위를 금지하고 있다. 이는 불법적인 스포츠도박 사업운영을 근원적이고 효과적으로 방지하고자 하는 데에 그 취지가 있다.

Ⅱ. 구성요건

'유사행위를 홍보'하는 행위는 불법으로 운영되는 도박사이트, 불법 베팅 행위 등 유사행위를 널리 알리고 참여를 유도하는 행위를 말하며, 글을 게시하거나 광고하는 행위, 인터넷 방송을 통해 권유하는 행위 등이 포함된다. '중개 또는 알선'하는 행위는 구매자와 판매자 사이에서 매매가 성사되도록 돕거나 구매행위의 편의를 제공하여 도움을 주는 행위를 말한다.

Ⅲ. 법정형

3년 이하의 징역이나 3천만 원 이하의 벌금

Ⅳ. 국민체육진흥법 제26조 제1항과 제2항의 관계

국민체육진흥법 제26조 제1항 위반죄의 공범에 해당하는 사람이 실행행위로서 제2항 각 호의 행위를 한 경우에는 공범에 관한 형법 총칙 규정에 따라 같은 조 제1항 위반죄의 공범이 성립하고, 같은 조 제2항 위반죄는 이에 흡수된다(대법원 2017. 1. 12. 선고 2016도18119 판결).

제7장

마약류관리에관한법률위반

[1] 총설

I. 목적 및 의의

마약류 관리에 관한 법률(약칭 : 마약류관리법)은 마약·향정신성의약품·대마 및 원료물질의 취급·관리를 적정하게 하고, 마약류 중독에 대한 치료·예방 등을 위하여 필요한 사항을 규정함으로써 그 오용 또는 남용으로 인한 보건상의 위해를 방지하여 국민보건 향상과 건강한 사회 조성에 이바지함을 목적으로 한다(제1조).

마약류 관련 범죄는 그 특성상 적발이 쉽지 않고 재범의 위험성이 높으며, 중독성· 전파성 등으로 인하여 사람의 육체와 정신을 피폐하게 하는 등 사회 전반에 미치는 부정적인 영향이 심각하다. 이에 마약류 관련 범죄는 대부분 추상적 위험범에 속하며, 피해 발생 여부와 관계없이 마약류 관련 행위 자체를 강력하게 처벌함으로써 그 위험을 사전에 차단하고자 함이다.

II. 마약류의 정의 및 분류

마약류란 마약, 향정신성의약품 및 대마를 총칭하며, 제2조에서 이에 대한 구체적인 정의를 내리고 있다.

제2조(정의)

2. "마약"이란 다음 각 목의 어느 하나에 해당하는 것을 말한다.

　　가. 양귀비: 양귀비과(科)의 파파베르 솜니페룸 엘(Papaver somniferum L.), 파파베르 세티게룸 디시(Papaver setigerum DC.) 또는 파파베르 브락테아툼(Papaver bracteatum)

　　나. 아편: 양귀비의 액즙(液汁)이 응결(凝結)된 것과 이를 가공한 것. 다만, 의약품으로 가공한 것은 제외한다.

　　다. 코카 잎[엽]: 코카 관목[(灌木): 에리드록시론속(屬)의 모든 식물을 말한다]의 잎. 다만, 엑고닌·코카인 및 엑고닌 알칼로이드 성분이 모두 제거된 잎은 제외한다.

　　라. 양귀비, 아편 또는 코카 잎에서 추출되는 모든 알카로이드 및 그와 동일한 화학적 합성품으로서 대통령령으로 정하는 것

　　마. 가목부터 라목까지에 규정된 것 외에 그와 동일하게 남용되거나 해독(害毒) 작용을 일으킬 우려가 있는 화학적 합성품으로서 대통령령으로 정하는 것

　　바. 가목부터 마목까지에 열거된 것을 함유하는 혼합물질 또는 혼합제제. 다만, 다른 약물이나 물질과 혼합되어 가목부터 마목까지에 열거된 것으로 다시 제조하거나 제제(製劑)할 수 없고, 그것에 의하여 신체적 또는 정신적 의존성을 일으키지 아니하는 것으로서 총리령으로 정하는 것[이하 "한외마약"(限外麻藥)이라 한다]은 제외한다.

3. "향정신성의약품"이란 인간의 중추신경계에 작용하는 것으로서 이를 오용하거나 남용할 경우 인체에 심각한 위해가 있다고 인정되는 다음 각 목의 어느 하나에 해당하는 것으로서 대통령령으로 정하는 것을 말한다.

　　가. 오용하거나 남용할 우려가 심하고 의료용으로 쓰이지 아니하며 안전성이 결여되어 있는 것으로서 이를 오용하거나 남용할 경우 심한 신체적 또는 정신적 의존성을 일으키는 약물 또는 이를 함유하는 물질

　　나. 오용하거나 남용할 우려가 심하고 매우 제한된 의료용으로만 쓰이는 것으로서 이를 오용하거나 남용할 경우 심한 신체적 또는 정신적 의존성을 일으키는 약물 또는 이를 함유하는 물질

　　다. 가목과 나목에 규정된 것보다 오용하거나 남용할 우려가 상대적으로 적고 의료용으로 쓰이는 것으로서 이를 오용하거나 남용할 경우 그리 심하지 아니한 신체적 의존성을 일으키거나 심한 정신적 의존성을 일으키는 약물 또는 이를 함유하는 물질

　　라. 다목에 규정된 것보다 오용하거나 남용할 우려가 상대적으로 적고 의료용으로 쓰이는 것으로서 이를 오용하거나 남용할 경우 다목에 규정된 것보다 신체적 또는 정신적 의존성을 일으킬 우려가 적은 약물 또는 이를 함유하는 물질

마. 가목부터 라목까지에 열거된 것을 함유하는 혼합물질 또는 혼합제제. 다만, 다른 약물 또는 물질과 혼합되어 가목부터 라목까지에 열거된 것으로 다시 제조하거나 제제할 수 없고, 그것에 의하여 신체적 또는 정신적 의존성을 일으키지 아니하는 것으로서 총리령으로 정하는 것은 제외한다.

4. "대마"란 다음 각 목의 어느 하나에 해당하는 것을 말한다. 다만, 대마초[칸나비스 사티바 엘(Cannabis sativa L)을 말한다. 이하 같다]의 종자(種子)·뿌리 및 성숙한 대마초의 줄기와 그 제품은 제외한다.

　가. 대마초와 그 수지(樹脂)

　나. 대마초 또는 그 수지를 원료로 하여 제조된 모든 제품

　다. 가목 또는 나목에 규정된 것과 동일한 화학적 합성품으로서 대통령령으로 정하는 것

　라. 가목부터 다목까지에 규정된 것을 함유하는 혼합물질 또는 혼합제제

III. 마약류 범죄의 특성

1. 국제성

마약류는 생산과 소비가 한 국가 내에서 이루어지는 것이 아니라 생산지와 소비지가 다른 경우가 많고, 마약류 원료나 완제품의 수입, 제조, 판매, 사용 등이 대부분 국제적인 거래를 통해 이루진다.

2. 밀행성

마약류 범죄는 밀행성이 강하여 공소사실 특정에 있어 일정 부분 완화된 기준이 적용되기도 한다.

3. 중독성과 확산성

마약류는 중독성이 강하고 사용자가 증가할수록 사회적 확산이 빠르게 진행되는 특성이 있다. 특히 군대 내로 마약류가 반입될 경우 집단 확산 위험이 있어 '무관용 원칙'이 적용되고 엄중 처벌된다.

4. 재범률이 높은 범죄

마약류 범죄는 중독, 다른 투약자의 유혹, 호기심, 우연, 영리 등을 원인으로 이루어지는 경우가 많고, 특히 마약류 투약 범죄는 마약류가 지니는 강한 중독성으로 인하여 반복적·계속적으로 이루어져 재범의 비율이 월등히 높다.

[2] 주요 금지행위

Ⅰ. 일반 행위의 금지(제3조)

- 법에 따르지 않은 마약류의 사용
- 마약의 원료가 되는 식물 재배 또는 성분 함유 원료·종자·종묘 소지, 소유, 관리, 수출입, 수수, 매매 등
- 헤로인 관련 행위
- 마약 또는 향정신성의약품 제조 목적의 원료물질 취급
- 향정신성의약품 관련 행위
- 대마 관련 행위

Ⅱ. 마약류취급자가 아닌 자의 마약류 취급 금지(제4조)

- 마약 또는 향정신성의약품의 소지, 소유, 사용, 운반, 관리, 수입, 수출, 제조, 조제, 투약, 수수, 매매 등
- 대마의 재배, 소지, 소유, 수수, 운반, 보관, 사용
- 마약 또는 향정신성의약품을 기재한 처방전 발급
- 한외마약 제조

Ⅲ. 마약류 등의 취급 제한(제5조)

- 마약류취급자는 업무 외 목적으로 마약류 취급 금지
- 마약류 소지·소유·운반·관리자는 다른 목적으로 사용 금지

[3] 주요 범죄 유형

Ⅰ. 마약류 수출입

1. 의의

마약류 수출입이란 마약류를 국외로부터 우리나라의 영토 내로 반입하거나(수입), 우리나라에서 국외로 반출하는 행위(수출)를 말한다. 마약류관리법에서는 마약류취급자가 아니면 마약 또는 향정신성의약품을 수출입하지 못하도록 규정하고 있다. 여기서 '수입'은 그 목적이나 의도에 관계없이 마약류를 국외로부터 우리나라의 영토 내로 양륙하는 등으로 반입하는 행위를 뜻한다.

2. 구성요건

마약류의 종류에 따라 구성요건이 세분화되어 있으며, 마약류관리에 관한 법률 제58조, 제59조, 제60조에서 각각 규정하고 있다.

- 행위주체: 마약류취급자가 아닌 자 또는 마약류취급자라도 법에 따르지 않은 경우
- 행위객체: 마약, 향정신성의약품, 대마 등 마약류
- 행위: 수출입 행위 또는 수출입 목적의 소지·소유
- 고의: 마약류임을 인식하고 수출입하거나 그 목적으로 소지·소유하려는 의사

3. 법정형

- 마약, 향정신성의약품(가목), 대마 수출입: 무기 또는 5년 이상의 징역 (제58조 제1항)
- 영리목적 또는 상습범: 사형, 무기 또는 10년 이상의 징역 (제58조 제2항)
- 향정신성의약품(나목) 수출입: 무기 또는 5년 이상의 징역 (제58조 제1항 제6호)
- 향정신성의약품(다목) 수출입: 1년 이상의 유기징역 (제59조 제1항 제10호)
- 향정신성의약품(라목) 수출입: 10년 이하의 징역 또는 1억 원 이하의 벌금 (제60조 제1항 제3호)

4. 미수

마약류 수출입 관련 미수범은 마약류관리에 관한 법률 제58조 제3항, 제59조 제3항, 제60조 제3항에 따라 처벌한다.

5. 예비 또는 음모

마약, 향정신성의약품(가목, 나목), 대마 수출입 범죄 목적 예비 또는 음모 : 10년 이하의 징역

II. 마약류 매매

1. 의의

마약류 매매란 마약류를 매도하거나 매수하는 행위를 말한다. 마약류의 유통에 따라 그 남용의 위험이 증대하고 보건위생상으로 위해를 끼치게 되기 때문에 마약류의 매매를 금지하고 있다.

2. 구성요건

본죄의 주체는 마약류취급자가 아닌 자이며, 마약류취급자라도 업무 외 목적으로 매매하는 경우에는 본죄의 주체가 된다. 실행행위는 매매 행위 또는 매매 목적의 소지·소유이며, '매매'는, 매도인이 매수인에게 마약류에 대한 법률상·사실상의 처분권한과 함께 그 점유(소지)를 이전하는 '매도에 의한 양도 행위'와, 매수인이 매도인으로부터 마약류에 대한 법률상·사실상의 처분권한과 함께 목적물의 점유를 이전받는 '매수에 의한 양수 행위'를 말한다. 매도에 의한 양도와 매수에 의한 양수는 모두 매수인이 그 마약류에 대한 처분권한과 아울러 점유까지 취득하는 시점에 그 행위가 완성된다.

목적물인 마약류에 관한 매매의 합의가 성립한 후 그 마약류의 처분권한을 매수인에게로 이전하는 행위 또는 그 마약류의 점유를 매수인에게로 이전하는 행위가 매도인 또는 매수인에 의하여 시작되는 시점에 마약류 매수의 실행의 착수가 있게 된다.

매도인과 매수인 사이에 마약류 매매의 합의가 성립하였다거나, 마약류 매수대금이 송금·수수되었다 하더라도, 이는 마약류 매매라는 범죄 구성요건의 행위 내용으로 예정되어 있

는 행위가 아니므로, 그 마약류의 처분권한 또는 점유를 매수인에게로 이전하는 행위가 매도인 또는 매수인에 의하여 시작되지 않은 이상 마약류 '매수'의 실행의 착수가 있다고 볼 수 없다(대법원 2008. 5. 29. 선고 2008도2392 판결 및 대법원 2015. 3. 20. 선고 2014도16920 판결 등).

3. 법정형

- 마약, 향정신성의약품(가목) 매매: 무기 또는 5년 이상의 징역

  - 영리목적 또는 상습범: 사형, 무기 또는 10년 이상의 징역

- 대마 매매: 1년 이상의 유기징역

  - 상습범: 3년 이상의 유기징역

- 향정신성의약품(나목, 다목) 매매: 10년 이하의 징역 또는 1억 원 이하의 벌금

  - 상습범: 그 죄에 대하여 정하는 형의 2분의 1까지 가중

4. 미수

마약류관리법 제58조 제3항, 제59조 제3항, 제60조 제3항에 따라 미수범은 처벌한다.

5. 예비·음모

- 마약, 향정신성의약품(가목), 대마 매매 범죄 목적 예비 또는 음모 : 10년 이하의 징역

6. 판례

- 대마 또는 향정신성의약품의 매매행위는 매도·매수에 근접·밀착하는 행위가 행하여진 때에 그 실행의 착수가 있는 것으로 보아야 하고, 마약류에 대한 소지의 이전이 완료되면 기수에 이른다(대법원 2020. 7. 9. 선고 2020도2893 판결).

- 필로폰을 매수하려는 자에게서 필로폰을 구해 달라는 부탁과 함께 돈을 지급받았다고 하더라도, 당시 필로폰을 소지 또는 입수한 상태에 있었거나 그것이 가능하였다는 등 매매행위에 근접·밀착한 상태에서 대금을 지급받은 것이 아니라 단순히 필로폰을 구해 달라는 부탁과 함께 대금 명목으로 돈을 지급받은 것에 불과한 경우에는 매매행위의 실행의 착수에 이른 것이라고 볼 수 없다(대법원 2015. 3. 20. 선고 2014도16920 판결).

III. 마약류 투약

1. 의의

마약류 투약이란 마약류를 인체에 주입하는 행위를 말한다. 마약류취급자가 아닌 자의 마약류 투약을 금지하고 있으며, 마약류취급자라도 그 업무 외의 목적으로 투약하는 것을 금지하고 있다.

2. 구성요건

본죄의 주체는 마약류취급자가 아닌 자이며, 마약류취급자라도 업무 외 목적으로 투약하는 경우에는 본죄의 주체가 된다. 투약행위는 마약류를 인체 내에 직접 주입하거나 복용, 흡입, 경구 투여 등이 포함된다.

제2조 제3호 각 목에 해당하는 어느 향정신성의약품을 투약, 흡연 또는 섭취한다는 고의로 실행에 착수하였으나 대상의 착오로 다른 향정신성의약품을 투약, 흡연 또는 섭취하여 마약류관리법 위반(향정)죄의 불능미수가 성립한다(대법원 2025. 5. 29. 선고 2025도2199 판결).

3. 법정형

- 마약, 향정신성의약품(나목, 다목) 투약: 10년 이하의 징역 또는 1억 원 이하의 벌금
 - 상습범: 그 죄에 대하여 정하는 형의 2분의 1까지 가중
- 향정신성의약품(라목) 투약: 5년 이하의 징역 또는 5천만 원 이하의 벌금

4. 미수

마약류관리법 제60조 제3항, 제61조 제3항에 따라 미수범은 처벌한다.

IV. 마약류 소지

1. 의의

마약류관리에 관한 법률은 마약류취급자가 아닌 자의 마약류 소지를 금지하고 있으며, 마약류취급자라도 그 업무 외의 목적으로 소지하는 것을 금지하고 있다.

2. 구성요건

마약류 소지란 마약류를 사실상 지배하는 상태에 두는 행위를 말한다. 마약류를 물리적을 가지고 있거나, 직접적인 물리적 접촉이 없어도 언제든지 처분할 수 있는 상태에 두는 것 모두를 포함한다. 예를 들어 차량에 마약류를 보관했거나, 주거지에 숨겨둔 경우 이에 해당한다. 본죄는 고의범으로 소지하는 물건이 마약류라는 사실을 인지해야 한다. 투약, 매매 등 구체적인 소지 목적이 없어도 소지 사실 자체만으로 본죄가 성립한다.

마약을 매수한 후 투약할 목적으로 소지하는 것은 매수행위에 포함되므로 별도의 소지죄가 성립하지 않지만, 매수한 마약을 다시 투약할 목적으로 계속 소지한 경우 별도의 소지죄가 성립할 수 있다.

3. 법정형

- 마약, 향정신성의약품(가목) 소지: 1년 이상의 유기징역
  - 상습범: 3년 이상의 유기징역
- 향정신성의약품(나목, 다목) 소지: 10년 이하의 징역 또는 1억 원 이하의 벌금
  - 상습범: 그 죄에 대하여 정하는 형의 2분의 1까지 가중
- 대마 소지: 5년 이하의 징역 또는 5천만 원 이하의 벌금

4. 미수

마약류관리법 제59조 제3항, 제60조 제3항, 제61조 제3항에 따라 미수범은 처벌한다.

V. 마약류 관련 방조범

1. 의의

마약류 관련 방조범이란 타인의 마약류 범죄를 방조하는 행위를 말한다. 방조란 정범의 구체적인 범행준비나 범행사실을 알고 그 실행행위를 가능·촉진·용이하게 하는 지원행위 또는 정범의 범죄행위가 종료하기 전에 정범에 의한 법익 침해를 강화·증대시키는 행위로서, 정범의 범죄 실현과 밀접한 관련이 있는 행위를 말한다(대법원 2022. 6. 30. 선고 2020도7866 판결).

2. 구성요건

방조범은 정범의 실행을 방조한다는 이른바 '방조의 고의'와 정범의 행위가 구성요건에 해당하는 행위인 점에 대한 '정범의 고의'가 있어야 한다(대법원 2022. 6. 30. 선고 2020도7866 판결). 따라서 방조범은 정범인 마약판매업자가 마약거래를 은닉하는 사정을 알면서 이를 적극적으로 돕는다는 점에 대한 고의가 있어야 성립한다.

다만, 매도, 매수와 같이 2인 이상의 서로 대향된 행위의 존재를 필요로 하는 관계에 있어서는 공범이나 방조범에 관한 형법총칙 규정의 적용이 있을 수 없고, 따라서 매도인에게 따로 처벌규정이 없는 이상 매도인의 매도행위는 그와 대향적 행위의 존재를 필요로 하는 상대방의 매수범행에 대하여 공범이나 방조범관계가 성립되지 아니한다. 따라서 마약 매수인이 대금을 입금한 행위는 마약 매도인의 '불법수익 은닉'에 필수불가결한 요소이긴 하지만, 매수인을 매도인의 '불법수익 은닉'에 대한 방조범으로 처벌할 수 없다(대법원 2022. 6. 30. 선고 2020도7866 판결).

3. 법정형

형법 제32조 제2항에 따라 정범에 정한 형보다 감경하여 처벌

VI. 몰수 및 추징

제67조(몰수) 이 법에 규정된 죄에 제공한 마약류·임시마약류 및 시설·장비·자금 또는 운반수단과 그로 인한 수익금은 몰수한다. 다만, 이를 몰수할 수 없는 경우에는 그 가액(價額)을 추징한다.

마약류 범죄에 제공한 시설·장비·자금이나 운반수단 또는 이로 인한 수익은 몰수하고, 몰수할 수 없는 경우에는 그 가액을 추징한다. 몰수란 범죄행위와 관련된 물건을 국가에 귀속시키는 것을 말하며, 추징이란 몰수할 물건을 몰수할 수 없는 경우에 그 가액을 국가에 납부하게 하는 것을 말한다.

마약류 불법거래 방지에 관한 특례법 제6조를 위반하여 마약류를 수출입·제조·매매하는 행위 등을 업으로 하는 범죄행위의 정범이 그 범죄행위로 얻은 수익은 같은 법 제13조부터 제16조까지의 규정에 따라 몰수·추징의 대상이 된다. 그러나 위 정범으로부터 대가를 받고 판매할 마약을 공급하는 방법으로 위 범행을 용이하게 한 방조범은 정범의 위 범죄행위로 인한 수익을 정범과 공동으로 취득하였다고 평가할 수 없다면 위 몰수·추징 규정에 의하여 정범과 같이 추징할 수는 없고, 그 방조범으로부터는 방조행위로 얻은 재산 등에 한하여 몰수, 추징할 수 있다(대법원 2021. 4. 29. 선고 2020도16369 판결).

제8장

성매매알선등행위의처벌에관한법률위반

[1] 총설

I. 목적 및 의의

성매매알선 등 행위의 처벌에 관한 법률(약칭: 성매매처벌법)은 성매매, 성매매알선 등 행위 및 성매매 목적의 인신매매를 근절하고, 성매매피해자의 인권을 보호함을 목적으로 한다(제1조).

개인의 성행위 그 자체는 사생활의 내밀영역에 속하고 개인의 성적 자기결정권의 보호대상에 속한다고 할지라도, 그것이 외부에 표출되어 사회의 건전한 성풍속을 해칠 때에는 법률의 규제를 받아야 하는 것이다(헌법재판소 2016. 3. 31. 선고 2013헌가2 결정).

II. 주요 개념 정의

성매매처벌법 제2조 제1항에서는 다음과 같이 주요 개념을 정의하고 있다.

1. "성매매"란 불특정인을 상대로 금품이나 그 밖의 재산상의 이익을 수수(收受)하거나 수수하기로 약속하고 다음 각 목의 어느 하나에 해당하는 행위를 하거나 그 상대방이 되는 것을 말한다.
   가. 성교행위
   나. 구강, 항문 등 신체의 일부 또는 도구를 이용한 유사 성교행위
2. "성매매알선 등 행위"란 다음 각 목의 어느 하나에 해당하는 행위를 하는 것을 말한다.
   가. 성매매를 알선, 권유, 유인 또는 강요하는 행위
   나. 성매매의 장소를 제공하는 행위
   다. 성매매에 제공되는 사실을 알면서 자금, 토지 또는 건물을 제공하는 행위

[2] 성매매 (제21조 제1항)

Ⅰ. 의의

불특정인을 상대로 금품이나 그 밖의 재산상의 이익을 수수하거나 수수하기로 약속하고 성교행위를 하거나, 구강, 항문 등 신체의 일부 또는 도구를 이용한 유사 성교행위를 함으로써 성립하는 범죄이다.

Ⅱ. 구성요건

1. 객관적 구성요건

1) 불특정인을 상대로

'불특정인을 상대로'라는 것은 행위 당시에 상대방이 특정되지 않았다는 의미가 아니라, 그 행위의 대가인 금품 기타 재산상의 이익에 주목적을 두고 상대방의 특정성을 중시하지 않는다는 의미이다. 특정인을 상대로 하는 경우라도 상대방이 특정인으로 제한되어 있지 않고 특정인이 다른 사람으로 교체될 수 있는 관계라면 '불특정인을 상대로' 하는 경우에 해당한다(대법원 2016. 2. 18. 선고 2015도1185 판결).

2) 금품이나 그 밖의 재산상 이익의 수수 또는 약속

성매매의 성립을 위해서는 성교행위 등의 대가로 금품이나 재산상 이익을 주고받거나 주고받기로 약속해야 한다. 이는 성매매와 일반적인 성관계를 구분하는 핵심적인 요소이다.

금품이란 현금, 유가증권 등을 의미하며, 재산상 이익이란 금전으로 환산 가능한 모든 경제적 이익을 포함한다. 예를 들어 숙박비, 식사비, 선물 등도 재산상 이익에 포함될 수 있다.

3) 성교행위 또는 유사 성교행위

성매매처벌법에서 규정하는 성교행위는 남녀 성기의 직접적인 삽입행위를 의미하며, 유사 성교행위는 구강, 항문 등 신체의 일부 또는 도구를 이용한 행위를 말한다.

미수범은 따로 처벌하는 규정을 두고 있지 않으므로 실제로 성교행위나 유사성교행위가 이루어져야 성매매죄가 성립한다.

2. 주관적 구성요건

본죄가 성립하기 위해서는 행위자에게 성매매에 대한 고의가 있어야 한다. 즉, 불특정인을 상대로 금품이나 재산상 이익을 주고받거나 약속하고 성교행위 또는 유사 성교행위를 한다는 사실을 인식하고 이를 의욕하는 의사가 있어야 한다.

III. 법정형

1년 이하의 징역이나 300만 원 이하의 벌금·구류 또는 과료

IV. 성매매피해자에 대한 처벌특례

성매매피해자의 성매매는 처벌하지 아니한다(제6조 제1항). 성매매피해자란 위계, 위력 등에 의해 성매매를 강요당한 사람, 마약 등에 중독되어 성매매를 한 사람, 미성년자 등으로서 성매매를 하도록 알선·유인된 사람, 성매매 목적의 인신매매를 당한 사람 등을 말한다(제2조 제1항 제4호).

제9장

부정청탁및금품등수수의금지에관한법률위반

[1] 총설

Ⅰ. 목적 및 의의

부정청탁 및 금품 등 수수의 금지에 관한 법률(약칭 : 청탁금지법)은 공직자 등에 대한 부정청탁 및 공직자 등의 금품 등 수수를 금지함으로써 공직자 등의 공정한 직무수행을 보장하고 공공기관에 대한 국민의 신뢰를 확보하는 것을 목적으로 한다(제1조).

청탁금지법은 형사법적 성격과 행정법적 성격을 동시에 가지며, 형법에 대한 특별법적 성격을 가진다. 법조경합의 한 형태인 특별관계란 어느 구성요건이 다른 구성요건의 모든 요소를 포함하는 외에 다른 요소를 구비하여야 성립하는 경우로서, 특별관계에 있어서는 특별법의 구성요건을 충족하는 행위는 일반법의 구성요건을 충족하지만 반대로 일반법의 구성요건을 충족하는 행위는 특별법의 구성요건을 충족하지 못한다(대법원 2003. 4. 8. 선고 2002도6033 판결).

청탁금지법 위반죄와 형법상 범죄는 실체적 경합이나 상상적 경합 관계로 볼 수 있다.

Ⅱ. 적용 대상

1) 공공기관(제2조 제1호)

- 헌법기관, 중앙행정기관, 지방자치단체, 시·도교육청, 공직유관단체 등 모든 공공기관
- 사립학교를 포함한 각급 학교 및 학교법인, 언론사

2) 공직자 등(제2조 제2호)

- 공무원, 공직유관단체 및 공공기관의 장과 임직원
- 각급 학교의 장과 교직원 및 학교법인의 임직원
- 언론사의 대표자와 임직원

3) 공직자 등의 배우자(제8조 제4항)

4) 공무수행사인(제11조)

5) 공직자 등에게 부정청탁을 하거나 수수 금지 금품등을 제공한 일반인(제8조 제5항)

※ 판례

고등학교 학교운동부지도자도 '각급 학교의 교직원'에 해당한다(대법원 2023. 4. 27. 선고 2022도15459 판결).

Ⅲ. 청탁금지법상 형사처벌 대상 행위

형사처벌 대상이 되는 행위는 크게 ① 금품등 수수 금지 위반, ② 부정청탁에 따른 직무수행, ③ 금품등 제공 금지 위반, ④ 신고자 보호 위반, ⑤ 비밀누설 금지 위반으로 구분할 수 있다.

청탁금지법 제22조는 다음과 같은 행위에 대해 형사처벌을 규정하고 있다.

1. 3년 이하의 징역 또는 3천만 원 이하의 벌금에 처하는 행위(제22조 제1항)

1) 금품 등 수수 금지 위반(제1호)

- 공직자 등이 동일인으로부터 1회 100만 원 또는 매 회계연도 300만 원을 초과하는 금품 등을 수수한 경우
- 다만, 신고하거나 금품등을 반환·인도하거나 거부 의사를 표시한 경우는 제외

2) 배우자의 금품 등 수수 관련 신고 의무 위반(제2호)

- 공직자등이 자신의 배우자가 수수 금지 금품등을 받은 사실을 알고도 신고하지 않은 경우
- 다만, 공직자등 또는 배우자가 금품등을 반환·인도하거나 거부 의사를 표시한 경우는 제외

3) 금품 등 제공 금지 위반(제3호)

- 누구든지 공직자 등 또는 그 배우자에게 수수 금지 금품등을 제공하거나 제공의 약속 또는 의사표시를 한 경우

4) 신고자 신상 공개·보도 금지 위반(제4호)

- 신고자 등의 인적사항이나 신고자 등임을 미루어 알 수 있는 사실을 다른 사람에게 알려주거나 공개·보도한 경우

5) 비밀누설 금지 위반(제5호)

- 업무처리 과정에서 알게 된 비밀을 누설한 공직자 등

2. 2년 이하의 징역 또는 2천만 원 이하의 벌금에 처하는 행위(제22조 제2항)

1) 부정청탁에 따른 직무수행(제1호)

- 부정청탁을 받고 그에 따라 직무를 수행한 공직자등

2) 신고자 등에 대한 불이익조치(제2호, 제3호)

- 신고자 등에게 불이익조치를 한 자
- 보호조치결정을 이행하지 않은 자

3. 1년 이하의 징역 또는 1천만 원 이하의 벌금에 처하는 행위(제22조 제3항)

1) 신고 방해 또는 취소 강요(제1호)

- 신고 등을 방해하거나 신고등을 취소하도록 강요한 자

2) 신고자 등에 대한 불이익조치(제2호)

- 신고자 등에게 불이익조치를 한 자

[2] 금품등 수수 금지 위반 [제22조 제1항 제1호, 제8조 제1항]

> 제22조(벌칙) ① 다음 각 호의 어느 하나에 해당하는 자는 3년 이하의 징역 또는 3천만 원 이하의 벌금에 처한다.
>   1. 제8조 제1항을 위반한 공직자등(제11조에 따라 준용되는 공무수행사인을 포함한다). 다만, 제9조 제1항·제2항 또는 제6항에 따라 신고하거나 그 수수 금지 금품등을 반환 또는 인도하거나 거부의 의사를 표시한 공직자 등은 제외한다.
> 제8조(금품등의 수수 금지) ① 공직자 등은 직무 관련 여부 및 기부·후원·증여 등 그 명목에 관계없이 동일인으로부터 1회에 100만 원 또는 매 회계연도에 300만 원을 초과하는 금품등을 받거나 요구 또는 약속해서는 아니 된다.

Ⅰ. 금품 등의 의미

금품 등은 금전, 물품 기타 재산상 이익뿐만 아니라 편의 제공, 향응, 접대 등 모든 유형·무형의 경제적 이익을 포함한다. 예를 들어 식사, 경·조사비, 상품권, 숙박, 교통편 제공 등이 이에 해당한다.

Ⅱ. 직무 관련성 여부

청탁금지법 제8조 제1항은 직무 관련 여부를 불문하고 동일인으로부터 1회 100만 원 또는 매 회계연도 300만 원을 초과하는 금품등 수수를 금지한다.

공직자 등과 금품 등 제공자 사이에 직무관련성이 인정되면, 100만 원 이하의 금품등도 수

수가 금지된다. 경찰관에게 음료수 1박스(시가 10,800원)를 제공한 행위는 직무관련성이 인정되어 과태료를 부과 대상이다(춘천지방법원 2016. 12. 6. 선고 2016과20 결정).

III. 예외사유 (제8조 제3항)

① 상급 공직자 등이 위로·격려·포상 등 목적으로 하급 공직자등에게 제공하는 금품등

② 원활한 직무수행, 사교·의례 또는 부조 목적의 음식물·경조사비·선물 등

③ 사적 거래로 인한 채무의 이행 등 정당한 권원에 의해 제공되는 금품 등

④ 공직자 등의 친족이 제공하는 금품 등

⑤ 질병·재난 등으로 어려운 처지에 있는 공직자 등에게 제공하는 금품 등

⑥ 공식적인 행사에서 주최자가 참석자에게 통상적 범위에서 일률적으로 제공하는 금품 등

⑦ 불특정 다수인에게 배포하기 위한 기념품 또는 홍보용품 등

⑧ 그 밖에 다른 법령·기준 또는 사회상규에 따라 허용되는 금품 등

IV. 판례

- 공직자 등의 재직 중 금품 등을 받거나 제공하기로 약속하고 퇴직 후 그 수수가 이루어지는 경우에는 금품 등 약속으로 인한 청탁금지법 위반죄가 성립할 뿐, 금품 등 수수로 인한 청탁금지법 위반죄는 성립하지 않는다(대법원 2023. 4. 27. 선고 2022도15459 판결).

- "상급 공직자 등"이란 금품 등 제공의 상대방보다 높은 직급이나 계급의 사람으로서 금품등 제공 상대방과 직무상 상하관계에 있고 그 상하관계에 기초하여 사회통념상 위로·격려·포상 등을 할 수 있는 지위에 있는 사람을 말하며, 금품등 제공자와 그 상대방이 직무상 명령·복종이나 지휘·감독관계에 있어야만 이에 해당하는 것은 아니다(대법원 2018. 10. 25. 선고 2018도7041 판결).

- 원활한 직무수행 또는 사교·의례 또는 부조의 목적이 있어야 하며, 단순히 금액이 적다는 이유만으로 제8조 제3항의 예외가 인정되지는 않는다(춘천지방법원 2016. 12. 6. 선고 2016과20 결정).

[3] 부정청탁에 따른 직무수행 (제22조 제2항 제1호, 제6조)

제22조(벌칙) ② 다음 각 호의 어느 하나에 해당하는 자는 2년 이하의 징역 또는 2천만 원 이하의 벌금에 처한다.
  1. 제6조를 위반하여 부정청탁을 받고 그에 따라 직무를 수행한 공직자 등(제11조에 따라 준용되는 공무수행사인을 포함한다)
제6조(부정청탁에 따른 직무수행 금지) 부정청탁을 받은 공직자 등은 그에 따라 직무를 수행해서는 아니 된다.

Ⅰ. 부정청탁의 의미

부정청탁이란 청탁금지법 제5조 제1항 각 호에서 정한 15가지 대상 직무와 관련하여 법령을 위반하거나 지위·권한을 남용하게 하는 행위를 요구하는 행위를 말한다.

1. 부정청탁의 유형(제5조 제1항)

① 인허가 등 처리 관련 부정청탁, ② 행정처분 또는 형벌부과 관련 부정청탁, ③ 인사 관련 부정청탁. ④ 공공기관 의사결정 관여 직위 선정·탈락 관련 부정청탁, ⑤ 수상·포상 등 선정·탈락 관련 부정청탁, ⑥ 입찰·경매 등 직무상 비밀 누설 관련 부정청탁, ⑦ 계약 당사자 선정·탈락 관련 부정청탁, ⑧ 보조금·장려금 등 배정·지원 관련 부정청탁, ⑨ 공공기관 재화·용역 매각·교환 등 관련 부정청탁, ⑩ 학교 입학·성적 등 처리 관련 부정청탁, ⑪ 병역 관련 부정청탁, ⑫ 공공기관 평가·판정 관련 부정청탁, ⑬ 행정지도·단속·감사·조사 관련 부정청탁, ⑭ 수사·재판·심판 등 처리 관련 부정청탁, ⑮ 법령에 따라 부여받은 지위·권한 벗어나 행사하도록 하는 부정청탁

2. '법령'의 의미

청탁금지법에서 '법령'은 법률, 대통령령, 국무총리령, 부령과 같은 법규명령, 조례와 규칙을 포함한다(청탁금지법 제5조 제1항).

행정규칙은 원칙적으로 제외되나, 법령의 위임에 따라 구체적 사항을 정한 행정규칙은 포함될 수 있다. 일반 법원칙이나 불문법상 조리는 포함되지 않는다.

Ⅱ. 부정청탁에 따른 직무수행

부정청탁을 받은 공직자등이 그에 따라 직무를 수행한 경우에 성립한다. 단순히 부정청탁을 받은 것만으로는 형사처벌 대상이 되지 않고, 그 청탁에 따라 실제로 직무를 수행한 경우에만 처벌된다.

Ⅲ. 부정청탁의 예외사유 (제5조 제2항)

① 법령·기준에서 정한 절차·방법에 따른 요구 행위

② 공개적인 특정 행위 요구

③ 공익적 목적의 고충민원 전달 등

④ 법정기한 내 처리 요구 등

⑤ 직무 또는 법률관계에 관한 확인·증명 요구

⑥ 질의·상담을 통한 설명·해석 요구

⑦ 사회상규에 위배되지 않는 행위

[4] 금품등 제공 금지 위반 (제22조 제1항 제3호, 제8조 제5항)

제22조(벌칙) ① 다음 각 호의 어느 하나에 해당하는 자는 3년 이하의 징역 또는 3천만 원 이하의 벌금에 처한다.

  3. 제8조 제5항을 위반하여 같은 조 제1항에 따른 수수 금지 금품 등을 공직자 등(제11조에 따라 준용되는 공무수행사인을 포함한다) 또는 그 배우자에게 제공하거나 그 제공의 약속 또는 의사표시를 한 자

제8조(금품등의 수수 금지) ⑤ 누구든지 공직자 등에게 또는 그 공직자 등의 배우자에게 수수 금지 금품등을 제공하거나 그 제공의 약속 또는 의사표시를 해서는 아니 된다.

Ⅰ. 주체

공직자 등이 아닌 일반 국민도 행위주체가 될 수 있다.

Ⅱ. 행위

공직자등 또는 그 배우자에게 금품등을 제공하거나 그 제공의 약속 또는 의사표시를 하는 행위가 모두 포함된다. 위반행위를 한 공직자등이 신고 또는 금품등을 반환하여 처벌대상에서 제외되더라도 제공자의 위반행위는 성립한다.

Ⅲ. 몰수 및 추징

제22조 제4항에 따라 금품등은 몰수하며, 몰수가 불가능한 경우에는 그 가액을 추징한다. 다만, 뇌물에 공할 금품이 특정되지 않은 경우에는 몰수 또는 추징할 수 없다(대법원 2023. 4. 27. 선고 2022도15459 판결).

제10장
군사기지및군사시설보호법위반

[1] 총설

Ⅰ. 목적

 군사기지 및 군사시설 보호법(약칭 ; 군사기지법)은 군사기지 및 군사시설을 보호하고 군사작전을 원활히 수행하기 위하여 필요한 사항을 규정함으로써 국가안전보장에 이바지함을 목적으로 한다(제1조).

Ⅱ. 주요 개념 정의

- 군사기지: 군사시설이 위치한 군부대의 주둔지 · 해군기지 · 항공작전기지 · 방공기지 · 군용전기통신기지, 그 밖에 군사작전을 수행하기 위한 근거지(제2조 제1호)
- 군사시설: 전투진지, 군사목적을 위한 장애물, 폭발물 관련 시설, 사격장, 훈련장, 군용전기통신설비, 군사목적을 위한 연구시설 및 시험시설 · 시험장, 그 밖에 군사목적에 직접 공용되는 시설로서 대통령령으로 정하는 것(제2조 제2호)

 군사시설보호법상 군사시설은 반드시 견고한 재료에 의하여 축조된 건축물 등만을 의미하는 것은 아니고, 그 사용목적이 임시적이든 영구이든 상관없이 진지 · 장애물 등 기타 군사목적에 직접 공용되는 시설에 해당하기만 하면 군사시설에 해당한다(서울행정법원 2006. 12. 5. 선고 2006구합17383 판결).

- 보호구역: 통제보호구역과 제한보호구역으로 구분(제2조 제6호)
  - 통제보호구역: 고도의 군사활동 보장이 요구되는 군사분계선의 인접지역과 중요한 군사기지 및 군사시설의 기능보전이 요구되는 구역
  - 제한보호구역: 군사작전의 원활한 수행을 위하여 필요한 지역과 군사기지 및 군사시

설의 보호 또는 지역주민의 안전이 요구되는 구역

Ⅲ. 군사기지 및 군사시설 보호법의 특수성

1. 군사적 판단의 존중

구 군사기지 및 군사시설 보호법상 국방부장관 또는 관할부대장에 대한 관계 행정기관장의 협의 요청 대상인 행위가 군사작전에 지장을 초래하거나 초래할 우려가 있는지 등은 고도의 전문적·군사적 판단 사항으로, 그 판단에 관하여 국방부장관 또는 관할부대장 등에게 재량권이 부여되어 있다(대법원 2020. 7. 9. 선고 2017두39785 판결).

2. 행정청의 전문적 판단 존중

행정청의 전문적인 정성적 평가 결과는 판단의 기초가 된 사실인정에 중대한 오류가 있거나 그 판단이 사회통념상 현저하게 타당성을 잃어 객관적으로 불합리하다는 등의 특별한 사정이 없는 한 법원이 당부를 심사하기에 적절하지 않으므로 가급적 존중되어야 한다. 이는 국방부장관 또는 관할부대장의 전문적·군사적인 정성적 평가를 한 경우에도 마찬가지로 적용된다(대법원 2020. 7. 9. 선고 2017두39785 판결).

Ⅳ. 외국군 군사기지 및 군사시설에의 적용

군사기지 및 군사시설 보호법은 헌법에 규정된 절차에 따라 대한민국에 주류(駐留)하는 외국군의 군사기지 및 군사시설에 대하여도 적용된다(제23조).

[2] 출입 관련 위반행위 [제24조 제6항 제1호, 제9조 제1항 제1호]

제24조(벌칙) ⑥ 다음 각 호의 어느 하나에 해당하는 자는 1년 이하의 징역 또는 1천만 원 이하의 벌금에 처한다.
 1. 제9조 제1항 단서에 따른 허가를 받지 아니하고 같은 항 제1호·제7호·제8호 또는 제12호에 해당하는 행위를 한 자
제9조(보호구역에서의 금지 또는 제한) ① 누구든지 보호구역 안에서 다음 각 호의 어느 하나에 해당하는 행위를 하여서는 아니 된다. 다만, 제1호, 제3호, 제7호, 제8호, 제11호 또는 제12호의

경우 미리 관할부대장등(제1호의 경우에는 주둔지부대장을 포함한다)의 허가를 받은 자에 대하여는 그러하지 아니하다.

1. 다음 각 목의 어느 하나에 해당하는 구역 또는 군사기지 및 군사시설에의 출입. 다만, 군사작전상 장애가 되지 아니하는 범위에서 대통령령으로 정하는 지역의 경우에는 허가를 받지 아니하고 출입할 수 있다.

　가. 통제보호구역

　나. 울타리 또는 출입통제표찰이 설치된 군사기지 및 군사시설

Ⅰ. 의의

통제보호구역 또는 울타리나 출입통제표찰이 설치된 군사기지 및 군사시설에 무단으로 출입하는 행위를 금지하는 규정이다.

Ⅱ. 구성요건

본죄의 실행행위는 관할부대장 등의 허가 없이 통제보호구역 또는 울타리나 출입통제표찰이 설치된 군사기지 및 군사시설에 출입하는 것이다.

본죄는 대한민국 국민, 외국인 등 주체를 가리지 않고 이 법의 적용을 받는다. '통제보호구역' 또는 '울타리나 출입통제표찰이 설치된 군사기지 및 군사시설'이란 고도의 군사활동 보장이 요구되는 구역과 보호구역 지정 여부와 관계없이 출입통제안내 또는 표지판이 설치되어 있거나 철조망, 울타리와 같은 물리적 보안 조치가 되어 있는 모든 군사시설을 포함한다.

'관할부대장'이란 작전책임지역 안의 군사기지 및 군사시설을 보호·관리하거나 비행안전 또는 대공방어 등에 관한 사항을 관장하는 대통령령으로 정하는 부대의 장을 말한다(제2조 제14호). 육군의 경우 여단장급 이상의 부대장, 해군의 경우 전대장급 이상의 부대장(해병대는 연대장급 이상의 부대장), 공군은 비행단장·여단장급 이상의 부대장 또는 독립전대의 부대장을 의미한다(동법 시행령 제3조).

Ⅲ. 법정형

1년 이하의 징역 또는 1천만 원 이하의 벌금

IV. 판례

관할부대장등의 허가를 받지 않고, 민간인통제선 초소를 통과하여 민간인통제선 이북지역에 출입한 행위(고등군사법원 2018. 7. 12. 선고 2018노77 판결)

[3] 건축물 신축 관련 위반행위 [제24조 제5항 제1호, 제9조 제1항 제2호]

제24조(벌칙) ⑤ 다음 각 호의 어느 하나에 해당하는 자는 2년 이하의 징역 또는 2천만 원 이하의 벌금에 처한다.
 1. 제9조 제1항 제2호를 위반하여 건축물을 신축한 자
제9조(보호구역에서의 금지 또는 제한)
 2. 통제보호구역 안에서의 건축물의 신축. 다만, 군사작전에 지장이 없는 범위에서 대통령령으로 정하는 사항은 그러하지 아니하다.

I. 의의

통제보호구역 안에서 허가 없이 건축물을 신축하는 행위를 금지하는 규정이다.

II. 구성요건

본죄의 행위는 통제보호구역 안에서의 건축물을 신축하는 것이다.

통제보호구역은 고도의 군사활동 보장이 요구되는 군사분계선의 인접지역과 중요한 군사기지 및 군사시설의 기능보전이 요구되는 구역(제2조제6호)으로 건축물의 신축은 전적으로 금지된다. 다만, 군사작전에 지장이 없는 범위에서 대통령령으로 정하는 사항일 경우 신축이 가능하다.

국방부장관 또는 관할부대장등이 군사작전에 지장이 없다고 판단하여 협의한 국가기관 또는 지방자치단체가 시행하는 공공사업에 따른 건축물의 신축, 창고시설 또는 동물 및 식물 관련 시설, 농업용, 임업용, 축산업용 또는 어업용으로 신축하는 가설물로서 관할부대장등이 군사작전에 지장이 없다고 판단한 건축물의 경우에는 신축이 가능하다(동법 시행령 제8조 제7항).

Ⅲ. 법정형

2년 이하의 징역 또는 2천만 원 이하의 벌금

[4] 수산동식물 포획·채취 관련 위반행위 [제24조 제3항, 제9조 제1항 제3호]

제24조(벌칙) ③ 제9조 제1항 단서에 따른 허가를 받지 아니하고 같은 항 제3호에 해당하는 행위를 한 자는 3년 이하의 징역 또는 200만 원 이상 3천만 원 이하의 벌금에 처한다.
제9조(보호구역에서의 금지 또는 제한) 3. 통제보호구역 안에서의 수산동식물의 포획 또는 채취

Ⅰ. 의의

통제보호구역 안에서 허가 없이 수산동식물을 포획 또는 채취하는 행위를 금지하는 규정이다. 통제보호구역은 군사시설에 인접하여 군 작전에 직접적인 영향을 미칠 수 있으므로 군사작전의 원활한 수행을 보장하기 위해 해당 구역 내 외부인의 접근과 제활동을 엄격하게 제한하고 있다.

Ⅱ. 구성요건

본죄의 실행행위는 통제보호구역 안에서 관할부대장등의 허가 없이 수산동식물을 포획 또는 채취하는 것이다. 수산동식물을 포획 또는 채취하는 행위는 낚시, 그물질, 해루질, 약초 채취 등 수산동식물을 포획 또는 채취하는 모든 행위를 포함하며, 이는 군사작전에 지장을 주는 행위를 금지하고, 군사시설을 보호하기 위한 목적이다.

Ⅲ. 법정형

3년 이하의 징역 또는 200만 원 이상 3천만 원 이하의 벌금

Ⅳ. 판례

통제보호구역에서 무허가로 수산동식물을 포획한 경우 본 죄가 성립한다(창원지방법원 통영지원 2013. 10. 23. 선고 2013고단756,757(병합) 판결).

[5] 군사기지·시설 촬영 등 관련 위반행위 (제24조 제4항, 제9조 제1항 제4호)

> 제24조(벌칙) ④ 제9조 제1항 제4호 또는 제5호를 위반한 자는 3년 이하의 징역 또는 3천만 원 이하의 벌금에 처한다.
> 제9조(보호구역에서의 금지 또는 제한) 4. 군사기지 또는 군사시설의 촬영·묘사·녹취·측량 또는 이에 관한 문서나 도서 등의 발간·복제. 다만, 국가기관 또는 지방자치단체, 그 밖의 공공단체가 공공사업을 위하여 미리 관할부대장등의 승인을 받은 경우는 그러하지 아니하다.

I. 의의

군사기지 또는 군사시설을 허가 없이 촬영·묘사·녹취·측량하거나 이에 관한 문서나 도서 등을 발간·복제하는 행위를 금지하는 규정이다.

II. 구성요건

본죄의 실행행위는 보호구역 안에서 군사기지 또는 군사시설을 촬영·묘사·녹취·측량하거나 이에 관한 문서, 도서 등의 발간·복제하는 것이다.

범죄가 성립하기 위해서는 보호구역 내에서 발생해야 하며, 통제보호구역과 제한보호구역 모두 포함된다. '촬영'이란 카메라, 드론 등 모든 장비를 이용한 사진·동영상 촬영 행위를 말하며, '묘사'란 그림을 그리거나 스케치를 하는 행위, 정밀하게 설계도를 작성하는 행위 등을 말한다. '녹취'란 군사시설과 관련된 소리, 통신내용 등을 녹음하는 행위이며, '측량'이란 군사시설 주변의 지형, 거리 등을 재는 행위를 말한다. '문서 또는 도서 등의 발간·복제'란 위와 같은 촬영, 묘사, 녹취, 측량이 결과물을 책으로 펴내거나 복사하여 유포하는 행위이다.

보호구역 밖에서 드론 등을 이용해 군사기지 및 군사시설을 촬영하는 경우 본죄는 성립하지 않으나, 「항공안전법」에 따라 비행제한공역 비행 승인 및 촬영 승인을 받지 않은 경우라면 처벌될 수 있다(항공안전법 제161조 제4항).

III. 법정형

3년 이하의 징역 또는 3천만 원 이하의 벌금

IV. 판례

- 여객기에 탑승하여 군사기지인 항공작전기지의 격납고 등을 촬영한 행위에 대해 군사기지 및 군사시설 보호법 위반으로 벌금 500만 원을 선고한 사례(제주지방법원 2022. 6. 28. 선고 2022고정43 판결)
- 고도 70~100m 상공에서 드론에 설치된 카메라를 이용하여 군사기지인 교육사, 시설전대 내부를 수회에 걸쳐 사진촬영한 행위(창원지방법원 2021. 12. 1. 선고 2021고정486 판결)

[6] 군사시설 손괴 또는 기능 손상 행위 [제24조 제1항, 제9조 제1항 제9호]

> 제24조(벌칙) ① 제9조 제1항 제9호를 위반하여 군사시설 또는 군용항공기를 손괴하거나 그 기능을 손상시킨 자는 3년 이상의 유기징역에 처한다.
> 제9조(보호구역에서의 금지 또는 제한) 9. 군사시설 또는 군용항공기를 손괴하거나 그 기능을 손상시키는 행위

I. 의의

군사시설 또는 군용항공기를 손괴하거나 그 기능을 손상시키는 행위를 금지하는 규정이다.

II. 구성요건

본죄의 실행행위는 보호구역 내에서 군사시설 또는 군용항공기를 손괴하거나 그 기능을 손상시키는 것이다.

군형법 제69조 군용시설등손괴죄는 전시 등 긴급 상황이나 군의 핵심 전투력과 직결되는 시설물에 대한 손괴를 더 엄중하게 다루며, 본죄는 군사시설 보호구역 전반의 관리를 목적으로 한다. 여기서 '군사시설'이란 전투진지, 군사목적을 위한 장애물, 폭발물 관련 시설, 사격장, 훈련장, 군용전기통신설비, 군사목적을 위한 연구시설 및 시험시설·시험장, 그 밖에 군사목적에 직접 공용되는 시설을 말하며, '군용항공기'란 군용으로 사용되는 항공기를 말한다.

'그 기능을 손상시키는 것'은 물리적인 파괴가 없더라도 시설 또는 항공기의 기능을 정상적으로 사용할 수 없게 만들거나 그 효용을 해치는 행위를 포함한다.

Ⅲ. 법정형

3년 이상의 유기징역

Ⅳ. 판례

- 군사기지법의 입법취지와 군사기지법이 '손괴'와 함께 '기능을 손상시키는 행위'도 병렬적으로 금지하고 있는 점 등에 비추어 보면, 사격장 출입문 바로 앞에 철제 말뚝과 철제 패널을 설치한 행위는 사격훈련 기능을 수행할 수 없게 하여 그 불법성이 손괴에 준하는 정도에 이르므로, 군사시설인 사격장으로서의 기능을 손상시킨 행위에 해당한다(서울고등법원 2020. 10. 15. 선고 2020노1257 판결).

[7] 기타 위반행위

Ⅰ. 군함 항로 방해 (제9조 제1항 제6호, 제24조 제2항 제2호)

- 구성요건: 군함의 항로를 방해하는 행위
- 법정형: 5년 이하의 징역 또는 5천만 원 이하의 벌금

Ⅱ. 표류물 습득, 유해물 유기(제9조 제1항 제7호, 제24조 제6항 제1호)

- 구성요건
  - 허가 없이 표류물, 침몰물을 습득하는 행위
  - 군사작전이나 항해에 장애가 될 우려가 있는 유해물을 유기하는 행위
- 법정형: 1년 이하의 징역 또는 1천만 원 이하의 벌금

Ⅲ. 군용항공기 외 항공기의 항공작전기지 착륙
(제9조 제1항 제8호, 제24조 제6항 제1호)

- 구성요건: 허가 없이 군용항공기를 제외한 항공기가 항공작전기지에 착륙하는 행위
- 법정형: 1년 이하의 징역 또는 1천만 원 이하의 벌금

Ⅳ. 군용항공기 운항 위험 행위 (제9조 제1항 제10호, 제24조 제2항 제2호)

- 구성요건
  - 군용항공기를 향하여 물건을 던지는 행위
  - 군용항공기 운항에 위험을 일으킬 우려가 있는 행위
- 법정형: 5년 이하의 징역 또는 5천만 원 이하의 벌금

제11장

군용물등범죄에관한특별조치법위반

[1] 총설

I. 목적 및 의의

군용물 등 범죄에 관한 특별조치법은 군용물 등에 대한 범죄의 처벌 등에 관한 사항을 규정함을 목적으로 한다(제1조).

군용시설 및 군용물에 대한 범죄는 군사 작전의 중대한 장애를 초래할 수 있으며, 이들 시설·물자의 보호 대상은 단순한 재산적 가치가 아니라 국가적 법익으로서의 군사적 효용성에 있다. 즉, 군용물은 단지 재산이 아닌 물적 전쟁수행능력으로서의 군사적 가치를 지닌다. 따라서 본 법은 군사적 중요성을 가진 군용시설 및 군용물에 대한 범죄를 엄정하게 처벌하기 위한 목적을 가진다.

II. 적용 범위

1. 대상 범죄

이 법은 국군 및 국군과 공동작전에 종사하고 있는 외국군의 군용물 등에 대한 범죄에 적용된다(제2조 제1항).

2. 군용물의 범위

군용물의 범위는 군용으로 사용되는 물건으로서 다음 각 호의 어느 하나에 해당하는 것으로 한다(제2조 제2항).

① 별표에 열거된 것

군용물의 범위(제2조제2항 관련)

분류	세목
화력	개인화기(火器), 공용화기, 화포, 함포, 수중병기, 함정병기 및 사격 통제기기
특수무기	방공유도무기, 대공화기, 대전차유도무기, 지대지무기와 방공통제 장비(지상 및 함상)
기동	전차, 장갑차, 토우차, 수륙양용장갑차, 사격통제차량, 트럭(지휘정찰, 작전연락, 장비가설, 병력 및 물자수송용), 견인차, 구난차, 통신가설차, 중장비 운반차, 군용으로 사용하기 위하여 특수제작된 차량과 트레일러로서 군용의 표지가 있는 것
일반	발연기(發煙機), 화생방장비, 지뢰(地雷)제거장비, 도하(渡河)장비
통신전자	무선통신기, 전파기기, 다중통신장비, 항법장비, 레이더장비, 음향탐지장비, 전자전장비, 전화기(야전용), 전신기, 교환장치, 전화중계장치, 반송장치, 중계대, 시험대, 원격조정장치 및 반송전화단말장치
함정	함정, 소해(掃海)장비, 수뢰(水雷)장비, 항해광학장비, 수중공격 및 항만방어장비
항공	항공기, 직접 지원장비, 무장장착(武裝裝着)장비
군용 식량	군용에 공하는 쌀, 보리, 콩 및 그 가공품과 부식물(副食物)
군복류	군복(내의를 포함한다) 및 군화
군용 유류	군용으로 사용되는 휘발유, 경유, 항공유 및 등유

② 「군사기밀보호법」에 따른 군사기밀에 속하는 것(비밀도서, 비밀지도 및 비밀연구기재를 포함)

③ 제1호에 따른 군용물을 운용하는 데 필요한 보조장비, 수리부속품, 구성품, 부분품 및 원료로서 군용 표지가 있는 것

④ 제1호에 따른 군용물의 검사, 시험 및 정비용 장비로서 군용에 공하기 위하여 특수제작된 것

3. 판례

- 군용물이란 일반적으로 군의 용도에 공하기 위하여 군에서 관리하는 물건으로서 군의 필요에 의하여 사용될 가능성이 있는 것을 말한다. 따라서 현실적으로 군용에 사용되지 않고 있다고 하더라도 장래에 사용될 가능성이 있으면 군용물에 해당한다(서울남부지방법원 2014. 7. 24 선고 2014고합82 판결).

- 비록 군에서 사용되거나 사용을 위한 군용유류라 할지라도 일반유류와 구별 채색되지

아니한 것은 군용물등범죄에관한특별조치법의 적용을 받는 군용유류라 할 수 없다(대법원 1980. 4. 22. 선고 80도215 판결).

- 주한 미군소유의 자동차엔진, 항공용히타 등은 군용물등범죄에관한특별조치법 제3조 제1항 소정의 군용물에 해당한다(광주고등법원 1973. 6. 28. 선고 72노578 판결).

[2] 군용물범죄에 대한 형의 가중 (제3조)

Ⅰ. 의의

군용물에 관한 재산범죄에 대해 형법상 규정된 형보다 가중처벌하는 규정이다(제3조). 이는 군용물이 지니는 군사적 가치와 중요성을 고려하여 일반 재산범죄보다 엄격하게 처벌하기 위한 것이다.

Ⅱ. 구성요건

1. 주체

누구든지 군용물에 관한 범죄를 범할 수 있으므로 일반 주체범이다. 군인이 아닌 민간인도 이 법의 적용 대상이 된다. 다만, 군인이 군용물에 대한 범죄를 범한 경우에는 군형법이 적용될 가능성이 높다. 군형법상의 법정형이 더 중하기 때문에 군용물 등 범죄에 관한 특별조치법은 주로 민간인에 의한 군용물범죄에 적용되고 있다.

2. 행위

군용물에 관하여 다음의 죄를 범한 행위를 말한다.

1) 절도 및 강도의 죄

「형법」 제2편 제38장 중 제329조부터 제331조까지, 제331조의2, 제332조, 제333조, 제335조(제333조의 예에 따르는 경우에 한정), 제336조, 제342조(제329조부터 제331조까지, 제331조의2, 제332조, 제333조, 제335조 및 제336조의 미수범에 한정) 및 제343조의 죄

2) 사기와 공갈의 죄

「형법」제2편 제39장 중 제347조, 제350조, 제350조의2, 제351조(제347조, 제350조 및 제350조의2의 상습범에 한정) 및 제352조(제347조, 제350조, 제350조의2 및 제351조의 미수범에 한정)의 죄

3) 횡령과 배임의 죄

「형법」제2편 제40장 중 제355조 제1항, 제356조(업무상 임무에 위배하여 제355조제1항의 죄를 범한 경우에 한정), 제357조, 제359조(제355조 제1항, 제356조 및 제357조의 미수범에 한정) 및 제360조의 죄

4) 장물에 관한 죄

「형법」제2편 제41장 중 제362조, 제363조 제1항 및 제364조의 죄

III. 법정형

- 무기 또는 1년 이상의 징역
- 군용물 중 별표에 따른 군용 식량, 군복류 및 군용 유류에 관하여는 1. 집단적 또는 상습적으로 범행한 경우, 2. 물품의 가액이 1천만 원 이상인 경우, 3. 1천킬로그램 이상의 물품 또는 2천리터 이상의 유류인 경우에만 제1항에 따른 형을 적용
- 10년 이하의 자격정지(유기징역을 선고하는 경우만 해당) 또는 3천만 원 이하의 벌금을 병과 가능

IV. 판례

- 피고인이 소총 소지자를 총기로 협박하여 그 소총을 교부받아 실탄을 장전한 후 소속 부대 하급자에게 건네주어 그로 하여금 소속 부대원들이 내무반에서 나오는지 여부를 감시하도록 지시한 경우, 피고인은 그 소총을 소지자로부터 자기의 지배하에 이전하여 그 소유자가 아니라면 할 수 없는 사용처분행위를 하였다고 할 것이므로, 비록 피고인의 지시에 따라 그 소총을 소지하고 있던 하급자가 나중에 피고인이 위병소를 빠져나

갈 때 뒤따라 나가면서 그 소총에서 탄창을 제거한 후 그 소총을 원래의 소지자에게 던
져 준 사실이 있다고 하더라도, 그러한 사정만으로는 피고인에게 그 소총에 대한 군용
물특수강도죄의 불법영득의사가 없었다고 할 수 없다(대법원 1995. 7. 11. 선고 95도
910 판결).

- 예외적인 경우이기는 하나 군복 및 군복지가 합법적으로 유통될 수 있는 여지가 있는
만큼 군용에 공하기 위하여 제조된 군복 또는 군복지가 시중에서 거래되고 있다 하더라
도 이를 모두 장물이라고는 단정할 수 없다(대법원 1982. 2. 23. 선고 81도2876 판결).

[3] 군용시설 등에의 침입 (제4조)

Ⅰ. 의의

군용시설 등에 침입하는 행위를 처벌하는 규정이다. 이는 군사시설의 안전과 보안을 확
보하기 위한 것으로, 허가받지 않은 출입이나 퇴거 요구 불응 행위를 엄격히 금지하고 있다.
일반 건조물침입죄와는 보호법익을 달리하며, 법정형이 높게 설정된 것은 위법성과 비난가
능성의 정도를 높게 평가하여 징벌의 강도를 높이고자 한 것으로 볼 수 있다,

Ⅱ. 구성요건

1. 주체

누구든지 군용시설 등에 침입할 수 있으므로 일반 주체범이다.

2. 행위

본죄의 실행행위는 군의 요새, 진영 또는 군용에 공하는 함선, 항공기, 공장, 건조물, 설비

와 군용 표지가 있는 장소에 침입하는 것이다.

군용표지가 있는 장소는 위 시설에 해당하지 않더라도 군용 표지가 되어 있어 일반인의 출입이 제한됨을 명확히 알 수 있는 장소도 포함된다. '침입'이란 관리자의 의사에 반하여 위 장소에 들어가는 것을 의미한다. 신분이나 권한 없이 들어가는 행위뿐만 아니라, 적법한 권한이 있더라도 그 권한을 남용하여 들어가는 경우도 포함될 수 있다.

또한 위 장소에서 퇴거 요구를 받고 이에 따르지 아니하는 행위도 포함된다(제4조 제2항).

Ⅲ. 법정형

5년 이하의 징역 또는 1천만 원 이하의 벌금

Ⅳ. 미수범

본죄의 미수범은 처벌한다(제4조 제3항).

Ⅴ. 판례

- 동파이프를 훔칠 목적으로 군의 진영인 00대대 부대 옆 철조망을 절단하고 부대에 침입한 사례(의정부지방법원 2018. 10. 18 선고 2018고단3067 판결)
- 기지 외곽에 설치된 군사기지의 경계를 표시하는 울타리, 철조망을 절단한 후 군사기지 안으로 침입한 사례(제주지방법원 2020. 9. 24. 선고 2020고합52,2020고합126(병합) 판결)

[4] 다른 법률과의 관계

이 법에 규정된 형보다 무거운 형이 다른 법에 규정되어 있을 때에는 그 무거운 형으로 처벌한다(제5조).

제12장

병역법위반

[1] 총설

Ⅰ. 목적 및 의의

병역법은 대한민국 국민의 병역의무에 관하여 규정함을 목적으로 한다(제1조). 이는 헌법 제39조 제1항에 따른 "모든 국민은 법률이 정하는 바에 의하여 국방의 의무를 진다"라는 헌법적 의무를 구체화한 것이다.

병역법위반죄는 국가의 안전보장과 국토방위라는 헌법적 의무를 실현하기 위한 병역의무 이행을 확보하기 위한 형사제재 규정으로서, 병역의무의 성실한 이행과 그 실효성 확보, 공정한 병역질서의 확립이라는 입법취지를 가지고 있다.

Ⅱ. 병역의 종류와 구분

병역은 현역, 예비역, 보충역, 병역준비역, 전시근로역, 대체역으로 구분된다(제5조 제1항). 각 병역의 종류에 따라 복무 형태와 기간이 다르게 규정되어 있다.

- 현역: 징집이나 지원에 의하여 입영한 병, 현역으로 임용 또는 선발된 장교·준사관·부사관 및 군간부후보생
- 예비역: 현역을 마친 사람, 그 밖에 병역법에 따라 예비역에 편입된 사람
- 보충역: 병역판정검사 결과 현역 복무를 할 수 있다고 판정된 사람 중에서 병력수급 사정에 의하여 현역병입영 대상자로 결정되지 아니한 사람, 사회복무요원 등으로 복무하고 있거나 그 복무를 마친 사람

- 병역준비역: 병역의무자로서 현역, 예비역, 보충역, 전시근로역 및 대체역이 아닌 사람
- 전시근로역: 병역판정검사 또는 신체검사 결과 현역 또는 보충역 복무는 할 수 없으나 전시근로소집에 의한 군사지원업무는 감당할 수 있다고 결정된 사람
- 대체역: 병역의무자 중 헌법이 보장하는 양심의 자유를 이유로 현역, 보충역 또는 예비역의 복무를 대신하여 병역을 이행하는 사람

[2] 병역의무 기피·감면 목적의 신체손상죄 (제86조)

제86조(도망·신체손상 등) 병역의무를 기피하거나 감면받을 목적으로 도망가거나 행방을 감춘 경우 또는 신체를 손상하거나 속임수를 쓴 사람은 1년 이상 5년 이하의 징역에 처한다.

Ⅰ. 의의

병역의무를 감면받을 목적으로 신체를 손상하거나 속임수를 쓰는 행위를 처벌하는 범죄이다.

Ⅱ. 구성요건

본죄의 주체는 병역의무를 가진 사람으로 한정된다. 대한민국 국민인 남성은 18세가 되는 해의 1월 1일부터 '병역준비역'에 편입되며(제8조), '병역준비역'이란 병역의무자로서 현역, 예비역, 보충역, 전시근로역 및 대체역이 아닌 사람을 말한다.

본죄의 실행행위는 병역의무를 기피하거나 감면받을 목적으로 도망가거나 행방을 감추는 것, 신체를 손상하거나 속임수를 쓰는 것이다.

신체를 손상하는 행위는 신체를 고의로 다치게 하거나 질병을 유발하는 것으로, 여기서 '신체손상'의 개념은 신체의 완전성을 해하거나 생리적 기능에 장애를 초래하는 '상해'의 개념과 일치되어야 하는 것은 아니며 병역의무의 기피 또는 감면사유에 해당되도록 신체의 변화를 인위적으로 조작하는 행위까지를 포함하는 개념이다(대법원 2004. 3. 25. 선고 2003도8247 판결).

약물이나 자극을 사용하여 신체 상태를 비정상적으로 만드는 행위, 몸무게를 과도하게 줄이거나 늘리는 행위, 의도적으로 자해를 하여 신체적 장애를 만드는 행위 등이 포함된다. 속

임수를 쓰는 것은 병무행정당국을 기망하여 병역의무를 감면받으려고 시도하는 행위를 말하며, 허위 진단서를 제출하거나, 병명을 위장하는 행위, 정신 질환을 위장하기 위해 장기간 병원 진료 기록을 만드는 행위 등이 포함된다.

본죄는 목적범이므로 단순히 신체를 손상하거나 도망가는 행위만으로는 성립하지 않으며, 병역의무를 기피하거나 감면받을 목적이 입증되어야 한다. 그러나 실제 신체손상 등의 행위로써 범죄는 성립하는 것이고, 병역의무의 기피 또는 감면의 결과 발생을 요구하는 것은 아니다.

III. 법정형

1년 이상의 징역

IV. 판례

- 단순히 병역의무를 소극적으로 이행하지 않는 행위는 병역법 제88조 소정의 입영기피죄로 따로 처벌하고 있는 것을 고려할 때, 병역법 제86조의 처벌대상이 되는 행위는 위와 같은 입영기피행위 정도를 넘어서 병역의무를 기피할 목적이나 그 의무를 감경 또는 면제받을 목적 달성을 위하여 병역의무의 이행을 면탈하고 병무행정의 적정성을 침해할 직접적인 위험이 있는 적극적인 행위만을 의미한다고 해석하여야 한다(대법원 2004. 3. 25. 선고 2003도8247 판결, 대법원 2005. 11. 10. 선고 2005도1995 판결 등 참조).

[3] 입영 및 소집 기피죄 (제88조)

제88조(입영의 기피 등) ① 현역입영 또는 소집 통지서(모집에 의한 입영 통지서를 포함한다)를 받은 사람이 정당한 사유 없이 입영일이나 소집일부터 다음 각 호의 기간이 지나도 입영하지 아니하거나 소집에 응하지 아니한 경우에는 3년 이하의 징역에 처한다. 다만, 제53조 제2항에 따라 전시근로소집에 대비한 점검통지서를 받은 사람이 정당한 사유 없이 지정된 일시의 점검에 참석하지 아니한 경우에는 6개월 이하의 징역이나 500만 원 이하의 벌금 또는 구류에 처한다.
1. 현역입영은 3일
2. 사회복무요원·대체복무요원 소집은 3일
3. 군사교육소집은 3일
4. 병력동원소집 및 전시근로소집은 2일

Ⅰ. 의의

입영 및 소집 기피죄는 현역입영 또는 소집 통지서를 받은 사람이 정당한 사유 없이 입영일이나 소집일부터 일정 기간이 지나도 입영하지 아니하거나 소집에 응하지 아니함으로써 성립하는 범죄이다. 정당한 사유없이 입영 또는 통지에 응하지 않은 부작위를 처벌함으로써 입영기피를 억제하여 국가안보의 인적 기초인 병력구성을 강제하기 위한 규정이다.

Ⅱ. 구성요건

본죄의 주체는 현역입영 또는 소집 통지서를 받은 사람이다. 이는 추상적으로 존재하던 병역의무가 병무청장 등의 결정을 통해 구체적으로 확정된 병역의무자이다.

본죄의 실행행위는 정당한 사유 없이 입영일이나 소집일부터 일정 기간이 지나도 입영하지 않거나 소집에 응하지 않는 것이다.

여기서 '정당한 사유'란 구성요건해당성을 조각하는 사유로서 형법상 위법성조각사유인 정당행위나 책임조각사유인 기대불가능성과는 구별된다. 정당한 사유는 구체적인 사안에서 법관이 개별적으로 판단해야 하는 불확정개념으로서, 실정법의 엄격한 적용으로 생길 수 있는 불합리한 결과를 막고 구체적 타당성을 실현하기 위한 것이다.

정당한 사유가 있는지를 판단할 때에는 병역법의 목적과 기능, 병역의무의 이행이 헌법을 비롯한 전체 법질서에서 가지는 위치, 사회적 현실과 시대적 상황의 변화 등은 물론 피고인이 처한 구체적이고 개별적인 사정도 고려해야 한다.

병역의무의 부과와 구체적 병역처분 과정에서 고려되지 않은 사정이라 하더라도, 입영하지 않은 병역의무자가 처한 구체적이고 개별적인 사정이 그로 하여금 병역의 이행을 감당하지 못하도록 한다면 병역법 제88조 제1항의 '정당한 사유'에 해당할 수 있다고 보아야 한다 (대법원 2018. 11. 1. 선고 2016도10912 전원합의체 판결).

Ⅲ. 법정형

3년 이하의 징역

IV. 판례

- 입영기피죄는 추상적으로 존재하던 병역의무가 병무청장 또는 각 군 참모총장의 결정에 의하여 구체적으로 확정된 후 그 내용이 담긴 현역입영 또는 소집통지서를 교부받고도 정해진 기간 내에 입영하지 아니하는 부작위를 처벌하는 것으로, 이 경우의 고의는 구체적으로 확정되어 현역입영 또는 소집통지서에 담겨져 있는 바로 그 병역의무를 이행하지 않는다는 의사인 것이지, 추상적으로 존재하는 병역의무를 전반적으로 거부하는 행위일 필요는 없는 것이므로, 병역의무자 자신에 대하여 구체적으로 확정된 병역의무가 아닌 다른 내용의 병역의무는 이행할 의사가 있다고 하여 고의가 없다고 할 수도 없다(대법원 1999. 6. 25. 선고 98도3138 판결).
- 병역법 제88조 제1항에서 정한 '정당한 사유'는 구성요건해당성을 조각하는 사유이다. 양심적 병역거부가 병역법 제88조 제1항에서 정한 '정당한 사유'에 해당할 수 있으며, 정당한 사유로 인정할 수 있는 양심적 병역거부에서 말하는 '진정한 양심'은 깊고 확고하며 진실한 양심으로서, 이에 대한 증명책임은 검사에게 있다(대법원 2018. 11. 1. 선고 2016도10912 전원합의체 판결).
- 장기간 치료를 요하는 정신질환의 영향으로 군사교육 소집통지를 받은 당시 안내받은 병역처분변경신청을 거부하고 군사교육소집에 응하지 못한 것은 피고인의 책임으로 볼 수 없는 사유로 인한 것으로서 병역법 제88조에 정한 '정당한 사유'에 해당한다(대법원 2021. 9. 30. 선고 2020도 16680 판결).

[4] 사회복무요원 등의 복무이탈죄 (제89조의2)

제89조의2(사회복무요원 등의 복무이탈) 다음 각 호의 어느 하나에 해당하는 사람은 3년 이하의 징역에 처한다.
1. 사회복무요원, 예술·체육요원 또는 대체복무요원으로서 정당한 사유 없이 통틀어 8일 이상 복무를 이탈하거나 해당 분야에 복무하지 아니한 사람

Ⅰ. 의의

사회복무요원, 예술·체육요원 또는 대체복무요원이 정당한 사유 없이 통틀어 8일 이상 복무를 이탈하거나 해당 분야에 복무하지 않는 행위를 처벌하는 범죄이다.

Ⅱ. 구성요건

복무이탈이란 근무지가 정해져 있는 사회복무요원 등이 복무일 근무시간에 지정된 근무지를 벗어난 것, 즉 '복무장소의 이탈'을 의미하고, '해당 분야에 복무하지 아니한 것'이란 근무지가 정해져 있지 않은 사회복무요원 등이 복무일 근무시간 중 복무하여야 할 분야에 복무하지 아니한 것을 뜻한다.

'복무를 이탈하거나 해당 분야에 복무하지 아니한 날'은 복무일 근무시간 중 일부라도 근무하였다면 그 날짜의 복무를 이탈하였다고 볼 수 없다.

Ⅲ. 법정형

3년 이하의 징역

Ⅳ. 판례

- 종교적 신념을 이유로 사회복무요원의 복무 이행을 거부하는 것은 구 병역법 제89조의2 제1호의 '정당한 사유'에 해당하지 않는다(대법원 2023. 3. 16. 선고 2020도15554 판결).
- 피고인의 정신지체는 피고인의 책임으로 돌릴 수 없는 사유로서 병역법 제89조의2 제1호 소정의 '정당한 사유'에 해당한다(대법원 2007. 5. 31. 선고 2007도12 판결).
- 구 병역법(2005. 5. 31. 법률 제7541호로 개정되기 전의 것) 제89조의2 제1호에 정한 공익근무요원의 복무이탈죄는 정당한 사유 없이 계속적 혹은 간헐적으로 행해진 통산 8일 이상의 복무이탈행위 전체가 하나의 범죄를 구성하는 것이고, 그 공소시효는 위 전체의 복무이탈행위 중 최종의 복무이탈행위가 마쳐진 때부터 진행한다(대법원 2007. 3. 29. 선고 2005도7032 판결).

[5] 병력동원훈련소집 등의 기피죄 (제90조)

> 제90조(병력동원훈련소집 등의 기피) ① 다음 각 호의 어느 하나에 해당하는 사람은 1년 이하의 징역 또는 1천만 원 이하의 벌금이나 구류에 처한다.
> 1. 병력동원훈련소집 통지서를 받고 정당한 사유 없이 제50조 제3항에 따라 지정된 일시에 입영하지 아니하거나 점검에 참석하지 아니한 사람
> 2. 예비군대체복무 소집 통지서를 받고 정당한 사유 없이 「대체역의 편입 및 복무 등에 관한 법률」 제26조 제3항을 위반하여 지정된 일시에 소집에 응하지 아니한 사람

Ⅰ. 의의

병력동원훈련소집 통지서를 받고 정당한 사유 없이 지정된 일시에 입영하지 않거나 점검에 참석하지 않는 행위, 또는 예비군대체복무 소집 통지서를 받고 정당한 사유 없이 소집에 응하지 않는 행위를 처벌하는 범죄이다.

Ⅱ. 구성요건

본죄의 주체는 병력동원훈련소집 통지서 또는 예비군대체복무 소집 통지서를 받은 사람이다. 본죄의 실행행위는 소집 통지서를 받고 정당한 사유없이 입영, 점검 또는 소집에 응하지 아니한 것으로서 '정당한 사유'란 제88조 제1항에서 정한 '정당한 사유'와 동일하게 해석한다.

Ⅲ. 법정형

1년 이하의 징역 또는 1천만 원 이하의 벌금이나 구류

[6] 허위증명서 등의 발급죄 (제91조)

> 제91조(허위증명서 등의 발급) 공무원·의사 또는 치과의사로서 병역의무를 연기 또는 면제시키거나 이 법에 따른 복무기간을 단축시킬 목적으로 거짓 서류·증명서 또는 진단서를 발급한 사람은 1년 이상 10년 이하의 징역에 처한다. 이 경우 10년 이하의 자격정지를 함께 과(科)할 수 있다.

I. 의의

공무원·의사 또는 치과의사가 병역의무를 연기 또는 면제시키거나 복무기간을 단축시킬 목적으로 거짓 서류·증명서 또는 진단서를 발급하는 행위를 처벌하는 범죄이다.

병역 관련 비리를 방지하고 공정한 병역의무 이행을 보장하기 위한 규정이다.

II. 구성요건

본죄의 주체는 공무원, 의사 또는 치과의사이다. 실행행위는 병역의무를 연기 또는 면제시키거나 복무기간 단축을 위해 거짓 서류·증명서 또는 진단서를 발급하는 것이다. 병무행정 당국을 기망하여 병역의무를 면제 또는 연기시키기 위해 허위 진단서 등을 발급하는 자체로 범죄가 성립하며, 실제로 병역의무의 감면 또는 단축의 결과 발생을 요구하는 것은 아니다.

III. 법정형

1년 이상 10년 이하의 징역 (10년 이하의 자격정지 병과 가능)

제13장

예비군법위반

[1] 총설

I. 목적 및 의의

예비군법은 국가를 방위하기 위하여 향토예비군의 설치·조직·편성 및 동원 등에 관한 사항을 정함을 목적으로 한다(제1조).

예비군은 전시·사변 등 국가비상사태에서의 동원 대비, 무장공비 소멸, 무장소요 진압, 중요시설 경비 등의 임무를 수행하며(제2조), 현역군인과 함께 국가 안전보장과 국민의 생명 및 재산을 보호하는 핵심적인 예비전력이다. 따라서 국가비상사태 대비 국가의 안전보장과 국민의 생명과 재산을 보호하기 위한 국방의 의무를 구체화한 법률이라 할 수 있다.

II. 예비군의 조직과 편성

예비군은 병역법에 따른 예비역 장교·준사관·부사관, 현역 또는 상근예비역 복무를 마친 예비역 병, 사회복무요원 등의 복무를 마친 보충역 병 등으로 조직된다(제3조).

예비군은 예비군대원의 거주지나 직장을 단위로 하여 지역예비군이나 직장예비군으로 편성되며, 대통령령으로 정하는 규모 이상의 예비군자원이 있는 직장의 장은 직장예비군을 편성·운영해야 한다(제3조의2).

[2] 훈련 불참 관련 위반 (제15조 제9항 제1호, 제6조 제1항)

제15조(벌칙) ⑨ 다음 각 호의 어느 하나에 해당하는 사람은 1년 이하의 징역, 1천만 원 이하의 벌금, 구류 또는 과료에 처한다.
1. 제6조 제1항에 따른 훈련을 정당한 사유 없이 받지 아니한 사람이나 훈련받을 사람을 대신하여 훈련받은 사람
제6조(훈련) ① 국방부장관은 대통령령으로 정하는 바에 따라 연간 20일의 한도에서 예비군대원을 훈련할 수 있다. 이 경우 국회의원과 대통령령으로 정하는 사람은 훈련하여야 한다. 다만, 법률에 따라 국민이 직접 선거하는 공직 선거기간 중에는 훈련을 하지 아니한다.

Ⅰ. 의의

예비군법 제15조 제9항 제1호는 예비군대원이 정당한 사유 없이 훈련을 받지 아니하거나, 훈련받을 사람을 대신하여 훈련받음으로써 성립하는 범죄이다. 국가의 안전보장이라는 정당한 입법목적을 달성하기 위해 예비군 훈련의무를 형사처벌로써 강제하고 있다(헌법재판소 2021. 2. 25. 선고 2016헌마757 결정).

Ⅱ. 구성요건

본죄의 주체는 예비군대원이며, 실행행위는 정당한 사유 없이 훈련을 받지 아니하거나, 훈련받을 사람을 대신하여 훈련받는 것이다. 여기서 '정당한 사유'란 질병 또는 심신장애, 직계 존·비속 등의 위독 및 사망, 천재지변 등 재난, 기타 부득이한 사유 등을 말한다. 정당한 사유에 해당하는지 여부는 개별적인 사정을 종합적으로 고려하여 판단해야 한다.

Ⅲ. 법정형

1년 이하의 징역, 1천만 원 이하의 벌금, 구류 또는 과료

Ⅳ. 판례

- 예비군법 제15조 제9항 제1호는 병역법 제88조 제1항과 마찬가지로 국민의 국방의 의무를 구체화하기 위하여 마련된 것이고, 예비군훈련도 집총이나 군사훈련을 수반하

는 병역의무의 이행이라는 점에서 병역법 제88조 제1항에서 정한 '정당한 사유'에 관한 법리에 따라 예비군법 제15조 제9항 제1호에서 정한 '정당한 사유'를 해석함이 타당하다. 따라서 진정한 양심에 따른 예비군훈련거부의 경우에도 예비군법 제15조 제9항 제1호에서 정한 '정당한 사유'에 해당한다고 보아야 한다(대법원 2021. 2. 4. 선고 2020도3439 판결).

[3] 소집통지서 관련 위반 [제15조 제10항, 제6조의2]

제15조(벌칙) ⑩ 예비군대원이 제6조의2 제1항 본문 및 같은 조 제4항에 따른 소집통지서의 수령을 거부하는 경우에는 6개월 이하의 징역 또는 500만 원 이하의 벌금에 처한다.
제6조의2(소집통지서의 전달 등) ① 예비군대원을 훈련할 때에는 대통령령으로 정하는 바에 따라 사전에 소집통지서를 본인에게 전달하여야 한다. 다만, 동원에 대비한 불시(不時) 훈련이나 점검을 할 때에는 소집통지서를 전달하지 아니하고 대통령령으로 정하는 방법으로 통지하여 소집할 수 있다.
④ 제2항에 따라 소집통지서를 전달받은 세대주등은 소집통지서를 지체 없이 예비군대원 본인에게 직접 전달하거나 휴대전화 문자메시지 등 대통령령으로 정하는 방법으로 전달하여야 한다.

Ⅰ. 의의

예비군 훈련의 원활한 진행을 위해 소집통지서의 적절한 전달과 수령을 보장하기 위한 규정이다.

Ⅱ. 구성요건

본죄의 주체는 '예비군대원' 또는 '소집통지서를 전달할 의무가 있는 사람'이다. 여기서 '소집통지서를 전달할 의무가 있는 사람'란 같은 세대 내의 세대주나 가족 중 성년자, 본인의 고용주 또는 본인이 선정한 통지서 수령인을 말한다(제6조의2 제2항).

본죄의 실행행위는 예비군대원이 소집통지서의 수령을 거부하는 것이다. 수령을 거부하는 행위는 직접적인 수령 거부뿐만 아니라 고의로 집을 비워 우편 전달을 회피하는 행위, 전자 송달 수신에 동의를 했음에도 발송된 통지서를 의도적으로 열람하지 않는 행위도 포함될 수 있다. 소집통지서를 전달할 의무가 있는 사람이 전달하지 아니하거나 지연 또는 파기하였을 때에는 과태료가 부과된다.

III. 법정형

6개월 이하의 징역 또는 500만 원 이하의 벌금

IV. 판례

- '소집통지서를 수령할 의무가 있는 자'란 향토예비군설치법에 따른 향토예비군 대원으로서 국방부장관의 예비군훈련의 소집대상이 된 자를 의미한다(헌법재판소 2002헌바35 결정).

- 향토예비군설치법 제6조의2 제2항에 규정된 '그와 동일 세대 내의 세대주나 가족 중 성년자 또는 그의 고용주'는 같은 법 제15조 제9항 후문의 '소집통지서를 수령할 의무 있는 자'에 포함되지 않는다(대법원 2005. 4. 15. 선고 2004도7977 판결).

[4] 주민등록 관련 위반 (제15조 제2항, 제6조의2)

제15조(벌칙) ② 제6조의2에 따른 소집통지서를 전달할 수 없도록 정당한 사유 없이 「주민등록법」 제10조에 따른 신고를 하지 아니하거나 사실과 다르게 신고하여 같은 법 제8조 또는 제20조에 따라 주민등록이 말소되도록 하거나 거주불명 등록이 되도록 한 사람은 3년 이하의 징역 또는 3천만 원 이하의 벌금에 처한다.

I. 의의

예비군 소집통지서의 전달을 방해할 목적으로 주민등록 관련 의무를 위반하는 행위를 처벌하는 규정이다.

II. 구성요건

본죄의 주체는 예비군대원이며, 실행행위는 소집통지서를 전달할 수 없도록 정당한 사유

없이 「주민등록법」에 따른 신고를 하지 않거나 사실과 다르게 신고하여 주민등록이 말소되
도록 하거나 거주불명 등록이 되도록 하는 것이다.

주민등록법 제10조에 의하면 주민은 성명, 성별, 생년월일, 세대주와의 관계, 합숙하는 곳
은 관리책임자, 「가족관계의 등록 등에 관한 법률」 제10조제1항에 따른 등록기준지, 주소,
가족관계등록이 되어 있지 아니한 자 또는 가족관계등록의 여부가 분명하지 아니한 자는
그 사유, 대한민국의 국적을 가지지 아니한 자는 그 국적명이나 국적의 유무, 거주지를 이
동하는 경우에는 전입 전의 주소 또는 전입지와 해당 연월일을 해당 거주지를 관할하는 시
장·군수 또는 구청장에게 신고하여야 한다.

Ⅲ. 법정형

3년 이하의 징역 또는 3천만 원 이하의 벌금

Ⅳ. 판례

- 향토예비군설치법 제3조 제4항 소정의 예비군대원신고는 새로이 예비군으로 될 자의
  대원신고에 관한 규정이므로 이미 예비군에 편성된 자가 주소를 이동하고 그 이동신고
  를 하지 않았다 하더라도 동조 소정의 신고불이행으로 볼 수 없다(대법원 1977. 7. 12.
  선고 76도4364 판결).
- 향토예비군설치법 제3조 제4항 후단은 병적사항에 실제로 변동이 있는 경우의 신고의
  무를 규정한 것일 뿐 병적사항에 단지 잘못 기재된 부분이 있음을 발견한 향토예비군
  대원에게 그 정정신청을 할 의무까지 규정한 취지는 아니다(대법원 1985. 10. 22. 선고
  85도1802 판결).

[5] 동원 관련 위반 [제15조 제4항, 제5조 제1항]

제15조(벌칙) ④ 제5조 제1항에 따른 동원에 정당한 사유 없이 응하지 아니한 사람과 동원을 기
피할 목적으로 거짓으로 거주지를 변경한 사람은 3년 이하의 징역 또는 3천만 원 이하의 벌금에
처한다. 다만, 전시·사변일 때에는 5년 이하의 징역에 처한다.

Ⅰ. 의의

예비군법 제15조 제4항은 동원에 정당한 사유없이 응하지 아니하거나 동원을 기피할 목적으로 거짓으로 거주지를 변경함으로써 성립하는 범죄이다. 예비군의 동원은 국가 안보와 직결되는 중요한 사안으로, 동원 명령에 불응하거나 기피하는 행위를 처벌하는 규정이다.

Ⅱ. 구성요건

본죄의 실행행위는 예비군대원이 동원에 응하지 않거나 동원을 기피할 목적으로 거짓으로 거주지를 변경하는 것이다.

Ⅲ. 법정형

- 3년 이하의 징역 또는 3천만 원 이하의 벌금
- 가중처벌: 전시·사변일 때에는 5년 이하의 징역

Ⅳ. 판례

- 향토예비군의 훈련을 위한 소집에 있어서 향토예비군설치법 제6조의2 동법시행령 제13조 소정의 절차를 준수하지 아니한 하자가 있었다 할지라도 일단 그 소집에 응하여 훈련과정에 들어간 이상 향토예비군대원으로서는 마땅히 지휘관의 명령에 복종할 의무가 있다(대법원 1977. 5. 10. 선고 76도3757 판결).

[6] 명령 불복종 관련 위반 (제15조 제7항, 제5조 제4항)

제15조(벌칙) ⑦ 제5조 제4항에 따른 지휘관의 정당한 명령에 반항하거나 복종하지 아니한 사람은 2년 이하의 징역, 2천만 원 이하의 벌금이나 구류 또는 과료에 처한다. 다만, 전시·사변이거나 적 또는 무장공비와 교전 중일 때에는 5년 이하의 징역에 처한다.
제5조(동원) ④ 예비군대원은 제1항에 따라 동원되었을 때에는 지휘관(예비군 여단·연대·대대·중대·소대 및 분대의 장을 포함한다)의 정당한 명령에 복종하여야 한다.

Ⅰ. 의의

예비군법 제15조 제7항은 지휘관의 정당한 명령에 반항하거나 복종하지 않음으로써 성립하는 범죄이다. 예비군 지휘체계의 유지와 효율적인 임무수행을 위해 지휘관의 정당한 명령에 복종할 의무를 부과한다.

Ⅱ. 구성요건

- 주체: 동원된 예비군대원 또는 훈련 중인 예비군대원
- 행위: 지휘관의 정당한 명령에 반항하거나 복종하지 않는 행위

① 동원 시 지휘관 명령 불복종 (제15조 제7항, 제5조 제4항)

동원된 예비군대원이 지휘관의 정당한 명령에 반항하거나 복종하지 않은 경우

② 훈련 시 지휘관 명령 불복종 (제15조 제9항 제2호, 제6조 제2항)

훈련 중인 예비군대원이 지휘관의 정당한 명령에 반항하거나 복종하지 않은 경우

Ⅲ. 법정형

- 동원 시: 2년 이하의 징역, 2천만 원 이하의 벌금, 구류 또는 과료
- 가중처벌: 전시·사변이거나 적 또는 무장공비와 교전 중일 때에는 5년 이하의 징역
- 훈련 시: 1년 이하의 징역, 1천만 원 이하의 벌금, 구류 또는 과료

IV. 판례

- 향토예비군의 훈련을 위한 소집에 있어서 향토예비군설치법 제6조의2 동법시행령 제
  13조 소정의 절차를 준수하지 아니한 하자가 있었다 할지라도 일단 그 소집에 응하여
  훈련과정에 들어간 이상 향토예비군대원으로서는 마땅히 지휘관의 명령에 복종할 의
  무가 있다(대법원 1977. 5. 10. 선고 76도3757 판결).

[7] 기타 위반

I. 의의

예비군 제도의 원활한 운영을 위해 기타 의무사항을 규정하고, 이를 위반할 경우 처벌하
는 규정이다.

II. 구성요건

- 주체: 예비군대원
- 행위: 동원 또는 훈련 연기 사유를 고의로 발생시키거나, 신고 의무를 위반하는 행위

① 동원 또는 훈련 연기 사유의 고의 발생 (제15조 제11항, 제5조 제2항, 제6조 제4항)

동원 또는 훈련을 연기할 때 그 사유를 고의로 발생하게 하거나 거짓된 행위를 한 경우

② **신고 의무 위반 (제15조 제12항, 제5조 제3항, 제6조의3 제2항)**

동원명령이 발령된 지역에 거주하는 예비군대원이 다른 지역으로 거주지를 옮길 때 신고를 하지 않은 경우 또는 동원·훈련 보류 사유가 없어졌음에도 신고하지 않은 경우

III. 법정형

- 동원 또는 훈련 연기 사유의 고의 발생: 3개월 이하의 징역 또는 300만 원 이하의 벌금이나 구류
- 신고 의무 위반: 200만 원 이하의 벌금이나 구류

제14장

군복및군용장구의단속에관한법률위반

[1] 총설

Ⅰ. 목적 및 의의

군복 및 군용장구의 단속에 관한 법률(약칭 : 군복단속법)은 군복 및 군용장구의 제조·판매와 그 착용·사용을 규제함으로써 군수품의 유출을 방지하고, 군의 품위를 유지하며 나아가 군의 임무를 효과적으로 수행하는데 기여함을 목적으로 한다(제1조).

이 법률의 입법취지는 군복 및 군용장구가 유출되어 일반인들이 이를 착용 또는 사용할 뿐만 아니라, 유사품이 제조, 판매되고 있어 국방력 강화와 군 작전에 지장을 초래하고 있으므로 군복 및 군용장구의 착용사용이나 제조, 판매를 단속함으로써 자주국방과 총력안보에 기여하기 위함이다.

Ⅱ. 용어의 정의

1. 군복

「군인사법」 제47조의3의 규정에 따른 군모·제복·군화·계급장·표지장·피아식별띠 및 국방부령이 정하는 특수군복을 말한다(제2조 제1호) "국방부령이 정하는 특수군복"이라 함은 야전상의(野戰上衣)·방한복·비행복·특전복(特戰服)·컴뱃셔츠(combatshirt: 전투셔츠) 및 함상복을 말한다(동법 시행규칙 제2조).

2. 군용장구

군용표지가 있는 물품으로서「군수품관리법」에 따른 일반물자의 장구류 중 국방부령이 정하는 것을 말한다(군복단속법 제2조 제2호). "국방부령이 정하는 것"이라 함은 권총(拳銃)집, 탄입대, 수통, 야전삽, 반합(飯盒), 천막류, 모포(毛布), 침낭(寢囊), 방탄헬멧, 방탄복, 배낭, 전투조끼를 말한다(동법 시행규칙 제3조).

3. 유사군복

군복과 형태·색상 및 구조 등이 유사하여 외관상으로는 식별이 극히 곤란한 물품으로서 국방부령이 정하는 것을 말한다(군복단속법 제2조 제3호). "국방부령이 정하는 것"이란 군복으로 오인할 수 있는 물품을 말한다(동법 시행규칙 제3조).

III. 규제 방법

1. 제조·판매의 허가

군복 또는 군용장구의 제조 또는 판매업을 하고자 하는 자는 대통령령이 정하는 시설을 갖추고, 제조 또는 판매하고자 하는 군복 또는 군용장구의 종류를 정하여 국방부장관의 허가를 받아야 한다(제3조 제1항).

2. 군복 등의 제조·판매의 금지

누구든지 군복이나 군용장구를 착용 또는 사용할 수 없는 자를 위하여 이를 제조·판매하거나 판매할 목적으로 소지하여서는 아니 되며(제8조 제1항), 유사군복을 제조 또는 판매하거나 판매할 목적으로 소지하여서는 아니 된다(제8조 제2항).

3. 군복 등의 착용·사용금지

군인이 아닌 자는 군복을 착용하거나 군용장구를 사용 또는 휴대하여서는 아니 되고(제9조 제1항), 유사군복을 착용하여 군인과 식별이 곤란하도록 하여서는 아니 된다(제9조 제2항).

IV. 적용 제외

다음의 경우에는 제8조 제2항 및 제9조의 적용이 제외된다(제8조 제2항, 제9조 제3항).
- 문화·예술활동 또는 국방부령이 정하는 의식행사를 하는 경우

- 다른 법령에 따라 착용·사용 또는 휴대가 허용된 경우
- 국가기관 또는 지방자치단체의 시책에 따른 활동 등 공익을 위한 활동으로 국방부령이 정하는 경우

V. 판례

- 군복은 '현재 착용중인 군복'에 한한다. 이미 생산 및 보급이 중단되어 군이 현재 착용하지 않는 구형 군복은 민간인이 사용하더라도 군대의 군수품 관리에 지장을 초래한다거나 군인과 민간인의 식별 곤란 및 이로 인한 군작전의 장애 등을 초래한다고 보이지 않으므로 군복단속법에서 금지하는 군복은 '현재 착용 중인 군복'으로 한정 해석하는 것이 타당하다(대법원 2019. 5. 10. 선고 2018도19857 판결).

[2] 제조·판매업 허가 위반죄 [제13조 제1항 제1호]

제13조(벌칙) ① 다음 각 호의 어느 하나에 해당하는 자는 1년 이하의 징역 또는 1천만 원 이하의 벌금에 처한다.
 1. 제3조 제1항의 규정에 따른 허가를 받지 아니하고 군복 또는 군용장구를 제조 또는 판매하거나 판매할 목적으로 소지한 자
제3조(제조·판매의 허가) ① 군복 또는 군용장구의 제조 또는 판매업(이하 "제조·판매업"이라 한다)을 하고자 하는 자는 대통령령이 정하는 시설을 갖추고, 제조 또는 판매하고자 하는 군복 또는 군용장구의 종류를 정하여 국방부장관의 허가를 받아야 한다. 허가받은 군복 또는 군용장구의 종류를 변경하는 경우도 또한 같다.

I. 의의

군복단속법 제13조 제1항 제1호는 국방부장관의 허가를 받지 아니하고 군복 또는 군용장구를 제조 또는 판매하거나 판매할 목적으로 소지함으로써 성립하는 범죄이다. 본죄는 군복 및 군용장구의 제조·판매에 대한 국가의 통제권과 군의 품위 유지, 군수품 유출 방지 및 군 임무의 효과적 수행을 보호한다(서울북부지방법원 2020. 7. 23. 선고 2020고정257 판결).

II. 구성요건

1. 객관적 구성요건

본죄의 실행행위는 국방부장관의 허가를 받지 아니하고 군복 또는 군용장구를 제조 또는 판매하거나 판매할 목적으로 소지하는 것이다. 허가받은 군복 또는 군용장구의 종류를 변경할 때 다시 허가를 받지 않고 다른 종류의 군복 또는 군용장구를 제조·판매하는 행위도 해당된다.

여기서 '제조'란 군복 또는 군용장구를 새로 만들어내는 행위를 말하며, '판매'란 군복 또는 군용장구를 유상으로 타인에게 양도하는 행위를 말한다. '판매할 목적으로 소지'하는 것이란 장래 판매할 의도를 가지고 군복 또는 군용장구를 보관·관리하는 행위를 의미하며, 실제 판매행위가 없어도 판매목적의 소지만으로도 본죄가 성립한다.

2. 주관적 구성요건

본죄는 고의범이다. 행위자가 자신이 제조·판매 또는 판매목적으로 소지하는 물품이 군복 또는 군용장구에 해당한다는 사실을 인식하고, 국방부장관의 허가를 받지 않았다는 사실을 인식해야 한다. 판매목적 소지의 경우에는 장래 판매할 목적(의도)이 있어야 한다.

III. 법정형

1년 이하의 징역 또는 1천만 원 이하의 벌금

IV. 판례

- 피고인이 국방부장관으로부터 제조·판매업 허가를 받지 아니하고 신형전투복 및 신형전투복 방상외피를 무단으로 제조·판매한 사례 (서울서부지방법원 2017. 10. 12. 선고 2017노591 판결)

[3] 군복 등의 제조·판매 금지 위반죄 [제13조 제1항 제2호]

> 제13조(벌칙) ① 다음 각 호의 어느 하나에 해당하는 자는 1년 이하의 징역 또는 1천만 원 이하의 벌금에 처한다.
> 2. 제8조의 규정을 위반한 자
> 제8조(군복 등의 제조·판매의 금지) ① 누구든지 군복이나 군용장구를 착용 또는 사용할 수 없는 자를 위하여 이를 제조·판매하거나 판매할 목적으로 소지하여서는 아니 된다.
> ② 누구든지 유사군복을 제조 또는 판매하거나 판매할 목적으로 소지하여서는 아니 된다. 다만, 다음 각 호의 어느 하나의 경우에 사용하기 위한 때에는 그러하지 아니한다.
> 1. 문화·예술활동 또는 국방부령이 정하는 의식행사를 하는 경우
> 2. 다른 법령에 따라 착용·사용 또는 휴대가 허용된 경우
> 3. 국가기관 또는 지방자치단체의 시책에 따른 활동 등 공익을 위한 활동으로 국방부령이 정하는 경우

Ⅰ. 의의

군복단속법 제13조 제1항 제2호는 제8조의 규정을 위반하여 군복이나 군용장구를 착용 또는 사용할 수 없는 자를 위하여 이를 제조·판매하거나 판매할 목적으로 소지하거나, 유사군복을 제조 또는 판매하거나 판매할 목적으로 소지함으로써 성립하는 범죄이다.

군인 아닌 자가 유사군복을 입고 군인임을 사칭해 군인에 대한 국민의 신뢰를 실추시키는 행동을 하는 등 군에 대한 신뢰 저하 문제로 이어져 향후 발생할 국가안전보장상의 부작용을 상정해볼 때, 단지 유사군복의 착용을 금지하는 것으로는 입법목적을 달성하기에 부족하고, 유사군복을 판매 목적으로 소지하는 것까지 금지해 유사군복이 유통되지 않도록 사전적으로 규제하고 있다(헌법재판소 2019. 4. 11. 선고 2018헌가14 전원재판부 결정).

Ⅱ. 구성요건

1. 객관적 구성요건

본죄는 군복이나 군용장구뿐만 아니라 유사군복을 제조 또는 판매하거나 판매할 목적으로 소지하는 행위도 포함된다. 유사군복은 군인이 착용하는 군복이라고 오인할 정도로 형

태·색상·구조 등이 비슷한 물품을 의미하는데, 밀리터리 룩은 대부분 군복의 상징만 차용했을 뿐, 형태나 색상 및 구조가 진정한 군복과는 다르거나 유사성이 식별하기 극히 곤란한 정도에 이르지 않기 때문에 유사군복에 해당하지 않는다(헌법재판소 2019. 4. 11. 선고 2018헌가14 전원재판부 결정).

2. 주관적 구성요건

본죄는 고의범이다. 행위자가 자신이 제조·판매 또는 판매목적으로 소지하는 물품이 군복, 군용장구 또는 유사군복에 해당한다는 사실을 인식하고, 그 상대방이 착용 또는 사용할 수 없는 자라는 사실을 인식해야 한다. 판매목적 소지의 경우에는 장래 판매할 목적(의도)이 있어야 한다.

Ⅲ. 법정형

1년 이하의 징역 또는 1천만 원 이하의 벌금

Ⅳ. 판례

- 피고인이 인터넷 카페에 '소령 철제 계급장 판매'라는 글을 게시하여 군복을 착용 또는 사용할 수 없는 자에게 판매할 목적으로 군복인 소령 철제 계급장을 소지한 행위에 대해 군복단속법 제13조 제1항 제2호, 제8조 제1항 위반으로 벌금 30만 원을 선고한 사례(서울북부지방법원 2020. 7. 23. 선고 2020고정257 판결)
- 피고인이 군용 침낭, 군용 침낭 내피, 군용 침낭 외피, 군용 배낭 커버 등을 인터넷 사이트 '중고나라'에 판매한다는 글을 올려 판매할 목적으로 소지한 행위에 대해 군복단속법 제13조 제1항 제2호, 제8조 제1항 위반으로 벌금 30만 원을 선고한 사례(서울남부지방법원 2016. 1. 13. 선고 2015고정1395 판결)
- 청구인이 판매하고자 하였던 구형 사제 테러화가 제작사 및 군용·국방부 표시 유무, 소재, 접합방식 등에서 군에서 보급되는 전투화와 외관상 현격한 차이가 있어 '유사군복'에 해당하지 않는다고 보아 기소유예처분을 취소한 사례(헌법재판소 2018. 6. 28. 선고 2019헌마490 결정)

[4] 군복 등의 착용·사용 금지 위반죄 (제13조 제2항)

Ⅰ. 의의

군복단속법 제13조 제2항은 제9조의 규정을 위반하여 군인이 아닌 자가 군복을 착용하거나 군용장구를 사용 또는 휴대하거나, 누구든지 유사군복을 착용하여 군인과 식별이 곤란하도록 하는 행위를 함으로써 성립하는 범죄이다.

Ⅱ. 구성요건

1. 객관적 구성요건

1) 주체

본죄의 주체는 제9조 제1항의 경우 군인이 아닌 자이고, 제9조 제2항의 경우 누구든지(일반인)이다.

2) 행위

본죄의 실행행위는 군인이 아닌 자가 군복을 착용하거나 군용장구를 사용·휴대하는 행위 또는 유사군복을 착용하여 군인과 식별이 곤란하도록 하는 행위이다. 여기서 '착용'은 군복을 몸에 입는 행위를 말하며, '사용'은 군용장구를 본래의 용도에 따라 이용하는 행위, '휴대'는 군용장구를 몸에 지니고 다니는 것을 의미한다.

유사군복을 착용하여 군인과 식별이 곤란하도록 하는 행위는 단순히 유사군복을 착용하는 것만으로는 부족하고, 그로 이해 군인과 식별이 곤란한 상태를 야기해야 한다. 입법취지가 군 작전 방해 등을 방지하기 위한 것이므로 유사군복을 착용하더라도 군인과 구별하는 데 어려움이 없다면 본죄가 성립하지 않는다.

문화·예술활동, 의식행사, 다른 법령에 의한 허용, 공익활동 등에 착용·사용 또는 휴대하는 경우에는 처벌되지 않는다.

2. 주관적 구성요건

본죄는 고의범이므로 행위자가 자신이 입은 옷이 유사군복에 해당하고, 이를 입는 행위가 군인과 식별이 곤란하게 할 수 있다는 가능성을 인식해야 한다. 실제로 군인과 식별이 곤란한 상태가 발생했는지와 관계없이 행위자가 그 가능성을 용인하는 내심의 의사가 있으면 고의가 성립한다.

III. 법정형

10만 원 이하의 벌금이나 구류 또는 과료

제5편

형법 각론

제1장

공무원의 직무에 관한 죄

[1] 직무유기죄 (제122조)

> 제122조(직무유기) 공무원이 정당한 이유없이 그 직무수행을 거부하거나 그 직무를 유기한 때에는 1년 이하의 징역이나 금고 또는 3년 이하의 자격정지에 처한다.

I. 의의

직무유기죄는 공무원이 정당한 이유 없이 그 직무수행을 거부하거나 그 직무를 유기한 때에 성립하는 범죄이다(제122조). 본죄는 국가기능의 적정한 작용과 국민에 대한 봉사의무의 성실한 이행을 보호법익으로 한다.

II. 구성요건

1. 객관적 구성요건

1) 주체

본죄의 주체는 '공무원'으로서 진정신분범이다. 공무원이란 국가 또는 지방자치단체의 공무를 담당하는 자로서, 국가공무원법이나 지방공무원법 등에 의하여 공무원의 신분을 가진 자를 말한다.

2) 행위

직무유기죄는 '직무수행을 거부하거나' 또는 '직무를 유기한 때'에 성립한다.

① 직무의 범위

직무란 공무원에게 부여된 고유한 업무로서 추상적인 직무 그 자체가 아니라 행위자가 해야 하는 적법한 구체적 직무를 말한다. 청렴의무, 복종의무, 형사소송법상 공무원의 고발의무 등 포괄적인 직무는 직무유기죄의 객체가 되지 않는다.

② 직무수행의 거부

직무수행의 거부란 공무원에게 구체적인 직무수행 의무가 발생하였음에도 불구하고 명시적으로 이를 거부하는 경우를 말한다.

③ 직무의 유기

'직무를 유기한 때'란 직무에 관한 의식적인 방임 내지는 포기 등 정당한 사유 없이 직무를 수행하지 아니한 경우를 의미한다(대법원 1997. 8. 29. 선고 97도675 판결).

직무유기죄는 이른바 부진정부작위범으로서 구체적으로 그 직무를 수행하여야 할 작위의무가 있는데도 불구하고 이러한 직무를 버린다는 인식하에 그 작위의무를 수행하지 아니함으로써 성립한다(대법원 2009. 4. 9. 선고 2007도9481 판결).

직무유기죄에서 말하는 '직무를 유기한 때'란 공무원이 법령, 내규 등에 의한 추상적 성실의무를 태만히 하는 일체의 경우에 성립하는 것이 아니라, 직장의 무단이탈, 직무의 의식적인 포기 등과 같이 국가의 기능을 저해하고 국민에게 피해를 야기시킬 가능성이 있는 경우를 가리킨다(대법원 2013. 7. 25. 선고 2012도621 판결).

따라서 공무원이 태만, 분망, 착각 등으로 인하여 직무를 성실히 수행하지 아니한 경우나 형식적으로 또는 소홀히 직무를 수행하였기 때문에 성실한 직무수행을 못한 것에 불과한 경우에는 직무유기죄는 성립하지 않는다(대법원 2009. 3. 26. 선고 2007도7725 판결).

3) 정당한 이유의 부존재

직무유기죄가 성립하기 위해서는 '정당한 이유 없이' 직무수행을 거부하거나 직무를 유기해야 한다. 정당한 이유가 있는 경우에는 위법성이 조각된다. 예를 들어, 상사의 위법한 명령의 수행은 적법한 직무가 될 수 없으므로 이를 거부하거나 포기하였다고 해도 직무유기죄가 성립될 수 없다.

2. 주관적 구성요건

직무유기죄의 주관적 요소인 고의로는 직무를 유기한다는 인식, 즉 '직무를 버린다는 인식'이 필요하다(대법원 1983. 3. 22. 선고 82도3065 판결).

직무유기죄는 객관적으로는 직무 또는 직장을 벗어나는 행위가 있고 주관적으로는 직무를 버린다는 의식이 있어야 성립하는 것이므로 태만, 착각 등으로 인하여 직무집행을 성실히 수행하지 못한 것에 불과한 경우에는 직무유기죄가 성립되지 않는다(대법원 1982. 3. 23. 선고 81도861 판결).

III. 죄수 · 타죄와의 관계

1. 죄수

직무유기죄는 계속범으로서 직무를 유기한 상태가 계속되는 한 범죄행위도 계속되는 것으로 보아 1죄가 성립한다. 다만, 직무유기의 대상이 되는 직무가 서로 다른 경우에는 실체적 경합관계가 성립할 수 있다.

2. 타죄와의 관계

직무유기죄는 부작위범으로서 직무유기죄가 동시에 다른 작위범죄에 해당할 때에는 작위범죄만 성립하고 직무유기죄는 따로 성립하지 않는다(대법원 2002도5004 판결).

하나의 행위가 부작위범인 직무유기죄와 작위범인 범인도피죄의 구성요건을 동시에 충족하는 경우 공소제기권자는 재량에 의하여 작위범인 범인도피죄로 공소를 제기하지 않고 부작위범인 직무유기죄로만 공소를 제기할 수도 있다(대법원 1999. 11. 26. 선고 99도1904 판결).

하나의 행위가 부작위범인 직무유기죄와 작위범인 허위공문서작성·행사죄의 구성요건을 동시에 충족하는 경우, 공소제기권자는 재량에 의하여 작위범인 허위공문서작성·행사죄로 공소를 제기하지 않고 부작위범인 직무유기죄로만 공소를 제기할 수 있다(대법원 2008. 2. 14. 선고 2005도4202 판결).

IV. 판례

1. 유죄 판결

- 경찰관이 도박범행사실을 적발하고도 필요한 조치를 취하지 않고 도박사실을 발견하지 못한 것처럼 허위로 근무일지를 작성한 경우(대법원 1999. 12. 24. 선고 99도2240 판결)
- 교육기관의 장이 징계의결서를 통보받고도 법정 시한이 지나도록 그 집행을 의식적으로 유보한 경우(대법원 2014. 4. 10. 선고 2013도229 판결)
- 공무원이 여러 차례에 걸쳐 출근하지 않고 업무공백 상태를 초래한 경우(광주지방법원 목포지원 2021. 11. 23. 선고 2021고단837 판결)
- 소속대 수송관 겸 3종 출납관으로서 신병치료를 이유로 상부의 승인없이 3종 출납관 도장과 창고열쇠를 포함한 3종 업무일체를 계원에게 맡겨두고 이에 대한 일체의 확인 감독마저 하지 않은 경우(대법원 1986. 2. 11. 선고 85도2471 판결)

2. 무죄 판결

- 공무원이 태만, 분망, 착각 등으로 인하여 직무를 성실히 수행하지 아니한 경우(대법원 1983. 12. 13. 선고 83도1157 판결)
- 공무원이 형식적으로 또는 소홀히 직무를 수행하였기 때문에 성실한 직무수행을 못한 것에 불과한 경우(대법원 2009. 4. 9. 선고 2007도9481 판결)
- 공무원이 직무집행의 의사로 직무를 수행하였으나 직무집행의 내용이 위법한 경우(대법원 2013. 4. 26. 선고 2012도15257 판결)

- 세무공무원이 부가가치세 포탈행위를 밝혀내고 포탈세액 및 가산세를 추징하였으나 통고처분이나 고발조치를 건의하지 않은 경우(대법원 1997. 4. 11. 선고 96도2753 판결)
- 경찰관이 경미한 범죄혐의사실을 인지하고 혐의자를 훈방조치하여 검사의 수사지휘를 받지 않은 경우(대법원 1982. 6. 8. 선고 82도117 판결)

[2] 직권남용죄 (제123조)

I. 의의

직권남용죄는 공무원이 직권을 남용하여 사람으로 하여금 의무 없는 일을 하게 하거나 사람의 권리행사를 방해한 때에 성립하는 범죄이다(제123조). 이 죄는 '직권남용권리행사방해죄'라고도 불리며, 국가기능의 공정한 행사와 이에 대한 국민의 신뢰를 보호법익으로 한다.

II. 구성요건

1. 객관적 구성요건

1) 주체

본죄의 주체는 '공무원'으로서 진정신분범이다.

2) 행위

① 직권남용

'직권남용'이란 공무원이 일반적 직무권한에 속하는 사항에 관하여 그 권한을 위법·부당하게 행사하는 것, 즉 형식적·외형적으로는 직무집행으로 보이나 그 실질은 정당한 권한 이외의 행위를 하는 경우를 뜻한다(대법원 2015. 3. 26. 선고 2013도2444 판결). 따라서 공무원이 그의 일반적 권한에 속하지 않는 행위를 하는 경우인 지위를 이용한 불법행위와는 구별된다.

어떠한 직무가 공무원의 일반적 권한에 속하는 사항이라고 하기 위해서는 그에 관한 법령상의 근거가 필요하지만, 명문의 규정이 없는 경우라도 법·제도를 종합적, 실질적으로 관찰해서 그것이 해당 공무원의 직무권한에 속한다고 해석되고, 남용된 경우 상대방으로 하여금 사실상 의무 없는 일을 행하게 하거나 권리를 방해하기에 충분한 것이라고 인정되는 경우에는 직권남용죄에서 말하는 '일반적 권한'에 포함된다고 보아야 한다(대법원 2011. 7. 28. 선고 2011도1739 판결).

'남용'에 해당하는지 여부는 구체적인 공무원의 직무행위가 그 목적, 그것이 행하여진 상황에서 볼 때의 필요성·상당성 여부, 직권행사가 허용되는 법령상의 요건을 충족했는지 등 제반 요소를 고려하여 결정하여야 한다(대법원 2017. 10. 31. 선고 2017도12534 판결).

② 의무 없는 일을 하게 함

'의무 없는 일을 하게 한 때'란 공무원이 직권을 남용하여 다른 사람으로 하여금 법령상 의무 없는 일을 하게 한 때를 의미한다. 따라서 공무원이 자신의 직무권한에 속하는 사항에 관하여 실무 담당자로 하여금 그 직무집행을 보조하는 사실행위를 하도록 하더라도 이는 공무원 자신의 직무집행으로 귀결될 뿐이므로 원칙적으로 의무 없는 일을 하게 한 때에 해당한다고 할 수 없다(대법원 2020. 1. 30. 선고 2018도2236 판결).

그러나 직무집행의 기준과 절차가 법령에 구체적으로 명시되어 있고 실무 담당자에게도 직무집행의 기준을 적용하고 절차에 관여할 고유한 권한과 역할이 부여되어 있다면 실무 담당자로 하여금 그러한 기준과 절차를 위반하여 직무집행을 보조하게 한 경우에는 '의무 없는 일을 하게 한 때'에 해당한다(대법원 2011. 2. 10. 선고 2010도13766 판결, 대법원 2015. 7. 23. 선고 2015도3328 판결).

직권남용죄에서 말하는 '의무'란 법률상 의무를 가리키고, 단순한 심리적 의무감 또는 도덕적 의무는 이에 해당하지 아니한다(대법원 1991. 12. 27. 선고 90도2800 판결).

③ 권리행사방해

권리행사를 방해한다 함은 법령상 행사할 수 있는 권리의 정당한 행사를 방해하는 것을 말한다. 이에 해당하려면 구체화된 권리의 현실적인 행사가 방해된 경우라야 하며, 공무원의 직권남용행위가 있었다 할지라도 현실적으로 권리행사의 방해라는 결과가 발생하지 아니하였다면 본죄의 기수를 인정할 수 없다(대법원 2006. 2. 9. 선고 2003도4599 판결).

여기서 '권리'는 법률에 명기된 권리에 한하지 않고 법령상 보호되어야 할 이익이면 족한 것으로서, 공법상의 권리인지 사법상의 권리인지를 묻지 않는다(대법원 2010. 1. 28. 선고 2008도7312 판결).

2. 주관적 구성요건

본죄는 고의범이므로 공무원이 자신의 직권을 남용한다는 인식과 의도가 필요하다. 공무원은 자신의 행위가 직권을 남용하는 것이라는 사실을 인식하고, 그럼에도 불구하고 그러한 행위를 의도적으로 행해야 한다.

III. 판례

1. 유죄 판결

- 상급 경찰관이 직권을 남용하여 부하 경찰관들의 수사를 중단시키거나 사건을 다른 경찰관서로 이첩하게 한 경우(대법원 2010. 1. 28. 선고 2008도7312 판결)
- 대통령비서실장이 문화체육관광부 공무원을 통하여 문화예술진흥기금 등 정부의 지원을 신청한 개인·단체의 이념적 성향이나 정치적 견해 등을 이유로 각종 사업에서 지원배제를 지시한 것은 '직권남용'에 해당하고, 지원배제 지시로써 문화체육관광부 공무원이 한국문화예술위원회·영화진흥위원회·한국출판문화산업진흥원 직원들로 하여금 지원배제 방침이 관철될 때까지 사업진행 절차를 중단하는 행위, 지원배제 대상자에게 불리한 사정을 부각시켜 심의위원에게 전달하는 행위 등을 하게 한 것은 '의무 없는 일을 하게 한 때'에 해당한다(대법원 2020. 1. 30. 선고 2018도2236 판결).

2. 무죄 판결

- 정보통신부장관이 개인휴대통신 사업자선정과 관련하여 서류심사는 완결된 상태에서 청문심사의 배점방식을 변경함으로써 직권을 남용하였다 하더라도, 이로 인하여 최종 사업권자로 선정되지 못한 경쟁업체가 가진 구체적인 권리의 현실적 행사가 방해되는 결과가 발생하지는 아니한 경우(대법원 2006. 2. 9. 선고 2003도4599 판결)
- 법무부 검찰국장이 검사인사담당 검사로 하여금 부치지청에 근무하던 경력 검사를 다른 부치지청으로 다시 전보시키는 내용의 인사안을 작성케 한 경우(대법원 2020. 1. 9. 선고 2019도11698 판결)
- 임용권자인 지방자치단체장이 5급 공무원 승진임용 절차에서 미리 승진후보자명부상 후보자들 중에서 승진대상자를 실질적으로 결정한 다음 그 내용을 인사위원회 위원들에게 '승진대상자 추천'이라는 명목으로 제시하여 인사위원회로 하여금 자신이 특정한 후보자들을 승진대상자로 의결하도록 유도하는 행위는 임용권자의 '직권의 남용' 및 '의무 없는 일을 하게 한 경우'로 볼 수 없다(대법원 2020. 12. 10. 선고 2019도17879 판결).

[3] 피의사실공표죄 (제126조)

> 제126조(피의사실공표) 검찰, 경찰 그 밖에 범죄수사에 관한 직무를 수행하는 자 또는 이를 감독하거나 보조하는 자가 그 직무를 수행하면서 알게 된 피의사실을 공소제기 전에 공표(公表)한 경우에는 3년 이하의 징역 또는 5년 이하의 자격정지에 처한다.

Ⅰ. 의의

피의사실공표죄는 검찰, 경찰 그 밖에 범죄수사에 관한 직무를 수행하는 자 또는 이를 감독하거나 보조하는 자가 그 직무를 수행하면서 알게 된 피의사실을 공소제기 전에 공표함으로써 성립하는 범죄이다(제126조). 본죄는 국가의 원활한 수사기능과 피의자 등의 인권에 대한 국가의 보호기능을 보호법익으로 하고 있다.

II. 구성요건

1. 객관적 구성요건

1) 주체

주체는 검찰, 경찰, 그 밖에 범죄수사에 관한 직무를 수행하는 자 또는 이를 감독하거나 보조하는 자이다. 본죄는 진정신분범이다.

2) 객체

본죄의 객체는 직무를 수행하면서 알게 된 피의사실이다. 여기서 '피의사실'이란 수사기관이 혐의를 두고 있는 범죄사실로서 그 내용이 공소사실에 이를 정도로 구체적으로 특정될 필요는 없지만, 단순한 의견 표명에 이르는 정도로는 피의사실을 공표한 것이라고 할 수 없다(대법원 2013. 11. 28. 선고 2009다51271 판결). 반드시 진실한 것일 필요는 없다. 수사개시 전 내사단계에서 알게 된 사실도 포함된다.

3) 행위

본죄의 행위는 '피의사실을 공소제기 전에 공표하는 것'이다. 공표란 불특정 또는 다수인에게 피의사실을 알리는 행위를 의미한다. 공표의 방법에는 제한이 없으며, 언론 인터뷰, 기자회견, SNS 게시 등 다양한 방식으로 이루어질 수 있다.

공표 행위는 '공소제기 전'에 이루어져야 한다. 공소제기 후에 피의사실을 알리는 행위는 이 죄에 해당하지 않는다.

2. 주관적 구성요건

본죄는 고의범으로, 자신의 행위가 피의사실을 공표하는 것임을 인식하고 이를 의욕하거나 적어도 용인하는 내심의 의사가 있어야 한다.

III. 위법성

본죄는 추상적 위험범으로서, 실제로 피의자의 명예가 훼손되었는지 여부와 관계없이 피의사실을 공표하는 행위 자체로 범죄가 성립한다.

수사기관의 피의사실 공표행위의 대상은 피의사실에 한정되는 것이므로, 피의사실과 불가분의 관계라는 등의 특별한 사정이 없는 한 '범죄를 구성하지 않는 사실관계'까지 피의사실에 포함시켜 수사 결과로서 발표하는 것은 허용될 수 없다. 따라서 수사기관이 발표한 피의사실에 '범죄를 구성하지 않는 사실관계'까지 포함되어 있고, 오히려 '범죄를 구성하지 않는 사실관계'가 주된 것인 경우에는 그러한 피의사실 공표행위는 위법하다(대법원 2022. 1. 14. 선고 2019다282197 판결).

[4] 공무상비밀누설죄 [제127조]

> 제127조(공무상 비밀의 누설) 공무원 또는 공무원이었던 자가 법령에 의한 직무상 비밀을 누설한 때에는 2년 이하의 징역이나 금고 또는 5년 이하의 자격정지에 처한다.

Ⅰ. 의의

공무상 비밀누설죄는 공무원 또는 공무원이었던 자가 법령에 의한 직무상 비밀을 누설함으로써 성립하는 범죄이다. 공무상 비밀 그 자체를 보호하는 것이 아니라 공무원의 비밀엄수의무의 침해에 의하여 위험하게 되는 이익, 즉 비밀누설에 의하여 위협받는 국가의 기능을 보호하기 위한 것이다(대법원 2018. 2. 13. 선고 2014도11441 판결).

Ⅱ. 구성요건

1. 객관적 구성요건

1) 주체

본죄의 주체는 '공무원 또는 공무원이었던 자'이다. 반드시 비밀과 관련된 직무를 수행하거나 수행했던 공무원을 의미하는 것은 아니다.

2) 객체

본죄의 객체는 '법령에 의한 직무상 비밀'이다.

① 비밀

법령에 의한 직무상 비밀이란 반드시 법령에 의하여 비밀로 규정되었거나 비밀로 분류 명시된 사항에 한하지 않고, 정치, 군사, 외교, 경제, 사회적 필요에 따라 비밀로 된 사항은 물론 정부나 공무소 또는 국민이 객관적, 일반적인 입장에서 외부에 알려지지 않는 것에 상당한 이익이 있는 사항도 포함한다. 다만, 실질적으로 그것을 비밀로서 보호할 가치가 있다고 인정할 수 있는 것이어야 한다(대법원 2025. 6. 26. 선고 2024도8067 판결).

② 직무상 비밀

직무상 비밀이란 직무담당자가 그 지위 내지 자격에서 직무집행상 지득한 비밀을 의미한다. 직무범위 내의 사실이면 그 비밀을 지득한 경위는 불문한다.

3) 행위

본죄의 행위는 '직무상 비밀을 누설하는 것'이다. '누설'이란 비밀을 아직 모르는 다른 사람에게 임의로 알려주는 행위를 의미한다(대법원 2021. 11. 25. 선고 2021도2486 판결).

공무원이 직무상 알게 된 비밀을 그 직무와의 관련성 혹은 필요성에 기하여 해당 직무의 집행과 관련 있는 다른 공무원에게 직무집행의 일환으로 전달한 경우에는, 관련 각 공무원의 지위 및 관계, 직무집행의 목적과 경위, 비밀의 내용과 전달 경위 등 제반 사정에 비추어 비밀을 전달받은 공무원이 이를 그 직무집행과 무관하게 제3자에게 누설할 것으로 예상되는 등 국가기능에 위험이 발생하리라고 볼 만한 특별한 사정이 인정되지 않는 한, 위와 같은 행위가 비밀의 누설에 해당한다고 볼 수 없다(대법원 2021. 11. 25. 선고 2021도2486 판결).

2. 주관적 구성요건

본죄는 고의범으로, 법령에 의한 직무상 비밀을 누설한다는 사실을 인식하고 이를 의욕하거나 적어도 용인하는 내심의 의사가 있어야 한다.

III. 판례

1. 유죄 판결

- 수사지휘서의 기재 내용과 이에 관계된 수사상황은 해당 사건에 대한 종국적인 결정을 하기 전까지 외부에 누설되어서는 안 될 수사기관 내부의 비밀에 해당한다(대법원 2025. 6. 26. 선고 2024도8067 판결).
- 담당공무원이 수해복구 공사계약을 수의계약 방식으로 체결하기로 하면서, 미리 선정된 공사업체에게 공사 예정가격을 알려준 행위가 형법 제127조의 공무상 비밀누설죄에 해당한다(대법원 2008. 3. 14. 선고 2006도7171 판결).
- 한국주택금융공사의 임원이 지인에게 한국주택금융공사의 IT센터 이전 및 구축사업의 기술능력평가위원 후보자 중 교수그룹 평가위원 후보자 명단을 열람하게 한 행위가 직무상 알게 된 비밀을 누설한 것으로 인정된 사례 (대법원 2020. 2. 27. 선고 2016도8741 판결)

2. 무죄 판결

- 구청에서 체납차량 영치 및 공매 등의 업무를 담당하던 공무원이 차적 조회 시스템을 이용하여 범죄 현장 부근에서 경찰의 잠복근무에 이용되고 있던 경찰청 소속 차량의 소유관계에 관한 정보를 알아내 타인에게 알려준 행위는 '법령에 의한 직무상 비밀'에 해당하지 않는다(대법원 2012. 3. 15. 선고 2010도14734 판결).

[5] 수뢰죄 [제129조 제1항]

> 제129조(수뢰) ① 공무원 또는 중재인이 그 직무에 관하여 뇌물을 수수, 요구 또는 약속한 때에는 5년 이하의 징역 또는 10년 이하의 자격정지에 처한다.

I. 의의

수뢰죄는 공무원 또는 중재인이 그 직무에 관하여 뇌물을 수수, 요구 또는 약속하는 범죄이다. 본죄는 직무집행의 공정과 이에 대한 사회의 신뢰에 기하여 직무행위의 불가매수성을 그 직접의 보호법익으로 한다(대법원 1997. 4. 17. 선고 96도3378 판결).

II. 구성요건

1. 객관적 구성요건

1) 주체

본죄의 주체는 공무원 또는 중재인이다. 공무원이란 법령의 근거에 기하여 국가 또는 지방자치단체 및 이에 준하는 공법인의 사무에 종사하는 자로서 그 노무의 내용이 단순한 기계적 육체적인 것에 한정되어 있지 않은 자를 말한다(대법원 2012. 8. 23. 선고 2011도12639 판결).

중재인이란 법령에 의하여 중재인의 직에 종사하는 자를 말한다. 노동조합 및 노동관계조정법에 의한 중재위원, 중재법에 의한 중재인이 여기에 해당한다. 단순히 사실상 중재인으로서 분쟁의 해결을 알선하는 자는 중재인으로 볼 수 없다.

2) 객체

뇌물은 직무에 관한 부당한 이익 또는 불법한 보수이다. 뇌물의 내용인 이익이란 금전, 물품 기타의 재산적 이익뿐만 아니라 사람의 수요, 욕망을 충족시키기에 족한 일체의 유형·무형의 이익을 포함한다. 공무원이 직무와 관련하여 금품을 수수하였다면 비록 사교적 의례의 형식을 빌어 금품을 주고받았다 하더라도 그 수수한 금품은 뇌물이 된다(2000. 1. 21. 선고 99도4940 판결).

3) 행위

본죄의 행위는 직무에 관하여 뇌물을 수수, 요구, 약속하는 것이다.

① 직무에 관하여

형법 제129조 소정의 '직무'란 공무원이 법령상 관장하는 직무 그 자체뿐만 아니라 그 직무와 밀접한 관계가 있는 행위 또는 관례상이나 사실상 소관하는 직무행위 및 결정권자를 보좌하거나 영향을 줄 수 있는 직무행위도 포함한다(대법원 1998. 2. 27. 선고 96도582 판결).

'직무에 관하여'라고 함은 그 권한에 속하는 직무행위뿐만 아니라 이와 밀접한 관계가 있는 경우 및 그 직무와 관련하여 사실상 처리하고 있는 행위까지도 포함한다(대법원 1981. 4. 28. 선고 81도459 판결).

② 뇌물의 수수, 요구 또는 약속

뇌물의 '수수'란 뇌물을 취득하는 것이다. 뇌물은 일단 영득의사로 수수한 것이라면 후에 이를 반환하더라도 뇌물죄가 성립한다. 뇌물죄는 공여자의 출연에 의한 수뢰자의 영득의사의 실현으로서, 공여자의 특정은 직무행위와 관련이 있는 이익의 부담 주체라는 관점에서 파악하여야 할 것이므로, 금품이나 재산상 이익 등이 반드시 공여자와 수뢰자 사이에 직접 수수될 필요는 없다(대법원 2020. 9. 24. 선고 2017도12389 판결).

뇌물의 '요구'란 뇌물을 취득할 의사로 상대방에게 그 교부를 청구하는 것을 말하고, 뇌물의 '약속'은 양 당사자 간 뇌물수수의 합의를 말한다. 뇌물의 목적물인 이익은 약속 당시에 현존할 필요는 없고, 그 가액이 확정되었을 것도 요하지 않는다(대법원 1981. 8. 20. 선고 81도698 판결).

③ 대가관계

뇌물죄에서 뇌물성 여부는 당해 공무원의 직무내용, 직무와 이익제공자의 관계, 이익의 수수 경위와 시기 등 제반 사정을 고려하여 결정하여야 한다(대법원 2004. 5. 28. 선고 2004도1442 판결).

다만, 뇌물죄는 직무집행의 공정과 이에 대한 사회의 신뢰에 기하여 직무행위의 불가매수성을 ㄱ 직접의 보호법익으로 하고 있고, 직무에 관한 청탁이나 부정한 행위를 필요로 하지 아니하여 수수된 금품의 뇌물성을 인정하는 데 특별히 의무위반행위나 청탁의 유무 등을 고려할 필요가 없으므로, 뇌물은 직무에 관하여 수수된 것으로 족하고 개개의 직무행위와 대가적 관계에 있을 필요는 없으며, 그 직무행위가 특정된 것일 필요도 없다(대법원 1997. 4. 17. 선고 96도3378 판결).

2. 주관적 구성요건

수뢰죄는 고의범이므로 직무에 관하여 뇌물을 수수, 요구, 약속한다는 사실에 대한 고의가 있어야 한다. 즉, 목적물이 직무의 대가에 대한 뇌물이라는 점을 인식하고 있어야 한다.

피고인이 택시를 타고 떠나려는 순간 뒤쫓아 와서 돈뭉치를 창문으로 던져 넣고 가버려 의족을 한 불구의 몸인 피고인으로서는 도저히 뒤따라가 돌려줄 방법이 없어 부득이 그대로 귀가하였다가 다음날 바로 다른 사람을 시켜 이를 반환한 경우 피고인에게는 뇌물을 수수할 의사가 있었다고는 볼 수 없다(대법원 1979. 7. 10. 선고 79도1124 판결).

Ⅲ. 죄수 · 타죄와의 관계

1. 죄수

수뢰죄에 있어서 단일하고 계속된 범의하에 동종의 범행을 반복하여 행하고 그 피해법익도 동일한 경우, 포괄일죄가 성립한다(대법원 2005. 11. 10. 선고 2004도42 판결).

2. 타죄와의 관계

1) 공갈죄

공무원이 직무집행의 의사 없이 또는 직무처리와 대가적 관계없이 타인을 공갈하여 재물을 교부하게 한 경우에는 공갈죄만이 성립한다(대법원 1994. 12. 22. 선고 94도2528 판결).

2) 사기죄

뇌물을 수수함에 있어서 공여자를 기망한 점이 있다 하여도 뇌물수수죄, 뇌물공여죄의 성립에는 영향이 없고, 이 경우 뇌물을 수수한 공무원에 대하여는 한 개의 행위가 뇌물죄와 사기죄의 각 구성요건에 해당하므로 상상적 경합이 된다(대법원 2015. 10. 29. 선고 2015도12838 판결).

IV. 판례

1. 유죄 판결

- 회사 간부가 수급인에 대하여 하도급업체의 선정을 알선하고 하도급업체로부터 금원을 수수한 경우, 수뢰죄가 성립한다(대법원 1998. 2. 27. 선고 96도582 판결).

- 군에서 일차진급 평정권자가 그 평정업무와 관련하여 진급대상자로 하여금 자신의 은행대출금채무에 연대보증하게 한 행위는 직무에 관련하여 이익인 뇌물을 받은 것에 해당한다(대법원 2001. 1. 5. 선고 2000도4714 판결).

- 음주운전을 적발하여 단속에 관련된 제반 서류를 작성한 후 운전면허 취소업무를 담당하는 직원에게 이를 인계하는 업무를 담당하는 경찰관이 피단속자로부터 운전면허가 취소되지 않도록 하여 달라는 청탁을 받고 금원을 교부받은 경우, 뇌물수수죄가 성립한다(대법원 1999. 11. 9. 선고 99도2530 판결).

2. 무죄 판결

- 보안부대소속 치안본부 연락관이 경찰서장에게 경찰공무원의 승진을 부탁하고 이에 관하여 금원을 받았더라도 경찰공무원의 승진 여부는 치안본부의 인사에 관한 고유의 직무에 속하는 것이므로 이는 알선수뢰죄나 변호사법 제54조의 행위에 해당할지는 몰라도 자기의 직무에 관한 수뢰죄는 되지 아니한다(대법원 1983. 10. 11. 선고 83도425 판결).

- 수뢰자로 지목된 자가 수뢰사실을 시종일관 부인하고 있고 이를 뒷받침할 금융자료 등 물증이 없는 경우, 증뢰자의 진술만으로 유죄를 인정하기 위해서는 증뢰자의 진술이 증거능력이 있어야 함은 물론 합리적인 의심을 배제할 만한 신빙성이 있어야 한다(대법원 2005. 9. 29. 선고 2005도4411 판결).

- 공무원이 직무와 관련하여 뇌물수수를 약속하고 퇴직 후 이를 수수하는 경우에는, 뇌물약속과 뇌물수수가 시간적으로 근접하여 연속되어 있다고 하더라도, 뇌물약속죄 및 사후수뢰죄가 성립할 수 있음은 별론으로 하고, 뇌물수수죄는 성립하지 않는다(2008. 2. 1. 선고 2007도5190 판결).

[6] 사전수뢰죄 (제129조 제2항)

제129조(사전수뢰) ②공무원 또는 중재인이 될 자가 그 담당할 직무에 관하여 청탁을 받고 뇌물을 수수, 요구 또는 약속한 후 공무원 또는 중재인이 된 때에는 3년 이하의 징역 또는 7년 이하의 자격정지에 처한다.

Ⅰ. 의의

사전수뢰죄는 공무원 또는 중재인이 될 자가 그 담당할 직무에 관하여 청탁을 받고 뇌물을 수수, 요구 또는 약속함으로써 성립하고, 그 후 공무원 또는 중재인이 된 때에 처벌하는 범죄이다. 취직 전의 수뢰 행위를 처벌하기 위한 범죄로서 직무집행의 공정과 이에 대한 사회의 신뢰 및 직무행위의 불가매수성을 보호법익으로 한다.

Ⅱ. 구성요건

1. 객관적 구성요건

1) 주체

본죄의 주체는 '공무원 또는 중재인이 될 자'이다. 여기서 '공무원 또는 중재인이 될 자'란 공무원채용시험에 합격하여 발령을 대기하고 있는 자 또는 선거에 의해 당선이 확정된 자 등 공무원 또는 중재인이 될 것이 예정되어 있는 자뿐만 아니라 공직취임의 가능성이 확실하지는 않더라도 어느 정도의 개연성을 갖춘 자를 포함한다(대법원 2010. 5. 13. 선고 2009도7040 판결).

다만, 공무원이나 중재인이 될 전망이 거의 없을 뿐 아니라 되려는 의사가 없음에도 청탁을 받고 뇌물을 수수한 경우는 사전수뢰죄가 아닌 사기죄가 성립할 수 있다.

2) 행위

본죄의 실행행위는 '담당할 직무에 관하여 청탁을 받고, 뇌물을 수수 · 요구 · 약속하는 것'이다.

사전수뢰죄는 단순수뢰죄와는 달리 청탁을 받을 것을 요건으로 한다. 여기서 '청탁'이란 공무원에 대하여 일정한 직무행위를 할 것을 의뢰하는 것을 말하는 것으로서 그 직무행위가 부정한 것인가 하는 점은 묻지 않으며 그 청탁이 반드시 명시적이어야 하는 것도 아니다(대법원 2016. 2. 18. 선고 2015도17139 판결).

또한, 이 경우에 직무행위는 특정될 필요는 없으나 어느 정도 구체성은 있어야 하며 작위, 부작위를 불문한다(대법원 2013. 8. 14. 선고 2013도4782 판결).

2. 주관적 구성요건

사전수뢰죄의 성립에는 고의가 필요하다. 즉, 자신이 장차 공무원 또는 중재인이 될 자라는 점, 청탁을 받는다는 점, 그리고 그 청탁이 자신이 담당할 직무에 관한 것이라는 점, 뇌물을 수수, 요구 또는 약속한다는 점을 인식하고 이를 의욕하여야 한다.

III. 객관적 처벌조건

이 죄의 주체가 실제 '공무원 또는 중재인이 된 때'에 한하여 처벌할 수 있다.

IV. 판례

1. 유죄 판결

- 도시개발조합의 임원인 조합장 또는 상무이사로 선출될 상당한 개연성이 있는 피고인들이 그 담당할 직무에 관하여 청탁을 받고 소유권이전등기를 마칠 수 있는 기회를 제공받는 방법으로 이익을 수수한 사안에서, 사전수뢰죄의 성립을 긍정한 사례 (대법원 2010. 5. 13. 선고 2009도7040 판결)

2. 무죄 판결

- 선거후보자로 등록된 상태도 아니고 출마만을 마음먹은 상태에 있는 사람을 사전수뢰죄에 있어서 공무원이 될 자에 해당한다고 볼 수 없다(광주지방법원 2008. 11. 03 선고 2008고단1882 판결).

• 조합장 등 선출을 위한 총회가 언제, 어떤 방식으로 실시될 것인지 등에 관하여 전혀 예정되어 있지 않은 상황이었고, 피고인이 조합장 선거에 출마할지 여부도 불투명한 상태였으므로, 형법 제129조 제2항에 규정된 '공무원이 될 자'에 해당한다고 할 수 없다(수원지방법원 2014. 5. 23. 선고 2013고합892 판결).

[7] 제3자뇌물제공죄 (제130조)

제130조(제삼자뇌물제공) 공무원 또는 중재인이 그 직무에 관하여 부정한 청탁을 받고 제3자에게 뇌물을 공여하게 하거나 공여를 요구 또는 약속한 때에는 5년 이하의 징역 또는 10년 이하의 자격정지에 처한다.

Ⅰ. 의의

제3자뇌물제공죄는 공무원 또는 중재인이 그 직무에 관하여 부정한 청탁을 받고 제3자에게 뇌물을 공여하게 하거나 공여를 요구 또는 약속함으로써 성립하는 범죄이다.

Ⅱ. 구성요건

1. 객관적 구성요건

1) 객체

본죄의 객체는 '뇌물'과 뇌물을 받는 '제3자'이다. 제3자란 행위자와 공동정범 이외의 사람을 말하고, 교사자나 방조자도 포함될 수 있다(대법원 2017. 3. 15. 선고 2016도19659 판결). 본죄에서 '뇌물'이란 공무원의 직무에 관하여 부정한 청탁을 매개로 제3자에게 교부되는 위법 혹은 부당한 이익을 말한다(대법원 2007. 11. 16. 선고 2004도4959 판결).

2) 행위

본죄의 실행행위는 '직무에 관하여 부정한 청탁을 받고 제3자에게 뇌물을 공여하게 하거나 공여를 요구 또는 약속하는 것'이다.

① **부정한 청탁을 받을 것**

제3자뇌물제공죄가 성립하기 위해서는 '부정한 청탁'이 있어야 한다. 이는 수뢰죄와 달리 본죄가 성립하기 위한 필수 요건이다. 부정한 청탁이란 위법한 것뿐만 아니라 사회상규나 신의성실의 원칙에 위배되는 부당한 경우도 포함한다.

'부정한 청탁'이라 함은, 그 청탁이 위법하거나 부당한 직무집행을 내용으로 하는 경우는 물론, 비록 청탁의 대상이 된 직무집행 그 자체는 위법·부당한 것이 아니라 하더라도 당해 직무집행을 어떤 대가관계와 연결시켜 그 직무집행에 관한 대가의 교부를 내용으로 하는 청탁이라면 이는 의연 '부정한 청탁'에 해당한다고 보아야 한다(대법원 2006. 6. 15. 선고 2004 도3424 판결).

'부정한 청탁'을 요건으로 하는 취지는 처벌의 범위가 불명확해지지 않도록 하기 위한 것으로서, 이러한 '부정한 청탁'은 명시적인 의사표시에 의한 것은 물론 묵시적인 의사표시에 의한 것도 가능하다. 묵시적인 의사표시에 의한 부정한 청탁이 있다고 하기 위하여는, 당사자 사이에 청탁의 대상이 되는 직무집행의 내용과 제3자에게 제공되는 금품이 그 직무집행에 대한 대가라는 점에 대하여 공통의 인식이나 양해가 존재하여야 하고, 그러한 인식이나 양해 없이 막연히 선처하여 줄 것이라는 기대에 의하거나 직무집행과는 무관한 다른 동기에 의하여 제3자에게 금품을 공여한 경우에는 묵시적인 의사표시에 의한 부정한 청탁이 있다고 보기 어렵다. 공무원이 먼저 제3자에게 금품을 공여할 것을 요구한 경우에도 마찬가지이다(대법원 2009. 1. 30. 선고 2008도6950 판결).

② **제3자에게 뇌물을 공여하게 하거나 공여를 요구 또는 약속할 것**

본죄는 공무원 또는 중재인이 제3자에게 뇌물을 공여하게 하거나 공여를 요구 또는 약속함으로써 성립한다.

뇌물성은 직무와의 관련성이 있으면 인정되는 것이고, 그 뇌물을 받는 제3자가 뇌물임을 인식할 것을 요하지 아니하며, 그 뇌물을 제3자에게 공여하게 한 동기를 묻지 않으므로, 어떤 금품이 공무원의 직무행위와 관련하여 교부된 것이라면 그것이 시주의 형식으로 교부되었고 또 불심에서 우러나온 것이라 하더라도 뇌물임을 면할 수 없다(대법원 2006. 6. 15. 선고 2004도3424 판결).

2. 주관적 구성요건

본죄가 성립하기 위해서는 공무원 또는 중재인이 그 직무에 관하여 부정한 청탁을 받고 제3자에게 뇌물을 공여하게 하거나 공여를 요구 또는 약속한다는 사실에 대한 인식과 의사가 있어야 한다.

III. 판례

1. 유죄 판결

- 대출금의 회수불능이 예상되는 회사들 앞으로 거액의 대출을 원활하게 하여 달라고 은행장에게 청탁하고 거액의 돈을 공여한 것은 불량대출까지도 그 청탁의 내용으로 한 것이었다 할 것이므로 이는 은행장으로서의 임무에 관한 부정한 청탁에 해당한다(대법원 1983. 3. 8. 선고 82도2873 판결).

- 성남시장이 정자·백궁지구의 도시설계변경 및 건축허가 관련 업무를 처리하며 위 지구에 주상복합아파트 건설사업을 추진하는 甲으로부터 이에 관한 편의를 제공해 달라는 묵시적 청탁을 받고, 위 주상복합아파트의 건축설계용역을 乙업체에게 도급하여 달라고 甲에게 부탁한 사안은 '부정한 청탁'에 해당한다(대법원 2007. 11. 16. 선고 2004도4959 판결).

2. 무죄 판결

- 공무원이 직접 뇌물을 받지 아니하고 증뢰자로 하여금 다른 사람에게 뇌물을 공여하도록 한 경우, 그 다른 사람이 공무원의 사자 또는 대리인으로서 뇌물을 받은 경우나 그 다른 사람이 뇌물을 받음으로써 공무원은 그만큼 지출을 면하게 되는 경우 등 사회통념상 그 다른 사람이 뇌물을 받은 것을 공무원이 직접 받은 것과 같이 평가할 수 있는 관계가 있는 경우에는 뇌물제공죄가 아니라 뇌물수수죄가 성립한다(대법원 2004. 3. 26. 선고 2003도8077 판결).

[8] 수뢰후부정처사죄 (제131조 제1항)

Ⅰ. 의의

수뢰후부정처사죄는 공무원 또는 중재인이 뇌물수수죄(제129조) 또는 제3자뇌물제공죄(제130조)를 범한 후 부정한 행위를 하는 경우에 성립하는 범죄이다.

Ⅱ. 구성요건

1. 객관적 구성요건

1) 뇌물수수 등의 행위

수뢰후부정처사죄가 성립하기 위해서는 먼저 형법 제129조(뇌물수수죄) 또는 제130조(제3자뇌물제공죄)의 죄를 범해야 한다. 즉, 공무원이 그 직무에 관하여 뇌물을 수수, 요구 또는 약속하거나, 제3자에게 뇌물을 공여하게 하거나 공여를 요구 또는 약속하는 행위가 선행되어야 한다.

2) 부정한 행위

뇌물수수 등의 행위 후에 '부정한 행위'를 해야 한다. 여기서 부정한 행위란 직무에 위배되는 일체의 행위를 말하는 것으로, 직무행위 자체는 물론 그것과 객관적으로 관련 있는 행위까지를 포함한다(대법원 2003. 6. 13. 선고 2003도1060 판결). 부정한 행위에는 위법한 행위뿐만 아니라 부당한 행위도 포함된다.

3) 인과관계

뇌물수수 등의 행위와 부정한 행위 사이에는 인과관계가 있어야 한다. 즉, 뇌물수수 등의 행위로 인하여 부정한 행위를 하게 된 것이어야 한다. 다만, 뇌물수수 등의 행위가 반드시 부정한 행위보다 시간적으로 선행해야 하는 것은 아니며, 뇌물수수 등의 행위를 하는 중에 부정한 행위를 한 경우도 포함된다(대법원 2021. 2. 4. 선고 2020도12103 판결).

2. 주관적 구성요건

수뢰후부정처사죄의 성립을 위해서는 주관적 구성요건으로서 고의가 필요하다. 즉, 공무원 또는 중재인이 뇌물을 수수하고 부정한 행위를 한다는 사실을 인식하고 이를 의욕하거나 적어도 용인하는 의사가 있어야 한다.

III. 판례

1. 유죄 판결

- 예비군 중대장이 그 소속예비군으로부터 금원을 교부받고 그 예비군이 예비군훈련에 불참하였음에도 불구하고 참석한 것처럼 허위내용의 중대학급편성명부를 작성, 행사한 경우라면 수뢰후 부정처사죄 외에 별도로 허위공문서작성 및 동행사죄가 성립하고 이들 죄와 수뢰후 부정처사죄는 각각 상상적 경합관계에 있다(대법원 1983. 7. 26. 선고 83도1378 판결).
- 교정직 공무원이 재소자로부터 뇌물을 수수하고 해당 재소자에게 특혜를 제공한 경우 수뢰후부정처사죄가 성립한다(부산지방법원 서부지원 2021. 10. 28. 선고 2021고합82 판결).

2. 무죄 판결

- 부정한 행위와 뇌물수수 사이에 인과관계가 인정되지 않는 경우에는 수뢰후부정처사죄가 성립하지 않는다(대법원 2022. 8. 19. 선고 2021도14445 판결).
- 뇌물수수 행위와 직무상 부정한 행위 사이에 대가관계가 인정되지 않는 경우에는 수뢰후부정처사죄가 성립하지 않고 단순 수뢰죄만 성립한다(광주고등법원 2022. 8. 18. 선고 2021노347 판결).

[9] 부정처사후수뢰죄 (제131조 제2항)

> 제131조(사후수뢰) ② 공무원 또는 중재인이 그 직무상 부정한 행위를 한 후 뇌물을 수수, 요구 또는 약속하거나 제삼자에게 이를 공여하게 하거나 공여를 요구 또는 약속한 때에도 전항의 형과 같다.

Ⅰ. 의의

부정처사후수뢰죄는 공무원 또는 중재인이 그 직무상 부정한 행위를 한 후 뇌물을 수수, 요구 또는 약속하거나 제3자에게 이를 공여하게 하거나 공여를 요구 또는 약속한 때에 성립하는 범죄이다.

Ⅱ. 구성요건

1. 객관적 구성요건

본죄의 행위는 '직무상 부정한 행위를 한 후 뇌물을 수수, 요구 또는 약속하거나 제삼자에게 이를 공여하게 하거나 공여를 요구 또는 약속하는 것'이다.

1) 직무상 부정한 행위

부정처사후수뢰죄에서 말하는 '부정한 행위'라 함은 직무에 위배되는 일체의 행위를 말하는 것으로, 직무행위 자체는 물론 그것과 객관적으로 관련 있는 행위까지를 포함한다. 행정기관의 내부방침에 위배되는 직무행위도 형법 제131조 제2항 소정의 '직무상 부정한 행위'에 해당한다(대법원 2003. 6. 13. 선고 2003도1060 판결, 1996. 8. 23. 선고 96도1231 판결).

2) 뇌물의 수수, 요구 또는 약속

부정한 행위를 한 후에 뇌물을 수수, 요구 또는 약속하거나 제3자에게 이를 공여하게 하거나 공여를 요구 또는 약속하는 행위를 말한다.

3) 직무관련성

뇌물죄는 직무집행의 공정과 이에 대한 사회의 신뢰에 기하여 직무행위의 불가매수성을 그 직접의 보호법익으로 하고 있으므로, 뇌물성은 의무위반 행위나 청탁의 유무 및 금품수수 시기와 직무집행 행위의 전후를 가리지 아니한다. 따라서 뇌물죄에서 말하는 '직무'에는 법령에 정하여진 직무뿐만 아니라 그와 관련 있는 직무, 과거에 담당하였거나 장래에 담당할 직무 외에 사무분장에 따라 현실적으로 담당하지 않는 직무라도 법령상 일반적인 직무권한에 속하는 직무 등 공무원이 그 직위에 따라 공무로 담당할 일체의 직무를 포함한다(대법원 2003. 6. 13. 선고 2003도1060 판결).

2. 주관적 구성요건

본죄는 고의범이므로, 자신이 공무원 또는 중재인이라는 신분을 인식하고, 직무상 부정한 행위를 한 후 그 대가로 뇌물을 수수, 요구 또는 약속한다는 사실을 인식하고 의욕해야 한다.

III. 판례

1. 유죄 판결

- 공사의 입찰업무를 담당하고 있는 장교가 비밀로 하여야 할 그 공사의 입찰예정가격을 응찰자에게 미리 알려준 소위는 직무에 위배되는 행위로서 형법 제141조 제2항의 부정한 행위에 해당한다 할 것이어서 입찰이 끝난 후 20여일이 경과한 후 전속시의 전별금 명목으로 금원을 받았다 하더라도 이는 직무행위의 부정행위와 관련된 금품의 수수에 해당하므로 사후 수뢰죄를 구성한다(대법원 1983. 4. 26. 선고 82도2095 판결).

2. 무죄 판결

- 단일하고 계속된 범의 하에 일정기간 반복적으로 이루어진 것이어서 포괄하여 하나의 수뢰행위로 봄이 상당하고, 그 수뢰 시기가 부정처사 이후에 있다고 하여 별개의 부정처사후수뢰죄가 성립하는 것은 아니라고 할 것이므로, 이 부분 수뢰행위에 대하여는 별도로 범죄가 성립한다고 볼 수 없다(서울고등법원 2013. 08. 23 선고 2013노1218 판결).

[10] 사후수뢰죄 (제131조 제3항)

I. 의의

사후수뢰죄는 공무원 또는 중재인이었던 자가 그 재직 중에 청탁을 받고 직무상 부정한 행위를 한 후 뇌물을 수수, 요구 또는 약속한 때에 성립하는 범죄이다.

II. 구성요건

1. 객관적 구성요건

1) 주체

본죄의 주체는 '공무원 또는 중재인이었던 자'이다. 즉, 범행 당시에는 이미 공무원 또는 중재인의 지위를 떠난 사람이 주체가 된다.

뇌물의 수수 등을 할 당시 이미 공무원의 지위를 떠난 경우에는 제129조 제1항의 수뢰죄로는 처벌할 수 없고 사후수뢰죄의 요건에 해당할 경우에 한하여 그 죄로 처벌할 수 있을 뿐이다(대법원 2013. 11. 28. 선고 2013도10011 판결).

2) 행위

① 재직 중에 청탁을 받을 것

공무원 또는 중재인이었던 자가 그 재직 중에 직무에 관한 청탁을 받아야 한다. 청탁은 명시적일 필요는 없으며 묵시적인 것도 포함된다.

② 직무상 부정한 행위를 할 것

'부정한 행위'란 직무에 위배되는 일체의 행위를 말하는 것으로 직무행위 자체는 물론 그것과 객관적으로 관련 있는 행위까지를 포함하며, 위법한 행위뿐만 아니라 부당한 행위도 포함된다(대법원 2003. 6. 13. 선고 2003도1060 판결).

③ 퇴직 후 뇌물을 수수, 요구 또는 약속할 것

공무원 또는 중재인이었던 자가 퇴직한 후에 뇌물을 수수, 요구 또는 약속하는 행위를 말한다. 이는 재직 중의 부정한 직무행위에 대한 대가관계가 인정되어야 한다.

2. 주관적 구성요건

사후수뢰죄의 주관적 구성요건은 고의와 부정한 행위와 뇌물 사이의 대가관계에 대한 인식이다. 행위자는 자신이 공무원 또는 중재인이었던 자라는 점, 재직 중에 청탁을 받고 직무상 부정한 행위를 했다는 점, 그리고 그 부정한 행위에 대한 대가로 뇌물을 수수, 요구 또는 약속한다는 점을 인식하고 있어야 한다.

Ⅲ. 판례

- 국가공무원이 지방자치단체의 업무에 관하여 전문가로서 위원 위촉을 받아 한시적으로 직무를 수행하는 경우와 같이 공무원이 그 고유의 직무와 관련이 없는 일에 관하여 별도의 위촉절차 등을 거쳐 다른 직무를 수행하게 된 경우에는 그 위촉이 종료되면 그 위원 등으로서 새로 보유하였던 공무원 지위는 소멸한다고 보아야 하므로, 그 이후에 종전에 위촉받아 수행한 직무에 관하여 금품을 수수하더라도 이는 사후수뢰죄에 해당할 수 있다(대법원 2013. 11. 28. 선고 2013도10011 판결).

[11] 알선수뢰죄 [제132조]

> 제132조(알선수뢰) 공무원이 그 지위를 이용하여 다른 공무원의 직무에 속한 사항의 알선에 관하여 뇌물을 수수, 요구 또는 약속한 때에는 3년 이하의 징역 또는 7년 이하의 자격정지에 처한다.

Ⅰ. 의의

알선수뢰죄는 공무원이 그 지위를 이용하여 다른 공무원의 직무에 속한 사항의 알선에 관하여 뇌물을 수수, 요구 또는 약속함으로써 성립하는 범죄이다.

II. 구성요건

1. 객관적 구성요건

1) 주체

본죄의 주체는 공무원이다. 다만, 단순히 공무원의 신분만 있으면 되는 것이 아니라, 적어도 당해 직무를 처리하는 공무원과 직무상 직접, 간접의 연관관계를 가지고 법률상이거나 사실상이거나를 막론하고 어떠한 영향력을 미칠 수 있는 지위에 있는 공무원이라야 한다(대법원 1982. 6. 8. 선고 82도403 판결).

2) 객체

알선수뢰죄의 객체는 뇌물이다. 여기서 뇌물은 다른 공무원의 직무에 속하는 사항의 알선에 대한 대가의 의미를 갖는다.

3) 행위

알선수뢰죄의 행위는 '그 지위를 이용하여 다른 공무원의 직무에 속한 사항의 알선에 관하여 뇌물을 수수, 요구 또는 약속하는 것'이다.

① 그 지위를 이용하여

'공무원이 그 지위를 이용하여'라 함은 친구, 친족관계 등 사적인 관계를 이용하는 경우에는 이에 해당한다고 할 수 없으나, 다른 공무원이 취급하는 사무처리에 법률상이거나 사실상으로 영향을 줄 수 있는 관계에 있는 공무원이 그 지위를 이용하는 경우에는 이에 해당한다. 그 사이에 반드시 상하관계, 협동관계, 감독권한 등의 특수한 관계가 있음을 요하지 않는다(대법원 1993. 7. 13. 선고 93도1056 판결).

② 다른 공무원의 직무에 속한 사항의 알선에 관하여

'알선'이란 공무원의 직무에 속하는 일정한 사항에 관하여 당사자의 의사를 공무원 측에 전달하거나 편의를 도모하는 행위 또는 공무원의 직무에 관하여 부탁을 하거나 영향력을 행사하여 당사자가 원하는 방향으로 결정이 이루어지도록 돕는 등의 행위를 의미한다(대법원

2005. 1. 28. 선고 2004도7359 판결).

'다른 공무원의 직무에 속한 사항의 알선행위'는 그 공무원의 직무에 속하는 사항에 관한 것이면 되는 것이지 그것이 반드시 부정행위라거나 그 직무에 관하여 결재권한이나 최종결정권한을 갖고 있어야 하는 것이 아니다(대법원 1992. 5. 8. 선고 92도532 판결).

반드시 알선의 상대방인 다른 공무원이나 그 직무의 내용이 구체적으로 특정될 필요까지는 없다 할 것이지만, 알선수뢰죄가 성립하기 위하여는 알선할 사항이 다른 공무원의 직무에 속하는 사항으로서, 뇌물수수의 명목이 그 사항의 알선에 관련된 것임이 어느 정도 구체적으로 나타나야 하고, 단지 상대방으로 하여금 뇌물을 수수하는 자에게 잘 보이면 그로부터 어떤 도움을 받을 수 있다거나 손해를 입을 염려가 없다는 정도의 막연한 기대감을 갖게 하는 정도에 불과하고, 뇌물을 수수하는 자 역시 상대방이 그러한 기대감을 가질 것이라고 짐작하면서 뇌물을 수수하였다는 정도의 사정만으로는 알선수뢰죄가 성립한다고 볼 수 없다(대법원 2015. 11. 12. 선고 2015도12174 판결).

알선행위는 장래의 것이라도 무방하므로, 알선수뢰죄가 성립하기 위하여는 뇌물을 수수할 당시 반드시 상대방에게 알선에 의하여 해결을 도모하여야 할 현안이 존재하여야 할 필요가 없다(대법원 2009. 7. 23. 선고 2009도3924 판결). 알선의 명목으로 금품을 받았다면 실제로 어떤 구체적인 알선행위를 하였는지와 상관없이 범죄는 성립한다(대법원 2005. 1. 28. 선고 2004도7359 판결).

2. 주관적 구성요건

본죄의 고의는 공무원이 그 지위를 이용하여 다른 공무원의 직무에 속한 사항의 알선에 관하여 뇌물을 수수, 요구 또는 약속한다는 사실을 인식하고 이를 의욕하는 것이다.

피고인이 금품 등을 수수한 사실을 인정하면서도 범의를 부인하는 경우, 그 범의를 인정하기 위해서는 알선의 대상이 된 직무의 내용, 알선의 내용, 알선자와 이익 제공자의 관계, 이익의 다과, 이익을 주고받은 경위와 시기 등 여러 사정을 종합하여 판단하여야 한다(대법원 2005. 1. 28. 선고 2004도7359 판결).

III. 판례

1. 유죄 판결

- 군교육청 관리과 서무계장이 국민학교 고용원의 인사교류 및 조정의 실무책임을 맡고 있는 자로서, 국민학교 고용원의 임명권자인 국민학교 교장의 고용원 임용에 관한 사실상 영향력을 미칠 수 있는 특수한 관계에 있는 자라고 할 것이므로, 위 서무계장이 고용원의 임용에 관한 알선을 한데 대한 사례명목으로 금품을 수수한 이상 알선수뢰죄가 성립된다(대법원 1988. 1. 19. 선고 86도1138 판결).

- 국방부 전국병무사범대책위원회 행정요원으로 파견 근무 중인 경기도 병무청 심리연구사보가 병역검사기피자로부터 출국절차를 원만히 해결해 달라는 부탁을 받고 병무담당자에게 부탁하여 병종 불합격된 것으로 병적을 고쳐 정리하여 주겠다고 말하고 돈 150,000원을 받았다면 이는 피고인이 영향을 미칠 수 있는 특수한 지위를 이용하여 병무담당자의 직무에 속한 사항의 알선에 관하여 뇌물을 수수한 경우에 해당한다(대법원 1969. 8. 26. 선고 69도1120 판결).

2. 무죄 판결

- 검찰사무주무(검찰주사)가 당해 직무를 처리하는 공무원과 직무상 직접, 간접의 연관관계를 가지고 법률상이거나 사실상이거나를 막론하고 어떠한 영향력을 미칠 수 있는 지위에 있는 공무원이라고 볼 수 없는 경우에는 알선수뢰죄의 주체가 될 수 없다(대법원 1982. 6. 8. 선고 82도403 판결).

- 육군본부 정보작전지원참모부에서 조직진단관으로 근무하는 3급 군무원 피고인이 장군진급심사를 앞두고 있던 甲으로부터 인사참모부 선발관리실장인 乙에게 부탁하여 장군진급이 되도록 하여 달라는 부탁을 받고 합계 5,000만 원을 받았다고 하여 특가법상 알선수재로 기소된 사안에서, 피고인이 위 금원을 수수할 당시 자신의 지위를 이용하여 선발관리실장이던 乙의 진급업무와 관련하여 사실상 영향을 줄 수 있는 관계에 있었다고 하기에 부족하다고 보아 무죄를 인정한 원심판결을 수긍한 사례(대법원 2010. 11. 25. 선고 2010도11460 판결)

[12] 뇌물공여죄 (제133조 제1항)

제133조(뇌물공여 등) ① 제129조부터 제132조까지에 기재한 뇌물을 약속, 공여 또는 공여의 의사를 표시한 자는 5년 이하의 징역 또는 2천만 원 이하의 벌금에 처한다.

Ⅰ. 의의

뇌물공여죄는 제129조부터 제132조까지에 기재한 뇌물을 약속, 공여 또는 공여의 의사를 표시함으로써 성립하는 범죄이다.

Ⅱ. 구성요건

1. 객관적 구성요건

1) 주체

뇌물공여죄의 주체는 제한이 없는 일반범이다. 수뢰죄와는 달리 신분범이 아니므로 누구든지 본죄의 주체가 될 수 있다. 일반적으로는 비공무원·비중재인이 주체가 되지만, 공무원이나 중재인이라도 자신의 직무와 관계되지 않는 범위 내에서는 본죄의 주체가 될 수 있다.

2) 객체

뇌물공여죄의 객체는 '뇌물'이다. 뇌물이란 공무원의 직무에 관하여 공여되는 위법 또는 부당한 이익을 말한다. 뇌물의 내용인 이익은 금전, 물품 기타의 재산적 이익과 사람의 수요 욕망을 충족시키기에 충분한 일체의 유형·무형의 이익을 포함한다(대법원 2019. 8. 29. 선고 2018도2738 판결).

3) 행위

본죄의 행위는 '뇌물을 약속, 공여 또는 공여의 의사를 표시하는 것'이다.

'약속'이란 뇌물의 제공과 수령에 관하여 증뢰자와 수뢰자 사이에 의사가 합치하는 것을 말한다. '공여'란 뇌물을 상대방에게 취득하게 하는 것을 말하고, '공여의 의사표시'란 뇌물을 제공하겠다는 의사를 표시하는 것으로, 상대방의 승낙 여부와 관계없이 일방적으로 의사를 표시하는 것만으로도 성립한다.

2. 주관적 구성요건

뇌물공여죄는 고의범이이므로, 상대방이 공무원 또는 중재인이라는 사실과 그 직무에 관하여 뇌물을 약속, 공여 또는 공여의 의사를 표시한다는 사실을 인식하고 이를 의욕하여야한다.

뇌물공여의 의사표시의 주관적 구성요건에 실제로 표시한 뇌물을 줄 의사까지 요구하는 것은 아니고, 다만 뇌물공여의 의사표시가 표의자나 상대방이 보기에 진실성이 없어 당연히 허위이거나 농담이라고 받아들일 정도의 내용이라면 주관적 구성요건이 부정될 수 있다(서울중앙지방법원 2020. 3. 27. 선고 2020고단558 판결).

III. 판례

1. 유죄 판결

- 도시개발법상 도시개발구역의 토지 소유자가 도시개발을 위하여 설립한 조합의 임직원 등이 직무에 관하여 부당한 이익을 얻은 경우, 그러한 이익을 약속, 공여 또는 공여의 의사를 표시한 자에게 형법 제133조 제1항에 의한 뇌물공여죄가 성립한다(대법원 2014. 6. 12. 선고 2014도2393 판결).
- 공무원으로 의제되는 재건축조합장에게 건설업자들이 직무와 관련하여 금전을 제공한 경우, 부정한 청탁이 없더라도 뇌물공여죄가 성립한다(대법원 2008. 1. 24. 선고 2006도5711 판결).

2. 무죄 판결

- 공무원이 직무집행의 의사 없이 또는 직무처리와 대가적 관계없이 타인을 공갈하여 재물을 교부하게 한 경우에는 공갈죄만이 성립하고, 이러한 경우 재물의 교부자가 공무원의 해악의 고지로 인하여 외포의 결과 금품을 제공한 것이라면 그는 공갈죄의 피해자가 될 것이고 뇌물공여죄는 성립될 수 없다(대법원 1994. 12. 22. 선고 94도2528 판결).

[13] 제3자뇌물교부 · 취득죄 (제133조 제2항)

제133조(뇌물공여 등) ② 제1항의 행위에 제공할 목적으로 제3자에게 금품을 교부한 자 또는 그 사정을 알면서 금품을 교부받은 제3자도 제1항의 형에 처한다.

I. 의의

제3자뇌물교부죄는 뇌물공여 행위에 제공할 목적으로 제3자에게 금품을 교부하거나, 그 사정을 알면서 금품을 교부받음으로써 성립한다.

뇌물전달행위를 담당하기로 한 사람의 경우 행위책임의 정도가 일반적인 뇌물공여의 방조범보다 훨씬 크고 증뢰자와도 별다른 차이가 없기 때문에 뇌물공여방조죄가 아닌 형법 제133조 제1항과 법정형이 동일한 같은 조 제2항의 제3자뇌물취득죄로 처벌하기 위한 것이다.

II. 구성요건

1. 객관적 구성요건

1) 주체

제3자뇌물교부죄의 주체는 일반인이다. 즉, 누구든지 본죄의 주체가 될 수 있다. 다만, 판례에 따르면 공무원이라도 자신의 직무와 관계되지 않는 범위 내에서는 본죄의 주체가 될 수 있다(대법원 2002. 6. 14. 선고 2002도1283 판결).

2) 객체

본죄의 객체는 '제3자'이다. 여기서 '제3자'란 뇌물공여행위자나 수수행위자와 공범관계에 있지 않은 자를 의미한다. 즉, 뇌물공여자와 수뢰자 사이에서 뇌물을 전달하는 역할을 하는 자로서, 양자와 공범관계에 있지 않은 자를 말한다.

3) 행위

본죄의 행위는 '뇌물공여 행위에 제공할 목적으로 제3자에게 금품을 교부한 자 또는 그 사정을 알면서 금품을 교부받는 것'이다.

여기서 '금품'이란 금전, 물품 기타의 재산적 이익뿐만 아니라 사람의 수요, 욕망을 충족시키기에 족한 일체의 유형·무형의 이익을 포함한다.

제3자가 증뢰자로부터 교부받은 금품을 수뢰할 사람에게 전달하였는지의 여부에 관계없이 제3자가 그 정을 알면서 금품을 교부받음으로써 성립한다(대법원 2007. 7. 27. 선고 2007도3798 판결).

만약 제3자가 증뢰물을 수뢰할 사람에게 실제로 전달하였다면 증뢰물 전달죄 외에 별도로 뇌물공여죄가 성립하지 않으며, 증뢰자의 경우에는 제3자뇌물교부의 범행이 뇌물공여의 범행에 흡수되어 뇌물공여죄만 성립한다(서울고등법원 2011. 8. 25. 선고 2010노2943 판결).

2. 주관적 구성요건

본죄는 고의범이므로, 자신이 뇌물공여 행위에 제공할 목적으로 제3자에게 금품을 교부한다는 사실 또는 그러한 사정을 알면서 금품을 교부받는다는 사실을 인식하고 의욕해야 한다.

III. 판례

1. 유죄 판결

- 피고인이 자신의 공무원으로서의 직무와는 무관하게 군의관 등의 직무에 관하여 뇌물에 공할 목적의 금품이라는 정을 알고 이를 전달해준다는 명목으로 취득한 경우, 제3자뇌물취득죄가 성립한다(대법원 2002. 6. 14. 선고 2002도1283 판결).
- 甲이 乙에게서 세무조사 관련 국세청 로비자금 명목으로 현금 1억 원을 교부받아, 지방국세청 공무원에게 뇌물로 공여할 목적으로 그 정을 알고 있는 丙에게 이를 교부하였다는 내용으로 기소된 사안에서, 丙이 뇌물공여 범행의 방조범에 해당하더라도 甲에게 제3자뇌물교부죄가 성립하는 데 아무런 지장이 없다(서울고등법원 2011. 8. 25. 선고 2010노2943 판결).

2. 무죄 판결

- 뇌물수수자로 지목된 피고인이 수뢰사실을 시종일관 부인하고 있고 이를 뒷받침할 금융자료 등 물증이 없는 경우, 증뢰자의 진술만으로는 합리적인 의심을 배제할 만한 증명이 되지 않아 무죄로 판단한 사례(대법원 2016. 9. 23. 선고 2016도3957 판결)

제2장

공무방해에 관한 죄

[1] 공무집행방해죄 [제136조 제1항]

> 제136조(공무집행방해) ① 직무를 집행하는 공무원에 대하여 폭행 또는 협박한 자는 5년 이하의 징역 또는 1천만 원 이하의 벌금에 처한다.

Ⅰ. 의의

공무집행방해죄는 직무를 집행하는 공무원에 대하여 폭행 또는 협박함으로써 성립하는 범죄이다. 본죄의 보호법익은 공무원에 의하여 구체적으로 행하여지는 국가 또는 공공기관의 기능을 보호하려는 데에 있다(대법원 2009. 11. 19. 선고 2009도4166 판결).

Ⅱ. 구성요건

1. 객관적 구성요건

1) 주체

본죄의 주체는 누구든지 될 수 있는 일반범이다. 공무원의 직무집행행위의 대상으로 되어 있는 자로 한정되지 않으며, 공무원도 본죄의 주체가 될 수 있다.

2) 객체

본죄의 객체는 '직무를 집행하는 공무원'이다.

① 공무원

여기서 공무원이란 법령에 의하여 국가 또는 지방자치단체의 공무를 담당하는 자를 의미한다.

② 직무집행

'직무집행 중인 공무원'에 해당하는지는 공무집행방해죄의 행위 태양인 폭행 또는 협박을 할 당시에 공무원이 구체적·개별적으로 특정된 직무에 임하고 있는지를 기준으로 판단하여야 한다.

공무원이 직무수행에 직접 필요한 행위를 현실적으로 행하고 있는 때만을 가리키는 것이 아니라 공무원이 직무수행을 위하여 근무 중인 상태에 있는 때를 포괄하고, 직무의 성질에 따라서는 직무수행의 과정을 개별적으로 분리하여 부분적으로 각각의 개시와 종료를 논하는 것이 부적절하고 여러 종류의 행위를 포괄하여 일련의 직무수행으로 파악함이 상당한 경우가 있다(대법원 2018. 3. 29. 선고 2017도21537 판결).

③ 직무집행의 적법성

적법한 공무집행이란 그 행위가 공무원의 추상적 권한에 속할 뿐 아니라 구체적 직무집행에 관한 법률상 요건과 방식을 갖춘 경우를 가리킨다(대법원 2009. 11. 19. 선고 2009도4166 판결).

추상적인 권한에 속하는 공무원의 어떠한 공무집행이 적법한지 여부는 행위 당시의 구체적 상황에 기하여 객관적·합리적으로 판단하여야 하고 사후적으로 순수한 객관적 기준에서 판단할 것은 아니다(대법원 2013. 2. 15. 선고 2010도11281 판결).

3) 행위

본죄의 행위는 '폭행·협박하는 것'이다.

① 폭행

공무집행방해죄에서의 폭행은 이른바 '광의의 폭행'으로서 사람에 대한 유형력의 행사로 족하고 반드시 직접 그 신체에 대한 것임을 요하지 아니하며, 그 폭행이 직접적으로는 물건에 대한 것일지라도 간접적으로는 공무를 집행하는 공무원에 대한 유형력의 행사로 볼 수 있다면 공무집행방해죄가 성립한다(대법원 2005. 10. 28. 선고 2005도6725 판결).

다만, 공무집행방해죄에 있어서의 폭행·협박은 성질상 공무원의 직무집행을 방해할 만한 정도의 것이어야 하므로, 경미하여 공무원이 개의치 않을 정도의 것이라면 여기의 폭행·협박에는 해당하지 아니한다(대법원 1970. 6. 30. 선고 70도1121 판결).

② 협박

공무집행방해죄에서의 협박은 공무원에게 해악을 고지하여 공포심을 일으키게 하는 행위를 말한다. 협박이 경미한 것이어서 상대방인 공무원이 개의하지 않을 정도의 것이라면 공무집행방해죄를 구성하지 않는다(대법원 1970. 6. 30. 선고 70도1121 판결).

③ 기수시기

본죄는 추상적 위험범으로서 폭행 또는 협박의 행위가 있으면 기수에 이르고, 실제로 공무집행을 방해하는 결과가 발생할 필요는 없다.

2. 주관적 구성요건

본죄는 고의범으로서 상대방이 적법한 직무를 집행하는 공무원이라는 사실과 자신의 행위가 폭행 또는 협박에 해당한다는 사실을 인식하고 이를 실행하려는 의사가 있어야 한다. 그러나 직무집행에 대한 방해의사를 필요로 하지는 않는다.

III. 죄수·타죄와의 관계

1. 죄수

동일한 공무를 집행하는 여럿의 공무원에 대하여 폭행·협박 행위를 한 경우에는 공무를 집행하는 공무원의 수에 따라 여럿의 공무집행방해죄가 성립하고, 위와 같은 폭행·협박 행위가 동일한 장소에서 동일한 기회에 이루어진 것으로서 사회관념상 1개의 행위로 평가되는 경우에는 여럿의 공무집행방해죄는 상상적 경합의 관계에 있다(대법원 2009. 6. 25. 선고 2009도3505 판결).

2. 타죄와의 관계

절도범인이 체포를 면탈할 목적으로 경찰관에게 폭행 협박을 가한 때에는 준강도죄와 공무집행방해죄를 구성하고 양죄는 상상적 경합관계에 있으나, 강도범인이 체포를 면탈할 목적으로 경찰관에게 폭행을 가한 때에는 강도죄와 공무집행방해죄는 실체적 경합관계에 있다(대법원 1992. 7. 28. 선고 92도917).

IV. 판례

1. 유죄 판결

- 시청 청사 내 사무실에 술에 취한 상태로 찾아가 소란을 피우던 피고인을 소속 공무원이 제지하며 밖으로 데리고 나가려 하자, 공무원의 멱살을 잡고 수회 흔든 다음 휴대전화를 휘둘러 뺨을 때린 행위는 시청 소속 공무원들의 적법한 직무집행을 방해한 행위에 해당한다(대법원 2022. 3. 17. 선고 2021도13883 판결).
- 음주운전 신고를 받고 출동한 경찰관이 운전자를 추격하여 도주를 제지한 것은 도로교통법상 음주측정에 관한 일련의 직무집행 과정에서 이루어진 행위로서 정당한 직무집행에 해당하며, 운전자가 도주를 제지하는 경찰관의 뺨을 때린 행위는 공무집해방해죄에 해당한다(대법원 2020. 8. 20. 선고 2020도7193 판결).
- 112 신고를 받고 출동한 경찰관이 갑을 때리려는 피고인을 제지하자 손으로 경찰관의 가슴을 밀치고, 현행범으로 체포하며 순찰차 뒷좌석에 태우려고 하는 경찰관의 정강이 부분을 양발로 걷어차는 등 폭행한 행위는 공무원에 대한 유형력의 행사로사 공무집행방해죄에서 정한 폭행에 해당한다(대법원 2018. 3. 29. 선고 2017도21537 판결).

2. 무죄 판결

- 경찰관으로부터 임의동행을 요구받고 자기집 안방으로 들어가 문을 잠근 후 면도칼로 앞가슴 등을 그어 피를 보이면서 자신이 죽어버리겠다고 불온한 언사를 썼다면 이는 자해자학 행위에 불과할 뿐 경찰관에 대한 유형력의 행사나 해악의 고지표시가 되는 폭행 또는 협박으로 볼 수 없다(대법원 1976. 3. 9. 선고 75도3779 판결).

[2] 위계에 의한 공무집행방해죄 (제137조)

Ⅰ. 의의

위계에 의한 공무집행방해죄는 위계로써 공무원의 직무집행을 방해함으로써 성립하는 범죄이다.

Ⅱ. 구성요건

1. 객관적 구성요건

본죄의 행위는 '위계로써 공무집행을 방해하는 것'이다.

1) 위계

'위계'란 행위자의 행위목적을 이루기 위하여 상대방에게 오인, 착각, 부지를 일으키게 하여 그 오인, 착각, 부지를 이용하는 것을 말한다(대법원 2021. 4. 29. 선고 2018도18582 판결). 위계의 상대방이 반드시 공무원일 필요는 없다.

2) 공무집행방해

상대방이 위계에 따라 그릇된 행위나 처분을 하여야만 본죄가 성립한다. 만약 범죄행위가 구체적인 공무집행을 저지하거나 현실적으로 곤란하게 하는 데까지는 이르지 아니하고 미수에 그친 경우에는 위계에 의한 공무집행방해죄로 처벌할 수 없다(대법원 2021. 4. 29. 선고 2018도18582 판결).

공무집행방해죄와 마찬가지로 본죄도 공무원의 직무집행이 적법한 경우에 한하여 성립한다.

2. 주관적 구성요건

본죄는 고의범으로서 행위자가 위계를 사용하여 공무원의 직무집행을 방해한다는 인식과 의사가 있어야 한다.

III. 판례

1. 유죄 판결

- 허위의 신고서를 제출하여 행정청으로 하여금 그릇된 행위나 처분을 하게 한 경우(대법원 2003. 10. 9. 선고 2000도4993 판결)
- 대한민국 국적을 취득한 것처럼 인적 사항을 기재하여 대한민국 여권을 발급받은 다음 이를 출입국심사 담당공무원에게 제출한 경우(대법원 2022. 4. 28. 선고 2020도12239 판결)
- 시험감독자를 속이고 원동기장치 자전거운전면허시험에 대리로 응시한 경우(대법원 1986. 9. 9. 선고 86도1245 판결)

2. 무죄 판결

- 단순히 공무원의 감시·단속을 피하여 금지 규정에 위반하는 행위를 한 경우(대법원 2004. 4. 9. 선고 2004도272 판결)
- 화물자동차 운송주선사업자가 관할 행정청에 주기적으로 허가기준에 관한 사항을 신고하는 과정에서 허위 서류를 제출한 경우(대법원 2011. 9. 8. 선고 2010도7034 판결)
- 범죄행위가 구체적인 공무집행을 저지하거나 현실적으로 곤란하게 하는 데까지 이르지 않고 미수에 그친 경우(대법원 2003. 2. 11. 선고 2002도4293 판결)
- 가해차량이 자가용일 경우 피해자와 합의하는 데 불리하다고 생각하여 영업용택시를 운전하다가 사고를 내었다고 허위신고를 하였다 하더라도 이 사실만으로 공무원의 직무집행을 방해할 의사가 있었다고 단정하기 어려우므로 위계로 인한 공무집행방해죄가 성립하지 않는다(대법원 1974. 12. 10. 선고 74도2841 판결).

[3] 공용서류 등의 무효죄 (제141조)

Ⅰ. 의의

공용서류 등의 무효죄는 공무소에서 사용하는 서류 기타 물건 또는 전자기록등 특수매체기록을 손상 또는 은닉하거나 기타 방법으로 그 효용을 해함으로써 성립하는 범죄이다. 보호법익은 공무소에서 사용하는 서류 기타 물건 또는 전자기록등 특수매체기록의 효용과 이를 통한 공무의 정상적인 수행이다.

Ⅱ. 구성요건

1. 객관적 구성요건

1) 주체

본죄의 주체는 누구든지 될 수 있는 일반주체이다.

2) 객체

본죄의 객체는 '공무소에서 사용하는 서류 기타 물건 또는 전자기록등 특수매체기록'이다. 여기서 '공무소에서 사용하는 서류'란 다음과 같은 특징을 갖는다.

① 공문서나 사문서를 불문한다. 즉, 서류의 작성자가 공무원인지 사인인지, 누구의 소유에 속하는 것인지, 또는 누구를 위하여 작성된 것인지는 중요하지 않다(대법원 1981. 8. 25. 선고 81도1830 판결).

② 정식절차를 밟아 접수되었는지 또는 완성되어 효력이 발생되었는지 여부를 묻지 않는다. 따라서 공문서로서의 효력이 생기기 이전의 서류, 정식의 접수 및 결재 절차를 거치지 않은 문서, 결재 상신 과정에서 반려된 문서, 미완성의 문서도 본죄의 객체가 될 수 있다(대법원 1982. 10. 12. 선고 82도368 판결, 대법원 2020. 12. 10. 선고 2015도

19296 판결).

③ 위·변조된 문서, 보존기간이 경과한 문서, 작성권한 없는 기관이 작성한 문서도 본죄
의 객체가 될 수 있다.

3) 행위

본죄의 행위는 '손상 또는 은닉하거나 기타 방법으로 그 효용을 해하는 것'이다.

'손상'이란 물질적으로 훼손하거나 파괴하여 그 효용을 멸실 또는 감소시키는 것이다.

'은닉'이란 서류 기타 물건 또는 전자기록 등 특수매체기록의 소재를 불명하게 하여 그 발
견을 곤란 또는 불가능하게 하는 것이다.

'기타 방법으로 효용을 해하는 행위'란 손상이나 은닉 외에 서류 기타 물건 또는 전자기록
등 특수매체기록의 효용을 해할 만한 일체의 행위이다. 예를 들어, 피고인이 군에 보관중인
피고인 명의의 건축허가신청서에 첨부된 설계도면을 떼내고 별개의 설계도면으로 바꿔 넣
은 경우도 공용서류무효죄가 성립한다(대법원 1982. 12. 14. 선고 81도81 판결).

2. 주관적 구성요건

공용서류무효죄에 있어서의 범의란 피고인에게 공무소에서 사용하는 서류라는 사실과 이
를 손상 또는 은닉하거나 기타 방법으로 그 효용을 해한다는 사실의 인식이 있음으로써 족
하다(대법원 1987. 4. 14. 선고 86도2799 판결).

다만, 권한 있는 자의 정당한 처분에 의한 공용서류의 파기에는 본죄가 적용되지 않는다.

III. 판례

1. 유죄 판결

- 음주운전에 관해 조사를 받으면서 경찰관으로부터 날인을 요구받은 "피의자 권리 고지
확인서"를 손으로 찢어 손상한 경우 (수원지방법원 2015. 4. 9. 선고 2014고단7099 판결)
- 피고인이 상해 사건과 관련하여 신고를 받고 현장 출동한 경찰관이 피해자에게 진술서

작성을 요청하여 제출받은 후 이를 열람시키는 과정에서 위 진술서를 갑자기 낚아채어
가 찢어 버린 경우 (대구지방법원 2019. 4. 17. 선고 2018고단5458 판결)

2. 무죄 판결

- 경찰관이 스스로의 판단에 따라 자신이 보관하던 진술서를 임의로 피고인에게 넘겨준
  경우, 위 진술서는 더 이상 공무소에서 사용하거나 보관하는 문서가 아닌 것이 되어 공
  용서류로서의 성질을 상실하였다(대법원 1999. 2. 24. 선고 98도4350 판결).
- 공문서 작성권자가 결재 단계에서 그 내용을 변경하거나 일부 삭제하는 행위는 공용서
  류의 효용을 해하는 행위에 해당하지 않는다(대법원 1995. 11. 10. 선고 95도1395 판결).

제3장

국가의 사법기능에 관한 죄

[1] 범인은닉죄 (제151조)

Ⅰ. 의의

범인은닉죄는 벌금 이상의 형에 해당하는 죄를 범한 자를 은닉 또는 도피하게 함으로써 성립하는 범죄이다. 본죄는 국가의 형사사법작용을 방해하는 행위를 처벌하는 것을 목적으로 한다.

Ⅱ. 구성요건

1. 객관적 구성요건

1) 주체

범인은닉죄의 주체에는 '범인 이외의 자'이다. 범인 자신의 자기 은닉 또는 도피행위의 경우에는 구성요건해당성이 없다.

공동정범 중 1인이 다른 공동정범을 은닉한 경우에도 형사사법작용을 방해하는 위험을 초래할 때는 본죄가 성립한다(대법원 2011. 9. 8. 선고 2011도7262 판결).

범인이 자신을 위하여 타인으로 하여금 허위의 자백을 하게 하여 범인도피죄를 범하게 하는 행위는 방어권의 남용으로 범인도피교사죄에 해당한다(대법원 2000. 3. 24. 선고 2000도20 판결).

2) 객체

본죄의 객체는 '벌금 이상의 형에 해당하는 죄를 범한 자'이다. '벌금 이상의 형에 해당하는 죄'란 법정형에 벌금 또는 그 이상의 형(사형, 징역, 금고, 자격상실, 자격정지)이 규정되어 있는 범죄를 말한다.

'죄를 범한 자'란 정범·공범, 기수범·미수범, 예비·음모한 자를 말하며, 범죄의 혐의를 받아 수사대상이 되어 있는 자를 포함한다(대법원 1982. 1. 26. 선고 81도1931 판결). 따라서 구속수사의 대상이 된 자가 그 후 무혐의로 석방되었다 하더라도 범인은닉죄의 성립에는 영향이 없다(대법원 1982. 1. 26. 선고 81도1931 판결).

3) 행위

범인은닉죄의 행위는 '은닉 또는 도피하게 하는 것'이다.

① 은닉

'은닉'이란 장소를 제공하여 범인을 숨겨주는 행위를 말한다.

범인은닉죄는 죄를 범한 자임을 인식하면서 장소를 제공하여 체포를 면하게 하는 것만으로 성립한다. 죄를 범한 자에게 장소를 제공한 후 동인에게 일정 기간 동안 경찰에 출두하지 말라고 권유하는 언동을 하여야만 범인은닉죄가 성립하는 것이 아니며, 또 그 권유에 따르지 않을 경우 강제력을 행사하여야만 한다거나, 죄를 범한 자가 은닉자의 말에 복종하는 관계에 있어야만 범인은닉죄가 성립하는 것은 더욱 아니다(대법원 2002. 10. 11. 선고 2002도3332 판결).

② 도피하게 하는 행위

'도피하게 하는 행위'란 은닉 이외의 방법으로 범인에 대한 수사, 재판 및 형의 집행 등 형사사법의 작용을 곤란 또는 불가능하게 하는 행위를 말하는 것으로서 그 방법에는 아무런 제한이 없다(대법원 2006. 5. 26. 선고 2005도7528 판결).

어떤 행위가 직접 범인을 도피시키는 행위 또는 도피를 직접적으로 용이하게 하는 행위에 해당하는가를 판단하기 위해서는, 피고인이 범인의 처지나 의도에 대하여 인식하고 있었는지, 그에게 범인을 은닉 내지 도피시키려는 의사가 있었는지를 함께 고려하여 살펴보아야 한다(대법원 2004. 3. 26. 선고 2003도8226 판결).

③ 위험범

범인은닉죄는 위험범으로서 현실적으로 형사사법의 작용을 방해하는 결과가 초래되어야만 하는 것은 아니다(대법원 2006. 5. 26. 선고 2005도7528 판결).

2. 주관적 구성요건

범인은닉죄는 고의가 있어야 한다. 벌금 이상의 형에 해당하는 자에 대한 인식은 실제로 벌금 이상의 형에 해당하는 범죄를 범한 자라는 것을 인식함으로써 족하고 그 법정형이 벌금 이상이라는 것까지 알 필요는 없다(대법원 2000. 11. 24. 선고 2000도4078 판결).

III. 판례

1. 유죄 판결

- 피고인이 수표발행인을 은닉한 것이 그 수표가 부도나기 전날이라고 하더라도 그 수표가 부도날 것이라는 사정과 수표발행인이 부정수표단속법 위반으로 수사관서의 수배를 받게 되리라는 사정을 알았다면 범인은닉에 관한 범의가 있다고 할 수 있다(대법원 1990. 3. 27. 선고 89도1480 판결).
- 범인이 아닌 자가 수사기관에서 범인임을 자처하고 허위사실을 진술하여 진범의 체포와 발견에 지장을 초래하게 한 행위는 범인은닉죄에 해당한다(대법원 1996. 6. 14. 선고 96도1016 판결).
- 범인이 기소중지자임을 알고도 범인의 부탁으로 다른 사람의 명의로 대신 임대차계약을 체결해 준 경우, 수사기관이 탐문수사나 신고를 받아 범인을 발견하고 체포하는 것을 곤란하게 하여 범인도피죄에 해당한다(대법원 2004. 3. 26. 선고 2003도8226 판결).
- 경찰공무원이 지명수배 중인 범인을 발견하고도 직무상 의무에 따른 적절한 조치를 취

하지 아니하고 오히려 범인을 도피하게 하는 행위를 하였다면, 그 직무위배의 위법상
태는 범인도피행위 속에 포함되어 있다고 보아야 할 것이므로, 작위범인 범인도피죄만
이 성립하고 부작위범인 직무유기죄는 따로 성립하지 않는다(대법원 2017. 3. 15. 선
고 2015도1456 판결).

- 하나의 행위가 부작위범인 직무유기죄와 작위범인 범인도피죄의 구성요건을 동시에
충족하는 경우 공소제기권자는 재량에 의해 작위범인 범인도피죄로 공소를 제기하지
않고 부작위범인 직무유기죄로만 공소를 제기할 수도 있다(대법원 1999. 11. 26. 선고
99도1904 판결).

2. 무죄 판결

- 참고인이 수사기관에서 범인에 관하여 조사를 받으면서 그가 알고 있는 사실을 묵비하
거나 허위로 진술하였다고 하더라도, 그것이 적극적으로 수사기관을 기만하여 착오에
빠지게 함으로써 범인의 발견 또는 체포를 곤란 내지 불가능하게 할 정도의 것이 아니
라면 범인도피죄를 구성하지 않는다(대법원 2013. 1. 10. 선고 2012도13999 판결).
- 사행행위 등 규제 및 처벌특례법 위반죄의 피의자가 수사기관에서 조사받으며 오락실
을 단독 운영하였다고 허위진술하여 오락실 공동운영자인 공범의 존재를 숨긴 것은 범
인도피죄에 해당하지 않는다(대법원 2008. 12. 24. 선고 2007도11137 판결).

[2] 친족간의 특례 (제151조 제2항)

제151조(친족간의 특례) ②친족 또는 동거의 가족이 본인을 위하여 전항의 죄를 범한 때에는 처
벌하지 아니한다.

Ⅰ. 의의 및 법적 성질

친족간의 특례는 "친족 또는 동거의 가족이 본인을 위하여 범인은닉·도피죄를 범한 때에
는 처벌하지 아니한다"는 규정이다. 친족 간의 특례규정은 친족 간의 정의를 고려할 때 기대
불가능성을 이유로 책임이 조각되는 경우에 해당한다.

Ⅱ. 적용 범위

1. 친족 또는 동거의 가족

친족 또는 동거의 가족의 범위는 민법에 따라 결정된다. 따라서 '친족'은 민법상의 친족을 의미하며, 사실혼 관계에 있는 자는 민법 소정의 친족이라 할 수 없어 형법 제151조 제2항에서 말하는 친족에 해당하지 않는다(대법원 2003. 12. 12. 선고 2003도4533 판결).

2. 본인을 위하여

친족 또는 동거의 가족이 '본인을 위하여' 본죄를 범해야 한다. '본인을 위하여'란 벌금 이상에 해당하는 죄를 범한 자의 재산·신분상 이익이 아닌 형사상 이익을 위하여 행한다는 의미이다.

Ⅲ. 교사범의 처벌

범인이 자신을 위하여 타인으로 하여금 허위의 자백을 하게 하여 범인도피죄를 범하게 하는 행위는 방어권의 남용으로 범인도피교사죄에 해당하는바, 이 경우 그 타인이 형법 제151조 제2항에 의하여 처벌을 받지 아니하는 친족, 호주 또는 동거 가족에 해당한다 하여 달리 볼 것은 아니다(대법원 2006. 12. 7. 선고 2005도3707 판결).

[3] 위증죄 (제152조 제1항)

> 제152조(위증) ① 법률에 의하여 선서한 증인이 허위의 진술을 한 때에는 5년 이하의 징역 또는 1천만 원 이하의 벌금에 처한다.

Ⅰ. 의의

위증죄는 법률에 의하여 선서한 증인이 허위의 진술을 함으로써 성립하는 범죄이다. 국가의 재판권, 징계권을 적정하게 행사하기 위한 것으로, 국가의 사법작용인 심판권의 적정한 행사 및 실체적 진실발견을 보호하는 데 있다(대법원 1987. 7. 7. 선고 86도1724 판결).

Ⅱ. 구성요건

1. 객관적 구성요건

1) 주체

위증죄의 주체는 '법률에 의하여 선서한 증인'이다. 여기서 '법률에 의하여 선서한 증인'이란 '법률에 근거하여 법률이 정한 절차에 따라 유효한 선서를 한 증인'이라는 의미이고, 그 증인신문은 법률이 정한 절차 조항을 준수하여 적법하게 이루어진 경우여야 한다(대법원 2010. 1. 21. 선고 2008도942 판결).

① 법률에 의한 선서

위증죄가 성립하기 위해서는 증인이 법률에 의하여 선서를 한 경우여야 한다.

선서는 법률이 정한 절차에 따라 유효하게 이루어져야 한다. 따라서 심문절차로 진행되는 소송비용확정신청사건이나 가처분 신청사건에서 증인으로 출석하여 선서를 하고 허위의 공술을 하였다고 하더라도 그 선서는 법률상 근거가 없어 무효라고 할 것이므로 위증죄는 성립하지 않는다(대법원 1995. 4. 11. 선고 95도186 판결, 대법원 2003. 7. 25. 선고 2003도180 판결).

증언거부권자(형사소송법 제148조, 제149조 등)는 증언거부권을 포기하고 선서한 경우 본죄의 주체가 될 수 있다. 판례도 증언거부권이라는 위증죄의 탈출구를 마련해 두었음에도 선서한 증인이 증언거부권을 포기하고 허위 진술을 하였다면 적법행위의 기대 가능성이 없다고 할 수 없다고 한다(대법원 1987. 7. 7. 선고 86도1724 전원합의체 판결).

선서를 거부할 수 있는 증인이 선서를 거부하지 아니하고 증언을 한 경우에 재판장이 선서거부권이 있음을 고지하지 아니하였다고 하여 위법이라고 할 수 없다(대법원 1971. 4. 30. 선고 71다452 판결).

② 증인

증인은 재판 또는 심판 등에서 자신이 경험한 사실을 진술하는 사람이다.

2) 객체

위증죄의 객체는 국가의 재판권, 징계권의 적정한 행사이다.

3) 행위

위증죄의 행위는 '허위의 진술'을 하는 것이다.

① 허위의 의의

위증죄에서 말하는 '허위의 진술'이라는 것은 그 객관적 사실이 허위라는 것이 아니라 스스로 체험한 사실을 기억에 반하여 진술하는 것, 즉 기억에 반한다는 사실을 말한다(대법원 1984. 2. 28. 선고 84도114 판결). 설사 그 증언이 객관적 사실과 합치한다고 하더라도 기억에 반하는 진술을 한 때에는 위증죄의 성립에 영향이 없다(대법원 1988. 5. 24. 선고 88도350 판결).

증인의 증언이 기억에 반하는 허위진술인지 여부는 그 증언의 단편적인 구절에 구애될 것이 아니라 당해 신문절차에 있어서의 증언 전체를 일체로 파악하여 판단하여야 할 것이고, 증언의 전체적 취지가 객관적 사실과 일치되고 그것이 기억에 반하는 공술이 아니라면 사소한 부분에 관하여 기억과 불일치하더라도 그것이 신문취지의 몰이해 또는 착오에 인한 것이라면 위증이 될 수 없다(대법원 2007. 10. 26. 선고 2007도5076 판결).

② 진술

진술이란 증인이 경험한 사실을 그대로 서술하는 것을 의미한다. 증언이 기본적인 사항에 관한 것이 아니고 지엽적인 사항에 관한 진술이라 하더라도 그것이 허위의 진술인 이상 위증죄의 성립에는 영향이 없다(대법원 1982. 6. 8. 선고 81도3069 판결).

증인의 진술이 경험한 사실에 대한 법률적 평가이거나 단순한 의견에 불과할 때는 허위의 공술이라고 할 수 없으며(대법원 2007. 9. 20. 선고 2005도9590 판결), 경험한 객관적 사실에 대한 증인 나름의 법률적·주관적 평가나 의견을 부연한 부분에 다소의 오류나 모순이 있더라도 위증죄가 성립하는 것은 아니다(대법원 2009. 3. 12. 선고 2008도11007 판결).

③ 기수시기

증인의 증언은 그 전부를 일체로 관찰·판단하는 것이므로 증인이 허위의 진술을 하였더라도 그 신문이 끝나기 전에 그 진술을 철회·시정한 경우 위증이 되지 않는다. 증인이 1회 또는 수회의 기일에 걸쳐 이루어진 1개의 증인신문절차에서 허위의 진술을 하고, 그 진술이 철회·시정된 바 없이 증인신문절차가 종료된 경우에 기수가 된다(대법원 2010. 9. 30. 선고 2010도7525 판결).

2. 주관적 구성요건

위증죄는 고의범으로, 증인이 자신의 기억에 반하는 진술을 한다는 인식과 의사가 있어야 한다. 증인이 무엇인가 착오에 빠져 기억에 반한다는 인식 없이 증언하였음이 밝혀진 경우에는 위증의 범의를 인정할 수 없다(대법원 1991. 5. 10. 선고 89도1748 판결).

III. 판례

- 하나의 사건에 관하여 한 번 선서한 증인이 같은 기일에 여러 가지 사실에 관하여 기억에 반하는 허위의 공술을 한 경우 이는 하나의 범죄의사에 의하여 계속하여 허위의 공술을 한 것으로서 포괄하여 1개의 위증죄를 구성하는 것이고 각 진술마다 수개의 위증죄를 구성하는 것이 아니다(대법원 1992. 11. 27. 선고 92도498 판결).
- 같은 심급에서 변론기일을 달리하여 수차 증인으로 나가 최초 한 선서의 효력을 유지시킨 상태에서 수 개의 허위진술을 하는 경우에도 포괄하여 1개의 위증죄를 구성한다(대법원 2007. 3. 15. 선고 2006도9463 판결).

[4] 모해위증죄 [제152조 제2항]

제152조(모해위증) ②형사사건 또는 징계사건에 관하여 피고인, 피의자 또는 징계혐의자를 모해할 목적으로 전항의 죄를 범한 때에는 10년 이하의 징역에 처한다.

Ⅰ. 의의

모해위증죄는 형사사건 또는 징계사건에 관하여 피고인, 피의자 또는 징계혐의자를 모해할 목적으로 위증죄를 범함으로써 성립하는 범죄이다. 위증죄와 마찬가지로 국가의 재판권, 징계권을 적정하게 행사하기 위한 것이 그 주된 입법이유이다(대법원 1987. 7. 7. 선고 86도1724 판결).

Ⅱ. 구성요건

1. 객관적 구성요건

1) 주체

본죄의 주체는 법률에 의하여 선서한 증인이다.

2) 객체

본죄의 객체는 형사사건의 피고인, 피의자 또는 징계사건의 징계혐의자이다.

3) 행위

본죄의 실행행위는 '형사사건 또는 징계사건에 관하여 피고인, 피의자 또는 징계혐의자를 모해할 목적으로 허위의 진술을 하는 것'이다.

'모해할 목적'이란 피고인·피의자 또는 징계혐의자를 불리하게 할 목적을 말하고, 허위진술의 대상이 되는 사실에는 공소 범죄사실을 직접, 간접적으로 뒷받침하는 사실은 물론 이와 밀접한 관련이 있는 것으로서 만일 그것이 사실로 받아들여진다면 피고인이 불리한 상황에 처하게 되는 사실도 포함된다(대법원 2007. 12. 27. 선고 2006도3575 판결).

2. 주관적 구성요건

고의가 있어야 한다. 또한 본죄는 목적범으로서 피고인, 피의자 또는 징계혐의자를 모해할 목적이 있어야 한다.

모해의 목적은 허위의 진술을 함으로써 피고인에게 불리하게 될 것이라는 인식이 있으면 충분하고 그 결과의 발생까지 희망할 필요는 없다(대법원 2007. 12. 27. 선고 2006도3575 판결).

[5] 증거인멸죄 (제155조 제1항)

> 제155조(증거인멸 등과 친족간의 특례) ① 타인의 형사사건 또는 징계사건에 관한 증거를 인멸, 은닉, 위조 또는 변조하거나 위조 또는 변조한 증거를 사용한 자는 5년 이하의 징역 또는 700만원 이하의 벌금에 처한다.
> ④ 친족 또는 동거의 가족이 본인을 위하여 본조의 죄를 범한 때에는 처벌하지 아니한다.

Ⅰ. 의의

증거인멸죄는 타인의 형사사건 또는 징계사건에 관한 증거를 인멸, 은닉, 위조 또는 변조하거나 위조 또는 변조한 증거를 사용함으로써 성립하는 범죄이다.

Ⅱ. 구성요건

1. 객관적 구성요건

1) 주체

증거인멸죄의 주체는 제한이 없다.

2) 객체

증거인멸죄의 객체는 '타인의 형사사건 또는 징계사건에 관한 증거'이다.

① 타인

'타인'이란 행위자 이외의 자를 의미한다. 자기의 형사사건에 대한 증거를 인멸하는 행위는 본죄의 구성요건에 해당하지 않는다.

자신이 직접 형사처분을 받게 될 것을 두려워한 나머지 자기의 이익을 위하여 그 증거가 될 자료를 은닉하였다면 증거은닉죄에 해당하지 않는다(대법원 2018. 10. 25. 선고 2015도1000 판결).

자신이 직접 형사처분이나 징계처분을 받게 될 것을 두려워한 나머지 자기의 이익을 위하여 증거가 될 자료를 인멸하였다면, 그 행위가 동시에 다른 공범자의 형사사건이나 징계사건에 관한 증거를 인멸한 결과가 된다고 하더라도 이를 증거인멸죄로 다스릴 수 없다(대법원 1976. 6. 22. 선고 75도1446 판결).

자기의 형사 사건에 관한 증거를 인멸하기 위하여 타인을 교사하여 죄를 범하게 한 자에 대하여는 증거인멸교사죄가 성립한다(대법원 2000. 3. 24. 선고 99도5275 판결).

② 형사사건·징계사건

증거는 형사사건·징계사건에 관한 증거여야 한다. 민사·행정·선거·비송사건에 관한 증거는 본죄의 객체가 아니다.

'형사사건'이란 인멸행위 시에 아직 수사절차가 개시되기 전이라도 장차 형사사건이 될 수 있는 것까지 포함한다(대법원 2003. 12. 12. 선고 2003도4533 판결).

'징계사건'이란 국가의 징계사건에 한정되고 사인(私人) 간의 징계사건은 포함되지 않는다(대법원 2007. 11. 30. 선고 2007도4191 판결).

③ 증거

'증거'란 타인의 형사사건 또는 징계사건에 관하여 수사기관이나 법원 또는 징계기관이 국가의 형벌권 또는 징계권의 유무를 확인하는 데 관계있다고 인정되는 일체의 자료를 의미하고, 타인에게 유리한 것이건 불리한 것이건 가리지 않는다(대법원 2015. 10. 29. 선고 2015도9010 판결).

'증거'는 그 대상이 되는 형사사건이 기소되지 아니하거나 무죄가 선고되더라도 증거인멸죄의 성립에 영향이 없으며, 그 증거가치의 유무 및 정도 또한 불문한다(대법원 2013. 11. 28. 선고 2011도5329 판결).

3) 행위

본죄의 행위는 '증거를 인멸·은닉·위조·변조하거나 위조·변조한 증거를 사용하는 것'이다.

여기서 증거의 인멸이란 증거의 현출 방해 및 가치·효용을 멸실·감소시키는 일체의 행위를 말하고, 증거의 은닉이란 증거를 숨겨 발견하기 어렵게 하는 행위를 말한다.

증거의 위조란 부진정한 새로운 증거를 작출하는 것을 말하고, 증거의 변조란 진정한 증거에 가공하여 증거가치를 변경시키는 것을 말한다.

위조 또는 변조한 증거의 사용이란 위조 또는 변조한 증거를 진정한 증거인 양 법원·수사기관·징계기관에 제공하는 것을 말한다.

증거를 위조한다는 것은 증거 자체를 위조하는 것이므로, 선서무능력자에게 허위의 증언을 하게 하거나 참고인이 수사기관에서 허위의 진술을 하는 것은 증거위조가 아니다(대법원 1998. 2. 10. 선고 97도2961 판결).

2. 주관적 구성요건

증거인멸죄는 고의범으로, 행위자는 타인의 형사사건 또는 징계사건에 관한 증거라는 사실을 인식하고 이를 인멸, 은닉, 위조, 변조하거나 위조 또는 변조한 증거를 사용한다는 인식과 의사가 있어야 한다.

III. 판례

1. 유죄 판결

- 경찰서 방범과장으로서 오락실 단속 업무를 지휘·감독하는 피고인이 압수된 변조 기판을 돌려준 경우에 증거인멸죄가 성립한다(대법원 2006. 10. 19. 선고 2005도3909 전원합의체 판결).
- 참고인이 타인의 형사사건 등에 관하여 제3자와 대화를 하면서 허위로 진술하고 위와 같은 허위 진술이 담긴 대화 내용을 녹음한 녹음파일 또는 이를 녹취한 녹취록을 만들어 수사기관 등에 제출하는 것은, 참고인이 타인의 형사사건 등에 관하여 수사기관에 허위의 진술을 하거나 이와 다를 바 없는 것으로서 허위의 사실확인서나 진술서를 작성하여 수사기관 등에 제출하는 것과는 달리, 증거위조죄를 구성한다(대법원 2013. 12. 26. 선고 2013도8085, 2013전도165 판결).

2. 무죄 판결

- 참고인이 타인의 형사사건 등에서 직접 진술 또는 증언하는 것을 대신하거나 그 진술 등에 앞서서 허위의 사실확인서나 진술서를 작성하여 수사기관 등에 제출하거나 또는

제3자에게 교부하여 제3자가 이를 제출한 것은 존재하지 않는 문서를 이전부터 존재하고 있는 것처럼 작출하는 등의 방법으로 새로운 증거를 창조한 것이 아닐뿐더러, 참고인이 수사기관에서 허위의 진술을 하는 것과 차이가 없으므로, 증거위조죄를 구성하지 않는다(대법원 2015. 10. 29. 선고 2015도9010 판결).

IV. 친족간의 특례

친족 또는 동거의 가족이 본인을 위하여 증거인멸의 죄를 범한 때에는 처벌하지 아니한다(제155조 제4항).

[6] 증인은닉 · 도피죄 [제155조 제2항]

제155조(증거인멸 등과 친족간의 특례) ② 타인의 형사사건 또는 징계사건에 관한 증인을 은닉 또는 도피하게 한 자도 제1항의 형과 같다.
④ 친족 또는 동거의 가족이 본인을 위하여 본조의 죄를 범한 때에는 처벌하지 아니한다.

I. 의의

증인은닉 · 도피죄는 타인의 형사사건 또는 징계사건에 관한 증인을 은닉 또는 도피하게 함으로써 성립하는 범죄이다. 이 범죄는 국가의 형사사법작용 내지 징계작용을 보호법익으로 한다.

II. 구성요건

1. 객관적 구성요건

1) 주체

본죄의 주체는 누구든지 될 수 있는 일반주체이다.

2) 객체

본죄의 객체는 '타인의 형사사건 또는 징계사건에 관한 증인'이다. 여기서 '증인'은 형사소송법상의 증인뿐만 아니라 수사기관에서 조사하는 참고인도 포함된다. 또한 '타인의 형사사건'이란 행위자 자신 이외의 사람의 형사사건을 의미하며, '징계사건'은 국가의 징계사건에 한정되고 사인(私人) 간의 징계사건은 포함되지 않는다(대법원 2007. 11. 30. 선고 2007도4191 판결).

3) 행위

본죄의 행위는 '증인을 은닉 또는 도피하게 하는 것'이다.

'은닉'이란 증인을 숨기거나 발견을 곤란하게 하는 일체의 행위를 말한다.

'도피하게 하는 것'은 은닉 이외의 방법으로 증인으로 하여금 수사기관이나 법원 또는 징계기관의 출석요구에 응하지 못하도록 하는 일체의 행위를 말한다.

은닉 또는 도피하게 하는 방법에는 제한이 없으며, 증인을 감금한 경우에는 감금죄와 증인은닉죄의 상상적 경합이 된다.

2. 주관적 구성요건

본죄는 고의범이므로, 타인의 형사사건 또는 징계사건에 관한 증인임을 인식하고, 그를 은닉하거나 도피하게 한다는 사실을 인식·인용하면 족하다. 목적이나 동기는 요건이 아니다.

다만, 피고인 자신이 직접 형사처분이나 징계처분을 받게 될 것을 두려워한 나머지 자기의 이익을 위하여 증인이 될 사람을 도피하게 하였다면, 그 행위가 동시에 다른 공범자의 형사사건이나 징계사건에 관한 증인을 도피하게 한 결과가 된다고 하더라도 이를 증인도피죄로 처벌할 수 없다(대법원 2003. 3. 14. 선고 2002도6134 판결).

III. 친족간의 특례

친족 또는 동거의 가족이 본인을 위하여 증인은닉·도피의 죄를 범한 때에는 처벌하지 아니한다(제155조 제4항).

[7] 무고죄 (제156조)

제156조(무고) 타인으로 하여금 형사처분 또는 징계처분을 받게 할 목적으로 공무소 또는 공무원에 대하여 허위의 사실을 신고한 자는 10년 이하의 징역 또는 1천500만 원 이하의 벌금에 처한다.

Ⅰ. 의의

무고죄는 타인으로 하여금 형사처분 또는 징계처분을 받게 할 목적으로 공무소 또는 공무원에 대하여 허위의 사실을 신고함으로써 성립하는 범죄이다.

국가의 형사사법권 또는 징계권의 적정한 행사를 주된 보호법익으로 하며, 부수적으로 개인이 부당하게 처벌받거나 징계를 받지 않을 이익도 보호한다(대법원 2008. 10. 23. 선고 2008도4852 판결).

Ⅱ. 구성요건

1. 객관적 구성요건

1) 주체

무고죄의 주체는 제한이 없다.

비록 외관상으로는 타인 명의의 고소장을 대리하여 작성하고 제출하는 형식으로 고소가 이루어진 경우라 하더라도 그 명의자는 고소의 의사 없이 이름만 빌려준 것에 불과하고 명의자를 대리한 자가 실제 고소의 의사를 가지고 고소행위를 주도한 경우라면, 그 명의자를 대리한 자를 신고자로 보아 본죄의 주체로 인정하여야 할 것이다(대법원 2007. 3. 30. 선고 2006도6017 판결).

2) 허위신고의 상대방

무고죄에서 허위신고의 상대방은 '공무소 또는 공무원'이다. 여기서 '공무소 또는 공무원'이란 형사처분의 경우에는 검사, 사법경찰관리 등 형사소추 또는 수사를 할 권한이 있는 관청과 그 감독기관 또는 그 소속 공무원을 말하고, 징계처분의 경우에는 징계권자 또는 징계권의 발동을 촉구하는 직권을 가진 자와 그 감독기관 또는 그 소속 구성원을 말한다(대법원 2010. 11. 25. 선고 2010도10202 판결).

군인에 대한 무고죄의 경우에 공무소 또는 공무원에 대한 신고는 반드시 해당 군인에 대하여 징계처분 또는 형사처분을 심사 결행할 직권 있는 소속 상관에게 직접 하여야 하는 것은 아니지만, 지휘명령 계통이나 수사관할 이첩을 통하여 그런 권한 있는 상관에게 도달되어야 무고죄가 성립한다(대법원 2014. 12. 24. 선고 2012도4531 판결).

3) 행위

무고죄의 행위는 '허위의 사실을 신고'하는 것이다. 여기서 허위의 사실이란 객관적 사실에 반하는 것을 말한다(대법원 1984. 5. 29. 선고 83도2410 판결).

① 허위사실의 의미

허위사실은 신고된 사실이 객관적 진실에 반하는 것을 의미한다. 신고한 사실이 객관적 사실에 반하는 허위사실이라는 요건은 적극적인 증명이 있어야 하며, 신고사실의 진실성을 인정할 수 없다는 소극적 증명만으로 곧 그 신고사실이 객관적 진실에 반하는 허위사실이라고 단정하여 무고죄의 성립을 인정할 수는 없다(대법원 1998. 2. 24. 선고 96도599 판결).

또한 타인에게 형사처분을 받게 할 목적으로 허위의 사실을 신고한 행위가 무고죄를 구성하기 위해서는 신고된 사실 자체가 형사처분의 대상이 될 수 있어야 하므로, 가령 허위의 사실을 신고하였더라도 신고 당시 그 사실 자체가 형사범죄를 구성하지 않으면 무고죄는 성립하지 않는다(대법원 2017. 5. 30. 선고 2015도15398 판결).

신고내용에 일부 객관적 진실에 반하는 내용이 포함되어 있더라도 그것이 범죄의 성부에 영향을 미치는 중요한 부분이 아니고 단지 신고사실의 정황을 과장하는 데 불과하다면 무고죄는 성립하지 않는다(대법원 2019. 7. 11. 선고 2018도2614 판결).

② 허위사실 적시의 정도

무고죄에 있어서 허위사실 적시의 정도는 수사관서 또는 감독관서에 대하여 수사권 또는 징계권의 발동을 촉구하는 정도의 것이면 충분하고 반드시 범죄구성요건 사실이나 징계요건 사실을 구체적으로 명시하여야 하는 것은 아니다(대법원 2006. 5. 25. 선고 2005도4642 판결).

③ 신고의 방법

신고의 방법은 서면(고소·고발장, 진정서 등)이나 구두를 불문한다. 서면에 의하는 경우 그 신고내용이 타인으로 하여금 형사처분 또는 징계처분을 받게 할 목적의 허위사실이면 족한 것이지 그 명칭을 반드시 고소장이라고 하여야만 무고죄가 성립하는 것은 아니다. (대법원 1985. 12. 10. 선고 84도2380 판결)

신고는 행위자가 자진해서 한 것이어야 한다. 수사기관 등의 신문이나 요청에 따라 허위로 진술한 것은 무고가 아니다. 그러나 고소장에 기재하지 않은 사실을 보충하는 조사단계에서 자진하여 진술한 경우는 여기서의 신고에 해당한다(대법원 1990. 8. 14. 선고 90도595 판결).

④ 기수시기

허위사실의 신고가 공무소 또는 공무원에 도달하였을 때 기수가 된다. 수사 개시 여부는 범죄 성립에 영향을 미치지 않으며, 도달한 이상 그 후 고소장을 되돌려 받더라도 본죄의 성립에는 영향이 없다(대법원 1985. 2. 8. 선고 84도2215 판결).

2. 주관적 구성요건

무고죄의 주관적 구성요건으로는 고의와 목적이 필요하다.

1) 고의

고의는 자신이 신고하는 사실이 허위임을 인식하는 것을 말한다. 무고죄에 있어서의 범의는 반드시 확정적 고의일 필요가 없고 미필적 고의로도 충분하므로, 신고자가 허위라고 확신한 사실을 신고한 경우뿐만 아니라 진실하다는 확신 없는 사실을 신고하는 경우에도 그 범의를 인정할 수 있다(대법원 1986. 3. 11. 선고 86도133 판결).

2) 목적

또한 '타인으로 하여금 형사처분 또는 징계처분을 받게 할 목적'이 있어야 한다. 이 목적은 허위신고를 하면서 다른 사람이 그로 인하여 형사처분을 받게 될 것이라는 인식이 있으면 충분하고 그 결과의 발생을 희망할 필요까지는 없다(대법원 1989. 9. 26. 선고 88도1533 판결).

자기 자신을 무고하기로 제3자와 공모하고 무고행위에 가담하였더라도 이는 자기 자신에게는 무고죄의 구성요건에 해당하지 않아 범죄가 성립할 수 없는 행위를 실현하고자 한 것에 지나지 않아 무고죄의 공동정범으로 처벌할 수 없다(대법원 2017. 4. 26. 선고 2013도12592 판결).

그러나 피무고자의 교사·방조 하에 제3자가 피무고자에 대한 허위의 사실을 신고한 경우에는 제3자의 행위는 무고죄의 구성요건에 해당하여 무고죄를 구성하므로, 제3자를 교사·방조한 피무고자도 교사·방조범으로서의 죄책을 부담한다(대법원 2008. 10. 23. 선고 2008도4852 판결).

III. 판례

1. 유죄 판결

- 무고죄의 죄수는 피무고자의 수에 따라 결정된다. 따라서 하나의 고소로 수인을 무고한 경우에는 피무고자의 수에 따라 수개의 무고죄가 성립하고, 각 무고죄는 형법 제40조 소정의 상상적 경합범의 관계에 있다(대법원 1991. 5. 10. 선고 90도2601 판결).

- 범행일시를 특정하지 않은 고소장을 제출한 후, 고소보충진술시에 범죄사실의 공소시효가 아직 완성되지 않은 것으로 진술한 피고인이 그 이후 검찰이나 제1심 법정에서 다시 범죄의 공소시효가 완성된 것으로 정정 진술한 경우, 이미 고소보충진술시에 무고죄가 성립하였다(대법원 2008. 3. 27. 선고 2007도11153 판결).

- 허위로 신고한 사실이 무고행위 당시 형사처분의 대상이 될 수 있었던 경우에는 국가의 형사사법권의 적정한 행사를 그르치게 할 위험과 부당하게 처벌받지 않을 개인의 법적 안정성이 침해될 위험이 이미 발생하였으므로 무고죄는 기수에 이르고, 이후 그러한 사실이 형사범죄가 되지 않는 것으로 판례가 변경되었더라도 특별한 사정이 없는 한 이미 성립한 무고죄에는 영향을 미치지 않는다(대법원 2017. 5. 30. 선고 2015도15398 판결).

- 무고죄는 국가의 형사사법권 또는 징계권의 적정한 행사를 주된 보호법익으로 하고 다만, 개인의 부당하게 처벌 또는 징계받지 아니할 이익을 부수적으로 보호하는 죄이므로, 설사 무고에 있어서 피무고자의 승낙이 있었다고 하더라도 무고죄의 성립에는 영

향을 미치지 못한다(대법원 2005. 9. 30. 선고 2005도2712 판결).

2. 무죄 판결

- 공무소에 신고한 허위의 사실이 친고죄로서 그에 대한 고소기간이 경과하였음이 신고 내용 자체에 의하여 분명한 경우, 당해 국가기관의 직무를 그르치게 할 위험이 없으므로 무고죄가 성립하지 않는다(대법원 2018. 7. 11. 선고 2018도1818 판결).
- 객관적인 사실관계를 자신이 인식한 대로 신고하는 이상 객관적인 사실을 토대로 한 나름대로의 주관적 법적 구성이나 평가에 잘못이 있다 하더라도 이는 허위의 사실을 신고한 것에 해당한다고 볼 수 없어 무고죄가 성립하지 않는다(대법원 1985. 9. 24. 선고 84도1737 판결).
- 성폭행 등의 피해를 입었다는 신고사실에 관하여 불기소처분 내지 무죄판결이 내려졌다고 하여, 그 자체를 무고를 하였다는 적극적인 근거로 삼아 신고내용을 허위라고 단정하여서는 아니 된다(대법원 2019. 7. 11. 선고 2018도2614 판결).

V. 자수·자백의 특례

무고죄를 범한 자가 그 허위사실을 신고한 사건의 재판 또는 징계처분이 확정되기 전에 자백 또는 자수한 때에는 그 형을 감경 또는 면제한다(제157조, 제153조).

제4장

방화와 실화의 죄

[1] 현주건조물 등 방화죄 (제164조 제1항)

Ⅰ. 의의

현주건조물 등 방화죄는 불을 놓아 사람이 주거로 사용하거나 사람이 현존하는 건조물, 기차, 전차, 자동차, 선박, 항공기 또는 지하채굴시설을 불태움으로써 성립하는 범죄이다. 공공의 안전을 제1차적인 보호법익으로 하고, 제2차적으로는 개인의 재산권을 보호하는 것을 목적으로 한다(대법원 1983. 1. 18. 선고 82도2341 판결).

Ⅱ. 구성요건

1. 객관적 구성요건

1) 객체

본죄의 객체는 '사람이 주거로 사용하거나 사람이 현존하는 건조물, 기차, 전차, 자동차, 선박, 항공기 또는 지하채굴시설'이다.

① 사람이 주거로 사용하거나 사람이 현존하는

'사람이 주거로 사용한다'는 것은 행위자 이외의 사람이 일상생활의 장소로 사용한다는 것을 의미한다. 사실상 주거로 사용하는 것으로 충분하다. 방화 당시에 사람이 현존할 것도 요하지 않는다.

'사람이 현존하는'이란 방화 당시 범인 이외의 사람이 건조물 내부에 존재하는 것을 의미한다. 건조물이 주거로 사용될 것은 요하지 않고, 사람이 사실상 존재하면 충분하고, 존재하는 정당한 이유 등은 필요하지 않다.

② 건조물, 기차, 전차, 자동차, 선박, 항공기 또는 지하채굴시설

'건조물'이란 토지에 정착되고 벽 또는 기둥과 지붕 또는 천장으로 구성되어 사람이 내부에 기거하거나 출입할 수 있는 공작물을 말하고, 반드시 사람의 주거용이어야 하는 것은 아니라도 사람이 사실상 기거·취침에 사용할 수 있는 정도는 되어야 한다(대법원 2013. 12. 12. 선고 2013도3950 판결).

'지하채굴시설'이란 광물을 채취하기 위한 지하설비를 말한다. 객체의 소유자는 불문한다.

2) 행위

본죄의 행위는 '불을 놓아 목적물을 불태우는 것'이다.

① 방화 : 불을 놓는 행위

본죄의 행위는 '불을 놓아 불태우는 것'이다. 목적물을 불태우기 위하여 불을 놓는 일체의 행위를 말한다. 방화의 수단·방법에는 제한이 없으며, 작위·부작위를 불문한다.

매개물을 통한 점화에 의하여 건조물을 소훼함을 내용으로 하는 형태의 방화죄의 경우에, 범인이 그 매개물에 불을 켜서 붙였거나 또는 범인의 행위로 인하여 매개물에 불이 붙게 됨으로써 연소작용이 계속될 수 있는 상태에 이르렀다면, 그것이 곧바로 진화되는 등의 사정으로 인하여 목적물인 건조물 자체에는 불이 옮겨 붙지 못하였다고 하더라도, 방화죄의 실행의 착수가 있었다고 보아야 한다(대법원 2002. 3. 26. 선고 2001도6641 판결).

실행의 착수가 있었는지 여부는 범행 당시 피고인의 의사 내지 인식, 범행의 방법과 태양, 범행 현장 및 주변의 상황, 매개물의 성질과 용량, 점화행위의 태양, 화력의 강약, 목적물에의 인접성 등 제반 사정을 종합하여 판단하여야 한다(대법원 2002. 3. 26. 선고 2001도6641 판결).

② 소훼 : 불태운 결과의 발생

소훼(燒燬)란 화력에 의한 건조물 또는 물건의 손괴를 의미한다.

③ 기수시기

화력이 매개물을 떠나 목적물인 건조물 스스로 연소할 수 있는 상태에 이름으로써 기수가 된다(대법원 1970. 3. 24. 선고 70도330 판결).

피해자의 사체 위에 옷가지 등을 올려놓고 불을 붙인 천조각을 던져 그 불길이 방안을 태우면서 천정에까지 옮겨 붙었다면, 설령 그 불이 완전연소에 이르지 못하고 도중에 진화되었다고 하더라도, 일단 천정에 옮겨 붙은 이상 그 때에 이미 현주건조물방화죄는 기수에 이르렀다(대법원 2007. 3. 16. 선고 2006도9164 판결).

2. 주관적 구성요건

본죄는 고의범이므로 사람이 주거로 사용하거나 사람이 현존하는 건조물 등이라는 인식 및 불을 놓아 소훼하는 것에 대한 인식과 의사가 있어야 한다. 추상적 위험범이므로 공공의 위험에 대한 인식은 필요 없다.

III. 판례

- 불을 놓은 집에서 빠져나오려는 피해자들을 막아 소사케 한 행위는 1개의 행위가 수개의 죄명에 해당하는 경우라고 볼 수 없고, 위 방화행위와 살인행위는 법률상 별개의 범의에 의하여 별개의 법익을 해하는 별개의 행위라고 할 것이니, 현주건조물방화죄와 살인죄는 실체적 경합관계에 있다(대법원 1983. 1. 18. 선고 82도2341 판결).
- 피고인이 방화의 의사로 뿌린 휘발유가 인화성이 강한 상태로 주택주변과 피해자의 몸에 적지 않게 살포되어 있는 사정을 알면서도 라이터를 켜 불꽃을 일으킴으로써 피해자의 몸에 불이 붙은 경우, 비록 외부적 사정에 의하여 불이 방화 목적물인 주택 자체에 옮겨 붙지는 아니하였다 하더라도 현존건조물방화죄의 실행의 착수가 있었다고 봄이 상당하다(대법원 2002. 3. 26. 선고 2001도6641 판결).

[2] 현주건조물방화치사상죄 (제164조 제2항)

Ⅰ. 의의

현주건조물방화치사상죄는 불을 놓아 사람이 주거로 사용하거나 사람이 현존하는 건조물 등을 불태움으로써 사람을 상해에 이르게 하거나 사망에 이르게 한 때에 성립하는 범죄이다.

Ⅱ. 구성요건

1. 기본범죄

본죄의 기본범죄는 현주건조물등방화죄이다. 기수·미수는 불문한다.

2. 사상의 결과 발생

본죄는 방화행위로 인하여 사람이 상해를 입거나 사망에 이르러야 한다. 여기서 사람은 행위자 이외의 타인이다. 연기나 가스에 의하여 질식사하거나, 넘어지는 건조물 등에 압사한 경우 등에도 인정된다. 이때 상해나 사망의 결과는 방화행위와 상당인과관계가 있어야 하며, 행위자에게 그 결과에 대한 예견가능성이 있어야 한다.

피해자가 진화작업 도중에 화상을 입은 경우에는 본죄가 성립하지 않는다(대법원 1967. 2. 21. 선고 66도1 판결).

3. 주관적 구성요건

본죄는 부진정결과적 가중범으로서, 기본범죄인 현주건조물방화에 대한 고의와 중한 결과인 사상(死傷)에 대한 과실 또는 고의가 있어야 한다.

Ⅲ. 판례

- 사람을 살해할 목적으로 현주건조물에 방화하여 사망에 이르게 한 경우에는 현주건조

물방화치사죄로 의율하여야 하고, 이와 더불어 살인죄와의 상상적 경합범으로 의율할 것은 아니다(대법원 1996. 4. 26. 선고 96도485 판결).

- 존속살인죄와 현주건조물방화치사죄는 상상적 경합관계에 있으므로, 법정형이 중한 존속살인죄로 의율함이 타당하다(대법원 1996. 4. 26. 선고 96도485 판결).
- 재물을 강취한 후 피해자를 살해할 목적으로 현주건조물에 방화하여 사망에 이르게 한 경우에는 강도살인죄와 현주건조물방화치사죄의 상상적 경합이 성립한다(대법원 1998. 12. 8. 선고 98도3416 판결).
- 호텔 사장 또는 영선과장에게는 화재가 발생하면 숙박객들이 신속하게 탈출대피할 수 있도록 시설관리해야 할 업무상 주의의무가 있고, 이를 위반하여 화재로 인한 사상 결과가 발생한 경우 현주건조물방화치사상죄가 성립할 수 있다(대법원 1984. 2. 28. 선고 83도3007 판결).

[3] 일반물건 방화죄 [제167조]

제167조(일반물건 방화) ① 불을 놓아 제164조부터 제166조까지에 기재한 외의 물건을 불태워 공공의 위험을 발생하게 한 자는 1년 이상 10년 이하의 징역에 처한다.
② 제1항의 물건이 자기 소유인 경우에는 3년 이하의 징역 또는 700만 원 이하의 벌금에 처한다.

I. 의의

일반물건 방화죄는 불을 놓아 형법 제164조부터 제166조까지에 기재한 외의 물건을 불태워 공공의 위험을 발생하게 함으로써 성립하는 범죄이다. 이 죄는 방화죄의 기본적 구성요건으로서, 공공의 안전을 제1차적 보호법익으로 하고, 제2차적으로는 개인의 재산권을 보호한다.

II. 구성요건

1. 객관적 구성요건

1) 객체

일반물건 방화죄의 객체는 '제164조부터 제166조까지에 기재한 외의 물건'이다. 즉, 현주건조물, 공용건조물, 일반건조물 등이 아닌 일반물건을 말한다.

2) 행위

본죄의 행위는 '불을 놓아 물건을 불태워 공공의 위험을 발생하게 하는 것'이다.

일반물건 방화죄는 구체적 위험범으로서 공공의 위험 발생을 요구한다. '공공의 위험'이란 불특정 또는 다수인의 생명·신체 또는 재산을 침해할 구체적인 위험을 말하며, 이러한 위험 발생의 여부는 구체적 사정을 기초로 하여 경험칙상 그 침해의 결과가 발생할 가능성이 있는가를 객관적으로 판단하여야 한다(대법원 2010. 1. 14. 선고 2009도12947 판결).

2. 주관적 구성요건

본죄는 고의범이므로, 불을 놓아 물건을 소훼하여 공공의 위험을 발생시킨다는 사실을 인식하고 이를 의욕하거나 적어도 용인하는 내심의 의사가 있어야 한다. 공공의 위험 발생에 대한 인식이 없는 경우에는 본죄가 성립하지 않는다.

III. 판례

- 피고인이 노상에서 전봇대 주변에 놓인 재활용품과 쓰레기 등에 불을 놓아 공공의 위험을 발생하게 한 경우, 일반물건방화죄가 성립한다(대법원 2009. 10. 15. 선고 2009도7421 판결).

[4] 실화죄 (제170조)

> 제170조(실화) ① 과실로 제164조 또는 제165조에 기재한 물건 또는 타인 소유인 제166조에 기재한 물건을 불태운 자는 1천500만 원 이하의 벌금에 처한다.
> ② 과실로 자기 소유인 제166조의 물건 또는 제167조에 기재한 물건을 불태워 공공의 위험을 발생하게 한 자도 제1항의 형에 처한다.

I. 의의

실화죄는 과실로 인하여 현주건조물, 공용건조물, 일반건조물 또는 일반물건을 불태움으로써 성립하는 범죄이다. 본죄의 보호법익은 공공의 안전과 재산권이다.

II. 구성요건

1. 객관적 구성요건

실화죄의 행위는 '과실로 물건을 불태우는 것'이다. 여기서 '불태운다'는 것은 화력에 의하여 객체를 소훼하는 것을 의미한다.

1) 제170조 제1항의 경우

과실로 인하여 현주건조물 등, 공용건조물 등, 타인 소유인 일반건조물 등을 소훼하는 것만으로 범죄가 성립한다(추상적 위험범).

2) 제170조 제2항의 경우

과실로 인하여 자기 소유인 일반건조물 등 또는 일반물건을 소훼하여 공공의 위험을 발생하게 하는 것을 요한다(구체적 위험범).

2. 주관적 구성요건

실화죄의 주관적 구성요건은 과실이다. 과실이란 정상의 주의를 태만히 함으로써 죄의 성립요소인 사실을 인식하지 못하는 것을 말한다.

III. 판례

• 형법 제170조 제2항에서 말하는 '자기의 소유에 속하는 제166조 또는 제167조에 기재한 물건'이라 함은 '자기의 소유에 속하는 제166조에 기재한 물건 또는 자기의 소유에 속하든, 타인의 소유에 속하든 불문하고 제167조에 기재한 물건'을 의미하는 것이라고 해석하여야 하며, 제170조 제1항과 제2항의 관계로 보아서도 제166조에 기재한 물건 (일반건조물 등) 중 타인의 소유에 속하는 것에 관하여는 제1항에서 규정하고 있기 때문에 제2항에서는 그중 자기의 소유에 속하는 것에 관하여 규정하고, 제167조에 기재한 물건에 관하여는 소유의 귀속을 불문하고 그 대상으로 삼아 규정하고 있는 것이다

(대법원 1994. 12. 20.자 94모32 전원합의체 결정).

- 공동의 과실이 경합되어 화재가 발생한 경우에 적어도 각 과실이 화재의 발생에 대하여 하나의 조건이 된 이상은 그 공동적 원인을 제공한 각자에 대하여 실화죄의 죄책을 물어야 한다(대법원 1983. 5. 10. 선고 82도2279 판결).

[5] 업무상실화 · 중실화죄 (제171조)

> 제171조(업무상실화, 중실화) 업무상과실 또는 중대한 과실로 인하여 제170조의 죄를 범한 자는 3년 이하의 금고 또는 2천만 원 이하의 벌금에 처한다.

Ⅰ. 의의

업무상실화죄와 중실화죄는 업무상과실 또는 중대한 과실로 인하여 제170조의 실화죄를 범함으로써 성립하는 범죄이다. 본죄는 실화죄보다 불법 및 책임이 가중되는 가중적 구성요건이다. 보호법익은 공공의 안전과 타인의 재산권이다.

Ⅱ. 구성요건

1. 주체

업무상실화죄의 주체는 업무자이다. '업무'란 사람의 사회생활면에서 계속적으로 종사하는 사무나 사업을 의미한다.

업무상실화죄의 업무는 직무로서 화기로부터의 안전을 배려해야 할 사회생활상의 지위를 뜻한다(대법원 1988. 10. 11. 선고 88도1273 판결). 여기서 업무에는 그 직무상 화재의 원인이 된 화기를 직접 취급하는 것에 그치지 않고 화재의 발견, 방지 등의 의무가 지워진 경우도 포함한다(대법원 1998. 12. 8. 선고 98도2697 판결).

중실화죄의 주체는 일반인이다.

2. 업무상 과실 또는 중대한 과실

본죄의 행위는 '업무상 과실 또는 중대한 과실로 인하여 실화죄를 범하는 것'이다.

‘업무상 과실’이란 업무자에게 요구되는 주의의무를 위반하는 것을 말한다. ‘중대한 과실’이란 현저한 주의의무 위반이 있는 경우를 의미하는데, 행위자가 극히 작은 주의를 함으로써 결과발생을 예견할 수 있었는데도 부주의로 이를 예견하지 못하는 경우를 말한다.

III. 판례

- 유조차의 운전사에게 위험물취급주임의 지시 없이도 석유가 제대로 급유되는지, 어떠한 사유로 인하여 급유장애가 발생하는지 여부를 확인하기 위하여 급유가 끝날 때까지 그와 함께 또는 그와 교대로 급유호스가 주입구에서 빠지려고 할 때는 즉시 대응조치를 할 수 있는 자세를 갖추어야 할 업무상의 주의의무가 있다고 할 수는 없다(대법원 1990. 11. 13. 90도2011 판결).
- 성냥불이 꺼진 것을 확인하지 아니한 채 플라스틱 휴지통에 던진 것은 중대한 과실에 해당한다(대법원 1993. 7. 27. 93도135).
- 아궁이로부터 80센티미터쯤 떨어진 곳에 비닐로 포장한 스폰지요, 솜 등을 끈으로 묶지 않은 채 쌓아두었다고 하더라도, 피고인이 아주 작은 주의만 기울였더라면 그것들이 연탄아궁이 쪽으로 쉽게 넘어지고 또 그로 인하여 훈소현상(불꽃없이 연기만 내면서 타는 현상)에 의한 화재가 발생할 것을 예견할 수 있었다고 보기는 어렵다(대법원 1989. 1. 17. 선고 88도643 판결).
- 전기에 관한 전문지식이 없는 오락실경영자로서는, 시공자가 조인터박스를 설치하지 아니하고 형광등을 천정에 바짝 붙여 부착시키는 등 부실하게 공사를 하였거나 또는 전기보안담당자가 전기공사사실을 통고받지 못하여 전기설비에 이상이 있는지 여부를 점검하지 못함으로써 위와 같은 부실공사가 그대로 방치되고 그로 인하여 전선의 합선에 의한 방화가 발생할 것 등을 쉽게 예견할 수 있었다고 보기는 어렵다(대법원 1989. 10. 13. 선고 89도204 판결).

제5장

문서에 관한 죄

[1] 공문서위조 · 변조죄 [제225조]

> 제225조(공문서등의 위조·변조) 행사할 목적으로 공무원 또는 공무소의 문서 또는 도화를 위조 또는 변조한 자는 10년 이하의 징역에 처한다.

I. 의의

공문서등의 위조·변조죄는 행사할 목적으로 공무원 또는 공무소의 문서 또는 도화를 위조 또는 변조함으로써 성립하는 범죄이다. 본죄는 공문서에 대한 공공의 신용을 보호법익으로 한다. 공문서는 사문서에 비하여 신용력이 크므로 사문서 위조·변조죄에 비하여 형이 가중된 가중적 구성요건이다.

II. 구성요건

1. 객관적 구성요건

1) 주체

본죄의 주체는 제한이 없는 일반인이다. 공무원이 아닌 자도 본죄의 주체가 될 수 있다.

2) 객체

본죄의 객체는 공문서 또는 도화이다. '공문서'란 공무원 또는 공무소가 그 직무상 작성한 문서를 말한다. '도화'란 문자 이외의 상형적 부호에 의하여 사람의 관념·의사가 물체에 화체되어 표현된 것을 말한다.

형법 제225조의 공문서변조나 위조죄의 객체인 공문서는 공무원 또는 공무소가 그 직무에 관하여 작성하는 문서이고, 그 행위주체가 공무원과 공무소가 아닌 경우에는 형법 또는 기타 특별법에 의하여 공무원 등으로 의제되는 경우를 제외하고는 계약 등에 의하여 공무와 관련되는 업무를 일부 대행하는 경우가 있다 하더라도 공무원 또는 공무소가 될 수는 없다 (대법원 1996. 3. 26. 선고 95도3073 판결).

3) 행위

① 위조

위조란 작성권한 없는 자가 타인의 명의를 모용하여 문서를 작성하는 행위이다. 권한 없는 자의 작성이어야 하므로 명의자의 명시적·묵시적 승낙(위임)이 있는 경우에는 위조가 되지 않는다. 위임받은 권한을 초월하여 문서를 작성한 경우에는 위조에 해당한다.

위조의 방법에는 제한이 없다. 새로운 문서를 작성하는 경우뿐만 아니라 기존문서를 이용하는 경우에도 위조가 될 수 있다. 예를 들어 유효기간을 경과하여 실효된 문서의 유효일자를 변경하여 다시 쓸 수 있게 하는 경우 등은 변조가 아니라 위조이다.

일반인으로 하여금 공무원 또는 공무소의 권한 내에서 작성된 문서라고 믿을 수 있는 형식과 외관을 구비한 문서를 작성하면 공문서위조죄가 성립하지만, 평균 수준의 사리분별력을 갖는 사람이 조금만 주의를 기울여 살펴보면 공무원 또는 공무소의 권한 내에서 작성된 것이 아님을 쉽게 알아볼 수 있을 정도로 공문서로서의 형식과 외관을 갖추지 못한 경우에는 공문서위조죄가 성립하지 않는다(대법원 1992. 5. 26. 선고 92도699 판결).

② 변조

변조란 권한 없는 자가 이미 진정하게 성립된 타인명의의 문서내용에 대하여 그 문서내용에 동일성을 해하지 않을 정도의 변경을 가하는 것을 말한다.

위조와 변조는 기존 문서의 동일성이 유지되느냐의 여부에 따라 구별되므로 기존문서의 일부를 변경하는 경우라도 중요부분을 변경하여 새로운 문서를 작성하는 것과 같다고 평가

될 때에는 변조가 아니라 위조가 된다.

2. 주관적 구성요건

본죄가 성립하기 위해서는 고의와 행사할 목적이 있어야 한다. 행사할 목적이란 위조 또는 변조한 공문서를 진정한 문서로서 사용할 목적을 말한다.

행사할 목적이란 변조된 문서를 진정한 문서인 것처럼 사용할 목적을 말하는 것으로 적극적 의욕이나 확정적 인식을 요하지 아니하고 미필적 인식이 있으면 족하다(대법원 2006. 1. 26. 선고 2004도788 판결).

III. 판례

- 다른 공무원 등이 작성권자의 결재를 받지 않고 직인 등을 보관하는 담당자를 기망하여 작성권자의 직인을 날인하도록 하여 공문서를 완성한 때에도 공문서위조죄가 성립한다(대법원 2017. 5. 17. 선고 2016도13912 판결).
- 피고인이 행사할 목적으로 타인의 주민등록증에 붙어있는 사진을 떼어내고 그 자리에 피고인의 사진을 붙였다면 이는 기존 공문서의 본질적 또는 중요 부분에 변경을 가하여 새로운 증명력을 가지는 별개의 공문서를 작성한 경우에 해당하므로 공문서위조죄를 구성한다(대법원 1991. 9. 10. 선고 91도1610 판결).
- 최종 결재권자를 보조하여 문서의 기안업무를 담당한 공무원이 이미 결재를 받아 완성된 공문서의 내용을 적법한 절차를 밟지 않고 변경한 경우, 공문서변조죄가 성립한다(대법원 2017. 6. 8. 선고 2016도5218 판결).
- 건축허가서에 첨부된 설계도면을 떼내고 건축사협회의 도면등록 일부인을 건축허가 신청당시 일자로 소급 변조하여 새로 작성한 설계도면을 그 자리에 가철한 행위는 공문서 변조죄에 해당한다(대법원 1982. 12. 14. 선고 81도81 판결).
- 공문서인 기안문서의 작성권한자가 직접 이에 서명하지 않고 피고인에게 지시하여 자기의 서명을 흉내내어 기안문서의 결재란에 대신 서명케 한 경우라면 피고인의 기안문서 작성행위는 작성권자의 지시 또는 승낙에 의한 것으로서 공문서위조죄의 구성요건 해당성이 조각된다(대법원 1983. 5. 24. 선고 82도1426 판결).

- 컴퓨터 스캔 작업을 통하여 만들어낸 공인중개사 자격증의 이미지 파일은 전자기록으로서 전자기록 장치에 전자적 형태로서 고정되어 계속성이 있다고 볼 수는 있으나, 그러한 형태는 그 자체로서 시각적 방법에 의해 이해할 수 있는 것이 아니어서 이를 형법상 문서에 관한 죄에 있어서의 '문서'로 보기 어렵다(대법원 2008. 4. 10. 선고 2008도1013 판결).

[2] 자격모용에 의한 공문서 등의 작성죄 [제226조]

> 제226조(자격모용에 의한 공문서 등의 작성) 행사할 목적으로 공무원 또는 공무소의 자격을 모용하여 문서 또는 도화를 작성한 자는 10년 이하의 징역에 처한다.

Ⅰ. 의의

자격모용에 의한 공문서작성죄는 행사할 목적으로 공무원 또는 공무소의 자격을 모용하여 문서 또는 도화를 작성함으로써 성립하는 범죄이다. 본죄의 보호법익은 공문서의 진정성에 대한 공공의 신용이다.

Ⅱ. 구성요건

1. 객관적 구성요건

1) 주체

본죄의 주체는 공무원 또는 공무소의 자격이 없는 자이다. 즉, 일반인뿐만 아니라 공무원이라도 해당 문서에 대한 작성권한이 없는 자는 본죄의 주체가 될 수 있다.

2) 객체

본죄의 객체는 '공무원 또는 공무소의 문서 또는 도화', 즉 공문서·공도화이다. 그 의미는 공문서 등 위조·변조죄에서의 공문서와 동일하다.

3) 행위

본죄의 행위는 '공무원 또는 공무소의 자격을 모용하여 문서·도화를 작성하는 것'이다.

① 자격모용

'자격모용'이란 공무원 또는 공무소를 대표할 자격이 없는 자가 자격을 사칭하여 작성권한 없는 사항에 대하여 자기명의로 문서를 작성하는 것을 말한다.

행사할 목적으로 타인의 자격을 모용하여 작성된 문서가 일반인으로 하여금 당해 명의인 의 권한 내에서 작성된 문서라고 믿게 할 수 있는 정도의 형식과 외관을 갖추고 있어야 성립 한다(대법원 2008. 2. 14. 선고 2007도9606 판결).

② 작성

'작성'은 공무원 또는 공무소의 자격을 모용하여 문서 또는 도화를 만드는 행위를 말한다.

2. 주관적 구성요건

본죄는 고의범이므로 공무원 또는 공무소의 자격을 모용하여 문서 또는 도화를 작성한다 는 인식과 의사가 있어야 한다.

또한, 고의 외에 '행사할 목적'이 요구된다. 여기서 '행사할 목적'이란 타인으로 하여금 해 당 문서가 정당한 권한에 기하여 작성된 것으로 오신하게 할 목적을 의미한다.

III. 판례

- 갑 구청장이 을 구청장으로 전보된 후 갑 구청장의 권한에 속하는 건축허가에 관한 기 안용지의 결재란에 서명을 한 경우 자격모용에 의한 공문서작성죄를 구성한다(대법원 1993. 4. 27. 선고 92도2688 판결).
- 식당의 주·부식 구입 업무를 담당하는 공무원이 주·부식구입요구서의 과장결재란에 권한 없이 자신의 서명을 한 경우, 자격모용공문서작성죄가 성립한다(대법원 2008. 1. 17. 선고 2007도6987 판결).

[3] 허위공문서작성죄 (제227조)

제227조(허위공문서작성등) 공무원이 행사할 목적으로 그 직무에 관하여 문서 또는 도화를 허위로 작성하거나 변개한 때에는 7년 이하의 징역 또는 2천만 원 이하의 벌금에 처한다.

Ⅰ. 의의

허위공문서작성죄는 공무원이 행사할 목적으로 그 직무에 관하여 문서 또는 도화를 허위로 작성하거나 변개함으로써 성립하는 범죄이다.

Ⅱ. 구성요건

1. 객관적 구성요건

1) 주체

본죄의 주체는 '직무에 관하여 문서 또는 도화를 작성할 권한이 있는 공무원'이다. 진정신분범으로서 공무원만이 정범이 될 수 있다. 공무원이라도 작성권한이 없는 공무원은 본죄의 주체가 아니고, 공문서위조죄나 자격모용에 의한 공문서작성죄가 성립한다.

2) 객체

본죄의 객체는 '공문서 또는 공도화'이다. 공무원 또는 공무소가 직무권한의 범위 내에서 작성한 문서·도화를 말한다.

허위공문서작성죄에 있어서의 '직무에 관한 문서'라 함은 공무원이 그 직무권한 내에서 작성하는 문서를 말하고, 그 문서는 대외적인 것이거나 내부적인 것을 구별하지 아니하며, 그 직무권한이 반드시 법률상 근거가 있음을 필요로 하는 것이 아니고, 널리 명령, 내규 또는 관례에 의한 직무집행의 권한으로써 작성하는 경우를 포함한다(대법원 1981. 12. 8. 선고 81도943 판결).

3) 직무에 관한 문서

허위공문서작성죄에 있어서 '직무에 관한 문서'란 공무원이 법령, 내규 등에 의한 직무권한 내에서 작성하는 문서를 의미하고, 직무권한 유무는 행정기관 내부의 사무분장 등에 의하여 결정되는 것이 아니라 대외적으로 공무원의 직무권한에 속하는지 여부에 따라 결정된다(대법원 2009. 9. 24. 선고 2007도4785 판결).

4) 행위

본죄의 행위는 '허위로 작성하거나 변개하는 것'이다.

① 허위작성

공무원이 작성권한 있는 문서·도화에 객관적 진실에 반하는 내용을 기재하는 것이다. '허위'란 문서에 표시된 내용과 진실이 부합하지 아니하여 그 문서에 대한 공공의 신용을 위태롭게 하는 경우를 말한다(대법원 2015. 10. 29. 선고 2015도9010 판결).

공문서에 진실에 반하는 기재를 하는 때에 성립하는 범죄이므로, 고의로 법령을 잘못 적용하여 공문서를 작성하였다고 하더라도 그 법령적용의 전제가 된 사실관계에 대한 내용에 거짓이 없다면 허위공문서작성죄가 성립될 수 없다(대법원 1996. 5. 14. 선고 96도554 판결).

기재의무가 있는 실제 사실을 공문서에 기재하지 않는 것과 같은 부작위에 의한 허위작성도 가능하다. 작성권한 없는 자의 문서작성은 내용이 허위인 경우에도 위조가 된다.

② 변개

변개란 작성권한 있는 공무원이 직무상 작성한 기존 문서·도화에 대하여 내용을 허위로 고치는 것을 말한다. 기존문서의 내용을 변경한다는 점에서 변조와 유사하지만, 변개는 작성권한 있는 자의 변경이라는 점에서 구별된다.

2. 주관적 구성요건

고의 이외에 행사할 목적이 있어야 한다.

III. 허위공문서작성죄의 간접정범

- 허위공문서작성죄의 주체는 직무상 그 문서를 작성할 권한이 있는 공무원에 한하고 작

성권자를 보조하는 직무에 종사하는 공무원은 허위공문서작성죄의 주체가 되지 못하나, 이러한 보조직무에 종사하는 공무원이 허위공문서를 기안하여 허위인 정을 모르는 작성권자에게 제출하고 그로 하여금 그 내용이 진실한 것으로 오신케 하여 서명 또는 기명날인케 함으로써 공문서를 완성한 때에는 허위공문서작성죄의 간접정범이 성립된다(대법원 1990. 10. 30. 선고 90도1912 판결).

- 시장의 토지구획정리사무를 보조하는 지방행정주사보가 행사할 목적으로 그 직무상 초안하는 문서에 허위사실을 기재한 체비지매각증명서 및 매도증서를 기안하여 그 정을 모르는 총무과 직원으로 하여금 시장 직인을 압날케 하여 시장명의의 위 문서들을 작성한 경우에는 허위공문서작성죄의 간접정범이 성립한다(대법원 1983. 9. 27. 선고 83도1404 판결).

IV. 판례

- 허위공문서작성죄는 그 문서를 작성할 권한이 있는 공무원이 허위내용의 공문서를 작성한 경우에 성립하는 것이고, 그 공무원을 보조하는 직무에 종사하는 공무원이 작성권한을 가진 공무원의 결재도 받지 아니하고 임의로 허위내용의 공문서를 작성권한자 명의로 작성한 때에는 공문서위조죄가 성립한다(대법원 1990. 10. 12. 선고 90도1790 판결).

- 공무원이 어떠한 위법사실을 발견하고도 직무상 의무에 따른 적절한 조치를 취하지 아니하고 위법사실을 적극적으로 은폐할 목적으로 허위공문서를 작성, 행사한 경우에는 직무위배의 위법상태는 허위공문서작성 당시부터 그 속에 포함되는 것으로 작위범인 허위공문서작성, 동행사죄만이 성립하고 부작위범인 직무유기죄는 따로 성립하지 아니한다(대법원 1999. 12. 24. 선고 99도2240 판결).

- 지방공무원인 피고인이 갑으로부터 부탁을 받고 1989. 4. 15.까지는 갑이 세대주이고 처인 을은 동거가족에 불과하였음에도 불구하고 마치 1988. 3. 26.부터 을이 세대주인 것처럼 된 세대별 주민등록표 1장을 작성하여 동사무소의 주민등록표 보관함에 비치한 행위는 허위공문서작성 및 동행사죄에 해당한다(대법원 1990. 10. 16. 선고 90도1199 판결).

- 면사무소 호적계장이 면장의 결재 없이 호적의 출생년란, 주민등록번호란에 허위내용의 호적정정 기재를 한 경우에는 공문서위조 및 동행사죄를 구성하는 것은 별론으로 하고 형법 제227조가 규정한 허위공문서작성죄에 해당할 수는 없다(대법원 1990. 10. 12. 선고 90도1790 판결).

- 공무원인 의사가 공무소의 명의로 허위진단서를 작성한 경우에는 허위공문서작성죄만이 성립하고 허위진단서작성죄는 별도로 성립하지 않는다(대법원 2004. 4. 9. 선고 2003도7762 판결).

- 피고인들을 비롯한 경찰관들이 피의자들을 현행범으로 체포하거나 현행범인체포서를 작성할 때 체포사유 및 변호인선임권을 고지하였다는 내용의 허위의 현행범인체포서와 확인서를 작성한 사안에서, 피고인들에게 허위공문서작성에 대한 범의가 있었다고 보아야 한다(대법원 2010. 6. 24. 선고 2008도11226 판결).

- 공무원이 여러 차례의 출장반복의 번거로움을 회피하고 민원사무를 신속히 처리한다는 방침에 따라 사전에 출장조사한 다음 출장조사내용이 변동 없다는 확신하에 출장복명서를 작성하고 다만 그 출장일자를 작성일자로 기재한 것이라면 허위공문서작성의 범의가 있었다고 볼 수 없다(대법원 2001. 1. 5. 선고 99도4101 판결).

[4] 공전자기록위작·변작죄 [제227조의2]

제227조의2(공전자기록위작·변작) 사무처리를 그르치게 할 목적으로 공무원 또는 공무소의 전자기록등 특수매체기록을 위작 또는 변작한 자는 10년 이하의 징역에 처한다.

Ⅰ. 의의

공전자기록위작·변작죄는 사무처리를 그르치게 할 목적으로 공무원 또는 공무소의 전자기록등 특수매체기록을 위작 또는 변작함으로써 성립하는 범죄이다. 사전자기록위작·변작죄보다 불법이 가중된 가중적 구성요건이다.

II. 구성요건

1. 객관적 구성요건

1) 주체

본죄의 주체는 누구든지 될 수 있는 일반범이다. 공무원은 물론 사인도 본죄의 주체가 될 수 있다.

2) 객체

본죄의 객체는 '공무원 또는 공무소의 전자기록등 특수매체기록'이다.

여기에서 '공무원'이란 원칙적으로 법령에 의해 공무원의 지위를 가지는 자를 말하고, '공무소'란 공무원이 직무를 행하는 관청 또는 기관을 말하며, '공무원 또는 공무소의 전자기록'은 공무원 또는 공무소가 직무상 작성할 권한을 가지는 전자기록을 말한다(대법원 2020. 3. 12. 선고 2016도19170 판결).

그 행위주체가 공무원과 공무소가 아닌 경우에는 형법 또는 특별법에 의하여 공무원 등으로 의제되는 경우를 제외하고는 계약 등에 의하여 공무와 관련되는 업무를 일부 대행하는 경우에도 원칙적으로 '공무원 또는 공무소'가 될 수 없다(대법원 2020. 3. 12. 선고 2016도19170 판결).

'전자기록 등 특수매체기록'이란 일정한 저장매체에 전자방식이나 자기방식 또는 광기술 등 이에 준하는 방식에 의하여 저장된 기록을 의미한다.

3) 행위

본죄의 행위는 '위작' 또는 '변작'이다.

① 위작

'위작'이란 전자기록에 관한 시스템을 설치·운영하는 주체와의 관계에서 전자기록의 생성에 관여할 권한이 없는 사람이 전자기록을 작출하거나 전자기록의 생성에 필요한 단위 정보의 입력을 하는 경우는 물론이고, 시스템의 설치·운영 주체로부터 각자의 직무 범위에서 개개의 단위 정보의 입력 권한을 부여받은 사람이 그 권한을 남용하여 허위의 정보를 입력함으로써 시스템 설치·운영 주체의 의사에 반하는 전자기록을 생성하는 경우도 포함한다(헌법재판소 2017. 8. 31. 선고 2015헌가30 결정).

② 변작

'변작'이란 권한 없이 또는 권한을 남용하여 이미 존재하는 전자기록의 내용을 권한 없이 변경하는 행위를 말한다.

③ 전자기록의 특성과 위작의 의미

전자기록은 그 자체로는 물적 실체를 가진 것이 아니어서 별도의 표시·출력장치를 통하지 아니하고는 보거나 읽을 수 없고, 그 생성 과정에 여러 사람의 의사나 행위가 개재됨은 물론 추가 입력한 정보가 프로그램에 의하여 자동으로 기존의 정보와 결합하여 새로운 전자기록을 작출하는 경우도 적지 않으며, 그 이용 과정을 보아도 그 자체로서 객관적·고정적 의미를 가지면서 독립적으로 쓰이는 것이 아니라 개인 또는 법인이 전자적 방식에 의한 정보의 생성·처리·저장·출력을 목적으로 구축하여 설치·운영하는 시스템에서 쓰임으로써 예정된 증명적 기능을 수행하는 것이다(대법원 2020. 8. 27. 선고 2019도11294 판결).

2. 주관적 구성요건

고의 외에 '사무처리를 그르치게 할 목적'이라는 초과주관적 구성요건이 필요하다.

'사무처리를 그르치게 할 목적'이란 위작 또는 변작된 전자기록이 사용됨으로써 전자적 방식에 의한 정보의 생성·처리·저장·출력을 목적으로 구축·설치한 시스템을 운영하는 주체인 개인 또는 법인의 사무처리를 잘못되게 하는 것을 말한다(대법원 2020. 8. 27. 선고 2019도11294 판결).

Ⅲ. 판례

- 경찰관이 고소사건을 처리하지 아니하였음에도 경찰범죄정보시스템에 그 사건을 검찰에 송치한 것으로 허위사실을 입력한 행위는 공전자기록위작죄에서 말하는 위작에

해당한다(대법원 2005. 6. 9. 선고 2004도6132 판결).

- 공군 복지근무지원단 예하 지구대의 부대매점 및 창고관리 부사관이 창고 관리병으로 하여금 위 지원단의 업무관리시스템인 복지전산시스템에 자신이 그 전에 이미 횡령한 바 있는 면세주류를 마치 정상적으로 판매한 것처럼 허위로 입력하게 한 경우, 공전자기록위작·변작죄의 '사무처리를 그르치게 할 목적'이 있었다(대법원 2010. 7. 8. 선고 2010도3545 판결).

- 자동차등록 담당공무원인 피고인이 여객자동차 운수사업법상 차량충당연한 규정에 위배되어 영업용으로 변경 및 이전등록을 할 수 없는 차량인 것을 알면서 자동차등록정보 처리시스템의 자동차등록원부 용도란에 '영업용'이라고 입력하였으나, 변경 및 이전등록에 관한 구체적 등록내용인 최초등록일 등은 사실대로 입력한 경우, 위 행위가 공전자기록등위작죄의 '위작'에 해당한다고 할 수 없다(대법원 2011. 5. 13. 선고 2011도1415 판결).

[5] 공정증서원본 등 부실기재죄 [제228조]

제228조(공정증서원본 등의 부실기재) ① 공무원에 대하여 허위신고를 하여 공정증서원본 또는 이와 동일한 전자기록등 특수매체기록에 부실의 사실을 기재 또는 기록하게 한 자는 5년 이하의 징역 또는 1천만 원 이하의 벌금에 처한다.
② 공무원에 대하여 허위신고를 하여 면허증, 허가증, 등록증 또는 여권에 부실의 사실을 기재하게 한 자는 3년 이하의 징역 또는 700만 원 이하의 벌금에 처한다.

Ⅰ. 의의

공정증서원본 등의 부실기재죄는 공무원에 대하여 허위신고를 하여 공정증서원본 또는 이와 동일한 전자기록등 특수매체기록에 부실의 사실을 기재 또는 기록하게 함으로써 성립하는 범죄이다. 보호법익은 공정증서원본 등에 대한 공공의 신용이다.

Ⅱ. 구성요건

1. 객관적 구성요건

1) 주체

본죄의 주체는 제한이 없다. 공무원도 본죄의 주체가 될 수 있다.

2) 객체

본죄의 객체는 '공정증서원본 또는 이와 동일한 전자기록등 특수매체기록, 면허증, 허가증, 등록증, 여권'이다.

① 공정증서원본 또는 이와 동일한 전자기록등 특수매체기록

공정증서원본이란 공무원이 직무상 작성한 공문서로서 권리의무에 관한 사실을 증명하는 효력을 갖는 것을 말한다. 권리의무관계의 증명을 직접적인 목적으로 하는 공문서에 제한된다.

공정증서원본에 해당하는 것으로는 가족관계등록부, 부동산등기부, 상업등기부, 자동차등록원부, 약속어음공정증서, 집행수락부, 기류부 등이 있다(대법원 1957. 11. 8. 선고 4290형상299 판결).

반면, 건축물대장, 토지대장, 임야대장, 인감대장, 자동차운전면허대장, 출입국증명 등은 당사자의 신고에 의해 허위의 사실이 기재될 여지가 없거나 권리·의무에 대한 사항이 아니므로 이 객체에 포함되지 않는다(대법원 1970. 12. 29. 선고 69도2059 판결).

또한 공증인이 인증한 사서증서는 형법 제228조에서 말하는 공정증서원본이 될 수 없다(대법원 1984. 10. 23. 선고 84도1217 판결).

'공정증서원본과 동일한 전자기록 등 특수매체기록'은 공정증서원본에 상당하는 권리·의무에 관한 사실을 증명하는 효력을 가진 전자기록 등을 말한다.

② 면허증, 허가증, 등록증 또는 여권

면허증, 허가증, 등록증 또는 여권은 제2항에서 규정하고 있는 객체로, 공정증서원본보다 법정형이 낮다.

'면허증'이란 특정인에 대하여 특정한 행위를 할 수 있는 권리를 부여하기 위하여 공무소·공무원이 작성·교부하는 증명서를 말한다. 의사면허증, 자동차운전면허증 등이 이에 포함된다. 그러나 시험합격증서, 교사자격증과 같이 일정한 자격을 표시하는 데 불과한 것은 면허증이 아니다.

'허가증'이란 특정인에게 일정한 영업이나 사업을 허가하였다는 사실을 증명하는 공문서를 말하며, 주류판매영업허가증, 영업허가증 등이 이에 포함된다.

'등록증'이란 일정한 자격이나 요건을 갖춘 자에게 그 자격이나 요건에 상응한 활동을 할 수 있는 권능 등을 인정하기 위하여 공무원이 작성한 증서를 말한다. 변호사 등록증은 여기에 해당하지만, 사업자등록증은 단순한 사업사실의 등록을 증명하는 증서에 불과하고 사업을 할 수 있는 자격이나 요건을 갖추었음을 인정하는 것은 아니므로 등록증에 해당하지 않는다(대법원 2005. 7. 15. 선고 2003도6934 판결).

'여권'이란 공무소가 여행자에게 발행하는 허가증을 말한다.

3) 행위

본죄의 행위는 '공무원에 대하여 허위신고를 하여 부실의 사실을 기재 또는 기록하게 하는 것'이다.

① 공무원

허위신고의 대상이 되는 공무원은 공정증서원본 등에 신고사실을 기재·기록할 수 있는 권한을 가진 공무원을 말한다. 등기관, 가족관계등록 담당 공무원, 병사 담당 공무원, 공증인 등이 여기에 해당한다. 공무원은 실질적 심사권을 가진 경우뿐 아니라 형식적 심사권을 가진 경우도 포함된다.

② 허위신고

허위신고란 공무원에게 권리·의무에 관한 중요한 사실에 관하여 객관적 진실에 반하는 신고를 하는 것을 말한다.

신고의 방법에는 제한이 없으므로 행위자가 직접 신고하지 않고 대리인을 통하여 하여도 무방하고, 구두나 서면, 자기 명의 또는 타인 명의의 신고도 모두 포함된다. 신고인의 자격을 사칭하는 경우도 포함한다.

법원의 촉탁에 의하여 이루어진 등기는 당사자의 허위신고에 의하여 이루어진 것이 아니므로 공정증서원본불실기재죄를 구성하지 않는다(대법원 1983. 12. 27. 선고 83도2442 판결).

③ 부실의 사실 기재 또는 기록

부실의 사실이란 권리의무관계에 중요한 의미를 갖는 사항이 진실에 반하는 것을 말한다(대법원 2013. 1. 24. 선고 2012도12363 판결).

기재사항이 외관상 존재한다고 하더라도 무효사유에 해당하는 하자가 있다면 부실에 속한다. 반면에 기재사항이나 그 원인된 법률행위가 객관적으로 존재하고 취소사유인 하자가 있을 뿐인 경우, 취소 전에 공정증서원본에 기재되었다면 부실 기재에 해당하지 않는다(대법원 2004. 9. 24. 선고 2004도4012 판결).

④ 기수시기

공무원에게 허위신고를 한 때에 실행의 착수가 있고, 공무원이 현실적으로 부실기재·기록을 한 때 기수가 된다.

2. 주관적 구성요건

본죄는 허위신고에 의하여 부실의 사실을 기재한다는 점에 대한 인식이 있을 것을 요하는 고의범이므로 객관적으로 부실의 기재가 있다 하여도 그에 대한 인식이 없는 경우에는 본죄가 성립하지 않는다(대법원 1996. 4. 26. 선고 95도2468 판결).

III. 판례

- 발행인과 수취인 사이에 통정허위표시로서 무효인 어음발행행위를 공증인에게는 마치 진정한 어음발행행위가 있는 것처럼 허위로 신고함으로써 공증인으로 하여금 어음발행행위에 대하여 집행력 있는 어음공정증서원본을 작성케 한 경우 공정증서원본불실기재죄에 해당한다(대법원 2012. 4. 26. 선고 2009도5786 판결).

- 지교회의 대표자가 총회의 결의 없이 지교회 교인들의 총유에 속하는 교회 부지 및 건물을 위 재단법인 앞으로 소유권이전등기를 마친 행위는 공정증서불실기재죄를 구성한다(대법원 2008. 9. 25. 선고 2008도3198 판결).
- 피고인이 자신의 부친이 적법하게 취득한 토지인 것으로 알고 실체관계에 부합하게 하기 위하여 소유권보존등기를 경료한 경우, 등기 당시 부실기재의 점에 대한 고의 내지는 인식이 없었다고 보아 공정증서원본부실기재 및 동 행사죄가 성립하지 않는다(대법원 1996. 4. 26. 선고 95도2468 판결).

[6] 위조 등 공문서행사죄 [제229조]

> 제229조(위조 등 공문서의 행사) 제225조 내지 제228조의 죄에 의하여 만들어진 문서, 도화, 전자기록 등 특수매체기록, 공정증서원본, 면허증, 허가증, 등록증 또는 여권을 행사한 자는 그 각 죄에 정한 형에 처한다.

I. 의의

위조등공문서행사죄는 공문서 등 위조·변조죄(제225조), 자격모용에 의한 공문작성죄(제226조), 허위공문서작성죄(제227조), 공전자기록위작·변작죄(제227조의2), 공정증서원본 등 부실기재죄(제228조)에 의하여 만들어진 문서, 도화, 전자기록등 특수매체기록, 공정증서원본, 면허증, 허가증, 등록증 또는 여권을 행사함으로써 성립하는 범죄이다. 본죄의 보호법익은 공문서 등에 대한 공공의 신뢰와 거래의 안전이다.

II. 구성요건

1. 객관적 구성요건

1) 주체

본죄의 주체는 제한이 없다. 공문서 등을 위조·변조한 자만 본죄의 주체가 되는 것은 아니다.

2) 객체

본죄의 객체는 제225조 내지 제228조의 죄에 의하여 만들어진 문서, 도화, 전자기록등 특수매체기록, 공정증서원본, 면허증, 허가증, 등록증 또는 여권이다.

3) 행위

본죄의 행위는 '행사하는 것'이다.

① 행사의 의미

행사란 위조·변조·자격모용작성·위작·변작·허위작성한 문서 등을 진정한 문서 또는 내용이 진실한 문서인 것처럼 그 문서의 효용방법에 따라 이를 사용하는 것을 말한다.

행사의 방법은 상대방이 문서 등을 인식할 수 있는 상태에 두는 것으로서, 제시, 제출, 우송 또는 볼 수 있도록 비치하는 것 등이 이에 속한다. 위조된 문서를 스캐너 등을 통해 이미지화한 다음 이를 전송하여 컴퓨터 화면상에서 보게 하는 경우도 행사에 해당한다.

② 행사의 상대방

행사의 상대방은 위조 등의 사실을 알지 못하는 자일 것을 요한다. 그 문서가 위조, 변조, 허위작성되었다는 정을 아는 공범자 등에게 제시, 교부하는 경우 등에 있어서는 행사죄가 성립할 여지가 없다(대법원 1986. 2. 25. 선고 85도2798 판결).

③ 기수시기

상대방이 문서를 인식할 수 있는 상태에 둠으로써 기수가 되고, 상대방이 문서내용을 현실적으로 인식할 필요는 없다.

2. 주관적 구성요건

고의가 있어야 한다. 행사할 목적은 요하지 않는다.

- 피고인이 위조·변조한 공문서의 이미지 파일을 甲 등에게 이메일로 송부하여 프린터로 출력하게 함으로써 '행사'하였다는 내용으로 기소되었는데, 甲 등은 출력 당시 위 파일이 위조된 것임을 알지 못하였으므로 피고인의 행위는 위조·변조공문서행사죄를 구성한다(대법원 2012. 2. 23. 선고 2011도14441 판결).

- 허위공문서를 관청에 비치하는 경우도 허위공문서의 행사로 인정된다(대법원 1989. 12. 12. 선고 89도1253 판결).

- 공무원이 청탁에 의하여 허위공문서를 작성 발행한 경우에는 수교자가 필요시 필요로 하는 상대방에게 진정한 공문서로 행사하리라는 정을 알고 있었다고 볼 것이므로 수교자가 동 허위공문서를 행사하였을 때에는 발행자는 허위공문서행사죄의 죄책을 면할 수 없다(대법원 1969. 5. 13. 선고 69도535 판결).

- 자신의 이름과 나이를 속이는 용도로 사용할 목적으로 주민등록증의 이름·주민등록번호란에 글자를 오려 붙인 후 이를 컴퓨터 스캔 장치를 이용하여 이미지 파일로 만들어 컴퓨터 모니터로 출력하는 한편 타인에게 이메일로 전송한 경우, 컴퓨터 모니터 화면에 나타나는 이미지는 형법상 문서에 관한 죄의 문서에 해당하지 않으므로 공문서위조 및 위조공문서행사죄를 구성하지 않는다(대법원 2007. 11. 29. 선고 2007도7480 판결).

[7] 공문서부정행사죄 [제230조]

제230조(공문서 등의 부정행사) 공무원 또는 공무소의 문서 또는 도화를 부정행사한 자는 2년 이하의 징역이나 금고 또는 500만 원 이하의 벌금에 처한다.

I. 의의

공문서부정행사죄는 공무원 또는 공무소의 문서 또는 도화를 부정행사함으로써 성립하는 범죄이다. 보호법익은 공문서에 대한 공공의 신용과 문서의 정당한 사용질서이다.

II. 구성요건

1. 객관적 구성요건

1) 주체

본죄의 주체는 누구든지 될 수 있다. 공문서의 사용권한자도 부정하게 행사하는 경우 본죄의 주체가 될 수 있다.

2) 객체

본죄의 객체는 '공무원 또는 공무소의 문서 또는 도화'이다. 사용권한자와 용도가 특정되어 작성된 공문서 또는 공도화를 말한다(대법원 1998. 8. 21. 선고 98도1701 판결).

3) 행위

본죄의 행위는 '부정행사'이다.

① 사용권한 있는 자의 사용

사용권한 있는 자라도 정당한 용법에 반하여 부정하게 행사하는 경우 본죄가 성립한다(대법원 1998. 8. 21. 선고 98도1701 판결).

② 사용권한 없는 자의 사용

사용권한자와 용도가 특정되어 작성된 공문서를 사용권한 없는 자가 사용권한이 있는 것처럼 가장하여 부정한 목적으로 행사하는 경우 본죄가 성립한다(대법원 1999. 5. 14. 선고 99도206 판결).

다만, 사용권한자와 용도가 특정되어 있는 공문서를 사용권한 없는 자가 사용한 경우에도 그 공문서 본래의 용도에 따른 사용이 아닌 경우에는 공문서부정행사죄가 성립하지 않는다(대법원 2003. 2. 26. 선고 2002도4935 판결).

2. 주관적 구성요건

본죄는 고의범이므로, 자신이 사용권한 없는 자임을 알면서도 사용권한이 있는 것처럼 가장하여 행사하거나, 권한 있는 자라도 정당한 용법에 반하여 부정하게 행사한다는 인식이 있어야 한다.

III. 판례

1. 유죄 판결

- 운전 중 경찰관으로부터 운전면허증 제시를 요구받자 타인의 운전면허증을 마치 자신의 운전면허증인 것처럼 제시한 경우 공문서부정행사죄가 성립한다(대법원 2001. 4. 19. 선고 2000도1985 전원합의체 판결).

2. 무죄 판결

- 장애인사용자동차표지를 사용할 권한이 없는 사람이 장애인전용주차구역에 주차하는 등 장애인 사용 자동차에 대한 지원을 받을 것으로 합리적으로 기대되는 상황이 아니라면 단순히 이를 자동차에 비치하였더라도 장애인사용자동차표지를 본래의 용도에 따라 사용했다고 볼 수 없어 공문서부정행사죄가 성립하지 않는다(대법원 2022. 9. 29. 선고 2021도14514 판결).
- 인감증명서와 같이 사용권한자가 특정되어 있지 않고 그 용도도 다양한 공문서는 그 명의자 아닌 자가 그 명의자의 의사에 반하여 함부로 행사하더라도 문서 본래의 취지에 따른 용도에 합치된다면 공문서부정행사죄는 성립하지 않는다(대법원 1983. 6. 28. 선고 82도1985 판결).
- 주민등록표등본은 그 사용권한자가 특정되어 있다고 할 수 없고, 또 용도도 다양하며, 반드시 본인이나 세대원만이 사용할 수 있는 것이 아니므로, 타인의 주민등록표등본을 그와 아무런 관련 없는 사람이 마치 자신의 것인 것처럼 행사하였다고 하더라도 공문서부정행사죄가 성립되지 아니한다(대법원 1999. 5. 14. 선고 99도206 판결).

[8] 사문서위조·변조죄 (제231조)

> 제231조(사문서등의 위조·변조) 행사할 목적으로 권리·의무 또는 사실증명에 관한 타인의 문서 또는 도화를 위조 또는 변조한 자는 5년 이하의 징역 또는 1천만 원 이하의 벌금에 처한다.

Ⅰ. 의의

사문서위조·변조죄는 행사할 목적으로 권리·의무 또는 사실증명에 관한 타인의 문서 또는 도화를 위조 또는 변조함으로써 성립하는 범죄이다. 본죄의 보호법익은 사문서 성립의 진정에 대한 사회적 신용과 거래의 안전이다.

Ⅱ. 구성요건

1. 객관적 구성요건

1) 객체

본죄의 객체는 '권리·의무 또는 사실증명에 관한 타인의 문서 또는 도화'이다.

① 타인의 문서·도화

작성명의자가 사인인 문서 또는 도화를 말한다. 즉, 공무원이나 공무소 명의로 작성된 것 이외의 문서 또는 도화가 이에 해당한다.

② 권리·의무 또는 사실증명에 관한 문서

권리·의무에 관한 문서라 함은 권리의무의 발생·변경·소멸에 관한 사항이 기재된 것을 말하며, 사실증명에 관한 문서는 권리·의무에 관한 문서 이외의 문서로서 거래상 중요한 사실을 증명하는 문서를 의미한다(대법원 2002. 12. 10. 선고 2002도5533 판결).

2) 행위

본죄의 행위는 '위조' 또는 '변조'이다.

① 위조

위조란 작성권한 없는 자가 타인의 명의를 모용하여 문서를 작성하는 것을 말한다. 사문서위조죄에 있어서 문서작성의 정도는 반드시 그 문서의 전체가 완성되어야 하는 것은 아니고 일부가 미완성이거나 기재가 불분명한 점이 있더라도 일응 권리의무나 사실증명에 관한 문서로서의 형식과 내용을 갖추고 있으면 충분하다(대법원 2007. 5. 10. 선고 2007도1674 판결).

② 변조

변조란 권한 없는 자가 이미 진정하게 성립된 타인 명의의 문서내용에 대하여 동일성을 해하지 않을 정도로 변경을 가하여 새로운 증명력을 작출케 함으로써 공공적 신용을 해할 위험성이 있게 하는 것을 말한다(대법원 2011. 9. 29. 선고 2010도14587 판결).

사문서변조에 있어서 그 변조 당시 명의인의 명시적, 묵시적 승낙 없이 한 것이면 변조된 문서가 명의인에게 유리하여 결과적으로 그 의사에 합치한다 하더라도 사문서변조죄의 구성요건을 충족한다(대법원 1985. 1. 22. 선고 84도2422 판결).

문서의 내용 중 권한 없는 자에 의하여 이미 변조된 부분을 다시 권한 없이 변경한 경우에는 사문서변조죄가 성립하지 않는다(대법원 2020. 6. 4. 선고 2020도3809 판결).

2. 주관적 구성요건

본죄는 고의 이외에 행사할 목적이 있어야 한다.

법무사가 위임인이 문서명의자로부터 문서작성권한을 위임받지 않았음을 알면서도 법무사법 제25조에 따른 확인절차를 거치지 아니하고 권리의무에 중대한 영향을 미칠 수 있는 문서를 작성한 경우, 사문서위조 및 동행사죄의 고의가 인정된다(대법원 2008. 4. 10. 선고 2007도9987 판결).

III. 판례

1. 유죄 판결

- 위조된 문서원본을 단순히 전자복사기로 복사하여 그 사본을 만드는 행위도 공공의 신

용을 해할 우려가 있는 별개의 문서사본을 창출하는 행위로서 문서위조행위에 해당한다(대법원 1996. 5. 14. 선고 96도785 판결).

- 피고인이 다른 서류에 찍혀 있던 갑의 직인을 칼로 오려내어 풀로 붙인 후 이를 복사하는 방법으로 갑 명의의 추천서와 경력증명서를 위조하고 이를 행사한 경우, 일반적으로 문서가 갖추어야 할 형식을 다 구비하고 있고, 일반인이 명의자의 진정한 사문서로 오신하기에 충분한 정도의 형식과 외관을 갖추고 있다면 사문서위조죄에 해당한다(대법원 2011. 2. 10. 선고 2010도8361 판결).

- 이사가 이사회 회의록에 서명 대신 서명거부사유를 기재하고 그에 대한 서명을 하였는데 이사회 회의록의 작성권한자인 이사장이 임의로 이를 삭제하고 회의록을 법인 홈페이지에 게시한 경우 사문서변조죄 및 변조사문서행자죄에 해당한다(대법원 2018. 9. 13. 선고 2016도20954 판결).

2. 무죄 판결

- 작성명의자의 승낙이나 위임이 없이 그 명의를 모용하여 토지사용에 관한 책임각서 등을 작성하면서 작성명의자의 서명이나 날인은 하지 않고 다만 피고인이 자신의 이름으로 보증인란에 서명·날인한 경우, 사문서위조죄가 성립되기 어렵다(대법원 1997. 12. 26. 선고 95도2221 판결).

- 법무사가 피고인들로부터 속아 등기의무자를 공소외 1로 하는 확인서면을 작성하였다고 하더라도 작성명의인이 문서를 작성한 이상 피고인들이 위조한 것으로 볼 수 없다(대법원 2010. 11. 25. 선고 2010도11509 판결).

[9] 자격모용에 의한 사문서의 작성죄 [제232조]

제232조(자격모용에 의한 사문서의 작성) 행사할 목적으로 타인의 자격을 모용하여 권리·의무 또는 사실증명에 관한 문서 또는 도화를 작성한 자는 5년 이하의 징역 또는 1천만 원 이하의 벌금에 처한다.

Ⅰ. 의의

자격모용에 의한 사문서의 작성죄는 행사할 목적으로 타인의 자격을 모용하여 권리·의무 또는 사실증명에 관한 문서 또는 도화를 작성함으로써 성립하는 범죄이다.

Ⅱ. 구성요건

1. 객관적 구성요건

1) 객체

본죄의 객체는 권리·의무 또는 사실증명에 관한 문서 또는 도화이다.

2) 행위

본죄의 행위는 '타인의 자격을 모용하여 문서 또는 도화를 작성하는 것'이다.

① 타인의 자격 모용

타인의 자격을 모용한다는 것은 대리권이나 대표권이 없는 자가 대리자격이나 대표자격을 사칭하는 것을 의미한다.

'타인'에는 자연인뿐만 아니라 법인, 법인격 없는 단체를 비롯하여 거래관계에서 독립한 사회적 지위를 갖고 활동하고 있는 존재로 취급될 수 있으면 여기에 해당된다(대법원 2008. 2. 14. 선고 2007도9606 판결).

② 문서 또는 도화의 작성

본인의 의사에 반하여 문서를 현실적으로 작출하는 것이다.

2. 주관적 구성요건

고의 이외에 '행사할 목적'을 요하는 목적범이다.

'행사할 목적'이라 함은 다른 사람으로 하여금 그 문서가 정당한 권한에 기하여 작성된 것으로 오신하게 할 목적을 말한다. 사문서를 작성하는 자가 다른 사람의 대리인 또는 대표자로서의 자격을 모용하여 문서를 작성한다는 것을 인식·용인하면서 이를 진정한 문서로서 어떤 효용에 쓸 목적으로 사문서를 작성하였다면, 자격모용에 의한 사문서작성죄의 행사의 목적과 고의가 있는 것으로 보아야 한다(대법원 2007. 7. 27. 선고 2006도2330 판결).

III. 판례

1. 유죄 판결

- 행사할 목적으로 타인의 자격을 모용하여 작성된 문서가 일반인으로 하여금 당해 명의인의 권한 내에서 작성된 문서라고 믿게 할 수 있는 정도의 형식과 외관을 갖추고 있으면 성립한다(대법원 2008. 2. 14. 선고 2007도9606 판결).
- 부동산중개사무소를 대표하거나 대리할 권한이 없는 사람이 부동산매매계약서의 공인중개사란에 'ㅇㅇ부동산 대표 △△△(피고인의 이름)'라고 기재한 경우, 'ㅇㅇ부동산'이라는 표기는 단순히 상호를 가리키는 것이 아니라 독립한 사회적 지위를 가지고 활동하는 존재로 취급될 수 있으므로 자격모용사문서작성죄의 '명의인'에 해당한다(대법원 2008. 2. 14. 선고 2007도9606 판결).

2. 무죄 판결

- 타인의 대표자 또는 대리자가 그 대표명의 또는 대리명의를 써서 문서를 작성할 권한을 가지는 경우에 그 지위를 남용하여 단순히 자기 또는 제3자의 이익을 도모할 목적으로 문서를 작성하였다 하더라도 자격모용 사문서작성죄는 성립하지 아니한다(대법원 2007. 10. 11. 선고 2007도5838 판결).

[10] 사전자기록위작·변작죄 (제232조의2)

제232조의2(사전자기록위작·변작) 사무처리를 그르치게 할 목적으로 권리·의무 또는 사실증명에 관한 타인의 전자기록 등 특수매체기록을 위작 또는 변작한 자는 5년 이하의 징역 또는 1천만 원 이하의 벌금에 처한다.

Ⅰ. 의의

  사전자기록위작·변작죄는 사무처리를 그르치게 할 목적으로 권리·의무 또는 사실증명에 관한 타인의 전자기록등 특수매체기록을 위작 또는 변작함으로써 성립하는 범죄이다.

Ⅱ. 구성요건

1. 객관적 구성요건

1) 주체

  본죄는 일반인이 주체가 되는 일반범이다. 다만 전자기록의 생성에 관여할 권한이 있는 자도 그 권한을 남용하여 허위의 정보를 입력함으로써 시스템 설치·운영 주체의 의사에 반하는 전자기록을 생성하는 경우 본죄의 주체가 될 수 있다(대법원 2020. 8. 27. 선고 2019도11294 판결).

2) 객체

  본죄의 객체는 '권리·의무 또는 사실증명에 관한 타인의 전자기록등 특수매체기록'이다.

① 권리·의무 또는 사실증명에 관한 전자기록

  권리·의무에 관한 전자기록이란 권리 및 의무의 발생, 존속, 변경, 소멸에 관한 전자기록을 말하며, 사실증명에 관한 전자기록은 법률상 또는 사회생활상 중요한 사실의 증명과 관계있는 전자기록을 말한다(헌법재판소 2007. 12. 18. 선고 2007헌마1320 결정).

② 타인의 전자기록

  자신이 직접 작성한 전자기록은 '타인'의 전자기록에 해당하지 않는다.

③ 전자기록 등 특수매체기록

  '전자기록 등 특수매체기록'이란 일정한 저장매체에 전자방식이나 자기방식 또는 광기술 등 이에 준하는 방식에 의하여 저장된 기록을 의미한다. 전자기록은 그 자체로서 객관적·고정적 의미를 가지면서 독립적으로 쓰이는 것이 아니라 개인 또는 법인이 전자적 방식에 의한 정보의 생성·처리·저장·출력을 목적으로 구축하여 설치·운영하는 시스템에서 쓰임으로써 예정된 증명적 기능을 수행하는 것이다(대법원 2008. 6. 12. 선고 2008도938 판결).

3) 행위

본죄의 행위는 '위작 또는 변작'이다.

'위작'이란 권한 없는 자가 전자기록을 작출하거나 정보를 입력하는 행위뿐만 아니라, 권한 있는 사람이 그 권한을 남용하여 허위의 정보를 입력함으로써 시스템 설치·운영 주체의 의사에 반하는 전자기록을 생성하는 행위를 말한다(대법원 2020. 8. 27. 선고 2019도11294 판결).

'변작'이란 권한 없이 또는 권한을 남용하여 이미 작성된 전자기록의 내용을 변경하는 행위를 말한다.

수정입력의 시점에서 사전자기록변작죄의 기수에 이른다(대법원 2003. 10. 9. 선고 2000도4993 판결).

2. 주관적 구성요건

고의 이외에 '사무처리를 그르치게 할 목적'이 있어야 한다.

Ⅲ. 판례

- 원본파일의 변경까지 초래하지는 아니하였더라도 램(RAM)에 올려진 전자기록에 허구의 내용을 권한 없이 수정입력한 것도 사전자기록변작에 해당한다(대법원 2003. 10. 9. 선고 2000도4993 판결).
- 새마을금고 직원이 위 금고의 전 이사장에 대한 채권확보를 위해 금고의 예금 관련 컴퓨터 프로그램에 전 이사장 명의의 예금계좌 비밀번호를 동의 없이 입력하여 위 예금계좌에 입금된 상조금을 위 금고의 가수금계정으로 이체한 사안에서, 위 금고의 업무에 부합하는 행위로서 사전자기록위작·변작죄의 '사무처리를 그르치게 할 목적'을 인정할 수 없다(대법원 2008. 6. 12. 선고 2008도938 판결).

[11] 위조 등 사문서행사죄 [제234조]

Ⅰ. 의의

위조사문서행사죄는 사문서 등 위조·변조죄(제231조), 자격모용에 의한 사문서작성죄(제232조), 사전자기록위작·변작죄(제232조의2), 허위진단서 등 작성죄(제233조)에 의하여 만들어진 문서, 도화 또는 전자기록등 특수매체기록을 행사함으로써 성립하는 범죄이다.

Ⅱ. 구성요건

1. 객관적 구성요건

1) 주체

본죄의 주체에는 제한이 없다. 위조·변조·허위작성한 사람뿐만 아니라 위조·변조·허위작성 등에 관여하지 않은 사람도 주체가 될 수 있다.

2) 객체

본죄의 객체는 형법 제231조 내지 제233조의 죄에 의하여 만들어진 문서, 도화 또는 전자기록등 특수매체기록이다. 행사할 목적 없이 위조·변조·작성·위작·변작된 문서 등도 포함된다.

3) 행위

본죄의 행위는 '행사하는 것'이다. 위조된 문서를 진정한 문서인 것처럼 그 문서의 효용방법에 따라 이를 사용하는 것을 말한다(대법원 2020. 12. 24. 선고 2019도8443 판결).

① 행사의 방법

행사의 방법에 제한이 없다. 위조된 문서를 제시 또는 교부하거나 비치하여 열람할 수 있게 두거나 우편물로 발송하여 도달하게 하는 등의 방법이 모두 포함된다(대법원 2008. 10. 23. 선고 2008도5200 판결).

② 복사본의 행사

위조한 문서를 기계적 방법에 의하여 복사한 사본을 타에 제시하여 행사하여도 위조사문서행사죄가 성립된다(대법원 1994. 9. 30. 선고 94도1787 판결). 또한 위조된 문서를 스캐너 등을 통해 이미지화한 다음 이를 전송하여 컴퓨터 화면상에서 보게 하는 경우도 행사에 해당한다(대법원 2020. 12. 24. 선고 2019도8443 판결).

③ 행사의 상대방

행사의 상대방은 위조 등의 사실을 모르는 자일 것을 요한다.

2. 주관적 구성요건

본죄는 고의가 있어야 한다. 행위자는 해당 문서가 형법 제231조 내지 제233조의 죄에 의하여 만들어진 것임을 인식하고 이를 행사할 의사가 있어야 한다.

III. 판례

- 휴대전화 신규 가입신청서를 위조한 후 이를 스캔한 이미지 파일을 제3자에게 이메일로 전송한 것이 위조사문서의 행사에 해당한다(대법원 2008. 10. 23. 선고 2008도5200 판결).
- 위조된 매매계약서를 피고인으로부터 교부받은 변호사가 복사본을 작성하여 원본과 동일한 문서임을 인증한 다음 소장에 첨부하여 법원에 제출함으로써 위조문서행사죄는 성립된다(대법원 1988. 1. 19. 선고 87도1217 판결).
- 문서가 위조된 것임을 이미 알고 있는 공범자 등에게 행사하는 경우에는 위조문서행사죄가 성립될 수 없다(대법원 1986. 2. 25. 선고 85도2798 판결).

[12] 사문서부정행사죄 [제236조]

Ⅰ. 의의

사문서부정행사죄는 권리·의무 또는 사실증명에 관한 타인의 문서 또는 도화를 부정행사함으로써 성립하는 범죄이다.

Ⅱ. 구성요건

1. 객관적 구성요건

1) 객체

'권리·의무 또는 사실증명에 관한 타인의 문서 또는 도화'이다. 여기서 '타인의 문서'란 사용권한자와 용도가 특정되어 작성된 문서를 의미한다(대법원 2007. 3. 30. 선고 2007도629 판결).

2) 행위

본죄의 행위는 '부정행사하는 것'이다.

① 권한 있는 자의 사용

권한 있는 자라도 정당한 용법에 반하여 부정하게 행사하는 경우에 성립한다(대법원 2007. 3. 30. 선고 2007도629 판결). 또한, 사용할 권한이 있더라도 그 문서를 본래의 작성목적 이외의 다른 사실을 직접 증명하는 용도에 이를 사용하는 경우에도 성립한다(대법원 1978. 2. 14. 선고 77도2645 판결).

② 권한 없는 자의 사용

사용권한 없는 자가 사용권한이 있는 것처럼 가장하여 부정한 목적으로 행사하는 경우 본죄가 성립한다(대법원 2007. 3. 30. 선고 2007도629 판결).

2. 주관적 구성요건

본죄는 고의가 있어야 한다.

III. 판례

- 절취한 후불식 전화카드를 사용하여 공중전화기에 넣어 사용한 것은 권리의무에 관한 타인의 사문서를 부정행사한 경우에 해당한다(대법원 2002. 6. 25. 선고 2002도461 판결).
- 실질적인 채권채무관계 없이 당사자 간의 합의로 작성한 '차용증 및 이행각서'를 이용하여 대여금청구소송을 제기하면서 이를 법원에 제출한 경우, 사문서부정행사죄에 해당하지 않는다(대법원 2007. 3. 30. 선고 2007도629 판결).

제6장

도박에 관한 죄

[1] 도박죄 (제246조 제1항)

> 제246조(도박) ① 도박을 한 사람은 1천만 원 이하의 벌금에 처한다. 다만, 일시오락 정도에 불과한 경우에는 예외로 한다.

Ⅰ. 의의

도박죄는 재물 또는 재산상 이익을 걸고 우연한 승패에 의하여 그 재물 또는 재산상 이익의 득실을 결정하는 도박행위를 함으로써 성립하는 범죄이다. 본죄는 도박죄의 기본적 구성요건이다.

Ⅱ. 구성요건

1. 객관적 구성요건

1) 주체

도박죄의 주체는 제한이 없다. 도박은 2인 이상의 사이에서 행하여지므로 필요적 공범에 해당한다.

2) 객체

도박죄의 객체는 재물 또는 재산상 이익이다.

3) 행위

본죄의 행위는 '도박'하는 것이다.

도박행위는 2인 이상의 당사자가 재물 또는 재산상 이익을 걸고 우연한 승패에 의하여 그 재물 또는 재산상 이익의 득실을 결정하는 것을 말한다.

① 우연성

도박의 승패는 우연에 의하여 결정되어야 한다. 여기서 '우연'이란 주관적으로 '당사자에 있어서 확실히 예견 또는 자유로이 지배할 수 없는 사실에 관하여 승패를 결정하는 것'을 말하고, 객관적으로 불확실할 것을 요구하지 아니한다. 따라서 당사자의 능력이 승패의 결과에 영향을 미친다고 하더라도 다소라도 우연성의 사정에 의하여 영향을 받게 되는 때에는 도박죄가 성립할 수 있다(대법원 2008. 10. 23. 선고 2006도736 판결).

사기도박과 같이 도박당사자의 일방이 사기의 수단으로써 승패의 수를 지배하는 경우에는 도박에서의 우연성이 결여되어 사기죄만 성립하고 도박죄는 성립하지 않는다(대법원 2011. 1. 13. 선고 2010도9330 판결).

② 재물 또는 재산상 이익

도박에 건 재물 또는 재산상 이익은 경제적으로 정당한 이익이 아니어야 한다. 따라서 보험계약은 도박이 될 수 없다.

③ 기수시기

본죄는 우연한 승패에 재산을 거는 도박행위를 개시할 때, 즉 실행의 착수와 동시에 기수에 이른다. 승패가 결정되거나 현실로 재산의 득실이 있을 필요는 없다.

2. 주관적 구성요건

도박죄는 고의범이다. 도박을 한다는 인식과 의사가 있으면 족하다.

III. 위법성

1. 일시오락 정도에 불과한 경우의 예외

도박죄에 있어서 일시 오락의 정도에 불과한지 여부와 같은 그 위법성의 한계는 도박의 시간과 장소, 도박자의 사회적 지위 및 재산 정도, 재물의 근소성, 그 밖에 도박에 이르게 된 경위 등 모든 사정을 참조하여 구체적으로 판단하여야 한다(대법원 1985. 11. 12. 선고 85도2096 판결).

어느 일방이 승패에 따라 그 재물을 차지하였다 하더라도 그 재물의 득실이 승패결정의 흥미를 북돋우기 위한 것이고, 그 재물의 경제적 가치가 근소하여 건전한 근로의식을 침해하지 않을 정도라면 일시오락의 정도에 불과하다(대법원 1983. 3. 22. 선고 82도2151 판결).

2. 법령에 의한 행위

국가 정책적 견지에서 도박죄의 보호법익보다 좀더 높은 국가이익을 위하여 예외적으로 내국인의 출입을 허용하는 폐광지역개발지원에관한특별법 등에 따라 카지노에 출입하는 것은 법령에 의한 행위로 위법성이 조각된다. 그러나 도박죄를 처벌하지 않는 외국 카지노에서의 도박이라는 사정만으로 그 위법성이 조각된다고 할 수 없다(대법원 2004. 4. 23. 선고 2002도2518 판결).

IV. 판례

- 피고인들이 각자 핸디캡을 정하고 홀마다 또는 9홀마다 별도의 돈을 걸고 총 26 내지 32회에 걸쳐 내기 골프를 한 행위는 도박에 해당한다(대법원 2008. 10. 23. 선고 2006도736 판결).

- 마사회가 시행하는 경주를 이용하여 도박행위를 한 경우에 당사자의 능력이 승패의 결과에 영향을 미친다고 하더라도 다소라도 우연성의 사정에 의하여 영향을 받게 되는 때에는 도박죄가 성립할 수 있다(대법원 2014. 6. 12. 선고 2013도13231 판결).

- 각자 1,000원 내지 7,000원을 판돈으로 내놓고 한 점에 100원짜리 속칭 '고스톱'을 한 것은 일시 오락의 정도에 불과하므로 도박죄를 구성하지 않는다(대법원 1990. 2. 9. 선고 89도1992 판결).

[2] 상습도박죄 [제246조 제2항]

제246조(상습도박) ② 상습으로 제1항의 죄를 범한 사람은 3년 이하의 징역 또는 2천만 원 이하의 벌금에 처한다.

Ⅰ. 의의

상습도박죄는 상습으로 도박함으로써 성립하는 범죄이다. 상습성으로 인하여 책임이 가중되는 가중적 구성요건이다.

Ⅱ. 구성요건

1. 객관적 구성요건

본죄의 행위는 상습으로 도박행위를 하는 것이다.

상습성이란 반복하여 도박행위를 하는 습벽으로서 행위자의 속성을 말한다. 이러한 습벽의 유무를 판단함에 있어서는 도박의 전과나 도박횟수 등이 중요한 판단자료가 되나, 도박전과가 없다 하더라도 도박의 성질과 방법, 도금의 규모, 도박에 가담하게 된 태양 등의 제반 사정을 참작하여 도박의 습벽이 인정되는 경우에는 상습성을 인정할 수 있다(대법원 1995. 7. 11. 선고 95도955 판결).

2. 주관적 구성요건

상습도박죄는 고의범이므로 도박에 대한 고의가 있어야 한다. 상습성은 행위자의 속성으로서 별도의 인식이나 의욕을 요하지 않는다.

Ⅲ. 판례

- 도박의 습벽이 있는 자가 타인의 도박을 방조하면 상습도박방조의 죄에 해당하는 것이며, 도박의 습벽이 있는 자가 도박을 하고 또 도박방조를 하였을 경우 상습도박방조의 죄는 무거운 상습도박의 죄에 포괄시켜 1죄로서 처단하여야 한다(대법원 1984. 4. 24. 선고 84도195 판결).

- 도박의 전과가 전혀 없고 이 사건 외에 도박을 한 전력이 전혀 나타나 있지 않은 피고인이 연말과 연초에 단 두 차례에 한하여 평소 잘 아는 사이의 사람들과 어울려서 '도리짓고땡'이라는 도박을 한 경우 피고인에게 도벽의 습벽 즉 상습성을 인정하기는 어렵다(대법원 1990. 12. 11. 선고 90도2250 판결).

[3] 도박장소 등 개설죄 (제247조)

Ⅰ. 의의

도박장소 등 개설죄는 영리의 목적으로 도박을 하는 장소나 공간을 개설함으로써 성립하는 범죄이다.

Ⅱ. 구성요건

1. 객관적 구성요건

본죄의 행위는 '도박을 하는 장소나 공간을 개설'하는 것이다.

1) 도박장소 개설

영리의 목적으로 스스로 주재자가 되어 그 지배하에 도박장소를 개설하는 것을 말한다(대법원 2009. 2. 26. 선고 2008도10582 판결).

2) 도박공간 개설

도박의 일시·장소·조건을 포함한 도박계획을 수립하여 일반인들에게 도박을 청하거나 도박 참여의 기회를 제공하는 행위 등을 말한다. 통상적으로 인터넷 공간 등이 여기에 해당한다.

3) 기수시기

영리의 목적으로 도박의 장소나 공간을 개설하면 기수에 이르고, 현실로 도박이 행해질 것을 요하지 않는다(대법원 2009. 12. 10. 선고 2008도5282 판결).

2. 주관적 구성요건

본죄는 고의 이외에 영리의 목적이 있어야 한다. '영리의 목적'이란 도박개장의 대가로 불법한 재산상의 이익을 얻으려는 의사를 의미한다. 반드시 도박개장의 직접적 대가가 아니라 도박개장을 통하여 간접적으로 얻게 될 이익을 위한 경우에도 영리의 목적이 인정되며, 또한 현실적으로 그 이익을 얻었을 것을 요하지는 않는다(대법원 2008. 10. 23. 선고 2008도3970 판결).

III. 판례

- 무허가 카지노영업으로 인한 관광진흥법위반죄와 도박개장죄는 상상적 경합범 관계에 있다(대법원 2009. 12. 10. 선고 2009도11151 판결).
- 인터넷 고스톱게임 사이트를 유료화하는 과정에서 사이트를 홍보하기 위하여 고스톱 대회를 개최하면서 참가자들로부터 참가비를 받고 입상자들에게 상금을 지급한 경우에는 도박개장죄가 성립한다(대법원 2002. 4. 12. 선고 2001도5802 판결).
- 성인피시방 운영자가 손님들로 하여금 컴퓨터에 접속하여 인터넷 도박게임을 하고 게임머니의 충전과 환전을 하도록 하면서 게임머니의 일정 금액을 수수료 명목으로 받은 행위는 도박개장죄에 해당한다(대법원 2008. 10. 23. 선고 2008도3970 판결).
- 인터넷 게임사이트의 온라인게임에서 통용되는 사이버머니를 구입하고자 하는 사람을 유인하여 돈을 받고 위 게임사이트에 접속하여 일부러 패하는 방법으로 사이버머니를 판매한 사람에 대하여, 정범인 위 게임사이트 개설자의 도박개장행위를 인정할 수 없는 이상 종범인 도박개장방조죄도 성립하지 않는다(대법원 2007. 11. 29. 선고 2007도8050 판결).

제7장

생명과 신체에 대한 죄

[1] 살인죄 (제250조 제1항)

> 제250조(살인) ① 사람을 살해한 자는 사형, 무기 또는 5년 이상의 징역에 처한다.

Ⅰ. 의의

살인죄는 사람을 살해함으로써 성립하는 범죄이다. 본죄의 보호법익은 사람의 생명이며, 보호의 정도는 침해범으로서의 보호이다.

Ⅱ. 구성요건

1. 객관적 구성요건

1) 주체

살인죄의 주체는 피해자 이와의 모든 자연인이다.

2) 객체

살인죄의 객체는 '사람'이다. 여기서 '사람'이란 살아있는 사람을 의미하며, 사람의 시기(始期)는 분만의 시작(진통) 또는 분만 개시부터 사람으로 인정되고, 종기(終期)는 일반적으로 심폐기능이 정지된 때로 본다. 이미 사망한 사람은 살인죄의 객체가 될 수 없으며, 자기 자신은 살인죄의 객체가 될 수 없어 자살은 처벌되지 않는다.

3) 행위

살인죄의 행위는 '살해'이다. 살해란 사람의 생명을 자연적인 사기(死期)에 앞서서 단절시키는 것을 말한다. 살해의 방법에는 제한이 없으며, 직접적 방법뿐만 아니라 간접적 방법도 포함된다. 살인죄는 행위자가 살의를 가지고 타인의 생명을 위태롭게 하는 행위를 직접 개시한 때에 실행의 착수가 인정되고, 피해자의 사망이라는 결과가 발생한 때 기수가 된다.

2. 주관적 구성요건

살인죄는 고의범이므로 살인의 고의가 있어야 한다. 살인의 고의는 사람을 죽인다는 인식과 의욕을 의미하며, 공격의 부위와 반복성, 사망의 결과발생가능성 정도 등 범행 전후의 객관적인 사정을 종합하여 판단할 수밖에 없다(대법원 2001. 3. 9. 선고 2000도5590 판결).

살인의 고의는 반드시 살해의 목적이나 계획적인 살해의 의도가 있어야 인정되는 것은 아니고, 자기의 행위로 인하여 타인의 사망이라는 결과를 발생시킬 만한 가능성 또는 위험이 있음을 인식하거나 예견하면 족한 것이며 그 인식이나 예견은 확정적인 것은 물론 불확정적인 것이라도 이른바 미필적 고의로 인정된다(대법원 2000. 8. 18. 선고 2000도2231 판결).

III. 위법성

살인죄에 있어서도 정당방위, 정당행위 등 일반적 위법성조각사유가 적용될 수 있다. 다만, 사람의 생명은 처분할 수 있는 법익이 아니기 때문에 피해자의 승낙을 받고 살해한 경우에도 승낙살인죄를 구성하며 위법성이 조각되지 아니한다. 긴급피난·자구행위는 우월적 이익의 원칙이 적용될 수 없으므로 위법성조각사유가 적용될 수 없다.

회복불가능한 사망의 단계에 이른 후에 환자가 인간으로서의 존엄과 가치 및 행복추구권에 기초하여 자기결정권을 행사하는 것으로 인정되는 경우에는 특별한 사정이 없는 한 연명치료의 중단이 허용될 수 있다(대법원 2009. 5. 21. 선고 2009다17417 전원합의체 판결).

IV. 판례

- 건장한 체격의 군인이 왜소한 체격의 피해자를 폭행하고 특히 급소인 목을 설골이 부러질 정도로 세게 졸라 사망케 한 행위는 살인의 범의가 인정된다(대법원 2001. 3. 9.

선고 2000도5590 판결).

- 인체의 급소를 잘 알고 있는 무술교관 출신의 피고인이 무술의 방법으로 피해자의 울대(聲帶)를 가격하여 사망케 한 행위는 살인의 범의가 있다(대법원 2000. 8. 18. 선고 2000도2231 판결).

- 피고인이 9세의 여자 어린이에 불과하여 항거를 쉽게 제압할 수 있는 피해자의 목을 감아서 졸라 실신시킨 후 그곳을 떠나버린 이상 피해자가 사망에 이를 수도 있다는 사실을 인식하지 못하였다고 볼 수 없으므로 살인의 범의가 있었다(대법원 1994. 12. 22. 선고 94도2511 판결).

[2] 상해죄 (제257조 제1항)

제257조(상해, 존속상해) ① 사람의 신체를 상해한 자는 7년 이하의 징역, 10년 이하의 자격정지 또는 1천만 원 이하의 벌금에 처한다.
③ 전 2항의 미수범은 처벌한다.

Ⅰ. 의의

상해죄는 고의로 사람의 신체를 상해함으로써 성립하는 범죄이다. 본죄는 보호법익은 사람의 신체의 건강이고, 보호의 정도는 침해범으로서의 보호이다.

Ⅱ. 구성요건

1. 객관적 구성요건

1) 객체

상해죄의 객체는 '사람의 신체'이다.

① 사람

사람이란 살아있는 사람을 의미하며, 자기 자신 이외의 타인이어야 한다. 병역법(제86조) 및 군형법(제41조 제1항)에는 자상행위를 처벌하는 규정이 있다.

② 태아

태아는 상해죄의 객체가 될 수 없다. 태아에 대한 상해는 낙태죄의 문제가 된다.

태아를 사망에 이르게 하는 행위가 임산부 신체의 일부를 훼손하는 것이라거나 태아의 사망으로 인하여 임산부의 생리적 기능이 침해되어 임산부에 대한 상해가 된다고 볼 수는 없다(대법원 2007. 6. 29. 선고 2005도3832 판결).

2) 행위

본죄의 행위는 '상해'이다.

① 상해의 개념

상해란 사람의 신체의 완전성을 훼손하거나 생리적 기능에 장애를 초래하는 것을 의미한다(대법원 2000. 2. 25. 선고 99도4305 판결). 신체의 외모에 변화가 생겼다고 하더라도 신체의 생리적 기능에 장애를 초래하지 아니하는 이상 상해에 해당한다고 할 수 없다(대법원 2000. 3. 23. 선고 99도3099 판결).

② 상해의 수단·방법

상해의 수단이나 방법에는 제한이 없다. 물리적 방법뿐만 아니라 정신적 방법에 의한 경우도 포함된다. 부작위에 의해서도 가능하다.

2. 주관적 구성요건

상해죄는 고의범이므로 사람의 신체에 대해서 상해를 가한다는 사실에 대한 인식과 의사가 있어야 한다.

상해죄는 결과범이므로 그 성립에는 상해의 원인인 폭행에 관한 인식이 있으면 충분하고 상해를 가할 의사의 존재까지는 필요하지 않다(대법원 1983. 3. 22. 선고 83도231 판결).

III. 위법성

1. 피해자의 승낙

상해에 대한 피해자의 승낙은 법률상 이를 처분할 수 있는 사람의 승낙이어야 할 뿐만 아니라 그 승낙이 윤리적·도덕적으로 사회상규에 반하는 것이 아니어야 형법 제24조의 규정에 의하여 위법성이 조각된다.

2. 치료행위와 치료유사행위

의사의 치료행위는 환자의 명시적 또는 추정적 승낙이 있고, 의학적 적응성과 의술의 법칙에 따른 시술이 이루어진 경우 업무로 인한 정당행위로서 위법성이 조각된다.

3. 운동경기 중의 상해

스포츠 경기 중 규칙을 준수하면서 발생한 상해는 피해자의 승낙이나 사회상규에 위배되지 않는 행위로서 위법성이 조각될 수 있다.

IV. 판례

1. 유죄 판결

- 오랜 시간 동안의 협박과 폭행을 이기지 못하고 실신하여 범인들이 불러온 구급차 안에서야 정신을 차리게 되었다면, 외부적으로 어떤 상처가 발생하지 않았다고 하더라도 생리적 기능에 훼손을 입어 신체에 대한 상해가 있었다고 본다(대법원 1996. 12. 10. 선고 96도2529 판결).
- 타인의 신체에 폭행을 가하여 보행불능 수면장애 식욕감퇴 등 기능의 장해를 일으킨 때에는 형법상 상해를 입힌 경우에 해당한다(대법원 1969. 3. 11. 선고 69도161 판결).

2. 무죄 판결

- 교통사고로 인하여 피해자가 입은 요추부 통증이 굳이 치료할 필요가 없이 자연적으로 치유될 수 있는 것으로서 '상해'에 해당한다고 볼 수 없다(대법원 2000. 2. 25. 선고 99도3910 판결).

- 경찰관의 불법한 체포를 면하려고 반항하는 과정에서 경찰관에게 상해를 가한 경우, 불법 체포로 인한 신체에 대한 현재의 부당한 침해에서 벗어나기 위한 행위로서 정당방위에 해당한다(대법원 2000. 7. 4. 선고 99도4341 판결).

[3] 중상해죄 (제258조)

Ⅰ. 의의

중상해죄는 사람의 신체를 상해하여 생명에 대한 위험을 발생하게 하거나, 신체의 상해로 인하여 불구 또는 불치나 난치의 질병에 이르게 함으로써 성립하는 범죄이다.

Ⅱ. 구성요건

1. 객관적 구성요건

1) 기본범죄

중상해죄의 기본범죄는 상해죄이다.

2) 중한 결과

중상해죄가 성립하기 위해서는 상해로 인하여 '생명에 대한 위험, 불구, 불치나 난치의 질병'이라는 중한 결과가 발생해야 한다.

① 생명에 대한 위험

'생명에 대한 위험'이란 생명에 대한 구체적 위험이 발생될 정도의 중대한 신체의 침해를 의미한다.

② 불구

신체 중요부분이 절단되거나, 시각, 청각, 언어, 생식기능 등 신체의 고유한 기능이 상실된 경우을 말한다.

③ 불치 또는 난치의 질병

'불치 또는 난치의 질병'은 의학적 기준으로 보아 치료의 가능성이 없거나 현저히 곤란한 질병을 말한다.

2. 주관적 구성요건

중상해죄는 부진정결과적 가중범으로 기본 행위인 상해의 고의와 중상해의 결과 발생에 과실 또는 고의가 있어야 한다.

Ⅲ. 판례

- 피해자가 두개골 골절 등의 상해를 입어 16주간의 치료를 요하고 생명에 대한 위험이 발생한 경우 중상해죄가 성립한다(대법원 2012. 9. 13. 선고 2011도6911 판결).
- 안부에 폭력을 가하여 실명케 한 경우 중상해가 된다(대법원 1960. 4. 6. 선고 4292형상395 판결).
- 1~2개월간 입원할 정도로 다리가 부러진 상해 또는 3주간의 치료를 요하는 우측흉부자상은 그로 인하여 생명에 대한 위험을 발생하게 한 경우라거나 불구 또는 불치나 난치의 질병에 이르게 한 경우에 해당한다고 보기 어렵다(대법원 2005. 12. 9. 선고 2005도7527 판결).

[4] 특수상해죄 (제258조의2)

제258조의2(특수상해) ① 단체 또는 다중의 위력을 보이거나 위험한 물건을 휴대하여 제257조 제1항 또는 제2항의 죄를 범한 때에는 1년 이상 10년 이하의 징역에 처한다.
② 단체 또는 다중의 위력을 보이거나 위험한 물건을 휴대하여 제258조의 죄를 범한 때에는 2년 이상 20년 이하의 징역에 처한다.
③ 제1항의 미수범은 처벌한다.

Ⅰ. 의의

특수상해죄는 단체 또는 다중의 위력을 보이거나 위험한 물건을 휴대하여 상해죄, 존속상해죄, 중상해죄를 범함으로써 성립하는 범죄이다. 본죄는 행위방법의 위험성 때문에 불법이 가중되는 가중적 구성요건이다.

Ⅱ. 구성요건

1. 객관적 구성요건

본죄의 행위는 '단체 또는 다중의 위력을 보이거나 위험한 물건을 휴대하여 상해죄를 범하는 것'이다.

1) 단체 또는 다중의 위력을 보이는 행위

'단체'란 공동 목적을 가진 다수인의 계속적·조직적 결합체를 의미한다. '다중'이란 공동의 목적이나 계속성이 결여되어 단체를 이루지 못한 다수인의 집합을 말한다. '위력'이란 사람의 의사를 제압할 수 있는 세력을 의미한다. '위력을 보인다'고 함은 이러한 위력을 상대방에게 인식시키는 것을 말한다. 단체 또는 다중의 위력을 보이기 위하여 반드시 현장에 구성원들이 몰려 있을 필요는 없다.

2) 위험한 물건을 휴대하는 행위

'위험한 물건'이란 물건의 객관적 성질과 사용방법에 따라서는 사람을 살상할 수 있는 물건을 말한다.

위험한 물건을 '휴대하여'는 범행 현장에서 사용하려는 의도 아래 위험한 물건을 소지하거나 몸에 지니는 경우를 의미한다. 범행 현장에 있는 위험한 물건을 사실상 지배하면서 언제든지 그 물건을 곧바로 범행에 사용할 수 있는 상태에 두면 충분하고, 행위자가 그 물건을 현실적으로 손에 쥐고 있는 등 반드시 물리적으로 부착되어 있어야 하는 것은 아니다.(대법원 2024. 6. 13. 선고 2023도18812 판결).

2. 주관적 구성요건

본죄는 고의범이므로 단체 또는 다중의 위력을 보이거나 위험한 물건을 휴대하여 사람의 신체를 상해한다는 사실을 인식하고 이를 의욕하거나 적어도 용인하는 의사가 있어야 한다.

III. 판례

- 길이 140cm, 지름 4cm인 대나무를 휴대하여 피해자 갑, 을에게 상해를 입혔다는 내용으로 기소된 사안에서, 피고인이 위 대나무로 갑의 머리를 여러 차례 때려 대나무가 부러졌고, 갑은 두피에 표재성 손상을 입어 사건 당일 병원에서 봉합술을 받은 점 등에 비추어 피고인이 사용한 위 대나무는 '위험한 물건'에 해당한다(대법원 2017. 12. 28. 선고 2015도5854 판결).

[5] 상해치사죄 [제259조 제1항]

I. 의의

상해치사죄는 사람의 신체를 상해하여 사망에 이르게 함으로써 성립하는 범죄이다. 상해죄의 결과적 가중범이다.

II. 구성요건

1. 객관적 구성요건

기본범죄인 상해행위로 인하여 사망의 결과가 발생해야 한다. 상해행위와 사망의 결과 사이에는 상당인과관계가 있어야 한다. 피고인의 행위가 피해자를 사망하게 한 직접적 원인이 아니었다 하더라도 이로부터 발생된 다른 간접적 원인이 결합되어 사망의 결과를 발생하게 한 경우에도 그 행위와 사망 사이에는 인과관계가 있다고 할 것이다(대법원 2012. 3. 15. 선고 2011도17648 판결).

2. 주관적 구성요건

상해치사죄는 결과적 가중범이므로 기본범죄인 상해에 대한 고의와 중한 결과인 사망에 대한 과실(예견가능성)이 있어야 한다.

III. 판례

- 피고인이 피해자의 뺨을 1회 때리고 오른손으로 목을 쳐 피해자로 하여금 뒤로 넘어지면서 머리를 땅바닥에 부딪치게 하여 상해를 가하고 그로 인해 사망에 이르게 한 경우, 피해자가 두부 손상을 입은 후 병원에서 입원치료를 받다가 합병증으로 사망에 이르게 되어 피고인의 범행과 피해자의 사망 사이에 인과관계를 부정할 수 없고, 사망 결과에 대한 예견가능성이 있었다(대법원 2012. 3. 15. 선고 2011도17648 판결).
- 상해행위를 피하려고 하다가 차량에 치어 사망한 경우 상해행위와 피해자의 사망 사이에 상당인과관계가 있다(대법원 1996. 5. 10. 선고 96도529 판결).
- 피해자가 입은 상처가 극히 경미하여 굳이 치료할 필요가 없고 치료를 받지 않더라도 일상생활을 하는 데 아무런 지장이 없으며 시일이 경과함에 따라 자연적으로 치유될 수 있는 정도라면, 그로 인하여 피해자의 신체의 건강상태가 불량하게 변경되었다거나 생활기능에 장애가 초래된 것으로 보기 어려워 상해에 해당한다고 할 수 없다(대법원 2020. 3. 27. 선고 2016도18713 판결).

[6] 폭행죄 (제260조 제1항)

> 제260조(폭행) ① 사람의 신체에 대하여 폭행을 가한 자는 2년 이하의 징역, 500만 원 이하의 벌금, 구류 또는 과료에 처한다.
> ③ 제1항 및 제2항의 죄는 피해자의 명시한 의사에 반하여 공소를 제기할 수 없다.

I. 의의

폭행죄는 사람의 신체에 대하여 폭행을 가함으로써 성립하는 범죄이다. 본죄의 보호법익은 신체의 안전이다.

1. 객관적 구성요건

1) 객체

폭행죄의 객체는 '사람의 신체'이다.

2) 행위

폭행죄의 행위는 사람의 신체에 대한 폭행이다.

형법상 폭행의 개념은 다음과 같이 다양하게 쓰인다.

① 최광의의 폭행은 사람이나 물건 등 그 대상을 불문하고 일체의 유형력의 행사를 말한다. 내란죄(제87조), 소요죄(제115조), 다중불해산죄(제116조) 등에 규정된 폭행

② 광의의 폭행은 사람에 대한 직접·간접적인 유형력의 행사를 말한다. 공무집행방해죄(제136조), 특수도주죄(제146조), 강요죄(제324조)의 폭행

③ 협의의 폭행은 사람의 신체에 대한 직접적인 유형력의 행사를 말한다. 폭행죄의 폭행

④ 최협의의 폭행은 상대방의 반항을 불가능하게 하거나 현저히 곤란하게 할 정도의 유형력의 행사를 말한다. 강도죄(제333조), 강간죄(제297조)의 폭행

폭행죄에서 말하는 폭행이란 사람의 신체에 대하여 육체적·정신적으로 고통을 주는 유형력을 행사함을 뜻하는 것으로서 반드시 피해자의 신체에 접촉함을 필요로 하는 것은 아니고, 그 불법성은 행위의 목적과 의도, 행위 당시의 정황, 행위의 태양과 종류, 피해자에게 주는 고통의 유무와 정도 등을 종합하여 판단하여야 한다(대법원 2016. 10. 27. 선고 2016도9302 판결).

2. 주관적 구성요건

본죄는 고의범이므로 사람의 신체에 대하여 유형력을 행사한다는 사실에 대한 인식과 의사가 있어야 한다.

Ⅲ. 소추조건

폭행죄는 반의사불벌죄로서 피해자의 명시한 의사에 반하여 공소를 제기할 수 없다(제260조 제3항). 폭행이 「폭력행위 등 처벌에 관한 법률」에 해당할 경우에는 반의사불벌죄가 아니다(동법 제2조 제4항).

Ⅳ. 판례

1. 유죄 판결

- 피해자의 안부를 1차 밀쳐 때린 경우 (대법원 1968. 2. 6. 선고 67도1520 판결)
- 자신의 차를 가로막는 피해자를 부딪칠 듯이 차를 조금씩 전진시키는 것을 반복한 경우 (대법원 2016. 10. 27. 선고 2016도9302 판결)
- 속칭 '생일빵'을 한다는 명목하에 피해자를 가격하였다면 폭행죄가 성립하고, 가격행위의 동기, 방법, 횟수 등 제반 사정에 비추어 사회상규에 위배되지 아니하는 정당행위에 해당하지 않는다(대법원 2010. 5. 27. 선고 2010도2680 판결).

2. 무죄 판결

- 피해자에게 욕설을 한 것만으로는 폭행죄가 성립하지 않는다(대법원 1991. 1. 29. 선고 90도2153 판결).
- 피해자 집의 대문을 발로 찬 것만으로는 피해자의 신체에 대하여 유형력을 행사한 경우에 해당한다고 할 수 없다(대법원 1991. 1. 29. 선고 90도2153 판결).
- 거리상 멀리 떨어져 있는 사람에게 전화기를 이용하여 전화하면서 고성을 내거나 그 전화 대화를 녹음 후 듣게 하는 경우에는 신체에 대한 유형력의 행사를 한 것으로 보기 어렵다(대법원 2003. 1. 10. 선고 2000도5716 판결).

[7] 특수폭행죄 [제261조]

제261조(특수폭행) 단체 또는 다중의 위력을 보이거나 위험한 물건을 휴대하여 제260조 제1항 또는 제2항의 죄를 범한 때에는 5년 이하의 징역 또는 1천만 원 이하의 벌금에 처한다.

Ⅰ. 의의

특수폭행죄는 단체 또는 다중의 위력을 보이거나 위험한 물건을 휴대하여 폭행함으로써
성립하는 범죄이다. 행위방법의 위험성 때문에 불법이 가중되는 가중적 구성요건이다.

Ⅱ. 구성요건

1. 객관적 구성요건

1) 단체 또는 다중의 위력을 보이는 경우

① '단체'란 공동목적을 가진 다수인의 계속적인 결합체를 말한다. 그 목적은 적법·불법
　 을 불문하며, 단체로서의 위력을 보일 수 있을 정도의 다수여야 한다. 동일장소에 집합
　 하고 있을 필요는 없고 연락에 의해 집합할 가능성이 있으면 충분하다.

② '다중'은 공동의 목적이나 계속성이 결여되어 단체를 이루지 못한 다수인의 집합을 말
　 한다. 집단적 위력을 보일 정도의 다수 혹은 그에 의해 압력을 느끼게 해 불안을 줄 정
　 도의 다수를 의미한다.

③ '위력'은 사람의 의사를 제압할 수 있는 세력을 의미한다. '다중의 위력'이라 함은 다중
　 의 형태로 집결한 다수 인원으로 사람의 의사를 제압하기에 족한 세력을 지칭한다. '위
　 력을 보인다'라 함은 이러한 위력을 상대방에게 인식시키는 것을 말하며, 상대방의 의
　 사가 현실적으로 제압될 것을 요하지는 않지만 상대방의 의사를 제압할 만한 세력을
　 인식시킬 정도는 되어야 한다(대법원 2006. 2. 10. 선고 2005도174 판결).

2) 위험한 물건을 휴대한 경우

① '위험한 물건'이란 사람의 생명, 신체에 해를 가하는 데 사용할 수 있는 일체의 물건을
　 말한다.
　 본래 살상용·파괴용으로 만들어진 것뿐만 아니라 다른 목적으로 만들어진 칼·가
　 위·유리병·각종 공구·자동차 등은 물론 화학약품 또는 사주된 동물 등도 그것이 사
　 람의 생명·신체에 해를 가하는 데 사용되었다면, 본조의 위험한 물건이라 할 수 있다
　 (대법원 2002. 9. 6. 선고 2002도2812 판결).
　 어떤 물건이 '위험한 물건'에 해당하는지 여부는 구체적인 사안에서 사회통념에 비추어

그 물건을 사용하면 상대방이나 제3자가 생명 또는 신체에 위험을 느낄 수 있는지 여부에 따라 판단하여야 한다(대법원 2010. 11. 11. 선고 2010도10256 판결).

② '휴대'란 범죄현장에서 사용할 목적으로 위험한 물건을 몸 또는 몸 가까이에 소지하는 것을 말한다. '위험한 물건을 휴대하여'라는 말은 소지뿐만 아니라 널리 이용한다는 뜻도 포함하고 있다(대법원 1997. 5. 30. 선고 97도597 판결). 이를 실제로 범행에 사용하였을 필요는 없으며, 범죄현장에서 사용할 의도 없이 위험한 물건을 소지하는 것은 휴대가 아니다.

3) 폭행

폭행의 의미는 폭행죄와 동일하다.

2. 주관적 구성요건

고의가 필요하다. 단체 또는 다중의 위력을 보이거나 위험한 물건을 휴대하여 사람의 신체에 대하여 유형력을 행사한다는 사실에 대한 인식과 의사가 있어야 한다.

III. 판례

1. 유죄 판결

- 피고인이 甲과 운전 중 발생한 시비로 한차례 다툼이 벌어진 직후 甲이 계속하여 피고인이 운전하던 자동차를 뒤따라온다고 보고 순간적으로 화가 나 甲에게 겁을 주기 위하여 자동차를 정차한 후 4 내지 5m 후진하여 甲이 승차하고 있던 자동차와 충돌한 경우, 피고인의 자동차는 '위험한 물건'에 해당한다(대법원 2010. 11. 11. 선고 2010도10256 판결).

- 삽날 길이 21cm 야전삽으로 피해자의 이마 부분을 1회 내리친 경우, 위 야전삽은 '흉기 기타 위험한 물건'에 해당한다(대법원 2001. 11. 30. 선고 2001도5268 판결).

- 공기총에 실탄을 장전하지 아니하였다고 하더라도 범행 현장에서 공기총과 함께 실탄을 소지하고 있었고 피고인으로서는 언제든지 실탄을 장전하여 발사할 수도 있으므로 위 공기총은 '위험한 물건'에 해당한다(대법원 2002. 11. 26. 선고 2002도4586 판결).

2. 무죄 판결

- 위험한 물건을 자기가 기거하는 장소에 보관한 것만으로는 위험한 물건의 '휴대'에 해당하지 않는다(대법원 1992. 5. 12. 선고 92도381 판결).
- 소형승용차(라노스)를 이용하여 중형승용차(쏘나타)를 충격한 사안에서, 충격 당시 차량의 크기, 속도, 손괴 정도 등 제반 사정에 비추어 위 자동차는 '위험한 물건'에 해당하지 않는다(대법원 2009. 3. 26. 선고 2007도3520 판결).
- 경륜장 사무실에서 술에 취해 소란을 피우면서 '소화기'를 집어던졌지만 특정인을 겨냥하여 던진 것이 아닌 점 등을 종합하여, 위 '소화기'는 '위험한 물건'에 해당하지 않는다(대법원 2010. 4. 29. 선고 2010도930 판결).

[8] 폭행치사상죄 (제262조)

제262조(폭행치사상) 제260조와 제261조의 죄를 지어 사람을 사망이나 상해에 이르게 한 경우에는 제257조부터 제259조까지의 예에 따른다.

Ⅰ. 의의

폭행치사상죄는 폭행죄와 특수폭행죄의 죄를 범하여 사람을 사망이나 상해에 이르게 함으로써 성립하는 범죄이다. 폭행죄·특수폭행죄의 결과적 가중범이다.

Ⅱ. 구성요건

1. 객관적 구성요건

1) 기본범죄로서의 폭행

폭행치사상죄가 성립하기 위해서는 먼저 형법 제260조의 폭행죄 또는 제261조의 특수폭행죄가 성립해야 한다.

2) 중한 결과의 발생

폭행치사상죄가 성립하기 위해서는 폭행의 결과로 피해자가 사망하거나 상해에 이르러야 한다.

3) 인과관계

폭행과 사망 또는 상해의 결과 사이에는 인과관계가 있어야 한다. 폭행과 사망 또는 상해 사이에 다른 원인이 개입하였더라도, 그것이 폭행으로 인한 사망 또는 상해의 결과 발생에 대한 상당인과관계를 부정할 정도의 독립적인 원인이 아니라면 인과관계가 인정된다.

2. 주관적 구성요건

폭행치사상죄는 결과적 가중범으로서 기본범죄인 폭행에 대한 고의와 중한 결과인 사망 또는 상해에 대한 예견가능성이 있어야 한다. 즉, 행위자가 폭행의 고의는 있었으나 사망이나 상해의 결과에 대해서는 고의가 없었던 경우에 성립한다. 만약 사망이나 상해의 결과에 대해서도 고의가 있었다면 살인죄나 상해죄가 성립한다.

III. 판례

1. 유죄 판결

- 피고인들로부터 폭행을 당하고 당구장 3층 화장실에 숨어 있던 피해자가 다시 피고인들로부터 폭행당하지 않으려고 창문 밖으로 숨으려다가 실족하여 사망한 경우 폭행과 사망 사이의 인과관계가 인정된다(대법원 1990. 10. 16. 선고 90도1786 판결).
- 어린애를 업은 사람을 넘어뜨려 그 결과 어린애가 사망하였다면 폭행치사죄가 성립된다(대법원 1972. 11. 28. 선고 72도2201 판결).

2. 무죄 판결

- 고속도로에서 운전 중 시비 끝에 폭행을 당한 피해자가 급성심근경색으로 사망했지만 피고인이 이를 예견할 수 있었다고 보기 어려워 폭행치사죄가 성립하지 않는다(대법원 2025. 2. 20. 선고 2024도19678 판결).
- 피고인의 폭행정도가 서로 시비하다가 피해자를 떠밀어 땅에 엉덩방아를 찧고 주저앉게 한 정도에 지나지 않은 것이었고, 피해자는 외관상 건강하여 전혀 병약한 흔적이 없는 자인데 사실은 관상동맥경화 및 협착증세를 가진 특수체질자이었기 때문에 위와 같은 정도의 폭행에 의한 충격에도 심장마비를 일으켜 사망하게 된 경우, 피고인에게 사

망의 결과에 대한 예견가능성이 있었다고 보기 어려워 폭행치사죄가 성립하지 않는다
(대법원 1985. 4. 3. 선고 85도303 판결).

- 공장에서 동료 사이에 말다툼을 하던 중 피고인의 삿대질을 피하려고 뒷걸음치던 피해자가 장애물에 걸려 넘어져 두개골절로 사망한 경우 사망의 결과에 대해 예견가능성이 있었다고 보기 어려워 폭행치사죄가 성립하지 않는다(대법원 1990. 9. 25. 선고 90도1596 판결).

[9] 상해의 동시범특례 (제263조)

제263조(동시범) 독립행위가 경합하여 상해의 결과를 발생하게 한 경우에 있어서 원인된 행위가 판명되지 아니한 때에는 공동정범의 예에 의한다.

Ⅰ. 의의

여러 행위자가 서로 공모하지 않고 독립적으로 한 대상에 침해행위를 하여 상해결과가 발생한 경우, 그 결과발생의 원인된 행위가 판명되지 않더라도 공동정범의 예에 의해 처벌하도록 하는 특칙이다.

Ⅱ. 동시범 특례의 적용요건

1. 독립행위의 경합

두 사람 이상이 상호 의사연락 없이 독립적으로 동일한 객체에 대하여 행위를 해야 한다. 이는 공동정범과 달리 공동의 의사나 공모가 없는 경우를 말한다.

2. 상해의 결과 발생

행위자들의 독립행위로 인해 상해의 결과가 발생해야 한다. 상해의 결과는 상해행위에 의한 것이건 폭행행위에 의한 것이건 묻지 않는다.

3. 원인된 행위의 불명

상해의 결과가 어느 행위자의 행위로 인한 것인지 판명되지 않아야 한다. 만약 원인된 행

위가 판명된다면 그 행위자만 상해죄의 책임을 지게 된다.

III. 동시범 특례의 적용범위

1. 이시의 독립행위에 대한 적용 여부

형법 제19조가 이시(異時)의 독립행위가 경합한 때에도 동시범으로 규정하고 있고, 본조의 입법취지에 비추어 보면 이시의 독립행위인 경우에도 적용된다.

2. 폭행치상죄에 대한 적용

상해의 결과는 상해행위에 의한 것이건 폭행행위에 의한 것이건 묻지 않으므로 상해죄 이외에 폭행치상죄에 대하여도 동시범의 특례가 적용된다.

3. 상해치사죄·폭행치사죄에 대한 적용 여부

시간적 차이가 있는 독립된 상해행위나 폭행행위가 경합하여 사망의 결과가 일어나고 그 사망의 원인된 행위가 판명되지 않은 경우에는 공동정범의 예에 의하여 처벌할 것이다.

4. 적용이 배제되는 범죄

형법 제263조의 동시범은 상해와 폭행죄에 관한 특별규정으로서 동 규정은 그 보호법익을 달리하는 강간치상죄에는 적용할 수 없다(대법원 1984. 4. 24. 선고 84도372 판결).

IV. 동시범 특례의 효과

1. 공동정범의 예에 의한 처벌

동시범 특례가 적용되면 각 행위자는 공동정범의 예에 따라 상해죄의 기수범으로 처벌된다.

2. 가해행위 자체가 불분명한 경우

상해죄에 있어서의 동시범은 두 사람 이상이 가해행위를 하여 상해의 결과를 가져올 경우에 그 상해가 어느 사람의 가해행위로 인한 것인지가 분명치 않다면 가해자 모두를 공동정범으로 본다는 것이므로, 가해행위를 한 것 자체가 분명치 않은 사람에 대하여는 동시범으로 다스릴 수 없다(대법원 1984. 5. 15. 선고 84도488 판결).

[10] 과실치상죄 (제266조)

제266조(과실치상) ① 과실로 인하여 사람의 신체를 상해에 이르게 한 자는 500만 원 이하의 벌금, 구류 또는 과료에 처한다.
② 제1항의 죄는 피해자의 명시한 의사에 반하여 공소를 제기할 수 없다.

Ⅰ. 의의

과실치상죄는 과실로 인하여 사람의 신체를 상해에 이르게 함으로써 성립하는 범죄이다.

Ⅱ. 구성요건

1. 객관적 구성요건

1) 객체

본죄의 객체는 사람의 신체이다.

2) 행위

본죄의 행위는 '과실로 인하여 상해에 이르게 하는 것'이다. 여기서 '과실'이란 정상적인 주의의무를 게을리하여 구성요건적 결과발생을 예견하지 못하거나 회피하지 못한 경우를 말한다. '상해'란 사람의 신체의 완전성이 손상되고 생활기능에 장애가 초래되거나 건강상태가 불량하게 변경되는 경우를 말한다.

2. 주관적 구성요건

과실이 있어야 한다. 즉, 행위자가 정상적인 주의의무를 다하였더라면 상해의 결과 발생을 인식하거나 회피할 수 있었음에도 불구하고 그러한 주의의무를 게을리한 경우를 말한다.

Ⅲ. 소추조건

과실치상죄는 피해자의 명시한 의사에 반하여 공소를 제기할 수 없는 반의사불벌죄이다

(제266조 제2항).

[11] 과실치사죄 [제267조]

Ⅰ. 의의

과실치사죄는 과실로 인하여 사람을 사망에 이르게 함으로써 성립하는 범죄이다.

Ⅱ. 구성요건

1. 객관적 구성요건

본죄의 행위는 '과실로 인하여 사람을 사망에 이르게 하는 것'이다. 과실행위와 사망이라는 결과사이에는 인과관계가 있어야 한다. 작위에 의한 경우뿐만 아니라 부작위에 의해서도 성립할 수 있다.

2. 주관적 구성요건

과실이 인정되어야 한다. 즉, 행위자가 주의의무를 위반하여 사망의 결과를 예견하지 못하였거나(인식 없는 과실), 결과발생을 예견하였으나 회피할 수 있다고 믿고 그 결과발생을 회피하지 못한 경우(인식 있는 과실)를 말한다.

Ⅲ. 판례

- 파도가 치는 비닷가 바위 위에서 곧 전역한 병사를 헹가래쳐서 장난삼아 바다에 빠뜨리려고 하다가 그가 발버둥치는 바람에 그의 발을 붙잡고 있던 피해자가 미끄러져 익사한 경우 헹가래치려 했던 동료 내무반원에게 과실치사책임이 인정된다(대법원 1990. 11. 13. 선고 90도2106 판결).
- 담임교사가 학교방침에 따라 학생들에게 교실청소를 시켜왔고 유리창을 청소할 때는 교실안쪽에서 닦을 수 있는 유리창만을 닦도록 지시하였는데도 유독 피해자만이 수업

시간이 끝나자마자 베란다로 넘어 갔다가 밑으로 떨어져 사망하였다면 담임교사에게 그 사고에 대한 어떤 형사상의 과실책임을 물을 수 없다(대법원 1989. 3. 28. 선고 89도 108 판결).

[12] 업무상과실·중과실 치사상죄 (제268조)

제268조(업무상과실·중과실 치사상) 업무상과실 또는 중대한 과실로 사람을 사망이나 상해에 이르게 한 자는 5년 이하의 금고 또는 2천만 원 이하의 벌금에 처한다.

Ⅰ. 의의

업무상과실·중과실치사상죄는 업무상과실 또는 중대한 과실로 사람을 사망이나 상해에 이르게 함으로써 성립하는 범죄이다. 업무자라는 신분을 이유로 형이 가중되는 가중적 구성 요건으로서 부진정신분범이다.

Ⅱ. 구성요건

1. 객관적 구성요건

1) 주체

업무상과실치사상죄의 주체는 '일정한 업무에 종사하는 자'이다. 중과실치사상죄의 주체 는 제한이 없는 일반인이다.

2) 객체

본죄의 객체는 사람(자연인)이다.

3) 행위

본죄의 행위는 '업무상 과실 또는 중대한 과실로 사람을 사망이나 상해에 이르게 하는 것' 이다.

2. 주관적 구성요건

1) 업무상 과실

① 형법상 업무의 개념

업무란 사람의 사회생활상의 지위에 기하여 계속적으로 종사하는 사무나 사업 일체를 의미한다. 여기에는 직업적인 것뿐만 아니라 사회생활상의 지위에 기한 것이면 족하고, 영리목적인지 여부는 불문한다.

㉮ 사회성

업무는 사회생활의 지위에 기한 것이어야 한다. 따라서 식사·수면·산책 등 개인적이거나 자연적 생활현상은 사회생활상의 지위에 기한 것이 아니므로 업무라 할 수 없다.

㉯ 계속성

업무는 반복·계속할 의사로 행하여진 것이어야 한다. 계속성이 없는 것은 업무가 아니며, 1회의 행위라도 계속·반복할 의사로 행한 것이라면 업무에 해당한다.

㉰ 사무

업무는 사회생활상 계속성을 가진 일이어야 한다. 적법성·영리성 여부는 불문하며, 그 사무에 대한 각별한 경험이나 법규상의 면허를 필요로 하지 않는다(대법원 1961. 3. 22. 4294 형상5).

② 업무상과실치사상죄의 업무

업무상과실치사상죄에 있어서의 '업무'란 사람의 사회생활면에 있어서의 하나의 지위로서 계속적으로 종사하는 사무를 말하고, 여기에는 수행하는 직무 자체가 위험성을 갖기 때문에 안전배려를 의무의 내용으로 하는 경우는 물론 사람의 생명·신체의 위험을 방지하는 것을 의무내용으로 하는 업무도 포함된다(대법원 2007. 5. 31. 선고 2006도3493 판결).

③ 업무상 과실의 내용

과실범이므로, 결과에 대한 예견가능성이 있어야 한다. 즉, 행위자가 결과발생을 예견할 수 있었음에도 불구하고 부주의로 그것을 예견하지 못한 경우에 성립한다.

④ 중대한 과실

통상인에게 요구되는 정도의 상당한 주의를 하지 않더라도 약간의 주의를 한다면 손쉽게 위법·유해한 결과를 예견할 수 있는 경우임에도 만연히 이를 간과함과 같은 거의 고의에 가까운 주의를 결여한 상태를 말한다. 즉, 조금만 주의하였더라면 결과의 발생을 방지할 수 있었음에도 이를 게을리한 경우를 의미한다.

⑤ 인과관계

과실행위와 사망 또는 상해의 결과 사이에 인과관계가 있어야 한다.

2) 중과실

주의의무위반의 정도가 현저한 경우를 말한다. 약간의 주의만 하더라도 쉽게 예견할 수 있음에도 그러한 결과에 대하여 주의를 다하지 않아 사람을 죽음으로까지 이르게 한 행위는 중대한 과실이라고 하지 않을 수 없다(대법원 1997. 4. 22. 선고 97도538 판결).

III. 판례

1. 유죄 판결

- 성수대교 트러스의 제작, 시공 및 감독상의 과실은 이 사건 성수대교의 유지·관리상의 과실과 합쳐져서 결과적으로 교량의 붕괴원인이 될 수 있다는 것은 충분히 예상할 수 있었고, 당시 이 사건 사고발생의 방지조치에 대한 기대가능성도 있었던 것으로 인정할 수 있다(대법원 1997. 11. 28. 선고 97도1740 판결).
- 광고업자가 건물옥상에 고정수소 2,850기압을 주입한 애드벌룬을 공중에 띄움에 있어서 당시 강풍이 불고 있었고 그곳 부근에 22,900볼트의 고압전선이 설치되어 있었다면 그 안전여부를 확인하면서 주민들에게 위험을 알려주어 주의를 환기시키고 애드벌

룬이 고압선에 감겼을 때에도 안전하게 이를 제거할 방법을 강구할 업무상 주의의무가 있다(대법원 1990. 11. 13. 선고 90도1987 판결).

- 공휴일 또는 야간에 구치소 소장을 대리하는 당직간부에게 수용자들의 생명·신체에 대한 위험을 방지할 의무가 있고, 이와 같은 교도관들의 업무는 업무상과실치사죄의 업무에 해당한다(대법원 2007. 5. 31. 선고 2006도3493 판결).

- 선행차량에 이어 피고인 운전 차량이 피해자를 연속하여 역과하는 과정에서 피해자가 사망한 경우, 피고인의 주의의무에 대해 업무상 과실이 인정된다(대법원 2001. 12. 11. 선고 2001도5005 판결).

2. 무죄 판결

- 지하철 공사구간 현장안전업무 담당자인 피고인이 공사현장에 인접한 기존의 횡단보도 표시선 안쪽으로 돌출된 강철빔 주위에 라바콘 3개를 설치하고 신호수 1명을 배치하였는데, 피해자가 위 횡단보도를 건너면서 강철빔에 부딪혀 상해를 입은 경우, 피고인이 안전조치를 취하여야 할 업무상 주의의무를 위반하였다고 보기 어렵다(대법원 2014. 4. 10. 선고 2012도11361 판결).

- 호텔오락실의 경영자가 그 오락실 천정에 형광등을 설치하는 공사를 하면서 그 호텔의 전기보안담당자에게 아무런 통고를 하지 아니한 채 무자격전기기술자로 하여금 전기공사를 하게 하였더라도, 전기에 관한 전문지식이 없는 오락실경영자로서는 위와 같은 과실이 있었더라도 사회통념상 이를 화재발생에 관한 중대한 과실이라고 평가하기는 어렵다(대법원 1989. 10. 13. 선고 89도204 판결).

제8장

자유에 대한 죄

[1] 체포 · 감금죄 (제276조 제1항)

Ⅰ. 의의

체포 · 감금죄는 사람의 신체활동의 자유를 제한하거나 박탈함으로써 성립하는 범죄이다. 보호법익은 신체적 활동의 자유, 특히 장소적 이전의 자유(장소선택의 자유)이다.

잠재적 신체활동의 자유를 의미하기 때문에 현실적으로 장소를 이전하려고 하였는지가 아니라 '이전가능성'을 기준으로 판단한다. 본죄의 체포 · 감금 행위는 어느 정도의 시간적 계속을 필요로 하기 때문에 계속범에 해당한다.

가중적 구성요건으로 존속체포 · 감금죄(제276조 제2항), 중체포 · 감금죄(제277조 제1항), 존속중체포 · 감금죄(제227조 제2항), 특수체포 · 감금죄(제278조), 상습체포 · 감금죄(제279조), 체포 · 감금치사상죄(제281조)가 있다.

Ⅱ. 구성요건

1. 객관적 구성요건

1) 주체

누구든지 본죄의 주체가 될 수 있는 일반범이다.

2) 객체

살아있는 '사람, 자연인'이다. 정신병자도 감금죄의 객체가 될 수 있다(대법원 2002. 10. 11. 선고 2002도4315 판결). 미성년자도 감금죄의 객체가 될 수 있으며, 미성년자를 유인한 자가 계속하여 이를 불법하게 감금하였을 때에는 미성년자유인죄 이외에 감금죄가 성립한다(대법원 1961. 9. 21. 선고 4294형상455 판결).

3) 행위

본죄의 행위는 '체포·감금'이다.

① 체포

체포란 사람의 신체에 대하여 직접적이고 현실적인 구속을 가하여 신체활동의 자유를 박탈하는 행위를 의미한다(대법원 2018. 2. 28. 선고 2017도21249 판결).

체포의 수단·방법에는 제한이 없다. 손발을 포박하는 유형적 방법이나, 경찰관을 사칭하여 연행하는 무형적 방법, 작위·부작위·제3자의 행위를 이용하는 간접정범의 형태도 가능하다.

일정한 장소에 출석하도록 위협하여 출석하게 한 것은 신체에 대한 현실적인 구속이 없으므로 강요죄(제324조)에 해당한다.

② 감금

감금이란 사람이 특정한 구역에서 벗어나는 것을 불가능하게 하거나 또는 매우 곤란하게 함으로써 장소이동의 자유를 박탈하는 행위를 말한다.

감금의 수단·방법에도 제한이 없다. 물리적·유형적·심리적·무형적·작위·부작위 모두 가능하다. 감금에 있어서의 사람의 행동의 자유의 박탈은 반드시 전면적이어야 할 필요가 없으므로 감금된 특정구역 내부에서 일정한 생활의 자유가 허용되어 있었다고 하더라도 특정한 구역을 벗어나는 것을 불가능하게 하면 감금에 해당한다(대법원 2000. 3. 24. 선고 2000도102 판결).

③ 기수시기

체포죄는 계속범으로서 체포의 행위에 확실히 사람의 신체의 자유를 구속한다고 인정할 수 있을 정도의 시간적 계속이 있어야 기수에 이르고, 체포의 고의로써 타인의 신체적 활동의 자유를 현실적으로 침해하는 행위를 개시한 때 체포죄의 실행에 착수하였다고 볼 것이다(대법원 2018. 2. 28. 선고 2017도21249 판결).

2. 주관적 구성요건

고의가 필요하다. 즉, 사람의 신체활동의 자유를 제한한다는 인식과 의사가 있어야 한다.

III. 위법성

영장에 의한 피의자 구속(형사소송법 제201조 제1항), 현행범인의 체포(형사소송법 제212조), 경찰관의 주취자 보호조치(경찰관 직무집행법 제4조 제1항), 정신병자의 치료를 위한 병실 감금 등은 정당행위에 해당한다.

IV. 판례

- 감금행위가 강간죄나 강도죄의 수단이 된 경우에도 감금죄는 강간죄나 강도죄에 흡수되지 아니하고 별죄를 구성한다(대법원 1997. 1. 21. 선고 96도2715 판결).
- 감금행위가 단순히 강도상해 범행의 수단이 되는 데 그치지 아니하고 강도상해의 범행이 끝난 뒤에도 계속된 경우에는 1개의 행위가 감금죄와 강도상해죄에 해당하는 경우라고 볼 수 없고, 이 경우 감금죄와 강도상해죄는 형법 제37조의 경합범 관계에 있다(대법원 2003. 1. 10. 선고 2002도4380 판결).
- 감금을 하기 위한 수단으로서 행사된 단순한 협박행위는 감금죄에 흡수되어 따로 협박죄를 구성하지 않는다(대법원 1982. 6. 22. 선고 82도705 판결).
- 미성년자를 유인한 자가 계속하여 미성년자를 불법하게 감금하였을 때에는 미성년자유인죄 이외에 감금죄가 별도로 성립한다(대법원 1998. 5. 26. 선고 98도1036 판결).

[2] 협박죄 [제283조 제1항]

> 제283조(협박) ① 사람을 협박한 자는 3년 이하의 징역, 500만 원 이하의 벌금, 구류 또는 과료에 처한다.
>
> ③ 제1항 및 제2항의 죄는 피해자의 명시한 의사에 반하여 공소를 제기할 수 없다.

I. 의의

협박죄는 사람에게 공포심을 일으킬 수 있는 정도의 해악을 고지함으로써 성립하는 범죄이다. 본죄는 사람의 의사결정의 자유를 보호법익으로 하는 위험범에 해당한다(대법원 2007. 9. 28. 선고 2007도606 전원합의체 판결).

가중적 구성요건으로 존속협박죄(제283조 제2항), 특수협박죄(제282조), 상습협박죄(제285조)가 있다.

II. 구성요건

1. 객관적 구성요건

1) 주체

협박죄의 주체는 제한이 없는 일반인이다.

2) 객체

협박죄의 객체는 자연인인 사람이다. 법인은 협박죄의 객체가 될 수 없다(대법원 2010. 7. 15. 선고 2010도1017 판결). 본죄의 객체인 사람은 해악의 고지에 의하여 공포심을 일으킬 만한 정신적 능력을 요한다. 따라서 영아, 완전한 정신장애자, 수면자 등은 본죄의 객체가 될 수 없다.

3) 행위

협박죄의 행위는 '협박'이다.

① 형법상 협박의 개념

㉮ 광의의 협박

광의의 협박은 공포심을 일으킬 목적으로 사람에게 해악을 고지하는 것을 의미한다. 상대방이 현실적으로 공포심을 가졌을 것을 요하지 않으며, 상대방의 의사결정의 자유를 제한할 정도일 필요도 없다. 내란죄, 소요죄, 다중불해산죄, 공무집행방해죄, 직무강요죄, 특수도주죄의 협박이 여기에 해당한다.

㉯ 협의의 협박

협의의 협박은 상대방이 현실적으로 공포감을 느낄 수 있을 정도의 해악을 고지하는 것을 의미한다. 현실적으로 두려움을 느끼고 일정한 행위를 강요당할 정도의 협박이어야 한다. 강요죄, 공갈죄의 협박이 여기에 해당한다.

㉰ 최협의의 협박

최협의의 협박은 상대방의 반항을 불가능하게 하거나, 현저히 곤란하게 할 정도의 해악을 고지하는 것을 의미한다. 강도죄, 강간죄의 협박이 여기에 해당한다.

② 협박죄의 협박

협박죄에 있어서의 협박이라 함은, 일반적으로 보아 사람으로 하여금 공포심을 일으킬 수 있는 정도의 해악을 고지하는 것을 의미한다(대법원 2024. 11. 14. 선고 2023도17675 판결). 판례는 광의의 협박으로 보고 있다.

㉮ 경고와 협박의 구별

경고란 해악 발생에 대한 상대방의 경계를 촉구하는 충고를 의미한다. 길흉화복이나 천재지변의 예고는 가해자가 특정되어 있지 않고 해악발생의 가능성이 합리적으로 예견될 수 있는 것이 아니므로 경고이다. 해악의 발생이 행위자에 의하여 직접·간접적으로 좌우될 수 있는 것으로 고지된 것은 협박이고, 그렇지 않은 것은 경고이다.

㉯ **해악의 내용**

고지되는 해악의 내용, 즉 침해하겠다는 법익의 종류나 법익의 향유 주체 등에는 아무런 제한이 없다.

협박죄가 성립하기 위해서는 적어도 발생 가능한 것으로 생각될 수 있는 정도의 구체적인 해악의 고지가 있어야 한다(대법원 2005. 3. 25. 선고 2005도329 판결).

피해자 본인이나 그 친족뿐만 아니라 그 밖의 '제3자'에 대한 법익 침해를 내용으로 하는 해악을 고지하는 것이라고 하더라도 피해자 본인과 제3자가 밀접한 관계에 있어 그 해악의 내용이 피해자 본인에게 공포심을 일으킬 만한 정도의 것이라면 협박죄가 성립할 수 있다 (대법원 2010. 7. 15. 선고 2010도1017 판결).

㉰ **해악고지의 방법**

해악을 고지하는 방법에는 제한이 없다. 협박죄에 있어서의 해악을 가할 것을 고지하는 행위는 통상 언어에 의하는 것이나 경우에 따라서는 한마디 말도 없이 거동에 의하여서도 고지할 수 있다(대법원 1975. 10. 7. 선고 74도2727 판결).

행위자가 직접 해악을 가하겠다고 고지하는 것은 물론, 제3자로 하여금 해악을 가하도록 하겠다는 방식으로도 해악의 고지는 얼마든지 가능하다. 다만, 이 경우 고지자가 제3자의 행위를 사실상 지배하거나 제3자에게 영향을 미칠 수 있는 지위에 있는 것으로 믿게 하는 명시적·묵시적 언동이 있었거나 제3자의 행위가 고지자의 의사에 의하여 좌우될 수 있는 것으로 상대방이 인식한 경우에 한하여 비로소 고지자가 직접 해악을 가하겠다고 고지한 것과 마찬가지의 행위로 평가할 수 있다(대법원 2006. 12. 8. 선고 2006도6155 판결).

③ **기수시기**

협박죄는 추상적 위험범으로서, 상대방이 그에 의하여 현실적으로 공포심을 일으켰는지 여부와 관계없이 해악의 고지가 상대방에게 도달하여 그 의미를 인식한 이상 기수에 이른다 (대법원 2011. 1. 27. 선고 2010도14316 판결).

2. 주관적 구성요건

협박죄의 주관적 구성요건으로서의 고의는 행위자가 사람으로 하여금 공포심을 일으킬 수 있는 정도의 해악을 고지한다는 것을 인식, 인용하는 것을 그 내용으로 한다. 고지한 해악을 실제로 실현할 의도나 욕구는 필요로 하지 않는다(대법원 2011. 5. 26. 선고 2011도2412 판결).

행위자의 언동이 단순한 감정적인 욕설 내지 일시적 분노의 표시에 불과하여 주위사정에 비추어 가해의 의사가 없음이 객관적으로 명백한 때에는 협박행위 내지 협박의 의사를 인정할 수 없다. 협박행위 내지 협박의사가 있었는지의 여부는 행위의 외형뿐만 아니라 그러한 행위에 이르게 된 경위, 피해자와의 관계 등 주위상황을 종합적으로 고려하여 판단해야 한다(대법원 2024. 11. 14. 선고 2023도17675 판결).

Ⅲ. 위법성

정당한 권리행사나 직무집행으로서 일정한 해악을 고지한 경우 사회상규에 반하지 않을 때에는 협박죄가 성립하지 않는다. 즉, 정당한 목적을 위한 상당한 수단이라고 볼 수 있으면 위법성이 조각된다(대법원 2007. 9. 28. 선고 2007도606 전원합의체 판결).

Ⅳ. 소추조건

협박죄는 반의사불벌죄이므로 피해자의 명시한 의사에 반하여 공소를 제기할 수 없다(제283조 제3항).

Ⅴ. 판례

1. 유죄 판결

- 피고인이 피해자와 횟집에서 술을 마시던 중 피해자가 모래 채취에 관하여 항의하는 데에 화가 나서, 횟집 주방에 있던 회칼 2자루를 들고 나와 죽어버리겠다며 자해하려고 한 행위는 협박죄에 해당한다(대법원 2011. 1. 27. 선고 2010도14316 판결 절도·협박).
- 사채업자인 피고인이 채무자 甲에게, 채무를 변제하지 않으면 甲이 숨기고 싶어하는 과거 행적과 사채를 쓴 사실 등을 남편과 시댁에 알리겠다는 등의 문자메시지를 발송

한 경우, 권리행사에 필요한 정당행위에 해당하지 않는다(대법원 2011. 5. 26. 선고 2011도2412 판결).

- 정보보안과 소속 경찰관이 자신의 지위를 내세우면서 타인의 민사분쟁에 개입하여 빨리 채무를 변제하지 않으면 상부에 보고하여 문제를 삼겠다고 말한 사안에서, 객관적으로 상대방이 공포심을 일으키기에 충분한 정도의 해악의 고지에 해당하므로 현실적으로 피해자가 공포심을 일으키지 않았다 하더라도 협박죄의 기수에 이르렀다(대법원 2007. 9. 28. 선고 2007도606 전원합의체 판결).

2. 무죄 판결

- 피고인이 공중전화를 이용하여 경찰서에 여러 차례 전화를 걸어 전화를 받은 각 경찰관에게 경찰서 관할구역 내에 있는 甲 정당의 당사를 폭파하겠다는 말을 한 경우, 정당에 대한 해악의 고지가 경찰관 개인에게 공포심을 일으킬 만큼 밀접한 관계가 있다고 보기 어려우므로 각 경찰관에 대한 협박죄는 성립하지 않는다(대법원 2012. 8. 17. 선고 2011도10451 판결).
- 신문기자인 피고인이 고소인에게 2회에 걸쳐 증여세 포탈에 대한 취재를 요구하면서 이에 응하지 않으면 자신이 취재한 내용대로 보도하겠다고 말한 경우, 협박죄의 해악의 고지에 해당하더라도 신문기자의 일상적 업무 범위에 속하는 것으로서 사회통념상 용인되는 행위로 보아야 한다(대법원 2011. 7. 14. 선고 2011도639 판결).
- "앞으로 수박이 없어지면 네 책임으로 한다"고 말한 것은 구체적으로 어떠한 법익에 어떠한 해악을 가하겠다는 것인지를 알 수 없으므로 해악의 고지라고 보기 어렵고, 정당한 훈계의 범위를 벗어나는 것이 아니어서 사회상규에 위배되지 아니하므로 위법성이 없다(대법원 1995. 9. 29. 선고 94도2187 판결).

[3] 특수협박죄 [제284조]

제284조(특수협박) 단체 또는 다중의 위력을 보이거나 위험한 물건을 휴대하여 전조제1항, 제2항의 죄를 범한 때에는 7년 이하의 징역 또는 1천만 원 이하의 벌금에 처한다.

Ⅰ. 의의

특수협박죄는 단체 또는 다중의 위력을 보이거나 위험한 물건을 휴대하여 협박죄를 범함으로써 성립하는 범죄이다.

Ⅱ. 구성요건

1. 객관적 구성요건

특수협박죄의 행위는 '단체 또는 다중의 위력을 보이거나 위험한 물건을 휴대하여 협박하는 것'이다.

1) 단체 또는 다중의 위력을 보이는 방법

2명 이상이 합동하여 범행하는 경우가 이에 해당한다. 합동범으로서의 특수협박이 성립되기 위해서는 주관적 요건으로서의 공모와 객관적 요건으로서의 실행행위의 분담이 있어야 하고, 그 실행행위에 있어서는 시간적으로나 장소적으로 협동관계가 있음을 요한다(대법원 1989. 3. 14. 선고 88도837).

2) 위험한 물건을 휴대하는 방법

특수협박죄에서 말하는 위험한 물건을 '휴대하여'란 범행 당시에 위험한 물건을 소지하고 있는 것을 의미하고, 실제로 위험한 물건을 사용할 의사나 사용하였을 것까지 요하는 것은 아니다(대법원 2017. 3. 30. 선고 2017도771 판결).

2. 주관적 구성요건

본죄는 고의범이므로 단체 또는 다중의 위력을 보이거나 위험한 물건을 휴대하여 사람에게 해악을 고지한다는 사실을 인식하고 이를 의욕하거나 적어도 용인하는 의사가 있어야 한다.

제9장

명예와 신용에 대한 죄

[1] 명예훼손죄 (제307조)

> 제307조(명예훼손) ① 공연히 사실을 적시하여 사람의 명예를 훼손한 자는 2년 이하의 징역이나 금고 또는 500만 원 이하의 벌금에 처한다.
> ② 공연히 허위의 사실을 적시하여 사람의 명예를 훼손한 자는 5년 이하의 징역, 10년 이하의 자격정지 또는 1천만 원 이하의 벌금에 처한다.
> 제312조(고소와 피해자의 의사) 제307조와 제309조의 죄는 피해자의 명시한 의사에 반하여 공소를 제기할 수 없다.

I. 의의

명예훼손죄는 공연히 사실 또는 허위의 사실을 적시하여 사람의 명예를 훼손함으로써 성립하는 범죄이다. 보호법익은 사람의 외부적 명예, 즉 사회적 평가이다. 본죄가 성립하기 위해 피해자의 명예가 실제로 침해받아 저하될 필요는 없으므로 위험범에 해당한다.

II. 구성요건

1. 객관적 구성요건

1) 객체

① 명예의 주체

명예훼손죄의 객체는 '사람의 명예'이다. 명예는 외적 명예, 즉 사람의 가치에 대한 사회적 평가를 의미한다. 명예의 주체인 사람에는 자연인뿐만 아니라 법인도 포함된다. 사자(死者)는 형법 제308조에 의해 허위사실 적시의 경우에만 보호된다.

② 집합명칭에 의한 명예훼손

집합명칭에 의하여 집단의 구성원의 명예가 침해되는 경우에도 명예훼손이 성립한다. 명예를 훼손하는 표현은 모든 구성원에 대한 관련성이 있어야 하고, 서울시민, 경기도민과 같이 막연한 표시에 의해서는 본죄가 성립하지 않는다(대법원 1960. 11. 26. 4293형상244 판결).

집합명칭이 어떤 범위에 속하는 특정인을 가리키는 것이 명백하면, 각자의 명예를 훼손하는 행위로 볼 수 있고, 구성원의 일부를 지적하였지만 그것이 누구인지 명백하지 않아서 구성원 모두가 혐의를 받는 경우에도 그 구성원 전원에 대한 명예훼손죄가 성립할 수 있다.

③ 명예의 내용

명예의 내용은 널리 사회생활에서 인정되는 모든 가치를 포함한다. 다만, 사람의 지불능력 및 지불의사에 대한 경제적 평가는 신용훼손죄의 보호법익으로 따로 규정하고 있으므로 본죄의 명예에서 제외된다.

2) 행위

명예훼손죄의 행위는 '공연히 사실 또는 허위사실을 적시하여 사람의 명예를 훼손'하는 것이다.

① 공연성

㉮ 공연성의 의미

공연성이란 불특정 또는 다수인이 인식할 수 있는 상태를 말한다. 이는 사전적으로 '세상에서 다 알 만큼 떳떳하게', '숨김이나 거리낌이 없이 그대로 드러나게'라는 뜻이다(대법원 2020. 11. 19. 선고 2020도5813 전원합의체 판결).

㉯ 전파가능성과 공연성

대법원은 명예훼손죄의 공연성에 관하여 개별적으로 소수의 사람에게 사실을 적시하였더라도 그 상대방이 불특정 또는 다수인에게 적시된 사실을 전파할 가능성이 있는 때에는 공연성이 인정된다고 일관되게 판시하여, 이른바 전파가능성 이론은 공연성에 관한 확립된 법리로 정착되었다(대법원 2020. 11. 19. 선고 2020도5813 전원합의체 판결).

특정 소수에 대한 사실적시의 경우 공연성이 부정되는 유력한 사정이 될 수 있으므로, 전파될 가능성에 관하여는 검사의 엄격한 증명이 필요하다. 특히 발언 상대방이 발언자나 피해자의 배우자, 친척, 친구 등 사적으로 친밀한 관계에 있는 경우, 직무상 비밀유지의무 또는 이를 처리해야 할 공무원이나 이와 유사한 지위에 있는 경우에는 그러한 관계나 신분으로 인하여 비밀의 보장이 상당히 높은 정도로 기대되는 경우로서 공연성이 부정된다(대법원 2020. 11. 19. 선고 2020도5813 전원합의체 판결).

② 사실의 적시

사실이란 현실적으로 발생하고 증명할 수 있는 과거와 현재의 상태를 의미한다.

'사실의 적시'란 시간과 공간적으로 구체적인 과거 또는 현재의 사실관계에 관한 보고나 진술을 의미하며, 표현내용이 증거에 의해 증명이 가능한 것을 말한다(대법원 2007. 12. 14. 선고 2006도2074 판결).

㉮ 사실적시와 의견표현의 구별

사실의 적시란 가치판단이나 평가를 내용으로 하는 '의견'이 아닌 과거 또는 현재의 사실관계에 관한 구체적 진술을 의미한다. 형법 제307조 제1항의 '사실'은 제2항의 '허위의 사실'과 반대되는 '진실한 사실'을 말하는 것이 아니라 가치판단이나 평가를 내용으로 하는 '의견'에 대치되는 개념이다(대법원 2017. 4. 26. 선고 2016도18024 판결).

판단할 진술이 사실인가 또는 의견인가를 구별함에 있어서는 언어의 통상적 의미와 용법, 증명가능성, 문제 된 말이 사용된 문맥, 그 표현이 이루어진 사회적 상황 등 전체적 정황을 고려하여 판단하여야 한다(대법원 2022. 5. 13. 선고 2020도15642 판결).

㉯ 사실의 내용

사람의 사회적 평가를 저하시킬 만한 것이면 그 사실의 내용은 불문한다. 장래의 일을 적시하더라도 그것이 과거 또는 현재의 사실을 기초로 하거나 이에 대한 주장을 포함하는 경우에는 명예훼손죄가 성립한다(대법원 2003. 5. 13. 선고 2002도7420 판결).

㉓ 허위사실의 판단방법

형법 제307조 제2항의 허위사실 적시에 의한 명예훼손죄에서 적시된 사실이 허위인지 여부를 판단함에 있어서는 적시된 사실의 내용 전체의 취지를 살펴볼 때 세부적인 내용에서 진실과 약간 차이가 나거나 다소 과장된 표현이 있는 정도에 불과하다면 이를 허위라고 볼 수 없으나, 중요한 부분이 객관적 사실과 합치하지 않는다면 이를 허위라고 보아야 한다(대법원 2014. 3. 13. 선고 2013도12430 판결).

비록 허위의 사실을 적시하였더라도 그 허위의 사실이 특정인의 사회적 가치 내지 평가를 침해할 수 있는 내용이 아니라면 명예훼손죄는 성립하지 않는다(대법원 2009. 9. 24. 선고 2009도6687 판결).

㉔ 사실적시의 구체성

적시된 사실은 특정인의 사회적 가치 내지 평가가 침해될 가능성이 있을 정도로 구체성을 띠어야 한다. 사실을 직접적으로 표현한 경우에 한정될 것은 아니고, 간접적이고 우회적인 표현에 의하더라도 그 표현의 전취지에 비추어 그와 같은 사실의 존재를 암시하고, 또 이로써 특정인의 사회적 가치 내지 평가가 침해될 가능성이 있을 정도의 구체성이 있으면 족하다(대법원 1991. 5. 14. 선고 91도420 판결).

㉕ 피해자의 특정

명예훼손죄가 성립하기 위하여 피해자가 특정되어야 한다. 반드시 사람의 성명을 명시하여 허위의 사실을 적시하여야만 하는 것은 아니므로 사람의 성명을 명시한 바 없는 허위사실의 적시행위도 그 표현의 내용을 주위사정과 종합 판단하여 그것이 특정인을 지목하는 것인가를 알아차릴 수 있는 경우에는 그 특정인에 대한 명예훼손죄를 구성한다(대법원 1982. 11. 9. 선고 82도1256 판결).

③ 명예훼손

불특정 또는 다수인이 직접 인식할 수 있는 상태에 이르면 기수가 되며, 현실적으로 상대방이 인지할 것은 요하지 않는다.

2. 주관적 구성요건

명예훼손죄는 고의범으로 타인의 명예를 훼손하는데 적합한 사실 또는 허위사실을 공연히 적시한다는 점에 대한 인식과 의사를 내용으로 하는 고의가 있어야 한다.

형법 제307조 제1항의 명예훼손죄는 적시된 사실이 진실한 사실인 경우이든 허위의 사실인 경우이든 모두 성립할 수 있고, 특히 적시된 사실이 허위의 사실이라고 하더라도 행위자에게 허위성에 대한 인식이 없는 경우에는 제307조 제2항의 명예훼손죄가 아니라 제307조 제1항의 명예훼손죄가 성립될 수 있다(대법원 2017. 4. 26. 선고 2016도18024 판결).

형법 제307조 제2항의 허위사실 적시에 의한 명예훼손죄가 성립하기 위해서는 적시하는 사실이 허위이어야 할뿐 아니라, 피고인이 그와 같은 사실을 적시함에 있어 적시 사실이 허위임을 인식하여야 한다(대법원 2009. 1. 30. 선고 2007도5836 판결).

전파가능성을 이유로 명예훼손죄의 공연성을 인정하는 경우에는 범죄구성요건의 주관적 요소로서 적어도 미필적 고의가 필요하므로 전파가능성에 관한 인식이 있음은 물론 나아가 그 위험을 용인하는 내심의 의사가 있어야 한다. 그 행위자가 전파가능성을 용인하고 있었는지의 여부는 외부에 나타난 행위의 형태와 행위의 상황 등 구체적인 사정을 기초로 하여 일반인이라면 그 전파가능성을 어떻게 평가할 것인가를 고려하면서 행위자의 입장에서 그 심리상태를 추인하여야 한다(대법원 2010. 10. 28. 선고 2010도2877 판결).

III. 위법성

1. 일반적 위법성조각사유

일반적인 위법성조각사유로는 정당행위, 피해자의 승낙 등이 있다.

2. 형법 제310조에 의한 위법성조각

1) 의의

형법 제310조는 "제307조 제1항의 행위가 진실한 사실로서 오로지 공공의 이익에 관한 때에는 처벌하지 아니한다"고 규정하고 있다.

본조는 개인의 명예의 보호와 표현의 자유의 보장이라는 상충되는 두 법익의 조화를 꾀한 것으로 볼 수 있다(대법원 1993. 6. 22. 선고 92도3160 판결).

공연히 사실을 적시하여 사람의 명예를 훼손한 행위가 형법 제310조에 따라 위법성이 조각되기 위해서는 적시된 사실이 진실한 사실이어야 하고, 그 적시가 오로지 공공의 이익을 위한 것이어야 한다.

2) 성립요건

① 진실한 사실

적시된 사실이 진실해야 한다. '진실한 사실'이란 그 내용 전체의 취지를 살펴볼 때 중요한 부분이 객관적 사실과 합치되는 사실이라는 의미로서 일부 자세한 부분이 진실과 약간 차이가 나거나 다소 과장된 표현이 있다고 하더라도 무방하다(대법원 2001. 10. 9. 선고 2001도3594 판결).

② 공공의 이익

사실의 적시가 오로지 공공의 이익을 위한 것이어야 한다. '공공의 이익'에는 널리 국가·사회 기타 일반 다수인의 이익에 관한 것뿐만 아니라, 특정한 사회집단이나 그 구성원 전체의 관심과 이익에 관한 것도 포함된다. 적시된 사실이 공공의 이익에 관한 것인지 여부는 당해 적시 사실의 내용과 성질, 당해 사실의 공표가 이루어진 상대방의 범위, 그 표현의 방법 등 그 표현 자체에 관한 제반 사정을 감안함과 동시에 그 표현에 의하여 훼손되거나 훼손될 수 있는 명예의 침해 정도 등을 비교·고려하여 결정하여야 한다(대법원 2004. 5. 28. 선고 2004도1497 판결).

사실을 적시한 행위자의 주요한 목적이 공공의 이익을 위한 것이라면 부수적으로 다른 목적이 있었다고 하더라도 형법 제310조의 적용을 배제할 수 없다(대법원 2004. 5. 28. 선고 2004도1497 판결).

3) 법적 효과

① 실체법적 효과

'처벌하지 아니한다'는 위법성이 조각되어 그 행위를 처벌하지 아니하는 것을 의미한다(대법원 1993. 6. 22. 선고 92도3160 판결).

② 소송법적 효과

진실한 사실로서 오로지 공공의 이익에 관한 때에 해당된다는 점을 행위자가 증명하여야 하는 것이나, 그 증명은 유죄의 인정에 있어 요구되는 것과 같이 법관으로 하여금 의심할 여지가 없을 정도의 확신을 가지게 하는 증명력을 가진 엄격한 증거에 의하여야 하는 것은 아니다(대법원 1996. 10. 25. 선고 95도1473 판결).

4) 착오

① 허위사실을 진실로 오인하고 공익을 위해 적시한 경우

행위자가 진실한 것으로 믿었고 또 그렇게 믿을 만한 상당한 이유가 있는 경우에는 위법성이 없다(대법원 1996. 8. 23. 선고 94도3191 판결).

② 진실한 사실을 허위인 줄 알고 적시한 경우

제310조 적용여부가 애당초 문제되지 않으므로 제307조 제1항의 죄가 성립한다.

IV. 소추조건

명예훼손죄는 반의사불벌죄이므로 피해자의 명시한 의사에 반하여 공소를 제기할 수 없다(제312조 제2항).

V. 판례

1. 죄수

- 허위사실을 유포한 1개의 행위가 형법 제314조 제1항의 허위사실 유포에 의한 업무방해죄뿐 아니라 형법 제307조 제2항의 허위사실적시에 의한 명예훼손죄에도 해당하는 경

우 그 2개의 죄는 상상적 경합관계에 있다(대법원 2007. 11. 15. 선고 2007도7140 판결).

2. 집합명칭에 의한 명예훼손

- '대전 지역 검사들'이라는 표시에 의한 명예훼손은 집단 내 개별구성원을 지칭하는 것으로 여겨질 수 있다(대법원 2003. 9. 2. 선고 2002다63558 판결).

3. 공연성을 인정한 판례

- 피고인이 갑의 집 뒷길에서 피고인의 남편 을 및 갑의 친척인 병이 듣는 가운데 갑에게 '저것이 징역 살다 온 전과자다' 등으로 큰 소리로 말함으로써 공연히 사실을 적시하여 갑의 명예를 훼손하였다는 내용으로 기소된 사안에서, 병이 갑과 친척관계에 있다는 이유만으로 전파가능성이 부정된다고 볼 수 없고, 오히려 피고인은 갑과의 싸움 과정에서 단지 갑을 모욕 내지 비방하기 위하여 공개된 장소에서 큰 소리로 말하여 다른 마을 사람들이 들을 수 있을 정도였던 것으로 불특정 또는 다수인이 인식할 수 있는 상태였다고 봄이 타당하다(대법원 2020. 11. 19. 선고 2020도5813 전원합의체 판결).
- 개인 블로그의 비공개 대화방에서 상대방으로부터 비밀을 지키겠다는 말을 듣고 일대일로 대화하였다고 하더라도, 그 사정만으로 대화 상대방이 대화내용을 불특정 또는 다수에게 전파할 가능성이 없다고 할 수 없다(대법원 2008. 2. 14. 선고 2007도8155 판결).
- 피고인들이 피해자에 대한 허위사실을 적시한 서명자료를 만들어 여러 명의 동료들에게 읽게 하고 서명을 받았다면 불특정 또는 다수인이 인식할 수 있는 상태에 해당하고, 설령 그 내용이 동료들 사이에 만연한 소문이었다고 하더라도 명예훼손죄를 구성한다(대법원 2020. 12. 30. 선고 2015도15619 판결).

4. 공연성을 부정한 판례

- 발언 상대방이 발언자나 피해자의 배우자, 친척, 친구 등 사적으로 친밀한 관계에 있는 경우에는 그러한 관계로 인하여 비밀의 보장이 상당히 높은 정도로 기대되는 경우로서 공연성이 부정된다(대법원 2021. 4. 29. 선고 2021도1677 판결).

- 피고인이 자기 집에서 피해자와 서로 다투다가 피해자에게 한 욕설을 피고인의 남편 외에 들은 사람이 없다고 한다면 그 욕설을 불특정 또는 다수인이 인식할 수 있는 상태였다고 할 수는 없으므로 공연성을 인정하기 어렵다(대법원 1985. 11. 26. 선고 85도2037 판결).
- 발언 상대방이 직무상 비밀유지의무 또는 이를 처리해야 할 공무원이나 이와 유사한 지위에 있는 경우에는 그러한 관계나 신분으로 인하여 비밀의 보장이 상당히 높은 정도로 기대되는 경우로서 공연성이 부정된다(대법원 2020. 11. 19. 선고 2020도5813 전원합의체 판결).

5. 공공의 이익에 대한 판례

- 교장 甲이 여성기간제교사 乙에게 차 접대 요구와 부당한 대우를 하였다는 인상을 주는 내용의 글을 게재한 교사 丙의 명예훼손행위가 공공의 이익에 관한 것으로서 위법성이 조각된다(대법원 2008. 7. 10. 선고 2007도9885 판결).
- 학교운영의 공공성, 투명성의 보장을 요구하여 학교가 합리적이고 정상적으로 운영되게 할 목적으로 공연히 사실을 적시하였더라도, 피해자들의 거주지 앞에서 그들의 주소까지 명시하여 명예를 훼손하였다면, 이는 공공의 이익을 위한 사실의 적시로 볼 수 없어 위법성이 조각되지 않는다(대법원 2008. 3. 14. 선고 2006도6049 판결).

[2] 출판물에 의한 명예훼손죄 [제309조]

제309조(출판물 등에 의한 명예훼손) ① 사람을 비방할 목적으로 신문, 잡지 또는 라디오 기타 출판물에 의하여 제307조제1항의 죄를 범한 자는 3년 이하의 징역이나 금고 또는 700만 원 이하의 벌금에 처한다.
② 제1항의 방법으로 제307조제2항의 죄를 범한 자는 7년 이하의 징역, 10년 이하의 자격정지 또는 1천500만 원 이하의 벌금에 처한다.

Ⅰ. 의의

출판물에 의한 명예훼손죄는 사람을 비방할 목적으로 신문, 잡지 또는 라디오 기타 출판물에 의하여 사실 또는 허위사실을 적시하여 타인의 명예를 훼손함으로써 성립하는 범죄이다.

형법이 출판물 등에 의한 명예훼손죄를 일반 명예훼손죄보다 중벌하는 이유는 사실적시의 방법으로서의 출판물 등의 이용이 그 성질상 다수인이 견문할 수 있는 높은 전파성과 신뢰성 및 장기간의 보존가능성 등 피해자에 대한 법익침해의 정도가 더욱 크다는 데 있다.

Ⅱ. 구성요건

1. 객관적 구성요건

1) 신문, 잡지 또는 라디오 기타 출판물에 의할 것

신문, 잡지 또는 라디오는 출판물의 예시를 나열한 것이며, 대중적 전파가 가능한 매체를 의미한다. '기타 출판물'에 해당한다고 하기 위하여는 그것이 등록·출판된 제본인쇄물이나 제작물은 아니라고 할지라도 적어도 그와 같은 정도의 효용과 기능을 가지고 사실상 출판물로 유통·통용될 수 있는 외관을 가진 인쇄물로 볼 수 있어야 한다(대법원 1997. 8. 26. 선고 97도133 판결). 단순히 프린트하거나 손으로 쓴 것은 제외된다.

2) 사실 또는 허위사실의 적시

'사실의 적시'란 사람의 인격적 가치에 대한 사회적 평가를 저하시킬만한 사실을 구체적으로 지적·표시하는 것을 의미한다.

2. 주관적 구성요건

1) 고의

고의범이므로 출판물 등에 의하여 사실 또는 허위사실을 적시한다는 점에 대한 인식과 의사를 내용으로 하는 고의가 있어야 한다.

제309조 2항의 죄가 성립하려면 적시하는 사실이 허위이어야 하고 행위자는 그와 같은 사실이 허위라고 인식을 하여야 한다. 만일 행위자가 그와 같은 사실이 허위라는 인식을 하지 못하였다면 형법 제309조 제1항의 죄로서 벌하는 것은 별론으로 하고 형법 제309조 제2항의 죄로서는 벌할 수 없다(대법원 1994. 10. 28. 선고 94도2186 판결).

2) 비방할 목적

본죄는 목적범이므로 '비방할 목적'이 있어야 한다.

'비방할 목적'이란 가해의 의사 내지 목적을 요하는 것으로서, 사람을 비방할 목적이 있는지 여부는 당해 적시 사실의 내용과 성질, 당해 사실의 공표가 이루어진 상대방의 범위, 그 표현의 방법 등 그 표현 자체에 관한 제반 사정을 감안함과 동시에 그 표현에 의하여 훼손되거나 훼손될 수 있는 명예의 침해 정도 등을 비교, 고려하여 결정하여야 한다(대법원 2003. 12. 26. 선고 2003도6036 판결).

비방의 목적은 공공의 이익을 위한 것과는 행위자의 주관적 의도의 방향에 있어 서로 상반되는 관계에 있다고 할 것이므로, 적시한 사실이 공공의 이익에 관한 것인 경우에는 특별한 사정이 없는 한 비방할 목적은 부인된다고 봄이 상당하다(대법원 2005. 4. 29. 선고 2003도2137 판결).

III. 위법성

'사람을 비방할 목적'이란 가해의 의사 내지 목적을 요하는 것으로서 공공의 이익을 위한 것과는 행위자의 주관적 의도의 방향에 있어 서로 상반되는 관계에 있다고 할 것이므로, 형법 제310조의 공공의 이익에 관한 때에는 처벌하지 아니한다는 규정은 비방할 목적이 있어야 하는 형법 제309조 제1항 소정의 행위에 대하여는 적용되지 아니한다(대법원 2003. 12. 26. 선고 2003도6036 판결).

IV. 소추조건

출판물에 의한 명예훼손죄는 피해자의 명시한 의사에 반하여 공소를 제기할 수 없는 반의사불벌죄이다(제312조 제2항).

V. 판례

1. 유죄 판결

- 피고인이 이 사건 출판물 15부를 피고인들이 소속된 교회의 교인 15인에게 배부한 경우, 명예훼손죄의 요건인 공연성은 불특정 또는 다수인이 인식할 수 있는 상태를 말하

므로 공연성의 요건은 충족된 것이다(대법원 1984. 2. 28. 선고 83도3124 판결).

- 甲이 신문사 기자인 乙에게 연예인 A의 실명을 거론하면서 허위사실을 적시함으로써 A를 비방할 목적으로 기사의 자료를 제공하자, 이를 진실한 것으로 오신한 乙이 기사를 작성하여 공표한 사안에서, 甲에게 출판물에 의한 명예훼손죄가 성립한다(대법원 2009. 11. 12. 선고 2009도8949 판결).

2. 무죄 판결

- 대한항공 858기 폭파사건에 관한 소설을 집필, 출간한 행위에 비방의 목적을 인정할 수 없어 출판물에 의한 명예훼손죄가 성립하지 않는다(대법원 2009. 6. 11. 선고 2009 도156 판결).
- 의사가 의료기기 회사와의 분쟁을 정치적으로 해결하기 위하여 국회의원에게 허위의 사실을 제보하였을 뿐인데, 위 국회의원의 발표로 그 사실이 일간신문에 게재된 경우 출판물에 의한 명예훼손이 성립하지 아니한다(대법원 2002. 6. 28. 선고 2000도3045 판결).

[3] 모욕죄 [제311조]

제311조(모욕) 공연히 사람을 모욕한 자는 1년 이하의 징역이나 금고 또는 200만 원 이하의 벌금에 처한다.
제312조(고소와 피해자의 의사) ① 제308조와 제311조의 죄는 고소가 있어야 공소를 제기할 수 있다.

Ⅰ. 의의

모욕죄는 공연히 사람을 모욕함으로써 성립하는 범죄이다. 모욕죄의 보호법익은 사람의 가치에 대한 사회적 평가를 의미하는 외부적 명예라는 점에서 명예훼손죄와 동일하다.

Ⅱ. 구성요건

1. 객관적 구성요건

1) 객체

모욕죄의 객체는 사람이다. 자연인 이외에 법인이나 법인격 없는 단체도 포함된다.

2) 행위

① 공연성

불특정 또는 다수인이 인식할 수 있는 상태를 의미한다.

② 모욕

'모욕'이란 사실을 적시하지 아니하고 사람의 사회적 평가를 저하시킬 만한 추상적 판단이나 경멸적 감정을 표현하는 것을 의미한다(대법원 2018. 11. 29. 선고 2017도2661 판결).

모욕의 수단과 방법에는 제한이 없으므로 언어적 수단이 아닌 비언어적·시각적 수단만을 사용하여 표현을 하더라도 그것이 사람의 사회적 평가를 저하시킬 만한 추상적 판단이나 경멸적 감정을 전달하는 것이라면 모욕죄가 성립한다.

모욕에 해당하는지는 상대방 개인의 주관적 감정이나 정서상 어떠한 표현을 듣고 기분이 나쁜지 등 명예감정을 침해할 만한 표현인지를 기준으로 판단할 것이 아니라 당사자들의 관계, 해당 표현에 이르게 된 경위, 표현방법, 당시 상황 등 객관적인 제반 사정에 비추어 상대방의 외부적 명예를 침해할 만한 표현인지를 기준으로 엄격하게 판단하여야 한다.

어떠한 표현이 개인의 인격권을 심각하게 침해할 우려가 있는 것이거나 상대방의 인격을 허물어뜨릴 정도로 모멸감을 주는 혐오스러운 욕설이 아니라 상대방을 불쾌하게 할 수 있는 무례하고 예의에 벗어난 정도이거나 상대방에 대한 부정적·비판적 의견이나 감정을 나타내면서 경미한 수준의 추상적 표현이나 욕설이 사용된 경우 등이라면 특별한 사정이 없는 한 외부적 명예를 침해할 만한 표현으로 볼 수 없어 모욕죄의 구성요건에 해당된다고 볼 수 없다(대법원 2022. 8. 31. 선고 2019도7370 판결).

2. 주관적 구성요건

모욕죄의 고의는 공연히 사람을 모욕한다는 것에 대한 인식과 의욕이다. 이는 미필적 고의로도 충분하다.

III. 위법성

모욕죄에는 형법 제310조의 특별한 위법성조각사유가 적용되지 않는다. 다만 일반적 위법성조각사유인 정당행위로 위법성이 조각될 수는 있다. 즉, 모욕의 행위가 사회상규에 위배되지 않는 행위로 볼 수 있는 때에는 형법 제20조에 의하여 예외적으로 위법성이 조각된다(대법원 2008. 7. 10. 선고 2008도1433 판결).

IV. 소추조건

모욕죄는 고소가 있어야 공소를 제기할 수 있는 친고죄이다(제312조 제1항).

V. 판례

1. 유죄 판결

- 피고인이 식당에서 영업 업무를 방해하고 식당 주인을 폭행하던 중 식당 주인 부부, 손님, 인근 상인들이 있는 식당 앞 노상에서 112 신고를 받고 출동한 경찰관인 피해자를 향해 "젊은 놈의 새끼야, 순경새끼, 개새끼야.", "씨발 개새끼야, 좆도 아닌 젊은 새끼는 꺼져 새끼야." 라는 욕설을 한 경우, 경찰관 개인의 외부적 명예를 저하시킬 만한 추상적 위험을 부정할 수 없다(대법원 2016. 10. 13. 선고 2016도9674 판결).

2. 무죄 판결

- 피고인이 댓글로 게시한 '공황장애 ㅋ'라는 표현이 상대방을 불쾌하게 할 수 있는 무례한 표현이기는 하나, 상대방의 인격적 가치에 대한 사회적 평가를 저하시킬 만한 표현에 해당한다고 보기는 어렵다(대법원 2018. 5. 30. 선고 2016도20890 판결).

- 아파트 입주자대표회의 감사인 피고인이 관리소장 갑의 업무처리에 항의하기 위해 관리소장실을 방문한 자리에서 갑과 언쟁을 하다가 "야, 이따위로 일할래.", "나이 처먹은 게 무슨 자랑이냐."라고 말한 사안에서, 피고인의 발언은 상대방을 불쾌하게 할 수 있는 무례하고 저속한 표현이기는 하지만 객관적으로 갑의 인격적 가치에 대한 사회적 평가를 저하시킬 만한 모욕적 언사에 해당하지 않는다(대법원 2015. 9. 10. 선고 2015도2229 판결).

- 인터넷 신문사 소속 기자 갑이 작성한 기사가 인터넷 포털 사이트의 '핫이슈' 난에 게재되자, 피고인이 "이런 걸 기레기라고 하죠?"라는 댓글을 게시한 경우, '기레기'는 모욕적 표현에 해당하나, 위 댓글의 내용, 작성 시기와 위치, 위 댓글 전후로 게시된 다른 댓글의 내용과 흐름 등을 종합하면, 사회상규에 위배되지 않는 행위로서 형법 제20조에 의하여 위법성이 조각된다(대법원 2021. 3. 25. 선고 2017도17643 판결).

[4] 신용훼손죄 (제313조)

> 제313조(신용훼손) 허위의 사실을 유포하거나 기타 위계로써 사람의 신용을 훼손한 자는 5년 이하의 징역 또는 1천500만 원 이하의 벌금에 처한다.

Ⅰ. 의의

신용훼손죄는 허위의 사실을 유포하거나 기타 위계로써 사람의 신용을 훼손함으로써 성립하는 범죄이다. 보호법익은 사람의 경제적 신용, 즉 지급능력 또는 지급의사에 대한 사회적 신뢰이다.

Ⅱ. 구성요건

1. 객관적 구성요건

1) 객체

본죄의 객체는 '사람의 신용'이다. 사람에는 자연인뿐만 아니라 법인도 포함된다. 신용훼손죄에서 '신용'은 사람의 경제적 지위에 대한 사회적 평가, 즉 사람의 지급능력 또는 지급의사에 대한 사회적 신뢰를 의미한다. 신용훼손죄가 성립하기 위하여 신용훼손의 결과가 실제로 발생할 필요는 없고 신용훼손의 결과를 초래할 위험이 발생하면 된다.

2) 행위

본죄의 행위는 '허위의 사실을 유포하거나 기타 위계로써 사람의 신용을 훼손하는 것'이다.

① 허위사실의 유포

'허위사실의 유포'란 객관적으로 진실과 부합하지 않는 과거 또는 현재의 사실을 불특정 또는 다수인에게 전파하는 것을 말한다(대법원 2006. 12. 7. 선고 2006도3400 판결). 단순한 의견이나 가치판단을 표시하는 것은 이에 해당하지 않는다(대법원 2021. 9. 30. 선고 2021 도6634 판결).

② 위계

'위계'란 행위자의 행위목적을 달성하기 위하여 상대방에게 오인·착각 또는 부지를 일으키게 하여 이를 이용하는 것을 말한다(대법원 2006. 12. 7. 선고 2006도3400 판결).

③ 신용훼손

신용훼손이란 사람의 지급능력이나 지급의사에 대한 사회적 신뢰를 저해하게 하는 상태를 야기시키는 것을 말한다. 신용훼손죄는 현실로 신뢰가 저하하였다는 결과의 발생을 요하지 않고 불특정 또는 다수인이 허위사항을 인식할 수 있는 상태에 이르면 기수가 된다.

2. 주관적 구성요건

본죄는 고의범으로서 행위자가 허위의 사실을 유포하거나 기타 위계를 사용한다는 인식과 그로 인하여 타인의 신용을 훼손한다는 사실에 대한 인식과 의사를 내용으로 하는 고의가 필요하다.

전파가능성을 이유로 허위사실의 유포를 인정하는 경우에는 적어도 범죄구성요건의 주관적 요소로서 미필적 고의가 필요하므로 전파가능성에 대한 인식이 있음은 물론 나아가 그 위험을 용인하는 내심의 의사가 있어야 한다(대법원 2006. 5. 25. 선고 2004도1313 판결).

III. 판례

1. 유죄 판결

- 피고인이 '甲이 대출금 이자를 연체하여 위 은행의 수락지점장이 3,000만 원의 연체이 자를 대납하였다' 라는 허위내용을 기재한 편지를 조흥은행 본점에 송부한 행위가 불

특정 또는 다수인에게 전파시킨 경우에 해당한다고 보기는 어려우나, 그로써 조흥은행의 오인 또는 착각 등을 일으켜 위계로써 피해자의 신용을 훼손한 경우에는 해당한다(대법원 2006. 12. 7. 선고 2006도3400 판결).

2. 무죄 판결

- 퀵서비스 운영자인 피고인이 허위사실을 유포하여 손님들로 하여금 불친절하고 배달을 지연시킨 사업체가 경쟁관계에 있는 피해자 운영의 퀵서비스인 것처럼 인식하게 한 사안에서, 퀵서비스의 주된 계약내용이 신속하고 친절한 배달이라 하더라도, 그와 같은 사정만으로 위 행위가 피해자의 경제적 신용, 즉 지급능력이나 지급의사에 대한 사회적 신뢰를 저해하는 행위에 해당한다고 보기는 어렵다(대법원 2011. 5. 13. 선고 2009도5549 판결).

- 건축공사의 시공사 대표이사가 비용을 줄이려는 시도에서 건축설계자에게 제품변경을 요청하는 문서를 송부한 사안에서, 위 문서의 내용은 위 제품을 판매하는 회사의 지불능력이나 지불의사에 대한 사회적 신뢰를 저해한 것이 아니므로 신용에 해당하지 않는다(대법원 2006. 5. 25. 선고 2004도1313 판결).

[5] 업무방해죄 [제314조]

제314조(업무방해) ① 제313조의 방법 또는 위력으로써 사람의 업무를 방해한 자는 5년 이하의 징역 또는 1천500만 원 이하의 벌금에 처한다.

Ⅰ. 의의

업무방해죄는 허위사실을 유포하거나 위계 또는 위력으로써 사람의 업무를 방해함으로써 성립하는 범죄이다. 본죄는 업무활동의 자유를 보호법익으로 한다.

Ⅱ. 구성요건

1. 객관적 구성요건

1) 객체

본죄의 객체는 '사람의 업무'이다. 여기서 사람이란 타인으로서, 자연인 이외에 법인·법인격 없는 단체도 포함된다.

① 업무

업무란 사람의 사회생활상의 지위에서 계속적으로 종사하는 사무나 사업으로서 타인의 위법한 행위에 의한 침해로부터 보호할 가치가 있는 것을 말한다(대법원 2020. 11. 12. 선고 2016도8627 판결). 여기서 업무는 공무와 사무를 모두 포함하는 개념이나, 판례는 공무원이 직무상 수행하는 공무는 업무방해죄의 객체인 '업무'에 해당하지 않는다고 본다(대법원 2009. 11. 19. 선고 2009도4166 판결).

② 정당한 업무

업무방해죄의 객체가 되는 업무는 정당한 업무이어야 한다. 따라서 정당한 업무수행이라고 할 수 없는 행위에 대하여 위력으로 방해하였다 하더라도 이는 오히려 부당한 침탈 또는 방해행위의 배제를 위한 것이어서 업무방해죄가 성립하지 않는다(대법원 1983. 10. 11. 선고 82도2584 판결).

반드시 그 업무가 적법하거나 유효할 필요는 없으므로 법률상 보호할 가치가 있는 업무인지 여부는 그 사무가 사실상 평온하게 이루어져 사회적 활동의 기반이 되고 있느냐에 따라 결정되고, 그 업무의 개시나 수행과정에 실체상 또는 절차상의 하자가 있다 하더라도 그 정도가 사회생활상 도저히 용인할 수 없는 정도로 반사회성을 띠는 데까지 이르거나 법적 보호라는 측면에서 그와 동등한 평가를 받을 수밖에 없는 경우에 이르지 아니한 이상 업무방해죄의 보호대상이 된다(대법원 2015. 4. 23. 선고 2013도9828 판결).

2) 행위

본죄의 행위는 '허위사실 유포, 기타 위계 또는 위력으로써 사람의 업무를 방해하는 것'이다.

① 허위사실의 유포 또는 위계

신용훼손죄와 동일하다.

② 위력

위력이란 사람의 자유의사를 제압·혼란케 할 만한 일체의 세력을 말하고, 유형적이든 무형적이든 묻지 아니하므로, 폭력·협박은 물론 사회적·경제적·정치적 지위와 권세에 의한 압박 등도 이에 포함된다. 현실적으로 피해자의 자유의사가 제압될 필요는 없으나 피해자의 자유의사를 제압하기에 충분한 세력이어야 한다(대법원 2012. 5. 24. 선고 2009도4141 판결).

③ 업무방해

업무를 '방해한다'함은 업무의 집행 자체를 방해하는 것은 물론이고 널리 업무의 경영을 저해하는 것도 포함한다(대법원 2012. 5. 24. 선고 2009도4141 판결).

업무방해죄의 성립에는 업무방해의 결과가 실제로 발생함을 요하지 않고 업무방해의 결과를 초래할 위험이 발생하면 족하다. 다만, 결과발생의 염려가 없는 경우에는 본 죄가 성립하지 않는다(대법원 2005. 10. 27. 선고 2005도5432 판결).

2. 주관적 구성요건

업무방해죄의 성립에 필요한 고의는 반드시 업무방해의 목적이나 계획적인 업무방해의 의도가 있어야 인정되는 것은 아니고, 자기의 행위로 인하여 타인의 업무가 방해될 것이라는 결과를 발생시킬 만한 가능성 또는 위험이 있음을 인식하거나 예견하면 족하다. 그 인식이나 예견은 확정적인 것은 물론 불확정적인 것이라도 이른바 미필적 고의로 인정된다(대법원 2012. 5. 24. 선고 2009도4141 판결).

III. 위법성

본죄는 정당방위, 긴급피난, 자구행위, 피해자의 승낙, 정당행위에 의하여 위법성이 조각된다.

쟁의행위로서의 파업은 전후 사정과 경위 등에 비추어 사용자가 예측할 수 없는 시기에 전격적으로 이루어져 사용자의 사업운영에 심대한 혼란 내지 막대한 손해를 초래하는 등으로 사용자의 사업계속에 관한 자유의사가 제압·혼란될 수 있다고 평가할 수 있는 경우에 비로소 집단적 노무제공의 거부가 위력에 해당하여 업무방해죄가 성립한다(대법원 2011. 3. 17. 선고 2007도482 전원합의체 판결).

Ⅳ. 판례

1. 유죄 판결

- 불특정 다수인의 통행로로 이용되어 오던 도로의 토지 일부의 소유자라 하더라도 그 도로의 중간에 바위를 놓아두거나 이를 파헤침으로써 차량의 통행을 못하게 한 행위는 일반교통방해죄 및 업무방해죄에 해당한다(대법원 2002. 4. 26. 선고 2001도6903 판결).

- 도로 가운데 앉거나 선 채로 공사현장에 출입하는 차량의 앞을 가로막은 행위는 위 차량이 그대로 진행할 경우 인명 피해의 가능성이 큰 상황을 조성한 것으로서, 공사현장 출입이 가로막힌 차량의 운전자들과 공사현장에서 실제 공사를 수행하던 피해자들의 자유의사를 제압하기에 충분한 세력에 해당하며, 업무방해죄에서 말하는 '위력'의 행사에 해당한다(대법원 2021. 10. 28. 선고 2016도3986 판결).

- 피해자가 대표이사인 회사의 소방사업부장이 소속 직원들에게 허위의 사실을 유포하는 등의 방법을 사용하여 직원들로부터 사표를 제출받은 경우, 직원들이 집단적으로 사표를 제출함으로써 일시적으로나마 소방사업부의 업무에서 이탈하거나 업무를 중단할 위험이 생겼고 그로 인하여 피해자의 소방사업부 업무의 경영을 저해할 위험성이 발생하였다고 볼 것이므로, 업무방해죄가 성립된다(대법원 2002. 3. 29. 선고 2000도3231 판결).

- 한국도로공사가 고속도로 통행료 자동징수시스템을 도입하기로 한 후 업체 선정을 위한 현장성능시험을 시행한 사안에서, 당시 입찰에 참가한 회사가 입찰참여조건을 위반하여 성능시험 자체가 부적합한 것으로 드러났다고 하더라도 도로공사의 위 성능시험 업무는 업무방해죄의 보호대상이 된다(대법원 2010. 5. 27. 선고 2008도2344 판결).

2. 무죄 판결

- 폭력조직 간부인 피고인이 조직원들과 공모하여 甲이 운영하는 성매매업소 앞에 속
  칭 '병풍'을 치거나 차량을 주차해 놓는 등 위력으로써 업무를 방해한 경우, 성매매업소
  운영업무는 업무방해죄의 보호대상인 업무라고 볼 수 없다(대법원 2011. 10. 13. 선고
  2011도7081 판결).
- 대학교 시간강사 임용과 관련하여 허위의 학력이 기재된 이력서만을 제출한 경우, 임
  용심사업무 담당자가 불충분한 심사로 인하여 허위 학력이 기재된 이력서를 믿은 것
  이므로 위계에 의한 업무방해죄를 구성하지 않는다(대법원 2009. 1. 30. 선고 2008도
  6950 판결).

[6] 컴퓨터 등 장애 업무방해죄 [제314조 제2항]

제314조(업무방해) ②컴퓨터등 정보처리장치 또는 전자기록등 특수매체기록을 손괴하거나 정
보처리장치에 허위의 정보 또는 부정한 명령을 입력하거나 기타 방법으로 정보처리에 장애를 발
생하게 하여 사람의 업무를 방해한 자도 제1항의 형과 같다.

Ⅰ. 의의

컴퓨터등장애업무방해죄는 컴퓨터등 정보처리장치 또는 전자기록등 특수매체기록을 손
괴하거나 정보처리장치에 허위의 정보 또는 부정한 명령을 입력하거나 기타 방법으로 정보
처리에 장애를 발생하게 하여 사람의 업무를 방해함으로써 성립하는 범죄이다.

Ⅱ. 구성요건

1. 객관적 구성요건

1) 객체

본죄의 객체는 '컴퓨터등 정보처리장치 또는 전자기록등 특수매체기록'이다.

① 컴퓨터등 정보처리장치

컴퓨터시스템을 의미하며, 자동적으로 계산이나 데이터처리를 할 수 있는 전자장치로서

하드웨어와 소프트웨어를 모두 포함한다(대법원 2004. 7. 9. 선고 2002도631 판결).

② 전자기록등 특수매체기록

일정한 저장매체에 전자방식이나 자기방식 또는 광기술 등의 방식에 의하여 저장된 기록을 의미한다. 특수매체기록은 정보처리장치에 의해 정보처리에 사용되는 기록을 말하며, 전자기록 외에 전기적 기록이나 광학기록을 포함한다.

2) 행위

본죄의 행위는 '컴퓨터등 정보처리장치 또는 전자기록등 특수매체기록을 손괴하거나, 정보처리장치에 허위의 정보 또는 부정한 명령을 입력하거나 기타 방법으로 정보처리에 장애를 발생'하게 하는 것이다.

① 컴퓨터등 정보처리장치 또는 전자기록등 특수매체기록의 손괴

'손괴'란 유형력을 행사하여 물리적으로 파괴 · 멸실시키는 것뿐 아니라 전자기록의 소거나 자력에 의한 교란도 포함한다(대법원 2012. 5. 24. 선고 2011도7943).

② 정보처리장치에 허위의 정보 또는 부정한 명령의 입력

'허위의 정보 또는 부정한 명령의 입력'이란 객관적으로 진실에 반하는 내용의 정보를 입력하거나 정보처리장치를 운영하는 본래의 목적과 상이한 명령을 입력하는 것을 말한다(대법원 2012. 5. 24. 선고 2011도7943). 컴퓨터바이러스가 그 대표적인 예이다.

③ 기타 방법

'기타 방법'이란 컴퓨터의 정보처리에 장애를 초래하는 가해수단으로서 컴퓨터의 작동에 직접 · 간접으로 영향을 미치는 일체의 행위를 말한다(대법원 2012. 5. 24. 선고 2011도7943). 예를 들어 전원을 절단시키거나, 온도 조작을 통한 작동환경 파괴 등을 말한다.

3) 정보처리에 장애의 발생과 업무방해

① 정보처리에 장애의 발생

컴퓨터의 정상적인 기능을 저해하는 것으로서, 가해행위 결과 정보처리장치가 그 사용목적에 부합하는 기능을 하지 못하거나 사용목적과 다른 기능을 하는 등 정보처리에 장애가 현실적으로 발생하였을 것을 요한다(대법원 2009. 4. 9. 선고 2008도11978 판결). 예를 들어, 컴퓨터의 비밀번호를 알려주지 않은 행위는 정보처리장치의 작동에 영향을 주어 사용목적에 부합하는 기능을 하지 못하게 한 것은 아니다.

② 업무방해

일반적으로 업무를 방해할 우려가 있는 상태가 발생한 때 기수가 된다. 업무방해의 결과가 실제로 발생하지 않더라도 업무방해의 결과를 초래할 위험이 발생한 이상 본죄가 성립할 수 있다(대법원 2009. 4. 9. 선고 2008도11978 판결).

2. 주관적 구성요건

본죄의 성립에는 고의가 필요하다. 자신의 행위로 인하여 타인의 업무가 방해될 가능성 또는 위험에 대한 인식과 의사를 내용으로하는 고의가 있어야 한다.

III. 판례

1. 유죄 판결

- 주택재건축조합 조합장이 자신에 대한 감사활동을 방해하기 위하여 조합 사무실에 있던 조합 직원의 컴퓨터에 비밀번호를 설정하고 하드디스크를 분리·보관함으로써 조합 업무를 방해한 행위는 컴퓨터등장애업무방해죄에 해당한다(대법원 2012. 5. 24. 선고 2011도7943 판결).
- 포털사이트 운영회사의 통계집계시스템 서버에 허위의 클릭정보를 전송하여 실제로 통계에 반영됨으로써 정보처리에 장애가 현실적으로 발생하였다면, 그로 인하여 실제로 검색순위의 변동을 초래하지는 않았다 하더라도 컴퓨터등장애업무방해죄가 성립한다(대법원 2009. 4. 9. 선고 2008도11978 판결).

- 대학의 컴퓨터시스템 서버를 관리하던 직원이 전보발령을 받아 더 이상 웹서버를 관리 운영할 권한이 없는 상태에서, 웹서버에 접속하여 홈페이지 관리자의 아이디와 비밀 번호를 무단으로 변경한 행위는 컴퓨터등장애업무방해죄를 구성한다(대법원 2006. 3. 10. 선고 2005도382 판결).

2. 무죄 판결

- 메인컴퓨터의 비밀번호를 후임자에게 알려주지 않은 시스템관리자의 행위는 컴퓨터 등장애업무방해죄에 해당하지 않는다(대법원 2004. 7. 9. 선고 2002도631 판결).
- 막연히 컴퓨터를 사용하는 것 자체만으로는 컴퓨터등장애업무방해죄의 업무에 해당 한다고 볼 수 없다(대법원 2009. 3. 12. 선고 2008도11187 판결).
- 피고인들이 불특정 다수의 인터넷 이용자들에게 배포한 '업링크솔루션'이라는 프로그 램은, 甲 회사의 네이버 포털사이트 서버가 이용자의 컴퓨터에 정보를 전송하는 데에 는 아무런 영향을 주지 않고, 다만 이용자의 동의에 따라 위 프로그램이 설치된 컴퓨터 화면에서만 네이버 화면이 전송받은 원래 모습과는 달리 피고인들의 광고가 대체 혹 은 삽입된 형태로 나타나도록 하는 것에 불과하므로, 이것만으로는 정보처리장치의 작 동에 직접·간접으로 영향을 주어 그 사용목적에 부합하는 기능을 하지 못하게 하거 나 사용목적과 다른 기능을 하게 하였다고 볼 수 없다(대법원 2010. 9. 30. 선고 2009도 12238 판결).

제10장

사생활의 평온에 대한 죄

[1] 비밀침해죄 (제316조)

> 제316조(비밀침해) ① 봉함 기타 비밀장치한 사람의 편지, 문서 또는 도화를 개봉한 자는 3년 이하의 징역이나 금고 또는 500만 원 이하의 벌금에 처한다.
> ② 봉함 기타 비밀장치한 사람의 편지, 문서, 도화 또는 전자기록등 특수매체기록을 기술적 수단을 이용하여 그 내용을 알아낸 자도 제1항의 형과 같다.

I. 의의

비밀침해죄는 봉함 기타 비밀장치한 사람의 편지, 문서 또는 도화를 개봉하거나, 봉함 기타 비밀장치한 사람의 편지, 문서, 도화 또는 전자기록 등 특수매체기록을 기술적 수단을 이용하여 그 내용을 알아냄으로써 성립하는 범죄이다. 보호법익은 개인의 비밀이다.

II. 구성요건

1. 객관적 구성요건

1) 객체

비밀침해죄의 객체는 '봉함 기타 비밀장치한 사람의 편지, 문서, 도화 또는 전자기록등 특수매체기록'이다.

① 봉함 기타 비밀장치

봉함이란 봉투를 봉하는 것처럼 그 외포를 훼손하지 않고는 쉽게 그 내용을 알 수 없게 한 것을 말한다. 기타 비밀장치란 봉함 이외의 방법으로 외부 포장을 만들어서 그 안의 내용을 알 수 없게 만드는 일체의 장치를 가리키는 것으로, 잠금장치 있는 용기나 서랍 등도 포함한다. 2단 서랍의 아랫칸에 잠금장치가 있는 경우, 윗칸을 빼내면 내용물을 볼 수 있더라도 그 잠금장치는 '비밀장치'에 해당한다(대법원 2008도9071 판결).

② 편지, 문서, 도화

편지는 특정인으로부터 다른 특정인에게 의사를 전달하는 문서를 말하며, 반드시 우편물일 필요는 없다. 수신인의 열람 이후에는 본죄의 객체가 되지 않는다. 문서는 문자 기타의 발음부호에 의하여 특정인의 의사를 표시한 것으로서 편지 이외의 것을 말한다. 도화는 그림에 의하여 사람의 의사가 표시된 것이다.

③ 전자기록등 특수매체기록

권한 없는 사람이 기록에 접근하는 것을 방지하거나 곤란하게 하기 위한 장치가 마련되어 있는 특수매체기록을 말하는 것으로, 컴퓨터 하드디스크처럼 비밀번호를 설정하여 보호하는 전자기록 등 특수한 매체에 기록된 정보를 의미한다.

2) 행위

본죄의 행위는 '개봉'하거나, '기술적 수단을 이용하여 그 내용을 알아내는 것'이다.

① 개봉

봉함된 편지나 문서 등을 여는 행위를 말한다. 비밀장치를 해제하여 그 내용을 알 수 있는 상태에 두는 것을 의미하며, 실제로 내용을 인식할 것을 요하지 않는다.

② 기술적 수단을 이용하여 그 내용을 알아내는 것

비밀장치를 직접 해제하지 않고도 그 내용물을 알 수 있는 기술적 방법을 사용하는 것을 의미한다. 예를 들어, 몰래카메라나 특수 장비를 사용해 봉인된 서류의 내용을 촬영하거나 판독하는 행위가 이에 해당한다.

2. 주관적 구성요건

비밀침해죄는 고의범이므로 행위자가 타인의 비밀장치를 개봉하거나 기술적 수단을 이용해 그 내용을 알아낸다는 사실을 인식하고 이를 행할 의사가 있어야 한다.

III. 소추조건

비밀침해죄는 피해자의 고소가 있어야 공소를 제기할 수 있는 친고죄이다(제318조). 본죄에서의 개인의 비밀이란 발신자와 수신자 모두에게 관계되는 비밀이므로 발송이나 수신여부에 관계없이 발신자와 수신자 모두가 피해자로서 고소권자가 될 수 있다.

IV. 판례

- 피고인이 피해자가 잠금장치를 해 둔 서랍을 열어 문서를 꺼낸 사안에서, 위 서랍의 잠금장치는 '비밀장치'에 해당하므로 피고인의 행위는 비밀침해죄에 해당한다고 판시했다(대법원 2008. 11. 27. 선고 2008도9071 판결).
- 회사의 이익을 빼돌린다는 소문을 확인할 목적으로, 비밀번호를 설정함으로써 비밀장치를 한 전자기록인 피해자가 사용하던 개인용 컴퓨터의 하드디스크를 떼어낸 뒤, 이를 다른 컴퓨터에 연결하여 거기에 저장된 파일 중 '어헤드원'이라는 단어로 파일검색을 하여 피해자의 메신저 대화 내용과 이메일 등을 출력하여 비밀장치한 전자기록 등 특수매체기록을 기술적 수단을 이용하여 그 내용을 알아낸 경우, 피고인의 행위는 사회통념상 허용될 수 있는 상당성이 있는 행위로서 형법 제20조에 정하여진 정당행위에 해당하여 위법성이 조각된다(대법원 2009. 12. 24. 선고 2007도6243 판결).

[2] 주거침입죄 (제319조 제1항)

Ⅰ. 의의

주거침입죄는 사람의 주거, 관리하는 건조물, 선박이나 항공기 또는 점유하는 방실에 침입함으로써 성립하는 범죄이다. 공동생활자 모두의 사실상 주거의 평온을 보호법익으로 한다.

Ⅱ. 구성요건

1. 객관적 구성요건

1) 객체

본죄의 객체는 '사람의 주거, 관리하는 건조물, 선박이나 항공기 또는 점유하는 방실'이다.

① 사람의 주거

사람이 일상생활을 영위하기 위하여 점거하는 장소를 의미하며, 단순히 건물 자체뿐만 아니라, 정원이나 마당과 같이 주거에 부속된 공간도 포함한다. 아파트나 공동주택의 공용 계단과 복도도 사실상의 주거의 평온을 보호할 필요성이 있으므로 주거에 포함된다.

주거에 사람이 반드시 현존하고 있을 필요는 없으며, 사실상 주거에 거주하고 있는 이상 소유관계 및 적법·부적법을 불문한다.

② 관리하는 건조물

사람이 관리하는 건물을 의미하며, 법률상 관리권한이 없더라도 사실상의 관리가 있다면 객체가 될 수 있다. 타인의 침입을 방지할만한 인적·물적 설비가 갖춰진 것이라야 한다. 건조물은 주위벽 또는 기둥과 지붕 또는 천정으로 구성된 구조물로서 사람이 기거하거나 출입할 수 있는 장소를 말하며 반드시 영구적인 구조물일 것을 요하지 않는다(대법원 1989. 2. 28. 선고 88도2430, 88감도194 판결).

③ 점유하는 방실

건조물 내에서 사실상 지배·관리하는 일구획을 말한다. 즉, 호텔 객실, 사무실, 병원 입원실, 화장실 용변칸 등과 같이 사람이 사실상 지배하고 있는 일정한 장소를 의미한다.

2) 행위

본죄의 행위는 '침입'이다.

① 침입의 개념

거주자나 관리자의 명시적 또는 추정적 의사에 반하여 주거 등에 들어가는 행위를 말한다. 즉, 침입이란 주거의 사실상 평온상태를 해치는 행위 태양으로 주거에 들어가는 것을 의미한다(대법원 2021. 9. 9. 선고 2020도12630 전원합의체 판결).

② 침입의 판단기준

침입에 해당하는지는 출입 당시 객관적·외형적으로 드러난 행위 태양을 기준으로 판단함이 원칙이다. 사실상의 평온상태를 해치는 행위 태양으로 주거에 들어가는 것이라면 대체로 거주자의 의사에 반하겠지만, 단순히 주거에 들어가는 행위 자체가 거주자의 의사에 반한다는 주관적 사정만으로는 바로 침입에 해당한다고 볼 수 없다(대법원 2021. 9. 9. 선고 2020도12630 전원합의체 판결).

거주자의 의사에 반하는지는 사실상의 평온상태를 해치는 행위 태양인지를 평가할 때 고려할 요소 중 하나이지만 주된 평가 요소가 될 수는 없다. 따라서 침입행위에 해당하는지는 거주자의 의사에 반하는지가 아니라 사실상의 평온상태를 해치는 행위 태양인지에 따라 판단되어야 한다.

행위자가 거주자의 승낙을 받아 주거에 들어갔으나 범죄 등을 목적으로 한 출입이거나 거주자가 행위자의 실제 출입 목적을 알았더라면 출입을 승낙하지 않았을 것이라는 사정이 인정되는 경우 행위자의 출입행위가 주거침입죄에서 규정하는 침입행위에 해당하려면, 출입하려는 주거 등의 형태와 용도 성질, 외부인에 대한 출입의 통제·관리 방식과 상태, 행위자의 출입 경위와 방법 등을 종합적으로 고려하여 행위자의 출입 당시 객관적·외형적으로 드러난 행위 태양에 비추어 주거의 사실상 평온상태가 침해되었다고 평가되어야 한다(대법원 2022. 3. 24. 선고 2017도18272 전원합의체 판결).

③ 실행의 착수시기

침입을 위한 구체적인 행위를 시작한 때에 실행의 착수가 인정된다. 예를 들어, 문을 부수거나 잠금장치를 여는 행위가 이에 해당한다. 다만, 초인종을 누르는 행위는 침입을 위한 구체적 행위로 보기 어렵다(대법원 2008. 4. 10. 선고 2008도1464 판결).

2. 주관적 구성요건

본죄는 고의범이다. 행위자는 타인의 주거 등에 그의 의사에 반하여 침입한다는 사실을 인식하고 침입 행위를 할 의사가 있어야 한다.

Ⅲ. 판례

1. 유죄 판결

- 다가구용 단독주택인 빌라의 잠기지 않은 대문을 열고 들어가 공용 계단으로 빌라 3층까지 올라갔다가 1층으로 내려온 경우, 주거인 공용 계단에 들어간 행위가 거주자의 의사에 반한 것이라면 주거에 침입한 것이라고 보아야 한다(대법원 2009. 8. 20. 선고 2009도3452 판결).

- 일반적으로 출입이 허가된 건물이라 하여도 피고인이 출입이 금지된 시간에 그 건물담벽에 있던 드럼통을 딛고 담벽을 넘어 들어간 후 그곳 마당에 있던 아이스박스통과 삽을 같은 건물 화장실 유리창문 아래에 놓고 올라가 위 창문을 연 후 이를 통해 들어간 것이라면 그 침입방법 자체가 일반적인 허가에 해당되지 않는 것이 분명하게 나타난 것이므로 건조물침입죄가 성립된다(대법원 1990. 3. 13. 선고 90도173 판결).

- 야간에 타인의 집의 창문을 열고 집 안으로 얼굴을 들이미는 등의 행위를 하였다면 피고인이 자신의 신체의 일부가 집 안으로 들어간다는 인식하에 하였더라도 주거침입죄의 범의는 인정되고, 또한 비록 신체의 일부만이 집 안으로 들어갔다고 하더라도 사실상 주거의 평온을 해하였다면 주거침입죄는 기수에 이르렀다(대법원 1995. 9. 15. 선고 94도2561 판결).

- 피고인이 피해자가 사용중인 공중화장실의 용변칸에 노크하여 남편으로 오인한 피해자가 용변칸 문을 열자 강간할 의도로 용변칸에 들어간 것이라면 피해자가 명시적 또

는 묵시적으로 이를 승낙하였다고 볼 수 없어 주거침입죄에 해당한다(대법원 2003. 5. 30. 선고 2003도1256 판결).

2. 무죄 판결

- 피고인이 갑의 부재중에 갑의 처(妻) 을과 혼외 성관계를 가질 목적으로 을이 열어 준 현관 출입문을 통하여 갑과 을이 공동으로 거주하는 아파트에 들어간 경우, 피고인이 을로부터 현실적인 승낙을 받아 통상적인 출입방법에 따라 주거에 들어갔으므로 주거의 사실상 평온상태를 해치는 행위태양으로 주거에 들어간 것이 아니어서 주거에 침입한 것으로 볼 수 없고, 피고인의 주거 출입이 부재중인 갑의 의사에 반하는 것으로 추정되더라도 주거침입죄의 성립 여부에 영향을 미치지 않는다(대법원 2021. 9. 9. 선고 2020도12630 전원합의체 판결).

- 일반인의 출입이 허용된 음식점에 영업주의 승낙을 받아 통상적인 출입방법으로 들어간 경우, 주거침입죄에서 규정하는 침입행위에 해당하지 않으며, 이때 행위자가 범죄 등을 목적으로 음식점에 출입하였거나 영업주가 행위자의 실제 출입 목적을 알았더라면 출입을 승낙하지 않았을 것이라는 사정이 인정되더라도 마찬가지이다(대법원 2022. 3. 24. 선고 2017도18272 판결).

[3] 퇴거불응죄 (제319조 제2항)

Ⅰ. 의의

퇴거불응죄는 사람의 주거, 관리하는 건조물, 선박이나 항공기 또는 점유하는 방실에서 퇴거요구를 받고 응하지 아니함으로써 성립하는 범죄이다. 본죄는 부작위로써만 범할 수 있는 진정부작위범이다.

Ⅱ. 구성요건

1. 객관적 구성요건

1) 주체

퇴거불응죄의 주체는 '타인의 주거 등에 적법하게 또는 과실로 들어간 자'이다. 처음부터 무단으로 침입한 자는 주거침입죄의 주체이지, 퇴거요구에 불응한 경우에도 별도로 본죄의 주체가 되지 않는다.

2) 객체

퇴거불응죄의 객체는 주거침입죄와 동일하다.

3) 행위

퇴거불응죄의 행위는 '퇴거요구를 받고 응하지 아니하는 것'이다.

① 퇴거요구

퇴거요구는 주거자, 관리자, 점유자 또는 이러한 자의 위임을 받은 자 또는 대리인 등이 할 수 있다. 반드시 그가 성인일 것도 요하지 않는다. 퇴거요구의 방법은 제한이 없으므로 구두, 문서 이외에 거동으로도 가능하다. 퇴거요구는 1회로도 족하고 반드시 명시적으로 이루어져야 하는 것도 아니다.

퇴거요구는 공법상·사법상 권리에 의하여 제한되는 경우가 있다. 예를 들어, 음식점에서 식사하고 있는 사람은 식사를 마칠 때까지 퇴거요구에 응하지 않아도 된다.

② 퇴거불응

퇴거요구를 받고 퇴거할 수 있음에도 즉시 그 장소에서 떠나지 않고 계속 머무르는 행위를 의미한다.

2. 주관적 구성요건

퇴거불응죄는 고의범이다. 주거권자의 퇴거요구가 있었고, 이에 불응하고 있다는 사실에 대한 인식과 의사가 있어야 한다.

III. 판례

1. 유죄 판결

- 피고인이 예배의 목적이 아니라 교회의 예배를 방해하여 교회의 평온을 해할 목적으로 교회에 출입하는 것이 판명되어 위 교회 건물의 관리주체라고 할 수 있는 교회당회에서 피고인에 대한 교회출입금지의결을 하고, 이에 따라 위 교회의 관리인이 피고인에게 퇴거를 요구한 경우, 이에 불응하여 퇴거를 하지 아니한 행위는 퇴거불응죄에 해당한다(대법원 1992. 4. 28. 선고 91도2309 판결).
- 근로자들의 직장점거가 개시 당시 적법한 것이었다 하더라도, 적법히 직장폐쇄를 단행한 사용자로부터 퇴거요구를 받고도 불응한 채 직장점거를 계속한 행위는 퇴거불응죄를 구성한다(대법원 1991. 8. 13. 선고 91도1324 판결).

2. 무죄 판결

- 사용자의 직장폐쇄가 정당한 쟁위행위로 인정되지 아니하는 경우, 적법한 쟁의행위로서 사업장을 점거 중인 근로자들이 사용자로부터 퇴거요구를 받고 이에 불응한 채 직장점거를 계속한 행위는 퇴거불응죄를 구성하지 않는다(대법원 2007. 3. 29. 선고 2006도9307 판결).
- 주거침입죄와 퇴거불응죄는 모두 사실상의 주거의 평온을 그 보호법익으로 하고, 주거침입죄에서의 침입이 신체적 침해로서 행위자의 신체가 주거에 들어가야 함을 의미하는 것과 마찬가지로 퇴거불응죄의 퇴거 역시 행위자의 신체가 주거에서 나감을 의미하므로, 피고인이 이 사건 건물에 가재도구 등을 남겨두었다는 사정은 퇴거불응죄의 성부에 영향이 없다(대법원 2007. 11. 15. 선고 2007도6990 판결).

[4] 특수주거침입죄 (제320조)

제320조(특수주거침입) 단체 또는 다중의 위력을 보이거나 위험한 물건을 휴대하여 전조의 죄를 범한 때에는 5년 이하의 징역에 처한다.

Ⅰ. 의의

특수주거침입죄는 단체 또는 다중의 위력을 보이거나 위험한 물건을 휴대하여 주거침입죄 · 퇴거불응죄를 범함으로써 성립하는 범죄이다. 행위방법의 위험성 때문에 불법이 가중되는 가중적 구성요건이다.

Ⅱ. 구성요건

1. 객관적 구성요건

본죄의 행위는 '단체 또는 다중의 위력을 보이거나 위험한 물건을 휴대하여 주거침입죄 · 퇴거불응죄를 범하는 것'이다.

수인이 흉기를 휴대하여 타인의 건조물에 침입하기로 공모한 후 그중 일부는 밖에서 망을 보고 나머지 일부만이 건조물 안으로 들어갔을 경우에 특수주거침입죄의 구성요건이 충족되었다고 볼 수 있는지의 여부는 직접 건조물에 들어간 범인을 기준으로 하여 그 범인이 흉기를 휴대하였다고 볼 수 있느냐의 여부에 따라 결정된다(대법원 1994. 10. 11. 선고 94도1991 판결).

2. 주관적 구성요건

특수주거침입죄는 고의범이다. 행위자는 주거침입을 한다는 사실뿐만 아니라, 단체 또는 다중의 위력을 보이거나 위험한 물건을 휴대하여 침입한다는 점을 인식하고 이를 행할 의사가 있어야 한다.

Ⅲ. 판례

- 침입 대상인 아파트에 사람이 있는지 확인하기 위해 초인종을 누른 행위는 주거침입죄

의 실행의 착수에 해당하지 않으므로, 특수주거침입죄의 미수도 성립하지 않는다 (대법원 2008. 4. 10. 선고 2008도1464 판결).

[5] 주거 · 신체수색죄 [제321조]

제321조(주거 · 신체 수색) 사람의 신체, 주거, 관리하는 건조물, 자동차, 선박이나 항공기 또는 점유하는 방실을 수색한 자는 3년 이하의 징역에 처한다.

Ⅰ. 의의

주거 · 신체수색죄는 사람의 신체, 주거, 관리하는 건조물, 자동차, 선박이나 항공기 또는 점유하는 방실을 수색함으로써 성립하는 범죄이다.

Ⅱ. 구성요건

1. 객관적 구성요건

1) 객체

본죄의 객체는 '사람의 신체, 주거, 관리하는 건조물, 자동차, 선박이나 항공기 또는 점유하는 방실'이다.

2) 행위

본죄의 행위는 수색이다.

수색이란 사람의 신체나 점유 공간에 들어가 물건이나 사람의 소재를 찾는 행위를 말한다. 본죄의 '수색'은 피해자의 의사에 반하는, 행위자의 적극적인 조사행위를 의미 한다(헌법재판소 2019. 7. 25. 선고 2018헌가7, 2018헌바228(병합) 결정).

2. 주관적 구성요건

본죄는 고의범이므로 사람의 신체나 주거 등을 수색한다는 사실에 대한 인식과 의사가 있어야 한다.

제11장

재산에 대한 죄

제1절 권리행사를 방해하는 죄

[1] 권리행사방해죄 (제323조)

> 제323조(권리행사방해) 타인의 점유 또는 권리의 목적이 된 자기의 물건 또는 전자기록등 특수매체기록을 취거, 은닉 또는 손괴하여 타인의 권리행사를 방해한 자는 5년 이하의 징역 또는 700만 원 이하의 벌금에 처한다.

Ⅰ. 의의

권리행사방해죄는 타인의 점유 또는 권리의 목적이 된 자기의 물건 또는 전자기록 등 특수매체기록을 취거, 은닉 또는 손괴하여 타인의 권리행사를 방해함으로써 성립하는 범죄이다. 본죄의 보호법익은 소유권이 아닌 용익물권·담보물권 등의 제한물권과 채권이며, 추상적위험범이다.

Ⅱ. 구성요건

1. 객관적 구성요건

1) 주체

본죄의 주체는 자기의 물건을 타인의 점유 또는 권리의 목적으로 제공한 소유자이다.

2) 객체

본죄의 객체는 '타인의 점유 또는 권리의 목적이 된 자기의 물건 또는 전자기록 등 특수매체기록'이다.

① 자기의 물건 또는 전자기록 등 특수매체기록

'자기의 물건'은 자기 소유의 물건을 말하며, 자기와 타인의 공동소유물은 타인의 물건에 해당하여 본죄의 객체가 되지 않는다.

'물건'은 재산죄의 재물과 같은 의미이다. 동산뿐 아니라 부동산도 포함되며, 관리할 수 있는 동력도 포함된다.

'전자기록 등 특수매체기록'은 사람의 지각으로는 인식할 수 없는 방식으로 작성되어 컴퓨터 등 정보처리장치에 의한 정보처리를 위해 제공된 기록을 의미한다. 광기술이나 레이저기술을 이용한 기록 등을 포함한다.

② 타인의 점유 또는 권리의 목적

'타인의 점유'는 반드시 점유할 권원에 기한 점유만을 의미하는 것은 아니고, 일단 적법한 권원에 기하여 점유를 개시하였으나 사후에 점유권원을 상실한 경우의 점유, 점유권원의 존부가 외관상 명백하지 아니하여 법정절차를 통하여 권원의 존부가 밝혀질 때까지의 점유, 권원에 기하여 점유를 개시한 것은 아니나 동시이행항변권 등으로 대항할 수 있는 점유 등과 같이 법정절차를 통한 분쟁해결시까지 잠정적으로 보호할 가치있는 점유는 모두 포함된다고 볼 것이며, 다만 절도범인의 점유와 같이 점유할 권리없는 자의 점유임이 외관상 명백한 경우는 포함되지 아니한다(대법원 2010. 10. 14. 선고 2008도6578 판결).

타인의 권리 목적이 되었다는 것은 자기의 소유물이 타인의 제한물권 또는 채권의 목적이 되었다는 것을 의미한다. 채권은 반드시 점유를 수반하는 것임을 요하지 않는다(대법원 1991. 4. 26. 선고 90도1958 판결). 따라서 가압류된 물건이나 정지조건 있는 대물변제예약이 되어 있는 물건도 이에 해당한다.

3) 행위

본죄의 행위는 '취거, 은닉 또는 손괴하여 타인의 권리행사를 방해'하는 것이다.

① 취거

타인의 점유 또는 권리의 목적이 된 자기의 물건을 그 점유자의 의사에 반하여 그 점유로부터 자기 또는 제3자의 점유로 옮기는 것을 말한다. 점유자의 의사나 그의 하자 있는 의사에 기하여 점유가 이전된 경우에는 취거로 볼 수 없다(대법원 1988. 2. 23. 선고 87도1952 판결).

② 은닉

'은닉'이란 타인의 점유 또는 권리의 목적이 된 자기 물건 등의 소재를 발견하기 불가능하게 하거나 또는 현저히 곤란한 상태에 두는 것을 말한다(대법원 2017. 5. 17. 선고 2017도2230 판결).

③ 손괴

물건을 물리적으로 훼손하거나 그 효용을 해하는 것을 의미한다.

④ 권리행사방해

권리행사의 방해는 목적물을 점유자가 이용하지 못하게 하는 것을 의미하며, 판례는 권리행사가 방해될 우려가 있는 상태에 이르면 권리행사방해죄가 성립하고 현실로 권리행사가 방해되었을 것까지 필요로 하는 것은 아니라고 하여 추상적 위험범으로 보고 있다(대법원 2017. 5. 17. 선고 2017도2230 판결).

2. 주관적 구성요건

본죄는 고의범이이므로 타인의 점유 또는 권리의 목적이 된 자기의 물건을 취거, 은닉 또는 손괴한다는 사실과 이로써 타인의 권리행사를 방해한다는 사실을 인식하고 이를 의욕하거나 적어도 용인하는 의사가 있어야 한다. 본죄는 영득죄가 아니므로 불법영득의사는 요하지 않는다.

Ⅲ. 소추조건

형법 제328조는 친족 간의 권리행사방해죄에 관한 특례를 규정하고 있다.

제328조(친족 사이의 범행과 고소) ① 제323조의 죄를 지은 사람이 피해자의 친족인 경우에는 고소가 있어야 공소를 제기할 수 있다. 이 경우 「형사소송법」 제224조 및 「군사법원법」 제266조

가족·친족 사이에서 발생하는 재산범죄에 대하여 형을 면제하거나 고소가 있어야 공소를 제기할 수 있도록 하는 친족상도례 규정을 통해 국가형벌권 행사를 자제하고, 가족 내부의 자율적 해결을 도모하고 있었으나, 헌법재판소는 친족 간의 범죄에 대하여 일률적으로 형을 면제하는 친족상도례 조항의 위헌성을 인정하여 헌법불합치결정(2020헌마468)을 내렸다.

일정한 재산범죄를 저지른 사람이 피해자와 친족인 경우 해당 범죄를 피해자의 고소가 있어야 공소를 제기할 수 있는 친고죄로 하고, 이 경우 자기 또는 배우자의 직계존속을 고소할 수 있도록 개정되었다. 제328조 및 제365조 제1항의 개정규정은 2024년 6월 27일 이후에 최초로 지은 범죄부터 적용한다. 2024년 6월 27일부터 이 법 시행 전까지 지은 죄로서 종전의 제328조 제1항에 해당하는 범죄(준용되는 경우를 포함한다)에 대해서는 「형사소송법」 제230조 제1항 본문에도 불구하고 이 법 시행일부터 6개월까지 고소를 할 수 있다(법률 제21307호, 2025. 12. 31., 부칙).

III. 판례

1. 유죄 판결

- 자신의 승용차를 담보로 제공한 후 이를 다시 담보로 제공한 행위는 피해자의 권리행사를 방해한 은닉 행위에 해당한다(대법원 2017. 5. 17. 선고 2017도2230 판결).
- 甲 종합건설회사가 유치권 행사를 위하여 점유하고 있던 주택에 피고인이 그 소유자인 처(妻)와 함께 출입문 용접을 해제하고 들어가 거주한 경우, 유치권자인 甲 회사의 권리행사를 방해하였으므로 권리행사방해죄가 성립한다(대법원 2011. 5. 13. 선고 2011도2368 판결).

2. 무죄 판결

- 피고인이 피해자에게 담보로 제공한 차량이 그 자동차등록원부에 타인 명의로 등록되

어 있는 이상 그 차량은 피고인의 소유는 아니므로, 피고인이 피해자의 승낙 없이 미리 소지하고 있던 위 차량의 보조키를 이용하여 이를 운전하여 간 행위는 권리행사방해죄를 구성하지 않는다(대법원 2005. 11. 10. 선고 2005도6604 판결).

[2] 강요죄 [제324조]

> 제324조(강요) ① 폭행 또는 협박으로 사람의 권리행사를 방해하거나 의무없는 일을 하게 한 자는 5년 이하의 징역 또는 3천만 원 이하의 벌금에 처한다.

Ⅰ. 의의

강요죄는 폭행 또는 협박으로 사람의 권리행사를 방해하거나 의무없는 일을 하게 함으로써 성립하는 범죄이다. 본죄는 사람의 의사결정의 자유와 의사활동의 자유를 보호법익으로 한다.

Ⅱ. 구성요건

1. 객관적 구성요건

1) 주체

강요죄는 특별한 신분이나 자격을 요구하지 않는 일반범이다.

2) 객체

강요죄의 객체는 '사람'이다. 의사결정 및 의사활동의 자유를 가진 사람이어야 한다.

3) 행위

강요죄의 행위는 '폭행 또는 협박으로 사람의 권리행사를 방해하거나 의무없는 일을 하게 하는 것'이다.

① 폭행 · 협박

강요죄에서의 폭행은 사람에 대한 직접적인 물리력 행사뿐만 아니라, 간접적인 유형력의 행사도 포함한다. 반드시 사람의 신체에 대한 것에 한정하지 않는다(광의의 폭행).

협박은 사람으로 하여금 공포심을 일으킬 수 있을 정도의 해악을 고지하는 행위를 말한다. 단순히 불쾌감을 주는 것을 넘어, 상대방에게 공포심을 일으킬 만한 구체적인 해악을 전달해야 한다(협의의 협박).

폭행·협박은 반항을 불가능하게 하거나 현저히 곤란하게 할 정도의 것일 필요는 없지만 의사결정이나 의사활동에 영향을 미칠 수 있는 정도여야 한다.

② 권리행사방해

피해자가 원래 행사할 수 있는 권리를 행사하지 못하게 막는 것을 의미한다. 행사할 수 있는 권리란 재산적 권리뿐만 아니라 비재산적 권리로 볼 수 있는 개인의 계약체결에 대한 자유권도 포함되며, 반드시 법령에 근거가 있을 것을 요하지 않는다.

③ 의무 없는 일 강요

의무없는 자에게 일정한 작위·부작위를 강요하는 것을 말한다. '의무 없는 일'이란 법령, 계약 등에 기하여 발생하는 법률상 의무 없는 일을 말하므로, 법률상 의무 있는 일을 하게 한 경우에는 강요죄가 성립할 여지가 없다(대법원 2012. 11. 29. 선고 2010도1233 판결).

④ 기수시기

강요죄의 착수시기는 강요행위를 개시한 때이고, 폭행·협박에 의하여 권리행사방해 또는 의무없는 일을 하게 한 결과가 현실적으로 발생되었을 때 기수가 된다.

2. 주관적 구성요건

강요죄는 고의범이므로 자신의 폭행 또는 협박 행위가 타인의 권리행사를 방해하거나 의무 없는 일을 하게 할 것이라는 사실에 대한 인식과 의사가 있어야 한다.

III. 판례

1. 유죄 판결

- 피해자의 해외도피를 방지하기 위하여 피해자를 협박하고 이에 피해자가 겁을 먹고 있는 상태를 이용하여 동인 소유의 여권을 교부하게 하여 피해자가 그의 여권을 강제 회수당하였다면 피해자가 해외여행을 할 권리는 사실상 침해되었으므로 권리행사방해죄가 성립한다(대법원 1993. 7. 27. 선고 93도901 판결).
- 골프시설의 운영자가 골프회원에게 불리하게 변경된 내용의 회칙에 대하여 동의한다는 내용의 등록신청서를 제출하지 아니하면 회원으로 대우하지 아니하겠다고 통지한 것은 강요죄에 해당한다(대법원 2003. 9. 26. 선고 2003도763 판결).

2. 무죄 판결

- 공무원이 자신의 직무와 관련한 상대방에게 공무원 자신 또는 자신이 지정한 제3자를 위하여 재산적 이익 또는 일체의 유·무형의 이익 등을 제공할 것을 요구하고 상대방은 공무원의 지위에 따른 직무에 관하여 어떠한 이익을 기대하며 그에 대한 대가로서 요구에 응하였다면, 다른 사정이 없는 한 공무원의 위 요구 행위를 객관적으로 사람의 의사결정의 자유를 제한하거나 의사실행의 자유를 방해할 정도로 겁을 먹게 할 만한 해악의 고지라고 단정하기는 어렵다(대법원 2019. 8. 29. 선고 2018도13792 전원합의체 판결).
- 직장에서 상사가 범죄행위를 저지른 부하직원에게 징계절차에 앞서 자진하여 사직할 것을 단순히 권유하였다고 하여 이를 강요죄에서의 협박에 해당한다고 볼 수는 없다(대법원 2008. 11. 27. 선고 2008도7018).

[3] 점유강취죄 (제325조 제1항)

> 제325조(점유강취, 준점유강취) ① 폭행 또는 협박으로 타인의 점유에 속하는 자기의 물건을 강취(强取)한 자는 7년 이하의 징역 또는 10년 이하의 자격정지에 처한다.
> ③ 제1항과 제2항의 미수범은 처벌한다.

Ⅰ. 의의

점유강취죄는 폭행 또는 협박으로 타인의 점유에 속하는 자기의 물건을 강취함으로써 성립하는 범죄이다. 타인의 점유에 속하는 자기의 물건에 대한 강도죄에 해당한다.

II. 구성요건

1. 객관적 구성요건

1) 주체

점유강취죄의 주체는 제한이 없는 일반인이다. 그러나 범죄의 객체가 '자기의 물건'이라는 점에서, 사실상 물건의 소유자 또는 정당한 권리자만이 본죄의 주체가 될 수 있다.

2) 객체

본죄의 객체는 '타인의 점유에 속하는 자기의 물건'이다.

공무소의 명에 의하여 타인이 간수하는 자기 물건도 포함한다. 공무상보관물무효죄(제142조)는 이런 경우까지 포괄하지 않기 때문이다.

3) 행위

점유강취죄의 행위는 '폭행 또는 협박으로 타인의 점유에 속하는 자기의 물건을 강취'하는 것이다.

① 폭행 또는 협박

이는 강취의 수단으로 사용되는 폭행죄 또는 협박죄에 해당하는 행위를 말한다. 폭행 또는 협박의 의미와 정도는 강도죄와 마찬가지로 최협의이다.

② 강취

폭행 또는 협박을 통해 상대방의 반항을 억압하거나 불가능하게 하여 물건을 빼앗는 행위를 의미한다. 이는 상대방의 의사에 반하여 강제로 물건의 점유를 이전받는 것을 말한다.

2. 주관적 구성요건

본죄는 고의범이므로 자신의 폭행 또는 협박 행위로 타인의 점유에 속하는 자기 물건을 강취한다는 사실에 대한 인식과 의사가 있어야 한다. 불법영득의사는 요하지 않는다.

[1] 절도죄 (제329조)

제329조(절도) 타인의 재물을 절취한 자는 6년 이하의 징역 또는 1천만 원 이하의 벌금에 처한다.

Ⅰ. 의의

절도죄는 타인이 점유하는 타인의 재물을 절취함으로써 성립하는 범죄이다.

Ⅱ. 구성요건

1. 객관적 구성요건

1) 객체

절도죄의 객체는 '타인이 점유하는 타인의 재물'이다.

① 재물

유체물 및 관리할 수 있는 동력을 포함한다. 형법 제346조에 따라 관리할 수 있는 동력은 재물로 간주된다. 관리는 물리적 또는 물질적 관리를 의미한다.

재물은 반드시 객관적인 금전적 교환가치를 가질 필요는 없고 소유자, 점유자가 주관적인 가치를 가지고 있음으로서 족하고 주관적 경제적 가치 유무의 판별은 그것이 타인에 의하여 이용되지 않는다고 하는 소극적 관계에 있어서 그 가치가 성립하는 경우가 있을 수 있다(대법원 1976. 1. 27. 선고 74도3442 판결).

② 타인 소유

재물은 행위자 본인 이외의 타인이 소유하는 것이어야 한다. 본인과 타인과의 공유물도 타인의 재물에 포함된다.

③ 타인의 점유

점유란 재물에 대한 사실상의 지배상태를 말하며, 점유의사와 점유사실이 있어야 한다. 타인의 점유라 함은 소유권 유무에 불구하고 사실상의 지배관계를 의미하는 것이므로 불법점유도 보호대상이 된다(대법원 2011. 4. 28. 선고 2010도15350 판결).

공유자 중 1인이 다른 공유자가 점유하거나 또는 제3자로 하여금 점유시키고 있는 공유물을 임의로 탈취할 때는 절도죄가 성립한다(대법원 1994. 11. 25. 선고 94도2361 판결).

2) 행위

절도죄의 행위는 절취이다.

① 절취

절취는 점유자의 의사에 반하여 그가 점유하는 재물을 자기 또는 제3자의 점유로 이전하는 것을 말한다. 절취는 타인의 점유배제와 새로운 점유취득을 그 내용으로 한다.

② 점유의 배제

점유자의 의사에 재물에 대한 사실상의 지배를 제거하는 것을 의미한다. 수단·방법은 묻지 않으며, 비밀리에 행해질 필요도 없다. 기망이 점유배제의 수단으로 사용되더라도 타인이 점유하는 재물을 자기의 점유로 옮긴 경우에는 절도죄가 성립한다.

③ 점유의 취득

행위자가 재물에 대하여 사실상의 지배를 갖는 것을 말한다. 단순히 재물의 위치를 변경하는 것만으로는 점유의 취득이 있다고 볼 수 없다.

3) 실행의 착수와 기수

절도죄의 실행의 착수시기는 재물에 대한 타인의 사실상의 지배를 침해하는 데에 밀접한 행위를 개시한 때라고 할 것이고, 실행의 착수가 있는지 여부는 구체적 사건에 있어서 범행의 방법, 태양, 주변상황 등을 종합 판단하여 결정하여야 한다(대법원 2010. 4. 29. 선고

2009도14554 판결).

절도죄는 타인의 점유를 침해하여 재물을 자기의 소지로 이동한 때 즉 자기의 사실적 지배하에 둔 때에 기수가 된다(대법원 1991. 4. 23. 선고 91도476 판결).

2. 주관적 구성요건

절도죄는 고의와 불법영득의사를 필요로 하는 범죄이다.

1) 고의

고의는 타인의 재물을 절취한다는 사실에 대한 인식과 의사를 말한다.

2) 불법영득의사

절도죄의 성립에 필요한 불법영득의 의사라 함은 권리자를 배제하고 타인의 물건을 자기의 소유물과 같이 그 경제적 용법에 따라 이용, 처분할 의사를 말하는 것으로서 영구적으로 그 물건의 경제적 이익을 보유할 의사가 필요한 것은 아니지만 단순한 점유의 침해만으로서는 절도죄를 구성할 수 없고, 소유권 또는 이에 준하는 본권을 침해하는 의사, 즉 목적물의 물질을 영득할 의사이거나 또는 그 물질의 가치만을 영득할 의사이든 적어도 그 재물에 대한 영득의 의사가 있어야 한다(대법원 1992. 9. 8. 선고 91도3149 판결).

III. 친족상도례

형법 제344조에 따라 제328조의 친족상도례 규정이 절도죄에 준용된다.

IV. 죄수

절도죄는 점유침해의 수에 따라 죄수가 결정된다. 1개의 행위로 1인이 점유하는 수개의 재물을 절취한 경우에 1개의 절도죄가 성립한다.

행위자가 재산범죄로 영득한 재물을 사후적으로 일정한 범위 내에서 이용·처분하는 행위 가운데, 별도의 구성요건에 해당함에도 처벌받지 않는 행위를 불가벌적 사후행위라 한다.

절도죄 이후에 장물을 손괴 또는 처분하는 행위는 불가벌적 사후행위에 해당하여 절도죄에 흡수된다. 나중의 행위가 새로운 법익을 침해한 경우에는 불가벌적 사후행위에 해당하지 않는다.

V. 판례

1. 유죄 판결

- 피고인이 자신의 엄마인 갑 명의로 구입·등록하여 갑에게 명의신탁한 자동차를 을에게 담보로 제공한 후 을 몰래 가져간 경우, 을에 대한 관계에서 자동차의 소유자는 갑이고 피고인은 소유자가 아니므로 을이 점유하고 있는 자동차를 임의로 가져간 이상 절도죄가 성립한다(대법원 2012. 4. 26. 선고 2010도11771 판결).

- 피고인이 피해자 경영의 금방에서 마치 귀금속을 구입할 것처럼 가장하여 피해자로부터 순금목걸이 등을 건네받은 다음 화장실에 갔다 오겠다는 핑계를 대고 도주한 것이라면 위 순금목걸이 등은 도주하기 전까지는 아직 피해자의 점유하에 있었다고 할 것이므로 이를 절도죄로 의율 처단한 것은 정당하다(대법원 1994. 8. 12. 선고 94도1487 판결).

- 주간에 절도의 목적으로 방 안까지 들어갔다가 절취할 재물을 찾지 못하여 거실로 돌아나온 경우, 절도죄의 실행 착수가 인정된다(대법원 2003. 6. 24. 선고 2003도1985,2003감도26 판결).

- 신용카드를 절취한 후 이를 사용한 경우 신용카드의 부정사용행위는 새로운 법익의 침해로 보아야 하고 그 법익침해가 절도범행보다 큰 것이 대부분이므로 위와 같은 부정사용행위가 절도범행의 불가벌적 사후행위가 되는 것은 아니다(대법원 1996. 7. 12. 선고 96도1181 판결).

2. 무죄 판결

- 피고인이 컴퓨터에 저장된 정보를 출력하여 생성한 문서는 피해 회사의 업무를 위하여 생성되어 피해 회사에 의하여 보관되고 있던 문서가 아니라, 피고인이 가지고 갈 목적으로 피해 회사의 업무와 관계없이 새로이 생성시킨 문서라 할 것이므로, 이는 피해 회

사 소유의 문서라고 볼 수는 없다(대법원 2002. 7. 12. 선고 2002도745 판결).

- 피고인이 발급받아 제3자에게 교부하여 준 속칭 '대포통장'의 명의인으로서, 그 계좌로 송금되어 온 금전을 인출하기 위하여 일단 위 통장의 분실신고를 하여 계좌거래를 정지시킨 다음 위 통장을 재발급받는 방법으로 위 금전의 인출을 시도한 행위는 자신의 명의로 된 은행계좌를 이용한 것이어서 애초 예금계좌를 개설한 은행의 의사에 반한다고 볼 수 없으므로 절취행위에 해당하지 않는다(대법원 2009. 12. 10. 선고 2009도8776 판결).

[2] 야간주거침입절도죄 [제330조]

제330조(야간주거침입절도) 야간에 사람의 주거, 관리하는 건조물, 선박, 항공기 또는 점유하는 방실(房室)에 침입하여 타인의 재물을 절취(竊取)한 자는 10년 이하의 징역에 처한다.

Ⅰ. 의의

야간주거침입절도죄는 야간에 사람의 주거, 관리하는 건조물, 선박, 항공기 또는 점유하는 방실(房室)에 침입하여 타인의 재물을 절취함으로써 성립하는 범죄이다. 야간이라는 특별한 행위정황으로 인하여 불법이 가중되는 구성요건이다.

Ⅱ. 구성요건

1. 객관적 구성요건

야간주거침입절도죄의 행위는 '야간에 주거 등에 침입하여 타인의 재물을 절취하는 것'이다.

1) 행위상황

야간은 일몰 후부터 다음 날 일출 전까지의 시간을 의미한다.

2) 실행의 착수시기

야간주거침입절도죄의 실행의 착수시기는 야간에 타인의 주거 등에 침입한 때이다. 야간에 타인의 재물을 절취할 목적으로 사람의 주거에 침입한 경우에는 주거에 침입한 단계에서 이미 야간주거침입절도의 실행에 착수한 것이라 할 것이다(대법원 1983. 3. 8. 선고 83도145, 83감도36 판결).

3) 기수시기

야간주거침입절도죄의 기수시기는 야간에 주거 등에 침입하여 타인의 재물을 자기의 점유로 이전한 때이다.

주거에 침입한 후 재물을 절취하지 못한 경우에는 미수가 된다.

2. 주관적 구성요건

본죄는 주거침입 및 절도의 고의와 절취재물에 대한 불법영득의사가 있어야 한다.

III. 친족상도례

형법 제344조에 따라 제328조의 친족상도례 규정이 야간주거침입절도죄에도 준용된다.

IV. 판례

1. 유죄 판결

- 피고인이 야간에 아파트에 침입하여 물건을 훔칠 의도하에 아파트의 베란다 철제난간까지 올라가 유리창문을 열려고 시도하였다면 야간주거침입절도죄의 실행에 착수한 것으로 보아야 한다(대법원 2003. 10. 24. 선고 2003도4417 판결).
- 야간에 까페에서 그 곳 내실에 침입하여 장식장 안에 들어 있던 정기적금통장등을 꺼내 들고 까페로 나오던 중 발각되어 돌려 준 경우, 피해자의 재물에 대한 소지를 침해하고, 자신의 지배 내에 옮겼다고 볼 수 있으니 야간주거침입절도의 기수라고 할 것이다(대법원 1991. 4. 23. 선고 91도476 판결).

2. 무죄 판결

- 형법은 야간에 이루어지는 주거침입행위의 위험성에 주목하여 그러한 행위를 수반한

절도를 야간주거침입절도죄로 중하게 처벌하고 있는 것으로 보아야 하고, 따라서 주거침입이 주간에 이루어진 경우에는 야간주거침입절도죄가 성립하지 않는다(대법원 2011. 4. 14. 선고 2011도300, 2011감도5 판결).

- 야간에 다세대주택에 침입하여 물건을 절취하기 위하여 가스배관을 타고 오르다가 순찰 중이던 경찰관에게 발각되어 그냥 뛰어내렸다면, 야간주거침입절도죄의 실행의 착수에 이르지 못했다(대법원 2008. 3. 27. 선고 2008도917 판결).

[3] 특수절도죄 (제331조)

제331조(특수절도) ① 야간에 문이나 담 그 밖의 건조물의 일부를 손괴하고 제330조의 장소에 침입하여 타인의 재물을 절취한 자는 1년 이상 10년 이하의 징역에 처한다.
② 흉기를 휴대하거나 2명 이상이 합동하여 타인의 재물을 절취한 자도 제1항의 형에 처한다.

Ⅰ. 의의

특수절도죄는 야간에 문이나 담 그 밖의 건조물의 일부를 손괴하고 주거 등에 침입하여 타인의 재물을 절취함으로써 성립하는 손괴후야간주거침입절도, 흉기를 휴대하고 타인의 재물을 절취함으로써 성립하는 흉기휴대절도, 2명 이상이 합동하여 타인의 재물을 절취함으로써 성립하는 합동절도를 말한다.

Ⅱ. 구성요건

1. 객관적 구성요건

1) 손괴후야간주거침입절도

야간에 건조물의 일부를 손괴하고 제330조의 장소(사람의 주거, 관리하는 건조물 등)에 침입하여 타인의 재물을 절취하는 행위를 말한다. 여기서 '야간'이란 일몰 후부터 일출 전까지의 시간을 의미하며, '건조물의 일부를 손괴'한다는 것은 출입문, 창문, 담 등 건조물의 일부를 파괴하거나 훼손하여 그 효용을 상실시키는 것을 말한다. 예를 들어, 벽에 구멍을 뚫는다거나, 창문을 깨뜨리는 경우가 이에 해당한다.

2) 흉기휴대절도

범행에 사용되었는지 여부와 관계없이 범행 시 흉기를 몸 가까이 소지하고, 타인의 재물을 절취하는 행위를 말한다. 몸에 지니지 않더라도 언제든지 사용할 수 있는 상태에 있으면 휴대가 된다. 여기서 '흉기'란 사람의 생명, 신체에 해를 가할 수 있는 물건을 말하며, 본래 살상용·파괴용으로 만들어진 것이거나 이에 준할 정도의 위험성을 가진 것을 의미한다. 사회통념상 일반인이 그 용법에 대하여 위험을 느낄 만한 것이어야 한다.

3) 합동절도

2인 이상이 시간적·장소적으로 협력하여 절도를 실행하는 것을 말한다. 합동범으로서의 특수절도가 성립하기 위해서는 주관적 요건으로서의 공모와 객관적 요건으로서의 실행행위의 분담이 있어야 하고, 그 실행행위에 있어서는 시간적으로나 장소적으로 협동관계가 있어야 한다(대법원 1989. 3. 14. 선고 88도837 판결).

3인 이상이 합동절도를 모의한 후 2인 이상이 범행을 실행한 경우, 직접 실행행위에 가담하지 않은 자도 그가 현장에서 절도 범행을 실행한 위 2인 이상의 범인의 행위를 자기 의사의 수단으로 하여 합동절도의 범행을 하였다고 평가할 수 있는 정범성의 표지를 갖추고 있다고 보여지는 한 합동절도의 공동정범이 된다(대법원 1998. 5. 21. 선고 98도321 전원합의체 판결).

4) 실행의 착수와 기수시기

특수절도죄의 실행의 착수는 절도죄와 동일하게 재물에 대한 타인의 사실상의 지배를 침해하는 데에 밀접한 행위를 개시한 때이다. 다만, 제1항의 경우 손괴 또는 침입이 시작될 때부터 실행의 착수가 인정된다.

2. 주관적 구성요건

특수절도죄는 고의와 불법영득의사를 필요로 하는 범죄이다. 이는 일반 절도죄와 동일하다.

III. 판례

1. 유죄 판결

- 야간에 절도의 목적으로 출입문에 장치된 자물통 고리를 절단하고 출입문을 손괴한 뒤 집안으로 침입하려다가 발각된 경우, 특수절도죄의 실행에 착수한 것으로 인정된다 (대법원 1986. 9. 9. 선고 86도1273 판결).
- 피고인이 피해자의 형과 범행을 모의하고 피해자의 형이 피해자의 집에서 절취행위를 하는 동안 피고인은 그 집 안의 가까운 곳에 대기하고 있다가 절취품을 가지고 같이 나온 경우 시간적, 장소적으로 협동관계가 있었다(대법원 1996. 3. 22. 선고 96도313 판결).

2. 무죄 판결

- 2인 이상이 합동하여 야간이 아닌 주간에 절도의 목적으로 타인의 주거에 침입하였다 하여도 아직 절취할 물건의 물색행위를 시작하기 전이라면 특수절도죄의 실행에는 착수한 것으로 볼 수 없는 것이어서 그 미수죄가 성립하지 않는다(대법원 2009. 12. 24. 선고 2009도9667 판결).
- 피고인이 야간에 피해자들이 운영하는 식당의 창문과 방충망을 창틀에서 분리하였을 뿐인 경우, 물리적으로 훼손하여 효용을 상실하게 한 것은 아니다(대법원 2015. 10. 29. 선고 2015도7559 판결).

[4] 자동차등 불법사용죄 (제331조의2)

제331조의2(자동차등 불법사용) 권리자의 동의없이 타인의 자동차, 선박, 항공기 또는 원동기장치자전거를 일시 사용한 자는 3년 이하의 징역, 500만 원 이하의 벌금, 구류 또는 과료에 처한다.

I. 의의

자동차등불법사용죄는 권리자의 동의 없이 타인의 자동차, 선박, 항공기 또는 원동기장치자전거를 일시 사용함으로써 성립하는 범죄이다. 불법영득의사가 없어 처벌되지 않는 사용절도를 예외적으로 처벌하는 규정이다.

Ⅱ. 구성요건

1. 객관적 구성요건

1) 객체

본죄의 객체는 '타인의 자동차, 선박, 항공기 또는 원동기장치자전거'이다.

자동차란 기계적 동력으로 움직이는 차를 말하며, 선박과 항공기는 각각 수상과 공중을 운행하는 교통수단을 의미한다.

원동기장치자전거란 「자동차관리법」 제3조에 따른 이륜자동차 가운데 배기량 125시시 이하(전기를 동력으로 하는 경우에는 최고정격출력 11킬로와트 이하)의 이륜자동차와 그 밖에 배기량 125시시 이하(전기를 동력으로 하는 경우에는 최고정격출력 11킬로와트 이하)의 원동기를 단 차(「자전거 이용 활성화에 관한 법률」 제2조제1호의2에 따른 전기자전거 및 제21호의3에 따른 실외이동로봇은 제외한다)를 말한다(도로교통법 제2조 제19호).

2) 행위

본죄의 행위는 '권리자의 동의 없이 일시 사용하는 것'이다.

① 권리자의 동의 없이

권리자란 소유권자와 사용권자를 말하며, 권리자의 명시적·묵시적 동의 없이 사용해야 한다. 권리자의 동의는 사전동의여야 하며, 사후동의는 본죄의 성립에 영향이 없다.

② 일시 사용

사용 후 반환할 의사가 있는 경우를 의미하며, 영구히 소유할 의사인 불법영득의사가 없다는 점에서 절도와 구별되는 핵심적인 요건이다. 권리자를 일시적으로 배제하고 자동차 등의 교통수단을 독자적인 이동수단으로 이용하는 것을 말하며, 장소의 이동을 수반하지 않는 이용은 사용이 아니다.

일시사용은 불법하게 사용을 개시한 경우만을 의미하며, 정당하게 사용을 개시하였다가 권한범위를 넘어선 권한 없는 사용의 계속은 포함되지 않는다.

③ 착수·기수시기

본죄의 실행의 착수는 권리자의 동의 없이 자동차 등을 사용하기 시작한 때이다. 기수시기는 자동차 등을 운행하기 시작한 때이다.

2. 주관적 구성요건

본죄는 고의범이므로 권리자의 동의 없이 타인의 자동차등을 일시적으로 사용한다는 사실에 대한 인식과 의사를 가지고 있어야 한다. 불법영득의사는 요구되지 않는다.

III. 판례

- 동네 선배로부터 차량을 빌렸다가 반환하지 아니한 보조열쇠를 이용하여 그 후 3차례에 걸쳐 위 차량을 2-3시간 정도 운행한 후 원래 주차된 곳에 갖다 놓아 반환한 경우 피해자와의 친분관계, 차량의 운행경위, 운행시간, 운행 후의 정황 등에 비추어 불법영득의 의사가 있었다고 볼 수 없다(대법원 1992. 4. 24. 선고 92도118 판결).
- 아파트 상가 중국집 앞에 세워져 있는 오토바이를 소유자의 승낙 없이 타고 가서 다른 동 소재 호텔 부근에 버린 다음 버스를 타고 가버린 경우, 피고인에게 위 오토바이를 불법영득할 의사가 없었다고 할 수 없어, 형법 제331조의2의 자동차등불법사용죄가 아닌 절도죄로 의율하여야 한다(대법원 2002. 9. 6. 선고 2002도3465 판결).

[5] 강도죄 [제333조]

> 제333조(강도) 폭행 또는 협박으로 타인의 재물을 강취하거나 기타 재산상의 이익을 취득하거나 제삼자로 하여금 이를 취득하게 한 자는 3년 이상의 유기징역에 처한다.

I. 의의

강도죄는 폭행 또는 협박으로 타인의 재물을 강취하거나 기타 재산상의 이익을 취득하거나 제삼자로 하여금 이를 취득하게 함으로써 성립하는 범죄이다. 재산권을 주된 보호법익으로 하나, 폭행·협박을 수단으로 하므로 신체의 완전성 및 개인의 자유도 보호법익이 된다.

II. 구성요건

1. 객관적 구성요건

1) 객체

본죄의 객체는 '타인의 재물 또는 재산상의 이익'이다.

① 재물

재물은 유체물 및 전기, 기타 관리할 수 있는 동력을 포함한다. 절도죄의 재물과 동일하다.

② 재산상의 이익

재산상의 이익은 재물 이외의 재산적 가치가 있는 모든 것을 의미한다. 적극적 이익(재산의 증가), 소극적 이익(부채의 감소), 영구적 이익와 일시적 이익을 모두 포함한다. 예를 들어, 채무를 면제받는 것, 특정 서비스를 무료로 이용하는 것 등이 포함된다.

③ 타인의 점유

객체는 타인이 점유하고 있어야 한다. 여기서 타인이란 행위자 이외의 모든 사람을 의미하며, 점유란 사실상의 지배관계를 말한다.

2) 행위

강도죄의 행위는 '폭행 또는 협박으로 타인의 재물을 강취하거나 기타 재산상의 이익을 취득하거나 제삼자로 하여금 이를 취득하게 하는 것'이다.

① 폭행 또는 협박

폭행 또는 협박은 강취의 수단으로 사용되는 폭력적인 행위를 의미한다. 강도죄에 있어서 폭행과 협박의 정도는 최협의의 폭행·협박으로, 사회통념상 객관적으로 상대방의 반항을 억압하거나 항거가 불가능하게 할 정도의 것이어야 한다(대법원 2004. 10. 28. 선고 2004도4437 판결).

반항을 억압할 수 있는 정도가 아니라면 공갈죄가 성립한다.

② 재물의 강취

폭행 또는 협박을 통해 상대방의 반항을 억압하여 타인의 재물을 자기 또는 제3자의 점유로 옮기는 것을 말한다. 상대방이 재물을 교부한 것과 같은 형식을 취하더라도 피해자의 억압된 의사에 의한 것이라면 강취에 해당한다.

폭행·협박과 재물의 강취 사이에는 인과관계가 있어야 한다. 강취의 수단으로 폭행·협박이 가해졌어도 상대방이 두려움이 아닌 다른 이유로 재물을 교부한 경우에는 미수가 된다.

③ 재산상 이익의 취득

재산상 이익의 취득이란 폭행 또는 협박을 통해 재물 이외의 재산상 이익을 얻거나 제3자로 하여금 이를 얻게 하는 것을 말한다. 폭행·협박과 재산상 이익의 취득 사이에는 인과관계가 있어야 한다.

재산상 이익의 취득은 상대방의 의사를 억압한 상태에서 이루어지는 것이므로 피해자의 처분행위 또는 의사표시는 필요하지 않다.

④ 착수·기수시기

강도죄의 실행의 착수는 폭행 또는 협박을 개시한 때이다. 기수시기는 재물 또는 재산상의 이익을 취득한 때이다. 기수에 이른 후의 행위는 불가벌적 사후행위로서 처벌되지 않는다.

2. 주관적 구성요건

강도죄는 고의범이므로 폭행 또는 협박으로 타인의 재물을 빼앗거나 재산상의 이익을 취득한다는 사실에 대한 인식과 의사가 있어야 한다. 또한, 재물을 자신 또는 제3자의 소유처럼 이용하려는 불법영득의사가 있어야 한다.

Ⅲ. 판례

1. 유죄 판결

- '아리반'(신경안정제) 4알을 탄 우유나 사와가 들어 있는 갑을 휴대하고 다니다가 사람에게 마시게 하여 졸음에 빠지게 하고 그 틈에 그 사람의 돈이나 물건을 빼앗은 경우에

그 수단은 강도죄에서 요구하는 남의 항거를 억압할 정도의 폭행에 해당된다(대법원 1979. 9. 25. 선고 79도1735 판결).

- 야간에 甲의 주거에 침입하여 드라이버를 들이대며 협박하여 甲의 반항을 억압한 상태에서 강간행위의 실행 도중 범행현장에 있던 乙 소유의 핸드백을 가져간 피고인의 행위는 폭행, 협박에 의한 반항억압 상태가 계속 중임을 이용하여 재물을 탈취하는 경우이므로 재물탈취를 위한 새로운 폭행, 협박이 없더라도 강도죄가 성립한다(대법원 2010. 12. 9. 선고 2010도9630 판결).

2. 무죄 판결

- 강간하는 과정에서 피해자들이 도망가지 못하게 하기 위해 손가방을 빼앗은 것에 불과하다면 이에 불법영득의 의사가 있었다고 할 수 없다(대법원 1985. 8. 13. 선고 85도1170 판결).

[6] 특수강도죄 [제334조]

제334조(특수강도) ① 야간에 사람의 주거, 관리하는 건조물, 선박이나 항공기 또는 점유하는 방실에 침입하여 제333조의 죄를 범한 자는 무기 또는 5년 이상의 징역에 처한다.
② 흉기를 휴대하거나 2인 이상이 합동하여 전조의 죄를 범한 자도 전항의 형과 같다.

Ⅰ. 의의

특수강도죄는 야간에 문이나 담 그 밖의 건조물의 일부를 손괴하고 주거 등에 침입하여 강도죄를 범함으로써 성립하는 야간주거침입강도, 흉기를 휴대하고 강도되를 범함으로써 성립하는 흉기휴대강도, 2명 이상이 합동하여 강도죄를 범함으로써 성립하는 합동강도를 말한다.

Ⅱ. 구성요건

1. 객관적 구성요건

1) 야간주거침입강도

'야간주거침입'의 의미는 야간주거침입절도죄와 동일하고, '강도'의 의미는 강도죄와 동일하다.

2) 흉기휴대강도

'흉기휴대'의 의미는 특수절도죄와 동일하고, '강도'의 의미는 강도죄와 동일하다.

3) 합동강도

'2인 이상이 합동하여'의 의미는 특수절도죄와 동일하고, '강도'의 의미는 강도죄와 동일하다.

① 실행의 착수

특수강도의 실행의 착수는 강도의 실행행위 즉 사람의 반항을 억압할 수 있는 정도의 폭행 또는 협박에 나아갈 때에 있다(대법원 1991. 11. 22. 선고 91도2296 판결).

야간주거침입강도죄는 주거침입과 강도의 결합범으로서 시간적으로 주거침입행위가 선행되므로 주거침입을 한 때에 본죄의 실행에 착수한 것으로 볼 것인 바, 같은 조 제2항 소정의 흉기휴대 합동강도죄에 있어서도 그 강도행위가 야간에 주거에 침입하여 이루어지는 경우에는 주거침입을 한 때에 실행에 착수한 것으로 보는 것이 타당하다(대법원 1992. 7. 28. 선고 92도917 판결).

2. 주관적 구성요건

특수강도죄는 고의범이므로 자신의 행위가 야간주거침입이나 흉기휴대 또는 합동강도에 해당한다는 사실에 대한 인시과 의사가 있어야 한다. 또한 불법영득의사가 있어야 한다.

Ⅲ. 판례

- 피고인과 그 공범들이 피해자를 속여 그로부터 성매매대금 명목의 돈을 받고 뒤이어 그 반환을 요구하는 피해자를 폭행·협박한 후 돈을 가지고 현장을 이탈함으로써 외견상 위 돈의 반환을 면하게 되는 재산상의 이익을 취득하였다(대법원 2020. 10. 15. 선고 2020도7218 판결).
- 반항 불가능한 정도에 이른 폭행, 협박이 있은 후 그로부터 상당한 시간이 경과한 후 폭행, 협박이 있은 곳과는 다른 장소에서 금원을 교부받은 경우, 위 금원교부는 위 피해자의 의사에 반하여 반항이 불가능한 상태에서 강취된 것이라기보다는 피해자의 하

자 있는 의사에 의하여 교부된 즉 갈취당한 것으로 보인다(대법원 1995. 3. 28. 선고 95
도91 판결).

[7] 준강도죄 (제335조)

제335조(준강도) 절도가 재물의 탈환에 항거하거나 체포를 면탈하거나 범죄의 흔적을 인멸할 목
적으로 폭행 또는 협박한 때에는 제333조 및 제334조의 예에 따른다.

Ⅰ. 의의

준강도죄는 절도가 재물의 탈환에 항거하거나 체포를 면탈하거나 범죄의 흔적을 인멸할
목적으로 폭행 또는 협박을 가함으로써 성립하는 범죄이다. 강도죄와 달리 목적범이며, 일
반강도와 그 행위의 순서에 차이가 있을 뿐 실질적 위법성은 동일하다.

Ⅱ. 구성요건

1. 객관적 구성요건

1) 주체

준강도죄의 주체는 '절도'이다. 여기에는 절도 기수범뿐만 아니라 절도 미수범도 포함된
다. 즉, 절도죄의 실행에 착수한 자라면 준강도죄의 주체가 될 수 있다.

실행 착수 이전의 예비단계에서 폭행·협박을 한 경우에는 본죄가 성립하지 않는다. 예를
들어, 주간에 타인의 주거에 침입하였다가 발각되어 폭행·협박을 한 경우, 절도죄의 착수가
없으므로 주거침입죄와 폭행죄의 경합범이 된다.

2) 객체

준강도죄의 객체는 '타인 소유의 재물 또는 타인 점유의 재물'이다. 절도죄와 동일하다.

3) 행위

준강도죄의 행위는 '폭행 또는 협박을 가하는 것'이다.

① 정도

폭행·협박은 상대방의 반항을 억압하거나 곤란하게 할 정도의 폭력적인 행위여야 한다. 일반적·객관적으로 가능하다고 인정하는 정도의 것이면 되고 반드시 현실적으로 반항을 억압하였음을 필요로 하는 것은 아니다(대법원 1981. 3. 24. 선고 81도409 판결).

② 시기와 장소

준강도죄가 성립하기 위해서는 폭행·협박이 절도의 기회에 이루어져야 한다. 즉, 절취와 폭행·협박이 시간적·장소적으로 근접되어 있어야 한다. 따라서 실행에 착수하여 그 실행 중이거나 그 실행 직후 또는 실행의 범의를 포기한 직후로서 사회통념상 범죄행위가 완료되지 아니하였다고 인정될 만한 단계에서 행하여짐을 요한다(대법원 1999. 2. 26. 선고 98도3321 판결).

③ 상대방

폭행·협박의 상대방은 재물의 소유자나 점유자에 한정되지 않는다. 목적달성에 장애가 되는 제3자도 포함된다.

④ 기수·미수의 판단기준

형법 제335조에서 절도가 재물의 탈환을 항거하거나 체포를 면탈하거나 죄적을 인멸할 목적으로 폭행 또는 협박을 가한 때에 준강도로서 강도죄의 예에 따라 처벌하는 취지는, 강도죄와 준강도죄의 구성요건인 재물탈취와 폭행·협박 사이에 시간적 순서상 전후의 차이가 있을 뿐 실질적으로 위법성이 같다고 보기 때문인바, 이와 같은 준강도죄의 입법 취지, 강도죄와의 균형 등을 종합적으로 고려해 보면, 준강도죄의 기수 여부는 절도행위의 기수 여부를 기준으로 하여 판단하여야 한다(대법원 2004. 11. 18. 선고 2004도5074 판결).

2. 주관적 구성요건

1) 고의·불법영득의사

준강도죄는 절도와 폭행·협박에 대한 고의, 불법영득의사가 있어야 한다.

2) 목적

재물의 탈환에 항거, 체포를 면탈, 범죄의 흔적을 인멸할 목적이 있어야 한다. 목적의 달성여부는 불문한다. 체포 면탈, 범죄흔적 인멸 목적의 경우에는 절도의 기수·미수를 불문한다.

III. 판례

1. 공범 관련

- 합동하여 절도를 한 경우 범인 중 1인이 체포를 면탈할 목적으로 폭행을 하여 상해를 가한 때에는 나머지 범인도 이를 예기하지 못한 것으로 볼 수 없으면 준강도상해죄의 죄책을 면할 수 없다(대법원 1982. 7. 13. 선고 82도1352 판결).

2. 유죄 판결

- 절도범인이 체포를 면탈할 목적으로 경찰관에게 폭행 협박을 가한 때에는 준강도죄와 공무집행방해죄를 구성하고 양죄는 상상적 경합관계에 있으나, 강도범인이 체포를 면탈할 목적으로 경찰관에게 폭행을 가한 때에는 강도죄와 공무집행방해죄는 실체적 경합관계에 있고 상상적 경합관계에 있는 것이 아니다(대법원 1992. 7. 28. 선고 92도917 판결).

- 절도가 체포를 일탈할 목적으로 자기의 멱살을 잡은 피해자의 얼굴을 주먹으로 때리고 넘어뜨려 상해를 입게 한 경우, 강도죄의 폭행에 해당한다(대법원 1985. 11. 12. 선고 85도2115,85감도301 판결).

3. 무죄 판결

- 피해자의 집에서 절도범행을 마친 지 10분가량 지나 피해자의 집에서 200m가량 떨어진 버스정류장이 있는 곳에서 피고인을 절도범인이라고 의심하고 뒤쫓아 온 피해자에게 붙잡혀 피해자의 집으로 돌아왔을 때 비로소 피해자를 폭행한 경우, 그 폭행은 사회통념상 절도범행이 이미 완료된 이후에 행하여졌다는 이유로 준강도죄가 성립하지 않는다(대법원 1999. 2. 26. 선고 98도3321 판결).

- 피고인이 옷을 잡히자 체포를 면하려고 충동적으로 저항을 시도하여 잡은 손을 뿌리친

정도의 폭행을 준강도죄로 의율할 수는 없다(대법원 1985. 5. 14. 선고 85도619 판결).

[8] 강도상해·치상죄 [제337조]

Ⅰ. 의의

강도상해·치상죄는 강도가 사람을 상해하거나 상해에 이르게 함으로써 성립하는 범죄이다. 본죄는 강도죄와 상해죄, 과실치상죄의 결합범이다.

Ⅱ. 구성요건

1. 객관적 구성요건

1) 주체

강도상해·치상죄의 주체는 '강도'이다. 여기서 강도는 단순강도(제333조), 특수강도(제334조), 준강도(제335조), 인질강도(제336조)를 모두 포함한다. 강도의 실행에 착수한 이상 강도가 미수이든 기수이든 묻지 않는다.

2) 객체

본죄의 객체는 사람이다. 이는 강도 행위의 피해자뿐만 아니라, 강도를 저지하려던 제3자도 포함될 수 있다.

3) 행위

본죄의 행위는 강도가 '사람을 상해하거나 상해에 이르게 하는 것'이다.

상해는 고의적으로 사람의 신체의 완전성을 해치는 것을 의미하고, 상해에 이르게 하는 것은 과실로 상해의 결과를 발생시킨 경우이다.

① 발생원인

상해가 강도의 기회에 발생한 것이면 본죄가 성립한다. 따라서 상해 또는 상해에 이르게 된 결과는 반드시 강도의 수단인 폭행·협박에 의해서만 발생한 것임을 요구하는 것은 아니다.

② 기수시기

강도상해·치상죄의 기수시기는 상해의 결과가 발생한 때이다. 강도의 기수·미수는 불문한다.

2. 주관적 구성요건

강도상해죄는 강도와 상해의 고의, 불법영득·불법이득의사가 있어야 한다. 강도치상죄는 강도의 고의가 있고, 상해에 대한 과실, 불법영득·불법이득의사가 있어야 한다.

III. 판례

1. 유죄 판결

- 날치기 수법으로 피해자가 들고 있던 가방을 탈취하면서 가방을 놓지 않고 버티는 피해자를 5m가량 끌고 감으로써 피해자의 무릎 등에 상해를 입힌 경우, 반항을 억압하기 위한 목적으로 가해진 강제력으로서 그 반항을 억압할 정도에 해당한다(대법원 2007. 12. 13. 선고 2007도7601 판결).

- 절도범이 체포를 면탈할 목적으로 체포하려는 여러 명의 피해자에게 같은 기회에 폭행을 가하여 그중 1인에게만 상해를 가하였다면 이러한 행위는 포괄하여 하나의 강도상해죄만 성립한다(대법원 2001. 8. 21. 선고 2001도3447 판결).

- 강도합동범 중 1인이 피고인과 공모한대로 과도를 들고 강도를 하기 위하여 피해자의 거소를 들어가 피해자를 향하여 칼을 휘두른 이상 이미 강도의 실행행위에 착수한 것임이 명백하고, 그가 피해자들을 과도로 찔러 상해를 가하였다면 대문 밖에서 망을 본 공범인 피고인이 구체적으로 상해를 가할 것까지 공모하지 않았다 하더라도 피고인은 상해의 결과에 대하여도 공범으로서의 책임을 면할 수 없다(대법원 1998. 4. 14. 선고 98도356 판결).

2. 무죄 판결

- 피해자가 입은 상처가 극히 경미하여 굳이 치료할 필요가 없고 치료를 받지 않더라도 일상생활을 하는 데 아무런 지장이 없으며 시일이 경과함에 따라 자연적으로 치유될 수 있는 정도라면, 그로 인하여 피해자의 신체의 건강상태가 불량하게 변경되었다거나 생활기능에 장애가 초래된 것으로 보기 어려워 강도상해죄 또는 강도치상죄에 있어서의 상해에 해당한다고 할 수 없다(대법원 2004. 10. 28. 선고 2004도4437 판결).

제3절 사기와 공갈의 죄

[1] 사기죄 (제347조)

제347조(사기) ① 사람을 기망하여 재물의 교부를 받거나 재산상의 이익을 취득한 자는 20년 이하의 징역 또는 5천만 원 이하의 벌금에 처한다.
② 전항의 방법으로 제3자로 하여금 재물의 교부를 받게 하거나 재산상의 이익을 취득하게 한 때에도 전항의 형과 같다.

Ⅰ. 의의

사기죄는 사람을 기망하여 재물의 교부를 받거나 재산상의 이익을 취득하거나 또는 제3자로 하여금 재물의 교부를 받게 하거나 재산상의 이익을 취득하게 함으로써 성립하는 범죄이다. 본죄의 보호법익은 재산권이다.

Ⅱ. 구성요건

1. 객관적 구성요건

1) 객체

사기죄의 객체는 '재물 또는 재산상의 이익'이다.

① 재물

타인이 점유하는 타인의 재물을 말한다. 재물의 개념은 절도죄와 동일하다 동산, 부동산, 그리고 관리할 수 있는 동력도 재물에 해당한다.

② 재산상의 이익

적극적 이익(채권의 취득 등)뿐만 아니라 소극적 이익(채무의 면제 등), 일시적 이익, 영구적 이익을 모두 포함한다. 사법상 유효할 필요는 없고, 외관상 재산상의 이익을 취득하였다고 볼 수 있는 사실관계로 족하다.

2) 행위

사기죄의 행위는 기망행위이다.

① 기망행위

기망행위는 허위의 의사표시에 의하여 피해자를 착오에 빠뜨려 재산적 처분행위를 유발하는 행위를 말한다.

사기죄의 요건으로서의 기망은 널리 재산상의 거래관계에서 서로 지켜야 할 신의와 성실의 의무를 저버리는 모든 적극적 또는 소극적 행위를 말하는 것으로서, 반드시 법률행위의 중요부분에 관한 것임을 요하지 않으며, 상대방을 착오에 빠지게 하여 행위자가 희망하는 재산적 처분행위를 하도록 하기 위한 판단의 기초사실에 관한 것이면 충분하다(대법원 2009. 10. 15. 선고 2009도7459 판결).

따라서 기망의 대상은 사실에 한정되지 않으며, 가치 판단에 대해서도 가능하다.

② 기망의 수단·방법

기망의 수단·방법에는 제한이 없고, 명시적 행위뿐만 아니라 묵시적 행위, 부작위를 통한 기망행위도 가능하다.

㉮ 명시적 기망행위

언어, 문서 등에 의하여 허위의 주장을 하는 것을 말한다.

㉯ 묵시적 기망행위

행동을 통하여 허위의 주장을 하는 것을 말한다. 행위자의 전체행위가 사회통념에 따라 어떤 설명가치를 가질 때 인정된다. 예를 들어, 식당에서 음식을 주문한 자는 대금지불의 의사와 능력이 있음을 묵시적으로 표현했다고 보아야 하고, 은행에서 예금을 청구하는 자는 자신이 정당한 권리자임을 묵시적으로 설명한 것에 해당한다.

㉰ 부작위에 의한 기망행위

상대방이 행위자와 관계없이 스스로 착오에 빠져 있을 때, 법률상 고지의무 있는 자가 일정한 사실에 관하여 상대방이 착오에 빠져 있음을 알면서도 이를 고지하지 않는 것이다. 이때, 행위자는 상대방의 착오를 제거해야 할 보증인 지위에 있어야 하고, 상대방에게 사실을 알려야 할 고지의무가 있어야 한다. 예를 들어, 계약을 체결하면서 중요한 사항을 고지하지 않을 경우 부작위에 의한 기망행위가 된다.

③ 기망의 정도

기망행위란 단순히 착오를 발생시킨 것만 가지고는 기망행위가 있었다고 할 수 없고, 그것이 거래에 있어 신의칙에 반하는 정도에 이르러야 한다. 착오가 있었다 하더라도 거래의 목적을 달성하는 데 지장이 없었다면 기망행위가 있었다고 할 수 없다. 상관행상 어느정도의 과장된 광고는 기망행위가 되지 않으나, 신의칙상 용인될 수 없는 거래상 중요한 사실에 대한 허위광고를 한 경우에는 기망행위가 된다.

④ 상대방

기망의 상대방은 사실상의 재산적 처분능력이 있는 타인으로서 자연인이어야 한다. 반드시 재물의 소유자 또는 점유자일 필요는 없다. 즉, 피해자와 재산적 처분행위를 한 자가 동일인이 아니어도 된다.

⑤ 착수시기

사기의 고의로 기망행위를 개시한 때 실행의 착수가 인정된다. 기수시기는 상대방의 착오로 인한 처분행위의 결과 재물 또는 재산상 이득을 취득한 때이다.

3) 피기망자의 착오

기망행위로 인하여 피해자가 사실과 다른 것을 인식하는 상태를 말한다. 예를 들어, 용도를 속이고 돈을 빌린 경우, 진정한 용도를 고지하였더라면 상대방이 돈을 빌려주지 않았을 것이라는 관계에 있을 때 기망이 있는 것으로 보아야 한다(대법원 2004. 4. 9. 선고 2003도7828 판결).

기망행위와 착오 사이에는 인과관계가 있어야 한다. 기망이 있더라도 착오에 빠지지 않았거나, 인과관계가 없을 때에는 사기죄의 미수가 된다.

4) 재산적 처분행위

착오에 빠진 피해자가 재산상의 손해를 초래하는 일체의 행위이다. 재물의 교부 또는 재산상 이익의 취득이 이에 해당한다. 처분행위는 재산적 처분행위로서 주관적으로 피기망자가 처분의사 즉 처분 결과를 인식하고 객관적으로는 이러한 의사에 지배된 행위가 있을 것을 요한다(대법원 2011. 4. 14. 선고 2011도769 판결).

상대방의 하자있는 의사에 기한 처분행위를 통하여 재산을 취득한다는 점에서 절도죄·강도죄와 구별된다.

또한, 사기죄는 타인을 기망하여 착오에 빠뜨리고 그 처분행위를 유발하여 재물을 교부받거나 재산상 이익을 얻음으로써 성립하는 것으로서, 기망, 착오, 재산적 처분행위 사이에 인과관계가 있어야 한다(대법원 2000. 6. 27. 선고 2000도1155 판결).

5) 재산상의 손해 불요

사기죄의 본질은 기망행위에 의한 재산이나 재산상 이익의 취득에 있는 것이고 상대방에게 현실적으로 재산상 손해가 발생함을 요건으로 하지 아니한다(대법원 2004. 4. 9. 선고 2003도7828 판결).

따라서 재물편취를 내용으로 하는 사기죄에 있어서는 기망으로 인한 재물의 교부가 있으면 그 자체로 피해자의 재산침해가 되어 이로써 곧 사기죄가 성립하는 것이고, 상당한 대가가 지급되었다거나 피해자에게 전체재산상의 손해가 없다 하여도 사기죄의 성립에 영향이 없다(대법원 1995. 3. 24. 선고 95도203 판결).

6) 재산상 이익의 취득

피기망자의 처분행위로 인하여 자기 또는 제3자가 재산상의 이익을 취득하여야 한다. 사기죄는 타인을 기망하여 착오에 빠뜨리고 처분행위를 유발하여 재물을 교부받거나 재산상 이익을 얻음으로써 성립하는 것으로서, 그 본질은 기망행위에 의한 재물이나 재산상 이익의 취득에 있다(대법원 2014. 2. 27. 선고 2013도9669 판결).

2. 주관적 구성요건

사기죄의 성립을 위해서는 고의와 불법영득·이득의사가 필요하다. 여기서의 고의는 객관적 구성요건 요소인 기망행위, 착오, 처분행위, 재물의 교부 또는 재산상 이익의 취득에 대한 인식과 의사를 의미한다.

III. 판례

1. 유죄 판결

- 피고인이 피해자에게 사업 자금이 아닌 도박 자금으로 사용할 의도였음에도 불구하고 사업 자금 명목으로 속여 돈을 빌린 후 이를 갚지 않았다면, 이는 기망행위에 해당하여 사기죄가 성립한다(대법원 2004. 4. 9. 선고 2003도7828 판결).
- 매수인이 매도인에게 매매잔금을 지급함에 있어 착오에 빠져 지급해야 할 금액을 초과하는 돈을 교부하는 경우, 매도인이 사실대로 고지하였다면 매수인이 그와 같이 초과하여 교부하지 아니하였을 것임은 경험칙상 명백하므로, 매수인의 그 착오를 제거하여야 할 신의칙상 의무를 지므로 그 의무를 이행하지 아니하고 매수인이 건네주는 돈을 그대로 수령한 경우에는 사기죄에 해당한다(대법원 2004. 5. 27. 선고 2003도4531 판결).
- 분식회계에 의한 재무제표 등으로 금융기관을 기망하여 대출을 받았다면 사기죄는 성

립하고, 변제의사와 변제능력의 유무 그리고 충분한 담보가 제공되었다거나 피해자의 전체 재산상에 손해가 없고, 사후에 대출금이 상환되었다고 하더라도 사기죄의 성립에는 영향이 없다(대법원 2005. 4. 29. 선고 2002도7262 판결).

- 출판사 경영자가 출고현황표를 조작하는 방법으로 실제출판부수를 속여 작가에게 인세의 일부만을 지급한 사안에서, 작가가 나머지 인세에 대한 청구권의 존재 자체를 알지 못하는 착오에 빠져 이를 행사하지 아니한 것이 사기죄에 있어 부작위에 의한 처분행위에 해당한다(대법원 2007. 7. 12. 선고 2005도9221 판결).
- 민법 제746조의 불법원인급여에 해당하여 급여자가 수익자에 대한 반환청구권을 행사할 수 없다고 하더라도, 수익자가 기망을 통하여 급여자로 하여금 불법원인급여에 해당하는 재물을 제공하도록 하였다면 사기죄가 성립하므로 도박자금으로 사용하기 위하여 금원을 차용하였더라도 사기죄의 성립에는 영향이 없다(대법원 2006. 11. 23. 선고 2006도6795 판결).

2. 무죄 판결

- 예금주인 피고인이 제3자에게 편취당한 송금의뢰인으로부터 자신의 은행계좌에 계좌송금된 돈을 출금한 사안에서, 피고인은 예금주로서 은행에 대하여 예금반환을 청구할 수 있는 권한을 가진 자이므로, 위 은행을 피해자로 한 사기죄가 성립하지 않는다(대법원 2010. 5. 27. 선고 2010도3498 판결).

[2] 컴퓨터등사용사기죄 [제347조의2]

> 제347조의2(컴퓨터 등 사용사기) 컴퓨터 등 정보처리장치에 허위의 정보 또는 부정한 명령을 입력하거나 권한 없이 정보를 입력·변경하여 정보처리를 하게 함으로써 재산상의 이익을 취득하거나 제3자로 하여금 취득하게 한 자는 10년 이하의 징역 또는 2천만 원 이하의 벌금에 처한다.

Ⅰ. 의의

컴퓨터등사용사기죄는 컴퓨터등 정보처리장치에 허위의 정보 또는 부정한 명령을 입력하거나 권한 없이 정보를 입력·변경하여 정보처리를 하게 함으로써 재산상의 이익을 취득하거나 제3자로 하여금 취득하게 함으로써 성립하는 범죄이다.

컴퓨터 등 정보처리장치에 의해 불법한 이익을 취득하는 행위는 사람에 대한 기망행위나 재물의 점유 이전이 없어 사기죄나 절도죄로 처벌할 수 없다는 점을 고려한 규정이다.

II. 구성요건

1. 객관적 구성요건

1) 객체

컴퓨터등사용사기죄의 객체는 재산상의 이익이다. 채무 면제, 서비스 이용 등과 같이 재산적 가치가 있는 모든 이익을 포함한다. 재물은 객체가 되지 않는다.

2) 행위

컴퓨터등사용사기죄의 행위는 '컴퓨터등 정보처리장치에 허위의 정보 또는 부정한 명령을 입력하거나 권한 없이 정보를 입력·변경하여 정보처리를 하게 하는 것'이다.

① 컴퓨터 등 정보처리장치

컴퓨터, 자동판매기, 현금인출기 등 재산상의 이익을 취득하게 하는 모든 전자적 정보처리장치를 의미한다.

② 허위의 정보 또는 부정한 명령을 입력

'허위의 정보 입력'이란 진실에 반하는 정보를 입력하는 것을 말한다. 예를 들어, 은행 컴퓨터에 허위의 입금정보를 입력하여 예금잔고를 증액시키는 것이다. '부정한 명령의 입력'이란 당해 시스템의 사무처리 목적에 비추어 볼 때 지시해서는 안 될 명령을 입력하는 것을 말한다. 예를 들어, 프로그램을 조작하여 예금을 인출해도 잔고가 줄어들지 않게 하는 것이다.

③ 권한 없이 정보를 입력·변경

정보의 입력이나 변경에 대한 권한이 없는 자가 그러한 행위를 하는 것을 말한다. 타인의 계좌번호를 권한 없이 변경하여 자신의 계좌로 송금되게 하는 행위가 대표적이다.

④ 정보처리를 하게 함

허위의 정보 또는 부정한 명령의 입력이 정보처리과정에 영향을 미쳐 진실에 반하는 기록을 만들게 하는 것을 의미한다. 정보의 처리가 재산권의 득실변경에 영향을 미칠 수 있는 것이어야 한다.

⑤ 착수·기수시기

본죄의 착수시기는 정보처리장치에 허위정보 또는 부정한 명령을 입력할 때이며, 본죄의 기수시기는 피해자에게 재산상 손해가 발생한 때이다.

3) 재산상 이익의 취득

재산상의 이익을 취득하거나 제3자로 하여금 취득하게 하게 하여야 한다. 여기서 재산상 이익의 취득은 현실적으로 이익을 취득한 경우뿐만 아니라 취득할 수 있는 상태가 된 경우도 포함한다.

2. 주관적 구성요건

컴퓨터등사용사기죄의 성립을 위해서는 고의와 불법이득의사가 필요하다. 허위의 정보 입력 등으로 인해 재산상의 이익이 취득될 것이라는 인식을 가지고 있어야 하며, 그 이익을 불법하게 취득하려는 의사를 가지고 있어야 한다.

III. 판례

1. 유죄 판결

- 타인의 명의를 모용하여 발급받은 신용카드의 번호와 그 비밀번호를 이용하여 ARS 전화서비스나 인터넷 등을 통하여 신용대출을 받는 방법으로 재산상 이익을 취득하는 행위는 컴퓨터 등 정보처리장치에 권한 없이 정보를 입력하여 정보처리를 하게 함으로써 재산상 이익을 취득하는 행위로서 컴퓨터 등 사용사기죄에 해당한다(대법원 2006. 7. 27. 선고 2006도3126 판결).
- 타인의 현금카드를 소지하고 있는 자가 그 카드 소유자로부터 특정 금액을 인출해 달

라는 요청을 받고 현금자동지급기에서 그 금액을 초과하여 현금을 인출한 경우, 그 초과 부분에 관하여는 형법 제347조의2(컴퓨터등사용사기)에 규정된 '컴퓨터 등 정보처리장치에 권한 없이 정보를 입력하여 정보처리를 하게 함으로써 재산상의 이익을 취득'하는 행위로서 컴퓨터 등 사용사기죄에 해당된다(대법원 2006. 3. 24. 선고 2005도 3516 판결).

- 피고인이 甲 주식회사에서 운영하는 전자복권구매시스템에서 일정한 조건하에 복권 구매명령을 입력하면 가상계좌로 복권 구매요청금과 동일한 액수의 가상현금이 입금되는 프로그램 오류를 이용하여 복권 구매명령을 입력하는 행위를 반복함으로써 자신의 가상계좌로 구매요청금 상당의 금액이 입금되게 한 경우, 컴퓨터 등 사용사기죄에서 정한 '부정한 명령의 입력'에 해당한다(대법원 2013. 11. 14. 선고 2011도4440 판결).

2. 무죄 판결

- 형법 제347조의2는 컴퓨터등사용사기죄의 객체를 재물이 아닌 재산상의 이익으로만 한정하여 규정하고 있으므로, 절취한 타인의 신용카드로 현금자동지급기에서 현금을 인출하는 행위가 재물에 관한 범죄임이 분명한 이상 이를 위 컴퓨터등사용사기죄로 처벌할 수는 없다(대법원 2003. 5. 13. 선고 2003도1178 판결).

[3] 편의시설부정이용죄 [제348조의2]

제348조의2(편의시설부정이용) 부정한 방법으로 대가를 지급하지 아니하고 자동판매기, 공중전화 기타 유료자동설비를 이용하여 재물 또는 재산상의 이익을 취득한 자는 3년 이하의 징역, 500만 원 이하의 벌금, 구류 또는 과료에 처한다.

I. 의의

편의시설부정이용죄는 부정한 방법으로 대가를 지급하지 아니하고 자동판매기, 공중전화 기타 유료자동설비를 이용하여 재물 또는 재산상의 이익을 취득함으로써 성립하는 범죄이다. 사기죄나 절도죄의 흠결을 보충하는 보충적 구성요건이다.

II. 구성요건

1. 객관적 구성요건

1) 객체

편의시설부정이용죄의 객체는 '재물 또는 재산상의 이익'이다.

2) 행위

본죄의 행위는 '부정한 방법으로 대가를 지급하지 아니하고 자동판매기, 공중전화 기타 유료자동설비를 이용하여 재물 또는 재산상의 이익을 취득하는 것'이다.

① 자동판매기, 공중전화 기타 유료자동설비

'자동판매기'란 대가를 지불하면 기계·전자장치에 의해 자동적으로 일정한 물건이 제공되는 일체의 기계설비를 말한다. '유료자동설비'란 대가에 의해 물건 이외의 편익을 제공하는 자동기계설비를 말한다. 건물의 자동출입시스템, 지하철 자동개찰기, 무인 주차 정산기 등이 이에 해당한다. 대가의 지불이 없는 일반전화나 현금자동지급기는 본죄의 객체에 해당하지 않는다.

② 부정한 방법

사회통념에 비추어 볼 때 올바르지 아니하거나 허용되지 않는 비정상적인 방법으로서 권한이 없거나 사용규칙·방법에 위반한 일체의 이용 방식 내지 수단을 뜻한다(헌법재판소 2021. 10. 28. 선고 2019헌바44).

기계의 기술적 결함을 이용하거나, 위조된 동전이나 카드를 사용하는 등 설비의 기술적 기능에 장애를 주거나 조작하는 행위를 의미한다. 예를 들어, 동전을 낚싯줄에 묶어 넣었다 빼는 행위, 특정 기기의 해킹, 불법 복제된 교통카드를 사용하는 것 등이 여기에 해당한다.

③ 대가를 지급하지 않고 유료 자동설비를 이용

유료자동설비의 이용을 위해 당해 유료자동설비의 제공자 내지 소유자에 대하여 지급할 것으로 정해진 통상의 요금이 지급되지 않도록 하는 일체의 방식을 말하며(헌법재판소

2021. 10. 28. 선고 2019헌바44), 그 대가를 지급하지 않고 설비가 제공하는 재물(물건) 또는 재산상 이익(서비스)을 실제로 취득하는 것을 뜻한다.

④ 착수·기수시기

유료자동설비에 대하여 부정이용행위를 개시한 때 실행의 착수가 되고, 재물 또는 재산상의 이익을 취득했을 때 기수가 된다.

2. 주관적 구성요건

행위자에게는 부정한 방법으로 대가를 지급하지 않고 유료 자동설비를 이용한다는 고의가 있어야 한다. 즉, 자신의 행위가 부정하다는 인식과 함께 대가를 지급하지 않겠다는 의사가 필요하다.

Ⅲ. 판례

- 타인의 전화카드(한국통신의 후불식 통신카드)를 절취하여 전화통화에 이용한 경우에는 통신카드서비스 이용계약을 한 피해자가 그 통신요금을 납부할 책임을 부담하게 되므로, 이러한 경우에는 피고인이 '대가를 지급하지 아니하고' 공중전화를 이용한 경우에 해당한다고 볼 수 없어 편의시설부정이용의 죄를 구성하지 않는다(대법원 2001. 9. 25. 선고 2001도3625 판결).

[4] 공갈죄 (제350조)

> 제350조(공갈) ① 사람을 공갈하여 재물의 교부를 받거나 재산상의 이익을 취득한 자는 10년 이하의 징역 또는 2천만 원 이하의 벌금에 처한다.
> ② 전항의 방법으로 제3자로 하여금 재물의 교부를 받게 하거나 재산상의 이익을 취득하게 한 때에도 전항의 형과 같다.

Ⅰ. 의의

공갈죄는 사람을 공갈하여 재물의 교부를 받거나 재산상의 이익을 취득하거나 제3자로 하여금 재물의 교부를 받게 하거나 재산상의 이익을 취득하게 함으로써 성립하는 범죄이다. 본죄의 보호법익은 재산권이고, 부차적으로 의사결정·의사활동의 자유도 보호법익으로 한다.

II. 구성요건

1. 객관적 구성요건

1) 객체

공갈죄의 객체는 '타인의 재물 또는 재산상의 이익'이다. 사기죄의 객체와 동일하다.

2) 행위

본죄의 행위는 재물을 교부받거나 재산상의 이익을 취득하기 위하여 '폭행 또는 협박으로 외포심을 일으키게 하는 공갈행위'이다.

① 폭행·협박

공갈죄의 폭행은 광의의 폭행으로, 사람에 대한 일체의 유형력의 행사를 말한다. 공갈죄의 협박은 협의의 협박으로, 사람의 의사결정의 자유를 제한하거나 의사실행의 자유를 방해할 정도로 겁을 먹게 할 만한 해악을 고지하는 것을 말한다(대법원 1993. 9. 14. 선고 93도915 판결). 해악의 고지는 반드시 명시의 방법에 의할 것을 요하지 않고 언어나 거동에 의하여 상대방으로 하여금 어떠한 해악에 이르게 할 것이라는 인식을 가지게 하는 것이면 족하다(대법원 2013. 9. 13. 선고 2013도6809 판결).

② 상대방

공갈죄의 상대방은 재물이나 재산상 이익에 대한 처분권한을 가진 자이다. 그러나 반드시 재물이나 재산상 이익의 소유자일 필요는 없고, 사실상 처분권한을 가진 자이면 족하다.

③ 착수시기

공갈죄의 착수시기는 폭행 또는 협박을 개시한 때이다. 해악의 고지가 권리실현의 수단으로 사용된 경우라도 그것이 권리행사를 빙자하여 협박을 수단으로 상대방을 겁을 먹게 하였고, 그 권리실행의 수단 방법이 사회통념상 허용되는 정도나 범위를 넘는다면 공갈죄의 실행에 착수한 것으로 보아야 한다(대법원 1993. 9. 14. 선고 93도915 판결).

3) 외포심의 야기

공갈죄가 성립하기 위해서는 피해자가 폭행이나 협박으로 인해 외포심을 느껴야 한다. 외포심이란 폭행이나 협박으로 인해 공포심을 느끼는 것을 말한다. 피해자가 공갈행위로 인해 공포심을 느끼지 않고 자발적으로 재물을 교부했다면, 공갈죄의 인과관계가 인정되지 않아 죄가 성립하지 않는다.

4) 처분행위·재산상의 손해·재산상 이익의 취득

피해자가 외포심에 의해 재산적 처분행위를 하고, 이로 인해 행위자가 재물이나 재산상 이익을 취득해야 한다. 처분행위는 피해자의 의사에 기한 것이어야 하나, 그 의사는 폭행이나 협박에 의해 하자가 있는 의사이다.

2. 주관적 구성요건

고의와 불법영득의사·불법이득의사가 필요하다. 고의는 폭행이나 협박을 통해 상대방에게 외포심을 일으키게 하여 재물이나 재산상 이익을 취득한다는 인식과 의사를 말한다.

III. 타죄와의 관계

- 공무원이 직무집행의 의사 없이 또는 직무처리와 대가적 관계없이 타인을 공갈하여 재물을 교부하게 한 경우에는 공갈죄만이 성립하고, 이러한 경우 재물의 교부자가 공무원의 해악의 고지로 인하여 외포의 결과 금품을 제공한 것이라면 그는 공갈죄의 피해자가 될 것이고 뇌물공여죄는 성립될 수 없다(대법원 1994. 12. 22. 선고 94도2528 판결).
- 도박행위가 공갈죄의 수단이 되었다 하더라도 그 도박행위는 공갈죄에 흡수되지 않고 별도의 범죄를 구성한다(대법원 2014. 3. 13. 선고 2014도212 판결).
- 공갈죄의 수단으로서 한 협박은 공갈죄에 흡수될 뿐 별도로 협박죄를 구성하지 않는다(대법원 1996. 9. 24. 선고 96도2151 판결).

- 현금카드 소유자를 협박하여 예금인출 승낙과 함께 카드를 교부받아 현금자동지급기에서 예금을 여러 번 인출한 경우, 공갈죄의 포괄일죄가 된다(대법원 1996. 9. 20. 선고 95도1728 판결).
- 예금통장과 인장을 갈취한 후 예금 인출에 관한 사문서를 위조한 후 이를 행사하여 예금을 인출한 행위는 공갈죄 외에 별도로 사문서위조, 동행사 및 사기죄가 성립한다(대법원 1979. 10. 30. 선고 79도489 판결).

IV. 판례

1. 유죄 판결

- 방송기자가 건설회사 경영주에게 그 회사가 건축한 아파트의 공사하자에 관하여 방송으로 계속 보도할 것 같은 태도를 보임으로써 회사의 신용훼손을 우려한 경영주에게 속보 무마비조로 돈을 받은 경우 공갈죄의 구성요건이 충족되고, 인과관계도 인정된다(대법원 1991. 5. 28. 선고 91도80 판결).
- 주점의 종업원에게 신체에 위해를 가할 듯한 태도를 보여 이에 겁을 먹은 위 종업원으로부터 주류를 제공받은 경우에 있어 위 종업원은 주류에 대한 사실상의 처분권자이므로 공갈죄의 피해자에 해당된다고 보아 공갈죄가 성립한다(대법원 2005. 9. 29. 선고 2005도4738 판결).

2. 무죄 판결

- 피고인 등이 갑에게서 되찾은 돈은 절취 대상인 당해 금전이라고 구체적으로 특정할 수 있어 객관적으로 갑의 다른 재산과 구분됨이 명백하므로 이를 타인인 갑의 재물이라고 볼 수 없고, 따라서 비록 피고인 등이 갑을 공갈하여 돈을 교부받았더라도 타인의 재물을 갈취한 행위로서 공갈죄가 성립된다고 볼 수 없다(대법원 2012. 8. 30. 선고 2012도6157 판결).
- 국가안전기획부 직원이 아들 담임선생의 부탁을 받고 그 담임선생의 채무자에게 채무변제를 독촉하는 과정에서 다소 위협적인 말을 하였다 하더라도 사회통념상 허용되는 범위를 넘어선 것이라고 할 수 없어 공갈죄가 성립되지 아니한다(대법원 1993. 12. 24. 선고 93도2339 판결).

[1] 횡령죄 [제355조 제1항]

> 제355조(횡령) ① 타인의 재물을 보관하는 자가 그 재물을 횡령하거나 그 반환을 거부한 때에는 5년 이하의 징역 또는 1천500만 원 이하의 벌금에 처한다.

Ⅰ. 의의

횡령죄는 타인의 재물을 보관하는 자가 그 재물을 횡령하거나 반환을 거부함으로써 성립하는 범죄이다. 본죄는 재물에 대한 소유자의 소유권과 더불어 위탁관계를 통해 형성된 신임관계를 보호법익으로 한다.

Ⅱ. 구성요건

1. 객관적 구성요건

1) 주체

횡령죄의 주체는 '위탁관계에 의하여 타인의 재물을 보관하는 자'이다. 진정신분범에 해당한다.

① 보관

'보관'이라 함은 재물이 사실상 지배하에 있는 경우뿐만 아니라 법률상의 지배·처분이 가능한 상태에 있는 경우를 포함한다. 그 보관은 반드시 사용대차, 임대차, 위임 등의 계약에 의하여 설정되어야 하는 것은 아니고, 사무관리, 관습, 조리, 신의칙에 의해서도 성립한다(대법원 2013. 12. 12. 선고 2012도16315 판결).

② 위탁관계

보관이란 위탁관계에 의하여 재물을 점유하는 것을 뜻하므로 횡령죄가 성립하기 위하여는 재물의 보관자와 재물의 소유자(또는 기타의 본권자) 사이에 위탁관계가 있어야 한다.

이러한 위탁관계는 사실상의 관계에 있으면 충분하고 반드시 민사상 계약의 당사자일 필요는 없다. 위탁관계는 사용대차·임대차·위임·임치 등의 계약에 의하여 발생하는 것이 보통이지만 이에 한하지 않고 사무관리와 같은 법률의 규정, 관습이나 조리 또는 신의성실의 원칙에 의해서도 발생할 수 있다(대법원 2018. 7. 19. 선고 2017도17494 전원합의체 판결).

2) 객체

횡령죄의 객체는 '자기가 보관하는 타인의 재물'이다.

여기서 재물이란 유체물과 관리가능한 동력을 말하며, 동산·부동산을 불문한다.

타인의 재물이란 재물의 소유권이 행위자 이외의 자에게 속하는 경우를 말하며, 소유권의 귀속은 민법에 의하여 결정된다. 공동소유물도 타인의 재물에 해당한다.

3) 행위

횡령죄의 행위는 '횡령 또는 반환을 거부하는 것'이다.

① 횡령

보관자가 위탁의 취지에 반하여 타인의 재물을 마치 자신의 소유인 것처럼 처분하는 행위를 의미한다. 즉, 횡령행위란 불법영득의사를 실현하는 일체의 행위를 말하고, 횡령죄에 있어서의 행위자는 이미 타인의 재물을 점유하고 있으므로 점유를 자기를 위한 점유로 변개하는 의사를 일으키면 곧 영득의 의사가 있었다고 할 수 있지만, 단순한 내심의 의사만으로는 횡령행위가 있었다고 할 수 없고 영득의 의사가 외부에 인식될 수 있는 객관적 행위가 있을 때 횡령죄가 성립한다(대법원 1993. 3. 9. 선고 92도2999 판결).

② 반환거부

보관자가 정당한 이유 없이 소유자의 반환 요구를 거절하여 소유자의 권리를 배제하려는 의사를 표시하는 행위이다.

횡령죄에서 '반환의 거부'란 정당한 이유 없이 단순히 반환을 거부하는 것만으로는 부족하고, 소유자의 반환 요구에 응하지 아니함으로써 자기 또는 제3자의 이익을 꾀하는 데 이용하려는 의사를 표현하는 행위로서 횡령행위와 동일시할 수 있는 경우를 의미한다(대법원 2013. 8. 23. 선고 2011도7637 판결).

③ 기수시기와 미수의 인정여부

횡령죄는 불법영득의사를 외부에 표출하는 순간 기수가 된다. 따라서 불법영득행위가 미수에 그쳤더라도 처벌할 수 있다(제359조).

횡령죄는 침해될 위험성이 있으면 그 침해의 결과가 발생되지 아니하더라도 성립하는 위태범이다(대법원 2009. 2. 12. 선고 2008도10971 판결).

2. 주관적 구성요건

1) 고의

횡령죄는 고의범이므로 자기가 보관하는 타인의 재물을 횡령한다는 사실에 대한 인식과 의사가 있어야 한다.

2) 불법영득의사

횡령죄는 영득죄이므로 '불법영득의사'가 있어야 한다. 이는 타인의 재물을 보관하는 자가 자기 또는 제3자의 이익을 위하여 위탁의 취지에 반하여 재물을 자기의 소유인 것처럼 처분하려는 의사를 의미한다. 사후에 반환하거나 변상할 의사가 있더라도 불법영득의사가 인정될 수 있다.

예산을 집행할 직책에 있는 자가 예산을 전용한 경우, 예산의 항목유용 자체가 위법한 목적을 가지고 있다거나 예산의 용도가 엄격하게 제한되어 있는 경우에는 불법영득의 의사가 인정된다(대법원 2004. 12. 24. 선고 2003도4570 판결).

III. 죄수 · 타죄와의 관계

1. 죄수

횡령죄의 죄수는 위탁관계의 수를 기준으로 결정한다. 횡령한 재물을 처분하는 행위는 다른 사람의 새로운 법익을 침해하지 않는 한 불가벌적 사후행위가 된다.

2. 타죄와의 관계

횡령죄는 신임관계에 기초한다는 점에서 점유이탈물횡령죄와 구별된다. 또한, 배임죄는 '재산상의 이익'을 객체로 하지만, 횡령죄는 '재물'을 객체로 한다는 점에서 구별된다.

IV. 판례

1. 유죄 판결

- 어떤 예금계좌에 돈이 착오로 잘못 송금되어 입금된 경우에는 그 예금주와 송금인 사이에 신의칙상 보관관계가 성립한다고 할 것이므로, 피고인이 송금 절차의 착오로 인하여 피고인 명의의 은행 계좌에 입금된 돈을 임의로 인출하여 소비한 행위는 횡령죄에 해당한다(대법원 2010. 12. 9. 선고 2010도891 판결).
- 소유권의 취득에 등록이 필요한 타인 소유 차량을 인도받아 보관하고 있는 사람이 이를 사실상 처분한 경우, 보관 위임자나 보관자가 차량의 등록명의자가 아니라도 횡령죄가 성립한다(대법원 2015. 6. 25. 선고 2015도1944 전원합의체 판결).
- 위탁매매에서 위탁매매인이 위탁품이나 판매대금을 임의로 사용·소비한 경우, 횡령죄가 성립한다(대법원 2013. 3. 28. 선고 2012도16191 판결).

2. 무죄 판결

- 피고인이 주식회사 대방건설과 사이에 공탁금을 수령하여 그중 4,100만 원을 대방건설에게 반환하기로 약정하였다고 하더라도 배당절차에서 피고인 자신의 명의로 수령한 금원은 피고인의 소유에 속하고, 피고인이 위 약정에 반하여 4,100만 원의 반환을 거부한다고 하여 횡령죄로 처벌할 수는 없다(대법원 2007. 7. 26. 선고 2007도1840 판결).
- 보관자가 자기 또는 제3자의 이익을 위하여 소유자의 이익에 반하여 재물을 처분한 경우에는 재물에 대한 불법영득의사를 인정할 수 있으나, 그와 달리 소유자의 이익을 위하여 재물을 처분한 경우에는 특별한 사정이 없는 한 그 재물에 대하여는 불법영득의사를 인정할 수 없다(대법원 2016. 8. 30. 선고 2013도658 판결).

[2] 업무상횡령죄 (제356조, 제355조 제1항)

Ⅰ. 의의

업무상횡령죄는 업무상의 임무에 위배하여 자기가 보관하는 타인의 재물을 횡령하거나 반환을 거부함으로써 성립하는 범죄이다. 위탁관계가 업무로 되어 있기 때문에 횡령죄에 대하여 책임이 가중되는 가중적 구성요건이다.

Ⅱ. 구성요건

1. 객관적 구성요건

1) 주체

업무상횡령죄의 주체는 '업무상 타인의 재물을 보관하는 자'이다. 여기서 '업무'는 직업이나 반복적으로 행해지는 사회생활상 지위를 의미한다. 직업 혹은 직무라는 말과 같이 법령, 계약에 의한 것 뿐만 아니라, 관례를 쫓거나 사실상이거나를 묻지 않고 같은 행위를 반복할 지위에 따른 사무를 가리킨다(대법원 2011. 10. 13. 선고 2009도13751 판결).

반드시 공적인 업무일 필요는 없으며, 사적인 업무라도 사회 통념상 계속성을 가지고 있다면 포함된다. 예를 들어, 회사의 경리 담당자, 아파트 관리소장, 동창회 회장 등이 여기에 해당한다.

2) 객체

업무상횡령죄의 객체는 '타인의 재물'이다.

3) 행위

업무상횡령죄의 행위는 '업무상 임무에 위배하여 재물을 횡령하거나 그 반환을 거부하는 행위'이다.

업무상 임무에 위배하는 행위란 업무상 타인의 재물을 보관하는 자가 그 업무상의 임무에 위배하여 재물을 자기 또는 제3자의 소유인 것처럼 처분하는 행위를 말한다.

횡령하거나 반환을 거부하는 행위는 횡령죄와 동일하다.

2. 주관적 구성요건

고의와 불법영득의사가 있어야 한다.

III. 판례

1. 유죄 판결

- 문화예술진흥법에 의하여 입장료와 함께 문화예술진흥기금을 받은 극장 경영자는 한국문화예술진흥원을 위하여 그 기금을 보관하고 있는 자의 지위에 있으므로, 이를 별도로 관리하지 아니하고 자신의 예금통장에 혼합보관하면서 임의로 자신의 극장운영자금 등으로 소비하였다면, 횡령죄의 고의나 불법영득의 의사가 있다고 보아 업무상횡령죄가 성립한다(대법원 1997. 3. 28. 선고 96도3155 판결).

- 피고인이 등기부상으로 대표이사를 사임한 후에도 계속하여 사실상 대표이사 업무를 행하여 왔고 회사원들도 피고인을 대표이사의 일을 하는 사람으로 상대해 왔다면 피고인은 위 회사 소유 금전을 보관할 업무상의 지위에 있었다고 할 것이다(대법원 1982. 1. 12. 선고 80도1970 판결).

- 노동조합이 사용자단체로부터 조합원들의 출퇴근 편의를 위한 통근차량의 구입 및 유지에 사용하도록 용도가 제한된 자금을 수령하여 위 조합의 '차량유지비' 특별회계로 운용하는 한편 이를 조합간부 등에 대한 유류비로 지급한 행위는 업무상 횡령에 해당하고, 그 후 이루어진 대의원대회에서 결산 결의가 있었다고 하더라도 이미 성립한 업무상 횡령죄에 영향이 없다(대법원 2007. 2. 22. 선고 2006도2238 판결).

- 감정평가법인 지사에서 근무하는 감정평가사들이 접대비 명목 등에 사용할 목적으로 감정평가법인을 위하여 보관 중이던 돈의 일부를 비자금으로 조성한 행위는 업무상횡령죄에 해당한다(대법원 2010. 5. 13. 선고 2009도1373 판결).

2. 무죄 판결

- 상호신용금고의 경영자가 장부상 직원들의 봉급을 인상한 것처럼 하여 실제로는 종전
  과 같은 액수를 지급하면서 그 차액으로 회사의 부외부채를 변제한 경우, 이는 회사의
  채무를 변제한 것이어서 횡령의 범의가 있었다고 볼 수 없다(대법원 1986. 6. 24. 선고
  86도538 판결).

[3] 배임죄 (제355조 제2항)

> 제355조(배임) ② 타인의 사무를 처리하는 자가 그 임무에 위배하는 행위로써 재산상의 이익
> 을 취득하거나 제3자로 하여금 이를 취득하게 하여 본인에게 손해를 가한 때에도 전항의 형과
> 같다.

Ⅰ. 의의

배임죄는 타인의 사무를 처리하는 자가 그 임무에 위배하는 행위로써 재산상의 이익을 취
득하거나 제3자로 하여금 이를 취득하게 하여 본인에게 손해를 가함으로써 성립하는 범죄
이다. 배임죄의 보호법익은 전체로서의 재산권이며, 재산적 이익만을 객체로 하는 순수한
이득죄이다.

Ⅱ. 구성요건

1. 객관적 구성요건

1) 주체

배임죄의 주체는 '타인의 사무를 처리하는 자'이다(진정신분범).

'타인의 사무를 처리하는 자'란 타인과의 대내관계에서 신의성실의 원칙에 비추어 그 사무
를 처리할 신임관계가 존재한다고 인정되는 자를 의미하고, 반드시 제3자에 대한 대외관계
에서 그 사무에 관한 대리권이 존재할 것을 요하지 않으며, 나아가 업무상 배임죄에서 업무
의 근거는 법령, 계약, 관습의 어느 것에 의하건 묻지 않고, 사실상의 것도 포함한다(대법원
2002. 6. 14. 선고 2001도3534 판결).

① 사무의 타인성

'타인의 사무'라 함은 신임관계에 기초를 둔 타인의 재산의 보호 내지 관리의무가 있을 것을 그 본질적 내용으로 하는 것으로 타인의 재산관리에 관한 사무를 대행하는 경우, 예컨대 위임, 고용 등의 계약상 타인의 재산의 관리 · 보전의 임무를 부담하는데 본인을 위하여 일정한 권한을 행사하는 경우, 등기협력의무와 같이 매매, 담보권설정 등 자기의 거래를 완성하기 위한 자기의 사무인 동시에 상대방의 재산보전에 협력할 의무가 있는 경우 등을 말한다(대법원 2009. 5. 28. 선고 2009도2086 판결).

② 사무의 재산관련성

배임죄에서 '사무'는 재산적 사무를 의미한다. 즉, 배임죄에서 '타인의 사무를 처리하는 자'라 함은 타인의 재산관리에 관한 사무를 처리하는 자를 의미하는 것이고, 그 사무의 처리가 오로지 타인의 이익을 보호 · 증진시키는 것만을 내용으로 할 필요는 없고 자신의 이익을 도모하는 성질을 아울러 가진다고 하더라도 타인을 위한 사무로서의 성질이 부수적 · 주변적인 의미를 넘어서 중요한 내용을 이루는 경우에는 '타인의 사무를 처리하는 자'에 해당한다(대법원 1988. 04. 25 선고 87도2339 판결).

③ 사무처리의 근거

사무처리의 근거는 법령, 계약, 관습, 사무관리 등을 불문하며, 신의성실의 원칙에 따른 신임관계가 인정되면 충분하다. 법적인 권한이 소멸된 후에 사무를 처리하거나 그 사무처리자가 그 직에서 해임된 후 사무를 처리한 경우도 해당한다(대법원 1999. 6. 22. 선고 99도1095 판결).

법률행위가 무효인 때는 신임관계가 처음부터 발생하지 않았다고 볼 수 있으므로 본죄의 사무처리에 해당하지 않는다(대법원 1979. 3. 27. 선고 79도141 판결).

④ 사무처리의 독립성

배임죄의 주체가 되기 위해서는 타인의 사무를 독립적으로 처리할 수 있는 지위에 있어야 한다. 독립성과 책임 및 일정한 판단의 자유 및 결정의 자유가 있어야 하고, 단순히 타인의 지시에 따라 기계적으로 사무를 처리하는 자는 배임죄의 주체가 될 수 없다. 보조자로서 직접 또는 간접으로 그 처리에 관한 사무를 담당하는 자도 포함된다(대법원 2004. 6. 24. 선고 2004도520 판결).

2) 객체

배임죄의 객체는 '재산상의 이익'이다. 여기서 재산상의 이익은 재물 이외의 재산적 가치가 있는 일체의 이익을 의미하며, 적극적 이익·소극적 이익, 영구적 이익·일시적 이익을 불문한다.

3) 행위

배임죄의 행위는 '배임행위에 의하여 재산상의 이익을 취득하여 본인에게 손해를 가하는 것'이다.

① 배임행위

사무처리자로서의 임무에 위배하여 본인과의 신임관계를 파괴하는 일체의 행위를 말한다.

임무에 위배하는 행위라 함은 사무의 내용·성질 등 구체적 상황에 비추어 법률의 규정, 계약의 내용 혹은 신의칙상 당연히 할 것으로 기대되는 행위를 하지 않거나 당연히 하지 않아야 할 것으로 기대되는 행위를 함으로써 본인과 사이의 신임관계를 저버리는 일체의 행위를 포함한다(대법원 1988. 04. 25 선고 87도2339 판결).

배임행위는 권한의 남용, 법률상의 의무위반로도 가능하며, 법률행위뿐만 아니라 사실행위도 포함한다. 채권의 추심을 위탁받은 자가 추심을 게을리하여 채권의 소멸시효가 완성된 경우처럼 부작위로도 가능하다.

② 재산상 손해의 발생

배임행위로 인하여 본인에게 재산상의 손해가 발생해야 한다. 총체적으로 보아 본인의 재산상태에 손해를 가하는 것이고, 본인의 전체적 재산가치 감소를 가져오는 것을 의미한다. 적극적 손해(재산의 감소)이든 소극적 손해(재산 증가의 방해)이든 불문한다.

'본인에게 손해를 가한 때'라 함은 현실적인 손해를 가한 경우뿐만 아니라 재산상 실해 발생의 위험을 초래한 경우도 포함하는 것이고, 여기서 재산상 실해 발생의 위험이라 함은 본인에게 손해가 발생할 막연한 위험이 있는 것만으로는 부족하고 경제적인 관점에서 보아 본인에게 손해가 발생한 것과 같은 정도로 구체적인 위험이 있는 경우를 의미한다(대법원 2011. 5. 13. 선고 2010도16391 판결).

③ 재산상 이익의 취득

본인에게 재산상의 손해를 가하는 외에 배임행위로 인하여 행위자 스스로 재산상의 이익을 취득하거나 제3자로 하여금 재산상의 이익을 취득하게 할 것을 요건으로 한다. 따라서, 본인에게 손해를 가하였다고 할지라도 행위자 또는 제3자가 재산상 이익을 취득한 사실이 없다면 배임죄가 성립할 수 없다(대법원 2007. 7. 26. 선고 2005도6439 판결).

④ 착수·기수시기

배임죄의 착수시기는 임무에 위배하는 행위를 시작한 때이다. 기수시기는 임무위배행위로 인하여 본인에게 현실적인 손해가 발생하거나 실해 발생의 위험이 발생한 때이다.

2. 주관적 구성요건

1) 고의

타인의 사무처리자로서 배임행위를 하여 자기 또는 제3자가 재산상 이익을 취득하고 본인에게 손해를 가한다는 사실에 대한 인식과 의사가 있어야 한다.

2) 불법이득의사

자기 또는 제3자로 하여금 재산상의 이익을 취득하게 하려는 의사가 필요하다.

Ⅲ. 죄수 및 타죄와의 관계

1. 죄수

배임죄의 죄수는 임무위배행위의 수를 기준으로 판단한다. 수 개의 배임행위가 단일한 범의에 기한 일련의 행위라고 볼 수 있는 경우에는 포괄하여 일죄를 구성한다(대법원 2004. 7. 9. 선고 2004도810 판결).

2. 타죄와의 관계

① 횡령죄와 배임죄는 신임관계를 위반한다는 점에서 그 성질을 같이하며, 양 죄의 관계는 특별관계에 있다고 볼 수 있다. 따라서 횡령죄가 성립하면 배임죄는 별도로 성립하지 않는다.

② 배임행위가 본인에 대한 기망수단을 사용하여 이루어지면 배임죄와 사기죄의 상상적 경합이 된다.

③ 배임행위에 의해 취득되는 재물을 취득하는 경우 장물죄는 성립하지 않고, 배임죄의 공범이 성립된다.

IV. 판례

1. 유죄 판결

- 회사 대표이사가 회사 자금을 개인적 용도로 사용하거나, 회사에 불리한 계약을 체결하여 회사에 손해를 입힌 경우 배임죄가 성립한다(대법원 2009. 5. 29. 선고 2008도9436 판결).

- 금융기관 임직원이 대출심사를 부실하게 하거나 담보를 제대로 확보하지 않고 대출을 실행하여 금융기관에 손해를 입힌 경우 배임죄가 성립한다(대법원 2006. 5. 11. 선고 2002도6289 판결).

- 재단법인 불교방송의 이사장 직무대리인이 후원회 기부금을 정상 회계처리하지 않고 자신과 친분관계에 있는 신도에게 확실한 담보도 제공받지 아니한 채 대여한 경우, 그 신도가 이자금을 제때에 불입하고 나중에 원금을 변제하였다 하더라도 배임죄가 성립한다(대법원 2000. 12. 8. 선고 99도3338 판결).

- 피해자가 피고인에게 나중에 국유지 불하를 받아달라고 하면서 피해자 명의로 국유재산대부계약이 체결된 토지 등의 관리를 부탁하였다면 이는 국유재산을 불하받아 주는 사무처리 및 이와 관련된 사무처리를 위임한 것이라고 볼 수 있고, 배임죄에 있어서 '타

인의 사무'에 해당한다(대법원 2005. 3. 25. 선고 2004도6890 판결).

2. 무죄 판결

- 일반경쟁입찰에 의하여 체결하여야 할 공사도급계약을 수의계약에 의하여 체결하였다 하더라도 수의계약에 의한 공사대금이 적정한 공사대금의 수준을 벗어나 부당하게 과대하여 일반경쟁입찰에 의하여 공사도급계약을 체결할 경우 예상되는 공사대금의 범위를 벗어난 것이 아니라면 재산상의 손해를 가한 때에 해당한다고 할 수 없다(대법원 2005. 3. 25. 선고 2004도5731 판결).
- 피고인이 알 수 없는 경위로 갑의 특정 거래소 가상지갑에 들어 있던 비트코인을 자신의 계정으로 이체받은 후 이를 자신의 다른 계정으로 이체하여 재산상 이익을 취득하고 갑에게 손해를 가한 경우, 피고인이 신임관계에 기초하여 갑의 사무를 맡아 처리하는 것으로 볼 수 없는 이상 갑에 대한 관계에서 '타인의 사무를 처리하는 자'에 해당하지 않는다(대법원 2021. 12. 16. 선고 2020도9789 판결).

[4] 업무상 배임죄 (제356조, 제355조 제2항)

제356조(업무상의 배임) 업무상의 임무에 위배하여 제355조의 죄를 범한 자는 10년 이하의 징역 또는 3천만 원 이하의 벌금에 처한다.

Ⅰ. 의의

업무상 배임죄는 업무상 타인의 사무를 처리하는 자가 그 임무에 위배하는 행위로써 재산상의 이익을 취득하거나 제3자로 하여금 이를 취득하게 하여 본인에게 손해를 가함으로써 성립하는 범죄이다. 타인의 사무를 업무로서 처리하는 자에게 책임이 가중되는 가중적 구성요건이다.

Ⅱ. 구성요건

본죄의 주체는 '업무상 타인의 사무를 처리하는 자'이다. 여기서 '업무'란 계속적이고 반복적인 사회생활상 지위에 기하여 행하는 사무를 의미한다. 업무의 근거는 법령, 계약, 관습 등 어느 것에 의하든 상관없으며, 사실상의 것도 포함된다(대법원 2002. 6. 14. 선고 2001도 3534 판결).

그 밖의 구성요건요소에 관하여는 배임죄와 동일하다.

III. 판례

1. 유죄 판결

- 공무원이 복수의 감정평가업자에게 감정평가를 의뢰하여 그 결과를 통보받았음에도 이를 무시하면서 인근 부동산업자들이나 인터넷, 지인 등으로부터의 불확실한 정보를 가지고 감정평가결과와 전혀 다르게 상대적으로 사저부지 가격을 낮게 평가하고 경호 부지 가격을 높게 평가하여 매수대금을 배분한 것은 국가사무를 처리하는 자로서의 임 무위배행위에 해당하고 배임의 고의 및 불법이득의사도 인정된다(대법원 2013. 9. 27. 선고 2013도6835 판결).
- 회사 직원이 재직 중에 영업비밀 또는 영업상 주요한 자산을 경쟁업체에 유출하거나 스스로의 이익을 위하여 이용할 목적으로 무단으로 반출하였다면 타인의 사무를 처리 하는 자로서 그 업무상의 임무에 위배하여 유출 또는 반출한 것이어서 유출 또는 반출 시에 업무상배임죄의 기수가 된다(대법원 2008. 4. 24. 선고 2006도9089 판결).
- 대학교수가 판공비 지출용 법인신용카드를 업무와 무관하게 개인적 용도에 사용한 행 위는 업무상횡령죄가 아닌 업무상배임죄를 구성한다(대법원 2006. 5. 26. 선고 2003도 8095 판결).

2. 무죄 판결

- 퇴사한 전직 동료의 편의를 위하여 회사 컴퓨터에 저장된 개인 파일 등을 복사해 준 경우, 배임의 고의가 있었다고 단정하기 어렵다(대법원 2009. 5. 28. 선고 2008도5706 판결).
- 불법매각된 국유지의 환수업무를 처리하는 공무원이 다수의 이해관계가 충돌하고 그 법적 해결이 용이하지 않은 상황에서 이를 해결하기 위하여 선의의 취득자 보호를 위 한 국유재산법상 특례매각에 관한 규정을 유추적용하면서 그 매각범위를 확장 시행한 경우, 그로 인해 결과적으로 국가의 재산적 손실이 발생하였다고 하더라도 업무상배임

죄에 해당하지 않는다(대법원 2008. 6. 26. 선고 2006도2222 판결).

[5] 배임수재죄 (제357조 제1항)

Ⅰ. 의의

배임수재죄는 타인의 사무를 처리하는 자가 그 임무에 관하여 부정한 청탁을 받고 재물 또는 재산상의 이익을 취득하거나 제3자로 하여금 이를 취득하게 함으로써 성립하는 범죄이다.

거래·사무처리의 청렴성을 보호법익으로 하며, 공무원이 아닌 사인의 뇌물죄를 처벌하기 위한 규정이다.

Ⅱ. 구성요건

1. 객관적 구성요건

1) 주체

배임수재죄의 주체는 '타인의 사무를 처리하는 자'이다.

'타인의 사무를 처리하는 자'라 함은 타인과의 대내관계에 있어서 신의성실의 원칙에 비추어 그 사무를 처리할 신임관계가 존재한다고 인정되는 자를 의미하고, 반드시 제3자에 대한 대외관계에서 그 사무에 관한 권한이 존재할 것을 요하지 않으며, 또 그 사무가 포괄적 위탁사무일 것을 요하는 것도 아니고, 사무처리의 근거, 즉 신임관계의 발생근거는 법령의 규정, 법률행위, 관습 또는 사무관리에 의하여도 발생할 수 있다(대법원 2007. 6. 29. 선고 2007도3096 판결).

2) 객체

배임수재죄의 객체는 '재물 또는 재산상 이익'이다.

3) 행위

배임수재죄의 행위는 '임무에 관하여 부정한 청탁을 받고 재물 또는 재산상의 이익을 취득하거나 제3자로 하여금 이를 취득하게 하는 것'이다.

① 임무관련성

'임무'라 함은 타인의 사무를 처리하는 자가 위탁받은 사무를 말하나 그 위탁관계로 인한 본래의 사무뿐만 아니라 그와 밀접한 관계가 있는 범위 내의 사무도 포함된다(대법원 2007. 6. 29. 선고 2007도3096 판결). 임무관련성은 직무와 청탁 사이에 관련성이 있어야 함을 의미하며, 이는 직무의 대상이 되는 사무의 내용과 성질, 직무수행의 구체적 방법 및 태양, 직무를 통하여 달성하려는 목적과 의도 등을 종합적으로 고려하여 판단해야 한다.

② 부정한 청탁

'부정한 청탁'이란 반드시 업무상배임의 내용이 되는 정도에 이를 필요는 없고, 사회상규 또는 신의성실의 원칙에 반하는 것을 내용으로 하면 족하다. 이를 판단할 때에는 청탁의 내용 및 이에 관련한 대가의 액수, 형식, 보호법익인 거래의 청렴성 등을 종합적으로 고찰하여야 하며, 청탁이 반드시 명시적일 필요는 없다(대법원 2014. 5. 16. 선고 2012도11259 판결).

부정한 청탁은 묵시적으로 이루어지더라도 무방하며, 청탁의 대상인 직무행위의 내용을 구체적으로 특정할 필요도 없다. 부정한 청탁의 내용은 사무처리자의 직무와 제3자에게 제공되는 이익 사이의 대가관계를 인정할 수 있을 정도로 특정하면 충분하다(대법원 2019. 8. 29. 선고 2018도2738 판결).

③ 재물 또는 재산상 이익의 취득

부정한 청탁과 관련하여 재물 또는 재산상 이익을 취득하는 것이다. 단순한 요구 또는 약속만으로는 성립되지 않으며, 반드시 현실적으로 취득하여야 한다. 재물 또는 재산상 이익의 취득시점은 부정한 청탁과 동시이거나 사전·사후를 불문한다.

제3자의 취득은 타인의 사무처리자가 자신이 직접 취득하지 않고 제3자로 하여금 재물 또는 재산상 이익을 취득하게 하는 행위를 말한다.

④ 기수시기

배임수재죄는 타인의 사무를 처리하는 자가 그 임무에 관하여 부정한 청탁을 받고 재물 또는 재산상의 이익을 취득한 때에 기수에 이른다. 재물 또는 이익의 취득만으로 바로 기수에 이르며, 그 청탁에 상응하는 부정행위 내지 배임행위에 나아갈 것이 요구되지 않는다(대법원 2010. 9. 9. 선고 2009도10681 판결).

4) 몰수·추징

범인 또는 그 사정을 아는 제3자가 취득한 배임수재죄의 재물은 몰수하고, 그 재물을 몰수하기 불가능하거나 재산상의 이익을 취득한 때에는 그 가액을 추징한다(제357조 제3항).

2. 주관적 구성요건

배임수재죄는 고의범이므로, 타인의 사무처리자가 그 임무에 관하여 부정한 청탁을 받고 재물 또는 재산상 이익을 취득한다는 점에 대한 인식과 의사가 있어야 한다.

불법영득·불법이득의사도 필요하다.

III. 판례

1. 유죄 판결

- 타인의 사무를 처리하는 자가 증재자로부터 돈이 입금된 계좌의 예금통장이나 이를 인출할 수 있는 현금카드나 신용카드를 교부받아 이를 소지하면서 언제든지 위 예금통장 등을 이용하여 예금된 돈을 인출할 수 있어 예금통장의 돈을 자신이 지배하고 입금된 돈에 대한 실질적인 사용권한과 처분권한을 가지고 있는 것으로 평가될 수 있다면, 예금된 돈을 취득한 것으로 보아야 한다(대법원 2017. 12. 5. 선고 2017도11564 판결).
- 보도의 대상이 되는 자가 언론사 소속 기자에게 소위 '유료 기사' 게재를 청탁하는 행위는 사실상 '광고'를 '언론 보도'인 것처럼 가장하여 달라는 것으로서 언론 보도의 공정성

및 객관성에 대한 공공의 신뢰를 저버리는 것이므로, 배임수재죄의 부정한 청탁에 해당한다. 설령 '유료 기사'의 내용이 객관적 사실과 부합하더라도, 언론 보도를 금전적 거래의 대상으로 삼은 이상 그 자체로 부정한 청탁에 해당한다(대법원 2021. 9. 30. 선고 2019도17102 판결).

2. 무죄 판결

- 사회복지법인의 대표이사가 그 법인의 운영을 원하는 사람을 대표이사로 선출하여 주는 방식으로 사실상 사회복지법인의 운영권을 양도하고 그 대가로 사회복지법인에의 출연액 상당의 금원을 받은 행위는 부정한 청탁에 해당하지 않는다(대법원 2013. 12. 26. 선고 2010도16681 판결).

- 대학원생들이 지도교수들을 통하여 다른 대학교 교수인 피고인에게 '학위논문 작성에 필요한 실험대행 및 논문의 주요부분 작성 등 편의를 제공하여 문제없이 학위를 취득하게 해 달라'는 청탁을 하고 금품을 교부한 경우, 위 청탁은 부정한 청탁에 해당하지만, 타 대학 대학원생들에 대한 논문지도 및 심사업무가 피고인의 업무라고 할 수 없으며, 피고인이 대학원생들 지도교수들의 배임수재행위에 공모하였다고 보기도 어렵다(대법원 2008. 3. 27. 선고 2006도3504 판결).

[7] 배임증재죄 (제357조 제2항)

제357조(배임수증재) ② 제1항의 재물 또는 재산상 이익을 공여한 자는 2년 이하의 징역 또는 500만 원 이하의 벌금에 처한다

Ⅰ. 의의

배임증재죄는 타인의 사무를 처리하는 자에게 부정한 청탁을 하고 재물 또는 재산상 이익을 공여함으로써 성립하는 범죄이다. 배임수재죄와 필요적 공범관계에 있다.

Ⅱ. 구성요건

1. 객관적 구성요건

1) 부정한 청탁

'부정한 청탁'이라 함은 청탁이 사회상규와 신의성실의 원칙에 반하는 것을 말하고 이를 판단함에 있어서는 청탁의 내용과 이에 관련되어 취득한 재물이나 재산상 이익의 액수와 형식, 보호법익인 거래의 청렴성 등을 종합적으로 고찰하여야 한다. 그 청탁이 반드시 명시적으로 이루어져야 하는 것은 아니고, 묵시적으로 이루어지더라도 무방하다(대법원 2005. 6. 9. 선고 2005도1732 판결).

2) 재물 또는 재산상 이익의 공여

배임증재죄가 성립하기 위해서는 부정한 청탁과 함께 재물 또는 재산상 이익을 공여해야 한다. 여기서 '공여'란 재물 또는 재산상 이익을 상대방에게 제공하는 것을 의미한다. 공여의 약속 또는 의사표시를 한 것만으로는 성립되지 않는다. 공여하는 재물 또는 재산상 이익은 부정한 청탁에 대한 대가 또는 사례여야 한다(대법원 2016. 10. 13. 선고 2014도17211 판결).

2. 주관적 구성요건

배임증재죄가 성립하기 위해서는 고의가 있어야 한다. 즉, 자신이 공여하는 재물 또는 재산상 이익이 타인 사무처리자의 부정한 청탁과 관련된 대가라는 점을 인식하고, 그러한 행위를 한다는 점에 대한 인식이 필요하다.

Ⅲ. 판례

1. 유죄 판결

- 재건축공사의 진행 및 정산 등에 있어서 시공회사에게 유리한 쪽으로 편의를 보아 달라는 취지의 부정한 청탁을 하고, 대표이사가 위 조합장에게 무상으로 재건축공사장의 식당을 운영하도록 한 것은 배임증재죄에 해당한다(대법원 2005. 6. 9. 선고 2005도1732 판결).

- 하도급받은 자가 감독할 지위에 있는 자에게 공사감독을 까다롭게 하지 말고 잘 보아
  달라는 취지로 직접 또는 온라인으로 수차례에 걸쳐 금원을 교부한 경우라면 공사감
  독을 까다롭게 하지 말아 달라는 취지의 위 청탁은 그것이 묵시적이라 하더라도 사회
  상규 또는 신의성실의 원칙에 반하는 부정한 청탁에 해당한다(대법원 1988. 3. 8. 선고
  87도1445 판결).

2. 무죄 판결

- 농업협동조합 단위조합장이 조합을 위하여 예금유치를 한다는 것은 정당한 업무에 속
  하고, 그를 위하여 청탁을 하는 것도 특단의 사정이 없는 한 부정한 것이라 할 수 없다
  (대법원 1979. 6. 12. 선고 79도708 판결).

[8] 점유이탈물횡령죄 (제360조 제1항)

> 제360조(점유이탈물횡령) ① 유실물, 표류물 또는 타인의 점유를 이탈한 재물을 횡령한 자는 1
> 년 이하의 징역이나 300만 원 이하의 벌금 또는 과료에 처한다.

Ⅰ. 의의

점유이탈물횡령죄는 유실물, 표류물, 또는 타인의 점유를 이탈한 재물을 횡령함으로써 성
립하는 범죄이다. 타인의 위탁관계를 전제로 하지 않으며, 신임관계를 배반하지 않는다는
점에서 횡령죄와 구별된다.

Ⅱ. 구성요건

1. 객관적 구성요건

1) 객체

점유이탈물횡령죄의 객체는 '유실물, 표류물 또는 타인의 점유를 이탈한 재물'이다.

① 유실물

소유자의 의사에 의하지 않고 우연히 점유를 떠난 물건을 말한다. 즉, 잃어버린 물건 또는

분실물이다.

② 표류물

점유를 이탈하여 수상에 떠 있거나 떠내려가고 있는 물건을 말한다.

③ 타인의 점유를 이탈한 재물

점유자의 의사에 관계없이 그 점유를 떠난 타인소유의 재물을 말한다. 예를 들어, 착오로 건네받은 물건, 도주 중 도둑이 버린 물건을 말한다. 누구의 소유에도 속하지 않는 무주물은 점유이탈물이 아니다. 타인의 관리 아래 있는 물건은 그 장소의 관리자의 점유에 속하므로 점유이탈물이 아니다.

2) 행위

본죄의 행위는 '횡령'이다. 횡령은 불법영득의사를 가지고 타인의 점유를 이탈한 재물을 자기 또는 제3자의 소유물처럼 사실상 또는 법률상 처분하는 것을 말한다.

불법으로 점유를 취득하면 기수가 되고, 미수는 처벌하지 않는다.

2. 주관적 구성요건

점유이탈물횡령죄는 고의범이므로 행위 당시 행위자에게 고의가 있어야 한다. 즉, 유실물 등 점유이탈물에 대한 인식과 이를 횡령한다는 인식이 있어야 한다. 또한, 재물을 자기 또는 제3자의 소유물처럼 처분하려는 불법영득의사가 필요하다.

III. 판례

1. 유죄 판결

- 어떤 물건(금반지)을 잃어버린 장소가 당구장과 같이 타인의 관리 아래 있을 때에는 그 물건은 일응 그 관리자의 점유에 속한다 할 것이고, 이를 그 관리자 아닌 제3자가 취거하는 것은 유실물횡령이 아니라 절도죄에 해당한다(대법원 1988. 4. 25. 선고 88도409 판결).

- 승객이 놓고 내린 지하철의 전동차 바닥이나 선반 위에 있던 물건을 가지고 간 경우, 지하철의 승무원은 유실물법상 전동차의 관수자로서 승객이 잊고 내린 유실물을 교부받을 권능을 가질 뿐 전동차 안에 있는 승객의 물건을 점유한다고 할 수 없고, 그 유실물을 현실적으로 발견하지 않는 한 이에 대한 점유를 개시하였다고 할 수도 없으므로, 그 사이에 위와 같은 유실물을 발견하고 가져간 행위는 점유이탈물횡령죄에 해당한다(대법원 1999. 11. 26. 선고 99도3963 판결).

2. 무죄 판결

- 자전거를 습득하여 소유자가 나타날 때까지 보관을 선언하고 수일간 보관한 경우 영득의 의사가 없다고 보는 것이 타당할 것이다(대법원 1957. 7. 12. 선고 4290형상104 판결).

제5절 손괴의 죄

[1] 재물손괴죄 [제366조]

제366조(재물손괴 등) 타인의 재물, 문서 또는 전자기록등 특수매체기록을 손괴 또는 은닉 기타 방법으로 기 효용을 해한 자는 3년이하의 징역 또는 700만 원 이하의 벌금에 처한다.

Ⅰ. 의의

재물손괴죄는 타인의 재물, 문서 또는 전자기록 등 특수매체기록을 손괴 또는 은닉, 기타 방법으로 그 효용을 해함으로써 성립하는 범죄이다. 타인의 재산권과 재물의 효용을 보호하는 것을 보호법익으로 한다.

Ⅱ. 구성요건

1. 객관적 구성요건

1) 객체

재물손괴죄의 객체는 '타인의 재물, 문서 또는 전자기록 등 특수매체기록'이다.

① 재물

유체물과 관리가능한 동력이다. 동산·부동산을 불문하고, 반드시 경제적 가치나 교환가치를 가져야 하는 것도 아니다. 그러나 소유자가 아무런 이용가치나 주관적 가치도 가지지 않는 재물은 본죄의 객체가 아니다.

② 문서

공용서류무효죄(제141조 제1항)의 공용서류에 해당하지 않는 모든 서류를 말한다. 공문서·사문서를 불문한다. 문서에는 편지, 도화, 유가증권 등도 포함된다.

③ 전자기록 등 특수매체기록

사람의 지각으로는 인식할 수 없는 방식으로 작성되어 컴퓨터 등 정보처리장치에 의한 정보처리를 위해 제공된 기록을 의미한다. 전기기록이나 광학기록도 포함된다. 기록은 매체물이 담고 있는 기록 그 자체를 말하고 기록을 담고 있는 매체물을 손괴한 때에는 재물의 손괴가 된다.

④ 타인성

재물, 문서 또는 전자기록 등 특수매체기록은 타인소유에 속해야 한다. 타인이란 개인뿐만 아니라 국가, 단체 등을 포함한다. 공동소유도 타인의 소유로 취급한다. 타인소유이면 자기점유·타인점유를 불문한다. 예를 들어, 자기 소유의 부동산에 타인이 경작한 농작물은 타인의 재물에 해당한다. 타인명의의 문서도 자기의 소유에 속할 때에는 본죄의 객체가 될 수 없고, 자기명의의 문서를 타인이 소유한 경우에는 본죄의 객체가 된다.

2) 행위

재물손괴죄의 행위는 '손괴 또는 은닉 기타 방법으로 그 효용을 해하는 것'이다.

① 손괴

손괴란 물질적인 파괴행위로 물건 등을 본래의 목적에 사용할 수 없는 상태로 만드는 경우뿐만 아니라 일시적으로 물건 등의 구체적 역할을 할 수 없는 상태로 만들어 효용을 떨어뜨리는 경우도 포함된다(대법원 2016. 11. 25. 선고 2016도9219 판결).

재물 자체에 유형력을 행사하지만 물건 자체가 소멸할 것을 요하지는 않고, 일시적으로 사용할 수 없게 하는 정도도 포함된다.

② 은닉

재물의 소재를 불분명하게 하여 그 발견을 곤란 또는 불가능하게 함으로써 그 효용을 해치는 행위를 말한다. 물건의 상태에 영향을 주지 않는다는 점에서 손괴와 구별된다.

③ 기타 방법

손괴나 은닉 외의 방법으로 재물의 기능적·사회적 효용을 해치는 행위를 포괄적으로 의미한다. 사실상 또는 감정상 그 물건을 본래의 용도에 사용할 수 없게 하는 경우를 말한다. 예를 들어, 식기에 방뇨하여 사용할 수 없게 한 경우, 양어장의 잉어를 양어장 밖으로 유출시킨 경우 등을 말한다.

④ 착수·기수시기

재물손괴죄는 타인의 재물, 문서 또는 전자기록 등 특수매체기록을 손괴 또는 은닉 기타 방법으로 그 효용을 해하는 행위를 시작한 때에 착수가 되고, 그 효용을 해한 때에 기수가 된다.

재물의 효용을 해한다는 것은 사실상으로나 감정상으로 그 재물을 본래의 사용목적에 공할 수 없게 하는 상태로 만드는 것을 말하며, 일시적으로 그 재물을 이용할 수 없는 상태로 만드는 것도 여기에 포함된다(대법원 1982. 7. 13. 선고 82도1057 판결).

2. 주관적 구성요건

고의가 있어야 한다. 과실에 의한 손괴는 처벌되지 않는다.

재물손괴의 범의를 인정하는 데에는 반드시 계획적인 손괴의 의도가 있거나 물건의 손괴를 적극적으로 희망하여야 하는 것은 아니고, 소유자의 의사에 반하여 재물의 효용을 상실케 하는데 대한 인식이 있으면 된다(대법원 1993. 12. 7. 선고 93도2701 판결).

Ⅲ. 판례

- 피고인이 자동문을 수동으로만 개폐가 가능하도록 조작하여 자동 잠금장치로서의 역할을 하지 못하게 한 경우, 이는 재물의 기능적 효용을 해한 것으로 보아 재물손괴죄가 성립한다(대법원 2016. 11. 25. 선고 2016도9219 판결).
- 타인 소유의 광고용 간판을 백색페인트로 도색하여 광고문안을 지워버린 행위는 재물손괴죄를 구성한다(대법원 1991. 10. 22. 선고 91도2090 판결).
- 판결에 의하여 명도받은 토지의 경계에 설치해 놓은 철조망과 경고판을 치워 버림으로써 울타리로서의 역할을 해한 때에는 재물손괴죄가 성립한다(대법원 1982. 7. 13. 선고 82도1057 판결).
- 확인서가 소유자의 의사에 반하여 손괴된 것이라면 그 확인서가 피고인 명의로 작성된 것이고 또 그것이 진실에 반하는 허위내용을 기재한 것이라 하더라도 문서손괴죄가 성립한다(대법원 1982. 12. 28. 선고 82도1807 판결).

[2] 특수손괴죄 [제369조 제1항]

Ⅰ. 의의

특수손괴죄는 단체 또는 다중의 위력을 보이거나 위험한 물건을 휴대하여 재물손괴죄 또는 공익건조물파괴죄를 범함으로써 성립하는 범죄이다. 행위방법의 위험성으로 인한 가중적 구성요건이다.

Ⅱ. 구성요건

1. 객관적 구성요건

특수손괴죄의 행위는 '단체 또는 다중의 위력을 보이거나' 또는 '위험한 물건을 휴대하여'

재물손괴죄를 저지르는 것이다.

1) 단체 또는 다중의 위력을 보이는 경우

다수의 사람이 집합하여 그 세력을 과시함으로써 상대방에게 공포심을 일으키는 경우를 말한다. 반드시 폭력을 행사해야 하는 것은 아니며, 위협적인 분위기를 조성하는 것만으로도 충분하다.

2) 위험한 물건을 휴대하는 경우

사람의 생명이나 신체에 해를 가할 수 있는 물건을 가지고 있는 경우를 말한다. 실제 손괴 행위에 사용되지 않았더라도, 위험한 물건을 소지하고 있는 것만으로도 본죄의 요건을 충족한다.

3) 손괴, 은닉, 기타 방법으로 재물의 효용을 해하는 행위

일반 재물손괴죄의 행위와 동일하다. 재물을 물리적으로 파괴하는 것뿐만 아니라, 본래의 기능을 일시적으로 상실하게 만드는 행위도 포함된다.

2. 주관적 구성요건

특수손괴죄는 고의범이므로 단체 또는 다중의 위력을 보이거나 위험한 물건을 휴대하여 타인의 재물을 손괴, 은닉 또는 기타 방법으로 그 효용을 해한다는 사실에 대한 인식과 의사가 있어야 한다.

III. 판례

- 회사의 직원들이 유색 페인트와 래커 스프레이를 이용하여 회사 소유의 도로 바닥에 직접 문구를 기재하거나 도로 위에 놓인 현수막 천에 문구를 기재하여 페인트가 바닥으로 배어 나와 도로에 배게 하는 방법으로 다중의 위력으로써 도로의 효용을 해하였다고 하여 특수재물손괴로 기소된 경우, 피고인들이 위와 같은 방법으로 도로 바닥에 여러 문구를 써놓은 행위가 위 도로의 효용을 해하는 정도에 이른 것이라고 보기 어렵

다(대법원 2020. 3. 27. 선고 2017도20455 판결).

- 위험한 물건인 자동차를 이용하여 다른 사람의 자동차 2대를 손괴한 경우, 그 자동차의 소유자 등이 실제로 해를 입거나 해를 입을 만한 위치에 있지 아니하였다고 하더라도 특수손괴죄가 성립한다(대법원 2009. 3. 26. 선고 2007도3520 판결).

주요 법령

군형법(법률 제1003호, 1962. 1. 20. 제정; 2021. 9. 24. 전부개정, 2022. 7. 1. 시행)

형법(법률 제293호, 1953. 9. 18. 제정; 2024. 1. 9. 개정)

군사법원법(법률 제1816호, 1966. 3. 31. 제정; 2023. 10. 24. 개정)

군사기밀보호법(법률 제4267호, 1990. 12. 27. 제정; 2024. 1. 12. 개정)

도로교통법교통사고처리 특례법(법률 제3059호, 1977. 12. 31. 제정; 2024. 3. 28. 개정)

특정범죄가중처벌등에관한법률(법률 제3050호, 1977. 12. 31. 제정; 2024. 3. 28. 개정)

정보통신망 이용촉진 및 정보보호 등에 관한 법률(법률 제6134호, 2000. 1. 12. 제정; 2024. 3. 12. 개정)

개인정보보호법(법률 제10465호, 2011. 3. 29. 제정; 2024. 3. 19. 개정)

국민체육진흥법(법률 제4317호, 1990. 1. 13. 제정; 2024. 1. 16. 개정)

마약류 관리에 관한 법률(법률 제2939호, 1973. 1. 15. 제정; 2024. 7. 9. 개정)

성매매알선 등 행위의 처벌에 관한 법률(법률 제7196호, 2004. 3. 22. 제정; 2024. 1. 16. 개정)

부정청탁 및 금품등 수수의 금지에 관한 법률(법률 제13278호, 2015. 3. 27. 제정; 2025. 1. 21. 개정)

군사기지 및 군사시설 보호법(법률 제2658호, 1973. 12. 31. 제정; 2024. 4. 23. 개정)

군용물 등 범죄에 관한 특별조치법(법률 제1772호, 1965. 4. 5. 제정; 2016. 3. 22. 개정)

병역법(법률 제293호, 1949. 8. 6. 제정; 2024. 1. 16. 개정)

예비군법(법률 제2653호, 1973. 12. 31. 제정; 2024. 1. 16. 개정)

군복 및 군용장구의 단속에 관한 법률(법률 제2737호, 1974. 3. 16. 제정; 2020. 12. 22. 개정)

공소장 및 불기소장에 기재할 죄명에 관한 예규(대검찰청예규 제1493호, 2025. 8. 27. 개정)

웹사이트

법제처, 국가법령정보센터, https://www.law.go.kr

대법원, 종합법률정보, https://glaw.scourt.go.kr

헌법재판소, 결정례 검색 시스템, https://isearch.ccourt.go.kr

군형사법

초판 1쇄 발행 2026년 2월 5일

지은이   유영무·윤한국·고성의
펴낸이   이기봉
편집   좋은땅 편집팀
펴낸곳   도서출판 좋은땅
주소   서울특별시 마포구 양화로12길 26 지월드빌딩 (서교동 395-7)
전화   02)374-8616~7
팩스   02)374-8614
이메일   gworldbook@naver.com
홈페이지 www.g-world.co.kr

ISBN   979-11-388-5378-1 (03360)